河北省社会科学院资助项目

# 河北抗日战争史

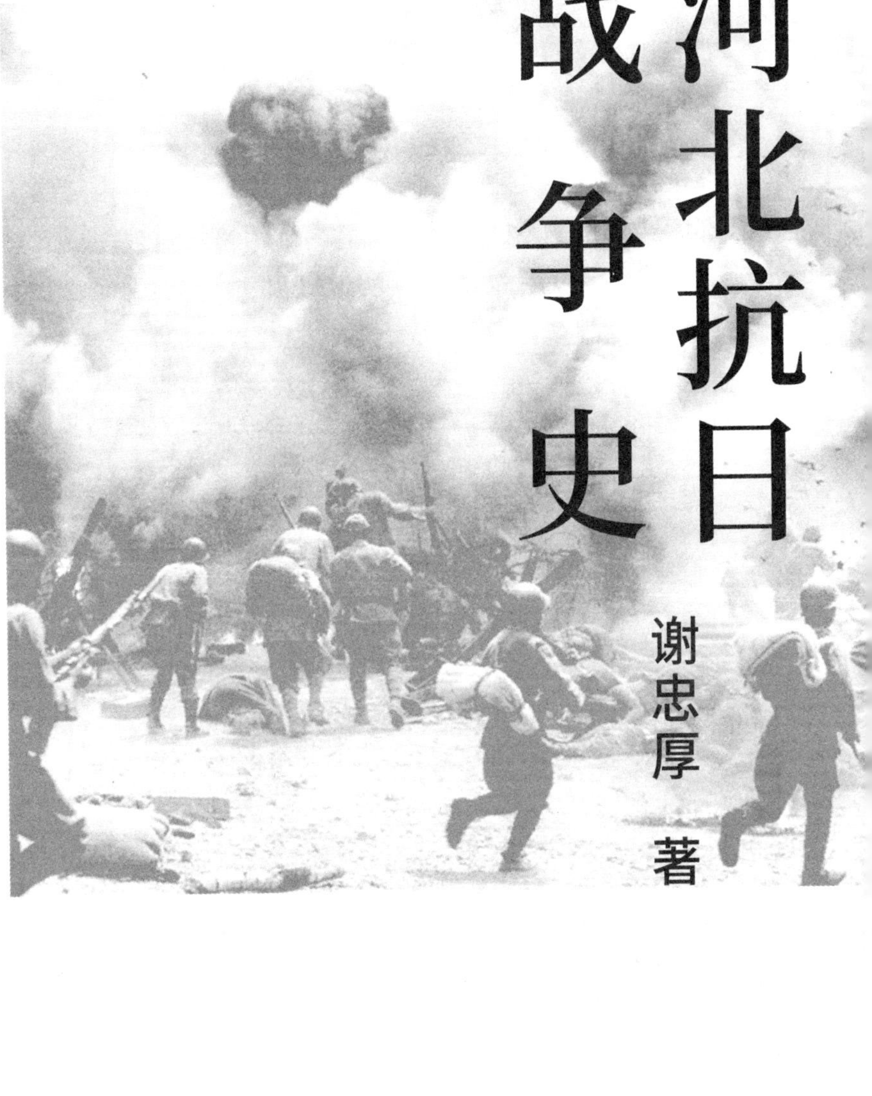

谢忠厚 著

知识产权出版社
全国百佳图书出版单位
—北京—

图书在版编目（CIP）数据

河北抗日战争史 / 谢忠厚著 .—北京：知识产权出版社，2020.8
ISBN 978-7-5130-6772-0

Ⅰ. ①河… Ⅱ. ①谢… Ⅲ. ①抗日战争史—河北
Ⅳ. ① K265

中国版本图书馆 CIP 数据核字（2020）第 022931 号

责任编辑：宋　云　王颖超　　责任校对：潘凤越
封面设计：摩利凤雅　　责任印制：刘译文

# 河北抗日战争史

谢忠厚　著

出版发行：知识产权出版社有限责任公司　　网　址：http：//www.ipph.cn
社　址：北京市海淀区气象路 50 号院　　邮　编：100081
责编电话：010-82000860 转 8388　　责编邮箱：songyun@cnipr.com
发行电话：010-82000860 转 8101/8102　　发行传真：010-82000893/82005070/82000270
印　刷：三河市国英印务有限公司　　经　销：各大网上书店、新华书店及相关专业书店
开　本：880mm × 1230mm　1/32　　印　张：20.375
版　次：2020 年 8 月第 1 版　　印　次：2020 年 8 月第 1 次印刷
字　数：549 千字　　定　价：88.00 元
ISBN 978-7-5130-6772-0

# 自　序

抗日战争时期，河北省地处中国抗战的前哨，是中国抗战特别是敌后华北抗战的一个缩影。研究河北抗日战争史，对于深入研究中国抗日战争史，特别是对于深入研究敌后战场和抗日根据地史，具有重要的意义，成为中国抗日战争史、中华民族发展史和世界反法西斯战争史及中日关系史的一个重要研究领域。

25 年前，我写了《河北抗战史》一书，于 1994 年由北京出版社出版。

那时，依据所掌握的档案资料和认知水平，在该书中，对河北抗战的伟大目标、艰苦历程、独特贡献和珍贵经验，作了力所能及的分析和阐述。主要阐明了下面的研究思路和基本观点：

（1）中国抗日战争是以国共两党合作为基础、各党各军各界和全国各族人民及海外华侨共同进行的反抗日本帝国主义侵略的伟大的民族解放战争，是中华民族振兴的伟大的历史转折，在世界反法西斯战争史上占有重要的地位。中国抗日战争的胜利，使亚洲乃至世界的政治格局产生了划时代的深刻变化。

（2）河北抗战是中国抗战特别是敌后华北抗战的一个缩影。“九一八”事变起，在局部的抗日战争阶段，河北人民与东北人民的抗日斗争相呼应，在关内掀起了声势浩大的抗日救亡运动，点燃了关内局部武装抗日的战火；“七七”事变起，在全国抗日战争阶段，民族抗战的烈火在河北熊熊燃起，河北成为全国抗战特别是敌后华北抗战的主战场之一。

（3）河北抗战作为中国抗日战争的一个重要组成部分，它与中国抗日战争一样，是中国反帝反封建的资产阶级民族民主革命的一个阶段，虽主要表现为民族解放战争，但仍具有“两重性质”：抗日与民主。仅仅把抗日战争当作抗日问题或民族解放问题来研究，是很不够的，也是不全面、不公允的，因为抗日的民族解放斗争与争取民主民生的阶级斗争是密切联系，不可分割的。

（4）所谓敌后抗日根据地，就是中国共产党领导下的一定地域的人民、武装、政权和一定的经济、政治、文化所构成的抗日民主的社会整体力量，是中国人民在敌后进行抗日游击战争的战略基地。它是“抗日的力量”，同时又是“民主的力量”，即新民主主义社会的雏形。因此，创建敌后抗日根据地具有“双重目标”：抗日与社会改革。

（5）河北地跨晋察冀、晋冀鲁豫和山东三大抗日根据地，包涉冀晋、冀察、冀中、冀热辽、太行、冀南、冀鲁豫、冀鲁边（渤海）八个战略区。晋察冀边区是敌后第一个抗日根据地，被中共中央誉为“敌后模范的抗日根据地及统一战线的模范区”。[1]晋冀鲁豫边区是中共中央北方局和八路军总部——敌后华北战场指挥中心——的驻地。河北各抗日根据地有许多新的开拓和创造，不仅在对敌斗争方面，而且在建党、建军、建政、群众工作和经济、文教等方面，都创造了伟大的业绩，积累了丰富的经验。

（6）河北抗战对于以国共合作为基础的抗日民族统一战线的形成，即从对内的国内战争向对外的抗日战争的转变，从局部抗日战争向全国抗日战争的过渡，起了重要的推进作用；对于坚持敌后华北抗战和全国持久抗战，起了“坚强堡垒”的作用；对于反攻与配合盟军对日作战，收复河北与热、察，进军东北，起了“前进阵地”的作用；为中国抗日战争的胜利作出了独特的贡献，也为新中

---

[1] 《中共扩大的六中全会主席团致晋察冀边区电》，1938 年 10 月 5 日。载《晋察冀抗日根据地》第 1 册（文献选编　上），中共党史资料出版社 1988 年版，第 199 页。

国的建设积累了宝贵的经验。

（7）研究河北抗战的历史对于深入研究中国抗日战争史，特别是敌后抗日根据地史，以及日本侵华史、中日关系史具有重要的意义，成为中国抗日战争史、中国近现代史及世界反法西斯战争史、世界近现代史的一个研究领域。

历经20多个年头，《河北抗战史》一书已得到了广大读者的认同，其研究思路、基本观点和主要史实，已为越来越多的史书、报刊、展馆和影视所使用，对于人们了解河北抗战的历史进程、重大事件和独特贡献，深入探讨中国抗战特别是敌后抗战的发展规律，深刻理解抗日战争与中国历史航向及民族复兴的内在联系，发挥了较好的作用。

但是，由于当时掌握资料和研究水平所限，就这本书所能述及的问题和提供的信息量而言，还只是一本简史，且早已绝版。近年来有关河北抗战的研究，已有了不少新的进展，相关著作和专论大量涌现，出版了晋察冀抗日根据地史、晋冀鲁豫抗日根据地史、山东抗日根据地史，以及冀中、冀南、冀东、太行、冀鲁豫、冀鲁边等抗日根据地史或革命斗争史等，发表了有关方方面面的数百篇论文，这些均大大提升了人们的视野和认知。同时，也出现了一些新的情况，提出了一些新的问题，如：怎样从战前与战后、中国与世界的宏观和发展的视角来考察和阐释河北抗战，以更全面、更准确地阐述国共两党及社会各界在河北地区的抗战活动；怎样从侵略与抵抗及复杂的关系中，注意厘清具体数字，把握基本史实等。这些为从新的视角、新的高度，吸收新的成果，写出一部令人耳目一新的《河北抗日战争史》，提供了新的可能，然而，迄今尚未见一部较为完整的河北抗日战争史问世。

实际上，在《河北抗战史》一书出版前，关于中国抗日战争的"两重性质"和中国共产党创建敌后抗日根据地的"双重目标"这两个概念，我在1992年发表的《关于晋察冀抗日根据地史研究的几个问题》一文中，及同年6月出版的《晋察冀抗日根据地史》一书的绪论中，已初步作过阐述。[1]

《河北抗战史》出版后，于1995年纪念抗日战争胜利50周年之际，为回答抗战期间国共两党力量反向演变问题，我写了《抗日与民主改革》一文，对“两重性质”和“双重目标”作了较为深入的论证，认为抗日战争的“两重性质”（抗日与民主），决定了中国共产党创建敌后抗日根据地的“双重目标”：抗日与社会改革。指出：对抗日战争及其政治目的之不同理解，这是国共两党在抗战时期战略政略指导之区别和其力量反向演变之内部动因，由此决定性地改变了中国社会发展的历史航向，也改变了战后世界的政治格局。[2]

1996年起，我与李昌远、申玉山、李翠艳参与《彭真传》的编写工作。2002年8月，我们四人合著的《新民主主义社会雏形——彭真关于晋察冀抗日根据地建设的思想与实践》一书，由人民出版社出版。在抗日战争“两重性质”（抗日与民主）的基础上，进而提出抗日战争的“双重任务”：驱逐日本帝国主义与建立新中国；在创建敌后抗日根据地“双重目标”（抗日与社会改革）的基础上，进而提升为创建敌后抗日根据地的“总目标”：改造旧社会，创造新社会。[3]这比1992年以来的论证更明确，更符合历史实际了。

2005年，河北省社会科学院与中央档案馆合作出版了《日本侵略华北罪行档案》（10卷本），我主编了《日本侵略华北罪行史稿》。2010年，中央党史出版社出版了我编著的《中国华北的细菌战——日军1855部队细菌战华北受害情况的调研报告》一书。同期，在方圆电子音像出版社出版《河北抗日战争综录》光盘时，我

[1] 参见谢忠厚：《关于晋察冀抗日根据地史研究的几个问题》，《抗日战争研究》1992年第2期，第173~179页。另参见谢忠厚、肖银成主编：《晋察冀抗日根据地史》，改革出版社1992年版，第2~7页。

[2] 参见谢忠厚：《抗日与民主改革》，《中共党史研究》1995年第5期，第26~32页。

[3] 参见谢忠厚、李昌远、申玉山、李翠艳：《新民主主义社会雏形——彭真关于晋察冀抗日根据地建设的思想与实践》，人民出版社2002年版，第47~61页。

在其主体部分中，补进了细菌战、毒气战等重要内容。

因此，我将这部《河北抗日战争史》的主旨和重点，放在进一步将河北抗战作为中国抗战和敌后华北抗战的一个典型来研究，作为在抗战中改造半殖民地半封建的旧社会、创造新民主主义的新社会的一个过程来研究。着力从中华民族抗战与中国未来前途的新视角、新高度，依据新的资料，吸纳新的成果，考察“九一八”事变后中日民族矛盾，聚焦河北地区和国共两党由分裂内战转变为合作抗战的进程，阐明河北成为全国抗战爆发地的必然性；考察全国抗战爆发后国共两党及各阶层政治动向，阐明河北成为敌后华北抗战堡垒和反攻前进阵地的必然性；考察日本在河北的暴行，揭示日本侵华战争失败的必然性；考察敌后抗日根据地斗争、改革与建设的政策、举措与河北社会的深刻变革，阐明抗日战争成为民族复兴的转折点和中国共产党成为中国命运的决定力量的必然性。从而使这部《河北抗日战争史》更准确、更全面、更系统、更科学地反映出河北人民 14 年抗战的历史进程、显著特点、主要贡献和深远影响。

这部《河北抗日战争史》在理论体系、整体架构和基本内容上，有了较大的丰富与完善，整体结构更厚重，大大增补了国共合作抗战的活动与贡献，更体现了学术性、科学性，具有更强的说服力。全书为 20 章，其整体架构大致如下。

绪论部分开宗明义，将河北抗战作为中国抗战特别是敌后华北抗战，并在抗战中改造旧社会、创造新社会的一个典型来研究，全面、系统、准确地阐明了河北抗战的“两重性质”与“双重目的”，创建敌后河北抗日根据地的“总目标”，河北抗战的艰难历程，国共两党在河北抗战中的合作与摩擦及其力量消长演变的内部动因，以及社会形态的深刻变革及其历史必然性。过去十多年，有关此问题的阐释，认知程度不同，在不同著作中侧重有所不同，其提法也往往有所差异。在此绪论中，将过去多年有关论述进行综合与归纳，力求作出更为准确的阐释和界定，这不仅为学术探讨所必需，对阅读和理解全书也有重要意义。

正文部分将“九一八”事变至“七七”事变的6年，作为中国抗日战争的一个发展阶段，作了较为翔实而系统的阐述。全书从中华民族复兴与中国未来前途的角度，对14年抗日战争期间，河北人民所进行的伟大斗争及其重大事件和人物，河北地域内政治、军事、经济、文化的巨大变化及由此所带来的社会形态的深刻变革，力求作出更为系统、全面、客观、准确的考察、记载和评述，勾画出一个全方位的历史画卷。其新发展、新贡献主要有：第一，改变了多年来抗战史作中讲国共合作抗日不够、讲“摩擦”过多，对国民党军队抗战记载不充分的状况，增设与扩展了国民党在河北抗战的章节及篇幅。第二，改变了过去对日本侵略罪行研究不够的状况，增设了“三光”作战及细菌战、毒气战、“无人区”、大屠杀、慰安妇等专项内容。第三，改变了多年来河北抗战的战绩、贡献和损失等统计缺漏的状况，对若干全省性统计数字作了新的估算。第四，对歪曲、诋毁抗战历史的某些错误偏向，作出了澄清和回答。第五，将惨重的战灾和独特的贡献作为独立一章，凸显了河北抗战与中国抗战及中华民族复兴的内在关联。从而，更完整、更全面、更准确地再现了河北人民抗战的伟大史卷，成为一部比较公允、准确，有较高学术性与说服力的史作。

希望有众多的人，男人，女人，特别是青年人；中国人，日本人，世界各国的人，都能够读一读这本新修的《河北抗日战争史》。从这一实例中，了解中国抗日战争，了解中国抗日战争与世界反法西斯战争的关联，了解日本军国主义的侵略本质及其野蛮性、残暴性和反人道性，了解中国国民党、国民政府及其军队和中国共产党、抗日根据地民主政府及其人民军队在那场合作抗战中波澜壮阔、艰苦卓绝、运筹变幻的历史画卷，从而得到历史的启示，更深地领悟爱国、团结、自强、自立的中华民族精神。

# 目 录

# 绪　论

## 一、河北抗战的伟大目标

考察中国抗日战争和世界反法西斯战争的历史，我们注意到两大基本史实：一方面，中国抗日战争是由国民党在正面战场、共产党在敌后战场，实施战略、战术之配合，各党各军各界和全国各族人民及海外华侨总动员，共同进行的一场伟大的民族解放战争，是中华民族复兴的一次伟大的历史转折，也为世界反法西斯战争的胜利作出了重大贡献；另一方面，在抗日战争时期，国共两党力量沿着反向演变，国民党及其政权走向衰败，共产党及其政权发展壮大，由此决定了中国的前途和命运，而后经过 4 年解放战争，共产党取得了全国政权，中国走上了社会主义道路，从此，改变了亚洲乃至世界的政治格局。美国历史学家詹姆斯·哈里森说："历史上从来也没有一场革命运动发展得如此神速。"[1]

为什么抗日战争会如此决定性地改变中国的政治力量对比、命运与前途呢？这是因为，抗日战争是中国反帝反封建的民族民主革命的一个特殊阶段，它是近代以来中华民族进行的一场反抗外敌侵略的伟大的民族解放战争，但它不单纯是抗日以争取国家、民族独立的问题，更不单纯是武装斗争问题，它还伴随着争取民主和

---

[1] ［美］詹姆斯·哈里森:《从长征到掌权——中国共产党的历史》，泼莱格出版社 1972 年英文版，第 271 页。

改善生活条件，变旧中国为新中国的复杂斗争和广泛内容。河北抗战是中国抗日战争的一个重要组成部分，因此，它与中国抗日战争一样，具有“两重性质”：抗日与民主（反帝，也伴随着反封建），“双重目的”：民族独立与建立新中国（争取民族独立，也伴随着开创新中国）。仅仅把包括河北抗战在内的中国抗日战争当作抗日问题或民族独立问题来看待，是很不够的，是不全面、不公允的，是错误的，因为抗日的民族解放战争与争取民主、改善生活条件的阶级斗争是密切联系、不可分割的。

### （一）西方学者的解读

半个多世纪以来，围绕研究抗日战争及国共两党的力量演变问题，西方学者提出了各种不同的论点。还在抗日战争进行之中，美国报刊就展开了关于中国的争议。1943 年，克里顿·雷西在《中国是民主的国家吗?》一文中，提出国民党蒋介石政权具有民主性质，认为中国的民主制和中国自身一样古老。但许多西方记者、观察家和学者不同意这种看法，他们依据对中国战场的亲身观察，认为国民党并没有履行它在抗日民族统一战线形成时许下的要进行政治、经济改革的诺言，从而出现了国民党统治区“封建的中国”和共产党领导的抗日根据地“民主的中国”两种截然不同的现象，指出共产党得到中国人民特别是农民的广泛支持，它的“胜利是不可避免的”。20 世纪 50 年代初，美国麦卡锡主义横行，一些歪曲的说法被广为宣传，如说什么共产党是“莫斯科的傀儡”，依靠操纵群众的“技巧”，在抗战中“坐大”等。随着时间的推移，这些谎言被历史事实所打破。60 年代起，一些西方学者重新开始从日本侵略引起的民族危机、农村的社会改革等不同角度，来解释中国革命胜利的原因并进行了长期的争论，主要有以下四种观点。

一是民族主义的论点。查尔莫斯·约翰逊 1962 年出版《农民民族主义与共产党政权：革命中国的出现（1937~1945）》一书。他认为，中国共产党在抗战时期得到群众的支持，是“利用了农民的民族主义”，甚至说如果没有日本侵略带来的危机和由此引起的群众动员，中国共产党将遭到失败；他还认为，“中国化的马克思列宁主义被看作是中国民族主义的附属物”，中国拒绝照搬俄国革命的公式，形成了“中国民族共产主义”。[1]由于约翰逊缺乏对中国共产党的社会政策的理解，他的这种所谓“农民民族主义”和“民族共产主义”的论点，立即在学术界引发了论战。

二是社会经济改革的论点。马克·塞尔登 1971 年出版《革命中国的延安道路》一书，通过对陕甘宁边区的考察，得出了与约翰逊不同的结论。他认为，农民阶级不是通过民族主义而是通过社会经济改革，才发生革命转变的。他指出：“中国抗日战争的意义超出了民族独立。人民战争不仅是个作战方式问题，而且涉及生活方式……在战争条件下，中国人民不但从日本的统治下获得解放，而且在反对地主、军阀压迫的斗争中掌握了自己的命运，自觉地创造出一些新的社会形式。”他指出陕甘宁边区不仅是中国革命的楷模，而且是第三世界革命的范例。[2]塞尔登的分析非常精彩，不足之处是忽略了陕甘宁边区与其他敌后根据地的某些差别。

三是政治军事控制的论点。片冈哲谷在 1974 年出版的《中国的抗战与革命》一书中，对农民民族主义的论点和社会经济改革的论点持怀疑态度，而强调政治军事的控制。他提出：“中国共产党把农民组织起来，这同传统的农村自卫、地方主义、军阀主义并无区别，中国共产党的成就在于把这些地方势力加以改造，自下而上完全用现代化的组织把它们联合在一起，成千上万分离的孤立的细胞（政治性的）单位结合成一种钢铁的结构，然后中国共产党以抗战为掩护，以统一战线相号召，进行全面革命，来巩固其拥有的根

---

[1] ［美］查尔莫斯·约翰逊：《农民民族主义与共产党政权：革命中国的出现（1937~1945）》，斯坦福大学出版社 1962 年英文版，第 9、第 69 页。

[2] 转引自《中国抗日根据地史国际学术讨论会论文集》，档案出版社 1985 年版，第 114 页。

据地。”[1] 由于片冈哲谷忽略所谓“钢铁结构”的客观基础，他虽然用了很大气力思索中国共产党的政治经济政策，但还是陷入了“抗战掩护”之类的迷雾。

四是农民自发性的论点。拉尔夫·撒克斯顿1975年起发表《革命中的佃农：传统道德的韧性》等文，他认为中国共产党在抗战时期之所以取得农民的支持，不在于它给农民带来了什么东西，而在于它使自己适合于农民提出的要求。他说：“1949年10月1日是农民自发性向政权基本结构提出挑战的顶点。”[2] 撒克斯顿把中国革命的胜利说成是农民自发性的结果，这是不能成立的。

上述一些西方研究者的观点，不同程度地反映了中国抗日战争的历史实际，有些提法，如“中国抗日战争的意义超出了民族独立”是相当深刻的。但是，由于未能站在近代中国历史发展的高度，从总体上将中国抗日战争作为争取民族独立和改造旧社会、开创新中国的一个有机过程来考察，因此，这种观点仍不能深刻揭示抗日战争为什么会决定性地改变国共两党的政治力量对比和中国的前途与命运的内部动因。

### （二）抗日战争的性质和目的

抗日战争是中国资产阶级民族民主革命的一个特殊阶段，它的性质和目的不是单一的，而是双重的。它具有“两重性质”：抗日与民主（反帝，也伴随着反封建）；“双重目的”：民族独立与建立新中国（争取民族独立，也伴随着开创新中国）。其抗日的反帝性质和争取民族独立的历史目标，是由日本帝国主义对中国的侵略和压迫所规定了的，是首要的，是主导的，任何人不可能改变。但是抗日战争不单纯是对外抗日以争取民族独立的问题，更不单纯是

---

[1] 转引自《中国抗日根据地史国际学术讨论会论文集》，档案出版社1985年版，第97页。

[2] 转引自《中国抗日根据地史国际学术讨论会论文集》，档案出版社1985年版，第98页。

在敌后抗日民主根据地，驱逐日本侵略者，创造新民主主义社会的雏形。也就是说，创建敌后抗日根据地，不仅是抗日斗争，更不单纯是武装斗争，还包括进行社会的政治、经济、文化等各方面的改革与建设，它既是对一个旧社会的改造，又是对一个新社会的开创。

因此，所谓敌后抗日民主根据地，就是中国共产党领导下的一定地域的人民、武装、政权和一定的经济、文化所构成的抗日民主的社会整体力量，是中国人民在敌后进行抗日战争的战略基地。它是“抗日的力量”，同时又是“民主的力量”，即新民主主义社会的雏形。研究河北抗战，应当把它作为中国抗日战争的一个缩影，特别是作为中国共产党领导的敌后抗日民主根据地的一个缩影，把它看作驱逐日本侵略者以争取民族独立，改造旧社会，开创新民主主义社会的雏形这样一个有机过程来考察，不仅要看到各党各军各界以武装斗争为主的抗日问题，更要弄清楚敌后抗日民主根据地作为抗日民主的社会整体力量和战略基地，在抗日战争中怎样形成和壮大，如何改革和建设，具有怎样的历史地位和作用，这样，才能揭示出河北抗战的发展规律及其深远影响。

据聂荣臻回忆，早在洛川会议上，毛泽东就提出了创建敌后抗日民主根据地的宏伟目标。他说：“毛泽东同志在洛川会议上，就曾考虑到打败日本帝国主义之后，建立新民主主义国家的问题。每一个抗日根据地的建立，不只是拖住敌人、配合正面战场作战的问题，也是在为实现这个宏伟目标，进行广泛的实践，为下一步的革命进程，为日后建立新中国，打下多方面的基础，积累丰富的经验。从一定意义上说，根据地的建设具有未来新中国的雏形这样一种性质。”[1]

河北各抗日民主根据地创造性的实践，验证了毛泽东关于中国抗日战争“两重性质”和“双重目的”及创建敌后抗日民主根

---

[1] 《聂荣臻回忆录》(中)，解放军出版社 1984 年版，第 579 页。

据地“总目标”思想的客观真理性。晋察冀抗日民主根据地在华北敌后一诞生，就公开申明：“它的实际内容是贯彻抗日与真正民主。”[1]1938年10月，彭真在中共中央六届六中全会上的发言中，根据毛泽东《论新阶段》的报告精神，及开创华北各抗日根据地的经验，阐明了在抗日战争中要“肃清日寇势力，削弱封建势力”的观点。他说：“资产阶级民主革命就是反帝反封建的半殖民地的革命。”“必须把民族革命与民主革命联系起来。”“即今天的抗日民族统一战线，也不是简单的抗日。”“现在华北抗日根据地，不仅肃清了日寇的势力，……其他帝国主义的统治也将逐渐解决。”“苛捐杂税也将废除，减租减息也相当的解决封建的剥削”，“封建势力逐渐削弱”。[2]1939年1月，中共中央北方分局代表大会，根据中共中央六届六中全会精神，讨论确定了巩固和建设边区抗日民主根据地，为建立三民主义共和国而奋斗的方针。指出：“抗日民族统一战线的前途，就是建立三民主义共和国”，这“是抗战的目标”，“是国共合作的目的”，“是走向社会主义社会必经的阶段”。1940年，制定《双十纲领》，开展民主大选运动。这时，彭真公开宣布：要使晋察冀边区“不但成为模范的抗日民主根据地，而且成为新民主主义的即三民主义的政治经济建设的模范，亦成为建国的模范”。[3]这表明，中国共产党创建敌后抗日民主根据地的政治目的或总目标，是双重的，不是单一的。在中国共产党领导下，敌后抗日根据地一方面要抗日，进行人民战争，消灭日军，摧毁伪政权、伪组织；另一方面要与此相配合，实行真正民主，进行有利于广大群众的社会政治、经济和文化的各项改革与建设，以和平方式逐步削弱封建势力，解放农民群众，团结各抗日阶级和阶层。从而，改造

---

❶《晋察冀边区军政民代表大会宣言》，1938年1月14日。载《晋察冀抗日根据地》第1册（文献选编　上），中共党史资料出版社1988年版，第289页。

❷ 彭真在中国共产党扩大的六届六中全会上的发言，1938年10月28日。原件存中央档案馆。

❸ 彭真：《关于我们的目前施政纲领》，1940年8月19日。载《晋察冀日报社论选》，河北人民出版社1997年版，第135页。

半殖民地半封建的旧社会，创造新民主主义的新社会，使河北各敌后抗日民主根据地成为未来新民主主义中国的“模型”。

## 二、河北抗战的历史分期

河北抗战，从1931年日本帝国主义发动“九一八”事变开始，到1945年9月2日日本政府正式签字投降，在长达14年的时间里，河北地区各党、各军、各界和各族人民进行了英勇的抗日斗争，包括军事、政治、经济、文化等各方面的斗争，以及改革与建设。这一抗日战争和社会改革的艰难历程，可以大体划分为如下五个阶段。

第一阶段，1931年“九一八”事变至1937年“七七”事变前夕。

“九一八”事变，是日本帝国主义第二次侵华战争的开始，也是中国局部的抗日战争的开端。“九一八”事变后，由于中日民族矛盾开始上升，改变了中国国内各阶级之间的关系。与东北民众的抗日斗争相呼应，河北和全国各地的抗日救亡运动迅速兴起，从不同方面表现了广大人民的拳拳爱国之心，抗日救亡成为民心所向，大势所趋。但是，国民党及国民政府对日本的侵略采取不抵抗主义的政策，坚决镇压和多方破坏民众的抗日运动，导致东北沦陷，伪满洲国建立，中华民族的危机日益严重。当时，处于蒋介石重兵围剿之下的中国共产党，加之中央为王明“左”倾路线所统治，虽然力倡抗日，派员赴东北领导抗日，但还无暇也不可能提出正确的抗日方略。因此，河北和全国各地民众的抗日救亡运动，还缺乏有力、统一的领导，处于自发分散与此起彼伏的状态。

1933年起，河北人民抗日救亡运动开始走上武装抗日斗争。1933年1月1日，日军进攻山海关。3月，日军占领热河省后，又进攻长城各口。中国军队何柱国部在山海关奋起抗战，继而先后有

12 个军 40 个师近 40 万人在长城各口抗敌，给日军以很大打击，[1]史称“长城抗战”。国民党及国民政府于 5 月底与日本签订《塘沽协定》，使中国人民再次蒙受丧权失地之辱。长城抗战与《塘沽协定》的签订，是国民党及国民政府由对日绝对不抵抗政策转变为“一面抵抗、一面交涉”政策的一个标志，同时也暴露了这一政策对日妥协的本质。

在中国军队长城抗战失败之际，日军向察哈尔进犯。在中国共产党的影响和帮助下，西北军统帅冯玉祥将军于 1933 年 5 月 26 日在张家口宣布成立“察哈尔民众抗日同盟军”。同盟军得到冀、察和平津等地各界人士和民众的广泛支持，很快由组建时的几千人发展到 10 万余人，并迅速收复康保、宝昌、沽源、多伦，把日伪军赶出了察哈尔省。国民党蒋介石集团为了集中力量剿共，唯恐同盟军会激怒日本侵略者，遂调集十数万军队向张家口包围、推进。加之同盟军内部出现意见纷争，冯玉祥被迫于 8 月间含愤去职。方振武、吉鸿昌率部继续抗日，转战热河和长城一带，在国民党军队与侵华日军的联合进攻下，终于 10 月间在昌平地区失败。

1933 年 11 月，孙永勤组织民众军，举起抗日的旗帜，后来接受中国共产党的主张，将民众军改为抗日救国军。这支农民抗日武装活动于冀热边区的兴隆、青龙、承德、平泉、迁安、遵化等地，队伍发展到 5000 余人，坚持一年半之久。1935 年 5 月底，在日军和国民党军联合围攻下，最后失败。

1935 年 6 月，日军迫使国民政府签订《秦土协定》(《察哈尔协定》)。7 月，又迫使国民政府签订《何梅协定》，冀、察两省及华北主权遂大部丧失。10 月，日军在香河县指使汉奸暴动。11 月，日本策动了所谓“华北五省自治运动”，并扶植汉奸殷汝耕在通县（今属北京市）成立伪冀东防共自治政府，并扶植蒙奸德穆楚克栋鲁普和李守信在张北成立伪察哈尔盟公署。这一系列旨在把华北变

---

[1] 袁旭等编著:《第二次中日战争记事》，档案出版社 1988 年版，第 7 页。

为第二个伪满洲国的事件，史称“华北事变”。

华北事变进一步暴露了日本的侵华野心，中日民族矛盾明显地上升为主要矛盾，国内阶级关系发生重大变动，推动中国历史由国内战争向抗日战争转变。中国共产党1935年8月1日发表《八一宣言》，呼吁各党、各派、各界、各军捐弃前嫌，停止内战，共同抗日。河北和全国人民热烈响应，迅速掀起了新的抗日救亡运动的热潮。12月9日，北平学生爆发了伟大的爱国运动，立即得到天津、保定、石家庄、唐山、张家口和河北城乡广大学生、工人、农民及工商各界人士的广泛支持，并迅速扩展到全国各大中城市，标志着新的民族革命高潮的到来。红军长征到达陕北后，中共中央于1935年12月在瓦窑堡召开会议，制定了抗日民族统一战线的总方针。与此同时，国民党上层发生了分化，联共抗日的主张逐渐占了上风。国共两党开始寻找渠道秘密接触与协商。1936年12月，西安事变和平解决，国共合作抗日统一战线初步形成。

在国内战争向抗日战争转变的关键时期，中共中央派刘少奇主持北方局工作。中共河北省委贯彻抗日民族统一战线的方针，纠正了长期存在的“左”倾关门主义和盲动主义的错误，使共产党各级组织迅速得到恢复和发展。同时，在共产党的推动下，宋哲元等转向抗日，为第29军日后的卢沟桥奋起抗战，点燃全国抗日战争的烈火准备了条件。

《河北抗日战争史》第一章至第七章，主要考察和阐述了河北人民在中国局部抗战阶段抗日救亡、武装抗日的英勇斗争及其经验教训。

第二阶段，1937年“七七”事变至1938年10月武汉失守。

1937年7月7日，日本帝国主义制造卢沟桥事变，发动全面侵华战争，中国全国抗日战争爆发。在特殊的历史条件下，中国全国抗日战争形成了两个战场：以国民党及其军队为主体的正面战场和以共产党及其军队为主体的敌后战场。毛泽东指出：“国民党担任正面的正规战，共产党担任敌后的游击战，是必须的、恰当的，

是互相需要、互相配合、互相协助的。”❶

这一阶段，国民党及其军队积极抗战。在卢沟桥和平津地区，在河北及华北各地，国民党军队对日军的进攻进行了坚决抵抗，尤其在南口、忻口、台儿庄等战役中，国民党军队打得顽强、惨烈，给日本侵略军以很大打击。但是，由于国民党及国民政府对日作战准备不足，蒋介石集团坚持片面抗战路线和单纯防御的作战方针，全国抗战不久，国民党华北战场陷入被动、败退的局面。张家口、保定、沧州、石家庄、邢台、邯郸、大名和山西太原等地相继沦陷。到 1937 年 11 月中下旬，冀、察两省和华北基本沦陷，日军直逼黄河北岸。至此，“在华北，以国民党为主体的正规战争已经结束，以共产党为主体的游击战争进入主要地位”。❷

“七七”事变后，根据中共中央的决定和国共谈判达成的协议，八路军挺进华北敌后。1937 年 10 月下旬，聂荣臻奉命率 115 师一部等共 3000 余人，进入五台山地区，着手开创晋察冀边区抗日民主根据地，发动和开展敌后抗日游击战争。11 月 7 日，晋察冀军区公开宣告成立，标志着晋察冀边区初步开创。不久，吕正操部与中共保属省委及孟庆山领导的地方抗日武装相配合，开辟冀中平原抗日根据地。1938 年 1 月 15 日，晋察冀边区临时行政委员会成立，宣告华北敌后第一个抗日民主根据地正式形成，并成为当时敌后抗战的主要战略支点。1938 年 3 月，开辟平西抗日根据地；6 月，宋时轮、邓华纵队挺进冀东，随之，冀东爆发人民抗日大起义。

与此同时，1937 年 11 月初，刘伯承奉命率第 129 师挺进晋东南，以太行山为依托，着手开创晋冀豫边区抗日民主根据地。1938 年 4 月，晋冀豫军区成立，标志着晋冀豫边区根据地初步形成。并派陈再道、宋任穷等率部挺进冀南，在中共冀南地方组织配合下，开创

❶ 《毛泽东选集》第 2 卷，人民出版社 1991 年第 2 版，第 553 页。
❷ 《毛泽东选集》第 2 卷，人民出版社 1991 年第 2 版，第 388 页。

了冀南平原抗日根据地。杨秀峰部也成功地开辟了冀西抗日根据地。尔后，进一步实行战略展开，相继开辟了冀鲁边区和冀鲁豫边区平原抗日根据地。

到1938年10月武汉会战结束和日军调集兵力转向华北敌后进攻之时，河北各敌后抗日根据地已经建立了抗日民主的新社会秩序，成为敌后华北抗战的坚强堡垒。在全国抗战初期大片国土沦陷、社会秩序混乱的情况下，河北各抗日根据地的抗日民主大旗在华北敌后高高飘扬，这对全国人民的鼓舞，对日军后方的威胁，对国民党正面战场的支持，都有重要意义。1938年10月5日，中共中央扩大的六届六中全会主席团在《致晋察冀边区电》中，曾对此给予了极高的评价。指出：晋察冀边区党“所执行的坚定的统一战线的方针……依靠全党全军的努力，已经创造晋察冀边区成为模范的抗日根据地及统一战线的模范区。这些都在华北抗战中已经和将要尽其极重大的战略作用，而且你们的经验将成为全党全国在抗战中最有价值的指南”。❶

日本华北方面军在一份报告中称：五台山地区“乃共军巢穴，其影响至今及于华北”。❷因此，日本侵略者在武汉会战的同时，由华北方面军集中5万余兵力，从1938年9月24日开始围攻晋察冀边区抗日民主根据地腹地五台地区。这是日军转向重点“扫荡”华北敌后抗日根据地的信号。

《河北抗日战争史》第八章、第九章、第十章，主要考察和阐述了河北人民在全国抗战初期掀起国共合作抗战高潮之下，在共产党领导下开展敌后游击战争、开创敌后抗日根据地、开辟敌后战场的光辉业绩和重要经验。

❶《晋察冀抗日根据地史料选编》(上)，河北人民出版社1983年版，第67页。
❷ 日本防卫厅战史室:《华北治安战》(上)，天津人民出版社1982年版，第80页。

第三阶段，从1938年10月武汉失守至1940年底“百团大战”结束。

武汉会战结束后，日本将进攻重点由正面战场转移到敌后战场，加紧对占领区的统治和掠夺。由于侵华日军在正面战场进入战略相持、对峙，蒋介石开始将其军政力量向华北敌后伸展，在冀察地区，1938年6月重建河北省政府，1939年1月设立冀察战区，一方面继续国共合作抗日，另一方面又不断制造反共“摩擦”事件。因此，抗日战争呈现出复杂局面，敌后战场的地位突显起来。从此，河北各敌后抗日根据地进入以巩固和建设为主的阶段，一方面胜利地粉碎日伪军的“扫荡”进攻，有理、有利、有节地回击国民党顽固派的“摩擦”进攻，巩固和扩大抗日民主根据地；另一方面在抗日根据地进行有利于广大人民特别是农民群众的政治、经济、文化等方面的改革和建设，抗日民主根据地不断巩固和壮大。

根据中共中央扩大的六届六中全会的决议，1939年1月中共北方分局召开晋察冀边区党代表大会，同年10月中共晋冀豫区党委召开边区第一次党代表大会，先后制定了巩固和建设边区抗日民主根据地的方针和政策。中共中央北方局在1940年4月黎城会议上，进一步明确地提出了建党、建军、建政，巩固和建设敌后抗日民主根据地的方针和任务。在中国共产党领导下，晋察冀区军民1938年11月粉碎日军围攻之后，又粉碎了日伪军1939年的秋季大“扫荡”；冀中区军民于1938年11月至1939年4月粉碎日伪军连续五次分区“扫荡”，1940年春又粉碎日伪军的全面“扫荡”；晋冀豫边区军民继1938年粉碎日军第一次9路围攻后，于1939年8月底又粉碎了日伪军第二次9路全面“扫荡”，并取得邯（郸）长（治）大道战役的胜利；冀南区军民1938年12月粉碎日军第一次“扫荡”，又于1939年1~3月粉碎日伪军的全面大“扫荡”。国民党顽固派张荫梧、鹿钟麟、朱怀冰、石友三等部的“摩擦”进攻也先后被击退。同时，冀热察区军民执行巩固平西、坚持冀东、开辟平北的方针，至1940年底、1941年初，创造了冀热察边区大块抗日游击根据地。冀鲁边区和冀鲁豫边区军民也取得了反敌扫荡斗争的胜利，使根据地得到巩固和发展。由于国民党冀察战区抗战失利，到1940年上半年，其军政组织再次几乎全部撤离河北省境。

河北各敌后抗日民主根据地在坚持和发展华北敌后抗战之中，进行了各项社会改革与建设。各根据地的共产党组织经过整顿，从政治上、思想上、组织上得到巩固，深受各阶层人民特别是农民群众的拥护和爱戴。各根据地抗日武装经过整编和训练，军政素质和作战能力大大提高，初步形成了正规军、地方武装和民兵“三位一体”的人民战争的军事体制。各根据地抗日民主政权经过改造和民选，基本群众在政治上占了优势，并初步贯彻“三三制”建政原则，巩固和发展了新民主主义的民主政治和抗日民族统一战线。在晋察冀边区，1940年民主大选运动和《晋察冀边区目前施政纲领》（简称《双十纲领》）的颁布实施，按照民主集中制原则，建立健全了各级民意机关和行政机关，将新民主主义新中国的“模型”在边区具体地体现出来，“成为全国首先是其他抗日根据地，在民主建设上宝贵的参考和借镜”。[1]1940年8月1日，冀南、太行、太岳行政联合办事处（简称“冀太联办”）成立，为晋冀鲁豫边区政府的建立奠定了基础。各抗日民主根据地，特别是晋察冀区和冀中区，开展了群众性的减租减息、生产和合作运动，发展贸易和金融事业，发展文化教育事业，使遭到战争破坏的根据地财政经济和学校教育得到恢复和发展，使日军的“经济封锁”和奴化教育的阴谋未能得逞。到1940年底“百团大战”结束，晋察冀边区已经发展壮大为包括晋察冀、冀中、冀热察三个战略区，1500万人口的广大区域；晋冀豫边区已经发展壮大为包括冀南、太行、太岳三个战略区，15个专区、115个县的广大区域；冀鲁边区和冀鲁豫边区根据地也迅速巩固发展。

在这一阶段，国共两条抗战路线的本质区别显现出来：抗战

---

[1] 《新中华报》1940年11月10日社论：《晋察冀边区民主建设的新胜利》。

也是一个革命运动，应当变旧中国为新中国呢？还是抗战只是抗日，应当维护一个旧中国呢？中国共产党坚持在抗战中实行有利于广大群众特别是农民的社会改革，国民党坚持在抗战中拒绝必要的社会改革，这是共产党敌后战场逐步发展成为抗战主体的原动力，也是国民党敌后游击战失利和正面战场未能发挥其应有作用的内部动因。

《河北抗日战争史》第十一章、第十二章，大致涵盖了河北人民在抗日战争相持阶段前期粉碎日军的“扫荡”、打退国民党顽固派的“摩擦”、巩固扩大与改革建设根据地、在敌后华北树立起新民主主义新中国的模型等辉煌业绩及其宝贵经验。

第四阶段，从 1941 年初日伪军推行“治安强化”运动和“蚕食”政策至 1943 年底日伪军对晋察冀边区“毁灭扫荡”被粉碎。

“百团大战”后，尤其太平洋战争爆发前后，日军对中国正面战场与敌后战场的进攻更加疯狂和残酷，中国抗日战争进入最艰苦时期。这时，华北日伪大力推行“治安强化”运动和“蚕食”政策，河北各敌后抗日根据地首当其冲。日军在不断“蚕食”的基础上，于 1941 年秋集中 7 万兵力对北岳区和平西进行“铁壁合围”大“扫荡”；于 1942 年 4 月 29 日集中 4 万兵力对冀南根据地大“扫荡”；同年 5 月 1 日起又以 5 万余兵力对冀中根据地进行空前残酷的“五一”大“扫荡”，同时以 2.5 万兵力“扫荡”太行区；9 月起，又调集 4 万余兵力对冀东进行大“扫荡”。这一时期，日伪军还对平北、冀鲁边、冀鲁豫等区进行了数次大“扫荡”。日伪军在大“扫荡”中，实行“杀光、烧光、抢光”的“三光政策”，修建据点、碉堡和封锁沟、墙，在长城沿线和冀晋边境制造大片“无人区”。河北各敌后抗日根据地遭受严重损失，特别是冀中、冀南、冀东等区，其巩固区缩小，大部变为游击根据地、游击区和敌占区，财政经济也遇到极大困难。

根据中共中央和北方局的指示，河北各抗日根据地自 1942 年下半年起，相继制定了“到敌后之敌后去”，全面开展反“蚕食”、反“扫荡”的斗争方针和措施。主力部队分散活动，武工队、小部队深入敌后之敌后，广泛开展地道战、地雷战、交通战、水上游击战等群众性游击战争，并展开强大的政治攻势。同时，深入开展抗日民主根据地各项改革和建设。调整党政军民领导机关，实现党的一元化领导，开展全党整风运动，实行精兵简政，提高机关工作效率和部队素质，加强民主政治和法制建设。全面贯彻抗日民族统一战线的各项政策，减租减息、缴租缴息，实行统一累进税，奖励生产，救灾防疫，繁荣贸易，活跃经济，加强对敌粮食、货币和市场的争夺战。1941 年 7 月晋冀鲁豫边区临时参议会召开，1943 年 1 月晋察冀边区参议会召开，使两大根据地的新民主主义政治制度趋于完善，抗日民族统一战线更加巩固。冀中、冀南等各战略区正确运用抗日两面政策，使游击区抗日政权建设迅速发展。1943 年 9~12 月，晋察冀边区军民粉碎了日军对北岳区为期 3 个月的空前残酷的“毁灭扫荡”，宣告了敌人“蚕食”“扫荡”政策的彻底破产。到 1943 年底、1944 年初，北岳区、太行区被敌“蚕食”的地区基本恢复，还开辟了一些新区；冀南区、冀中区敌人的据点碉堡大部被摧毁，各种公开和隐蔽的抗日根据地在广大地区恢复起来；冀东抗日游击根据地的平原基本区得到恢复，敌人制造的“无人区”被部分摧毁，还新开辟 8 个联合县；冀鲁边和冀鲁豫区的形势也有了好转。从而打破了日本侵略者“以战养战”、变华北为大东亚战争的“兵站基地”的计划，各抗日根据地克服困难，渡过了难关，为准备反攻创造了条件。

与富有战斗精神的抗日民主根据地军民相反，活动在晋南、豫北一带的国民党冀察战区和河北省党部、省政府，虽仍有十数万人枪，但由于没有发动人民游击战争，没有建立起真正的抗日民主根据地，因此经不起日军的反复“扫荡”。1943 年四五月间，在日军大“扫荡”中，冀察战区副总司令兼第 24 集团军总司令、河北省政府主席庞炳勋和孙殿英、侯如镛等部投敌，第 24 集团军副总司令马法五率残部渡过黄河进入陕西省境。

《河北抗日战争史》第十三章、第十四章、第十五章、第十六章，记载了河北人民在中国抗日战争相持阶段后期极端困难的条件下，总结经验，励精图治，深化根据地改革与建设，全面展开反敌“蚕食”“扫荡”的斗争，使抗日根据地得到恢复与再发展的史绩，也记载了国民党冀察战区经不住日军残酷“扫荡”之考验，最终走上投敌叛国的史实，人们应当从历史比照中得到启迪。

第五阶段，从 1944 年初局部反攻，至 1945 年 9 月 2 日日本政府签字投降。

1944 年春天，苏联军队在欧洲战场、美英盟军在太平洋战场的战略反攻取得了决定性的胜利。在此世界战局下，日本为挽救其战略颓势，抽集约 40 万兵力于 4 月间向国民党正面战场发动了打通大陆交通的战役，却造成了敌后战场举行局部反攻的有利时机。

根据中共中央的部署，河北各抗日根据地的局部反攻于 1944 年五六月间相继展开，猛烈地扩大解放区，同时抓紧做好全面反攻的各项准备工作。由北岳、太行、冀中、冀南等区开始的攻势作战，持续全年，取得了具有战略意义的胜利。在晋察冀边区，组建了冀晋、冀察、冀中、冀热辽四个二级军区、区党委和区行署；冀南与冀鲁豫两区也合并为冀鲁豫边区，并组建了中共冀鲁豫分局、军区和区行署。

1945 年上半年，日本开始收缩中国战场的作战范围，从中国南方国民党正面战场将兵力集中于华北、华中，企图在中国大陆进行“长期持久的防御战”，以做好“本土决战”的准备。[1] 中共敌后战场 1945 年春夏季攻势作战，使日本这一计划化为泡影。河北各抗日根据地于 1~7 月间，发动了一系列战役，拔除了抗日根据地内和边沿区的敌占城镇和据点，席卷了豫北、雁北、察北、热河和辽西等地，直逼北平、天津、张家口等市郊，把日伪军压缩包围在少

---

[1] 日本防卫厅战史室:《华北治安战》(下)，天津人民出版社 1982 年版，第 454 页。

数大中城市和交通线附近，并粉碎了日军对冀东的大“扫荡”，夺取和巩固了向东北进军的前进阵地。同时，河北各抗日民主根据地广泛开展彻底的减租运动、大生产运动、大练兵运动和拥政爱民、拥军优抗运动，加紧东北工作和敌占城市与交通要道的工作，积极为大反攻从物质上、军事上和组织上做好准备。

1945年8月初，在美英盟军会攻日本本土、苏联出兵中国东北之际，中共敌后战场从8月11日起转入全面反攻。根据中共中央的部署，河北及邻省各抗日根据地部队直指北平、天津、保定、石家庄、张家口、大同、太原、榆次、开封、安阳等大中城市和交通要道，同时抽出一部兵力和大批干部挺进东北，与苏军配合收复东北失地。8月22日以后，河北各抗日根据地部队转为着重夺取中小城市和广大农村。在1个月的全面反攻中，河北各抗日根据地军民解放了河北省的大部和热河、察哈尔两省全部及河南、山西、绥远、辽宁各一部，夺取了张家口、承德、山海关、邢台、邯郸等一批中小城市，并为收复东北，建立东北解放区作出了重要贡献。由于蒋介石集团在美国支援下，将数十万国民党军队从南方运到北平、天津及东北，并利用日伪势力，抢夺抗战果实，向解放区“收复”失地，阻止人民军队受降，因此，日本政府签字投降后，敌后战场的战斗并未停止，一直延续到11月甚至更晚些时候，才真正结束。

河北各抗日民主根据地的反攻作战，反映了中国抗日战争反攻阶段的特色。它是由局部反攻发展为全面反攻，而全面反攻只在敌后战场进行，消灭和牵制了大量日军；解放了广大国土，对于打破日军的大陆长期防御战和“本土决战”的计划，策应盟军会攻日本本土，作出了重要的贡献。

《河北抗日战争史》第十七章、第十八章、第十九章，主要展现了河北人民在中国抗日战争反攻阶段的英勇战绩与根据地空前壮大的威武画卷。

以上是河北抗日战争的大致进程。实际上在这个极其壮观而纷繁的立体画卷中，各党、各军、各界和各战略区又是千姿百态、千差万别的。注意到这些差别，人们可以对河北抗日战争史的认识建立在更为客观、科学的基础之上。

研究河北抗日战争史，不仅需要从纵的方面系统、全面、完整地考察河北在抗日战争中的抗日斗争和社会改革与建设的历史进程、重大事件、内外诸要素及其因果联系，而且需要从横的方面进行概括、归纳和总结，以便更好地从河北抗战这一典型历史中，了解和把握日本帝国主义的侵略本性及其侵华罪行，了解和把握抗日战争在中华民族复兴历史上的划时代意义及其内部动因。为此，《河北抗日战争史》将“惨重的战灾和独特的贡献”单辟为第二十章。读了这一章，我想读者会从中得到启示，会有自己的观感。

# 第一章　河北地区抗日救亡运动兴起

## 第一节　中日民族矛盾聚焦河北地区

### 一、河北省的战略地位

1931 年，日本帝国主义发动“九一八”侵华战争，占领中国东北三省后，遂把华北作为必取的下一个目标，河北省首当其冲。

河北省简称“冀”，由古冀州而来。1928 年，南京国民政府再行“北伐”，取代直、鲁等地奉军统治后，6 月 28 日宣布直隶省改为河北省，并将原京兆区 20 县并入河北省，北京改名北平，北平、天津为特别市。9 月 17 日，又明令热、察两特别区改建为行省，区域仍旧，而将河北省口北道 10 县划归察哈尔省。河北省会驻天津市（今为中央直辖市），察哈尔省会驻张家口市（今隶河北省），热河省会驻承德市（今隶河北省）。

河北省位于华北北部，北纬 35° ~40° 40'、东经 113° 30'~119° 45'，面积 14.0526 万平方公里。[1] 北跨燕山山脉、蒙古草原和威严雄伟的长城，西依险峻的太行山脉，东临渤海，南界黄河，中环平、津两市，山海关、喜峰口、居庸关、娘子关等关隘险要。自西北向东南倾斜，有山地、高原、丘陵、盆地和广阔的华北大平原，河、湖密布，潮白河、大清河、拒马河、滹沱河、滏阳河、漳河、卫河等汇

---

❶《申报年鉴》，上海申报年鉴社 1934 年发行，第 91 页。

入海河，武烈河、清龙河等汇入滦河，流入渤海，白洋淀等湖泊荡漾。河北省素有“京畿重地”和“兵家必争之地”之称。

河北省是中国唯一有山区、丘陵、高原、盆地、平原、湖泊与滨海的省份。平原和草原地区盛产粮、棉、油和肉类、皮毛等农牧产品，小麦产量在全国名列前茅，皮毛产量在世界闻名，棉花、花生不仅产量多，质量也好。山区蕴藏着极为丰富的煤、铁、铝、金等矿产资源，河北及山西、山东、绥远、察哈尔的煤储藏量占全国煤炭储藏量一半以上，河北、察哈尔与山东的铁矿储藏量占全国铁矿石储藏量58%以上。沿海地区有丰富的海盐、石油和渔业资源，长芦盐最为著名，芦台盐场面积达72925亩，丰财盐场面积达7047亩。

河北省是中国近代工商业的发祥地之一。境内有古都北平和天津、保定、石门、唐山、邯郸等重要工商业城市和天津、秦皇岛等近代港口，平汉、津浦、平绥、北宁、正太等铁路、公路纵横贯通，河运、海运便利，工商贸易和文化教育事业相当发达。煤矿开采，以开滦煤矿最著名，另有临城、井陉、六河沟等共10余家，1934年煤炭产量达700万吨，位居全国第二。[1]龙烟铁矿探明储量9000万吨以上，[2]不仅储藏量、产量可观，而且矿石质量精良。制盐、制碱、火柴、玻璃等化学工业，棉纱等轻纺工业和面粉、榨油等食品工业，也有相当发展。文化教育方面，1930年，全省有各类学校27623所，其中，专科以上学校8所，中小学校27615所，每百万人口中有大学生137人，每1000人口中有小学生34人，居于全国前列。[3]由于河北省农、工、商、贸和文化事业发达，其财政收入在全国也占有重要份额。1933年度，仅天津、秦皇岛等华北各海关关税收入达6101.8533万元，其中盐税收入350.69万元，

---

❶ 《当代中国的河北》(上)，中国社会科学出版社1990年版，第45页。
❷ 《全国铁矿之调查》,《华北工业季刊》第1卷第3期，1931年3月版。
❸ 苑书义、孙宝存、郭文书主编:《河北经济史》第4卷，人民出版社2003年版，第210页。

分别占全国关税总收入及盐税收入的 20% 以上。[1]

上述事实表明，河北省的战略地位十分重要，处于联结华北各省（河北与山西、山东、绥远、察哈尔）和东北、西北、中原地区的中枢地带，是中国北方政治、军事、经济、文化的命脉和维系中华民族生存的重要支柱。东北沦陷后，河北省更成为中国华北的第一国防线。对于资源缺乏和人力、财力不足的日本帝国主义来说，侵占河北与华北地区，则是其盘踞中枢，巩固伪满洲国，进而攻取整个中国，然后或北攻苏联，或南攻美英，争霸亚洲及世界的一个至关重要的战略步骤。捍卫河北与华北的领土主权与人民生命财产安全，日益成为关系中华民族生死存亡的重大问题，成为中日民族矛盾的聚焦点及决定中日关系走向的关键。

## 二、日本侵略河北地区的早期活动

日本早在明治维新以前的封建时代，就形成了以战争为职业的武士阶层及其以忠节、武勇为主要内容的武士道精神，丰臣秀吉（1536~1588）统一日本后，提出攻朝鲜，取京津，占领华北，向大陆扩张的侵略思想。他曾对大臣宣称："自将兵入朝鲜，驱其兵以躏明地，分割土地以封诸君。"[2] 明治维新伊始，日本政府即于 1868 年 4 月 6 日发表明治天皇的御笔信《宸翰》，宣称要"经营天下，安抚汝等亿兆，欲开拓万里波涛，布国威于四方"。[3]

1874 年，日本侵略者借口所谓"难民问题"，派兵进攻台湾，向清政府索取赔款白银 50 万两。第二年，又提出其主要敌手是"邻邦清国。"1879 年，日本入侵琉球，将琉球改为冲绳县，并入日本版图。1882 年和 1884 年，日本两度入侵朝鲜。19 世纪 90 年代初，日本政府以山县有朋首相的"二线说"为基准，确立了所谓

[1] 参见南开大学马列主义教研室、中共党史教研组编：《华北事变资料选编》，河南人民出版社 1983 年版，第 490~497 页。

[2] 汪向东、夏应元：《中日关系史料汇编》，中华书局 1984 年版，第 508 页。

[3] 伊文成等：《明治维新史》，辽宁教育出版社 1987 年版，第 356 页。

“大陆政策”。当时，山县有朋先后提出《军事意见书》《外交政略论》，多次上奏天皇，还在日本第一届帝国议会上发表了施政演说，认为：“国家独立自卫之道，本有二途。第一曰守护主权线，第二曰保卫利益线。其中，所谓主权线，国家之疆域也；所谓利益线，曰与主权线之安危密切有关之区域也。”主张：“欲维持一国之独立，唯独守主权线，决非充分，亦必然保护其利益线。”❶强调：“我方利益线之焦点，在于朝鲜。”❷“釜山、义州间之道路即通往东亚大陆之道路，而后必成为横断中国直达印度之途。”❸1907年，经天皇御批，日本政府和军部制定了《国防方针》与《用兵纲领》，规定：“帝国国防将以攻势为根本宗旨。”❹日本的国防要实施先发制人、不宣而战、突然袭击的侵略战争基本原则，并“要保持初战的强大威力，采取速战速决主义”。❺

根据其“大陆政策”和“国防方针”，日本政府于1894年7月再次借口朝鲜问题，发动第一次大规模侵华战争——甲午战争，不仅吞并了朝鲜，而且割取了中国的辽东半岛和台湾及澎湖列岛，后因列强干涉，日本虽归还中国辽东半岛，但向清政府勒取赔款白银2.3亿两。1900年，日本与英、法、德、俄、美、意、奥组成八国联军，入侵中国，攻进北京城，迫使清政府签订《辛丑条约》，索取赔款白银4.5亿两，取得了从北京至海道沿途之黄村、廊坊、杨村、天津、军粮城、塘沽、芦台、塘山、滦州、昌黎、秦皇岛、榆关（山海关）的“留兵驻守”之特权，即在华北心脏地区的驻兵权。各列强协商在华北驻兵总人数“以8200人为限”，但实际上达到了12000人，1903年仍保持在9300人。日本为进攻中国出兵最

❶ ［日］大山梓：《山县有朋意见书》，原书房1966年版，第203页。
❷ ［日］大山梓：《山县有朋意见书》，原书房1966年版，第197页。
❸ 《日本历史》卷18，岩波书店，第137页。
❹ ［日］防卫厅防卫研究所战史室：《陆军军战备》，朝云新闻社1979年版，第60页。
❺ ［日］防卫厅防卫研究所战史室：《战史丛书·大本营陆军部》第1卷，朝云新闻社1974年版，第159页。

多，派遣驻屯军兵力也最多。在《辛丑条约》签字前两个月，即1901年7月，日本政府即借口“护侨”“护路”，正式宣布组成“清国驻屯军”(后改称“中国驻屯军”)，10月24日下达了驻屯军的编制：司令部设于天津，下属步兵大队6个，野战炮兵大队1个，野战病院1个，守备司令部1个，骑兵中队1个，工兵中队1个，宪兵队1个，总兵力2600人，约占当时各国驻兵总数的1/4。[1]1904年和1905年，通过日俄战争，日本夺取了俄国在中国东北的殖民权益，侵占了辽东半岛。日本侵略者在第一次世界大战期间，又乘西方列强暂时无暇东顾之机，以对德国宣战为借口，于1914年9月，派1个混成旅团登陆山东半岛，占领胶州湾、青岛和济南，夺得胶济铁路的经营权。1915年1月，日本侵略者又向袁世凯政府提出“二十一条”交换条件，企图将中国完全变成它的附属国。

日本政府通过这些侵略活动，利用从中国榨取的巨额赔款和广大的原料、商品市场，在19世纪末20世纪初，迅速完成了资本主义工业化，成为世界帝国主义的暴发户。日本不仅在中国东北地区建立了“关东都督府”、“南满”铁路股份公司（简称“满铁”）和驻奉天（今辽宁）总领事馆等“关东州”殖民机构，而且由于日本占领了朝鲜和中国的辽东、山东两个半岛，获取了在北京、天津及山海关一线的驻兵权，黄海几乎变成了日本的内海，渤海也几乎被日本完全控制，河北地区作为京畿重地，已经处在日本军队的直接威逼之下。

20世纪20年代，随着世界性资本主义经济危机不断加深，欧洲法西斯主义出现，日本法西斯势力也迅速崛起。日本法西斯势力及其组织提出了日本的“生存空间”问题，夸大所谓“人口增长与领土关系”的矛盾，主张对日本实行法西斯主义的国家改造，以对外侵略战争为基本手段，建立一个所谓拥有“北俄南澳”的大日

---

[1] 参见张洪祥：《“七七”事变前的日本华北驻屯军》，《历史教学》1982年第10期，第43页。

本（囊括中国东北与内蒙古东部，苏联西伯利亚与远东地区，英属澳大利亚）。[1]日本法西斯专制体制的确立，为日本进一步发动对中国和亚太地区的侵略战争，从组织上、政治上和舆论上完成了准备工作。

第一次世界大战后，日本侵略者修订的《国防方针》，确定了对美、俄、中等多国进攻作战的原则及作战次序的构想，但是实际上，把中国作为首要的侵略对象。1925 年，日本依据《国防方针》，制定了 1926 年度作战计划，其兵力分配重点在中国。计划作战兵力 32 个师团，其中，对美作战，计划 3 个师团、1 个支队；对俄作战，计划 13 个师团、1 个支队；而对中国作战，计划兵力 16 个师团，占作战计划总兵力的一半，且对俄作战的大部分兵力部署在中国东北地区。日本对中国的作战计划，又重点在河北等华北地区：计划在东北方面，关东军兵力 5 个师团；计划在华东、华中方面，派遣 1 个集团军，辖 3 个师团；在福建方面，派遣台湾军 1 个师团；而在华北方面，计划在京、津地区及山东配置 1 个方面军、2 个集团军，辖 7 个师团，占对中国作战计划兵力近 44%，预备在秦皇岛、天津、塘沽与山东半岛登陆，占领河北及山东要地。这一年度作战计划，成为后来日本 1931 年侵略中国作战的蓝本。[2]

1927 年 6 月 27 日，日本内阁首相兼外相田中义一，奉天皇谕旨，为了讨论中国政局，确立和统一执行对华政策，主持召开了东方会议。会议在东京霞关外相官邸召开，外务、陆军、海军三省，参谋部、军令部、关东军、大藏省及朝鲜总督府等官员均与会。会议历时 10 天，经过 5 次讨论，田中义一于 7 月 7 日下午训示了日本政府《对中国政策纲领》，共八条，作为会议的决议。田中“八条”，以温和的公开言辞，掩藏着分割“满蒙”、东北等中国领土的

---

[1] ［日］《北一辉著作集》第 2 卷，美铃书房 1969 年版，第 223 页。

[2] 转引自军事科学院军事历史研究部：《中国抗日战争史》上卷，解放军出版社 1991 年版，第 36~37 页。作战兵力计算据［日］防卫厅防卫研究所战史室：《战史丛书 · 大本营陆军部》第 1 卷，朝云新闻社 1974 年版，第 301~302 页。

杀机。宣称：不容置疑，“在帝国权利、利益以及日侨的生命财产”遭到危险时，帝国政府只得“断然采取自卫措施”。对排日、抵制日货，“采取机宜措施”。“满蒙，特别是东北地区，无论在国防上和国民生存上，均与我国具有重大的利害关系”，我国不能不“负有特殊的责任”。我国在“满蒙”地区的“特殊地位与权益有遭侵害之虞时，不问其来自何方，均坚决加以防护”。其中第七条不予公布，此条规定：在东北三省，对“在尊重我国特殊权益的基础上”，谋求“满蒙”地区之政情稳定者，帝国政府应予以“适当支持”。[1]

东方会议后，田中义一依据会议内容，起草了奏折，7 月 25 日呈送天皇，史称《田中奏折》——“对于满蒙积极根本政策之件”，代表了日本天皇、政府和军部侵略中国、争霸亚洲和世界的战略计划及其疯狂性、冒险性。宣称：

> 所谓满蒙者，乃奉天、吉林、黑龙江及内外蒙古是也，广袤 7.4 万方里，人口 2800 万人，较我日本国国土（朝鲜及台湾除外）大逾三倍，其人口只有我国 1/3。不惟地广人稀令人羡慕，农矿森林等物之丰富，世之无其匹敌。……
>
> 欲征服支那必先征服满蒙，如欲征服世界必先征服支那。倘支那完全可被我国征服，其他如小、中亚细亚及印度、南洋等，异服之民族必畏我敬我而降于我，使世界知东亚为我国之东亚，永不敢向我侵犯。此乃明治大帝之遗策，是亦我日本帝国之存立上必要之事也。……
>
> 考中国现势及将来，如欲造成昭和新政，必须以积极的对满蒙强取权利为主义。……我对满蒙权利如可真实的到我手，则以满蒙为根据，以贸易之假面具风靡支那 400 余州。再则以

---

[1] 参见章伯锋、庄建平主编：《抗日战争》第 1 卷《从九一八至七七》，四川大学出版社 1997 年版，第 5~13 页。

> 满蒙之权利为司令塔，而攫取全支那之利源。以支那之富源而作征服印度及南洋各岛以及中、小亚细亚、欧罗巴之用。我大和民族之欲步武于亚细亚大陆者，握之满蒙权利乃其第一大关键也。[1]

此次东方会议后，为谋划侵略中国东北的具体步骤，日本外务省次官森恪又于8月15~21日，在中国旅顺秘密召开了第二次东方会议。

东方会议和田中奏折，标志着日本大陆政策的新发展和具体化，是日本侵华史上的重大事件。一直以来，日本政府和部分日本学者否认田中奏折之存在，但从日本发动侵略战争的史实轨迹来看，却是客观史实，无法回避的。

20世纪20年代，中国正处于革命风暴和局势多变的时期。日本迅速走上了法西斯专制和军国主义道路，企图乘此机会，在中国夺取更多的权益。1926年以来，国共合作北伐战争不断胜利，国民革命军攻占长江一线，北洋军阀败退山东、河北等地，引起国内外反动势力的恐惧。1927年，蒋介石集团在美英等帝国主义和国内大资产阶级的支持下发动“四一二”反革命政变，而后继续率兵沿津浦路北进，攻占徐州等地。日本田中内阁于1927年5月27日决定，以“保护侨民”为名，调驻东北关东军第10师团第33旅团出兵山东，6月1日在青岛登陆，同时由海军编成第2遣华舰队在山东海面予以协同。7月5日，田中内阁又决定由登陆青岛的日军占领济南，由驻大连日军一部进兵青岛。由于日本出兵，北伐受阻。直至蒋介石答应了日本的无理要求，日本政府才于同年秋从山东撤军。

1928年4月，国民政府宣布继续“北伐”。日本政府于4月17

---

[1] 参见章伯锋、庄建平主编:《抗日战争》第1卷《从九一八至七七》，四川大学出版社1997年版，第23~25页。

日决定，为了保卫在山东和华北的权益，以“保护日侨”的名义，再次出兵山东等地阻止中国军队北进。4月20日，日本的中国驻屯军临时济南派遣队3个中队侵入济南，21日占领济南商埠区。4月25日，第6师团先头部队在青岛登陆，次日由该师团第11旅团长率先遣队开到济南。5月1日，国民党军队一部进入济南城，奉军张宗昌部弃城逃跑。5月3日，日军发起大规模进攻，将国民党军队7000人缴械，到处奸淫抢杀，中国军民1000余人惨遭杀害。日军践踏国际外交惯例，冲进国民政府战地外交公署，抓捕新任山东特派交涉员蔡公时等人，烧毁外交公署办公大楼，割掉蔡公时的耳朵、鼻子、舌头，挖去他的眼睛，将其野蛮惨杀。面对日军的武装干涉，蒋介石命令主力部队于5月5日绕开济南，渡过黄河继续北进。至5月11日，日军完全占领济南。据世界红十字会济南分会查明：这次济南“五三”惨案，中国军民死亡6123人，受伤1700人，财产损失2957万元。

国民政府采取妥协退让的政策，日本政府和军部却更为嚣张。1928年5月16日，日本内阁又作出《关于维护满洲地方治安的处置案》。次日，向中国发出照会：“当战乱发展至京、津地区，其祸乱将及于满洲之际，帝国政府为维持满洲治安起见，不得不采取适当而且有效之措施。”[1]并命令驻旅顺关东军司令部向奉天进兵。由于张作霖未能全部满足日本的要求，日军于6月4日在皇姑屯附近的铁路上安放炸弹，企图除掉张作霖，另选傀儡。张作霖受重伤不久死去，但“少帅”张学良秘密返回沈阳，就任东北保安司令，控制了局势。张学良在国难与家仇之际，不顾日本的威胁，与南京国民政府谈判统一问题，并于12月29日正式通电东北易帜。皇姑屯事件前后，日本关东军高级参谋河本大作特地将石原莞尔调来当助

---

[1] ［日］外务省：《日本外交年表及主要文书》下卷，原书房1969年版，第116页。

手，“拟定了满洲事变的计划”。[1]

## 三、日本加紧向关内侵略扩张

日本军国主义的基本国策是灭亡中国，但受其国力和国际条件的限制，其侵华战争计划不得不分阶段实施。以 1931 年“九一八”事变为标志，日本政府和军部开始了以侵占中国东北三省为重点的第一阶段侵华战争。由于蒋介石集团实行对日绝对不抵抗的政策，日本关东军短短 4 个多月，就侵占了中国东北全境。1932 年，日本又挑起“一·二八”上海事变，并以此作掩护，于 3 月间在中国东北炮制了伪满洲国，把中国东北三省变成了日本独占的殖民地。尔后，日本以东北三省为前进基地，以关东军与中国驻屯军相配合，开始了以侵占中国华北五省、二市（北平、天津）等地为重点的侵华战争的新阶段。而侵占热河与冀东、察东，则是日本侵华战争从东北指向华北的一个过渡与跳板。

热河位于辽宁与河北两省之间，山海关为东北与华北的交通咽喉。冀东与热河沿长城相依，是平、津及整个华北的屏障。日本为了侵占热河与冀东、察东，早在 1931 年 4 月，石原莞尔（侵占中国东北的重要策划者）就在《解决满蒙问题的战争计划大纲》中，主张在必要的时候，要进行关内作战。[2]“九一八”事变之初，日本即将热河省划定在“关东军满洲国建国设想的预定区域内”，被视为关东军“满洲国”建国的“不可缺少的必至条件”。[3]关东军“九一八”开战第 4 天，即在《解决满蒙问题方案》中，决定了拉拢热河省主席汤玉麟，任命其作镇守使，以便驱使的对策。[4]11 月 16

[1] 转引自军事科学院军事历史研究部：《中国抗日战争史》上卷，解放军出版社 1991 年版，第 47 页。

[2] ［日］角田顺：《石原莞尔资料·国防论策》，原书房 1971 年版，第 71 页。

[3] ［日］岛田俊彦、宁野重昭：《通向太平洋战争之路》第 3 卷《日中战争》（上），朝日新闻社 1962 年版，第 3 页。

[4] 《日本帝国主义对外侵略史料选编》，上海人民出版社 1983 年第 2 版，第 139 页。

日，日本陆军部起草《对苏中两国作战计划大纲》，其中规定，“在平津方面，从速增加中国驻屯军所需之兵力（不下于混成 1 旅团之兵力），使之坚守天津”。“继之，对华北方面（平津及山东两方面）派遣 4 个师团，使之迅速平定平津地方”。[1] 1932 年 1 月 21 日，日本陆军部第二课拟定《对华一般方策》，其中规定“向解决满蒙问题之既定方针猛进”，同时，如有必要，“占领天津与北平，促进在华北树立亲日政权”。还规定，“逐次派遣兵力至下列地点：天津、北平、青岛、济南，以上由陆军部队行之”。[2] 同年 8 月，石原莞尔又在《经略满蒙之我见》中，提出“山西的铁，河北的煤，河南、山东以南的棉”，应该为日本所用；主张日本不能只满足于“满洲国”的“开发”，必须实行“开发中国本部，首先是实现开发华北的方策”。[3]

1931 年末、1932 年初，日本政府和关东军加紧在中国东北炮制伪满洲国，内定废帝溥仪为最合适的人选。为掩护此企图，日本政府和军部在发动“一·二八”上海事变的同时，在华北密谋策划了天津暴乱。1931 年 10 月中旬，中国驻屯军司令官香椎浩平自天津给关东军司令官本庄繁一份电报，提出：“为使满蒙问题容易解决，不仅需要将旧东北军阀从满蒙一扫而光，并需要尽可能早日使张学良在河北之势力崩溃。”[4] 此时，日本奉天（辽宁）特务机关长土肥原贤二奉关东军司令本庄繁之命，为赶在 11 月 16 日即国际联盟规定的撤兵时限之前，诱使溥仪逃离天津，到东北“出山”，已密往天津。当时，溥仪蛰居天津日本租界，正伺机仰仗日本人实现其复辟梦想。土肥原贤二与中国驻屯军司令官香椎浩平密谋，决定

---

[1] 章伯锋、庄建平主编：《抗日战争》第 1 卷《从九一八至七七》，四川大学出版社 1997 年版，第 250~252 页。

[2] 章伯锋、庄建平主编：《抗日战争》第 1 卷《从九一八至七七》，四川大学出版社 1997 年版，第 281~282 页。

[3] ［日］角田顺：《石原莞尔资料·国防论策》，原书房 1971 年版，第 107~109 页。

[4] 转引自章伯锋、庄建平主编：《抗日战争》第 1 卷《从九一八至七七》，四川大学出版社 1997 年版，第 240 页。

“采取特殊手段”，也就是策动一场武装暴乱，既乘机在混乱中带走溥仪，又借机使中国驻屯军与关东军互相呼应，实现向关内扩张的计划。遂由中国驻屯军收买汉奸张璧和李际春，许诺事成后，张任天津市长，李掌管保安队，由日军出钱和供给枪支弹药，令二人出面网罗兵痞、流氓和青帮分子，纠集起约 2000 人的队伍。张璧原为京师警察总监，1924 年冯玉祥发动北京政变时曾协助鹿钟麟将溥仪逐出宫，后又居天津，与溥仪往来甚密。李际春出身行伍，曾任奉系骑兵军长，后在天津投靠日本。这支汉奸队伍不着军装，不打旗号，习惯上称为“便衣队”。

11 月 2 日，土肥原贤二再次密抵天津，与香椎浩平策定，于 8 日夜暴动起事。是日夜 10 点 30 分，便衣队 2000 余人在天津日本租界海光寺集结，在日本人监视之下，发给大枪、手枪、手榴弹，并发给每人现洋 40 元。11 时许，便衣队 100 余人由日租界海光寺冲出，向中国的警察所攻击，同时有大批便衣队由日租界海光寺冲出，分路向河北省政府和天津市政府及天津市公安局进击，一度占领了警察一区一所、一区六所及二区六所。由于省、市政府及公安局对日军纠集便衣队暴乱早已侦悉，自 11 月 1 日起即以“地方不靖”为由提前实施冬防，加强戒备。8 日晚，下令全体军警人员进入紧急戒备状态，并沿日租界通往华界各路口赶筑防御工事，河北省省长兼东北军第 2 军军长王树常又令第 15 旅驻塘沽、军粮城一带部队移往市区待命。因此，日军纠集的武装暴动，立即遭到了中国军警的有力抵抗与反击。至 11 月 9 日晨 5 点 30 分，便衣队被逐渐击溃，俘虏 61 人，伤亡一部，大部逃回日租界。

暴乱发生后，11 月 9 日晨 1 时，河北省省长王树常派人将事实通知各国公使馆，并向日领事要求取缔日租界之便衣队。至 4 时，天津日军司令官竟电告，限中国军队及保安队、警察等，于即日上午 6 时以前，撤退至距日租界 300 米以外地域。中国方面为避免冲突，于 6 时前下令撤退。中国军警撤退后，忽有炮弹约 30 发，自日租界打入中国界，炮弹上有“大正十五年制”字样，证明系日本所造。

为掩人耳目，日军驻天津司令官香椎浩平 11 月 9 日晨发表声明，谎称："目下之暴乱，系属中国内争"，日方"严守中立态度"。天津市市长张学铭于同日照会日本驻天津总领事桑岛主计，张学良也在北平以副总司令名义发出通电，揭露天津便衣队暴乱的真相，向日方提出抗议，指出："便衣队之组织，系在日租界"，此种行为系由日租界当局"放任所致"。

由于日军纠集便衣队暴乱，造成天津全市极为混乱。乘此混乱之际，驻天津日军司令部下令占领日租界外围，严密封锁溥仪住所——静园，断绝其与中国管辖区交通。土肥原贤二指使日本特务于 11 月 10 日傍晚裹胁溥仪，将其藏在一辆敞篷汽车的后箱里载离静园，在日本敷岛料理店给溥仪换上日本军装，改乘日军司令部的军车，驶抵英租界的一个码头，搭乘小汽艇由海河到大沽口。后将溥仪送上日本商船"淡路丸"号转赴营口，实现了秘密挟持溥仪到东北充当伪满洲国傀儡元首的计划。

从 11 月 11 日起，在日本驻天津总领事桑岛主计的主持下，中日双方开始就恢复和平问题进行磋商。但便衣队仍不断骚扰，日军也摆出一副要战斗的态势。中国军警也严阵以待。12 日，桑岛主计照会中国外交部，要求中国军警撤退于光绪二十八年（1902 年）关于交换天津换文所定之距离以外。14 日，国民政府训令王树常，令其对日军退让，"向日道歉，取缔反日言论，中国先撤防工事"。中日双方遂于 17 日达成协议，全部撤除距中日交界 300 米内之防御工事，保安队不得进入该区域，改由警察设岗警卫，准许佩带武器。次日，天津戒严司令部宣告解除戒严。至 20 日，市面恢复正常，第一次天津事件结束。

香椎浩平按照与土肥原贤二的密谋，为配合关东军进攻锦州，在第一次天津事件落幕仅仅 6 天，又于 11 月 26 日再次指使便衣队暴动。当日晚 8 时，便衣队从日租界出击，日军以大炮向市电话局、公安局及河北省政府等处轰击，日本义勇军也出动参战。关东军获悉天津事件第二次发生，即以“援救天津军”为由，派兵进攻辽西，威逼山海关，并致电驻朝鲜军要求增援。次日，香椎浩平向王树常提出无理要求，要中国军队撤离外国军队驻地20里以外，保安队退至南运河与金钢桥以北，驻河北省内的军队一律中止移动。28日，日“朝颜号”军舰满载陆战队500余人及大批军火抵日租界码头。29日，香椎浩平、桑岛主计分别通知各国驻津领事，诬蔑中国方面违反《辛丑和约》，声称日本将予惩罚，要各国侨民限于当日晚7时以前离开华界，以免危及生命。各国领事进行紧急调停，约定中日双方停止攻击，继续磋商。由于国民政府虽向日驻华公使重光葵提出抗议，但坚持对日妥协退让，张学良也派参事周龙光抵津与日军斡旋，最后，河北省与天津地方当局被迫接受了日军的无理要求。12月4日，张学良委任周龙光暂代天津市市长。

天津暴乱事件历时20余天，最后以中国退让为结束，中国军警伤亡43人，1万余户无辜民众流离失所，商民财产损失惨重。它暴露了日本将武装进攻河北与整个华北的企图，同时也传输了河北与整个华北人民抗日救亡的迫切要求及广大爱国官兵武装抗日的信号。

1932年1月2日，日军占领锦州后，企图迅即攻占山海关及热河，后因急于炮制伪满洲国，镇压东北抗日义勇军，发动上海“一·二八”事变，应付国际联盟调查团，只得暂缓一步。1932年5月，在日本国内发生了“五一五”事件，首相犬养毅被枪杀，军部指导下的斋藤实联合内阁成立，标志着日本法西斯战争体制在世界东方的亚洲形成。在中国东北，几支较大的抗日义勇军在日本关东军的疯狂镇压下，到1932年底均遭严重损伤。在国际上，1933年1月，德国希特勒上台，标志着在世界西方欧洲，德国法西斯战争体制形成。加之，美、英、法等国的绥靖政策，只有社会主义苏联在道义上支持中国，这就更助长了日本扩大侵略的气焰。因此，日本关东军决定：“掉头把圣战指向热河省”，并自1932年下半年起“利用一切机会进行了各项准备工作”。[1]

日军对热河先是企图诱降，如前所述，关东军在“九一八”事变后第四天即已决定由汤玉麟主持热河政权。日本关东军于1932年4月4日制定《对热河政策》，规定：“暂以支持汤玉麟，使之从速服从满洲国的统治为首要措施，其次，使之改革省政。”[2]先后将其家属由沈阳护送到天津，委汤玉麟任伪满洲国热河省主席兼参议府副议长，指派其汉奸盟兄张景惠及张海鹏等及日本浪人高原密抵承德进行活动，但汤玉麟因顾忌张学良有所威慑而未敢叛国。日本遂加紧准备武装进攻，1932年7月22日，关东军参谋长小矶国昭提出：“立即采取军事行动，攻占热河省，从根本上解决满洲问题。”[3]7月23日，关东军参谋长致电东京参谋本部，提出“万一张学良的正规军敢于进入关外时，应予惩罚，立即驱逐”。7月25日，日军参谋次长以特急密码第300号复关东军参谋长第229号电报，将进攻矛头直指华北，称：“如果用外交手段已无效果，则以必要兵力，尽量直冲平津地方。”[4]为此，扩大了关东军司令部的编制，由武藤信义接任关东军司令官，小矶国昭与冈村宁次任关东军正副参谋长。1932年下半年，从日本国内及上海方面调遣兵力，关东军由“九一八”事变时3个师团，增至6个师团、4个混成旅团、2个骑兵旅团及1个飞行队，总兵力约达10万人。[5]关东军不断向热辽边境及辽西增兵，第8师团第4旅团等部4000人前进至山海关正面的北宁路锦州至绥中地区。日军还大力扩充伪满军，在

[1] ［日］参谋本部：《满洲事变作战经过概要》第2卷，中华书局1982年中文版，第69页。

[2] 复旦大学历史系编译组：《日本帝国主义对外侵略史料选编》，上海人民出版社1983年版，第137页。

[3] 转引自军事科学院军事历史研究部：《中国抗日战争史》上卷，解放军出版社1991年版，第237页。

[4] 复旦大学历史系编译组：《日本帝国主义对外侵略史料选编》，上海人民出版社1983年版，第138~139页。

[5] 参见［日］桑田悦等编著：《简明日本战史》，军事科学院外国军事研究部译，军事科学出版社1989年版，第55~56页。

辽（宁）西及吉（林）西地区，新组建了刘桂堂护国游击军、王道布骑兵军、程国瑞暂编第 1 军、李际春暂编第 2 军等伪军。

同时，日本官方极力制造舆论，企图将侵略热河“合法化”。斋藤实首相、内田康哉外相和关东军官武藤信义司令，一上台即大肆宣扬：“满洲国的国境系万里长城”“热河为满洲国之一部”“热河问题纯粹为满洲国之内部问题”。“根据日满协定书规定，对满洲国领域内之治安，两国有共同维持之责任。”“其在该省内捣乱治安者，为满洲国之不逞分子，其侵入省内者为侵略者。”日本各大报刊大肆宣扬义勇军危害伪满洲国的治安，系因张学良操控，鼓吹应进行“惩罚”。[1]

经过密谋策划，关东军与驻华北日军频繁挑起事端。1932 年 1 月日军侵占辽西义县后，不断向热河北票、朝阳进逼。日军还不断派飞机在平泉、凌源、承德等地上空侦察挑衅。[2]8 月 27 日，日本内阁会议决定：“在山东地方及华北，目前应尽量保持平静状态”，“如果万一该方面发生显著混乱，帝国臣民的生命财产及其他重要权益绝对需要保护时，就应该出兵”。[3]关东军还采取谋略手段，1932 年 2 月，奉天特务机关长坂垣征四郎到天津，建立了天津特务机关，“策动反对蒋介石的原华北各军阀将领，使其相机进行反蒋”、降日活动。[4]到 1932 年底，日军进攻热河与冀东，进而向华北扩张，已经准备就绪。至此，河北与整个华北已面临空前的民族危机，成为日本军国主义与中华民族之间侵略与反侵略的民族矛盾的聚焦点，抗击日本侵略者紧迫地摆到了河北与整个华北各阶层人

---

❶ 转引自军事科学院军事历史研究部：《中国抗日战争史》上卷，解放军出版社 1991 年版，第 237 页。

❷ 参见余子道：《长城风云——从榆关事变到七七抗战》，上海书店 1993 年版，第 57 页。

❸《从国际关系角度来看时局处理方针》，附件甲号（对中国本部的政策），载复旦大学历史系编译组：《日本帝国主义对外侵略史料选编》，上海人民出版社 1983 年版，第 142 页。

❹《土肥原秘录》，载章伯锋、庄建平主编：《抗日战争》第 1 卷《从九一八至七七》，四川大学出版社 1997 年版，第 401 页。

民与广大爱国官兵的面前。

## 第二节 抗日救亡运动蓬勃兴起

### 一、中国共产党号召团结抗日救亡

日本发动“九一八”事变以来，中日民族矛盾日趋成为主要矛盾，国内阶级关系发生新的变化。以1933年1月1日山海关之战为标志，日本向关内扩张，进攻长城，直冲平津，继而进行“华北分离工作”和“内蒙工作”，企图在华北和内蒙古地区制造第二、第三个伪满洲国，作为占领全中国，争霸亚洲与世界的前进基地。中日民族矛盾的焦点从东北地区转移到华北地区，河北省成为这一侵略与反侵略的矛盾斗争的首要聚焦地。华北尤其河北人民面临着当亡国奴的危险。华北危急！中华民族危急！牵动着每一个中华儿女的心，也引起世界舆论的关注。

中国共产党代表中华民族最大利益，虽深处蒋介石与国民政府大军围剿之中，仍高举起团结抗日救亡的旗帜。中国共产党自“九一八”事变起，就多次作出决议，发表宣言、通电，反复揭露日本帝国主义妄图将中国变为其独占殖民地的野心，指出蒋介石与国民政府“攘外必先安内”方针的投降卖国实质，号召全党发动全国人民群众抗日。“九一八”事变后，《中国共产党为日本帝国主义强暴占领东三省事件宣言》公开发表，号召全中国工农劳苦民众“一致动员武装起来，给日本强盗与一切帝国主义以严重的回答”。[1]同日，中共中央提出了党的紧急任务，强调：“党应该特别加紧反帝斗争，

[1] 《中国共产党为日本帝国主义强暴占领东三省事件宣言》，1931年9月20日。载中央档案馆编：《中共中央文件选集》(7)，中共中央党校出版社1983年版，第430页。

尤其是反日斗争的领导，以开展反帝的革命运动。”[1]中国共产党在极为困难的条件下，直接领导了全国抗日救亡运动及东北人民抗日游击战争。

1932年日本帝国主义挑起“一·二八”上海事变，4月15日，中华苏维埃共和国临时中央政府主席毛泽东发布《对日战争宣言》，宣布：“中华苏维埃共和国临时中央政府特正式宣布对日战争，领导全中国工农红军和广大被压迫民众，以民族革命战争，驱逐日本帝国主义出中国，以求中华民族彻底的解放和独立。”[2]1933年1月1日日军进攻山海关，加紧进犯华北。在这种形势下，以中央政府主席毛泽东，副主席项英、张国焘，军委主席朱德的名义，于1月17日发表《宣言》，宣布：中国共产党及其军队愿意在立即停止进攻苏维埃区域，立即保证民众的民主权利（集会、结社、言论、罢工、出版之自由等），立即武装民众创立武装的义勇军，以保卫中国及争取中国的独立统一与领土完整三个条件下，与一切武装部队订立停战协定，共同抗日。[3]中国共产党坚决抗日、反对妥协、停止内战、一致对外，以民族革命战争驱逐日本帝国主义出中国的主张和号召，迅速传遍大江南北，得到华北与全国各族人民的热烈拥护，国民党内左派人士及广大爱国官兵受到很大鼓舞。

根据中共中央的指示，“九一八”事变后，河北各级地方组织立即与东北人民的抗日斗争相呼应，组织各阶层群众投入抗日救亡运动。12月8日，中共临时河北省委作出《反帝运动决议》，决定建立全省统一的反帝同盟组织，由省委通过设在该组织中的党团（即党组），领导和推动白区的民族革命运动。中共临时河北省委派

---

❶《由于工农红军冲破第三次“围剿”及革命危机逐渐成熟而产生的党的紧急任务》，1931年9月20日。载中央档案馆编：《中共中央文件选集》（7），中共中央党校出版社1983年版，第433~440页。

❷ 中央档案馆编：《中共中央文件选集》（8），中共中央党校出版社1985年版，第177~179页。

❸ 中央档案馆编：《中共中央文件选集》（8），中共中央党校出版社1985年版，第445页。

干部到平、津等城市和河北各地恢复党组织，建立各种反帝同盟组织。1932 年 6 月 1 日，河北省反帝大同盟第一次代表大会在北平召开。北平、天津、保定、唐山、正定、蔚县、大名等地分盟、各界联盟和共产党代表参加大会。大会决定成立河北省反帝大同盟，作为领导全省反帝运动的机关，确定目前总的任务是加紧武装民众，组织民众义勇军，扩大民族解放战争。林枫任河北省反帝大同盟执行委员会委员、党团书记。会后，河北各地普遍建立了反帝同盟支部或御侮救亡会等组织，加强了抗日救亡的宣传教育和对兵运、义勇军的组织工作。7 月 1 日，中共河北省委发表《为反对日本帝国主义进攻河北宣言》，9 月 2 日又作出《关于“九一八”事变周年纪念决议》。指出：河北省正处于战争形势的紧急时期，河北党的中心任务是武装民众，领导抗日民族革命，发动游击战争，创造新苏区。当时，由于中共中央和中央革命根据地正处在蒋介石的重兵围剿之下，中共中央又为以王明为代表的“左”倾路线所统治，无暇也不可能提出正确的抗日斗争方针，河北与平津等地共产党组织处在国民党白色恐怖之中，尽管如此，中共中央及中共河北省委的施策，仍对河北及全国各地抗日救亡运动起了重要的领导、影响和推动作用。

## 二、河北地区抗日救亡运动兴起

“九一八”事变后，在中国共产党的领导、推动和影响下，全国各民族工人、农民、知识分子和包括国民党爱国将士在内的各阶层人士，纷纷要求抗日救亡，尤其与东北三省及热河仅隔山海关长城相连的河北省各阶层人民的反响尤为强烈，抗日救亡运动迅猛兴起。

谴责日本侵略行径、要求国民政府抗日的呼声遍布河北城乡各地。“九一八”事变第二天，北平学生即组织宣传队展开抗日救亡宣传活动。9 月 20 日之后，北京大学、清华大学、北平大学、中国大学等校学生分别发出抗日通电。接着，北平学生抗日救国联合会、东北留平学生抗日救国会和各大学教授抗日救国会等救亡团体相继建立起来。在中共北平市委的领导和组织下，9月28日，召开北平各界抗日救国市民大会，200多个抗日团体约20万人参加大会，并游行示威，要求“停止内战，一致对外”。在天津，河北省立工业学院全体师生于“九一八”事变第二天举行会议，决定组织学生军，准备投笔从戎。9月22日，天津学生抗日救国联合会成立，呼吁“停止内战，一致抗日，以纾国难”。保定的河北大学和第二师范、国立交通大学唐山工程学院、大名第七师范，以及石门、正定、藁城、晋县、邢台、永年、磁县、沧县和张家口等地中小学生，纷纷建立抗日救亡团体，开展多种形式的抗日宣传活动。保定、张家口、滦县、迁安等市县还召开了各界民众抗日救国大会。国立交通大学唐山工程学院学生组织了救国义勇军，在校内开展军事训练，并成立了“满蒙问题研究会”等研究抗日斗争的学术团体。保定二师、育德中学、同仁中学和永年省立十三中、正定省立七中、沧县省立二中，以及张家口、宣化、邢台、大名、宁晋、泊镇等地学生组织了大批下乡宣传队或远征队，除在城镇和市郊向群众进行抗日宣传外，还到农村、街头开展抗日宣传和查禁日货的活动。保定同仁中学师生南下宣传纵队分为7个大队，分赴石门、正定、新乐及定县，沿沙河两岸的农村进行抗日宣传。永平十三中学生组成4个下乡宣传队，到永平、曲周、鸡泽等地农村进行抗日宣传。广大青年学生明确地提出了“打倒日本帝国主义武装侵略”“反对国民党的不抵抗主义”“要求当局出兵抗日”等口号。

“九一八”事变后，平、津工人纷纷罢工，成立宣传队、救国联合会、义勇军等组织，开展各种抗日活动，河北省工农群众的抗日救亡活动发展很快。唐山开滦矿业产业工会于9月22日分别致电蒋介石、张学良等，林西矿工会于9月24日发出抗日快邮代电，指出：“大难当头，民死无日，凡有血气，孰不痛心。本会谨代表数千唐山工人，为全国灾黎及被难同胞，恳请各方化除成见，共挽危局。”表示“我全体工人，誓作先驱，除此丑类，为种族争生存”。[1]张家口工人举行大规模抗日示威游行，数百名愤怒的铁路工人捣毁了宣传“中日亲善”的日本马戏团和日本国旗。正太铁路工人和井陉煤矿工人积极开展抗日宣传活动，正太铁路工人还成立了“同人救国会”（不久改称正太铁路员工救国会），发表抗日救国宣言。河北各地的农民群众先后成立了抗日救国十人团、农民抗日救国会、反日会和农民义勇军等团体，积极开展抗日救亡活动。河北和平津工商界的抗日救亡热情也日益高涨。北平的民族工业资本家成立北平工界抗日救国联合会，商界人士开展了抵制日货运动。天津、唐山、保定等地工商界先后成立对日经济绝交委员会，积极开展查禁、抵制日货的活动。

在社会各界强烈的抗日呼声中，国民党河北省、北平市、天津市、平绥路、北宁路等党部也违抗中国国民党中央和国民政府的不抵抗命令，于9月23日联名致电国民党中央，要求对日采取强硬态度，呼吁全国军人积极备战。10月2日，河北省国民党部拟定《河北省各县市反日救国会组织大纲》，要求以机关、团体、学校为基础，组织、团结民众，打倒日本帝国主义，救国保种。国民党中的一些有识之士也组织、参与开展一些抗日宣传、组织活动，在冀东一带还组织参与了抗日义勇军的斗争。

由于东北沦陷，大批难胞流入关内。河北人民，特别是冀东、冀中和平津各界民众，对东北难胞深切同情，满腔热情地接待、慰问，帮助他们安身谋生。河北各地多次开展募捐支援抗日部队的活动。1931年11月国民党黑龙江省主席马占山发起江桥抗战后，正太铁路工人捐款数千元；唐山市各界开展大规模募捐活动，曾资助李大钊赴苏进行革命活动的昌黎县新中罐头公司经理杨扶青带头捐款，支援东北抗日部队和抗日义勇军。1932年1月，河北与全国人民一道，掀起了支援19路军抗战的热潮。中共保属特委以保定

[1] 中共唐山市委党史研究室：《冀东革命史》，中共党史出版社1993年版，第125页。

学联名义召开各界民众声援上海“一·二八”抗战大会，举行游行示威。北宁铁路唐山制造厂工人捐献出一天的工资，正太铁路同人救国会捐献1000余元，支援上海抗战将士。

“九一八”事变后，河北一些地区特别是冀东积极酝酿武装抗日斗争。1931年12月，迁西县漵河桥镇组织起1000余人的抗日义勇军，在天津《益世报》发表成立宣言，怒斥日本侵略者的滔天罪行和国民政府的不抵抗主义。1932年1月13日，义勇军1200人在漵河桥镇进行示威、讲演和操练，各界民众数千人参加集会、游行，高呼“宁为战死鬼，不作亡国奴”等口号。丰润、玉田、遵化、蓟县等地群众也积极酝酿组织抗日义勇军。3月，刘振帮等在迁安县军屯村一带组建起迁安义勇军第23路军，准备开赴关外，配合东北义勇军进行抗日斗争。这时，国民政府当局派正规军将这支抗日队伍包围缴械，总司令刘振帮等人被俘。国民政府当局命令各地国民党军警严密防范，不准人民群众进行抗日救亡活动。

当时，由于国民党和国民政府对日本侵略者实行不抵抗主义，加紧对人民的镇压和剥削，河北人民在中国共产党领导下，在进行抗日救亡斗争的同时，开展反对国民党统治的英勇斗争。影响较大的有：1932年1月间唐山开滦五矿工人反对取消年终“花红”的4万多人同盟大罢工，中共容城县委领导的5000多农民反对购买旗租地而捣毁官产局的斗争；4月间中共磁县县委领导的彭城运瓷小车社三四千人反对资方迫害的罢工斗争，赞皇县5000多农民为抗缴杂捐而捣毁国民党县政府的斗争；6月间中共保属特委领导的保定第二师范进步师生的英勇护校斗争；七八月间唐山新华纱厂工人和井陉正丰煤矿工人为要求增加工资分别举行罢工斗争；灵寿县磁峪农民于6月27日和8月15日两度举行暴动，要地主缴枪、分粮；高阳、蠡县农民于8月27日举行暴动，成立河北红军游击队第一支队，建立地方苏维埃政府；九十月间直南工农红军游击队第一支队在磁县成立，同时建立工农苏维埃，组织农民暴动。由于中共河北省委在“左”倾路线影响下，未能提出正确的策略指导，缺乏必要的准备，除少数取得胜利外，大多数斗争特别是武装斗争，遭到国民政府军的残酷镇压而失败。

这一时期，河北的抗日救亡运动虽然还缺乏统一的领导，处于此起彼伏的状态，但从不同方面表现了各阶层人民的拳拳爱国之心，抗日救国已经是民心所向，大势所趋。中国共产党在领导抗日救亡运动和反对蒋介石国民政府反动统治的革命斗争中，也开始取得宝贵的经验和教训。

## 三、蒋介石“不抵抗”方针的初调

在中国共产党的领导、推动和影响下，全国工人、农民、学生、商人、各民众团体、爱国人士及海外华侨，纷纷谴责日本侵略行径，要求国民政府停止内战、一致抗日，河北与全国各地抗日救亡运动日益高涨。国民党将领蔡廷锴、宋哲元、阎锡山、傅作义、韩复榘、徐永昌等分别致电蒋介石请缨抗日。宋庆龄联合 30 多个进步团体，发起成立“国民御侮自救会”，并提出四项发动抗战的要求：全国军队，开拔至少百分之八十以上，去抵抗日本帝国主义；全部武装人民，组织人民自卫团；立即恢复人民的民权（言论出版自由，集会结社自由等），立即废止对革命分子的监禁酷刑与杀戮；停止进攻苏维埃区域。[1]胡汉民在香港发表对时局的意见，认为：“榆关守否为华北存亡所系，中国安危所系。”[2]北京大学教授、著名地质学家丁文江也发表《假如我是蒋介石》的文章，呼吁：“立刻与共产党商量休战”，“预备积极抵抗日本”。[3]

国内广大民众与各界人士“停止内战、一致抗日”的呼声，是迫使蒋介石与国民政府放弃“绝对不抵抗主义”的政策，调整为“一面交涉、一面抵抗”政策的主要原因。1932 年日本挑起“一·二八”上海事变，又进犯华北，威胁到了蒋介石与国民政府

❶《中国论坛》第 2 卷第 3 期，1933 年 3 月 27 日。
❷ 天津《大公报》，1933 年 1 月 6 日。
❸《独立评论》第 35 期，1933 年 1 月 5 日。

的统治基础——大地主大资产阶级在长江中下游及华北等地区的政治、经济利益，加深了蒋介石集团与日本帝国主义之间的矛盾，同时也加深了日本同美、英等西方列强的矛盾，引起了美、英等世界舆论对蒋介石与国民政府不抵抗政策的不满。这是蒋介石与国民政府作出这种政策性初调的内部动因及国际因素。

“一面交涉、一面抵抗”是蒋介石与汪精卫在“一·二八”上海事变时提出来的。汪精卫说：“同时并行一面抵抗，一面交涉。……最低限度以上，我们忍受，即是交涉；最低限度以下，我们拒绝，即是抵抗。”[1]并具体解释说：“以土广民众之中国，对国富强兵之日本，……而中国之内，人人皆抵抗，处处皆抵抗，日本虽有二三百万精兵，亦不能遍布也。”但是，“须知数十年来，中国军事、经济，在物质上着着落后，固不待言，即组织上亦幼稚不完备”。[2]因此，“政府为避免战祸计，一再迁就日本之要求，始则对于民众抗日之言论行动稍涉激烈者，均予禁止，继则晓谕各种民众团体活动，取消抗日名义，以杜强邻之借口”。[3]这些说辞表明，汪精卫所谓“一面抵抗、一面交涉”，其“抵抗”是极其有限的，其内心想的是中国根本不具备对日抵抗的起码条件，中国至多只能采取对日“抵抗”一阵子，尔后达成对日交涉而妥协之目的。蒋介石则提出：“一面预备交涉，一面积极抵抗。”主张在交涉开始以前，“对日先用非正式名义与之接洽，必须得悉其最大限度”。同时，对日交涉“必须定一最后防线与最大限度，此限度至少不要妨碍行政与领土完整”。“如果超此限度，退让至不能忍受之防线时，即与之决战，虽至战败而亡，亦所不惜。”蒋介石认为：“必具此决心与精

[1] 雷鸣：《汪精卫先生传》，政治月刊出版社1943年版，第229页。
[2] 《国闻周报》第9卷第7期，1932年2月22日。
[3] 《国府宣言》，1932年1月20日，载《国闻周报》第9卷第7期，1932年2月22日。

神，而后方可言交涉也。”[1]很明显，蒋介石的主张，也是利用一定的“抵抗”，来实现对日“交涉”之目的，这与汪精卫的“一面交涉、一面抵抗”在本质上是一致的。正是此种一致，形成了蒋、汪“合作政府”，蒋揽军事，倾力“剿共”；汪主政务，负责对日交涉。但是，蒋介石的主张与汪精卫也有区别，即退让至不能忍受之时，与日决战的“决心与精神”。正是此种区别，蒋介石逐步走上了民族抗战的道路，而汪精卫滑入了民族叛徒的泥潭。

蒋介石与国民政府上述“一面交涉、一面抵抗”的两面政策，较之“九一八”事变以来的“绝对不抵抗主义”政策，无疑是一种政策性的调整与进步。在日本帝国主义加紧进犯华北之际，蒋介石与国民政府采取了一些“抵抗”措施；在军事上也作出一定的部署，有一定的加强与调整。但是，蒋介石与国民政府这一政策性的调整与进步，并没有动摇其“攘外必先安内”的根本指导方针，其基点和重点仍在“剿共”内战之上。蒋介石自 1932 年 6 月《上海停战协定》签订后，至 1933 年 3 月初热河沦陷，约 10 个月间，一直在亲自部署与指挥第四次“剿共”内战，在汉口成立“剿共”总部，自任总指挥，宣称 6 个月内消灭鄂、湘、赣、豫、皖五省红军。日军进攻山海关前夕，12 月 14 日，蒋介石在内政会议上强调：“攘外必先安内，是古来立国的一个信条。”[2]1933 年 4 月 6 日，当长城抗战紧急之时，蒋介石已回南昌，电告“剿共”将领：“外侮不足虑，内匪实为心腹之患，如不先清内匪，则决无以御外侮。”“如我剿匪各将领，若复以北上抗日请命，而无意剿匪者，当以贪生怕死者视之。”“如再有贪生怕死、侈言抗日、不知廉耻者，

[1] 秦孝仪:《中华民国重要史料初编——对日抗战时期》绪编（1），台北裕台公司 1981 年版，第 431 页。转引自军事科学院军事历史研究部:《中国抗日战争史》上卷，解放军出版社 1991 年版，第 215 页。

[2] 蒋纬国:《抗日御侮》第 1 卷，台北黎明文化事业公司 1979 年版，第 40~41 页。

立斩无赦。”[1]直至日军大规模进犯关内之际，蒋介石仍在江西“剿共”前线大讲：“如果不先安内而要求攘外，在战略上理论上说，都是居于必败之地。”[2]由于蒋介石视“剿共”内战重于抗日，这决定了“一面交涉、一面抵抗”政策的对日妥协的本质及其极大局限性。这表现在：（1）对日“抵抗”只能是很有限的。如长城抗战，在抗日的军力、财力使用上就极为不够，当时蒋介石用于“剿共”部队达80万以上，相当于抗日前线部队的3倍以上，用于“剿共”费用约3500万元，而到热河大部沦陷之时所需抗日经费还在国民政府实业、财政、内政三部的讨论之中。（2）对日“抵抗”的目的是服务于和服从于对日“交涉”而达成妥协。如蒋介石在长城抗战期间，在北平安排了两套班子，一是由何应钦任委员长的军委会北平军分会，在蒋介石的指挥下应付抗战；一是于5月3日成立的行政院北平政务整理委员会，由黄郛任委员长，在汪精卫指挥下负责对日交涉。当爱国官兵在长城南侧平北、冀东与日军奋勇战斗，流血牺牲之时，国民政府北平当局已开始对日秘密外交，准备签订城下之盟了。（3）为对日“交涉”达成妥协，以集中力量“剿共”，蒋介石与国民政府竭力镇压中国共产党与民众的抗日活动，整肃地方实力派及国民党内的抗日行为。如《塘沽协定》以后，蒋介石曾配合日军行动，于1934年调集十数万军队围攻和破坏冯玉祥领导的察哈尔民众抗日同盟军的抗日斗争；于1935年出动重兵镇压冀热边地区孙永勤领导的民众抗日救国军。蒋介石“攘外必先安内”的根本方针，决定了“一面交涉、一面抵抗”政策的对日妥协退让的本质，这是导致自山海关抗战至“七七”事变前华北地区一系列武装抗日斗争失败的根本原因。

---

❶ 秦孝仪：《中华民国重要史料初编——对日抗战时期》绪编（3），台北裕台公司1981年版，第35~36页。转引自军事科学院军事历史研究部：《中国抗日战争史》上卷，解放军出版社1991年版，第239页。

❷ 秦孝仪：《中华民国重要史料初编——对日抗战时期》绪编（3），台北裕台公司1981年版，第37~38页。转引自军事科学院军事历史研究部：《中国抗日战争史》上卷，解放军出版社1991年版，第239页。

然而，日本帝国主义为其独占中国、称霸世界的总体战略的疯狂性与战争指导的野蛮性所决定，其侵略华北的具体目标与要求，随着中日关系和世界局势的变化而逐步扩大，因此中日民族矛盾不断上升与激化，而使中国国内大地主大资产阶级同人民大众的阶级矛盾，不断下降为次要与服从之地位。日军进攻山海关揭开了这一新阶段的序幕，尔后，长城抗战与《塘沽协定》，察东、张北事件与《秦土协定》，河北事件与《何梅协定》，华北“自治”运动与“冀东防共自治委员会”（后改为“冀东防共自治政府”）、“冀察政务委员会”及“蒙古军政府”成立，以及设立兴中公司与“华北开发经济”计划，“天羽声明”与华北交涉，增兵华北与丰台事件，直到“七七”卢沟桥事变，都是在中日民族矛盾逐步激化的基础之上发生的。在此情势面前，中国各党、各派、各军及各族、各界，包括海外华侨团体，都必须调整立场与政策，重新定位与组合，以适应中华民族救亡图存之大势。蒋介石与国民政府不得不改变其“攘外必先安内”的根本指导方针，由专注“剿共”与整肃反蒋势力，转变到重点“剿共”，最后，转变为“联共抗日”，而重点对外；对日本帝国主义由“绝对不抵抗”，改为“一面交涉，一面抵抗”，最后，转变为“抗战”。中国共产党则由国内革命战争，进到既反对蒋介石政权又反对日本帝国主义，着重于国内阶级斗争，转变为联合蒋介石与国民党，同资产阶级结成抗日民族统一战线，实现了从国内革命战争到民族革命战争的伟大历史性转变。这一影响巨大而深远的国内国际关系的新变化，经过西安事变和平解决，到1937年卢沟桥事变，中华民族抗日战争终于从以河北为前哨的华北地区熊熊燃起。

# 第二章　山海关抗战与热河沦陷

## 第一节　山海关浴血抗战

### 一、日军进犯山海关

日本驻华北的中国驻屯军挑起第二次天津事件之际，日本关东军向锦州进犯，中国东北军被迫全部退回关内。1932年1月2日，日本关东军占领锦州后，继续西进，攻占兴城、绥中，威胁山海关。随后，又集中兵力进攻东北义勇军，至秋冬，义勇军主力被迫向辽东、辽西及热辽边境地区转移。日本关东军遂迅速向热辽边境及锦州以南增兵，准备进犯山海关。

山海关（原榆关），位于河北省境内，雄踞万里长城东端，背依燕山，面控渤海，城墙高13米以上，宽可5马并驰，占地8平方公里，地势险要。它是河北、热河、辽宁三省的战略联结点，控制着长城之九门口、石河寨等要隘，扼住东北与华北通道北宁铁路之咽喉，与东南方渤海不冻深水港秦皇岛相接，形成陆海关联的军事重地，自古为平津之屏障，素有“天下第一关”之称。自1900年八国联军侵略中国，迫使清政府签订不平等的《辛丑条约》，规定英、美、日、法等11国有权在秦皇岛、山海关等战略要地驻兵，山海关便丧失了防御外敌入侵的战略作用。

日本为进犯华北，不断利用《辛丑条约》在山海关与秦皇岛增派驻兵。“九一八”事变后，特别是自1932年开始，日军守备队经过几次换防，驻山海关、秦皇岛总兵力达 300 名，并附有炮兵和工兵。山海关内与关外日军已结合为一体。在山海关与秦皇岛海面上，日军舰增至 10 余艘，还有航空母舰，其海军陆战队准备随时在秦皇岛登陆参加作战。在山海关外，其正面，北宁铁路锦州至绥中地区，驻有日本关东军第 8 师团第 4 旅团，兵力达 4000 余人，[1]其前锋部队直逼山海关城下。至 1932 年底，山海关已陷入日本的关东军和中国驻屯军的前后夹击、陆海空军兵临城下之险境。

日军为制造战争借口，自 1932 年 5 月起，多次挑起事端。5 月 17 日，伪满洲国警察数人到临榆县东八里之乐善堡村，围困中国保安团住所，掳去 4 人，抢走枪支等物品。当临榆县政府向日本宪兵队交涉时，日本宪兵队长竟复称："长城以外皆属国境（"满洲国"），故有赴该村缴械之举。"[2]6 月 24 日，日军为迫使中方将二里店驻军及其操场撤至长城以内，使山海关受五眼城日军之瞰制，指使伪满洲国武装警察 40 余人强行从九门口入关，并于同日指使驻乐善堡村伪警人员，强迫当地居民向关内迁移。

10 月 1 日，日军山海关守备队指使伪满洲国警察队 10 余人，企图闯入山海关北面的东罗城，被中方哨所闭门禁阻。但混入南门的伪满警察打开了东罗城门，城外伪满警察一拥而进，占据中国警察分驻所，其中一人登上"天下第一关"城墙，中国警察自卫还击，中日双方各一名士兵死亡。据日方资料，经交涉，中日双方协议：此后，伪满洲国警察队方面，武装队员不得进入山海关城内；更换山海关城内中国军队；中国方面对死者支付赔偿费，保证今后不再发生类似事件。[3]此为第一次山海关事件。

12 月 8 日晚 10 时，关东军挑起第二次山海关事件。当时，关

---

[1] 临永警备司令部：《锦县绥中一带日军兵力调查表》，1932 年 11 月。

[2] 《张学良致罗文干电》，1932 年 5 月 17 日，载《革命文献》第 38 辑，台湾"中央文献供应社"1968 年版，第 2059 页。

[3] 参见［日］参谋本部：《满洲事变作战经过概要》第 2 卷，中华书局 1982 年中文版，第 64 页。

东军步兵第5联队第9装甲列车开进山海关车站，西进至石河桥西端，诡称因“遭到长城外中国军队射击”，向中国山海关守军司令部及公安局附近开炮射击，并向山海关快速前进；同时，第8师团长下令第4旅团长准备出动。为避免冲突，何柱国忍辱以私人名义与日方签订协议，中国方面赔礼道歉，取缔一切抗日行为，取缔义勇军。[1]

山海关上空已是战云密布了。但在日本的关东军占领锦州、兴城、绥中，向山海关节节进逼，日本的中国驻屯军加紧备战之际，“中国最高统帅部仍以排除万难，避免冲突为方针”，并未适时加强山海关防御。1932年7月，张学良下令设置临永警备司令部，任命东北军第9旅旅长何柱国兼警备司令，管辖临榆、抚宁、昌黎、卢龙、迁安5县及都山设置局，该区域步兵第9旅、第20旅，骑兵第3旅，炮兵第7旅15团山炮营与工兵第7营等部约2万人，开始着手进行防御体系与交通、通信建设。由于人力物力缺乏，工程进展缓慢，至战役打响前，山海关前线的防御力量仍极为空虚，山海关城内也只有何柱国的旅部及2个营兵力。

对于这种军事态势，中国军队临永警备司令何柱国在30年后曾作过这样的回忆：山海关“这样重要的关口，如在通常的国家，无疑要划为军事禁区，不容外人窥视。可是由于庚子八国联军之役，《辛丑条约》的签订，北京经天津直到山海关，沿路战略要地，如廊坊、天津、塘沽、滦州、秦皇岛和山海关等，都曾经驻有英、法、意、日、俄等外国军队。我当时的司令部所在地临榆县城，南门外车站就驻有日本的守备队，车站南不远则是日本兵营，东门外距前俄国兵营不远又是关东军，因此榆关的南门和东门都在日本驻军的监视下，我们只有北门和西门可以自由出入”。“榆关既在沿海日本海军的大炮射程之内，西南不远又有秦皇岛的日本驻军可以随

[1] 参见［日］参谋本部:《满洲事变作战经过概要》第2卷，中华书局1982年中文版，第64~65页；军事科学院军事历史研究部:《中国抗日战争史》上卷，解放军出版社1991年版，第245页。

时切断我们的后路。同时，榆关东北有五眼城至吴家岭之线掌握在关东军手中，这一线地形高于长城之线，居高临下可以控制榆关。我就是把守这样一个关口，所带部队初期仅有一个旅，而且不能不分兵九门口和秦皇岛等处，榆关城内实际只有两个营。这就是我在榆关防御日本在任何时候可能突然发动的海陆空军联合进攻的军事形势。”❶

## 二、何柱国部奋起抗战

在山海关战役前，日本东京军部及关东军早已制定了占领热河省的计划与方案，但尚未作出攻占河北省滦（河）东地区的部署。但是，日本关东军与中国驻屯军却在日本政府及军部侵略中国的既定方针下，已迫不及待地要攻取山海关了。

1933 年 1 月 1 日，日军陆海空军进攻山海关。上午，日军驻山海关宪兵守备队将城内日侨迁往南海日兵营，绥中日军向山海关进发。下午，日军在南门外鸣枪，爆炸手榴弹，并向南门外中国步哨兵射击，迫使其退入城内，反诬中国军队挑衅，提出警告。自此，山海关大战开始。夜里，关东军第 5 联队 1 个中队开抵南关外，由绥中出动日军车队亦达车站附近待命。临永警备司令何柱国闻讯星夜由北平赶回山海关前线。

当时，日军攻击山海关的兵力，除驻山海关部队及伪警外，由绥中增援的步兵 3000 余人，并附野炮、重炮 40 余门，装甲车 3 列，坦克 20 余辆，另有空军飞机 8 架、海军军舰两艘。临永警备司令部在山海关城内的兵力有第 626 团两个营，以第 1 营守南门，第 3 营守东门，其余少数兵力由团长率领在西门应援。另，第 2 营在孟家店及角山寺等地策应守城部队，在石河有守军 2257 人。

自 1 月 1 日下午 10 时 50 分起，日军屡次向山海关进攻，被

---

❶ 何柱国:《榆关失陷前后》，载全国政协文史资料委员会编:《文史资料选编》第 37 辑，文史资料出版社 1980 年版，第 51~52 页。

中国守军击退。2日晨2时，日军向临永警备司令部提出：（1）撤退南关中国驻军；（2）撤退南关中国警察及保安队；（3）撤退城上中国守军；（4）南关归日方警戒。并限中方即时答复，否则武力夺取。临永警备司令部应允：南关暂由日方警戒，南关中方稽查兵暂撤回城内，俟天明查清情况后再交涉解决。日军更提出：开放南门，门内及城上均归日军警戒。遭到中方拒绝后，日军蛮横地将南关公安分局局长扣留，并缴去警察枪械。上午10时，日军对山海关发起攻击，炮兵向山海关城猛烈轰击，步兵爬城进攻。中国守军第9旅626团官兵奋起抵抗，以石头、手榴弹还击，击毙日军儿玉中尉等多人。同时，日军3000余人从石河铁桥、南关、二里店、五眼城、吴家岭一线大举进攻。何柱国遂下令还击。

日军发起攻击后，1月2日，日本驻北平使馆代办中山、天津日驻屯军司令官中村孝太郎先后致电张学良，提出"警告"，声称山海关战事系由中国进攻热河、宣言抗日所致。2日傍晚，日本关东军第8师团长西义一下令铃木第4旅团长："应一并指挥随着事件发生而准备出动中的各部队及由步兵第16旅团增派的部队，与山海关守备队协力夺取该地。"当日夜，铃木少将指挥各部队从驻地出发，次日晨到达山海关车站，并作好攻击的准备。[1]

1月3日上午10时，日军第8师团铃木旅团等部队向山海关发动猛烈进攻。日军飞行第10大队第1中队全力在山海关上空轰炸，日海军两艘驱逐舰在海面上向山海关城内炮击。南门及东南城角被炮火破坏，守城第9旅第626团官兵奋勇还击，敌未能得逞。正午，敌再次攻城，以战车掩护步兵冲击，战况惨烈，工事尽毁，守军伤亡惨重，敌突入南门及东南城角。守军遂以预备队由西门向南门增援反击，以第1连自东门向东南城角逆袭，激战至13时，完全恢复阵地。14时，日军向山海关城总攻击，南门及东南城角

[1] 参见［日］参谋本部：《满洲事变作战经过概要》第2卷，中华书局1982年中文版，第65页。

被敌坦克及步兵突破，守军第626团第1营官兵屡堵屡破，自营长安德馨以下伤亡殆尽。北门及东北门陷入无险可守，城外二里店、馒首山之敌攻陷东北城，第626团余部与敌展开巷战。西关遭敌攻击，第626团第2营转到南孟店、王庄之线与敌对抗。至此，山海关全城失陷。

山海关战斗，中国守军东北军第9旅第626团两个营伤亡逾半，1营营长安德馨及2连连长刘窦宸、3连连长关景良、4连连长王宏元、5连连长谢镇藩等以下，尽皆战死，团长王世安率领预备队与敌坦克搏死巷战，最后率几十人由西水门退出。城内商号被毁500余户，居民伤亡1000余人。据日方资料，日军死亡官兵80余人，伤200余人。❶

山海关失陷后，临永警备司令部立即部署石河西岸防御战。石河是河北省东北部边境地区的一条河流，由北向东南，经过山海关、秦皇岛之间，流入渤海。自山海关西进，过石河即进入了滦东平原的前沿阵地。

日军占领山海关后，企图向石河西岸扩展，同时夺取长城线上的军事要隘九门口，为之后攻取热河和滦东地区打下前进阵地。针对日军的企图，临永警备司令部决定："以骑兵旅全力，附步兵团1团及1营，固守石河之线，拒敌继续西进，以掩护我军主力占领阵地。"❷

1月4日16时，敌步炮兵400余人沿平榆路向南孟店阵地猛攻，守军第9旅第626团第2营等部歼敌五六十人，与敌隔石河对峙。同时，敌步骑兵200余人沿北宁路向西攻击，在铁甲车掩护下进到石河桥下，守军第9旅第627团一个营与敌激战至黄昏，将

❶ 中国社会科学院近代史研究所中华民国史研究室：《中华民国史资料丛稿·大事记》（第19辑），中华书局1981年版，第2页。何柱国：《山海关防御战》，载《从九一八到七七》，中国文史出版社1987年版，第409~410页。

❷ 临永警备司令部：《榆关抗日战役经过详报》，载《榆关抗日战史》，中国国际宣传社1934年版，第98页。

敌击退。九门口方面敌骑兵 100 余人进入二道河子，守军第 625 团第 3 营严加戒备。5 日晨，敌步兵五六百人在数辆战车掩护下，向五里台阵地反复攻击，守军第 627 团官兵奋勇搏杀，将敌击退。下午，日军从山海关西北向回马寨方向进犯，企图攻占九门口，也被回马寨守军骑兵部队打退。

临永司令部为保卫滦东，掩护平津，进一步制定了作战计划：第一线，以主力部队部署于石河左岸平榆路以北地区，为主要阻敌阵地，并各以 1 个支队兵力配置在九门口、秦皇岛，以保证左右两翼之安全。以卧龙山、碾盘山、起云寺、北戴河之线为第二线阵地。如第一线被敌突破，则以第二线阻击敌人。为加强前方警戒，临永警备司令部还将骑兵第 3 旅、步兵第 627 团及第 625 团一部，配置在向河寨、古城、徐家岭、疙瘩岭、东峰顶山一线，以掩护第一线主阵地部队。[1]

这时，日军在山海关增兵达 6000 余人。1 月 6 日，日军在飞机、坦克配合下，猛攻石河阵地，被中国守军击退。尔后，日军将进攻重点从石河沿岸转移到九门口方面。九门口是长城线上的一个要塞，在山海关城东北 35 公里处，占据九门口，既可巩固山海关阵地，又可西进取石门寨，为进攻热河打开一条通道。1 月 10 日，伪满军骑兵向九门口进攻，中国守军警备部队将其击退，随后日军田中、三宅步骑兵、炮兵近 1000 人，配合伪满军，在飞机支援下，对九门口发起猛烈攻击，中国守军东北军姚东藩第 15 旅不支，退至沙河寨、石门寨，日军占领九门口。1 月 15 日，日军及伪满军 1000 余人进攻河北省境内的石门寨。此后，至日军大举进攻热河前夕，中国军队据守响水至马头庄之线，与日军呈现对峙状态。日军第 8 旅团等部大部调至前卫、前所一带。山海关地区渐趋平静，石河西岸防御战告结束。

---

[1] 临永警备司令部：《作战计划》，1933 年 1 月 6 日，参见《榆关抗日战史》，中国国际宣传社 1934 年版，第 102 页。

山海关抗战，中国军队战败了，但英勇悲壮，在中国抗日战争史上占有光荣的一页。它是国民党军队在华北地区第一次违背蒋介石不抵抗的命令，而武力抗击日本帝国主义侵略的民族自卫战；它表现了中国爱国官兵守土抗战、誓与侵略者血战到底的伟大精神，打击了日军不可一世的侵略气焰；它在河北打响了关内武装抗日的第一枪，使中国各民族、各阶级、各阶层及各党、各军以及海外华侨压抑在内心的爱国义愤更强烈地迸发出来，促进了抗日救亡运动新高潮的到来。这表明，伟大的中华民族抗日战争呼之欲出，蒋介石与国民政府的不抵抗政策再也不能继续下去了。另外，蒋介石与国民政府为维护其大地主大资产阶级的利益，要坚持其“攘外必先安内”的方针及“一面交涉、一面抵抗”的政策，这又为之后的热河抗战与长城抗战埋下了失败、受挫的祸根。但经过曲折、分化与重组，中华民族抗日战争必将走上威武、壮观、胜利的前程。

## 第二节　热河全境沦陷

### 一、国民政府仓促部署热河御敌

日军进攻山海关，揭开了日本帝国主义进攻热河，继而进攻华北的序幕。

热河省地处长城塞外，其地域大致包括今河北省东北部、辽宁省西南部及内蒙古自治区东南部，当时是中国军队阻止日本侵略军由东北三省西进察哈尔、绥远，南进河北及平、津地区的屏障。热河全省面积173960平方公里，人口约450万，畜产、林产与矿产等物产丰富，战略地位重要。西有内兴安岭，东有松岭，西南与七老图山相连，除东北部赤峰至开鲁有西辽河发源地为一片平原沙碛外，大部为崇山峻岭，东临关东平原，南接华北平原，地势非常险要。

日本帝国主义在制定“大陆政策”之始，就把侵占热河作为其占领中国、称霸亚洲与世界的第一步目标的组成部分。“九一八”事变后第四天，关东军制定《解决满蒙问题方案》，把热河划入伪满洲国的版图内。当时，对热河省主席兼保安司令汤玉麟采取诱降手段，企图不战而取热河。1932 年 7 月，日本关东军与军部决定改变对热河策略，改以武力攻取热河，“尽量直冲平津地方”的方针。8 月 20 日，关东军占领锦（州）朝（阳）路上的险要隘口南岭，打开了进攻热河的通道，即转入大战前的准备。

1933 年 1 月 21 日，日本外务大臣内田康哉在议会贵族院发表演说，以颠倒黑白，反诬中国“入侵”热河的手法，宣示了武装攻取热河的方针。[1]1 月 28 日，关东军司令官武藤信义以“关作命第 466 号”下达了进攻热河作战准备的命令。[2]2 月 10 日，关东军司令官武藤信义召开兵团主任参谋会议，公布攻占热河作战计划要旨，计划从 2 月下旬开始，在结冰期间结束主要作战行动。[3]2 月 17 日，关东军司令官武藤信义以“关作命第 473 号”，下达了立即向热河进军的命令。[4]2 月 21 日，日本关东军发动进攻热河的侵略战争。2 月 27 日，日本政府正式宣布退出国联，摆脱了国联对其扩大侵略战争的束缚。

在山海关失守、热河危机、抗日救亡运动出现新的高潮的形势下，国民党与国民政府内主张抗日的有识之士，纷纷向蒋介石进言，以武力抵抗日本侵略，保卫热河，保卫华北。蒋介石也已判明“倭寇北犯侵热，为期不远”，决定密备中央军 6 个师随时北运增援。[5]但是，蒋介石仍坚持“攘外必先安内”的方针与对日“一

---

❶《内田目中的热河问题》,《东方杂志》第 30 卷，第 4 号。

❷［日］参谋本部:《满洲事变作战经过概要》第 2 卷，中华书局 1982 年中文版，第 69~70 页。

❸［日］参谋本部:《满洲事变作战经过概要》第 2 卷，中华书局 1982 年中文版，第 71 页。

❹［日］参谋本部:《满洲事变作战经过概要》第 2 卷，中华书局 1982 年中文版，第 72~73 页。

❺蒋介石 1932 年 12 月 25 日致张学良电，见秦孝仪主编:《中华民国重要史料初编——对日抗战时期》绪编（1），台北裕台公司 1981 年版，第 566 页。

面交涉、一面抵抗”的政策，他亲自在武汉、南昌继续指挥第四次“剿共”战争，而把华北抗日之责“托付”给张学良，表示“成败存亡，听之而已”。[1]

按照蒋介石的部署，张学良于2月16日在北平召开军事会议，宋子文、杨杰、万福麟、宋哲元、商震等数十人出席。同一天，由黄炎培、杜重远、穆藕初、熊希龄、朱庆澜等人发起在北平成立东北热河后援协会。2月17日，宋子文、张学良、杨杰、张作相等赴承德视察，朱庆澜、黄炎培、杜重远、穆藕初及救国会、后援协会人员一同前往。2月18日，在汤玉麟的欢迎会上，宋子文对热河守军宣布：“本人代表中央政府，敢向诸位担保，吾人决不放弃东北，吾人决不放弃热河，纵令敌方占我首都，亦无人肯作城下之盟。”[2]同日，由张学良、张作相、汤玉麟、万福麟、宋哲元等27名华北将领，自承德向全国通电，表示决心“武力自卫”“舍身奋斗”“救亡图存”，呼吁全国一致支援。

张学良、宋子文等回到北平，匆忙制定了北平军分会保卫热河的防御计划，规定其作战方针是：“华北军以捍卫疆土收复失地之目的，务须确保冀、热，巩固平津，以为将来进出辽河流域之根据。集中主力于冀、热东部及平津、察南一带，对由河北沿海登陆及自热河方面侵入之敌，预期各个击破之，并乘机东进，向辽西平原转取攻势。”[3]其作战部署是：第一集团军，由张学良兼任总司令，下辖第1军团（包括于学忠部第53军、何柱国部第57军）、第2军团（包括商震部第32军、庞炳勋部第40军）、第3军团（包括宋哲元部第29军等部）、第4军团（万福麟部原东北军第43军）等4个军团。第1军团确保津塘；第2军团确保滦东；第3军团确

[1] 蒋介石在张学良1933年1月17日一封电报的批复。转引自军事科学院军事历史研究部：《中国抗日战争史》上卷，解放军出版社1991年版，第241页。

[2] 转引自军事科学院军事历史研究部：《中国抗日战争史》上卷，解放军出版社1991年版，第249~250页。

[3] 转引自军事科学院军事历史研究部：《中国抗日战争史》上卷，解放军出版社1991年版，第250页。

保冀北；第4军团由万福麟任总指挥，参加热河作战，辖第106、第108、第116、第119、第129、第130等6个师及炮兵第11团，计约43000人。第二集团军，由张作相任总司令，汤玉麟任副总司令，辖第5、第6两个军团，全部配置在热河战场，其中，第5军团由汤玉麟兼总指挥，统领4个步兵旅（第36师步兵第106、第107、第108旅及步兵第31旅）、3个骑兵旅（第1、第5、第9旅）、1个骑兵团、1个炮兵团，总兵力约2万人；第6军团由张作相兼总指挥，辖孙殿英部第41军、冯占海部第63军、原义勇军组成的挺进军张廷枢部第112师，总兵力计2万余人。在热河境内的防御战，以凌南、凌源、平泉至承德的公路分界划为南北两个战场，公路以南战场为第一集团军防区，主要由万福麟部第4军团担任；公路以北战场为第二集团军防区，分别由张作相、汤玉麟率第5、第6军团担任。另外，第7军团确保察东，第8军团及预备军团部署在北平附近，海军主力在青岛以北海面担任警戒，航空队担负临时分配任务。❶

但是，北平军分会上述热河防御作战的部队编成还未完全就绪，张作相还未来得及去承德组建其司令部，日军大规模侵热战争已经于2月20日全面展开了。

## 二、热河沦陷

1933年2月20日傍晚，日本关东军侵热作战提前行动，❷第6、第8师团等部及伪满军共11万人，从热北、热南两个方向全面进攻热河。中国在热河的守军也分热北和热南两个方向应战日军。热北方面，即朝阳、平泉、承德一线以北地区，由第二集团军总司

---

❶ 参见余子道：《长城风云——从榆关事变到七七抗战》，上海书店1993年版，第64~67页；军事科学院军事历史研究部：《中国抗日战争史》上卷，解放军出版社1991年版，第250页。

❷ ［日］参谋本部：《满洲事变作战经过概要》第2卷，中华书局1982年中文版，第74页。

令张作相、副总司令汤玉麟指挥第5、第6两个军团4万余人，迎击日军第6师团等部；热南方面，即凌南、凌源、平泉一线以南地区，由第一集团军万福麟指挥第4军团4万余人，迎击日军第8师团等部。

第一阶段（2月20日至2月25日）

在热南战线，日本关东军第8师团先遣队于20日傍晚开始行动，早川支队21日由锦州乘火车到朝阳寺站，偷袭南岭及口北营子，尔后分兵两路进攻北票，中国东北军董福亭旅及义勇军朱霁青、耿继周等部展开抵抗，后即撤退，22日北票失守。24日，关东军第8师团先遣队主力随早川支队向朝阳进攻，与第6师团松田第11旅团主力会合，傍晚一起到达朝阳以东、以北阵地，25日拂晓展开攻击。董福亭旅之邵本良团长临阵投敌，造成防线大乱，无力有效抗敌，日军于当日午前占领朝阳。尔后，关东军第8师团主力及混成第14旅团分别向朝阳和绥中地区集结。[1]

在热北战线，日本关东军坂本政右卫门师团长于2月23日，以骑兵纵队从通辽出发，向开鲁进击。当日拂晓，汤玉麟部驻开鲁的崔兴武骑兵第7旅在道德营子刚一与日军骑兵纵队接触，略作抵抗，因李守信团引日军入城，崔部即向林东溃退。义勇军刘振东、邓文、李海青等部顽强抗敌，激战一日，至24日，日军骑兵纵队及伪满军一部进入开鲁，占据林东。26日，日军又突破义勇军冯占海部防线而攻占兴隆地和下洼。至2月28日，日军右纵队、中央纵队等各部于下洼附近集结待命。

第二阶段（2月26日至3月4日）

在热北战线，日本关东军第6师团长坂本政右卫门2月28日从通辽进入下洼，得知孙殿英部正向全宁、赤峰附近集结兵力，遂立即部署向赤峰追击前进。日军骑兵旅团沿小哈拉道口—赤峰方向

---

[1] ［日］参谋本部:《满洲事变作战经过概要》第2卷，中华书局1982年中文版，第74~75页。

追击，冯占海、李忠义、刘震东、邓文、邵斌山等部义勇军后退。3月1日黄昏，在赤峰城东面的高地，遭到孙殿英部第117师及冯占海部的阻击，激战一夜，突破阵地，接着猛攻赤峰城，守城军民据高墙奋勇抵抗，伤亡惨重。至3月2日午后2时许，热北军事重镇赤峰陷落。日军第6师团左纵队、右纵队等各部向赤峰集结，孙殿英部第117师撤向化家沟门、猴头沟一带。

在热南战线，日本关东军第8师团于2月27日从锦州进驻朝阳；3月1日，第8师团主力及各部队从朝阳附近出发，沿朝阳、凌源、平泉公路急速进犯。当日下午，川原部挺进队步兵第16旅团分乘数十辆汽车进至叶柏寿附近，受到万福麟第4军团于兆麟130师及义勇军顽强抵抗，该师不支，向平泉方向退走后，其第684团继续抵抗。3月2日，日军挺进队攻占叶柏寿，随后与混成第14旅团米山先遣队会合，攻占凌源。3月3日，日军挺进队以装甲汽车为先头，继续追击前进，万福麟第4军团全线动摇，向喜峰口撤退。日军挺进队3日下午1时许占领平泉，尔后第8师团主力向平泉地区集结。同时，日军第8师团混成第14旅团2月26日从绥中出发，沿绥中、凌源、平泉公路，向热河南线攻击前进，28日向万福麟部驻守的沙帽山进攻，守军第119师、第108师利用有掩盖物的散兵壕与险难地形，进行顽强抵抗，战至上午10时开始全线退却。日军混成第14旅团占领沙帽山后，于3月1日占领凌南；万福麟部第119师、第108师向界岭口、冷口方向撤退。日军第14旅团主力3月2日与第8师团会合，占领凌源；万福麟部第130师、第129师向兴隆山、宽城、牛儿河等地后退。3月3日上午，日本关东军第8师团长前进至凌源城，下午5时下令进攻承德。当日下午，关东军第8师团混成第14旅团的米山先遣队沿凌源—冷口公路急速前进，鲶江支队4日晨沿北章营子—冷口方向前进，分别于3月4日和5日占领冷口、茶棚。6日，第8师团混成第14旅团沿茶棚—三十家子—平泉—喜峰口大道方向进攻。而占领冷口、界岭口的任务，改由新参战的日军第8师团混成第33旅团担任。

与此同时，日本关东军第8师团以铃木步兵第4旅团两个联队，经平泉急袭承德。3月3日午后，先遣队一部乘汽车向承德追击前进，傍晚进入六里沟附近。当时，“承德风声鹤唳，乱成一团，富室巨商，军政眷属，纷纷向平津逃窜”。[1]汤玉麟置军事于不顾，假称要赴前线督战，征集大批汽车，抢运家私、鸦片，向天津租界输送。这时，汤玉麟在承德附近还有步炮工兵等2万之众，承德以东也尚有险可守，但他已惊惶失措，在张作相的催促下才下令部队行动。结果，部队发生哗变，承德全城大乱。张作相束手无策，于3月3日晨撤走古北口。汤玉麟于3月4日晨率部放弃承德，逃向滦平。3月4日上午11时50分，日军先遣队128人袭占了热河省府承德。

第三阶段（3月5日至3月10日左右）

3月3日，日本关东军司令部由新京（长春）前进到锦州，决定占领赤峰、承德后，第6、第8师团在各要地配置兵力，迅速确保长城的重要关口，做好对华北方面的战备，将第33旅团配加给第8师团。[2]

据此，在热北战线，关东军第6师团高田支队于3月4日夜提前从赤峰出发，向围场方向攻击，5日傍晚在朝阳地附近，遭到守军孙殿英部的顽强抵抗，6日中午占领粮捕府。第6师团骑兵旅团于3月4日从赤峰出发，向围场、隆化方面前进，于3月7日在广道河西北高地一带，孙殿英部据守坚固阵地，与之激战两天后败退。该骑兵旅团继续向卡伦一带前进，又遭到孙殿英部阻击，至3月9日，与增援部队高田支队一起击溃孙殿英部，进逼边墙山。日军第6师团主力右纵队、左纵队等部于3月6、7两日集结于赤峰后，骑兵第10联队于8日从赤峰出发，当日占领乌丹城（全宁），

---

❶ 见天津《益世报》1933年3月19日社论。

❷ ［日］参谋本部:《满洲事变作战经过概要》第2卷，中华书局1982年中文版，第78页。

后经林西，进占经棚。日军第6师团主力由赤峰西进攻围场，孙殿英部抵抗后向察东的沽源一带撤退，日军于3月10日占领围场及西面的多伦。

在热南战线，日军第8师团占领承德后，令步兵第16旅团主力南下向古北口方向攻击前进，遭到王以哲部第67军的阻击。8日，在口外青石梁，王以哲部张挺枢师将敌击退。日军第16旅团主力向长山峪进击，而以骑兵一部沿滦平—荣房—把什克营大道前进，企图切断中国守军的退路。王以哲部在长山峪西面的黄土岭一带顽强堵击敌主力，激战两天，3月9日下午，日军占领长山峪、黄土岭阵地。日军第16旅团遂将进攻矛头直指古北口。同时，日军第8师团第14旅团于3月6日向喜峰口方向攻击前进，万福麟部在喜峰口、冷口一线堵击日军南下，边战边退，撤至宽城、喜峰口一带。3月9日下午，日军第14旅团迫近喜峰口，到达关口第一关门前。宋哲元第29军第37师急速进入喜峰口前沿阵地。中日两军对峙喜峰口关口之前。日军第33旅团已于2月26日向绥中集结，3月4日，其先头部队从绥中出发，当天向乾沟镇附近挺进。日军第33旅团分为两个纵队，主力右纵队沿着绥中—西边上—川信店—乾沟镇大道，左纵队沿着绥中—湖水塘边门—狼洞岭大道，向乾沟镇南北之线攻击前进，3月8日，先头部队占领乾沟镇。尔后，该旅团左纵队一部经双岭子、山烟沟向界岭口前进，另一部经中路岭向界岭口前进，主力右纵队等部沿乾沟镇—界岭口大道前进。3月10日，日本关东军将热河省并入伪满洲国的版图。[1]3月11日，日军占领界岭口西侧长城的一角。

至此，热河防御战基本结束。国民政府及北平军分会原估计热

---

❶ 日本关东军将热河省划分为两个部分：北部，设“兴安西分省”，伪省公署驻开鲁；南部，设“热河省”，伪省公署驻承德。伪热河省公署辖2个办事处、15个县。其中，朝阳办事处，辖朝阳、阜新、凌源、平泉、凌南；赤峰办事处，辖赤峰、建平、宁城、绥东。滦东区的承德、围场、隆化、滦平、丰宁，由省直辖。将河北省长城以北的兴隆县大部和都山设治局全部并入伪热河省，并将都山设治局改称青龙县。

河抗战至少能坚持3个月，但开战仅仅十余天，承德弃守，全省沦陷，日军直逼长城各关口，河北、平津乃至整个华北陷入危机。

### 三、热河速陷的原因与影响

如果说“九一八”事变时，蒋介石与张学良下令“绝对不抵抗”而失东北三省，那么，为什么热河之战，中国军队一战即败呢？笔者认为，是中国旧社会机体腐朽和蒋介石政府坚持对日妥协退让、对内分裂内战政策的一大恶果，它所给予各党、各派、各界的教训、反思，极其深刻、震撼。

第一，国民政府在热河的统治完全丧失了民心。正是蒋介石国民政府的庇护与扶植，才使旧军阀汤玉麟摇身一变，成为边疆大吏。汤玉麟，字阁臣，早年，他与张作霖一起经营奉系军阀。1926年，张作霖在日本支援下打败郭松龄后，他率军进驻热河，成为署理热河都统。1928年，张学良通电东北易帜后，他成为热河驻军司令、热河省主席。他在热河统治8年，横征暴敛，残酷欺压，民众无以为生，早已怨声载道。他虽然口称“抗日”，但暗中与日本侵略者往来，千方百计克扣军饷，不支持义勇军抗日，反对其他部队进驻热河布防。这样一个中国旧社会腐朽机体上的大脓包，战事一起，必然不堪一击。正如当时《申报月刊》所指出：“此次热河失陷，如是之速，究其原因，大半还系于政治方面。盖汤氏平日在热，专事聚敛，民怨沸腾，军心不固，故临事不得不一走了之。”[1]

第二，蒋介石国民政府的对日不抵抗政策在继续发酵。日本帝国主义发动“九一八”事变时，张学良按照蒋介石的意旨，实行绝对不抵抗主义，不战而失东北三省，受到全国人民的声讨。东北军退入关内后，张学良及其高层将领苟安于冀察与平津，唯蒋命而从，基本上继续实行对日不抵抗的政策，口称收复东北失地，而实无抗战的精神和准备。正如东北军将领何柱国在一篇回忆文章中所

---

[1] 参见《申报月刊》第2卷第4号，1933年4月。

描述的那样：张学良为首的华北军政当局，对于日本帝国主义的步步进逼，一直没有一个明确的政策，对前方将士的指示只有“避免冲突”四个字，“前方将士常常落入愤懑、隐忍、苦闷和无可奈何的为难境地”，“形成一种不战不和、被动挨打的尴尬局面”。[1]张学良与蒋介石多次电报往来，明知汤玉麟专横腐败，无心抗日，却最终还是保留了他的军政要职。早在1932年7月以后，就已经逐步判明日本势将进犯热河，但直到1933年2月19日，张学良才与蒋介石派赴北平的大员匆匆宣布了一个防御战计划，这时已经是日本关东军宣布侵犯热河作战计划后第9天，距日军大举进攻热河的开战时间只有两天了。热河作战部队还没有准备就绪，总指挥官张作相还没有出征，日军已经全面进攻了。

蒋介石在全国抗日呼声之下，曾指示张学良准备抵抗，他继续坐镇南昌“剿共”总指挥部，统帅数十万大军进行反共内战，而把热河抗战的责任“托付”给张学良，造成热河战场敌我力量悬殊，作战指挥混乱。中国方面直接投入热河防御战的兵力，包括东北军万福麟部和汤玉麟部，孙殿英部第41军，以及退入热河的义勇军，总计约8万人。日本关东军进犯热河的部队，有第6、第8师团及第10师团第33旅团，伪满军高海鹏等部，总兵力约11万人。日军不仅数量上占优势，而且装备精良。中国军队不仅数量上不足，而且装备落后，自始至终未能确立起真正的统帅机关和统一的指挥系统。正如当时的军事评论家所言：“热战在爆发之后，双方规模之大，实类似大兵团作战。但我方以无统一作战计划，未几既通盘瓦解，遂使此有极端可能的亚洲最大的山地战，仅变成日军之行军演习。”[2]

如果说山海关失陷，开始激起了全国抗日救亡运动的新高潮，那么，热河抗战速败则开始暴露出中国半殖民地半封建旧社会机体

---

[1] 何柱国：《山海关防御战》，载《从九一八到七七》，中国文史出版社1987年版，第403~404页。

[2] 黄震遐：《抗日战争之回顾》，《申报月刊》第2卷第6期，1933年6月。

之腐朽，蒋介石国民政府对日不抵抗政策之危险及坚持反共内战政策致抗战失败之危途，激发着一切爱国人士之深思，激荡着全国民众抗日救亡运动蓬勃发展。

热河抗战速败，使蒋介石、张学良等国民党高层面临政治危机，全国舆论一致要求武装抗日，严惩卖国贼汤玉麟。蒋介石为推脱热河失守的责任，于3月9日约张学良在保定见面，决定张辞去本兼各职，在保定设军委会行营。3月10日，张学良召集所部会议，向东北军主要将领说明辞职经过，宣布已经与蒋委员长商定善后，将东北军编为4个军，交中央统率，分别由于学忠、万福麟、何柱国、王以哲担任军长。3月11日，张学良通电下野，以谢国人。3月12日，国民政府遵蒋介石电令，准张学良辞职，免去他北平政务委员会常务委员兼代军事委员会北平分会委员长职；正式任命军政部长何应钦兼代执行军事委员会北平分会委员长职权。张学良4月10日携带眷属，乘坐意大利罗西伯爵号轮放洋。

张学良下野，蒋介石得以暂时平息全国人民的愤怒浪潮，借以维护其统治地位与声望，又乘机拿到了东北军的直接控制权，真可谓是大赢家！

但这同样是一把双刃剑。一方面，没有了张学良，蒋介石不得不直接面对华北危机，应对长城抗战，这就加剧了与日本帝国主义的矛盾；另一方面，在民族危机更加严重的形势下，蒋介石要坚持“剿共”第一的方针，这就加剧了与全国人民的矛盾。热河抗战速败后，蒋介石在南昌对他的高级将领说：“如果在这个时候，只是好高骛远，侈言抗日，而不实事求是，除灭匪患，那就是投机取巧。”[1]蒋介石这种以抗日为“投机取巧”，视“剿共”为“实事求是”的心态，反映出蒋介石集团在中日民族矛盾与国内阶级矛盾的交织之中尚未能正确定位，这就暴露了蒋介石国民政府“一面抵抗、一面交涉”政策的妥协本质，预示着长城抗战将以“轰轰烈

[1] 蒋介石：《对剿匪军高级将领训词》，《申报》1933年4月12日。

烈”开局而以失败归终，中华民族团结抗战还要经历艰难曲折才能实现。

张学良此次被逼下野，绝了仰蒋介石鼻息之望，不得不深思，如何洗心革面，以对全国民众。这也许是张学良走向 1936 年西安事变的转折之点吧。

# 第三章　长城抗战与《塘沽协定》

## 第一节　长城隘口鏖战

### 一、蒋介石部署长城抗战

日军侵占热河，立即进逼长城隘口，与中国军队对峙东长城一线。

中国古老的长城，东起山海关，西至居庸关，长约1100公里，沿线有隘口100多处。在燕山山脉逶迤的崇山峻岭中，沿冀热边境，由山海关向西经九门口、石门寨、义院口、界岭口、冷口、董家口、喜峰口、罗文峪、马兰峪，至古北口，再至察东的独石口，地势险峻，是沟通长城内外的必经之路，兵家必争的军事重镇。

早在日本关东军1933年2月9日制定《攻占热河计划要旨》之时，就决定："迅速向接近河北省省境的热河省南部进兵，构成铜墙铁壁，把华北和热河省真正割断。"[1]日军占领承德之时，日本关东军司令官武藤信义于3月3日，从长春赶到锦州，设置前方司令部，亲自指挥进攻长城各口的作战。其部署是：由第8师团位于承德，主攻古北口方面；由混成第14旅团位于喜峰口外及冷口地区，主攻喜峰口方面；由混成第33旅团攻击界岭口、义院口方面；

[1] ［日］参谋本部：《满洲事变作战经过概要》第2卷，中华书局1982年中文版，第71页。

将原拟驻防赤峰一带第 6 师团及骑兵第 4 旅团，调至冷口附近作战。日军共约 8 万人，另有伪满军数万人配合。3 月 4 日，日本关东军占领承德后，即分兵向长城各口前进，大举进攻长城一线，已箭在弦上。

山海关抗战与热河失陷，激起了抗日救亡运动的新高潮。中共中央于 1933 年 1 月 7 日作出《关于日本帝国主义进攻华北的决议》，指出："山海关事件是日本帝国主义新的进攻中国的强盗战争的许多步骤之开端。"2 月 28 日，中共河北省委发表《反对日本帝国主义进攻热河和河北宣言》，号召工人、农民、学生、士兵和劳苦大众，武装起来，保卫天津与华北。河北和全国各社会团体纷纷致电中国守军，表示声援，各地代表络绎不绝地携带捐款和慰问品，到前线劳军。唐山和古冶车站工人购买药品、食品等慰问前方伤员，交通大学唐山工程学院师生派代表到前线慰问抗日将士。正太铁路 2800 多名员工捐资 10 万元，购买飞机抗日，定名为"正太号"。定县平民教育促进会组织 7000 农民举行示威游行，反对日军侵略华北。迁安县组织起 500 余人的抗日义勇军，坚持抗日斗争。

在日军进逼长城一线各隘口，华北危急，河北及华北与全国各界抗日救亡浪潮的推动之下，蒋介石匆匆离开江西"剿共"前线北上，与北平军分会委员长何应钦共谋如何利用长城险要的地势来阻止日军侵入华北。何应钦根据蒋介石"攘外必先安内"的方针及其"一面抵抗、一面交涉"的政策，匆忙作出如下军事作战部署：中国守军总兵力约有 8 个军团，包括步兵 14 个军，骑兵 1 个军，预备军团 2 个军，另有炮兵、工兵、辎重兵、通信兵等，共达近 35 万人。将中国守军的防线分为两道：第一道防线，西由察东之多伦、丰宁、沽源、独石口，经白马关、古北口、黄崖关、罗文峪、喜峰口、冷口、界岭口等长城各隘口一线，东至滦河东西一带。第二道防线，西起张家口，向东经南口、北平，至天津、塘沽、唐山一线。在具体作战部署上：以第 1 军团于学忠部第 51 军防守天津、大沽及警备津浦铁路；以第 2 军团商震部第 32 军、第 57 军防守滦河以东和冷口附近一带；以第 3 军团宋哲元部第 29 军、第 40 军防御喜峰口、马兰峪一线；以第 4 军团万福麟部第 53 军原地整理，另以 3 个师协助第 57 军固守冷口以东长城要隘；以第 8 军团杨杰（不久，改为徐庭瑶）部第 17 军、第 26 军、第 67 军担任古北口方面防御任务；以第 6 军团张作相部第 41 军与第 7 军团傅作义部第 59 军及骑兵第 1 军负责察东地区的防务；原第 5 军团汤玉麟部之残部由热河退入察东沽源一带；原由义勇军改编的第 6 军团第 63 军冯占海部大部被裁减、整编。❶

显然，这是一个消极防御的作战方案，以华北地方军作战为主，且分兵把口、等敌来攻，并无主动出击、收复失地的军事安排，但得到了蒋介石的认可与支持。当时，第 8 军团总指挥杨杰主张利用有利地形，诱敌深入，实行集中兵力，打运动战、歼灭战的方针。并于 3 月 21 日致电蒋介石，建议："先以 44 师萧之楚部在密云以北地区构筑坚固阵地，以黄杰、刘戡两师由古北口经石匣、密云间节节抵抗，诱敌深入隘路，由左右两翼截击敌为数段而齑粉之。"❷ 可惜，这一作战计划遭到蒋介石、何应钦的指责。3 月 24 日，蒋介石在北平居仁堂主持军事会议，杨杰的建议两次遭拒，第 8 军团总指挥之职亦由徐庭瑶接替。这种长城抗战的防御方针与部署之争，从中国广大爱国官兵踏上长城战场之始，就埋下了走向失败的阴影。

## 二、长城东段隘口鏖战

3 月 4 日，日本关东军占领承德后，分兵向长城各隘口前进。3 月 5 日起，退至长城附近的中国东北部队在华北部队的支援下，与进攻的日军在长城东段主要隘口展开了激烈的争夺战。

---

❶ 《抗战胜利四十周年论文集》(上)，台北黎明文化事业公司 1986 年版，第 584~585 页。

❷ 中国社会科学院近代史研究所中华民国史研究室编：《长城抗战资料选辑》，中华书局 1989 年版，第 57 页。

**冷口、界岭口争夺战** 冷口是山海关至喜峰口段长城线上10个重要关口之一，位于迁安县城北16公里长城之上，口外是青龙县和凌源县，战略位置十分重要。冷口防御战之成败，直接关系到喜峰口和古北口等长城各口的安危。但中国守军在这样一个较为关键的隘口上，防御力量却较为薄弱。

3月4日，日本关东军第10师团混成第33旅团米山先遣队侵入冷口关口，中国守军沈克部第106师向南溃败。3月6日，日军混成第33旅团鲶江支队侵入界岭口一带。中国军队由晋军商震部第32军担任冷口方向的防御任务，商震命黄光华第139师到冷口第一线作战，阻击日军，其余第141师、第142师与军部驻远离长城线的冀东之开平。3月5日下午，第139师赶到迁安县，冷口已失。3月6日，第139师乘日军立脚未稳、思想麻痹，当夜组织反攻，分为左、中、右3路突进，收复冷口，并追出口外30里，占据肖家营子、马道沟两阵地。接着，商震部第139师调整部署，加紧修工事，加强冷口北部阵地。3月中旬，日军进攻喜峰口方面受挫，遂转变部署，重新进攻冷口。3月19日以后，日军猛攻冷口北部阵地。中国守军第139师凭借坚固的防御阵地顽强抵抗，使日军攻占冷口的企图无法得逞，并发挥部队夜战的优势，向日军突袭，绕至日军背后，用大刀、手榴弹杀敌。在组织夜袭反攻中，张克巽营长壮烈牺牲。经过激烈争夺，日军被迫退至冷口外10余公里的马道沟、肖家营子一带。[1] 两军形成对峙，直至3月底到4月初。

界岭口位于抚宁县城北50公里处，是长城喜峰口以东的一个较大隘口，为第4军团第116师缪澄流师防御。1933年3月12日，关东军第10师团第33旅团由绥中进抵界岭口附近。16日晨，日军进攻界岭口，守军第116师稍作抵抗即后撤，日军追至长城内

[1] ［日］参谋本部：《满洲事变作战经过概要》第2卷，中华书局1982年中文版，第92页。

侧郭家厂、石家沟一带，随后退守界岭口。17 日，第 116 师组织反击，收复界岭口及附近地区。3 月 18~20 日，双方反复争夺。3 月 24 日拂晓，日军第 33 旅团再攻界岭口，中国守军第 116 师再次后撤，日军进至郭家厂与 468 高地一带，之后又退回长城原线。此后，双方形成相持状态。

**喜峰口、罗文峪作战**　喜峰口古称卢龙塞，位于河北省遵化县东北，北距热河平泉 85 公里。遵化以北约 9 公里有罗文峪。两隘口是（北）平东通往热（河）东的交通孔道，群峰耸立，地势险要。

北平军分会令宋哲元部第 29 军担任自城岭子口，经董家口、喜峰口、罗文峪，至马兰峪之线长达 150 余公里的防御任务。宋哲元令第 37 师以三屯营为中心，防御城岭子至潘家口一线；令第 38 师以遵化为中心，防御龙井关至马兰峪一线；令暂编第 2 师由玉田向平安镇、东新庄镇集结待命。[1]

3 月 9 日，日军松野尾先遣队进攻喜峰口第一口门，守军万福麟部溃逃，恰适赶来接防的第 29 军冯治安部第 37 师先头部队到达喜峰口，抢先占领要隘，以一个团兵力投入战斗，激战竟夜，才稳住了口上的战局，在战斗中营长王宝良中弹身亡。3 月 10 日晨，宋哲元部第 29 军主力到达滦阳城。正值防守喜峰口的万福麟部在日军混成第 14 旅团的攻击下后撤，第 29 军迅即接防喜峰口，阻击进犯的日军。是日，第 29 军官兵在喜峰口与日军激战，白刃相接，几处高地得而复失，失而复得。11 日，日军再次发动进攻，中国军队沉着应战，待日军进至百米以内，突然以手榴弹、大刀冲杀，冯治安部与日军肉搏 10 余次。中日军队激战 3 天，中国第 29 军将士以大刀与日军肉搏，绞成一团，日军的大炮、飞机难于发挥作用，战况惨烈，双方伤亡很大。日军第 14 旅团遂由一部确

[1] 军事科学院军事历史研究室：《中国抗日战争史》上卷，解放军出版社 1991 年版，第 259 页。

保喜峰口，而将主力集中于长城北侧待机。第29军决定发挥善于夜战、近战、突袭的优势，采取迂回的战术，乘夜间出其不意袭击喜峰口当面之敌。一路由赵登禹（带伤）旅长率领董升堂团、王长海团，从左翼出潘家口，绕至敌右侧背，攻击喜峰口西侧高山之日军。[1]另一路由佟泽光旅长率领李九思团、仝瑾莹团，从右翼经铁门关出董家口，绕攻敌左侧背，攻击喜峰口东侧高山之日军。[2]由王治邦旅长率部固守第一线正面阵地，待左右两路打响后，立即从正面出击日军。11日深夜，第29军官兵在雪中作战，情绪高涨。赵旅将士肩负大刀，黑夜踏雪前进，12日拂晓，董团抵达三家子、北土山日军骑兵阵地，王团到达蔡家峪、白台子日军炮兵阵地。当时，日军正在蒙头大睡。赵旅将士冲入日军阵地，猛砍、猛杀，并将日军阵地的大炮、坦克、辎重等物资大部就地炸毁。老婆山的日军赶来救援，双方进行混战。此时，从右翼进攻的佟泽光旅赶到增援，担任正面防御的王治邦旅开始猛攻喜峰口东北高地，遂将日军击退。此战，毙伤日军六七百人，打死日军植田支队长，第29军伤亡副团长以下军官14人。[3]经过这次激烈战斗，日军未能突破第29军阵地，与中国第29军形成对峙。

日军进攻喜峰口受挫后，改为把守潘家口、喜峰口、铁门关、董家口等关口，而将进攻重点转移到罗文峪一带。罗文峪位于喜峰口与古北口之间的长城凹入处，南距遵化9公里，东北距喜峰口55公里，是喜峰口后方联络的左侧背。由第29军刘汝明部暂编第2师担任罗文峪一带要隘的防御，兵力配置在黄山口、鲇鱼口、大安口、马兰关一线长约50公里的地段，兵力较薄弱。关东军令第8师团第4旅团和骑兵第3旅团各一部，在伪满军协同下，向罗文

---

❶ 中国第二历史档案馆馆藏南京国民政府档案，宋哲元1933年3月12日致国民政府、军委会、各院长、各部长密电。

❷ 中国人民政治协商会议全国委员会文史资料研究委员会编：《文史资料选辑》第14辑，中华书局1961年版，第83页。

❸ 军事科学院军事历史研究室：《中国抗日战争史》上卷，解放军出版社1991年版，第260页。

峪发起进攻。3月16日拂晓，日军企图夺取罗文峪的三岔口高地。中国守军第38师第228团长兼遵化城防司令祁光远，率部跑步绕出黄崖口，阻击日军，死守阵地。刘汝明立即令一部出罗文峪口外支援祁团，与日军激战一天，将日军击退。17日8时，日军步兵、骑兵在炮火、飞机的支援下，大举向罗文峪、山楂峪、沙宝峪阵地猛烈进攻。中国守军诱敌迫近，冲锋肉搏，激战竟日，特务营营长王合春身负数处枪伤仍高喊杀敌，有1个营官兵为夺取日军大炮，大部壮烈牺牲。战至傍晚，日军向鹰手营子退去。18日晨，日军增加兵力，再猛攻上述阵地。师长刘汝明亲率手枪队督战，待日军接近阵地时，冲出阵地，挥刀砍杀，战至傍晚，日军退去。是日夜，日军又全力向中国军队阵地猛攻。师长刘汝明亲临火线督战，令旅长李金田率1个团兵力由沙宝峪口绕道攻击日军侧背，令祁光远团潜出于家峪，由左翼奇袭马道沟、南场之日军。同时，正面守军全线出击，前后夹击日军。激战至天明，刘汝明师前进10余公里，日军撤退至古山子、梅花峪一带。至此，罗文峪以北5公里以内已无日军踪影。

喜峰口、罗文峪战斗，第29军官兵打出了中国军队的威风，"振奋了全国的人心"，"大刀队的威名几乎把现代的精良火器都顶盖了"，❶证明"在此之前"中国收复失地"这个不可能实为可能"。❷日本报纸也曾评论道：喜峰口失败丧尽了"皇军名誉"，遭受60年来"未有之侮辱"。❸

**古北口作战**　古北口是长城东线的重要隘口，位于密云县与滦平县交界处，是燕山山脉南北交通咽喉要道之一，为北平的门户，地势险峻，易守难攻。

1933年3月4日，日本关东军第8师团占领承德后，迅即向长城线古北口方向追击。在古北口外的老虎山和黄土梁一带，中国

---

❶ 《文史资料选编》第4辑，中华书局1961年版，第8页。
❷ 天津《益世报》，1933年3月19日。
❸ 中国第二历史档案馆馆藏南京国民政府档案。

守军东北军王以哲部第107师与日军激战两昼夜，于3月9日撤至古北口内，等待援军。尾追第107师的日军抵近长城。此时，前来接防的中央军第17军关麟征部第25师抵达古北口。王以哲立即急令第112师坚守古北口长城第一线，令关麟征第25师占领古北口南城东西两侧高地，担任第二道防线。

10日15时，关麟征部第25师刚刚部署完毕，日军第8师团一部即在炮火掩护下，作试探性进攻，数小时后退回原线。关麟征连夜调整部署：以杜聿明第73旅第145团主力，加强龙儿峪阵地，与其左翼张廷枢第112师将军楼阵地相连接；以张跃明第75旅主力集结于古北口东北阵地；以75旅第149团1营在通司马台的大道，警戒右侧背，准备迎击日军大规模进攻。

11日拂晓，日军第8师团主力，在炮火的掩护下，开始向守军发起猛烈攻击。由于据守古北口正面第一道防线的第112师，没有对将军楼阵地予以增援，未尽力抵抗即放弃了第一线阵地，日军迅速占领古北关口，并乘胜向守军关麟征第25师右翼第73旅第145团阵地龙儿峪包围攻击。该团遭到侧背夹击，伤亡严重，联络中断。师长关麟征亲自率领特务连赶赴右翼前线，指挥张跃明第75旅主力，支援第145团战斗。经激战，将日军击退，恢复了联系。在战斗中，关麟征被手榴弹炸伤数处，第149团团长王润波战死。关麟征负伤后，由第73旅旅长杜聿明任第25师副师长、代理师长，第146团团长梁恺接替杜聿明担任第73旅旅长。

12日凌晨5时许，日军在飞机和炮火支援下，再次向中国守军阵地发起攻击，主力指向龙儿峪阵地，并以大部兵力向右翼延伸包围，战况更为激烈。战至15时，中国守军大部不支，被迫后退，日军先后占领了将军楼口、307高地、炮焗沟附近及龙王峪口一角。但是中国军队“仍旧顽强抵抗，据守着古北口外的瓮城及其以东高地一线”。此后，日军几次进攻，中国军队坚守阵地，虽伤亡甚重，但仍奋勇杀敌。12日夜，后撤的第25师再次调整部署，缩短战线，在古北口西南2.5公里外的南天门左右占领阵地，隔潮白河与日军对峙，指挥所设南天门。13 日，第 17 军军长徐庭瑶令已在密云附近集结完毕的黄杰第 2 师赴南天门接防，第 25 师撤回密云附近整补。日军占领古北口，没有再进行追击。古北口方向也形成对峙局面。

长城抗战自 1933 年 3 月 5 日起，中国军队奋勇作战，不怕牺牲，历经 20 多个日日夜夜，给日本侵略军以沉重打击，鼓舞了中国的军民。但蒋介石、何应钦等坚持“攘外必先安内”的方针及“一面抵抗、一面交涉”的政策，他们把这种抵抗作为应付舆论和对日交涉的筹码。到 3 月底，长城抗战已进入关键时刻，他们不仅不采取继续争取胜利的措施，反而经蒋介石与汪精卫会商，决定开始与日本谈判。自此，长城抗战迅速向失利方面转化。

## 二、日军占领长城各隘口

由于冷口的特殊军事战略地位，关联着冷口以西长城各口及滦东的战局，日军决定改取侧后包抄的战术，在滦东和南天门反复交替进攻，威胁中国守军的侧背，集中精锐夺取冷口。3 月 27 日，日本关东军司令官武藤下达第 491 号命令，决定军主力重新转向积极作战，越过长城线，向滦东地区进攻。并具体部署：令第 6 师团主力向冷口方面守军商震部进攻；令独立守备队司令官岩田支队等部向石门寨附近守军第 57 军何柱国部进攻；令混成第 33 旅团向界岭口守军杨正治部攻击；令第 8 师团一部佯攻古北口和喜峰口；令关东军飞行队协助以上各部作战。[1]“当第 6 师团主力到达凌源附近后，应即负责该部的补给。当该师团攻击冷口附近时，应尽可能以兵力从该部两侧关门方面给予协助。”“令关东军飞行队协助以上诸作战。”“军兵站应尽量利用九门—义院口大道对在冷口以东的部队

[1] ［日］参谋本部：《满洲事变作战经过概要》第 2 卷，中华书局 1982 年中文版，第 93 页。另见军事科学院军事历史研究室：《中国抗日战争史》（上卷），解放军出版社 1991 年版，第 263 页。

进行补给。”[1]

以上部署表明，日军将进攻重点放在冷口，精心安排，进攻兵力达3万人左右。但这时，北平军分会却没有调整中国守军的部署，商震第32军军部及两个师（第140、第141师），仍在远离前线的开平，前线第139师兵力单薄，与进攻日军悬殊极大。

4月9日，日军第6师团主力在混成第14、第33旅团各一部的配合下，猛攻冷口。守军第139师顽强抵抗，屡次击退日军进攻。4月10日傍晚，日军步兵第11旅团攻占白羊峪一线长城，并向建昌营西侧地区追击；当日夜，日军步兵第36旅团袭占冷口关门附近长城线，也向建昌营方向追击；宫崎支队则迫近北刘家口附近长城线。11日拂晓，日军再攻击前进，突破北刘家口关门附近长城线后，傍晚前已追击到包各庄附近。中国守军被迫放弃冷口关口，经建昌营、迁安向滦河右岸撤退。至此，商震部防线被日军突破，日军占领冷口、建昌营和迁安，商震部退守滦河右岸地区。

4月11日冷口失陷，牵动整个长城抗战战局，冷口两侧的中国守军受到威胁，陷入被动局面。北平军分会令宋哲元部第29军主动撤出喜峰口。至4月14日，日军先后攻占界岭口、喜峰口，并跟踪向滦东追击。

日本关东军为了集中兵力击破中央军徐庭瑶部，将滦东兵力向古北口方面调动，周密部署进攻南天门。4月18日，关东军司令官武藤大将下令第8师团，采取一切手段攻击古北口以南地区。[2]西义一接到武藤的命令后，于19日作了具体部署，20日亲自前往古北口指挥作战。4月21日开始，日军大举进攻南天门。

古北口的中国守军中央军徐庭瑶部，在南天门阵地，从潮河岸之黄土梁至长城八道楼子，采取纵深配备，并在南天门阵地后方构

---

[1] ［日］参谋本部:《满洲事变作战经过概要》第2卷，中华书局1982年中文版，第93页。

[2] ［日］参谋本部:《满洲事变作战经过概要》第2卷，中华书局1982年中文版，第99页。

筑6道预备阵地。日军第8师团大举进攻前，于4月16日，派飞机轰炸了黄杰第2师师部驻地石匣镇；4月18日，轰炸了第17军军部驻地密云县城。20日夜，又派出1个大队袭占南天门左翼制高点八道楼子。中国守军4月21日几经反攻收复无效，4月22日夜，将阵地改换至田庄、小桃园一线。4月23日，日军利用八道楼子制高点，陆、空联合向南天门阵地中央据点421高地连续4次猛烈攻击，被守军击退。24日，日军再集中火力轰击421高地，战况惨烈，守军第11团伤亡甚众，阵地失陷。第7团前往增援，将日军击退，夺回421高地。25日，因黄杰第2师昼夜苦战伤亡甚大，刘戡第83师接替南天门阵地的防御。

26日拂晓，刘戡第83师接防刚刚完毕，日军即加强兵力，在飞机、火炮支援下猛攻421高地，并施放烟幕弹，中国守军第497团的工事被毁，在烟雾弥漫中与日军激战，至下午，被迫放弃421高地。4月28日，日军在大炮、坦克掩护下，步兵、骑兵向南天门附近372、425高地进攻，同时威胁中国守军左右两翼。第83师激战终日，奉命向新开岭阵地转移，南天门乃被日军占领。5月11日，日军步兵第31、第32联队夜袭稻黄店、涌泉庄及以南高地，与中国守军第83师第493团及补充团展开激战。是日8时，日军在炮兵协同下，步骑兵联合进攻笔架山阵地，守军第494团团长魏巍受重伤，副团长汪兴稼阵亡。刘戡部第83师不支，全线溃退，撤至后方5里的预备阵地，遂由黄杰部第2师接替刘戡第83师的防御任务。

5月11日下午，黄杰部第2师郑洞国第4旅占领阵地未完，日军即向磨石山、大小新开岭、香水峪一带守军进攻。随后，日军又乘夜猛攻小新开岭左翼405高地。5月12日，日军加强兵力，全线进攻。黄杰第2师各部与日军激战，伤亡惨重，撤往后方7里的预备阵地。至12日午后3时，日军攻占大小新开岭一带，又乘胜向石匣镇攻击。当日傍晚，日军坦克冲进中国炮兵阵地之南茶蓬，炮兵第4团9连官兵大部伤亡。至13日，黄杰第2师伤亡惨重，全线溃退，撤至黄岗峪、不老屯一线。13 日午后，日军猛攻石匣镇，城垣被毁，守军第 25 师 73 旅 146 团与日军展开巷战。日军占领石匣镇后，又乘胜向南山口推进，第 146 团死伤甚大，石匣镇附近的据点全部失守，遂退守至后方 6 里的新阵地。

5 月 14 日，北平军分会令肖之楚部第 26 军进入九松山预备阵地，接替徐庭瑶第 17 军的防务；令第 25 师回怀柔、顺义一线，刘戡第 83 师担任北平城防。

## 第二节　长城以南地区作战

### 一、长城以南滦东地区作战

滦东地区位于冀东东部，泛指建昌营以南、滦河以东及东南至沿海的地区，包括秦皇岛、抚宁、昌黎、卢龙、迁安一部。这一地区是日军从辽宁、热河侵入华北的必经之路。

如前所述，4 月 11 日冷口、界岭口失守，4 月 13 日喜峰口撤守，长城抗战战局大变，滦东防线也开始动摇。4 月 14 日，何应钦电令，"迁安以北之阵地，不能恢复时"，何柱国部及杨正治军主力"即向滦西撤退"。据此，何柱国令骑兵第 3 师主力向昌黎方向转进，接替第 115 师阵地，留下 1 个团与警备师扼守汤河一线；令第 627 团和骑兵支队主力退至昌黎附近，在抚宁留下骑兵 1 连担任警戒；令第 115 师、第 120 师主力 14 日晚撤退至滦西。加之，在汤河西岸警戒的骑兵第 41 团也在日军攻击下向昌黎撤退，结果，日军跟进南下，占领了北戴河、留守营。

4 月 13 日，日军第 6 师团长神代支队从新庄子出发，向青龙河左岸移动，在永平东北地区与中国军队激战。4 月 14 日，日军宫崎支队、中园支队与混成第 33 旅团早川支队会合，三面合击燕河营地区孙德荃第 119 师，另一部兵力进占抚宁。15 日，从建昌营出发西进的古谷支队，猛烈进攻滦河对岸团汀庄附近阵地，中国守军遭重创。至此，日军占领永平及金家黑石庄一带，中国军队退至昌黎方面。

由于侵据抚宁的日军先头部队进抵昌黎以北的梁各庄附近阵地，沿北宁铁路西侵的日军，向昌黎东北的樵夫山阵地发起猛烈攻击。4 月 15 日夜，何柱国部逐次由昌黎向滦西撤退。16 日夜，昌黎失守。同日，中国军队撤守秦皇岛。17 日，日军自昌黎西进，进攻安山，守军退守石门，又撤至滦河西岸。至此，何柱国部第 57 军全部撤出滦东地区，在滦河以西布防；日军侵占滦东各县，两国军队隔滦河对峙。

日军越过长城线，侵入滦东地区，英国就威胁到开滦煤矿问题向日本提出警告。当时，日本天皇担心越过长城线引起国际纠纷，于 4 月 19 日召见了参谋本部真崎甚三郎参谋次长，诘问关东军为何还没有从滦河一线撤退。真崎甚三郎立即亲笔写信给司令官。[1]关东军司令官武藤信义于当日正午下达命令，第 6 师团立即返回长城线，第 8 师团在滦东地区作战部队迅速撤回长城线。根据以上命令，自 21 日逐次返回长城线，但仍“要做好以后的出击准备和警戒华北方面”的态势。[2]

4 月 21 日日军逐次从滦东地区撤回长城线，但仍有伪军李际春、程国瑞等部留守。4 月 23 日起，扼守滦河西岸的中国军队何柱国、王以哲等部，遂相机越过滦河向长城各口推进，至 29 日，相继进占迁安、卢龙、昌黎、抚宁、北戴河、建昌营等地。伪满军分别向留守营、界岭口撤退。

## 二、长城以南冀东地区作战

日本关东军从关内撤回长城线后，滦河西岸的中国军队返回

❶ 军事科学院军事历史研究室：《中国抗日战争史》（上卷），解放军出版社 1991 年版，第 263 页。

❷ ［日］参谋本部：《满洲事变作战经过概要》第 2 卷，中华书局 1982 年中文版，第 98~99 页。

滦东，收复失地；南天门方面的中国军队也抓紧时机构筑工事。对此，4 月 28 日，日本关东军第 6 师团长下令再次进攻滦河线。日本关东军司令官认为“时机过早，暂时推迟”行动。5 天后，5 月 3 日正午，日本关东军司令官武藤信义即下达关作命第 503 号，诬称中国军队“采取挑战态度”，“侵入滦东”，“侵入热河省”，令长城沿线各部日军“继续实行攻击”，给以“致命打击”。并作出入侵关内的具体部署：令第 8 师团继续在南天门一线实行攻击，直至石匣镇附近，特别应尽力消灭中央军；令第 6 师团以一部占领永平及迁安一带，控制滦东地区，以主力从迁安上流地区痛击中国军队；令独立守备队与第 14 师团各抽出一部兵力合并编制一个支队，派往山海关，加强第 6 师团；令飞行队协助以上作战。❶5 月 6 日，日军参谋本部下达《华北方面紧急处理方案》，规定：此次用兵的目的，是继续使用武力，压迫华北当局屈服，或造成华北军队的分裂；至于夺取平津的事，应继续让天津特务机关进行“内部策动”。假如内变不能如期得手，关东军应在有利条件和时机，从速和中国方面订立一个停战协定。❷5 月 8 日，日本关东军发表进攻关内的声明，声称：日军实不能“一忍再忍”，“决定断然奋起”，“彻底挫败”中国军队的“挑战意识”。❸

上述《华北方面紧急处理方案》中所谓“内部策动”，是日军进攻热河、长城期间，沈阳特务机关长坂垣征四郎奉参谋本部密令，赴华北担任策动国民政府内变的活动。坂垣到天津后，组织了特务机关，受参谋本部直接指挥。由于坂垣策动旧军阀段祺瑞、吴佩孚、孙传芳等人没有成功，后来选定张敬尧、郝鹏举、石友三等

---

❶ ［日］参谋本部：《满洲事变作战经过概要》第 2 卷，中华书局 1982 年中文版，第 102 页。

❷ ［日］《现代史资料（7）· 满洲事变》，美铃书房 1985 年版，第 514~515 页。转引自军事科学院军事历史研究室：《中国抗日战争史》（上卷），解放军出版社 1991 年版，第 265 页。

❸ ［日］参谋本部：《满洲事变作战经过概要》第 2 卷，中华书局 1982 年中文版，第 103 页。

人，特别赏识曾在湖南任过督军的张敬尧，特给他银圆30万。坂垣曾于1933年4月18日密电关东军，说张准备于4月21日在北平起事，要求关东军向南进攻，以策应内变。随后，坂垣又先后密报：张作相将于4月26日至27日联络在滦东的东北军起事，张廷枢、孙殿英、冯占海等人也将几天内行动。但过了半个月，“内部策动”计划未能实现，张敬尧也被暗杀。[1]因此，5月，日本关东军决定再次向长城以南大举进攻。

据关作命第503号，第6师团长坂本政右卫门于5月6日决定，首先给滦东地区的中国守军“以致命打击”，其次“以一部占领永平及迁安一带”，“以主力从迁安以北地区”攻击中国军队，并下达了再次侵占滦东地区的命令。[2]5月7日，第6师团及第14旅团主力分数路，分别从山海关、抬头营、石门寨、建昌营等地出发，在飞机、大炮、坦克的掩护下，大举进攻滦东地区。一路沿（永）平榆（关）公路向西进攻抚宁，由常冈部队向抚宁西侧前进，由平贺部队向抚宁东侧展开，两部夹攻抚宁，中国守军翁照垣师骑兵第2连激战至晚间，退出城外；平贺部队沿（永）平榆（关）公路继续追击，10日占领了永平城及其以南高地，而后主力向吴庄方面前进。一路由松田部队从冷口附近抬头营出发，向五达营前进，8日傍晚转向建昌营。一路由高田部队从建昌营出发，8日攻占迁安，中国守军第107师1营伤亡惨重，退守城南蟒山。至此，日军占领了抚宁、迁安、卢龙等地。滦东地区再失，中国守军何柱国、王以哲部撤至滦河以西。5月9日，日军第6师团主力在建昌营集结，准备进攻滦西地区。

5月10日，日军第6师团长坂本决定5月12日拂晓从东寨庄东西两线渡过滦河，给中国军队“以致命打击”，下达了渡河攻击

---

[1] 军事科学院军事历史研究室：《中国抗日战争史》(上卷)，解放军出版社1991年版，第263~265页。

[2] [日]参谋本部：《满洲事变作战经过概要》第2卷，中华书局1982年中文版，第110页。

命令。[1]

5月12日拂晓，日军第6师团主力松田、高田两部在飞机和炮火掩护下，分别从东寨庄、西寨庄渡过滦河；平贺部队及常冈部队从小营、吴庄渡过滦河；服部部队主力从潘家口以北地区渡过滦河，击退中国守军，遂以松田、高田、平贺三部队向丰润追击，以服部部队向遵化追击，另以伪军五六千人进攻滦县。

日军第6师团在向丰润、滦县追击中，5月13日，收到了关作命第506号。关东军司令官认为，“占领长城以南的交通要冲有利于确保以后行动的自由”，“决定将在长城以南的作战行动范围停止在连接密云、平谷、玉田、丰润、永平之线以北”；“以主力确保长城南侧地区的要点”，“挫折”中国军队的“挑战意志”。令第8师团主力向石匣镇附近集结，同时，保持对北平施以重压的态势；令第6师团主力向遵化附近集结，控制该地以东长城线及滦东地区，并保持威胁平津地方的态势。[2]据此，日军第6师团长调整了继续追击中国军队的部署，决定师团各部队首先攻击山头庄、白各庄、丰润一线的中国军队阵地，将主力集结在玉田附近。当日，即5月13日，中国守军第4军团总指挥万福麟令何柱国、王以哲部向唐山、丰润以西地区撤退；5月15日，何应钦又令万福麟、何柱国、王以哲部撤至宁河、宝坻一线；宋哲元部撤至三河、平谷以东地区。在这种情况下，日军第6师团各部的追击进攻，几乎没有遇到什么激烈的抵抗。至22日，日军第6师团先后占领了滦县、遵化、玉田、蓟县、平谷、宝坻、香河、三河等县城，全部推进到蓟运河一线。北平军分会令中国军队各部撤到北平近郊。

---

[1] ［日］参谋本部:《满洲事变作战经过概要》第2卷，中华书局1982年中文版，第111~112页。

[2] ［日］参谋本部:《满洲事变作战经过概要》第2卷，中华书局1982年中文版，第103~104页。

## 三、北平近郊的作战

日本关东军司令官关作命第503号下达后，日军第6师团在东线滦东、滦西地区向中国军队攻击的同时，第8师团在西线于5月10日夜向新开岭地区中国守军第17军发动进攻，第17军第83师和第2师轮番与日军进行激战、苦战、肉搏战，13日，日军占领石匣镇，第17军奉命经密云向怀柔、顺义以西一线撤退。15日，日本关东军接到中国军队决定向顺义、玉田、唐山之线退却的情报，当即通知第8师团，令其“不要迟疑，继续攻击”。17日，令第6师团占领遵化、丰润后，将较强兵力派往平谷方面，威胁第8师团正面中国军队的右侧背，同时决定“迅速扫荡密云、平谷、蓟运河线以东”的中国军队。18日，日本关东军下达了关作命第508号，令第8师团向密云一带挺进；令第6师团一部向蓟运河线跟踪追击；令骑兵集团一部警备赤峰一带，以主力向玉田前进；令飞行队协助第8师团进行攻击。19日，日军第8师团占领密云城，第6师团进到蓟县附近后继续追击。当日，日军第8师团右追击队的骑兵向白沿庄一带追击，其余在通往北平的公路以西地区追击；左追击队在南省庄、九松山遭遇中国军队顽强抵抗。

当时，北平军分会为了加强北平与密云之间的防务，于4月底调傅作义部第59军由张家口开往昌平一线。5月14日，第59军又奉命开至怀柔附近阻敌。傅部到达怀柔附近后，将军指挥部设在小汤山东北的肖家村，并做好战斗部署，构建第一、第二两道防线。当中国军队南撤，日军向怀柔、顺义追击之际，傅部第59军曾由昌平侧击怀柔、顺义的日军，未能得手，退回怀柔、顺义以北地区。

当中国爱国官兵与日军奋战之时，何应钦执行蒋介石、汪精卫“攘外必先安内”方针及“一面抵抗、一面交涉”政策，即开始了向日方探询求和的条件；国民政府于5月4日成立了北平政务整理委员会，指定亲日派头子黄郛为委员长，负责与日方交涉停战问题。自5月初以后，日本关东军向长城以南发动进攻，中国军队除傅作义部外几乎未能再进行有效的抵抗。5月20日，日本关东军司令官鉴于中国军队已向顺义、三河、蓟运河线以南地区溃退，决定乘强压中国方面的机会，“在有利的形势下结束战局”，遂下达关作命第510号：决定追击到怀柔、密云、平谷、蓟运河一线即行停止，以适应形势变化；令第8师团主力向密云一带集结，保持对北平方面施以强压的态势；令第6师团一部位于平谷、邦均镇一带及蓟运河左岸的要点，主力集结在玉田一带，保持对平津方面施以强压的态势；令关东军飞行队尽快准备好在平津地方作战的态势。[1]

5月20日夜，日本关东军第8师团长接到关作命第510号，于21日做了攻击怀柔中国守军阵地的作战部署。当日，日军第8师团先头部队发动了对傅作义部前哨警戒部队的试探性进攻，日军遭到还击后退回。23日拂晓，日军第8师团步兵第4旅团和第16旅团一部，在飞机、坦克、火炮的掩护下，大举向中国守军傅作义部第218旅、第210旅的前沿阵地正面猛攻，而以早川联队迂回侧击。傅部阵地前沿2个连兵力，依托坚固工事，沉着应战，日军第一次攻击被击退。日军继以大炮密集轰击，再次猛攻，傅部前沿阵地官兵伤亡过半，撤回自主阵地。日军随即占领了傅部前沿阵地。是日上午，日军步兵在飞机和火炮的掩护下，向傅部阵地正面猛扑。傅部右翼第218旅第436团在团长董其武指挥下，经过激战，将日军击退，董团伤亡甚重，第一线第7、第8两连伤亡达2/3。傅部左翼第210旅第419团在旅长叶启杰指挥下，经殊死拼杀，也将日军打退。日军屡攻受挫，遂将主攻方向指向第210旅第420团。该团顽强阻敌，日军又被击退。是日下午，日军骑兵第72联队和步兵早川联队，从长园堡附近渡河，迂回至傅部第210旅后方，由侧背夹击第420团。该团第1营营长曹子谦率部迎击，奋勇

[1] ［日］参谋本部：《满洲事变作战经过概要》第2卷，中华书局1982年中文版，第104~105页。

冲杀，伤亡惨重，阵地失陷。傅作义令第二线阵地第421团团长孙兰峰率部急援。孙团与日军数次激战，阵地得而复失，失而复得，至下午6时，日军不支，全部收复阵地。第59军英勇杀敌的胜利消息，各大报纸纷纷报道，平津和晋绥各界爱国团体到前线慰劳，蒋介石、阎锡山也给予嘉奖。❶

在傅作义部与日军激战中，22日，北平军分会下令守军各部后撤至北平近郊组织防御。但日军第8师团23日占领怀柔后继续攻击南进，第6师团侵入蓟运河后继续攻击西进，至24日，第6、第8师团突破中国军队的三河、宁河防线，进逼通州、顺义，对平津形成三面包围态势。此时，北平城内陷入混乱，华北军事当局也准备南走保定。国民政府被迫签订城下之盟，负责与日本谈判的北平政务整理委员会委员长黄郛，同日本使馆副武官永津佐比重等达成共识，完全接受日方提出的中国军队须撤至延庆、昌平、高丽营、顺义、通州、香河、宝坻、林亭口、宁河以西以南地区等停战四项条件。北平军分会下令第59军即刻停止战斗，向高丽营集结。日本关东军也于25日下达了停止战斗的命令：（1）中国军队"已撤退到延庆、昌平、高丽营、顺义、通州、香河、宝坻、林亭口、芦台线以南及以西地区，提出了停战。"（2）只要中方"表明诚意，以后不采取挑战态度，日军决定受理前项停战提议"。（3）"各部队应保持关作命第510号的态势，除非另有命令，应即停止超越现在第一线的战斗行动。但，以侦察敌情为目的的飞行队的行动，不在此限。"❷日军各部队接到停战命令后，停止了作战行动。至此，长城抗战宣告结束。

---

❶ 参见谢忠厚、李翠艳、李春峰：《华北抗日战争史》第1部第3卷《局部武装抗日斗争》，河北人民出版社2012年版，第145~147页。

❷ ［日］参谋本部：《满洲事变作战经过概要》第2卷，中华书局1982年中文版，第105页。

## 第三节 《塘沽协定》签订和长城抗战影响

### 一、停战谈判与《塘沽协定》签订

长城抗战开始1月有余，蒋介石即积极准备与日交涉停战问题。1933年4月上旬起，他连续发电邀请黄郛主持华北事务，或以“私人名义赴北方襄助”。[1]黄郛是个著名的“日本通”，与日本侵略分子一向过往甚密。同年5月4日，国民政府设立行政院驻北平政务整理委员会，任命黄郛为委员长。黄郛受命后，与外交部部长张群、军政部次长陈仪，立即在上海同日本武官根本博频繁接触，洽谈中日停战事宜。5月11日，黄郛收张群电：“今日战事激烈，死伤甚大，已退至第二防线。如敌继续进攻，一两日内败退密云，亦意中事。此间均盼兄迅有办法，并速来平。”[2]黄郛再与根本博会谈，日方表示，日军决无进至平津之意，但要求中国军队撤退至日军守备区域炮程不及之地。黄郛遂密电何应钦、黄绍竑、张群：“若节节战退，势必波及北平近郊，若大胆下一决心，用极速度撤至后方密云约二十里炮程不及之地如牛栏山一带从事整理，则无益之牺牲可以减少，对外之运用较为便利。”[3]黄郛并将此建议向蒋介石报告。5月13日，北平军分会决定按照黄郛的建议，放弃南天门阵地，将中国守军撤至石匣镇以南，密云县城以北20里之九松山一带，并请求日军不再追击。5月17日，黄郛抵达北平。当晚，即与何应钦等举行会议，商讨停战问题。但是，5月19日，坂垣指使石友三在天津进行暴乱，22日，日军已进逼顺义、通州。同日，日本驻北平大使馆代办中山详一就双方谈判事宜，拜访何应

---

[1] 中国社会科学院近代史研究所中华民国史研究室编：《长城抗战资料选辑》，中华书局1989年版，第85页。

[2] 中国人民政治协商会议全国委员会文史资料研究委员会编：《文史资料选辑》第14辑，中华书局1961年版，第93页。

[3] 中国社会科学院近代史研究所中华民国史研究室编：《长城抗战资料选辑》，中华书局1989年版，第94页。

钦。随后，命黄郛抓紧时间办理。汪精卫也致电黄郛，并给出谈判的底线："除签字于承认伪国，割让四省之条约外，其他条件，皆可答应。"[1]当日夜，黄郛偕秘书李择一，与藤原、中山、永津进行会谈。日方提出了四项条件：（1）中国军撤退延庆、昌平、高丽营、顺义、通州、香河、宝坻、林亭口、宁河以南以西，今后不准一切之挑战行动。（2）日本军亦不越上之线进击。（3）何应钦派正式任命之停战全权员往密云，对日本军高级指挥官表示停战之意志。（4）以上正式约定后，关东军司令官指定之日本军代表与中国方面军事全权代表定某日某时，于北宁线上某地点作关于停战成文之协定。[2]黄郛将谈判情况立即报告何应钦等。何应钦、黄绍竑、张群、熊斌等表示对日方所提条件一一接受，蒋介石、汪精卫也表示"请坚决进行为要"。5月25日，按照与日方达成的协议，何应钦派北平军分会参谋徐燕谋到密云日军驻地求和，与日军武官永津签订了停战"觉书"。当日，北平军分会依照"觉书"规定，电令中国军队各部撤退至日方划定之线，以免"资对方口实"。同日，关东军司令官武藤电令日本各军停止战斗行动。随后，蒋介石、汪精卫先后致电何应钦、黄郛，予以慰勉。

5月30日下午，中日停战谈判在塘沽日本陆军运输部驻地举行。中方代表北平军分会陆军总参议陆军中将熊斌等，与日方代表关东军副参谋长陆军少将冈村宁次等，交换了全权证书，约定次日上午9时举行正式会议。次日上午，正式会谈开始后，冈村宁次拿出预先拟定好的停战协定议案，声明此案是日本关东军提出的最后议案，一字不容更改，并限令中国代表在一个半小时内作出"诺"或"不同意"的答复。熊斌也提出了中方的书面声明。冈村宁次表示：拒绝中方提出的书面声明，要求中方对日方所提停战协定议

[1] 中国社会科学院近代史研究所中华民国史研究室编：《长城抗战资料选辑》，中华书局1989年版，第100页。

[2] 中国社会科学院近代史研究所中华民国史研究室编：《长城抗战资料选辑》，中华书局1989年版，第100~101页。

案，只能有“诺”或“否”之答复。最后，中国代表在一字不改的情况下，与日本代表正式签署了《塘沽协定》。至此，中国爱国官兵长城抗战的浴血成果，被华北军事当局与国民政府这个丧权辱国的条约给出卖和辱没了。

> 《塘沽停战协定》规定：（一）中国军即撤退至延庆、昌平、高丽营、顺义、通州、香河、宝坻、林亭口、宁河、芦台所连之线以西以南之地区，尔后不越该线而前进，又不行一切挑战扰乱之行为。（二）日本军为确认第一项之实行情形，随时用飞机及其他方法以行视察，中国方面对之，应加保护及予以各种便利。（三）日本军如确认第一项所示规定中国军业已遵守时，即不再越该线追击，且自动概归还长城之线。（四）长城线以南及第一项所示之线以北以东地域内之治安维持，以中国警察机关任之。右述警察机关，不可用刺激日本军感情之武力团体。（五）本协定盖印之后发生效力。以此为证据，两代表应行记名盖印。[1]

在《塘沽协定》签署当日晚，熊斌在北平发表谈话，说：冈村宁次“以极诚恳亲善之态度商洽”，协定得以迅速成立，“虽难期国民全体之谅解，然自问良心尚安”。[2]真可谓一副自欺欺人、自我安慰的奴才相！汪精卫5月31日发表书面谈话，诡称：“此次华北停战谈判，限于军事，不涉政治”，“不影响于领土主权及在国际所得之地位”。[3]《塘沽协定》明明是在政治上对日妥协、投降，影响到中国的东北、华北主权及国际地位，却欺骗国人和公众舆论，汪精

❶ 中国社会科学院近代史研究所中华民国史研究室编：《长城抗战资料选辑》，中华书局1989年版，第109页。

❷ 中国社会科学院近代史研究所中华民国史研究室编：《长城抗战资料选辑》，中华书局1989年版，第113页。

❸ 中国社会科学院近代史研究所中华民国史研究室编：《长城抗战资料选辑》，中华书局1989年版，第114页。

卫卖国贼的真面目开始暴露出来！

历史的发展已经证明，《塘沽协定》的签订，标志着长城抗战的失败和河北及整个华北殖民地化的加深，昭示了蒋介石、汪精卫“一面抵抗、一面交涉”政策无视国家民族利益、对日屈辱妥协的投降本质；同时，标志着日本帝国主义发动“九一八”事变一幕的结束和策动华北事变新一幕的开端，暴露了日本帝国主义侵占华北、灭亡中国的狂妄野心。《塘沽协定》实际上承认了日本侵略中国东北三省和热河省的“合法”性，也承认了冀东为“非武装区”，中国不能在冀东驻军，日本却可在冀东自由行动。此后，冀东地区的“治安维持”，由于学忠部2个团改编的战区特警第1、第2总队和汉奸李际春部改编的战区保安队第1、第2总队负责，实际处于日军的监视和控制之下。在行政方面，河北省政府从7月下旬开始接收冀东各县，10月间国民政府将冀东战区划分为滦榆、蓟密两区，委任与日本有密切关系的陶尚铭、殷汝耕为行政督察专员。这样，冀东地区成为名义上保留中国行政权的日本殖民地。从此，冀察和整个华北门户洞开，为日军大举向关内侵略扩张提供了方便条件。这是日本侵华战争前一个阶段的结束和下一个阶段的开始。正如中共中央1933年8月3日在致各级党组织和全体党员的信中所指出：《塘沽协定》“在任何程度上没有而且也不能阻止日本帝国主义的向前侵略以及因此而丝毫有所缓和目前严重的民族危机，且恰恰相反，停战协定更给了日本强盗继续和加强侵略华北与整个中国的许多方便”。[1]

长城抗战虽以失败告终，但它标志着河北及整个华北地区武装抗日的开始，宣告了蒋介石、汪精卫“一面抵抗、一面交涉”政策的破产，成为河北和全国抗战史上一个具有重要意义的事件。

---

[1] 中共中央统战部、中央档案馆编：《中共中央抗日民族统一战线文件选编》上册，档案出版社1984年版，第118页。

## 二、长城抗战失败的内部动因

长城抗战历时 3 个月，以轰轰烈烈的抗日战火开始，且给日军沉重打击，却以失败与签订丧权辱国的《塘沽协定》而告终，原因是多方面的，有国际方面的，也有中日两军装备对比方面的，但这些都是外部的，或是表面的，不是起决定作用的因素。从中国内部的深层次的历史原因来看，导致长城抗战失败，主要有三个方面。

第一个方面，蒋介石国民政府实行了错误的政略指导，这是长城抗战失败的根本内因。“九一八”事变时，蒋介石国民政府实行“攘外必先安内”的方针及对日不抵抗的政策，导致不战而失东北三省。“一・二八”上海事变与长城抗战之时，蒋介石国民政府实行“攘外必先安内”的方针及对日“一面抵抗、一面交涉”政策，招致了虽战而丧权辱国。其症结在于“一面抵抗、一面交涉”政策，较之“不抵抗”政策，虽然多了“抵抗”的含义，但其战之动机、目的，不是彻底驱逐日本侵略者，而是为了对付和平息国人日益高涨的抗日浪潮与社会舆论，“战”是权宜之计，“交涉”为“战”之目的，是变换了手法，改变为“以战求和”。长城抗战开始后，蒋介石主持“剿共”，由汪精卫主持外务；在长城抗战部署上，绝大部分使用西北军、晋绥军、东北军等约 20 万人，而中央军只有徐庭瑶部 3 个师参战。当长城线激烈交战之际，蒋介石亲自屡次电邀亲日分子黄郛主持北平政务整理事宜，负责对日谈判议和。这就表明，蒋介石国民政府自始至终没有将长城抗战作为头等要事放在最紧要的议事日程上，自长城抗战之初就做着谈判议和的准备，其“战”不仅不是真正要打击日本侵略者，甚至也不是将“战”作为谋“和”的筹码，其真正用意是用爱国官兵的流血牺牲来敷衍包括国民党内爱国人士在内的全国人民抗日救亡的迫切要求，来换取时间以完成其“剿共”夙愿，其结果，只能是以轰轰烈烈之战开始，而以丧失国家领土和主权为代价来换取暂时的对日妥协。蒋介石国民政府“攘外必先安内”方针及“一面抵抗、一面交涉”政策的政略指导，在长城抗战之始，就注定了最终失败的厄运。

有人将长城抗战失败，归于中日两军力量悬殊。笔者以为这也不尽然。日军是训练有素、装备精良的现代化军队，中国军队缺乏组织训练、装备较差，这是不争的事实。但是，仅仅看到这一点，不能解释3月5日至3月底鏖战长城隘口一段时间内，中国军队何以能给日军以沉重打击，何以能屡屡得手，打出几个漂亮仗来。长城抗战，中国军队肩负国家民族大义，在政治上占绝对优势，在数量上也为日军的3倍以上。然而在中国军队长城隘口鏖战打出了中国民族正义气势之时，蒋介石国民政府却拒绝给予长城抗战将士以军力和物力的支援，断了抗战将士继续争取胜利的希望，同时又发出了请黄郛出山对日求和的指令。面对广大爱国官兵强烈的抗日爱国呼声和要求，蒋介石严令："外寇不足虑，内匪实为心腹之患，如不先清内匪，则决无以御外侮。""如有剿匪各将领，若复以北上抗日请命，而无意剿匪者"，"是其死有余辜"，"立斩无赦"。[1]可见，长城抗战之所谓"军力不足"，后续无援，恰恰是蒋介石国民政府"攘外必先安内"方针及"一面抵抗、一面交涉"政策所导致的一个恶果。

有人将议和、签约、丧权，归于长城抗战失败。笔者以为，这种逻辑，有将签订丧权辱国的《塘沽协定》责任推卸给坚持长城抗战的爱国将士之嫌。其实，长城抗战失败与议和、签约、丧权，都是蒋介石国民政府实行"攘外必先安内"方针及对日"一面抵抗、一面交涉"政策所致之恶果。蒋介石国民政府委以亲日派分子黄郛之重任，负责对日交涉谈判事宜，此已如前述。在何应钦、黄郛与冈村宁次秘密谈判过程中，何应钦曾对冈村说："实际上我国现在最难办的是共产党势力的抬头，故而不愿引起对外问题。如果日本不就此停止对我国的压迫，其结果中日两国都将给共产党以可乘之

[1] 中国社会科学院近代史研究所中华民国史研究室编：《长城抗战资料选辑》，中华书局1989年版，第82~83页。

机。”[1]足见，当时蒋介石国民政府尚未真心抗日，只是以“一面抵抗”之名，行“一面交涉”之实。蒋介石还给出了对日交涉妥协的底线：“除签字于承认伪国，割让四省之条约外，其他条件，皆可答应。”[2]诚然，《塘沽协定》并没有明文“承认伪国，割让四省”之字样，但稍有历史常识的人都心知肚明，“长城线以南及第一项所示之线以北以东地域内之治安维持”，“不可用刺激日本军感情之武力团体”，这一条约规定实际地承认了伪满洲国国境线和冀东地区为非武装区的特殊地位。

第二个方面，蒋介石国民政府实行了分兵把口、单纯防御的错误作战方针与作战部署，这是长城抗战失败在军事方略上最主要的内因。有人以为，长城抗战失败与中日两军装备悬殊有关。笔者以为，从军事指挥方略来看，长城抗战失败与中国军队装备低劣固然有关联，而更主要的是蒋介石、何应钦实行了错误的作战方针与作战部署。的确，日军装备精良，火力强，配备有装甲车、坦克、火炮和飞机等“精利武器”，多兵种配合作战。而参加长城抗战的中央军、西北军、东北军、晋绥军等部队，中央军装备较好，实力最强，其他部队装备较差，但即使是中央军，与日军相比，装备也是差之甚远。宋哲元第29军，武器装备较差，全军的枪械多为陈旧的枪支和土造枪，弹药补给也非常困难，全军只有大炮十几门，重机枪不过百挺，士兵的武器大多是大刀和手榴弹。中日两军这种装备特点，只是决定长城抗战的作战指挥方略的一个因素，而作战的动机及其主动性、灵活性与人心向背等，才是决定长城抗战指挥方略的主要因素。蒋介石、何应钦在长城抗战的指挥方略上，恰恰在作战的动机及其主动性、灵活性与人心向背上，出了大错。如前所述，何应钦为首的北平军分会在决定长城抗战的作战方针及其军事部署时，国民政府第8军团总指挥杨杰与之发生了激烈的争论，杨

---

[1] 高鹏编：《长城抗战：抗日第一仗》，团结出版社2005年版，第157页。

[2] 中国社会科学院近代史研究所中华民国史研究室编：《长城抗战资料选辑》，中华书局1989年版，第100页。

杰还上书蒋介石，提出不能只是分兵把口、等敌来攻、单纯防御，应主动出击，诱敌深入，实行运动战、歼灭战。但遭到了何应钦的反对，又被蒋介石否定，并改由徐庭瑶担任第17军军长一职。这种分散兵力、消极防御的作战方针与军事部署，造成了中国军队在长城抗战中屡屡被动挨打、被日军各个击破，终致失败的军事结局。参加长城抗战的中国军队，在兵力数量上远远多于日军，还占据着优越的长城隘口，坚固的城墙和防御工事，易守难攻。但是，中国军队沿长城线分兵把口，仅依赖隘口和工事单纯抵抗，不主动出击，这样，当日军集中兵力进攻某一隘口时，中国军队数量优势往往丧失，而日军则更易于发挥其训练有素、装备先进的优势。同时，北平军分会往往不肯在长城抗战第一线部署足够的兵力，使日军有隙可乘。如商震所部，驻防在冷口一带正面百余里的长城线上，但只有黄光华第139师一个师的兵力布防，且一线式分兵布防，完全不能形成纵深配置。1933年4月，日军发动滦东作战，恰是看准了冷口的防御兵力单薄，冷口一失，导致长城东段各口防线崩溃，中国守军全线被动，被迫向后撤退，进而造成冀东失陷。

有人将长城失败，归于一些官兵存有消极防御的思想，对谈判也抱有幻想。的确，消极抵抗与谈判幻想，在参加长城抗战的中国官兵中是存在的，如在冷口布防的商震部有官兵认为，“我们一方面准备应战，一方面幻想北平方面的谈判如果成功，我们就可以幸而免了。由上到下，都是这样的想法，都没有彻底抗战的决心。所谓准备也不过是加强工事，把炮兵推进到冷口外面，准备支援前进阵地”。[1] 又如中央军第2师一部驻防在古北口八道楼子高地，自恃地势险要，军官带领士兵赌博，致使日军趁夜偷袭成功，八道楼子阵地失陷，结果，古北口防御全线动摇。但是，人们不仅要问，这些官兵的消极防御思想及其谈判幻想是从哪里来的？难道这种消极

[1] 中国人民政治协商会议全国委员会文史资料研究委员会编：《文史资料选辑》第14辑，中华书局1961年版，第77页。

与幻想，不正是蒋介石、汪精卫、何应钦所实行的“一面抵抗、一面交涉”政策及消极的作战动机、作战部署、作战方针在中国军队中发酵而酿成的必然结果吗？

第三个方面，蒋介石国民政府对参加长城抗战各部队缺乏集中统一的领导和坚强得力的组织指挥，这是长城抗战失败在作战指挥组织方面的一个重要内因。参加长城抗战的中国军队有商震的晋军、宋哲元的西北军、徐庭瑶的中央军，还有东北军等部。其内部派系林立，并不团结，不能协同配合作战。不同派系的军队一起作战，凝聚力不强，很难协调互助，即使在同一个派系内，也各有各的打算。虽然中国军队对日军的进攻进行了顽强阻击，但是各部打算不一、各打各的。在冷口作战的商震部，只派出黄光华第 139 师驻防冷口，而将第 141、第 142 师置于远后方开平。此已如前述。关麟征想利用张廷枢所部作掩护，而张廷枢在战况激烈时将所部撤走，使关麟征部吃了很大苦头。当长城线上激战正酣之际，蒋介石断然拒绝调派中央军北上增援长城抗战。这些都从军队作战体系内部大大制约和削减了中国长城抗战部队的凝聚力和战斗力，极易被日军打开缺口，撕开裂口，攻其一点，动摇全局。

## 三、长城抗战的意义

长城抗战是“九一八”事变后，蒋介石国民政府在华北进行的第一次较大规模的抵抗日本帝国主义侵略的战役。在这次战役中，中国广大爱国官兵肩负祖国的希望，人民的重托，进行了 3 个月的浴血战斗，给狂妄骄横的日军以沉重打击，中国军队也付出了重大牺牲。据日军参谋部统计，自热河作战以来，日军伤亡共 2400 人，其中，关内作战死 163 人，伤 838 人。[1]据中国第 29、第 32、第

---

[1] 转引自军事科学院军事历史研究部：《中国抗日战争史》上卷，解放军出版社 1991 年版，第 267 页：关东军参谋本部作战机密日志，关东军作命令第 473 号；［日］参谋本部：《满洲事变作战经过概要》第 2 卷，中华书局 1982 年中文版，第 114~115 页。

53、第 67 等 5 个军的统计，伤亡 18325 人。[1] 长城抗战虽然最后失败了，但是，它在全中国和全世界人民中产生了积极的影响，在中国抗日战争史上具有重要的意义。

（1）长城抗战战场辽阔，规模大大超过了淞沪战役，参战部队达 8 个军团，近 40 个师，并坚持抗击日军达 3 个月。这是自“九一八”事变至“七七”事变期间，蒋介石国民政府领导发动的规模最大的一次抗日战役，标志着蒋介石国民政府对日不抵抗政策的一次初调与进步。

在全国人民抗日救亡浪潮的大势下，蒋介石国民政府将其对日不抵抗政策，初调为“一面抵抗、一面交涉”政策，其对日“抵抗”的一面，即政策性进步的一面，使长城抗战得以轰轰烈烈的展开；而长城抗战最终失败，则暴露了蒋介石国民政府“一面抵抗、一面交涉”政策的妥协投降的本质，是其政策性初调的局限性与虚伪性。这就从正反两个方面表明，在全国人民抗日救亡浪潮持续高涨的大势之下，蒋介石国民政府将继续朝着抗日的大方向调整与进步，否则，必将被全国人民抗日救亡的大潮所吞没。在这个意义上可以说，长城抗战是中国抗日民族解放战争的一个重要组成部分，是中国走向全民族抗战的一次预演。

（2）长城抗战中广大爱国官兵以强烈的爱国热情，不怕牺牲，浴血奋战，为国捐躯，给日军予以重创，打出了中国人民抵抗外侮的光荣传统和民族精神。喜峰口遭遇战、古北口保卫战、冷口三次保卫战、罗文峪保卫战、南天门阻击战等战斗，都表现了中国广大爱国官兵不屈不挠的为国捐躯的民族精神，谱写了一篇篇可歌可泣的壮丽诗篇。在 3 个月的战斗中，中国军队怀着一腔热血奋勇与敌拼杀，抗日士气非常高涨。驻守于喜峰口的西北军宋哲元部，虽然物资装备较差，枪支陈旧、弹药不足，只能用手榴弹和大刀弥补装

---

[1] 国民党军史研究编纂会编：《抗战胜利 40 周年论文集》（上），台北黎明文化事业股份有限公司 1986 年版，第 565 页。

备不足，但是该部有着顽强抗日、奋勇杀敌的精神和刻苦训练的传统，全军士气异常旺盛。第29军在作战时主动出击，以夜袭战给予日军重创，大刀成了让日军闻风丧胆的锐利武器。一曲讴歌第29军英雄事迹的《大刀进行曲》，脍炙人口。“大刀向鬼子们的头上砍去”，雄壮嘹亮，响彻长城内外、大江南北，成为全国各族人民抗日救亡运动的心声。徐庭瑶部中央军第17军3个师，刚刚到达古北口，就立即投入到与日军侵略者的英勇厮杀中。那时，已是冰天雪地，士兵大多还是赤足草鞋，没有棉大衣御寒，后来得到民众团体的捐助才得以解决。受全国人民抗日热忱所感召，在古北口及南天门、石匣镇一带，将士轮番上阵阻击日军，殊死搏斗，3月10~13日短短几天战斗，士兵伤亡约1000人，第149团团长王润波战死，第73旅旅长梁恺负伤。古北口战斗，成为长城抗战中打得最激烈、坚持时间最长的隘口防御战之一。这表明，在民族危亡关头，不仅广大人民群众，就是国民党内的广大爱国官兵也会为国家和民族的生存而奋起抗争，为保卫祖国而抛头颅、洒热血，这正是中华民族战胜一切强敌的力量之所在。

（3）长城抗战激起了民众抗日救亡运动的新高潮。“九一八”事变以后，全国民众抗日救亡运动如火如荼，到淞沪抗战形成了一个高潮。淞沪抗战失败后，民众抗日救亡运动一度陷入低潮。榆关抗战和热河沦陷，标志着中日民族矛盾的深化，沉寂的抗日救亡运动再次兴起。长城抗战，重振了国人抵御外侮的精神和决心，燃起了全国民众抗日的怒火和热忱。全国各大中城市、各界民众，以多种方式支援长城抗战，救亡团体迅速扩大，抗日宣传以空前规模在各地展开，人民群众以前所未有的热忱和决心支援中国军队长城抗战。如第29军喜峰口抗战，在部队实施夜袭或转进过程中，当地群众自愿担任向导，报告敌情，掩护部队，救护伤员；天津南开学校师生45人携带大量慰问品亲赴前线慰问抗日将士，显示了中华民族众志成城，不畏强敌、保家卫国的光荣传统。

轰轰烈烈的长城抗战，最后以签订丧权辱国的《塘沽协定》宣告失败，激起了全国各界民众的强烈反对，全国人民抗日救亡运动风起云涌，更加高涨。1933 年 6 月 1 日、10 日，中华苏维埃临时中央政府两次发表宣言，谴责蒋介石国民政府签订《塘沽协定》，“把整个满蒙与平津奉送给了日本帝国主义”，宣布绝不承认，号召全国民众起来罢工、罢课、罢市、示威游行，坚决反对与阻止《塘沽协定》的执行，团结起来，武装起来，为收复东北失地，为保卫中国而斗争！[1]《大公报》6 月 1 日发表社评《中日停战协定痛言》，指斥《塘沽协定》丧权辱国的性质，进言国民政府“尽可不必讳言屈辱，勿再饰词自欺”。[2] 国民党内一些要员和高级将领对签订《塘沽协定》也表示了反对与愤慨的态度。爱国将领蒋光鼐、蔡廷锴于 5 月 25 日通电反对妥协，表示“我与暴日不共戴天”，指出“妥协苟成，无异圈牢待牢，等一死耳”。[3] 各地青年学生、市民与工人、农民，特别是华北地区的大中学校师生、士兵，反对妥协辱国、主张抗日到底的激愤尤为强烈。蒋介石、汪精卫卖国求和的倒行逆施和全国人民抗日救亡的汹涌浪潮，推动第 19 路军将领蔡廷锴、蒋光鼐等在福建成立中华苏维埃临时中央政府，推动冯玉祥等在张家口成立察哈尔民众抗日同盟军，冀热边孙永勤农民抗日军奋起，展开英勇顽强的抗日斗争。

---

[1] 《红色中华》第 83 期，1933 年 6 月 4 日。
[2] 天津《大公报》，1933 年 6 月 1 日。
[3] 蒋光鼐、蔡廷锴反对与日妥协通电，1933 年 5 月 25 日。

# 第四章　察哈尔民众抗日同盟军

## 第一节　察哈尔民众抗日同盟军崛起

### 一、冯玉祥与中共合作抗日

1933 年春，日本侵略者在进犯热河与冀东的同时，不断向察东进犯，占领多伦、沽源等地。为了保卫察哈尔省，国民党爱国将领冯玉祥与中国共产党合作，于 5 月间在张家口成立了察哈尔民众抗日同盟军。

冯玉祥（1882~1948 年），安徽巢县人，原名基善，字焕章。早年曾任陆军第 16 混成旅旅长、第 11 师师长，陕西、河南督军等职。1924 年第二次直奉战争时，发动“北京政变”，将其部改组为国民军，任总司令兼第 1 军军长。曾参加北伐战争。1927 年任国民革命军第 2 集团军总司令。后来，与蒋介石集团发生冲突，举兵反蒋，先后进行蒋冯大战、中原大战，但都失败了，便到山西省汾阳县峪道河村隐居读书，准备东山再起。

在“九一八”事变前夕，冯玉祥与中共地方组织建立了联系。当时，在冯玉祥的部下李景和（中共地下党员）的引荐下，中共山西省委书记刘天章（化名赵玉田）曾赴山西汾阳峪道河村冯玉祥住处晤谈。是年 11 月，根据周恩来和中共北方特科（即中共华北政治保卫局，驻天津）负责人陈赓的指示，中共北平市特别支部书记吴成方派肖明（化名肖筱文）赴冯玉祥住处面晤。肖明依照周恩来和中共北方特科确定的策略，与冯玉祥商讨合作抗日的方案，在政纲策略上，只提打倒日本帝国主义及其走狗，不提打倒英美等帝国主义和蒋介石及其他杂牌军，冯玉祥深受鼓舞，表示愿在中共的帮助与合作下，举旗抗日。[1]冯玉祥还同意在其保存下来的骨干力量汾阳军校中发展共产党员。此后，冯玉祥任命共产党员王震、赵作霖为政治教官，3 年中在军校发展共产党员 300 余人，共产党成了汾阳军校的核心力量。[2]

“九一八”事变后，冯玉祥为寻求抗日报国与政治出路，曾前往南京、上海等地，呼吁抗日救亡，反对蒋介石的不抵抗政策。冯玉祥还在国民党四届一中全会、军事委员会与国难会议等重要会议上，多次提出救国提案，但都遭到了蒋介石、汪精卫等的无理阻挠。冯玉祥怀着郁愤的心情，回到山东泰山再次隐居。

冯玉祥隐居泰山，并没有放弃抗日救亡及其政治抱负，继续与他的旧部、两广方面，以及共产党加紧联络。1932 年，中共北方特科多次派人与冯玉祥会商，劝说他要以实际行动发动民众抗日。当时，热、察、冀地区日益危急，特别是察省，过去曾是西北军活动的地盘，当下正是旧部宋哲元任察省政府主席，因此，同年 10 月 7 日，冯玉祥离开泰山，前往张家口，决心在宋哲元的掩护下，开展抗日活动。途经济南时，冯玉祥对时局发表政见，表示“余仍主张以武力收复失地，惟抵抗是中国唯一出路”。[3]10 月 9 日，冯玉祥抵达张家口，宋哲元等远出数十里之外迎接。

冯玉祥到达张家口后，立即着手准备举兵抗日，中共北方特科给予大力帮助。共产党员张克侠、韩麟符等曾长期在原西北军中工作，打下了相当的工作基础。中共北方特科应冯玉祥邀请，1932 年 12 月，吴成方又派肖明赴张家口与冯玉祥商谈筹建抗日同盟军问题，并派张慕陶（张金刃）、吴化之（吴崎、吴大龙）、武止戈

---

[1] 吴成方：《抗日同盟军的酝酿和成立》，《张家口文史资料》第 19 辑，第 3 页。
[2] 吴化之：《吴化之谈抗日同盟军》，《张家口文史资料》第 26 辑，第 23 页。
[3] 《中央日报》，1932 年 10 月 8 日。

（胡之康）、许权中等赴张家口，组成中共特别委员会（特委），张慕陶为书记，协助冯玉祥组织抗日同盟军，负责领导抗日同盟军中党的工作，由肖明负责对特委的联系与指导。共产党员张存实（张振亚）、宣侠父（南京政府高级军事参议身份）、许权中等也被派到张家口工作。如，1932 年 12 月，宣侠父到张家口后，帮助冯玉祥制定了组织察哈尔抗日同盟军的计划。1933 年 3 月，中共北方特科为冯玉祥制定了《抗日同盟军纲领草案》，其要点包括：（1）合作抗日，不提打倒英美帝国主义；（2）反对蒋介石“攘外必先安内”的不抵抗政策，不提打倒蒋介石及其政府；（3）争取地方势力和军队的支持与合作；（4）不公开共产党旗帜。这个纲领草案在抗日同盟军成立后第一次军民大会上予以通过。此政纲策略，也就是冯玉祥所说的“里红外不红”的“西瓜政策”。当时，陕西、北平等中共北方组织也将许多干部如谢子长、刘仁、闫红彦等派到抗日同盟军中工作，在华北、西北大约有 300 名共产党员到张家口协助冯玉祥筹建抗日同盟军工作。[1]

与此同时，冯玉祥为了争取各方面的支援，还致电广东、广西的胡汉民、陈济堂、邹鲁、李济深、李宗仁、白崇禧等，指出“现在已至最后之生死关头”，呼吁“群策群力”，“互相提携之”。还派高兴亚赴平津，联络吉鸿昌等共同举义。

冯玉祥在察省准备武装抗日的活动，遭到蒋介石国民政府的重重阻挠，曾派王法勤、黄少谷、李烈钧、马伯援、黄绍竑等人赴张家口，敦促冯玉祥去南京，并以监察院院长、黄河水利委员会委员长等职相许。但冯表示“宁为抗战而死，也不愿离开此地”。[2]

---

❶ 军事科学院军事历史研究部：《中国抗日战争史》上卷，解放军出版社 1991 年版，第 282 页。

❷ 《从九一八到七七事变——原国民党将领抗日战争亲历记》，中国文史出版社 1987 年版，第 530 页。

## 二、察哈尔民众抗日同盟军成立

察哈尔民众抗日同盟军是在中国共产党的直接帮助和推动下组建起来的。冯玉祥为组建其基本抗日队伍，命令山西汾阳军校学员3000余人赴察，1933年4月末到达张家口后，扩编为师，许权中为师长，所辖3个团团长均为共产党员。经与原西北军将领方振武[1]联络，方于3月间由上海抵山西介休，随后率部赶到河北邯郸，遭到何应钦阻挠，被迫放弃乘火车，改步行，于5月20日到达张家口。冯玉祥的旧部吉鸿昌[2]、孙良诚、高树勋等也先后到达张家口，组织起一部抗日队伍。与此同时，退入察省的东北抗日部队及热河部队，如邓文、黄守中、李忠义等部，察省地方武装张砺生部，以及蒙古自卫军德穆楚克栋鲁普等部，也表示愿合作抗日，服从冯玉祥指挥。中共北方特科经与冯玉祥商谈同意，组建了以许权中为师长的第18师，并在第2、第5、第16等师部队中建立政治工作委员会、宣传队等组织。

全国各界，特别是察哈尔各族民众热烈拥护冯玉祥举兵抗日的爱国行动。全国各地及北平、天津、上海等城市的抗日救亡团体，纷纷致电冯玉祥，促请早日实现抗日，以慰民望。广东、广西、福建等省军政当局也相继致电冯玉祥，表示积极支持。察省各县代表还在张家口召开会议，推举乔嗜冰等4人，代表蒙、汉民族赴北平军分会请愿，要求出兵抗日，收复失地。冯玉祥于5月7日分别函复各地，又于5月9日在《大公报》上公开致复各民众团体，重申

---

❶ 方振武（1885~1941年），字叔平，安徽寿县人。1926年参加冯玉祥的国民军，曾任第5军军长、第3方面军总司令。因反蒋曾被蒋介石扣押。抗日同盟军失败后流亡海外，1941年12月19日，回内地抗日，路经广东中山县时被国民党特务枪杀。

❷ 吉鸿昌（1895~1934年），字世五，河南扶沟县人。1913年参加冯玉祥西北军，曾任国民军第19师师长、第22路军总指挥兼第30军军长。因不愿“剿共”被蒋介石解除兵权。抗日同盟军失败后，辗转潜回天津。1934年春加入中国共产党。同年11月9日在天津法租界被国民党特务逮捕，24日于北平陆军监狱就义。

抗日救亡的夙愿和决心。

经过几个月的准备，组建察哈尔民众抗日同盟军的条件与时机业已成熟。此时，日军由多伦南侵，沽源危急，察东危急。1933年5月24日，冯玉祥主持召开军事会议，会议由各方军事首领和中共代表参加，会议决定正式成立察哈尔民众抗日同盟军。5月26日，在张家口桥东大操场上，举行察哈尔省民众御侮救亡大会，正式宣布成立察哈尔民众抗日同盟军，大会一致公推冯玉祥为同盟军总司令。当日，冯玉祥在张家口发表就职通电。

各省市各报馆转全国民众钧鉴：

日本帝国主义对华侵略，得寸进尺，直以灭我国家，奴我民族，为其决无变更之目的。握政府之大权者，以不抵抗而弃三省，以假抵抗而失热河，以不彻底局部抵抗而受挫于淞沪平津。即就此次北方战事而言，全国陆军用之于抗日者，不及十分之一，海空两军则根本未出动。全国收入用之于抗日者，不及二十分之一，且扣留民众之义捐，禁其使用。要之，政府初无抗日之决心，始终未尝实行整个作战计划，且因待遇不公之故，饥军实难作战，中间虽有几部忠勇卫国武力，自动奋战，获得一时的局部胜利，终以后援不继而挫折。迩者长城全线不守，敌军迫攻平津，公言将取张垣，不但冀察垂危，黄河以北悉将不保。当局不作整军反攻之图，转为妥协苟安之计，方以安定人心之词自欺人。前此前敌将士为抗日所流之血，后方民众为抗日所流之汗，俱将成毫无价值之牺牲。一时之苟安难期，他日之祸害愈深，国亡种奴，危机迫切。玉祥僻居张垣，数月以来，平、津、沪、粤及各省市民众团体，信使频至，文电星驰，责以大义，勉以抗日。玉祥深念御侮救国，为民众所共有之自由及应尽之神圣义务，自审才短力微，不敢避死偷生，谨依各地民众之责望，以民一分子的资格，在察省前线出任民众抗日同盟军总司令。率领志同道合之战士及民众，结成抗日战线，武装保卫察省，进而收复失地，求取中国之独立自由。有一分力量，尽一分力量，有十分力量，尽十分力量，大义所在，死而后已。凡真正抗日者，国民之友，亦即我之友。凡不抗日或假抗日者，国民之敌，亦即我之敌。所望全国民众，一致奋起，共驱强寇，保障民族生存，恢复领土完整。谨布腹心，敬祈赐予指导及援助。[1]

察省民众御侮大会后，冯玉祥公布了民众抗日同盟军总司令部成员与编制序列。总司令为冯玉祥，总参谋长为邱山宁，下辖：方振武的抗日救国军所属2个军4个师，吉鸿昌的第2军4个师，佟麟阁的第1军4个师，阮玄武的第5军2个师，张凌云的第6军2个师，李忠义的第16军3个师，黄守中的第18军5个师，邓文的第5路军4个师，孙良诚的骑兵挺进军2个军，张砺生的察哈尔自卫军3个师，蒙古军3个军，以及同盟军直属部队，共10万多人。[2]察哈尔民众抗日同盟军的成立，得到河北和全国广大人民的支持。6月8日，平绥铁路1000多工人集会，宣布成立平绥铁路工人工会，并组织120多人的工人纠察队。北平、天津、太原和河北等地的学生、工人、农民成批地到张家口参加抗日同盟军。东南、西南多省也致电冯玉祥，对冯举兵抗日表示盛赞。

还在1933年1月17日，中华苏维埃临时中央政府和工农红军革命军事委员会就发表宣言，愿在停止进攻苏区、保证民众的民主权利和武装民众等三个条件下，与任何武装部队订立停战协定，共同抗日。但是，这个宣言，由于王明“左”倾路线在中共中央的统治，在冀察地方党乃至在全党几乎均未能实际执行。在察哈尔民众抗日同盟军筹建与发展的关键时刻，中共河北省委派省委军委部长柯庆施来到张家口，调来一批干部，成立了“前线工作委员会”

[1] 《国闻周报》第10卷第22期，1933年6月5日。
[2] 赵谨三：《察哈尔抗日实录》第1编，上海军学社1933年版，第87~101页。

（前委），由柯庆施任前委书记，取代了原来成立的“特别委员会”（特委），开始执行“左”的方针，指责“特委”右倾，抛弃“特委”与冯玉祥达成的政纲策略，甚至公开宣传“与日本强盗作战”，同时，“与国民党作战”给抗日同盟军内部带来了新的不稳定因素。

## 第二节　出师抗日与蒋日围逼

### 一、同盟军出师抗日

察哈尔民众抗日同盟军成立后，冯玉祥等立即着手准备出师抗日。为此，冯玉祥实行了若干军政改革。5 月 26 日召开的察哈尔省民众抗日御侮救亡大会规定，察省最高权力机关为察哈尔省民众抗日御侮救亡大会，同盟军的一切行动，包括施政方针，均由大会做出决定。冯玉祥于当日改组了察省政府，由佟麟阁代理察省政府主席兼民政厅长，吉鸿昌为警备司令兼警察处长、公安局长，张允荣为财政厅长。5 月 27 日，即抗日同盟军正式成立第二天，在张家口召开工人、士兵、市民、学生等 3000 余人参加的民众大会，宣布成立张家口市“察哈尔民众抗日御侮救亡大会”，选举 12 名代表负责筹备工作。同一天，为剔除政治积弊，冯玉祥还连发“免除苛捐杂税令”“释放政治犯令”“党费不得由公帑开支令”等三道革新令。

察哈尔民众抗日同盟军一成立，冯玉祥立即加紧整训队伍的工作。针对同盟军成分复杂、装备与训练差的特点，如前述冯玉祥接受共产党建议，在部队中建立起政治工作、抗日救亡等组织，创办《抗日前线》《民众日报》《国民日报》等报刊，宣传抗日，加强部队思想政治教育，并亲自召集驻张部队进行轮流讲演，以“民众武装起来”为口号，提高部队的抗日意志。同时加紧部队军事训练，调整编制，补充服装，筹备给养，整顿军容风纪，努力使同盟军成为一支生气勃勃的抗日队伍。

6月11日，冯玉祥在张家口主持召开察哈尔民众抗日同盟军第一次军民大会，冯玉祥、吉鸿昌、方振武和共产党员宣侠父、张慕陶等军民代表61人与会。大会开了5天，会议通过了《关于民众抗日同盟军纲领决议案》《关于民众抗日同盟军军事问题决议案》《关于民众抗日同盟军军事委员会组织大纲决议案》及财政政策、军队政治工作、协助民众运动等文件。会议确定了察哈尔民众抗日同盟军的性质、纲领和任务，明确规定：抗日同盟军为革命军民之联合战线，以外抗暴日、内除国贼为宗旨；否认一切卖国协定，反对任何方式之妥协；誓以武力收复失地；主张对日断绝国交；联合全世界反帝国主义势力共同奋斗；必须肃清汉奸卖国贼；实现抗日救国的民众政权；取消苛捐杂税，改善工农、贫民和士兵的生活；释放因反抗帝国主义和汉奸卖国贼而被拘禁的政治犯；保障抗日民众集会、结社、言论、出版、武装之自由；等等。大会决定组织察哈尔民众抗日同盟军军事委员会，作为军民代表大会闭幕期间的最高领导机关，负责处理同盟军的军事、政治、财政、外交等重大事务。会议选举产生了军事委员会委员35人，候补军事委员会委员29人。最后，由军事委员会互推冯玉祥、方振武、吉鸿昌、佟麟阁、宣侠父（共产党员）、张慕陶（共产党员）、张允荣、邓文、张人杰、邱山宁、孙良诚等11人组成军委会常务委员会，冯玉祥为军委会常务委员会主席兼总司令，徐维烈（共产党员）为秘书长。随后制定了抗日的具体方案，并任命吉鸿昌为前敌总指挥，方振武为前敌总司令。

在冯玉祥加速革新与整训部队之际，日本侵略者已经大兵压境。《塘沽协定》签订后，日本关东军大获权益，从关内撤回长城线，遂继续由热河省向察哈尔省扩大侵略。

察哈尔省为热河省西邻，是日本“满蒙政策”的既定囊括目标。地处察东的多伦，是商业与军事重镇，联系内蒙外蒙之通道。日本关东军在侵占热河之时，就曾命令伪军刘桂堂部准备向林西、多伦方面作战。日本关东军主力进攻长城及以南地区期间，命令骑兵第4旅团和张海鹏、李守信、刘桂堂等部伪军，积极侵犯察东。当时国民政府在察省的防务由第7军团担任，总指挥傅作义。具体分工：傅作义第59军驻防张家口、张北、宝昌等地；李服膺第61军防守赤城、独石口、沽源一带。赵承绶骑兵第1军驻守多伦。另有弃守承德的第5军团汤玉麟残部和由赤峰退入察省的第6军团孙殿英、冯占海部也在宝昌、沽源一带集结。1933年4月下旬，日本关东军和伪满军开始进攻多伦，中国守军骑兵第1军第5团迎敌，且战且退，日伪军5月1日占领多伦。5月7日，伪军刘桂堂部进攻沽源，中国守军冯占海部在大梁底迎敌，将其击退。至下旬，汤玉麟南逃赤城，冯占海向张家口撤退，日伪军于24日占领沽源。日本关东军占领多伦、沽源后，准备两路进攻张家口：一路从多伦西犯，占领宝昌、康保，而后南下张北，进逼张家口；一路从沽源南犯独石口、赤城，再西攻张北，两路钳击张家口。6月1日，日伪军开始进攻，轰炸独石口，4日攻陷宝昌，8日占领康保，张北危急，察省震动。但原驻守察省的晋军骑兵第1军赵承绶部和第61军李服膺部，却奉阎锡山之命撤往山西大同一带。在此危急情势之下，冯玉祥急调李忠义部第16军与张砺生部察哈尔自卫军等部驰往张北布防；急令方振武抗日救国军张人杰部赴独石口应战；令张凌云为龙关、赤城警备司令，率部北上，与方振武部协防独石口。至6月中旬，察哈尔民众抗日同盟军成功地遏住日军的攻势，暂时稳定了察省的局势。

## 二、收复察东四县

察哈尔民众抗日同盟军一成立，冯玉祥即通电誓言：将“率领志同道合之战士及民众，结成抗日战线，武装保卫察省，进而收复失地，求争取中国之独立自由”。[1]当日本关东军及伪满军侵占察东四县，准备两路进攻张家口，察省危急之时，冯玉祥与同盟军军事

---

[1] 《国闻周报》第10卷第22期，1933年6月5日。

委员会面对紧要关头，迅速决定组织收复察东战役，并作出具体部署：由方振武的救国军、吉鸿昌的第 2 军、邓文的第 5 军、张凌云的第 6 军、李忠义的第 16 军等部，组成北路军，方振武为前敌总司令，吉鸿昌为前敌总指挥，统一指挥作战。北路军又分为左、右两路，由方振武、吉鸿昌分兼总指挥。1933 年 6 月 21 日，北路军开赴张北附近待命。已在张北的张砺生部察哈尔自卫军及其他地方武装，与之配合行动。共产党员掌握的第 2 军、第 5 军均为收复察东战役的主力。

6 月 22 日，张砺生察哈尔自卫军王德重部等首战康保，激战 3 小时，伪满军崔兴武部战败东退，同盟军收复康保。次日，同盟军分两路进攻，由吉鸿昌、邓文、张凌云、张砺生等部组成的左路军，向宝昌挺进；李忠义等部右路军直取沽源。26 日，沽源伪满军刘桂堂部通电反正，沽源伪满军张海鹏部陷于孤立，被同盟军击退，沽源光复。7 月 1 日，宝昌伪满军张海鹏、崔兴武部被吉鸿昌等左路军击溃，残部东逃多伦，同盟军再克宝昌。

同盟军连克察东三城，决定乘势攻取多伦。多伦所处位置冲要，是日本关东军由热河侵犯察、绥地区的战略据点。多伦城内，驻有日军骑兵第 4 旅团与炮兵部队，以及伪满军崔兴武、李守信等；城外，修筑了 32 座八挂炮台、交通壕与电网等坚固工事。在丰宁至多伦一线，驻有日本关东军第 8 师团一部及伪满军索华岑部等。7 月 4 日，吉鸿昌率部到达大榆树沟，即主持召开军事会议，根据当前敌情，决定先发制人，一举攻取多伦，并作出具体部署：张凌云部为左路，李忠义部为中路，刘桂堂部为右路，吉鸿昌部、邓文部为总预备队。而后，各路部队迅速向多伦外围地域集结。7 月 7 日深夜，同盟军展开多伦外围战，日伪军被迫退入城内，借工事与火力进行顽抗。同盟军奋勇攻城，激战两天三夜，吉鸿昌见攻城不下，乃于 7 月 10 日晚，亲自率领敢死队，指挥登城，他赤膊率队匍匐前进，连续三次登城，均未成功，伤亡约 200 人。第二天拂晓，同盟军再度组织攻城，遭到日军飞机轰炸，伤亡很大。于是，吉鸿昌决定暂停进攻，退回原阵地待机。吉鸿昌组织40余人，化装成伪满军潜入城内，以作内应。12日凌晨，吉鸿昌组织同盟军猛攻多伦城，已潜入城内的部队鸣枪响应，日伪军陷入混乱，同盟军乘势冲入城内，经3个多小时巷战，日伪军败走。至此，多伦失陷72天后，为同盟军所光复。同盟军经过20天浴血奋战，以伤亡1600余人的代价，歼灭日伪军1000余人，收复察东四县，[1]是为“九一八”事变以来中国军队从日伪军手中收复失地之首举。

全国人民闻讯同盟军收复多伦等察东四县，皆为之一振。北平各界抗日联合会、华北青年抗日同盟和义勇军后援会、天津民众救国联合会，以及全国民众救国联合会、上海各团体救国联合会、上海教育界联合会及学生联合会、西南各省人民对外协会与各地城市人民团体，都纷纷致电，表示热烈祝贺，捐款、捐物，支援抗日。李烈钧、程潜、蒋光鼐、蔡廷锴、李宗仁、李济深、陈铭枢等也先后致电冯玉祥，盛赞冯举兵收复察东“激已死之人心，伸大义于天下”，表示“从种种方面设法策应”。[2]华北、东北及各地抗日志士和青年学生，纷纷投奔抗日同盟军。在全国支援的大声浪中，冯玉祥决心将抗日爱国斗争由察哈尔扩大到热河及东三省，“一息尚存，此志不移”。[3]为此，7月27日，在张家口成立了“收复东北四省计划委员会”，冯玉祥任委员长，内设四个局：秘书局，余心清为主任；政治局，温晋城为主任；军事局，阮玄武为主任；经济局，张允荣为主任。抗日同盟军高级将领均为该会委员，并发表成立通电，宣布：还我东北河山，乃“职责所在，全力赴之”。[4]

---

❶ 中国人民政治协商会议全国委员会文史资料研究委员会编：《文史资料选辑》第14辑，中华书局1981年版，第123页。
❷ 赵谨三：《察哈尔抗日实录》第2编，上海军学社1933年版，第71~77页。
❸ 赵谨三：《察哈尔抗日实录》第2编，上海军学社1933年版，第80页。
❹ 赵谨三：《察哈尔抗日实录》第2编，上海军学社1933年版，第81页。

## 三、蒋日围逼与冯玉祥离张

与全国各界人民对冯玉祥及察哈尔民众抗日同盟军的热烈支持之声浪完全逆反，蒋介石国民政府却百般阻挠、造谣诬蔑，甚至加罪取缔和武力围剿。蒋介石、汪精卫、何应钦等致电冯玉祥，谓其“擅立”“军政名义”，“妨碍统一政令”，还颠倒黑白，声称日军侵察是因为冯玉祥“揭抗日旗帜，脱离华北范围”所致，攻击冯玉祥组织同盟军抗日，“别有他图”，是为“勾结共产党”“勾结苏俄”，甚至诬蔑冯玉祥“名为抗日，实为联日”，要求冯玉祥取消抗日同盟军。冯玉祥既不为蒋介石国民政府以高官引诱所动心，也不为其诬蔑、威胁所动摇。6月11日、14日，冯玉祥接连通电全国，邀请各报记者采访，驳斥南京、北平方面的攻击、诬蔑，使全国各界了解察省抗日真相，动员全国舆论的支持与声援。冯玉祥在6月11日的电文中称：

> 北平世界日报，京报，益世报，全民报，晨报，实报，华北日报，国闻社，新民社，时闻社；天津大公报，益世报，庸报；上海申报，新闻报，晨报，时事新报；全国各报馆，并转全国民众钧鉴：
>
> 玉祥此次因察省危急，奋起挽救，不自度德量力，欲从全国战士及抗日民众之后，求伸大义于天下，只知反对屈辱妥协，抗日到底，此心此志，有如皎日。而造谣中伤者之于玉祥，无所不用其极，不曰玉祥勾结日本，即谓玉祥联俄投共。第一层不屑辩，谅国人宜无有以玉祥为汉奸者。就第二层言，如张库交通，今仍完全断绝，而曰玉祥已由库伦运到大量军火，又曰玉祥军中已聘到苏俄顾问20人。如张垣秩序安静如恒，金融工商百业仍旧进行，而曰玉祥封闭银行，提倡打倒资本家。此皆绝非事实之真相也。玉祥认定抗日非军民一致不为功，诚奖助民众，起而抗日，此与所谓工农暴动者，殆风马

> 牛不相及。今夫赤党横行于长江，暴动时起于沪汉，若谓张垣市上，偶然发现赤党传单，辄指玉祥为共产党，则各省行政长官，不亦皆共产党乎？此等离奇之谈，决不足蒙蔽国民之明智，不待辩而自明。极望各地民众团体，及新闻界，派人惠临，实地视察，定知此间一切动作，绝对未逾越民族解放运动之范围。阶级斗争云云，实为捕风捉影。此间省政府所办之《国民新报》，其读者论坛中，偶登“左”倾言论，即已由省政府严加取缔，举一反十，可概其余。至于前因多伦失陷，省政府人员多相率离职，宋主席明轩督师抗日，不遑启处，因派宋所委之察哈尔警备副司令佟麟阁暂代主席，固系一时权宜之计。今者平津停战，日军转锋深入，察省危在旦夕，此固日阀之预定计划。查多伦失于5月1日，沽源失于5月24日，而玉祥兴师抗日，则在5月26日，实逼处此，不容缓图。而人之片面宣传，竟谓因玉祥之奋起，始引致日军之来侵。果诚如此，则东北四省，何以在不抵抗主义下，完全丧失？夫以地事日，有如以肉投馁虎，地不尽，侵略不停。玉祥决竭全力，保卫察省，为国守土，不辞牺牲。宋主席明轩，此次在喜峰口一带沐血抗战，功在国家，所部悉百战精锐，能令其移师援察，即回主席之任，固为最便。他如孙总指挥殿英，方总指挥叔平，亦皆志切御侮，国家干城，可当方面封疆之重任者，苟能公平善处，无所不宜。玉祥唯知率部对外，决不割据自雄。不然，如谓抗日者有罪，言战者应杀，于停战之后，为对内之谋，则玉祥固抱持正义，至死不屈也。耿耿愚忱，伏维亮察。冯玉祥叩真。❶

同时，冯玉祥为争取全国各界舆论的支持，适度调整了同盟军的工作方针，注意加强抗日的正面宣传，放弃内外均红的“胡

---

❶ 《国闻周报》第10卷第23期，1933年6月11日。

萝卜”方针，改取“内红外不红”的“西瓜”方针。冯玉祥提出，“外灰色而内革命，这是每一个革命者应具备的条款”；“宣传主体要以收复四省作前提”；“蒋介石卖国黑幕尽力揭破”。[1]

冯玉祥抗日的赤诚之心与争取舆论的做法，得到了全国各界的理解与支持。但是，蒋介石、汪精卫坚持其“攘外必先安内”方针及“一面抵抗、一面交涉”的妥协投降政策，决计要破坏抗日同盟军，压垮冯玉祥。7月3日，即抗日同盟军进攻多伦前夕，蒋介石从江西剿共前线致电汪精卫，诬称冯玉祥“赤色旗帜日益鲜明”，要行政院“速筹军事之彻底办法”。[2]过了3天，即7月6日，北平军分会何应钦就向南京国民政府报告了集结优势兵力进攻抗日同盟军的方案：委任庞炳勋为察哈尔剿匪总司令，并率第40军，冯钦哉率第7军，万福麟率第119师，徐庭瑶率第25师，何遂率第55军一部及冯占海部，分别开赴下花园、涿鹿、沙城、怀来与独石口、龙关，于7月13日前集结待命。7月12日，抗日同盟军收复多伦当天，汪精卫在南京主持召开中央政治会议，决定再增派宋哲元、傅作义、王以哲等部入察，加强对冯玉祥与抗日同盟军的军事压力。同时，封锁察省交通，断绝粮食、弹药等物资及财政的接济、支援。至7月底，蒋介石、汪精卫已调集16个整师、15万兵力，准备三路进攻张家口。日本关东军、伪满军也集中2万余兵力，发出威胁，限冯玉祥3天内撤出多伦，否则全力攻取察省。

在蒋、日围逼的危急关头，冯玉祥于7月7日通电全国及西南当局，驳斥汪精卫等的种种诬蔑，申明因抗日而“获罪于政府”，请各方主持正义。冯玉祥的呼吁得到了全国各方面的响应。7月17日，西南政委会电请北方各省当局及各将领“应仗义执言，解此纠纷”，劝告庞炳勋、关麟征、冯钦哉等，“应以国家为前提，以民意为向背；不应为个人所利用，为乱命所操持”。李济深、陈铭枢、

---

[1] 中国第二历史档案馆：《冯玉祥日记》第4册，江苏古籍出版社1992年版，第104、第106、第108页。

[2] 《察哈尔民众抗日同盟军资料》，中国第二历史档案馆馆藏档案。

胡汉民、白崇禧等国民党中央委员也致电国民党中央和政府，请“速停入察之师”，“若仍一意冥顽，抑内媚外”，西南“为民族前途计”，将“决取断然处置”。[1]

蒋介石、汪精卫顾忌全国舆论与西南实力派的压力，虽未对察宣战，但决意坚持取消同盟军的政策。7月28日，蒋介石、汪精卫在庐山召开会议，决定致冯玉祥“俭电”，继续造谣诬陷，提出最后通牒四项条款，迫其接受。其一，“勿擅立各种军政名义，致使察省脱离中央，妨害统一政令，浸假成为第二傀儡政府”；其二，“勿妨害中央边防计划，致外强中干，沦察省为热河之续”；其三，“勿滥收散军土匪，重劳民力负担，且为地方秩序之患”；其四，“勿引用‘共匪’头目，煽扬赤焰，贻华北之无穷之祸”。并声称事关察省存亡与全国安危，万不能因循迁就。[2]7月31日，冯玉祥向全国发表通电，驳斥蒋、汪“俭电”所谓“抗命”“割据”“赤化”等诬陷，再次申明：举兵抗日以来，“虽胜不足言功，但胜亦何至获罪”！“祥屡次宣言，一则抗日到底，一则枪口决不对内，如中央严禁抗日，抗日即无异于反抗政府，则不但军事可以收束，即科我以应得之罪，亦所甘心。”[3]冯玉祥仍然不为蒋、汪压力所动，坚持其抗日主张。

但此时，蒋介石、汪精卫已是大军压境，日本关东军及伪满军已开始攻取多伦。此时，冯占海、李忠义、包刚、张人杰等先后被兰衣社特务所收买，魏宗普、邓文等被暗杀，造成了抗日同盟军内部的思想混乱和士气动摇。而中共同盟军前委背离了初期与冯玉祥等爱国将领合作抗日的正确方针，开始执行王明“左”倾错误路线，公开反对冯玉祥“里红外不红”的“西瓜”策略，提出一些不利于同盟军内部团结的口号，使冯玉祥深感苦恼，产生疑虑。面对

---

[1] 赵谨三：《察哈尔抗日实录》第3编，上海军学社1933年版，第12~14页。
[2] 赵谨三：《察哈尔抗日实录》第3编，上海军学社1933年版，第28页。
[3] 以上往来各电均参见赵谨三：《察哈尔抗日实录》第3编，上海军学社1933年版，第204~211、第223~227页。

困境，冯玉祥感到自己实力与对手相差太远，抗日反蒋需待时机，为了保存同盟军这支抗战力量，他选择了让步。8月初，冯玉祥与何应钦多次交涉，提出宋哲元回察主政后，即取消同盟军。8月4日，在同盟军军政人员会议上，经过激烈争论，冯玉祥表示，如引起内战，将使日军坐收渔人之利，宋哲元回察，同盟军名义不存，但可借宋的掩护，保存部分力量。最后，冯玉祥不顾不同意见，决定取消同盟军，接受蒋介石离察条件。8月5日，冯玉祥通电，宣布“忍痛收束军事”，命令前线部队撤退，由宋哲元收编。[1]9日，冯玉祥撤销察哈尔民众抗日同盟军总部，辞去总司令职务。14日，冯挥泪下野，离开张垣再次隐居泰山。冯玉祥离察临行的前一晚，召集原同盟军将领20余人话别，倡议组织抗日救国同盟会，志愿参加者，歃血为盟，向国耻地图（用红颜色在地图上标出被日寇侵占的东北四省，上写“还我河山”四字）宣誓，作为分手后各自努力奋斗的共同目标。[2]

冯玉祥被逼离察，抗日同盟军撤销，但是非曲直，事实自有公论。正如当时《天津民风报》所评论道：

> 鉴于热省沦亡于三省之后，长城断送于张学良去职之时，察省果无冯氏之崛起，将成如何局面？大可以事实比较而得其证明。故今后冯氏等行动之价值，吾人亦应从事实结果，加以评断。[3]

至于蒋介石、汪精卫为何不准冯玉祥抗日，逼其离察出走？美国学者孙尤立在*China and the origins of the pacificwar*（1931~1941）

---

❶ 张蓬舟：《近五十年中国与日本》第1卷，四川人民出版社1985年版，第185页。

❷ 参见高树勋、张允荣、邓哲熙：《察哈尔民众抗日同盟军》，载中国人民政治协商会议全国委员会文史资料研究委员会编：《文史资料选辑》第14辑，中华书局1981年版，第130页。

❸《天津民风报》，1933年6月11日。

一书中有一段话，切中要害，值得深思。他是这样写的：

> 南京方面清楚地看出，同盟军从两个方面对政府构成了威胁。第一，它以公开的抗日行动破坏了南京的新政策，其结果将引起日本对南京施加更大的压力。而且，公众舆论越来越不满于政府的妥协政策，特别是当冯军收复了察哈尔省的沦陷城市多伦时，这种不满情绪更为强烈。第二，更为重要的是，对蒋介石来说，他的老对手冯玉祥两次控制了一支独立军队，这支军队正如1929年到1930年一样，将对南京的权威提出挑战。这对蒋来说，可谓生死相关之事。所以，南京从一开始，就决心扑灭民众抗日同盟军。❶

## 第三节　抗日同盟军的奋争与失败

### 一、方振武、吉鸿昌部的奋争

冯玉祥宣布辞职、离察、撤销察哈尔民众抗日同盟军后，察哈尔民众抗日同盟军陷入严重分裂，大部被宋哲元部第29军收编，有的自谋出路而瓦解，方振武、吉鸿昌反对取消察哈尔抗日同盟军。为了继续抗日斗争，中共河北省委前委决定，方振武、吉鸿昌两部和前委掌握的第2、第5、第16、第18师及党政军机关共约1.5万余人，一同转移到张北。8月7日，方、吉到张北后，发表通电，表示“既以抗日为起源，必以抗日为归宿”。❷

方、吉二人是冯玉祥的旧部，所率部队是察哈尔抗日同盟军中的主力。冯玉祥离张后，他们决心率察哈尔民众抗日同盟军余部继续奋争。8月16日，方振武在张北通电，宣布就任察哈尔民众

---

❶ 转引自王晓荣:《国共两党与察哈尔抗日》，人民出版社2005年版，第42页。
❷ 《察哈尔民众抗日同盟军》，中国第二历史档案馆馆藏档案。

抗日同盟军代总司令职，继续高举抗日旗帜。中共河北省委前委于8月24日在张北二泉村召开扩大会议，会议决定成立抗日同盟军军事委员会，以柯庆施、吉鸿昌、张慕陶、宣侠父、许权中等7人为军委会常委，任命吉鸿昌为总指挥；关于抗日同盟军的行动方向，会议根据临时中央与河北省委关于创造红军与新苏区的指示，提出了向南、向东、向西的三种方案，经过激烈讨论，前委决定向南发展，依托太行山，依靠冀中党的组织基地与农民运动，创建抗日根据地。由于方振武不同意前委南下的路线，率部东进到独石口一带。

在冯玉祥下野后，蒋介石、汪精卫、何应钦为收编抗日同盟军，曾决定任命方振武为北平军分会委员，吉鸿昌为军委会上将参议，要求他们离队赴任。但方、吉决意继续高举抗日同盟军的旗帜，誓死抗日。蒋介石、何应钦急令宋哲元、庞炳勋、阎锡山等部采取军事行动，从东、西、南三个方面堵截、包围、进攻方、吉二部同盟军。9月8日，何应钦还派殷同与日军联络，商议由日伪军从北面包围、夹击同盟军的办法。中共前委与吉鸿昌等部实施南进计划，在大青沟遭到张凌云部的包抄，后面有王子良团一路尾追，遂两度西出商都，准备绕道南进，又遭到阎锡山、傅作义部的堵截，被迫折回东进。方振武部也在龙关遭到冯钦哉部的堵截。方、吉冲破国民党军的重重堵截，于9月9日到达独石口地区会合。次日，方振武邀请吉鸿昌到赤城，举行云州会议，决定将抗日同盟军易帜为抗日讨贼联军，推举方振武为联军总司令，汤玉麟为副总司令，吉鸿昌任左路总指挥，刘桂堂为右路总指挥。但是，由于过于轻敌，前委会议作出了“打进北平过中秋”的错误决定。并决定前委随方、吉二部行动，将所掌握的部队分为两个部分，一部分加入方振武部，从长城线西段，经云州，沿白河，向东南发展；一部分加入吉鸿昌部，从长城线东段，经丰宁、四海，而后南进；以实现南进冀中的计划。会后，方、吉率部转战长城一带，继续抗日。9月17日，吉鸿昌部占领热河省丰宁县城。9月20日，方振武部占领怀柔县城。均遭到国民党军与日军的围追、堵截。

面对蒋、日堵截和围攻，抗日讨贼军在怀柔召开军事会议，决定兵分3路冲出山区，袭取平津。方部为正面军，主攻北平；吉部为左路军，取道三河、香河，突破平津防线；汤部为右路军，谋取南口。国民政府北平军分会部署强大兵力，实施三面围堵：东面为商震部，以黄光华、李杏村两师于东坝及通州一带；中间为万福麟部，以周福成、朱鸿勋两师于高丽营、汤山、昌平等地；平绥线及北平城，由徐庭瑶部防务，黄杰师守南口，关麟征师守北苑。9月26日，双方在顺义县高丽营激战。日军派出4架飞机，配合国民党军作战，并派兵进驻怀柔。经一昼夜激战，方振武部未能突破蒋军防线，转向大小汤山，与吉鸿昌部会合。9月28日晨，方、吉二部遭国民党军队阻击和日机轰炸，退至黑山寨、老君堂附近山中休整。10月2日，抗日讨贼军攻打昌平县城，激战一昼夜，未能占领。10月上旬，中共前委与吉鸿昌部、方振武部在大小汤山会合，但又遭到蒋军和日军的包围与夹击。

抗日讨贼军经过一个多月连日苦战，部队伤亡惨重，弹尽粮绝，只剩下四五百人。在此情况下，方振武、吉鸿昌决定接受北平慈善团体的调停建议，10月16日，亲自到国民党军第32军商震部驻地冯家营谈判，向国民党当局提出三项要求：卫队200余人由政府出资遣散；收编方、吉所部军队；给予方、吉二人出国的名义及旅费。商震电话请求何应钦，何答复称：卫队给资5000元遣散；军队交方、吉部将领李德新等暂时统领，集中于东西杜林庄听候改编；保障方、吉安全，出国旅费待向中央请求。当日下午，方、吉通电表明其不得已离军的苦衷后，被押往北平。方、吉二人又在被押解途中设法逃脱。之后，吉鸿昌辗转潜回天津法租界，方振武秘密逃亡国外。至此，轰轰烈烈的察哈尔民众抗日同盟军在蒋、日合围、夹击之下，最终失败。

## 二、察哈尔民众抗日同盟军失败的原因

有关察哈尔民众抗日同盟军失败的原因，冯玉祥在日记中曾写道："今次我等抗日讨贼，虽受贼政府压迫与恶环境财政封锁、兵力压迫而失败，然政治上可谓已收莫大胜利。"[1]冯玉祥在这里，从客观上说出了察哈尔民众抗日同盟军的胜利与失败。关于胜利的方面，即冯玉祥所谓"政治上""已收莫大胜利"，前面已有分析，不再赘述。关于失败的方面，即冯玉祥所谓"受贼政府压迫"，这的确是察哈尔民众抗日同盟军失败的根本原因。从客观实际的情况看，不仅敌我力量悬殊，而且这种压迫是多方面的，有舆论诬陷，有经济封锁，有分化瓦解，有军事压迫，远不只是军事压迫、威胁，而是大军进攻、剿灭，是蒋介石国民政府与日本帝国主义的联合军事围剿。这些，前面已有所阐述，这里再概要如下。

蒋介石、汪精卫等诬蔑冯玉祥组织察哈尔民众抗日同盟军，是"擅立名义"，破坏"政令统一"，进而诬蔑冯"赤化""勾结共党""勾结苏俄"，甚至造谣冯"名为抗日，实为联日"等，企图从政治上欺骗社会舆论。

蒋介石、汪精卫等对察省实行了军事封锁，断绝交通，切断了冯玉祥与同盟军的财政、粮食、弹药等人力、物力的接济。

蒋介石、汪精卫等派兰衣社等特务人员，对同盟军进行了分化、瓦解与暗杀活动，造成了同盟军的混乱和动摇，甚至部分倒戈。

蒋介石、汪精卫等调集15万以上兵力围逼冯玉祥与同盟军，进而联络日军2万余人，联合进攻、堵截、围剿同盟军，最后消灭同盟军。

史实表明，蒋、日的联合进攻、围剿，是察哈尔民众抗日同盟军失败的根本原因。蒋介石不允许民众起来抗日，不允许地方实力

[1] 中国第二历史档案馆编：《冯玉祥日记》第4册，江苏古籍出版社1992年版，第152页。

派起来抗日，更不允许中共与他们合作抗日。这正如时人之评说：

> 蒋介石、汪精卫二氏，见冯氏严禁所部，擅向南京军队还枪，同时又鉴于全国尤其是西南实力派之严重监视，雅不愿负衅由我开之名。故虽盘马弯弓，迄未敢即言战。惟冯氏善于练兵，长于组织，系蒋氏之所深知。且抗日宗旨正大，众望所归，又远较南京政府之屈服政策，足资号召。故察省问题，迁延愈久，愈难解决，甚至将根本影响南京政府之存在，此实显而易见之事。蒋中正氏深认识察省问题之重要性，故无论全国如何反对，决不容此种在冯氏领导下之抗日势力存在。[1]

冯玉祥在日记中谈到察哈尔民众抗日同盟军失败的原因时，也曾写道，“未能达于最后目的”，其原因：“一、军队无主力军。二、军用械弹无着。三、仰给于西南之援助失败。四、经费无着。在交通断绝、经济封锁之后，军用一切更无办法。五、内部组织复杂。吾等只在能够抗日，不顾派别之左右。弗不知吾等固如是，而渠等（指中共）则有不然，一半固为抗日，而一半仍怀别种企图。吾等又无确定之政治目标，使渠等虽居异派之立场，而未能归吾利用。吾等在张抗日与渠等合作，既未能利用渠等，而吾等反为渠利用。故未能达于最后之抗日目标者，实多因此。”[2]

上面的一、五，即“军队无主力”与“内部组织复杂”，属于同盟军本身的不足与缺陷。当时，同盟军迅猛崛起，迅即开赴抗日战场，没有时间与条件进行政治教育和军事训练及统一整编，尚未形成足够的主力部队。因此，敌我力量悬殊与成分复杂，给了蒋介石、汪精卫等及日本侵略者从内部分化、瓦解、动摇同盟军以可乘之隙。内部一些将领的动摇、倒戈，是抗日同盟军失败的原因

---

❶ 赵谨三：《察哈尔抗日实录》第 3 编，上海军学书社 1933 年版，第 219 页。
❷ 中国第二历史档案馆编：《冯玉祥日记》第 4 册，江苏古籍出版社 1992 年版，第 175 页。

之一。

上面的二、三、四，即“械弹无着”“援助失败”“经费无着”，属于同盟军外部的原因，系由蒋、日联合，调集大军进行封锁、围剿所致。这一同盟军失败的根本原因，已如前述。

很明显，冯玉祥在这段文字中，讲了五条，均为史实，但回避了“受贼政府压迫”，而将抗日同盟军失败的主要原因归于受中共“利用”。这无疑是不公允的，既与冯玉祥的有关表述不协调，更不符合他与中共合作抗日的历史实际。察哈尔民众抗日同盟军的崛起与胜利，与冯玉祥与中共合作期间中共“特委”执行了正确的团结抗日的路线、方针与策略息息相关，应该看到合作成功的一面。同时也应该看到，在冯玉祥与中共合作抗日的中后期，中共“前委”执行了王明“左”倾路线，先是实行关门主义，提出了一些不利于抗日同盟军内部团结的错误口号，公开反对冯玉祥“里红外不红”的“西瓜”政策，使冯玉祥感到疑虑与苦闷。在冯玉祥离察后，又实行冒险主义，决定南进冀中，甚至提出“打进北平过中秋”的口号，结果，使抗日同盟军正中蒋、日进行联合围剿之计，最后失败。中共“前委”中后期工作的“左”倾错误，是抗日同盟军失败的一个重要原因。

## 三、察哈尔民众抗日同盟军的意义与影响

察哈尔民众抗日同盟军是冯玉祥等爱国官兵响应中国共产党团结抗日的号召，举起武装抗日的旗帜，进行联合抗日斗争而迅猛崛起的一次伟大的尝试。它得到了国内主张抗日的各派政治势力与全国广大人民群众的积极支持与援助，遭到了蒋介石国民政府与日本帝国主义的联合进攻，它发生在察哈尔省（今河北省），从崛起到失败不足半年时间，但牵动着全国乃至世界，意义重大，影响深远，是国共合作抗战史上一个值得认真研究与总结的重大事件。其主要意义可以概括为以下三个方面。

第一，察哈尔民众抗日同盟军在中国抗日战争史上，自“九一

八”事变以来，第一次主动向日本侵略军发起进攻，并成功收复察东失地。这在日本帝国主义步步侵略、攻城略地的危机情况下，与蒋介石、汪精卫及国民政府或不抵抗而妥协投降，或抵抗而妥协投降的可耻行径相比较，的确是创造了历史，打破了禁锢，开辟了新史页。它沉重地打击了日本帝国主义的嚣张气焰，表现了中国各族人民为国家独立和领土主权完整而不畏强暴、不怕牺牲、抗日到底的爱国主义和民族英雄主义精神，鼓舞了全国人民大众，推动了河北等北方各省与全国的抗日救亡斗争。

第二，察哈尔民众抗日同盟军从崛起到失败，全程性地进一步暴露了蒋介石、汪精卫“攘外必先安内”方针及对日“一面抵抗、一面交涉”政策的妥协投降本质和破坏抗日的卖国行径。在冯玉祥准备举兵抗日之初，蒋介石、汪精卫即以加委之名，引诱冯放弃抗日，进南京做官。引诱不成，在抗日同盟军崛起之时，蒋介石、汪精卫又造谣、诬蔑，企图陷冯玉祥于孤立。当抗日同盟军收复察东四县之时，蒋介石、汪精卫图穷匕见，急调 15 万大军围逼、进剿。在冯玉祥被逼离张之时，蒋介石、汪精卫又对抗日同盟军各将领或收买，或加委，企图收编同盟军各部。在方振武、吉鸿昌继而举起抗日讨贼的旗帜之时，蒋介石、汪精卫急请日军出动，联合夹击、围歼。这就使全国各民族、各阶层人民，乃至世界有识之士，进一步认清了蒋介石、汪精卫与国民政府的抗日有罪、妥协投降卖国有理的反动逻辑与虚伪丑恶面目。

第三，察哈尔抗日同盟军的崛起，显示了中国共产党团结抗日号召的巨大威力。冯玉祥响应中国共产党的团结抗日的号召，举起武装抗日的旗帜，动员了一切可以动员的力量，包容了来自社会各阶层不同成分的成员，迅速形成了一支浩浩荡荡的抗日队伍。有冯玉祥保存下来的汾阳军校的学生部队；有冯玉祥旧部西北军，也有东北军；有中共大批党员和中共地方组织动员来的大批工人、农民、青年学生；有自动组织起来抗日的民众武装，如察哈尔自卫军、东北义勇军等；有长城抗战失败后退至察省的国民党部队；也有在作战中反正的伪军。很短的时间内，部队发展达10余万人，并得到国民党西南地方实力派和国民党元老的支持与援助。虽然这些成分的政治主张不尽相同，甚至相互矛盾，但在民族抗日的大旗之下，能够同仇敌忾，团结统一，冲锋陷阵。这是一次局部性的国共合作抗日的伟大尝试，显示了中国共产党团结抗日方针的伟大感召力、动员力、凝聚力、推动力和战斗力。

察哈尔民众抗日同盟军的崛起与失败，是国共两党与国内各种政治势力及其政策主张的一次尖锐交锋，为尔后建立抗日民族统一战线提供了有益的经验与教训，其影响广泛而深远。这是迄今仍值得认真研究的一个重要事件。察哈尔抗日同盟军是在中国共产党团结抗日的号召下崛起的，发展速度之快，社会动员之广，规模声势之大，光复国土之多，均为“九一八”事变以来之最。这就初步显示了中国共产党团结抗日方针的巨大威力，初步显示了中国人民抗日潮流之势不可当。蒋介石国民政府虽然不允许中国民众自动起来抗日，不允许国民党地方实力派抗日，更不允许他们与中国共产党合作抗日，集结重兵并与日本侵略军联合，将察哈尔民众抗日同盟军围剿、镇压下去，但是，蒋介石国民政府通过这次较量，已经再也不能无视中国共产党的团结抗日主张和中国民众的抗日潮流了，或者适应大势，逐步调整政策，走上团结御侮、民族抗战的正确道路，或者继续走老路，而自陷孤立，民众抗日潮流脱离其可控范围，最终将被此大潮所冲垮。

察哈尔抗日同盟军作为局部性国共合作抗战的一次伟大尝试，体现着抗日民族统一战线的基本特点。由于中共特委执行了团结抗日的方针与正确的政纲策略，抗日同盟军迅猛崛起，发挥出无坚不摧的力量；之后，由于中共前委背离了特委期间所执行的团结抗日的方针与正确的政纲策略，而执行了“左”倾关门主义的策略，采取了“左”倾冒险主义的行动，结果，在蒋、日大军合围之下，冯玉祥离张，同盟军队伍被分化、瓦解，少数骨干部队也陷入重围而失败。这表明，在民族抗日大潮中，中国共产党必须依据国内与国际的复杂的政治关系，确定抗日民族统一战线的正确方针和一整套具体政策，这是建立、扩大和巩固浩浩荡荡的抗日大军的根本保证。这里还有一个特别值得注意的现象，蒋介石、汪精卫过去诬蔑冯玉祥“擅立名义”，“破坏政令统一”，但顾忌抗日大义而暂时无法找到取缔同盟军之借口，恰在中共前委执行错误的方针与政策之时，遂进而改变为诬蔑冯玉祥“赤化”“勾结共党”“勾结苏俄”，似乎找到了剿灭同盟军的借口。这又突显了国共两党争夺中国抗战领导权的端倪。

再者，从察哈尔民众抗日同盟军的崛起与失败中，日本帝国主义在窥测着方向。长城抗战失败与《塘沽协定》签订，日本帝国主义从蒋介石国民政府手中大收权益，但并不以此为满足，而是乘机向察、绥地区进犯，开始了侵占华北的新步骤。察哈尔民众抗日同盟军崛起，打乱了日本帝国主义进犯察、绥的计划。这一较量中，日本帝国主义感受到了中国共产党与国民党地方实力派、国民党元老以及中国各阶层民众团结抗日的洪流及其力量，它虽然与蒋介石联合剿灭了抗日同盟军，但预感到了国共两党合作、中国团结抗日潮流即将到来的气息。因此，日本帝国主义企图要分化国共关系，分化抗日队伍，要赶在中国国内团结抗日局面形成以前，给中国以致命一击。

这些经验与教训，对于中国抗日民族统一战线的建立与中国抗日战争具有重要的影响。

# 第五章　冀热边农民抗日救国军的斗争

## 第一节　孙永勤农民抗日救国军兴起

### 一、树起民众军义旗

孙永勤（1893~1935 年），生长在长城北侧兴隆县黄花川孙杖子村一个普通富裕农民家庭。这里地处兴隆县正东的滦河西岸，四周为燕山山脉所环抱，南隔长城与关内的遵化、迁安相邻。孙永勤自幼喜爱习武，爱读《岳飞传》《水浒传》等侠义小说，崇尚忠孝，为人仗义，手脚快，枪法准。30 多岁时，他在当地做了民团副团总。“九一八”事变后，1933 年夏季，侵华日军成立了傀儡政权伪承德县政府和伪兴隆办事处，当年 10 月份推行“土地登记政策”，榨取农民财税；当年 11 月又推行“铳器回收政策”，强行收缴农民枪支，如有延误按匪论处。

这时，汉奸“大成兴”商号股东岳荫臣，贿赂下板城伪警察署及车河口伪警察分驻所，告发孙永勤带人抢劫商号和藏匿枪支，伪警察到孙杖子抓人。日伪军多次威胁，孙永勤逃匿半年余。日伪搜刮民财变本加厉，气焰日益嚣张。百姓敢怒不敢言。在这一带秘密组织抗日活动的共产党，派人以卖水鞋为掩护来到孙杖子，与孙永勤谈了一席话，谈到农民暴动、工人罢工以及共产党抗战等。孙永勤深受启发，认识到以一己之力不能改变现实，应该把农民兄弟组织起来共同抗日。孙永勤遂与邻村好友关元有（共产党员）、赵四川、马保德、赵林、赵来、小老道商议起事，联络起周边骨干17人。1933年12月8日，从二堂子大财主高作中家弄了20几支枪，手中有了武器。12月11日，在孙杖子村宣誓抗日起义："见贼就杀，毫不留情；有死无降，向前拼命；爱护百姓，不害好人；精忠报国，永无二心。"[1]次日清早，宣布成立民众军，孙永勤为军长，小老道为军师，在村中树起了"天下第一军，均富又济贫"的大旗。当时，孙永勤站在碾盘上，慷慨激昂地发表讲话，宣讲抗日道理，得到民众热烈拥护。周围农民闻讯赶来参军，几天内，民众军发展到100多人。

孙永勤等民众军领导人经过前段抗战实践，认识到要在山区站住脚，必须拔除周围的敌人据点，铲除附近村庄的汉奸，使日伪军失去耳目。因此，12月下旬，孙永勤等率民众军先后再次袭击车河口、半壁山伪警察分驻所及潘家口伪税关署，拔除了汉奸岳荫臣在大彭杖子的煤矿城据点。并分兵作战，一路沿滦河南下，在贾家安附近袭击日军3只运输船，毙敌20余人，缴获军需品一部；一路指向下板城，攻克武厂、黄杖等敌据点。在民众军抗日的胜利鼓舞下，苇子峪村李连贵、蓝旗营村年焕兴分别组织家乡农民发动抗日起义，率部参加民众军。民众军声威扩大，队伍很快发展到500多人。

1934年2月，为甩脱日军的奇袭，民众军转移到五凤楼山区活动。这时，承德县柳河南八卦岭村张福义领导的农民抗日队伍加入孙永勤部。1934年3月，日伪兴隆办事处处长带领500余名军警袭击五凤楼山，孙永勤指挥民众军将日伪军警击退，后在转移中又遭敌围攻，经激战才突围。

民众军是由农民自发组织起来的群众武装，组织和领导方面缺乏理论指导。但受少时侠义思想熏陶和东北义勇军抗日英雄事迹的影响，孙永勤在军中宣布了严明的纪律："不许动老百姓的东西，

---

[1] 王亚编：《东北抗日烈士传·孙永勤烈士传》，大众书店1935年版，第31页。

不许开小差，不许强奸妇女。”❶从现有资料来看，民众军没有形成一个完整的组织章程或纪律条例，但它反映了农民爱国保家的朴实思想，从而使这支武装真正成为民众自己的队伍。到 1934 年 5 月上旬，民众军已发展壮大为约 5000 人，活动于五指山区（今兴隆县境内）。

## 二、改编为冀热边抗日救国军

为实现团结抗日的主张，中国共产党地方组织对孙永勤部民众军进行了帮助和支持。中共地方组织从民众军建立初始，就注意在民众军中发展党员，进行党的抗日工作。据曾在民众军第 3 总队任中队长的刘俊岳回忆：起初“在孙部没有党员活动，孙部有多少党员不知道，我是党员别人也不知道。后来估计，在部队发展到 3000 人左右时有党员约 20 人，部队到 5000 人时才有党员约 25 人。由于部队发展迅速，存在时间较短，所以党员较少，工作薄弱，秘密活动。我知道的党内负责人是何子桥，指导员是刘玉”。❷

中国共产党地方组织在十分困难的情况下，对孙永勤民众军进行了力所能及的帮助。一是物资支援。据时任中共迁（安）遵（化）兴（隆）县委书记的骆凤亭回忆，县委曾两次派人援助孙永勤。第一次，派骆凤明（弟）、闫龙送去部分军需品和枪支。当时，负责铁厂北店一带工作的地下党员高存告诉骆凤亭，有一个他介绍入党的同志在孙永勤部，这个同志叫关元有。骆凤亭即派徐英拿着高存介绍信，去找关元有联络。当时，得知孙部急需药品，骆凤亭又派共产党员骆凤明、闫龙，给孙永勤送去了一箱治外伤的药，还有 10 支枪，由关元有转交孙永勤。第二次，派李子华、马子敬（二人系中共孟家铺区委委员），支援孙永勤部一批枪支弹药。❸

当时，中共遵化县委、迁安县委等多次派军事干部徐英等人到

❶ 孙文革忆孙永勤，1983 年 6 月 1 日。兴隆县党史办档案A21318-1-10。
❷ 刘俊岳忆孙永勤，1961 年 8 月 9 日。兴隆县党史办档案A21318-1-3。
❸ 骆凤亭谈支援孙永勤，1983 年 12 月。兴隆县党史办档案A21318-1-11。

民众军驻地，经关元有联络，以爱国群众的身份同孙永勤会晤。他们介绍了关内抗战形势和共产党的抗日主张，建议孙永勤将“杀富济贫”的口号改为“抗日救国”的口号，加强部队纪律，密切联系群众，以团结一切可以团结的抗日力量，取得广大群众的支持。中共冀热边特委书记王平陆还亲自赶到遵化茅山与孙永勤会面，介绍全国和冀东的抗战形势，宣传共产党团结抗战的主张，希望孙永勤与共产党共同抗日。[1]

孙永勤接受了共产党地方组织的这些建议，于1934年5月间，将“民众军”改编为“抗日救国军”。由孙永勤任军长，赵四川、马保德任副军长，王殿臣、关元有任参谋长。抗日救国军下辖4个总队，分别由张福义、年焕兴、关元有、李连贵任（兼）总队长，军直设直属队和稽查处，并整饬军纪，重申了官兵一律不得违反“不贪财、不逃军、不扰民、不奸淫”的军纪。

这次改编，使这支农民抗日武装的面貌焕然一新，在其发展史上展开了新的一页。改编后，抗日救国军以总队为作战单位，在关外沿长城线的兴隆、承德、青龙、平泉、迁安、遵化等县，积极打击日伪军。第1总队攻克兴隆县佛爷来日伪据点，歼敌50余人，缴获枪50余支，子弹19箱。第2、第4总队拔除敌罗文峪、孤山子据点，消灭日伪军70余人。第3总队攻克洪山口、龙井关、二堂等日伪军据点。抗日救国军所到之处，深受群众欢迎，被誉为“仁义之师”。

---

[1] 冀东革命回忆录编辑组编：《河北革命回忆录》（第2辑），河北人民出版社1980年版，第79页。

## 第二节　孙永勤农民抗日军的英勇斗争

### 一、战斗在冀热边界

孙永勤民众军自揭竿抗日起，即活跃在冀热边界地区，翻山越岭，夜战歼敌。可以说，这是孙永勤一贯的得手战术。从袭击车河口开始，民众军就在燕山山脉中，同日军展开了游击战。1933 年 12 月底，为了甩开从高杖子奔袭而来的一股日军，民众军连夜登上海拔 1383 米的五指山。休整几天后，孙永勤率部南奔 50 多里，夜袭半壁山日伪警察分驻所，烧毁伪警察分驻所，将粮食分给群众，两个小时解决战斗，缴获大枪十几支。驻兴隆的伪军闻讯赶来时，孙永勤已率民众军撤到长城脚下的舍身台古刹。第二天夜间，孙永勤又率领部队突出敌围，沿长城南侧，从遵化县转到迁安县。是年腊月二十九日，在长峪沟山梁上，民众军与日军遭遇，经战斗，三十日夜，民众军转移至邢杖子烧板子沟，又被日军包围。民众军在孙永勤率领下，不畏艰险，奋勇冲杀，突出重围，乘午夜攀上海拔 1475 米的高山五风楼。这样，孙永勤率领民众军，转战在车河、黑河、洒河、柳河四条大川，在崇山峻岭中与日伪军周旋。

1934 年 1 月，在五风楼休整期间，孙永勤接纳了承德县八卦岭农民军张福义部，兴隆县苇子峪农民军李连贵部，蓝旗营村农民军年焕兴部，并与活动在兴隆县挂兰峪一带康永贵部会合。民众军扩大达 1000 人，进行了第一次整编。孙永勤任军长，下设分队，赵四川、王殿臣、关元有、张福义、李连贵、年焕兴、康永贵等分别任分队长。为便于隐蔽，各分队分散活动：张福义分队，向承德县内发展；李连贵、年焕兴两分队，在洒河川活动；康永贵分队，活动于长城沿线；孙永勤率 400 余人仍回旋在五风楼一带。

1934 年 3 月上旬，伪兴隆县办事处处长吕俊福、伪财政局长卢仪卿及汉奸孙义香的儿子，带领 500 多伪军、伪警察进攻五风楼。孙永勤率领民众军与来敌战斗数小时，伪军警伤亡数十人，被迫撤退。尔后，孙永勤率部奔袭伪半壁山警察分驻所，捣毁分驻所，再次开仓放粮。在三道河战斗中，民众军设伏，消灭了日本守备队20余人。随后，民众军转移到小十二岭，遭到伪军追击，在西高尖激战，民众军伤亡30多人，小老道被俘。3月20日，孙永勤率部昼伏夜行，向东行军50里，夜袭潘家口伪警察署，毙敌40人。随即，率部转回车河口，派一支队伍到寿王坟梆子沟诱敌，孙永勤率主力部队包围大彭杖子岳荫臣的煤矿城，铲除了日军设在这里的据点。民众军在老梁休整7天，又分兵两路出击：一路沿滦河南下，在滦河沿贾家安附近，袭击日军3只货船，打死日军20余人，缴获大米、面粉3000多斤，服装350多件；另一路进击下板城一带，以声东击西的战术，拔除了武厂、黄杖子、上谷等日伪据点。4月上旬，民众军袭击瀑河口，毙伪军17人，进驻塌山休整。5月初，民众军袭击烧饼铺、潘家口日伪据点，消灭日伪军40多人。当日军调集兵力来援时，民众军悄悄返回黄花川，又夜袭车河口。由赵帮海率一部兵力，趁夜色冲进日伪军大院，毙伤俘100多人，缴获枪80多支。

民众军在战斗中锻炼队伍，补充武器。1934年5月上旬，民众军发展壮大约5000人队伍，在五指山双塘子一带，孙永勤接受共产党的建议，把队伍改编为“抗日救国军”。从此，加强了抗日思想教育与军政纪律。整编之后的抗日救国军，不但增强了敢打敢拼的战斗意志，还密切了官兵关系和军群关系。

## 二、转战长城南北

由于日军扩大侵略，民众军改编为抗日救国军以后，主要转战在承德、兴隆、迁安、青龙、遵化、平泉等6县区域。1934年6月20日，抗日救国军第1总队在孙永勤、张福义率领下，攻打伪承德县乌龙矶警察分驻所，缴获枪40余支。7月10日，赵帮海中队攻打伪兴隆县佛爷来据点，击毙日军16人，毙伤伪警察50余人，缴获枪50余支、弹药12箱，将据点中的粮食分给群众。抗日救国军还先后分兵袭击了宽城日伪军潘家口、洪山口和平泉三岔沟、下板城等据点。

日本关东军对孙永勤抗日救国军剿灭不成，便企图招抚。1934年8月，伪热河省当局派人找到抗日救国军驻地，孙永勤不但拒而不见，还命令战士将来人怒斥逐走，并警告：如果再敢来胡说，一定割掉你们的耳朵！❶日本关东军不甘心，又派来几名汉奸，扮成商人，要求面见孙永勤，并呈上伪热河省公署加委孙永勤为热河省警察讨伐大队大队长的委任状。孙永勤鄙斥他们说："你们没有脸，以为别人也不知耻？我们是堂堂的中国人，能作日本人的狗下之狗吗？"并将委任状撕个粉碎，呵斥道："没有血性的洋奴，再敢在这卖国，我割下你们的舌头！"❷

1934年秋后，针对救国军失去青纱帐掩护的情况，孙永勤召开军事会议，决定部队主要采取守势，与敌人周旋。于是进行了整编，把4个总队编为9个大队，各大队化整为零，回到各自群众基础好、地势较熟的深山区活动。9月，日军乘青纱帐已倒，调集数千名兵力，围剿抗日救国军。孙永勤、赵四川、关元有率抗日救国军直属队，与日伪军在黑河川一带周旋。一天，伪军大部队来袭，孙永勤率部从宽甸村登上关门岭长城扼守，入夜后，转至洒河。在当地群众支持下，抗日救国军突破敌人的围追堵截，不断取得胜利。第3总队歼敌四五百人，赵四川、王殿臣还率部包围宽城镇，消灭日伪军300余人。是年冬，抗日救国军大部转到长城南侧活动。

日本关东军对孙永勤招抚无效，决定集中兵力，一举消灭孙永勤抗日救国军。为了消除抗日救国军从民间得到武器，日伪当局"在兴隆北部地区强迫收缴民枪，1934年11月15日至22日，7天内即收缴民枪823支。同时，竭力切断抗日救国军的兵源，开始强

---

❶ 王亚编：《东北抗日烈士传·孙永勤烈士传》，大众书店1935年版，第31页。

❷ 王亚编：《东北抗日烈士传·孙永勤烈士传》，大众书店1935年版，第31页；《河北文史资料选辑》（第1辑），河北人民出版社1980年版，第81页。

制征兵，规定每家三丁抽二，两丁抽一。群众不堪其害，纷纷逃往迁安、遵化等地躲避”。[1] 孙永勤闻讯后，决定对日伪当局进行阻挠。同年 12 月底，孙永勤率部突然返回黑河川，在三道梁伏击日伪军，歼敌 60 余人。1935 年初，在清河歼灭日伪军 100 余人。1935 年 3 月初，李连贵率抗日救国军第 4 大队，攻打佛爷来药王庙日伪军据点后，又在糜子地东山设伏，经过 2 小时战斗，歼灭伪军 80 余人，俘 20 余人，缴获枪 90 余支、马 80 余匹。[2]

1935 年 2 月间，孙永勤考虑到在热河孤立无援，敌人围剿日甚，决定率军转战长城内，以争取援助。当时，孙永勤率领 3000 人南下，到达洒河川一带。日本关东军第 7 师团及伪军一部，进行围追堵截。为补充部队给养，孙永勤抗日救国军遇到了难于克服的困难，决定向长城以南的国民政府求援，同时与中国共产党取得联系，准备放弃关外的山地游击区。

1935 年 3 月，孙永勤通过关系与国民政府遵化县长何孝怡取得联系，要求支援救国军一批物资，协助抗战。何孝怡满口应允，提出要孙永勤到遵化谈此事。孙永勤于 1935 年 4 月初率抗日救国军一部东渡滦河，进入老梁山区。当时，民众抗日救国军第 8 大队大队长何广永在遵化大厂村侦察敌情时，俘获两个日本人和一个翻译官。两个日本人，一个是该地区日伪税关总长栩藤，另一个是罗文峪税关署署长佐佐木，翻译官叫郑宏彬。经审讯，栩藤答应给救国军 1000 支枪、20 万发子弹。孙永勤一面让栩藤写信给罗文峪税关署要枪弹，一面通知各大队防备日军突袭。日军翻译郑宏彬伪装同情抗日，提出抗日救国军这样游动隐蔽，税关署怎么能给送来枪弹呢？要求放他回去操办，保证将枪弹尽快送来。汉奸、日本翻译郑宏彬一回去，便立即向日伪当局告了密。[3]

---

[1] 中国社会科学院近代史研究所中华民国史研究室编：《中华民国史资料丛稿・大事记》第 20 辑，中华书局 1983 年版，第 238 页。

[2] 刘秀存同志回忆救国军，1987 年 3 月。兴隆县党史办档案A21318-19-23。

[3] 史耀华回忆孙永勤。原件存兴隆县党史研究室。

1935年4月中旬，日本关东军第7师团长杉原从承德调集日军，又抽调2个团伪军，及承德、青龙、兴隆的伪警察，共3000余兵力，包围了老梁山和五指山一带。日伪军在飞机的掩护下，大举进攻，还使用毒气弹。孙永勤指挥抗日救国军顽强战斗，多次打退敌人进攻，官兵牺牲90余名。天黑，孙永勤决定突围转移，亲自带领20余名攀山能手，悄悄从东南攀上崖顶，将崖上30多个敌人消灭，然后，利用一棵棵长长的大柳树，在双峰对峙的峡谷间搭上一座独木桥，指挥700多名战士暗度下山。经过一天急行军，孙永勤率领部队撤至王厂沟，又到椴树洼，继而绕路奔平顶山、河口，插到王宝石，翻山到关家沟。一路上，边战斗，边转移，在东梁、河口战斗中，歼敌几十人，孙永勤腿部受伤。突破伪军的阻截，连夜上广东山，又转到黑河华鱼沟，突破敌另一道防线，拐进南大台森林区。至此，才甩掉了日伪军。孙永勤又率部横跨一脉大山脊，通过几十里没有人烟的大分水梁，绕到一个大山村老窝铺。一天后，孙永勤率部又插到洒河川的青杏沟，与李连贵的第4大队会合。

## 第三节　孙永勤农民抗日救国军的失败

### 一、遭日、蒋合围而失败

日本关东军视孙永勤民众抗日救国军为“满州西南‘国境’之大患”，曾多次围剿，未果。

1935年5月初，由于连续战斗，伤亡增加，抗日救国军各部集中于青杏沟时，部队减员为约1700人，多数战士仍着棉衣，弹药严重缺乏，加之活动范围缩小，处境已极为困难。孙永勤一边在青杏沟养伤，一边召开全军干部会议，决定立即向长城以南的冀东平原转移，以寻求国民党地方政府的支援，解决吃穿、装备问题。

日本关东军乘机实施大规模围剿，调集6000余兵力，布成西、北、东三面包围之势，留下南面长城北侧一带之口子，企图将决战战场推往关内，进而彻底消灭抗日救国军。并做了严密的部署：松井部出洒河桥西进，奔袭遵化东北部；石井部500余人从古北口出发，经石匣，出长城墙子路口东进，从北面攻击，而后奔袭遵化西北部；川岸部2个联队进占罗文峪、洒河北山一带。5月15日，孙永勤率部经罗文峪等处南越长城，进入遵化、迁安一带山区。这时，数千日伪军尾随追进，国民党遵化县长何孝怡却拒绝给予抗日救国军以弹药接济。孙永勤率部进入长城以南，且战且向南退，部队纪律严明。据《大公报》报道：

> 十六日，迁安县属撒（澈）河桥（今为洒河桥，下同。——笔者注）北喜峰口外突由热河开到义勇军一千三百人，号称抗日第一军，首为孙有琴（应是孙永勤——笔者注）。所部非常整齐，枪支齐全，且有具双枪者。现入驻于深山中，夜出昼伏，并出布告安民，日有宣传队向人民宣传，称决不骚扰乡民，所有粮食由自备。二日来确未向民间索食。只于十六日夜将富户李之桂等请往，借款二千元。十六日晚与日军接触，战约四小时义勇军即避往山中。日军未敢穷追，用机侦察，亦无结果。闻日军死十八人伤二十六人。[1]

抗日救国军处在腹背受敌的危急关头，孙永勤加紧多方筹集军饷，一方面派人用从富户借的钱去购买军火，一方面想逼迫何孝怡供给军需。5月18日，抗日救国军第4大队稽查长徐连芳带着17名战士伪装成卖草人混进遵化县城，因身份暴露，只得退出来。20日，日军用汽车20余辆，载兵200余名，携有钢炮、机枪多架，由洒河桥开抵遵化城。是日下午2时，日军由城内出发，在城东

[1] 《义勇军一千余人抵迁安　与日军一度接触》，天津《大公报》1935年5月19日。

15里处，与孙永勤部激战。遵化城门20日起竟日关闭。[1]21日中午，抗日救国军全部转移至大寨北华山一带。

5月20日，日本驻华使馆武官高桥致函何应钦，以遵化县长庇护孙部“股匪”为借口，宣布关东军已入关“彻底消灭孙部”。国民党当局积极配合日军的行动，次日即由蓟密行政督察专员殷汝耕往访高桥，表示中国当局竭力“剿匪”。5月21日下午，孙永勤抱病召开抗日救国军小队长以上干部会议，决定部队向南投奔冀东国民军。5月22日，当抗日救国军南下至尖山屯、七户东山一带时，遇到当地民团阻截，随后又有日军山田部与河北省特警第1总队张庆余部两个中队进行堵击。当抗日救国军向东转移到迁安三屯营南10余里的皇阁村、马甸子一带时，又有大量军警和民团堵截。原来，国民政府战区特种警察第1、第2总队和地方民团，已奉命切断了抗日救国军的南下通道。当时，国民政府曾在报道中称：

> [北平通信]关系方面消息：盘踞遵化小寨子般若院之孙永勤部，经我警队民团追剿，前晚已窜迁安三屯营南十余里皇阁村马甸子地方，由警团追剿中。据殷汝耕语记者，遵化县东十五里大小寨地方之会孙永勤股，经特警队长张庆余派两个中队驰往迎堵，于前日下午二时开始接触，激战甚烈。至下午六时许，该股不支，向迁安之三屯营南十余里地方皇阁村、马甸等地溃窜，该方面团队早有戒备，业已形成夹攻局势云。[2]

在此情况下，孙永勤部南投无望，又连夜由景忠山侧、白马峪，两路向北转移到茅山东麓的深山区小于家沟、柴禾厂、王家沟。抗日救国军军部驻在小于家沟老乡吴凤忠家。据中共兴隆县委党史研究室闻成走访调查材料，认为“救国军先在遵化城东二十里

---

[1] 《日军入遵化　扬言追剿孙永勤》，天津《大公报》1935年5月22日。

[2] 《孙永勤窜迁安　我警队民团追剿中》，天津《大公报》1935年5月24日。

铺驻扎，后在东小寨住一宿后，开赴县城东北偏僻山区洪山口，在野鸡峪、尤山口、三道沟、头道城子一带活动，最后从尤山口向南过九虎岭去茅山东麓的小于家沟村驻防，孙住在吴宪国家。几日后去吴家沟”。[1]

5月23日，孙永勤在小于家沟召开紧急会议，通报军情：九虎岭以北有大量日军封锁；东面日军已逼近东山一带；南面有河北省军警张庆余部、张砚田部、周毓英部的6个中队及保安队、民团共计4000多人堵截；只有茅山西北的日军尚在长城南侧。很显然，日军和国民党军意在压迫救国军上茅山，然后集中炮击全部消灭。对于突围路线，经过争论，最后，孙永勤决定率部向西回热河。午后，抗日救国军分两路向西转移。孙永勤率军直部队行至三里店时遇民团阻挠，返回吴家沟宿营；李连贵、年焕兴率另一支部队500多人，插进黄花峪。

23日夜，日军山田部200余人乘汽车冒雨从南面追来，直插吴家沟村西，立即向村内孙永勤部队攻击。孙永勤部仓促应战，被逼撤进村东的茅山沟。茅山是个土山，连树都没有，地形十分不利，使抗日救国军完全暴露在敌人强大的炮火之下。

24日拂晓，日军5000余人、伪满军1000余人，与国民党特警、民团组成的协剿军，向茅山之抗日救国军发动了猛烈的围攻。石井队从西北向茅山穿插，川岸联队从北面向茅山包围，松井队从东面向茅山兜进，山田队从南面向茅山进攻。抗日救国军被日军、蒋军四面围困在茅山顶上。孙永勤与关元有率200余人据守山头，掩护赵四川、王殿臣率队突围。日军以猛烈的炮火，不能攻破。日军又派飞机助战。24日中午，孙永勤、关元有等被飞机扫射，中弹殉国。至下午2时，抗日救国军除少数官兵突围外，王殿臣、赵四川等抗日救国军领导人和300多名战士在战斗中英勇牺牲，近

[1] 闻成：《孙永勤队伍在遵化的活动》，1987年2月4日。兴隆县党史办档案A21318-1-1。

400 人被俘后惨遭杀害。

到此，叱咤长城两侧的孙永勤民众抗日救国军，被日、蒋联合夹击剿灭了。据当时的《大公报》报道：

> 孙永勤部二三百人窜扰遵化、迁安后，由我方特警及日军会同夹击，顷已完全肃清。据省府秘书长魏鉴时对记者谈称，关于遵化、迁安剿匪情形，自目前与日方决定会同夹击后，进行异常顺利。顷据报称，孙部顷已全被解决，孙本人并已阵亡。逃窜遵、迁者不过二三百人，且一部属于地方土著，本无实力可言，当不足一击也。目下会同夹击之日军，已开回洒（澈）河桥及马兰峪一带，我方特警亦即撤退。地方善后问题，由县长何孝怡办理云。[1]

这里，国民政府及战区当局“会同”日军“夹击”抗日救国军，其卖国行径，不以为耻，反以为荣，真不知天下有“羞耻”二字！

孙永勤领导的农民抗日武装，在日本侵略者占领区内，坚持浴血奋战一年半之久，攻克、袭击日伪据点 100 余处，消灭日军和伪满军警 5000 余人，给日本侵略者以沉重的打击。它虽然因受国民党当局欺骗，在日军与国民党军联合镇压下失败了，但激励了河北乃至整个华北人民抗敌御侮的斗志，在长城内外播撒了抗日的火种。1935 年 8 月 1 日，中华苏维埃中央政府、中共中央发表《为抗日救国告全体同胞书》(即“八一宣言”)，将孙永勤与瞿秋白、方志敏等 11 位为国捐躯的烈士赞誉为“民族英雄”，指出：这些民族英雄表现了“我民族救亡图存的伟大精神”，证明“我民族抗日救国的必然胜利”。[2]

---

[1] 《孙匪肃清　日军撤退》，天津《大公报》1935 年 5 月 27 日。

[2] 《中共党史教学参考资料》(二)，人民出版社 1957 年版，第 28 页。

冲出重围的抗日救国军余部，继续战斗在热河。第1大队长张福义回到承德县、兴隆县，又组织起百余人的“抗日保国军”，坚持抗战到1937年7月牺牲。第4大队长李连贵回到长城北侧洒河川，率50余名抗日救国军战士坚持游击，1936年2月就义。第8大队长何广永由茅山突围后被捕，从通州监狱逃出后继续抗战，1938年参加冀东抗日大起义，后被坏人暗害。第9大队长康永贵突围后回兴隆县与扬二部会合，在冀东大起义中牺牲。前第2总队长年焕兴，1938年参加宋时轮、邓华纵队包森第2支队，后加入中国共产党，一直战斗到抗战胜利。

## 二、失败原因与深刻启示

关于孙永勤民众抗日救国军失败的原因，在华北《局部武装抗日斗争》[1]一书中，李翠艳作过如下分析：

> 综合救国军失败的原因，“要从宏观和微观两方面来分析”。
>
> 从宏观方面来讲，日本侵略中国的既定国策和蒋介石集团的妥协抗战，使农民自发组建的武装不可能长期存在。另外，“中共还不可能真正采取有效的措施加以领导和帮助，孙永勤和他领导的民众抗日救国军基本处于孤立无援的状态”。因此，“它的失败有其客观必然性”。
>
> 从微观方面来说，也有造成其迅速失败的原因：第一，救国军没有明确的作战方针和目的，没有建立起自己的根据地，往往是集中在一起进行战斗，碰见敌人就打，打不过就跑。这种方式使部队损失较大，又不能很好地进行休整。第二，救国军缺乏先进的思想指导。中共在救国军内的力量非常弱小，而

[1] 参见谢忠厚、李翠艳、李春锋：《华北抗日战争史》第1部第3卷《局部武装抗日斗争》，河北人民出版社2012年版。

且党组织发展缓慢甚至没有发展。小农意识和封建迷信思想在部队中占主导地位。如救国军中实行拜把子[1]，讲究兄弟义气，没有科学的管理。再如孙永勤始终在队伍中设有“军师”，前期是小老道，后期是阴阳先生郝世祥。孙永勤有时就靠他们算卦、占卜决定部队如何行动。这就造成军事行动的盲目性。第三，军需品和枪支弹药供应不足。救国军成立初期的武器主要来自地方财主的私有枪支，比较落后并且弹药有限；后来虽能在战斗中缴获一些枪弹和军用物资，但毕竟不能满足连续抗战的需要，吃穿不够、武器短缺是部队中常有的情形。

笔者以为，上面关于孙永勤民众抗日救国军失败的三条宏观（客观）原因与三条微观（实际是主观）原因，都是史实，其中三条微观（主观）原因中，主要是小农意识与没有根据地的流动式的作战，这在当时的条件下，也带有某种客观因素。因此，孙永勤农民抗日救国军的失败是“有其客观必然性”的。

关于孙永勤民众抗日救国军失败的启示，李翠艳在书中也作了较为深入的探讨。

通过孙永勤领导民众抗日救国军武装抗日及其最后被日蒋剿杀这一事件，我们既从中体味到民众抗日的伟大力量，也感受了救国军失败的悲壮。它启示我们：当抗日形成潮流的时候，任何侵略者的侵略行动都会受到人民的抵抗，任何违背潮流的政府都会遭到人民的唾弃；在民族危机发生的时刻，一味妥协退让只会招致更大的危机，只有团结广大民众一致对外，才是挽救国家的光明大道。从更深层次来观察，蒋介石与国民政府为维护其对日关系的格局及其统治地位，是绝对不允许中国的民众自己组织起来进行抗日斗争的。

[1] 单忠英回忆孙永勤及其救国军，兴隆县党史办档案A21318-1-6。

笔者以为，上述分析表明：孙永勤领导的农民抗日救国军，标志着人民抗日救亡运动发展到了民众自动武装起来进行抗日斗争的新阶段。第一，中华民族的抗日潮流势不可当；第二，蒋介石国民政府决不允许中国民众自己组织起来进行抗日斗争。

这两点启示很重要，但还不够，还应补充：第三，中国民众的抗日斗争，迫切要求中国共产党给予强有力的组织与正确的领导；第四，中国民众的武装抗日斗争，必须创造根据地，在根据地进行主动的、灵活的游击作战。而且由于以上缘由，还应明确指出：第五，蒋介石国民政府的动向，必然是顺应中华民族的抗日潮流之大势，又要维护其统治地位；第六，中国共产党要发展壮大，要组织和领导中国民众武装抗日斗争，必须正确认识与对待蒋介石国民政府在抗战中的地位与动向。

# 第六章　华北事变与抗日救亡运动的高涨

## 第一节　日本侵略华北的新步骤

### 一、日本分离华北、内蒙古的政策

华北包括河北、山东、山西、察哈尔、绥远五省和北平、天津两市，面积 101.8947 万平方公里，约占全国 1/11；耕地 31613.2 万亩，占全国耕地面积约 1/4；人口 7620 余万，占全国人口约 1/6。[1]这大面积，为日本国土的 3 倍（日本国土面积 37 万平方公里）；这多人口，超过日本全国人口（1928 年时为 6210 万）1000 余万。

华北地区盛产粮、棉、油和肉类、皮毛等农牧产品，蕴藏着极为丰富的煤、铁、铝、金等矿产资源，有丰富的海盐资源及石油资源。有古都北平和天津、太原、大同、济南、保定、张家口、包头等重要工商业城市和天津、青岛、秦皇岛、连云港等近代港口，京汉、津浦、同蒲、京绥、北宁等铁路纵横贯通，工商贸易和文化教育相当发达，财政税收在全国占有极为重要的份额。

这些优越条件使华北地区具有十分重要的战略地位。在蒋介石国民政府与日本签订《塘沽协定》后，正沉醉于与日"敦睦邦交"

---

[1] 南开大学马列主义教研室、中共党史教研组编：《华北事变资料选编》，河南人民出版社 1983 年版，第 490~491 页。据 1931 年国民政府内政部的调查：河北有 3122 万人，山东 2867 万人，山西 1224 万人，绥远 212 万人，察哈尔约 200 万人。五省共计 7620 余万人。

之时，日本帝国主义完全不顾蒋介石国民政府维持与日本妥协态势的愿望，采取了大规模向华北侵略扩张的新步骤。其基本特征是以武力威胁为后盾，从政治、经济、外交等多方面配合展开。

日本政府和军部自“九一八”事变后，就开始酝酿对华北的侵略政策。经过反复协商与讨论，1933 年 11 月，日本政府和军部一致提出了在华北要“根绝排日”“削弱国民党势力”，使华北与中央政权“分离”的方略。[1]1934 年 4 月 17 日，日本外务省情报部长天羽英二在记者招待会上发表公开谈话，通称“天羽声明”，宣布中国为其独占势力范围，各国如有援助中国的行为，“尽管名义上是财政的、技术的援助”，也有“导致离间中国与日本”的关系，“有扰乱东亚和平与秩序”的性质，“日本不能对此置之不理”。[2]随后，日本陆、海、外三省经过协商，于 1934 年 12 月 7 日，制定了《有关对华政策的文件》，其中，规定日本在华北的基本目标是“形成南京政权的政令不能达及的情势”与“日满华特殊关系”。[3]1935 年 1 月 22 日，日本外相广田弘毅提出了所谓日中“亲善”“提携”的外交，在此伪善外交的掩护之下，4 月间，日本关东军司令官南次郎与中国驻屯军司令官梅津美治郎开始共同策动“华北自治”，“其目的之一是为了建立……统一的华北政权”，使“华北五省脱离南京”政府，“成为自治地区，将满洲国西南方的中国置于日本领导之下”。[4]日本政府与军部经过长期酝酿、协商，1935 年 9 月 24 日，日本新任中国驻屯军司令官多田骏在记者招待会上，公开宣布了日本分离华北的完整的政策方案（“多田声明”），提出三要则：（1）把反满抗日分子彻底地逐出华北；（2）华北经济圈独立（……使华北财政脱离南京政府的管辖）；（3）通过华北五省的军事合作，

---

[1] 参见军事科学院军事历史研究部：《中国抗日战争史》上卷，解放军出版社 1991 年版，第 302 页。
[2] ［日］上村仲一：《日本外交史》（19），鹿岛研究所出版会 1973 年版，第 76~77 页。
[3] ［日］《现代史资料》（8），美铃书房 1982 年版，第 23 页。
[4] 《土肥原秘录》，中译本，中华书局 1980 年版，第 86~87 页。

防止赤化。强调“使华北明朗化”，“是形成日满华共存的基础”。[1]

作为分离华北的一部分，日本政府和军部自“九一八”事变后，即充分利用与操纵蒙古族部分上层叛国分子，策动所谓“蒙古独立”运动，积极向内蒙古侵略扩张。日本关东军参谋部于1933年7月16日制定了《暂行蒙古人指导要案》，提出要促成西部内蒙古及外蒙古“转向亲满亲日”的目标。同年10月，关东军驻承德特务机关长松室孝良起草了《关于建立蒙古国的意见》，就“蒙古国”的疆域、组织、国号、元首、首都等，提出了具体意见。1935年7月25日，日本关东军参谋部制定了《对内蒙措施要领》，明确规定：“内蒙应随着华北工作的进展，脱离中央而独立。”并具体提出了控制内蒙古地区的施策，规定：军事方面，要组建由日本军官作指导官的仆从军；经济方面，由伪满洲国指导，开展物资贸易，使用伪满洲国货币；文化方面，借助宗教等力量进行奴化教育。

日本政府和军部在制定上述分离华北、分离内蒙古的侵略扩张政策的同时，加紧采取侵略华北的新步骤，使河北与整个华北乃至中华民族陷于生死存亡的日益严重的危机之中。

## 二、察省事件与《秦土协定》

察省事件，指两次张北事件与察东事件。

当时，察哈尔省是宋哲元部第29军的防区，省会张家口及张北均为华北重镇，成为日本政府和军部实施分离华北和内蒙古独立的侵略政策的重要目标。

1934年10月27日，日本之中国驻屯军人员川口清健（参谋）、池田克已（外交书记生）等一行8人，未向中国方面报告，即以赴内蒙古“旅行”的名义，前往多伦。当他们路过张北南门时，坚持径直通过，但中国卫兵与保安队索要与盘查其证件，约

[1] ［日］秦郁彦：《日中战争史》，原书房1979年版，第56~67页。转引自军事科学院军事历史研究部：《中国抗日战争史》上卷，解放军出版社1991年版，第307页。

40分钟后，予以放行。为此，日本驻张家口代理领事松本正康，于10月29日向中国驻军宋哲元部第132师提出抗议；30日，日本驻北平武官高桥坦又向宋哲元提出强烈抗议。宋哲元于11月25日下令，第132师师长赵登禹向日军道歉，随后又将直接责任者之连长免职。这就是第一次张北事件。

半年后，日本关东军又挑起第二次张北事件。1935年5月31日，日本关东军驻阿巴嘎特务机关长盛岛角芳派遣大槻桂、山本信亲、大井久等4名军人，以前往张家口"旅行"的名义，在察哈尔省境内偷绘地图。6月5日下午4时，他们乘车经过张北北门时，因均无护照，只出示了由多伦特务机关签发的身份证件，被哨兵扣留。宋哲元得知后，害怕惹怒日本方面，随即下令放行。中国驻军于第二天上午11时，将大槻桂等4人"礼送出境"。大槻桂等4人到达张家口后，日本驻张领事馆说他们4人在张北受到了"非法监禁"，一面向关东军司令部报告，一面于6月11日由驻张家口领事桥本正康与特务机关长松井源之助向察哈尔省民政厅厅长、第29军副军长秦德纯提出抗议，并提出三项无理要求：由军长宋哲元向日方道歉、惩办事件直接负责人、保证以后不再发生同类事件。还声称："五天之内得不到答复时，我军将采取自由行动。"❶

与此同时，日军在察东地区不断挑起武装冲突。1935年1月19日，日本驻华公使馆武官高桥坦警告宋哲元，表示独石口至沽源一带属于热河省丰宁县境，要求中国军队迅速撤出，否则将采取"断然态度"。次日，宋哲元派秦德纯向日方表示愿意让步和解。然而，日军却于1月22日，调运日伪军3000余人，在飞机掩护下向长梁、乌泥河、独石口一带发起进攻。中日代表于2月2日在大滩会商，达成口约：日军返回原防，中国第29军亦不进入石头城子、南石柱子、东栅子之线及其以东地域。史称"大滩口约"。不久，日本关东军将沽源县长城以东地区之小厂、石头城子、乌泥河、北

❶ [日]《现代史资料》(8)，美铃书房1982年版，第94页。

石柱子、长梁、断水梁等地，划为热河丰宁县第六区，并设置了“国境”警察队。

1935年6月，日本关东军又在察东再次挑起武装冲突。6月11日，热河伪军进攻东栅子；12日，伪满洲国境警察队进犯小厂。中国守军第29军进行了抵抗。日本关东军却以此制造借口，硬说：6月11日，丰宁县日本人参事官一行进入东栅子时，遭到独石口宋哲元部队步枪射击而返回；6月12日，宋哲元军又向小厂之“国境”警察开枪。

以张北、察东事件为借口，日本关东军于6月17日制定了《对于宋哲元之交涉要领》，交特务机关长土肥原贤二执行。6月19日，国民政府应日方要求，下令免除宋哲元察省主席职务，由秦德纯代理，将第132师调离察省。6月23日，土肥原、高桥坦、松井等前往北平秦德纯住所，向中方提出宋哲元军撤退、道歉、处罚责任者等项苛刻要求。同时，日本关东军调动4000余兵力在南天门、古北口等处实弹演习。在日方胁迫下，经国民政府同意，6月27日上午，中方代表秦德纯、察省官员陈觉生、雷寿荣与日方代表土肥原、高桥坦签署了协定，史称《秦土协定》(“察哈尔协定”)。其主要内容包括：❶

(1) 将驻于昌平和延庆一线的延长线之东，并经独石口之北、龙门西北和张家口之北、至张北之南这一线以北的宋哲元部队调至西南地区；

(2) 解散排日机构；

(3) 对日表示遗憾，并处罚负责人；

(4) 从6月23日起，在两周内完成以上各点；

(5) 制止山东移民通过察哈尔省。

---

❶ [日]《现代史资料》(8)，美铃书房1982年版，第491页。

并对日方要求事项，作出如下解释：

（1）承认日、“满”的对蒙工作，援助特务机关的活动，停止移民，停止对蒙古人的压迫；

（2）对日、“满”经济发展和交通开发工作予以协助，如对张家口—多伦之间，以及其他“满洲国”—华北之间的汽车和铁路交通，加以援助；

（3）对日本人的旅行予以方便，并协助进行各种调查；

（4）招聘日本人为军事及经济顾问；

（5）援助日本建立各种军事设备，如机场设备和无线电台设置等；

（6）中国军队撤退地区的治安，应根据停战区所使用的方法予以维持。

根据《秦土协定》，察东、察北的大片国土，实际上沦入日本帝国主义手中。

## 三、河北事件与《何梅协定》

在国民政府为对日“敦睦邦交”，而派兵协同日军围剿孙永勤抗日救国军之际，日本侵略者却不断制造阴谋事件，以此为借口，进一步加紧了向河北及平津地区的侵略扩张。

一是胡恩溥暗杀事件。胡是天津亲日报纸《救国报》报社社长，居于河北省省会天津日租界寿街北洋饭店16号房间。1935年5月2日夜约11时，有人潜入胡的房间，向胡连发数枪，而后逃逸。日租界巡捕闻讯赶到，未获凶手，当即将胡送往医院抢救，因伤势过重，于次日凌晨死去。

二是白逾桓暗杀事件。白是天津亲日报纸《振报》报社社长，住在天津日租界须磨街22号楼房。5月3日凌晨4时许，有人潜入白的住房，将白的脖颈卡住，白惊觉，凶手随即开枪，击中白的头、胸等要害，白当场毙命。

胡、白死后，两家汉奸报纸宣告停办。胡、白二人均接受日本津贴和资助，受日本军方指使，发行中文报纸，鼓吹所谓“泛亚细亚思想”，为日本侵华政策做宣传辩护。胡、白暗杀案发生在戒备森严的天津日租界，案发之后，终未告破。但日本方面却硬说行刺胡、白二人系国民党所为，具体指挥者是上海市公安局长杨虎、中央宪兵第3团团长蒋孝先。而中国方面，国民政府财长孔祥熙说：“亲日记者被杀害，应该说是日本为设置（侵略）口实所为。”很多人则认为，日本的中国驻屯军参谋长酒井隆是事件的操纵者。[1]

胡、白案发之后，5月21日起，日本的中国驻屯军骚扰河北省政府和天津市政府、市党部等机关。日本驻华武官影佐、关东军副参谋长坂垣等提出逮捕于学忠、张廷谔为人质。为此，张廷谔躲避隐藏，于学忠高度戒备，天津市党部委员也集体请假。5月25日，于学忠宣布，河北省政府决定7月1日起，由天津迁往保定。

这时，日方又提出遵化县当局庇护、援助孙永勤抗日问题，日本驻华使馆武官高桥向何应钦递交书面通知，指责中方破坏了《塘沽协定》。

5月29日，日本天津驻屯军参谋长酒井隆偕日本驻华使馆武官高桥坦，向北平军分会代理主席何应钦与北平政务整理委员会秘书长俞家骥，第一次以口头形式提出了日本的通告与要求。30日和31日，驻天津日军出动装甲车及配备轻炮、机枪的连队，在河北省政府主席办公楼前的路上展开，飞机在北平、天津上空盘旋。河北省政府被逼迁往保定。6月4日，酒井隆、高桥坦第二次访何应钦，询问对日方要求的执行情况，何答复：已处理者有罢免蒋孝先等3人、解散宪兵第3团特务处等7项。酒井等当即又提出于学忠免职等苛刻要求。同时，加强武力威胁，关东军于6月7日下令部队集结山海关和古北口长城一线，做出向平津推进的态势；日本

[1] ［日］秦郁彦：《日中战争史》，原书房1979年版，第18页。

的中国驻屯军也在天津、唐山集结部队。

6月9日，酒井隆、高桥坦第三次访何应钦。国民政府再次屈服于日本的压力，何答复："日方所希望之点，截至昨日为止，已完全办到。"酒井等当即又提出，还须办理河北省内一切国民党部完全取消等四项要求。酒井等并将日方要求（包括中国方面业已承诺的）的缮写件一份交付中国方面，限中国方面于12日午前答复，声称绝无让步可言。6月10日，何应钦根据行政院院长汪精卫的电报指示，以口头形式接受了日方的要求。6月11日，高桥坦到北平军分会，将一份由日本的中国驻屯军司令官梅津美治郎签署的"备忘录"交给中方，要求中方照抄一份，由何应钦签章后交送梅津美治郎。"备忘录"❶的全文如下：

一、中国方面对于日本军曾经承认实行之事项如下：

（一）于学忠及张廷谔一派之罢免；

（二）蒋孝先、丁昌、曾扩情、何一非之罢免；

（三）宪兵第3团之撤去；

（四）军分会政治训练处及北平军事杂志社之解散；

（五）日本方面之谓兰衣社、复兴社等有害于中、日两国国交之秘密机关之取缔，并不允许其存在；

（六）河北省内一切党部之撤退，励志社北平支部之撤废；

（七）第51军撤退河北省外；

（八）第2师、第25师撤退河北省外，第25师学生训练班之解散；

（九）中国内一般排外排日之禁止。

二、关于以上诸项之实行，并承认下记附带事项：

（一）与日本方面约定之事项，完全须在约定之期限内实

❶ 转引自军事科学院军事历史研究部：《中国抗日战争史》上卷，解放军出版社1991年版，第319~320页。

行，更有使中、日关系不良之人员及机关，勿使重新进入；

（二）任命省市等职员时，希望容纳日本方面之希望，选用不使中、日关系成为不良之人物；

（三）关于约定事项之实施，日本方面采取监视及纠察手段。

以上为备忘起见，特以笔记送达。

此致

何应钦阁下

昭和十年六月九日

华北驻屯军司令官梅津美治郎

初时，何应钦拒绝，经南京国防会议决定“日方意见已完全达到，实无文字规定之必要”。[1]但高桥坦于6月21日、7月1日连续登门，将一份要何应钦签名的通告，交何应钦。结果，在得到汪精卫的批准后，何应钦将日方所拟的通告文稍加修改，于7月6日签名送日本的中国驻屯军司令官梅津美治郎，全文如下，“迳启者：六月九日酒井参谋长所提各事项均承诺之。并自主的期其遂行。特此通知。此致，梅津司令官阁下。何应钦。中华民国二十四年七月六日。”[2]

这就是由梅津美治郎备忘录与何应钦复函而实际达成的协议，史称《何梅协定》。

《何梅协定》使日本帝国主义攫取了河北省和平、津两市的大部分主权。

---

[1] 《何应钦将军九五纪事长编》（上），黎明文化事业股份有限公司1984年版，第416页。

[2] 秦孝仪主编：《中华民国重要史料初编——对日抗战时期》绪编（1），台北裕台公司1981年版，第692页。

## 四、丰、香事件与冀东伪政权成立

《秦土协定》与《何梅协定》后，日本侵略者为进一步分离华北，又由关东军和华北驻屯军出面，网罗汉奸，制造丰台、香河等阴谋事件，企图以强势外交手段，攫取更大权益。

丰台事件，是1935年6月下旬，由土肥原指派日本特务中込富太郎、横尾直治等策动汉奸白坚武等在北平丰台发动的武装暴动。白坚武是河北交河县人，曾在吴佩孚手下任政务厅长，后东渡日本，当了汉奸。1935年，在土肥原的支持下，白坚武与石友三、李瑞清等人秘密组织“华北正义自治军”，白任总司令，日本浪人梅崎一良为顾问，准备在北平暴动，建立“自治政府”，成立“华北国”。4月间，白坚武收买驻扎在北平附近丰台的北平军分会所属铁甲车大队第5中队长沈锡之与第6中队长段春泽等，委任段为华北正义自治军第2路总指挥。白打算以铁甲车队为主力，以隐伏在北平城内的石友三等便衣队为内应，以日本驻军为后盾，发动兵变，攻打北平。6月27日晚10时许，日本特务、浪人和汉奸60余人，由天津车站赶往丰台车站，会合叛变的铁甲车队，并在白坚武指挥下占领丰台车站。翌日凌晨1时许，白坚武带领铁甲车队第6中队、“正义自治军”300余人，乘铁甲火车向北平永定门进攻。由于北平军分会已得到密报，北平卫戍部队已做了应对准备，封住城门，并派驻北平缪徵流师、驻西直门铁甲车等部，向丰台夹击。白坚武叛军向城内发五六发炮弹，因引信已被兵士卸掉，均未爆炸，隐伏在东交民巷的便衣队未敢出来响应。白坚武叛军遂逃散，丰台兵变瓦解。据日方记载，丰台事变中直接参加叛乱的日本人有15人。[1]

香河事件，是驻天津日本特务机关制造的所谓“香河自治政府”事件。1935年8月13日，国民政府香河县政府宣布，每亩土

---

❶ ［日］上村伸一：《日本外交史》(19)，鹿鸟研究所出版会1971年版，第232页。

地在过去增加附税5分1厘外，再增附税1角2分，因此引起香河地区农民的不满。10月初，天津日军特务机关长大迫通贞乘机指使日本浪人胜见等人，网罗香河县劣绅、汉奸武宜亭、安厚斋、胡承武、武振义等人，组织“国民自救会”。10月18日，武宜亭等人在河北省香河县安抚寨召开“国民自救会”，决定于20日，以反对田亩附税为名，到县政府闹事。20日晨，在武宜亭、安厚斋等的煽动、操纵下，2000余不明真相的群众围困香河县城，要求另组所谓“自治政府”。但县政府已获悉暴乱，将城门紧闭。22日，北平日本使馆派遣23名宪兵，在分队长大木率领下，分乘两辆卡车，穿城而过，安厚斋、武宜亭暴乱队伍随日本宪兵冲入香河县城，占领县政府各机关。遂宣布成立伪自治政府，推举安厚斋为县长，张贴由武宜亭署名“香河县人民自救自决宣言”。但安厚斋感到事态严重，没有就任，县政府大权落在武宜亭等人手中。

香河暴乱发生后，国民政府河北省主席商震调三河县“非武装区”保安队一部前往香河。日方高桥坦、多田骏分别发表谈话，表示香河乃“善意之自治运动”，“接近停战区”，中国军队“不能开入弹压”。6月24日，日本陆军省召开非正式军事参议官会议，权衡“民众倡导自治”对日之利害，认为香河事件将来无发展之可能，“可望依华方当局之手使之平息”。至此，日本的中国驻屯军不得不放弃对武宜亭暴乱的支持，香河“自治”闹剧收场。据日方资料，香河“自治”，受到伪满驻天津特务机关操纵，有6名日本人参加此次暴乱。

香河“自治”虽然流产，但在日军及其特务机关的策动下，河北等地所谓“国民自救会”“华北人民自治急进会”等各种名目的“自治”团体纷纷出笼，一时间，蒙蔽了少量群众。伪冀东防共自治政府，就是日军及其特务机关扶植起来的。

冀东地区，一般指河北省东北部即平津一线以东的地区，包括唐山、秦皇岛、塘沽、山海关、北戴河等城市、港口与22个县，面积约4万平方公里，人口约630万。这一地区是东北通往华北的战略通道，《塘沽协定》签订后，大部被划入非武装区，实际上沦入日本侵略者手中。

《塘沽协定》之初，国民政府将冀东22县［通县、三河、蓟县、密云、怀柔、遵化、玉田、平谷、顺义、兴隆、临榆、迁安、滦县、昌黎、抚宁、卢龙、丰润、宁河、宝坻、香河、昌平、都山（乐亭）］划为两个行政区，在唐山设滦榆区行政督察专署，由陶尚铭任专员；在通县设蓟密区行政督察专署，由殷汝耕任专员。由于陶尚铭被日方排斥而辞职，殷汝耕为日方推崇，于1935年8月起兼任滦榆区行政督察专署专员，冀东大权落入殷一人之手。

殷汝耕，浙江平阳人，毕业于日本早稻田大学，通过其日籍妻子建立了与日本军政界人物的密切关系。“一・二八”事变时，殷汝耕曾以上海市政府参事身份参与《淞沪停战协定》谈判。后在黄郛北平政务整理委员会，参与了《塘沽协定》的谈判。他自诩为“日本通”，实际是死心塌地的汉奸。

土肥原以为，全力扶植殷汝耕在“停战区”成立一个反南京政府的“自治”政权，就等于在华北打开了一个缺口。于是，首先唆使所谓“蓟密民众联合会”“战区自治促进会”向殷汝耕请愿，要求殷“速促进自治”。接着，土肥原亲自出马，于1935年11月23日，在天津一饭店与殷密谋“起事”，公开打出“自治”旗号，并商定了“自治”政权的名称、人选、组织大纲、成立日期及成立宣言等事项。当夜，殷汝耕召集停战区保安队总队长会议，决定宣布停战地区“自治”。[1]11月24日，殷汝耕在通县发表“自治宣言”。24日夜，殷汝耕在通县向全国发出“自治”通电，宣布“自本日起，脱离中央，宣布自治，树立联省之先声，谋东亚之和平”。[2]25日上午，殷汝耕在通县的蓟密区专员公署召开“冀东防共自治委员会”成立大会，公布“冀东防共自治委员会组织大纲”，宣布“冀

---

❶［日］土肥原贤二刊行会编:《土肥原秘录》，天津市政协编译组译，中华书局1980年版，第43页。

❷《满洲报》，1935年11月26日。

东防共自治委员会”为《塘沽协定》之区域“军政最高负责机关”。

伪冀东防共自治委员会成立一个月后，改称伪冀东防共自治政府，殷汝耕为政务长官，总揽军政大权，池宗墨、王厦材、张庆余、张砚田、赵雷、李海天、李允声、殷体新等 8 人为参政。下设秘书、保安、外交三处及民政、财政、教育、建设四厅。战区保安队改编为伪自治政府军队。

冀东伪政权名义上标榜“自治”，实际上一切大权操纵在日本领事馆、日军及其特务机关手里，完全是日本侵略者的傀儡政权，伪冀东政府及其各县政府中都有日本人顾问、参议、参事，他们是真正的太上皇。

冀东伪政权的成立，使河北省东北部大片国土沦为日本帝国主义的独占殖民地，数百万同胞沦为亡国奴境地。

## 五、华北“自治”与冀察政务委员会成立

冀东伪政权的成立，使土肥原等日本侵略者实现了策动华北“自治”的第一步计划，受此鼓舞，他们决定进而实现在华北五省特别是在冀察地区的“自治”。1935 年 11 月 13 日，日本陆军次长南次郎即向关东军、天津驻屯军及南京、北平、上海武官下达《关于今后处理华北时局的方针与纲要》，提出今后处理华北问题的指导方针，是“引导并扩大目前已有进展的形式与成果”，“逐渐完成自治”。[1]同日，日本外相正式回电南次郎，表示“在华北要加以引导，以实现适应该地区日满华特殊关系的状态”，“尽可能使南京方面不得不追随我方”。[2]为扶植“自治”傀儡，日军及其特务机关土肥原等立即拉拢吴佩孚、孙传芳、于学忠、阎锡山等华北各种势力代表人物，遭到拒绝后，决定展开对与国民政府有矛盾的宋哲元的

[1] 陆军次官发电（1935 年 11 月 26 日），［日］岛田俊彦、稻叶正夫编：《现代史资料》（8），美铃书房 1982 年版，第 148 页。

[2] 日本外务省档案，转引自臧云祜：《七七事变前的日本对华政策》，社会科学文献出版社 2000 年版，第 185 页。

工作。

日本打算于1935年11月20日，公开宣布由土肥原拟定的“华北自治”的“高强度方案”，即建立“华北共同防共委员会”。其主要内容包括：（1）自治领域为华北五省，推宋哲元为委员长，委员会中聘日本人为顾问；（2）由最高委员会主持五省军事，截留五省关税、盐税、统税分配给五省；（3）向确立日满华三国的合作经济圈迈进，即：开发矿藏资源，振兴棉花栽培，脱离国民政府的白银国有令，通货与日本建立连锁制度；（4）扑灭三民主义和共产主义，宣扬东洋主义。[1]同时，日本关东军调动兵力在山海关、青岛等地，摆出推进的姿态。

但是，冀东伪政权成立及华北危局，触动了国民政府的根本利益，也危及英美等国在华利益，国民党内反对妥协的力量增长。1935年11月26日，国民政府行政院召开紧急会议，决定：撤销军事委员会北平分会；派何应钦为行政院驻北平办事长官；派宋哲元为冀察绥靖主任；撤销蓟密、滦榆两区行政督察专员公署，殷汝耕免职拿办。11月20日，蒋介石电告宋哲元：“中央必当以实力为兄等后盾，决不令兄独为其难。”又电告商震：“如平津自由行动降敌求全，则中央决无迁就依违之可能。当下最后之决心。”[2]同时，将部分军队调到京沪、陇海等线。

在这种情势下，宋哲元既不愿甘当所谓“自治”的傀儡，又想借日方的压力来保障自己在华北的地位。日方对国民政府撤销北平军分会比较满意，但对又派何应钦坐镇华北甚为不满。因此，日军及其特务机关在平津等地大肆活动，鼓吹“自治”，要求宋哲元以11月30日为宣布自治的期限。宋哲元为应付可能发生的情况，急电蒋介石报告华北危局，要求早定大计。同日，蒋介石召集国民政府五院长会议，制定“华北自治办法”，主要内容：（1）中日实

---

❶ [日]秦郁彦：《日中战争史》，原书房1979年版，第65页。

❷ 秦孝仪主编：《中华民国重要史料初编——对日抗战时期》（绪编1），台北裕台公司1981年版，第714、第715页。

行共同防共；（2）关于币制，在华北方面可作适当修改；（3）考虑关内外人民关系密切，对两地的经济关系予以方便；（4）在财政方面给华北政权以相当支配权；（5）给予就地合理解决对外悬案权；（6）根据民意录用人才，实行理想的政治。[1]并商定应对华北局势若干办法：如形势许可，何应钦即就任行政院驻北平办事长官，否则，参酌西南政务委员会现状，设立冀察政务委员会，其委员由中央委任，并以宋哲元为委员长；冀察一切内政外交军事财政，须保持正常状态，不得越出中央法令范围以外；绝对避免自治名义与独立状态。[2]会议决定，立即派何应钦、熊式辉等4人北上，与宋哲元共商处理华北问题。

对于何应钦主持华北工作，由于日方明确表示反对，宋哲元明迎暗拒，甚至于12月5日去西山“休养”。何应钦等只得再退一步，按照国民政府预案，提出设立冀察政务委员会，由宋哲元任委员长，仍兼冀察绥靖主任，其管辖范围为河北、察哈尔两省和北平、天津两市。12月6日，何应钦等将这个方案，送交天津驻屯军司令官多田骏、参谋长酒井隆与关东军特务机关长土肥原，征得日方同意。12月7日，何应钦等将商定的方案及拟定的《冀察政务委员会暂行组织大纲》报请南京中央核定。同日，多田骏也将中方的方案送往东京。

12月8日、9日，蒋介石接连电何，告诫他关于宋哲元的权限，仅“以政委会组织大纲为准”，关于截留中央在冀察的税收及修正中央币制改革内容等项，“切勿提出”，以免“自毁其制，授人口实”。[3]

由于日本变本加厉地分离华北与国民政府的一再妥协，引起了

---

❶ 张蓬舟:《近五十年中国与日本》第2卷，四川人民出版社1985年版，第124页。

❷ 秦孝仪主编:《中华民国重要史料初编——对日抗战时期》(绪编1)，台北裕台公司1981年版，第739~740页。

❸ 秦孝仪主编:《中华民国重要史料初编——对日抗战时期》(绪编1)，台北裕台公司1981年版，第737页。

全国人民的反对，河北与北平、天津、上海等地群众团体、青年学生纷纷发表宣言、通电，声讨蒋介石、何应钦等“假自治之名，行卖国之实”。英美等国对于华北局势“反常”，也出面干预。考虑到中国内部的强烈反抗情绪与国际压力，日本海、陆、外三省决定接受设立冀察政务委员会的议案。

12 月 11 日，国民政府明令成立冀察政务委员会，特派宋哲元、万福麟、王揖唐、刘哲、李廷玉、贾德耀、胡毓坤、高凌霨、王克敏、萧振瀛、秦德纯、张自忠、程克、周作民、门致中、石敬亭、冷家骥等 17 人为冀察政务委员会委员，指定宋哲元为委员长。12 月 12 日，国民政府又任命宋哲元兼河北省政府主席，张自忠任察哈尔省政府主席，萧振瀛为天津市市长。此前，秦德纯已任北平市市长。这样，宋哲元实现了由第 29 军入主冀察两省和平津两市的夙愿。

冀察政务委员会成立大会原定于 12 月 16 日举行，由于北平爆发了“一二·九”学生爱国运动，被迫延至 12 月 18 日举行。

冀察政务委员会是国民政府在日本“分离华北”政策的逼压下，为适应华北的“特殊”形势而成立的地方行政机构。在冀察政务委员会中，有宋哲元派，有蒋介石派，也有汉奸亲日派。在其组织大纲中规定：“国民政府为处理河北省、察哈尔省、北平市、天津市政务便利起见，特设冀察政务委员会，综理各该省市一切政务。”该委员会对于国民政府有相对的独立性，在人事、财政、税务等方面均有自主权。[1]宋哲元称：“自塘沽协定以来，冀察两省与日本有特殊关系，为两国利益计，为东亚和平计，尤应互维互助，实行真诚亲善。”[2]冀察政务委员会的成立，适应了日本侵略者所谓“华北政权特殊化”的要求，实际上是未挂牌的冀察平津“自治”政府。

---

❶ 《冀察政务委员会公报》第 1 期，1936 年 2 月 5 日。

❷ 天津《大公报》，1935 年 12 月 19 日。

## 六、伪蒙古军政府成立

日本帝国主义在河北、平津地区策动“自治运动”的同时，扩大了对察哈尔省的侵略。

1933 年进攻热河时，驻开鲁东北军骑兵团长李守信欢迎日军入城，又协助日军占领林西，日本关东军先后委任李为“热河游击司令”、伪满察东警备司令。同年 7 月，德王德穆楚克栋鲁普在百灵庙召开西蒙第一次“自治”会，通电国民政府，要求西蒙实行“高度自治”。9 月，又在百灵庙召开第二次“自治”会，通过“内蒙古自治组织大纲”。1934 年，日本在内蒙古长期活动的特务盛岛角芳与日本关东军特务机关长土肥原同德王晤谈，随后，在李守信与关东军驻多伦特务机关长植田的帮助下，德王大力在察东招兵买马，建立秘密武装。

1935 年 7 月 25 日，日本关东军制定《对内蒙施策要领》，规定：“首先设法扩大和加强内蒙的亲日满区域，伴随华北工作的进展，使内蒙脱离中央而独立。”1935 年 8 月，日军在苏尼特左旗王府新建特务机关和飞机场，赠送德王飞机一架，并由关东军副参谋长坂垣征四郎等飞往内蒙古，与德王密谈建立“蒙古国”问题。

1935 年 12 月，德王赴伪满新京（长春），与日本关东军司令官南次郎、参谋长西尾寿造等会谈，商定先在内蒙古西部搞“独立”，而后建立独立的“蒙古国”。同时，李守信按照日本关东军的命令，12 月 11 日袭占宝昌，12 日占领沽源。察省主席张自忠在日军压力下，下令中国保安队撤退。12 月底，蒙奸李守信部由宝昌、沽源一线出发，进占张北、康保、尚义、崇礼、商都、化德等 8 县[1]，并控制了察东的正蓝、镶白、正白、镶黄、太仆寺等 8 旗，随后，又在张北建立了李守信伪军司令部和日本特务机关。1936 年 2 月 1 日，德王在张北举行伪察哈尔盟公署成立典礼，其亲信卓特巴

---

[1] 此 8 县，其中张北、康保、尚义、崇礼、沽源 5 县，今属河北省；商都、宝昌、化德 3 县，今属内蒙古自治区。

扎普为伪盟长，达密林苏龙为副盟长，察哈尔部蒙人 8 旗为德王所控制。至此，察哈尔省长城以北地区全为日伪所控制，为建立伪蒙政权打下了基础。

1936 年 2 月，德王在其王府举行伪蒙古军总司令部成立典礼，德王任总司令，李守信任副总司令。同年 4 月 24 日，德王在锡盟乌珠穆沁右旗索王府，召开第一次“内蒙古王公全体大会”，在日本关东军的操纵下，大会制定了“以内外蒙古和青海为一体建立蒙古国案”“蒙古国体案”“蒙古军政府组织大纲”等文件。5 月 12 日，在德化（嘉卜寺）成立伪蒙古国军政府，云王（云端旺楚克）任主席，索王（索德那木拉坦）、沙王（沙克都尔扎布）任副主席，德王任总裁，李守信兼参谋部长，实行独裁制，由总裁掌握军政大权。以蓝地红黄白条旗为伪蒙古军政府旗，以成吉思汗年号为纪元 731 年。日本人村谷彦治郎、山内、稻茨、山本信亲、崛山德五郎等分别任主任顾问与军事、财政、外交、教育等顾问。日本关东军与伪满洲国每月补助伪蒙军政府经费 30 万元，编成 1.3 万内蒙古人军队。伪蒙古军政府建立后，在日本关东军参谋田中隆吉的授意下，先后与伪满洲国缔结了所谓“满蒙协定”，与冀东伪政权缔结了所谓“蒙冀协定”，三个傀儡政权纠集在一起。

以上诸事件，史称“华北事变”。由于日本帝国主义的进逼和蒋介石国民政府的退让，冀察与平津及整个华北危机日益严重。日军不断进行军事演习和挑衅活动，日本浪人、汉奸横行城乡。国民党军政官员纷纷携眷南下。平津和唐山等地的大学也争相南迁。河北沦为殖民地、半殖民地、半封建社会，“华北之大，已经安放不下一张安静的书桌了”。[1]

---

[1] 《清华救国会一二九告全国民众书》，见《清华副刊》第 45 卷。

## 第二节　河北等地殖民化程度的加深

### 一、日本的经济掠夺

日本帝国主义侵占东北后，把华北作为解决“帝国原料与市场问题”的“最好新殖民地”，[1] 在华北尤其在河北与平津地区，一方面以军事相威胁，制造阴谋事件，加紧攫取其主权，一方面以中日经济提携为幌子，加紧实施经济掠夺与支配。为此，日本大藏省增设东亚经济调查课，日本驻华使馆大力开展华北经济调查，日本华北驻屯军司令部设立经济顾问部。1933 年 11 月，“满铁”制定了《华北经济调查计划》。1934 年 10 月，日本的中国驻屯军司令部制定了《华北重要资源经济调查方针及要项》。1935 年 8 月，日本政府决定由“满铁”成立“兴中公司”，12 月在大连宣布正式成立，资本金 1000 万日元，并决定在天津、济南设立兴中公司事务所，“开发华北经济”。1935 年 10 月，日本侵略者在华北展开大规模的经济情报的搜集与调查，先后投入 380 余人，经费 54 万日元，到 1937 年 1 月，整理出 84 册调查报告书，其中《冀东地区十三县实态调查报告书（绝密）》就有 14 本，日本军部和政府掌握了河北与整个华北的第一手大量经济情报。经过搜集和调查经济情报，日本侵略者制定了详细的经济掠夺的方针与计划。1935 年 7 月，日本的中国驻屯军制定的《关于华北新政权产生之相应经济开发指导案》，提出“应利用一切机会，促进对交通、资源及金融等方面的投资”。[2] 同时，日本关东军召集“满铁”与伪满政府部门多次开会，讨论确定了铁路建设、港湾建设、开发农业经济等各项计划，决定建立日、“满”、华经济合作的常设机关；开发范围暂以河北省为中

---

[1] 王维礼主编:《中国现代史大事记本末》(上)，黑龙江人民出版社 1987 年版，第 688~689 页。

[2] 满铁调查部:《中国经济开发方案及调查资料（中国·立案调查书类·2 编 1 卷之 2)》，1937 年，第 97 页。

心，逐渐向其他省发展。日本政府确定中国驻屯军为华北的政治、经济方针的主持者后，中国驻屯军于1936年6月确立了《华北产业开发指导纲领案》，为日本在华北进行经济掠夺的方针、政策与办法奠定了基础。

日本通过以掠夺重要资源为重要目的的所谓“开发”，很快控制了华北各地工矿企业、商贸金融事业和大部分铁路等交通运输业。河北与平津地区为日本经济侵略扩张的重灾区。其主要方式：一是直接投资，日资经营；二是“中日合办”，日方控制；三是日方贷款，高利盘剥。日本主要掠夺对象是工矿业，煤、铁、金矿是掠夺重点之重点。据统计，至1936年底，日本在华北地区直接间接投资总额为43260.4万元，其中工矿业投资19577.8万元，占投资总额45%以上；1936年，日本在华北工矿业投资额2078.9万元，其中煤、铁、金矿即达1976.9万元，占95%以上。[1]河北的泰记煤矿公司、杨家坨矿业公司，名为中日合办，实为日本控制。龙烟铁矿，储量大，据当时勘探在9100万吨以上，质量高，原为官商合办，1936年10月，宋哲元在日本的压力下，将该矿收归国有，由中日共同开采。但由于资金不足，一直处于停顿状态，“七七”事变后，被日本强占。日本在华北的兴中公司先后以贷款方式设立中日合办的天津电业股份有限公司，以合资方式与北平电灯公司合建发电厂，以收购方式创设冀东电业股份有限公司，以独资方式开设华北电力兴业株式会社。兴中公司还低价强行收买汉沽、塘沽、芦台的存盐运往日本，通过与冀东伪政权签订输日长芦盐协定，收买汉沽废旧盐滩成立华北盐业公司等盐场与化工厂。为便于运输华北的煤、铁、盐等工矿产品与农牧产品，日本军部提出在华北修建铁路、改建港口，兴中公司设立塘沽运输公司，建立天津军、商两用港口。1936年，日本投资会社对华资本输出中，在华北占90%以

[1] 参见熊达云：《七七事变前日本帝国主义对华北的经济扩张》，《近代史研究》1985年第5期。

上，其中，日本金融资本直接对华投资中，在华北占近 39%。[1]

日本通过大沽、塘沽、秦皇岛等港口，大量向中国内地走私和倾销商品；向国外大量走私白银。由于《塘沽协定》签订，华北的门户洞开，1933 年 6 月起，日本从其控制的大连向华北走私商品，平均每月有 200 万元私货进入华北地区。1935 年 6 月"何梅协定"签订后，中国的海关缉私权受到限阻，中国缉私队不能在长城上缉私，不能带枪缉私，甚至不准中国的海关巡艇在冀东非战区沿海 3 海里以内游弋巡视，使秦皇岛、天津一带的海关如同虚设，日本走私舰艇可以在秦皇岛、北戴河等地自由卸货，沿北宁线自由运输，走私成为日本大规模的公开活动。冀东伪政权成立后，1936 年 3 月 10 日起，实行所谓征收"查验费"办法，规定只征收相当于中国关税四分之一的"查验税费"，"货物一经冀东完税，即不得再完他税"。[2]1936 年 5 月，刚刚成立的冀察政务委员会在日军胁迫下，由河北省银行在法币之外再印发纸币。1937 年 3 月，伪冀东自治政府成立冀东银行，发行所谓"北方券"若干面额的纸币和辅币。日本所推行的这些"华北自主货币制度"，严重地干扰和破坏了中国币制改革的进程，对其在华北实行经济掠夺和冀东走私起到重要的作用。从此，冀东地区成为日本走私的大本营，冀东走私活动成了公开的"特殊贸易"。日本侵略者不仅为走私打开通途，而且为走私提供武力保护，实行武装走私。据统计，1936 年 5 月，从事"特殊贸易"的帆船达 271 艘，走私货物达 18616 吨；从事"特殊贸易"的发动机船达 276 艘，全部用于向河北走私。[3]据天津、秦皇岛两海关的调查，1935 年 8 月 1 日至 1936 年 10 月 1 日，仅一年零二个月内，私运到天津的日货计有：人造丝 540 余万吨，卷

---

[1] 参见熊达云：《七七事变前日本帝国主义对华北的经济扩张》，《近代史研究》1985 年第 5 期。

[2] 《新中华》第 4 卷第 13 期，1936 年 7 月版，第 112 页。

[3] ［韩］孙准植：《战前日本在华北的走私活动》，国史馆 1997 年印行本，第 45、第 46 页。

烟纸50余万吨，砂糖8700余万吨，杂货23万余担；以上偷漏国税3460余万元（法币）。据河北省政府给南京的报告，每日私运到山海关约有十五六万元白银，“如以月计，约400余万元白银流出国外”。当时，北宁铁路局查获韩人一次走私白银现洋8250元。到1936年初，河北等地市场上的布匹、棉纱，日货已占90%。日本还在华北设立东洋棉花种植会社，控制了河北等地的棉花生产，从而使河北与平津等地区成为日本的原料产地和商品市场。如此疯狂的走私和倾销商品，使中国财政损失巨大，民族工商业遭到严重摧残，许多工厂和民间工商业纷纷停工、倒闭。为了麻痹中国人民的抗日意识，日本侵略者大力推行奴化文化，出版伪报，开设伪电台，宣传所谓“王道”，培植汉奸。在河北和平津等地到处设立大烟馆、娼妓馆和赌场。据1936年5月统计，河北省2700余万农民中吸毒者达500万人以上；当月全省禁毒案中，因吸毒和私贩、私运毒品被枪决即有50余案70余人。

## 二、民族工商业走向萎缩败落

第一次世界大战前后，河北与平津地区民族工业在帝国主义、封建主义和官僚资本主义的夹缝中逐步发展成为该地区近代工业的主体，纺织业和工矿业为其两大支柱产业。1931年“九一八”事变前后，日本帝国主义一步步侵入华北，河北与平津等地的主权不断丧失，近代工业企业不断被日本所控制，河北与平津地区的民族工业也迅速走向萎缩和败落。

1912年至1930年，河北等地民族工业发展较快。据国民政府河北省实业厅的统计，截至1929年度，河北省民族工业（包括手工工场及作坊）共有45个行业，55235家工厂，395627名工人，拥有资本总额18632068元，居于全国的前列。[1]此后，进入停滞与不断萎缩期，新设企业很少，原有的大型企业及中小型企业日

[1] 河北省实业厅视察处编：《河北省工商统计》（1929年度），1931年5月版。

陷困境。1932年8月至1935年11月，全国核准登记的工厂（30人以上），共有566家，其中河北27家，连同察哈尔、热河，合计30家，与山西并列第7位。1936年全国登记新设工厂，河北只有2家，与山西并列倒数第2位。[1]再以当时河北省会、华北地区中心城市天津为例，1929年统计，天津市拥有企业2191家，工人47724名，资本总额7173.3万元；由于大批中小型企业破产倒闭，到1933年，企业减缩为1233家（减少了958家），工人减缩为39260名（减少了8464名），资本总额减缩为3005.3万元（减少了4168万元）。[2]天津的纺织业更日益艰难，正如国民政府天津市政府于1935年5月27日给实业部公函中所称："顾以近年以来，外资倾销，纱价低落，操持垄断压迫过甚。又值国难时期，农村破产，各方销路均归停滞，益以各厂办理未能尽善，开支浩繁，消耗甚大，以致历年赔累亏损甚巨，周转危殆，势将陷于停顿。"[3]

从河北等地民族经济的各行业看，自民国之初至"七七"事变前，其兴衰程度不尽相同，但不断萎缩败落的大趋势是一致的。纺织业与矿业的兴衰，集中地代表了河北民族经济兴衰的轨迹。

河北的民族纺织业：在20世纪20年代发展起来，并在天津、唐山、石门先后建立8个大型纺织企业，形成了以天津、唐山、石门为中心的中国北方纺织基地。但是，到"七七"事变前，中小型纺织企业不断破产，日益衰落，8家大型纺织企业中已有7家破产，其中，华北最大的民族资本纱厂裕元纺织公司和华新津厂、宝成纱厂、唐山华新纺织有限公司、裕大纺织公司5大纺织企业，被日本侵略者所兼并；恒源、北洋两大纱厂，被国内的金城、中南两家银行资本所兼并，只剩下石门大兴纱厂与建立较晚的达生线厂在

---

[1] 参见苑书义、孙宝存、郭文书主编:《河北经济史》第4卷，人民出版社2003年版，第240页。

[2] 罗澍伟主编:《近代天津城市史》，中国社会科学出版社1993年版，第505页。

[3] 中国第二历史档案馆编:《中华民国史档案资料汇编》第5辑第1编《财政经济》(6)，江苏古籍出版社1994年版，第29页。

勉强维持，此时的大兴纱厂，因“外货充斥，低价倾销，以至连年亏折”，负债数额约数百万元，财产总值约 140 万元。[1]

河北的民族采矿业：在 1914 年至 1932 年，发展较快，20 年间新注册采矿企业 207 家，比清末增长近 20 倍；其中，采煤矿业发展最快，共建煤矿 169 家，比清末增长近 18 倍。1933 年，河北省开采煤矿面积达 3113447.38 公亩，连同察哈尔省 129836.98 公亩、热河省 815559.92 公亩，合计 4058844.28 公亩。[2]河北采矿业的发展居于全国的先进水平。据 1925 年统计，河北矿产总值占全国矿产总值 18%，居全国第二位（次于辽宁省），其中，石棉、硝、碱的产量居全国第一位，煤、水泥的产量居全国第二位，盐、石材和硫的产量分别居全国第三位、第四位、第八位。[3]但是，由于日本帝国主义向华北地区的侵略扩张，河北民族矿业的发展日趋缓慢与停滞。1933 年至 1937 年抗战爆发前，新建的矿业只有临榆（今山海关）的宝兴公司与同益公司（煤），兴隆的华鑫公司（金），滦县的瑞丰公司（石英）与公孚煤矿，磁县的致和实业公司（铁等），以及裕华煤矿、民德裕煤矿等 10 家和一些小矿小窑，河北三大矿业——井陉矿务局、临城矿务局、磁县矿务局也经营日艰。1930 年 1 月，河北省矿务整理委员会将三大矿收归省政府直接经营，未收到实际成效。1935 年 9 月，成立以谷钟秀为委员长的河北省营矿业监理委员会，希冀彻底改革，整顿各矿，“以兴矿业而辟利源”。[4]在河北与平津等地的主权与财政经济被日本侵略者不断操控的形势下，这些已无济于事，无法挽救河北民族经济的下滑、败落之势。日本的兴中公司为把井陉、正丰的经营权收归到手，以资炼铁，采取了各种办法。由于井陉煤矿为中德合办，兴中公司于 1936 年 9

---

❶ 中国第二历史档案馆编：《中华民国史档案资料汇编》第 5 辑第 1 编《财政经济》（5），江苏古籍出版社 1994 年版，第 521 页。

❷ 参见陆仰渊等主编：《民国社会经济史》，中国经济出版社 1990 年版，第 354 页。

❸ 《河北矿业汇刊》，1930 年 9 月版。

❹ 《河北省营三矿月刊》第 1 期，1935 年 12 月版。

月与德方签订草约，出资145万元收买德股，后因冀察政委会有意抑制，拖至1937年10月，兴中公司才付款购股，这样，日本以中日合办形式夺得井陉煤矿矿权。同时，兴中公司又以低价买下井陉煤矿周围的正丰、宝昌煤矿。1937年6月，兴中公司还通过冀东伪政权，取得了“统一管理开发”冀东矾土的特权。

## 三、农村经济日益分化、贫困

20世纪二三十年代，河北省绝大多数人口在农村。据调查，1928年，河北省共有居民5452347户，总人口31232131人，其中，男性17274341人，女性13957790人，平均每户5.72人，高于全国平均每户5.27人的水平。30年代初，河北省总户数4938695户，其中，农户4223704户，农户占总户数85.5%，高于全国平均农户占80%的水平。[1]

抗战爆发前，河北的社会经济不仅具有旧中国的半殖民地半封建的性质，而且在日伪统治区具有殖民地性质，发展的不平衡性是相当突出的。有些地方，以冀中的河间、献县，冀西的阜平、行唐、灵寿，冀东的香河、宁河，冀南的漳河下游临漳、成安、大名，热河的围场等县为代表，自给自足的小农自然经济仍占着优势地位。这些地方，地主经济在全部经济生活中占着统治地位，农民小商品经济与富农经济处于从属地位，农民的生产品主要不是为了交换或出卖，而是为了自身的需要与供给地主、富农及官僚受用。在另一些地方，以冀中的定县、无极、深泽、安国、束鹿、高阳，冀西的唐县、平山，冀东的昌黎、滦县、乐亭，冀南的冀县等县为代表，商品经济比较发达。在这些地方，农民小商品经济发展较快，富农经济日趋占据优势地位，地主封建经济已大大削弱。“若以生产本身来讲，在商品经济发展、富农经济发展的地区，耕种技

---

[1] 参见苑书义、孙宝存、郭文书主编：《河北经济史》第4卷，人民出版社2003年版，第208页。

术较进步，灌溉施肥较发展，耕耘次数亦较多，因而收获量亦较大。随着经济的进步，广大人民的文化政治水平较高。反之，在自然经济占优势的地区，则一切都较落后；甚至许多村政权还保持着古老的族长制或牌户制。”[1]

尽管河北农村经济的发展很不平衡，但各地经济发展一般具有如下几个共同的基本特征。

第一个基本特征，土地和生产资料日益集中。河北农村中存在四种经济模式：封建地主经济残余浓厚，富农资本主义经济日益发展，小农自然经济与小商品经济不断分化，某些市镇出现商业资本经济。而大部分土地及生产资料集中在地主、富农手中，他们在农村经济中占据着统治地位。

冀中地区，地处平、津、保等城市周边，土地肥沃，交通便利，商品经济比较发达，生产发展较快，文化水平较高。抗战前，这一地区人均耕地 3 亩多，土地与生产资料比较集中。如定县，20 世纪 30 年代初，人口已达 40 万，为河北省各县之首，共有土地 156 万亩，户均 23 亩上下，人均近 4 亩。据 1933 年对定县 126 个村（约全县 423 个村的 30％）的调查，共有农户 15856 户、86932 人，共有土地 301393 亩，人均 3.5 亩。其中：地主、富农合计 859 户、5768 人，为农户总人口的 6.6％，占有土地 85681 亩，占总土地数的 28.4％，人均 14.9 亩。地主、富农占有的土地，大都是比较肥沃的水浇地。中农 6481 户、35700 人，为农户总人口的 41％，占有土地 137447 亩，占土地总数的 45.6％，人均 3.85 亩。贫、雇农计 8516 户、45464 人，占农户总人口的 52.3％，占有土地 78264 亩，占土地总数的 26％，人均 1.72 亩。贫、雇农占有的土地，大都是土质贫瘠的旱地。中农和贫、雇农合计，占农户总人口 93.3%，占土地总数 71.6%。就是说，地主、富农人均土地，

---

[1] 彭真：《关于晋察冀边区党的工作和具体政策报告》，中共中央党校出版社 1997 年版，第 60 页。

为中农 3.8 倍以上，为贫、雇农 8.6 倍以上。同时，地主、富农掌握着较多、较好的生产工具。据 1933 年对定县 70 个村庄的调查，472 户地主、富农有大车 566 辆，牲口 973 头，而且多是骡马大牲畜，水车 811 辆，户均大车 1.2 辆，牲口 1.66 头，水车 1.7 辆；贫、雇农 4452 户，有大车 1744 辆，牲口 2099 头，多是小毛驴、老牛、破车，水车 514 辆，户均大车 0.39 辆，牲口 0.47 头，水车 0.12 辆。[1] 而离平、津、保等城市较远的河间、献县等地，自然经济仍占优势，土地兼并集中很快，如军阀冯国璋在河间占有土地数千亩之多。

冀西（平汉铁路以西）地区，经济发展不平衡非常显著。这一地区，西有崇山峻岭，东为平原，有平汉铁路及北平、保定、石家庄等大中城市。在山川地带，人口稀少、耕地不足、土质贫瘠、农业产量很低。如山岳地带的阜平县，每平方公里仅有 13 人，耕地面积仅占土地面积的 4%，且土质很差，平均亩产不足 1 石。平原地带的望都、定县，每平方公里平均约有 98 人，耕地面积占土地面积的 50% 以上，且土质肥沃，平山县水地每亩平均产量达 2 石 2 斗。有些地区，自然经济还占着优势；有些地区，商品经济比较发达。在全部耕地占有上，人口比地主、富农多 6 倍的中农、贫农、雇农、工人，仅比地主、富农多占耕地 0.6 倍，多占水地 0.2 倍，在畜力占有上，最强的畜力掌握在地主、富农手里。在经济落后、离大中城市远、交通不便的山区、半山区，土地更为集中，阶级分化更显著。如阜平县，战前全县人口不足 10 万，人均不足 1 亩沙坡地。全县 7 个区，据其中 4 个区的统计，共有 9503 户（原文如此，但统计有误，应为 9539 户——作者注），其中，地主 395 户、2420 人，占有耕地 20200.6 亩，人均 8.35 亩；富农 298 户、2299 人，占有耕地 8219.7 亩，人均 3.58 亩；中农 3021 户、14357 人，占有耕地 37566.3 亩，人均 2.62 亩；贫农 5683 户、24987 人，

---

[1] 定州市档案馆馆藏档案文献资料。

占有耕地23530.4亩，人均0.94亩；雇农142户、554人，占有耕地442亩，人均0.80亩。占人口总数不到5.4%的地主，占有耕地总数的22.5%，人均占有耕地为贫农的9倍，为中农的3倍以上。中农、贫农、雇农合计占农村总人口89.4%，只占有总耕地的68.4%。[1]在商品经济比较发展的地区，地主封建剥削已被削弱，富农经济比较发展，甚至占了优势。如接近平汉线和平原地带的多数村庄，地主占总户数1.69%，占总人口1.81%，占总耕地10.47%；而富农则占总户数7.95%，占总人口12.23%，占总耕地26.95%。由于地主、富农和大商人在经济上的这种统治的优势地位，他们在政治上也有无上的特权。

冀南地区经济发展不平衡，土地集中程度也各异。漳河下游地区，西起平汉路，东至卫河之间，包括临漳、成安、大名、南宫等县。这一地区离大城市远，交通不便，工商业和手工业、副业等小商品生产不发达，自然经济占着优势地位，土地十分集中，地主经济特别发达。农村60%~70%的土地，掌握在只占农村人口5%~7%的地主手里。这一地区，几乎每个村子都有占有三五顷土地的地主。南宫县经儿头村，一户地主占有全村一半的土地。内黄县（今属河南省）西坞村，全村24顷土地，一户地主即占有16顷。这一带，有近一半农村人口有一小块土地，不便外出谋生，而在本地的谋生途径又狭小，需要出卖劳动力给地主；但地主不是将土地分散租给农民经营，而是将土地集中起来自己经营，称为“经营地主”。在南乐、清丰（今属河南省）一带，编草帽辫、制粉业等手工业比较发达、普遍，自然经济两极分化较显著，富农经营比地主经营占了优势，但土地并不集中。如南乐县王洛集村，地主占总户数2.5%，占总地数3.5%；富农占总人数17%，占总地数28%以上；贫农占总人口1/3，占总地数不足16.5%，人均1.4亩以下；无地、少地农民流向城市和闯关东者达7%。冀南北部的冀县一带，商业

[1] 中共阜平县委办公室档案第39号。

经济发达，已同等甚至超过了农业经济，土地不太集中。占有数顷土地的大地主不多，地主中分散出租和地主经营各占一半；富农经营发达，约为地主经营的 1~5 倍；地主经济与商业资本结合，其商业资本比重逐渐发展；无地、少地农民大量流向城市与东北，农业劳力缺乏。[1] 另据中共太行区党委研究室 1944 年出版的《太行区经济调查第一集》记载，太行区赞皇、元氏、邢台、武安、林县等 22 个县 159 个村的统计，抗战前，共有土地 492700 余亩，24668 户，其中，地主及经营地主有 701 户，占有土地 129753 亩；富农 1831 户，占有土地 115198 亩；中农 8662 户，占有土地 154813 亩；贫雇农及手工业工人、小商人等计 13674 户，占有土地 92958 亩；地主与富农合计占总户数不到 10.3%，却占有土地总数的 49.7% 以上。

冀东地区，土地集中程度差别很大。在长城两侧的山地村庄，土地是集中的，地主、富农一般占有全村土地一半上下。如沙坡峪村，168 户、854 人，土地 2242.7 亩，人均 2.62 亩，其中地主 2 户、13.5 人，占有土地 549.8（自然）亩，人均 44.6 亩；富农 22 户、152 人，占有土地 633.7 亩，人均 4.13 亩；地主、富农合计 24 户、165.5 人，占有土地 1228.5 亩，占全村土地总数 54.78%。中农、贫农、佃农、小贩、乞丐合计 144 户、698.5 人，土地 1014.2 亩，人均占有土地 1.45 亩，占全村土地总数 45.22%。这些村庄，贫农、雇农数量相当大，如黄槐峪村贫农占人口 50.45%，杜岭村贫农占人口 39.1%，十八盘贫农占人口 66.8%；而中农数量不大。[2] 在长城内山边及距山较近的平原村庄，土地比较分散，地主占有土地较少，大多数土地在中农、贫农手里，雇农数量不大。但在宝坻、玉田一带，土地很集中，贫富差别极大，大地主占有土地多至几百顷，佃农很多。如宝坻县广灵木张家、林亭口李家，城里南北

---

[1] 郭绍汤：《冀鲁豫边区租佃关系的调查与研究》，载《中共冀鲁豫边区党史资料选编》第 2 辑文献部分（中），河南人民出版社 1988 年版，第 783~784、第 829~830、第 840 页。

[2] 《冀热边社会状况考察》，1943 年 8 月。中央档案馆馆藏档案文献。

王家、瑞家，护路张家，有几百顷土地，中等地主也不少。玉田县不仅土地集中，商人势力也很大，操纵着承德、赤峰一带的商业。道好庄是玉田县的一个平原村庄，土地集中程度很高。据调查，1937 年，该村地主、富家共 34 户，占有土地 2009.05 亩，占全村土地总数 75.48%；中农以下 94 户，仅占有土地 732.07 亩，占全村土地总数的 24.52%。[1]

冀察边境地区，包括昌平、延庆、怀柔、密云（此 4 县今属北京市）与张家口市及赤城、龙关、丰宁、栾平、崇礼等地。在龙关、赤城一带，土地不集中，有些地方没有地主，只有富农。但接近山川地带，土地比较集中。如川东的六鞠庄子，两头小、中间大的情况明显，全村 108 户，454 口人，耕地 2235 亩，人均 4.9 亩。其中：地主 4 户，占地 17%；富农 7 户，占地 11%；地主、富农合计占地 28%；中农占地 62%，贫农占地 10%，合计占地 72%。又如宣化县常家庄子，地处山川，经济落后，土地更加集中，全村 120 户（原文如此，但统计有误，应为 124 户——作者注），700 口人，耕地 4200 亩，其中，地主 4 户，占地 1400 亩，占总地数 33%；富农 8 户，占地 890 亩，占总地数 21%；地主、富农合计 12 户，占户数 10%，占地数 54%；中农 54 户，贫农 58 户，合计占户数 90%，仅占地数 46%。[2] 在张家口市，土地高度集中，占有土地 400 亩以上的大地主有 10 余户。如：董希贤占有 457 亩；董显书占有 500 多亩；杨壁英占有 600 多亩；张文达占有 700 多亩；王贯华占有 700 多亩；李秋圃占有 900 多亩；张璧占有 900 多亩，另在宣化还有一些土地；王瑞新兄弟占有 3000 多亩，其中在张家口市有四五百亩；屈展占有 2000 多亩，大部分在宣化；屈常服兄弟各占有

[1] 《晋察冀边区土地占有、减租斗争、阶级变化调查材料》（1946 年 6 月），中央档案馆馆藏档案，档案号 201 卷第 1 号。

[2] 孟常谦：《平北抗日根据地的合理负担　土地政策的实施与政权建设》，载《张家口地区党史资料选编》第 2 辑，1986 年印行，第 184~188 页。

1000亩，大部分在外地。[1]

热河（今承德市）地区，土地高度集中，有数十顷至一二百顷的大地主并不罕见，三五顷的小地主每村都有。如围场、兴隆等地，土地非常集中。据伪满政府调查，1938年，围场全县共44133户，土地面积2169444亩，户均49.16亩。无地户和50亩以下的中农、贫农、佃户，占全县人口84%，只占全县土地25.6%；而100亩以下和100亩以上的地主、富农，占有土地74.4%，只占人口16%。该县著名的“鼎裕号”，占有山坡地九沟十二岭（此地区，山坡地习惯于以沟为计算单位，如二十里沟、三十里沟等）、平地200顷，从围场至北平到处都有他的庄园、租房。在兴隆县南部，大多数土地掌握在蔡家协记等所谓“兴南六大地主”手里。在承德一带，土地也是高度集中，如下板城村，地主占人口1.9%，占土地66.9%；富农占人口1.2%，占土地4.5%；中农占人口14.5%，占土地13.8%；贫农占人口24.4%，占土地10.44%；赤贫占人口59.1%。地主与富农合计，占人口3.1%，占土地71.4%；贫、雇农与中农合计，占人口96.9%，占土地28.6%。又如承德药王庙村，地主与富农，占全村人口8.1%，占有全村土地57.5%；而占全村人口80%的佃农、贫农、赤贫，只占有全村土地25.6%；中农经济也很不发展，只占全村人口11.2%，占全村土地10.1%。[2]

总之，20世纪二三十年代初到“七七”事变前，河北省大部分地区土地日趋集中，有些地方土地比较集中，有些地方土地高度集中，或封建地主势力仍占优势，或富农资本主义经济与地主封建经济相当甚至越过地主而占了优势，就是说，地主与富农一起在农村全部经济中占着统治地位，广大农民群众处于少地、无地的被统治、被剥削地位。另外，有的地方，土地尚不集中，或比较分散，有地主、无富农，或有富农、无地主；有中农、无雇农，或有雇

[1] 张家口市的调查材料，1946年。中央档案馆馆藏档案文献。
[2] 《冀热边社会状况考察》，1943年8月。中央档案馆馆藏档案文献。

农、无中农；有的地方，甚或地主、富农均有所下降，中农有所增加。但这些均为个别地区、个别情况，不能代表抗战前河北省农村土地关系的基本走向，更不能由此以为河北省当时“土地集中程度不算高”，“有日趋分散化的趋势”。

第二个基本特征，农村经济的殖民地、半殖民地性质日益明显。由于帝国主义入侵，特别是日本帝国主义的侵略扩张，从《塘沽协定》到华北事变，随着日本帝国主义对华北领土主权的攫取与经济掠夺的加强，及其“工业日本、农业中国”的殖民政策的推行，至“七七”事变前，日本在华北的经济实力大大增强，农村经济日趋变为日本帝国主义的附庸。据日本的统计，1928年，日本在华北的直接投资约为18000万日元，到1937年初增加了13850万日元，增长了近80%。[1]日本资本不仅逐步占有或控制了河北与平津地区的一些工矿业、交通运输业、电力工业、化学工业、纺织工业与食品工业，特别是煤、铁、盐等企业与纺纱、织布、印染等工厂，而且逐步向农村渗透，使广大农村日益变成日本的投资场所、原料产地与商品销售市场。

在农业上，日本资本的主要企图之一是占有和控制华北地区的棉花的生产与运销，河北为其重点之重点。河北的棉花在全国棉花生产中占据十分重要的地位。还在1919年，河北省植棉面积即达590余万亩，产皮棉268.4万担，居全国第2位。1934年、1935年连续两年皮棉产量超过200万担，1936年皮棉产量达到297.1万担，在全国11个产棉省中名列前茅。而且河北省适合植棉的县份广，达100多个县，但产地产量却相当集中，主要集中在西河棉区的蠡县、安国、高阳、束鹿、获鹿（今鹿泉）、滦城、晋县、藁城、无极、邯郸、冀县（今冀州）、新河、宁晋等13县，御河棉区的南宫、威县、河间、东光、清河、宁津等6县，以及东北河棉区的滦县、丰润县，这些县份，其棉田占该县耕地50%以上，其产棉量

---

[1] ［日］满铁产业部：《“北支那”经济综观》，日本评论社1939年版，第128页。

分别占西河棉区之总额73%、御河棉区之总额96%、东北河棉区之总额84%。[1] 为了掠夺和控制华北尤其河北的棉花，1936年，日本拓务省派出调查团对华北等地棉花、羊毛等资源进行考察，经过40天调查，提出由政府拨专款，在华北各地设立植棉研究试验机构，培养人员，改良棉种，以提高华北棉花质量，增加对日输出。因此，受日本政府委托，由天津的中国驻屯军主持设立了河北农村复兴协会，以棉花收购、运输、销售、出口、融资、储藏为业务；由日本的天津领事馆在天津设置华北农事试验场，购买土地，建场植棉，并逐步推广，在华北先后设立10个植棉研究所和附属农场。伪冀东自治政府特划定数万顷土地，提供给兴中公司，用来试验棉花种植。日本资本家在天津建立了华北棉花仓库公司，公司资本1000万日元，企图垄断华北棉花的生产与运销。日本大阪兴业公司也打算在华北斥资1000万元，购置3000余顷土地，用来种棉花。日本棉商也先后在天津、青岛等地成立了棉花交易所、华北棉花协会等机构，从而加强控制华北尤其河北的棉花生产与运销，以保证输出日本和在华日商纱厂的原料来源。[2]

“蒙疆”地区的皮、毛等畜产品在中国及亚洲占有重要的地位。操控与支配这一地区的皮、毛等产品，是日本经济掠夺的又一重要目标。随着伪蒙疆军政府的成立，日本加紧了对皮、毛等畜产品的掠夺。为控制“蒙疆”地区的物资流通，1935年，大蒙公司奉关东军之命，在多伦建立，公司资本150万元，后移至张家口，在归绥、包头、大同及沈阳设立支店，主要经营业务是将日本和伪满洲国的砂糖、煤油、茶叶、烟酒、纺织品、五金及杂货运销到“蒙疆”各地，将平绥路沿线的皮毛、牲畜与食粮、盐等运销到沿海地区或日本，该公司1937年营业总额达229.3万元，成为当时日本在“蒙疆”地区规模最大的公司之一。1937年3月，日商在张家口设立

---

[1] 参见直隶省实业厅民国五年（1916年）棉产报告统计。

[2] 参见居之芬、张利民主编:《日本在华北经济掠夺统治史》，天津古籍出版社1997年版，第47、第55页。

大公毛织厂，投资200万元。日军侵占归绥（今呼和浩特）后，日本的“满蒙”毛织会社又投资50万元，在归绥建立了“满蒙”毛织厂，从而逐步控制了“蒙疆”地区羊毛等畜产品的收购与运销。

随着日本帝国主义对华北农村经济的加紧掠夺与控制，冀中、冀东、冀南、冀西等商品经济比较发达地区，特别是植棉区，日益变成日本的原料产地与商品市场。沿平汉线的植棉区最为典型，农民将70%以上土地种植棉花，某些地区农民生产小麦，甚至养猪、养鸡，都走上商品化。这些地区，可以说已经成为日本的植棉区和商品市场。农民按照日本的要求种植棉田，所产棉花由日本收购，农民的日用工业必需品甚至食粮，主要依靠市场输入。帝国主义与国内买办商业资产阶级相勾结，乘机榨取农民，农民被迫一方面为日本帝国主义生产原料，将棉花等农产品低价出卖给日、中商人；一方面为日本帝国主义吸纳大量商品，高价从日、中商人手中购买食粮及工业日用品。彭真曾指出，“七七”事变前，整个晋察冀地区的经济，“都在日益向着殖民地、半殖民地化的道路前进，日益向着帝国主义者的无底欲壑沦陷”。[1]实际上，不仅晋察冀地区，整个华北地区尤其河北农村，几乎变成了日本帝国主义经济的附庸。

第三个基本特征，农村自然经济和小商品经济分化、瓦解，广大农民日益贫困化。随着帝国主义尤其日本帝国主义不断加紧对华北的经济掠夺与支配，华北农村经济日益向殖民地、半殖民地、半封建化的道路前进。一方面，由于农村许多地方沦为日本帝国主义的原料产地和商品市场，加之，部分民族工业的微弱发展，富农经济比重的增大，地主阶级参与市场购销活动增加（自然地租占优势的地方，地主将粮食等投入市场；货币地租占优势的地方，地主需部分向市场购粮等），使商品经济的比重日益加大，比较发达，农村自然经济逐渐被商品经济所瓦解、代替；另一方面，由于日本帝

---

[1] 彭真：《关于晋察冀边区党的工作和具体政策报告》，中共中央党校出版社1997年版，第63页。

国主义大量倾销廉价商品，农村小手工业、副业无力与之竞争，加之各种封建剥削的压榨，商业买办阶级成为帝国主义的代理人，地主、富农、买办与外国资本家、大商人相勾结，不断加重甚至将各种负担转嫁到农民与手工业者身上，使之日益贫困，无力改进生产，迅速走向破产。农村经济日益为帝国主义所支配，整个经济日益商品化，富农经济日益发展，农民、小生产者迅速破产，土地日益集中在地主、富农与买办商人手中。总之，抗战前在河北农村中，地主、富农、大商人在经济上占着绝对的优势，在政治上享有特权；贫农、雇农和中农在经济上、政治上处于从属的地位。农村中的主要矛盾是农民阶级与地主阶级的矛盾。

抗战前，河北各地经济发展很不平衡，租佃关系与剥削形式很复杂，各地地主、富农与买办商人对农民的剥削与压榨相当严重，广大劳苦大众的负担都十分沉重。河北复杂的租佃关系可以大体区分为两大类，一类为出租制，另一类为小种制。[1]

采用出租制的地主，一般只提供土地，而由承种人出农具、肥料、种子、牲畜等生产资料和生产工具及全部劳动力，地主对生产不管不问，坐收地租。因此，出租制的地主一般是出租地主（也有些可能是买办、商人），承种人一般是佃户（也有些可能是富农或中农）。出租制的形式，各地不同，名称各异，大体上可分为两种情况。

出租制的一种叫大种地或对半分，这是活额租或活租制的一种形式。采用大种地或对半分的租佃形式，地主出租土地后，由承种人独立经营，用自己的农具、牲畜、种子、肥料等，并出全部劳动力（也可雇工）；地主只出地、收租。土地的正产物，地主、佃户对半分，副产物归佃户（有的也归地主一部分），田赋及摊派等

---

[1] 河北的租佃关系，参阅郭绍汤：《冀鲁豫边区租佃关系的调查与研究》、《抗战以前北岳区农村经济与阶级关系的调查》（1943 年 5 月）、《晋察冀边区土地占有、减租斗争、阶级变化调查材料》（1946 年 6 月）、《冀热边社会状况考察》（1943 年 8 月）、《胡锡奎在热河省委扩大干部会议上的总结报告》（1946 年 5 月 12 日）、《平北抗日根据地的合理负担土地政策的实施与政权建设》等。中央档案馆馆藏档案文献。

杂捐由地主负担，村款、社款由佃户负担。大种地或对半分，各地区名称不同，但实质一样。如冀中，有的地方叫大种地，有的地方叫半客家，有的地方叫对分收或批分收，有的地方叫分种地。其租率在 50%~80% 不等。又如在平北，一般叫伙种地，也有叫分种地、伴种地、小伴种或处伴种的，其活租形式有对半分、四六分、三七分、二八分、倒四六分、倒二八分。

出租制的另一种形式叫包租地或定额租地。采用这一出租形式，地主将土地出租后，一切经营上所需要的农具、资料和劳动力全部由承种人负责，定额地租一般为“麦一秋二”（旧斗，一斗麦，二斗秋，旧斗相当于新斗一斗八升），租率为总收获的 60% 以上。田赋及摊派等杂捐由地主负担，承种人不管任何负担。还有一种高利贷包租地，即农民因缺钱，以当地名义将土地写给债主，土地仍由农民耕种，以交定额地租的形式向债主交利息，农民到期限如果向债主交不上利息，土地则归债主所有。这种高利贷包租地形式，实际是地主兼并农民土地的一种手段。

另一类租佃关系为小种制。采用小种制的地主，与采用出租制的地主相反，他们不是将土地分散租给佃户而坐收地租，而是把自己的土地集中起来，并由地主自己直接或间接统一指挥若干承种人，让承种人住在地主农场附近的矮小、黑暗、潮湿的房屋内，来共同进行耕作。因此，小种制的地主已经不是封建的出租地主，而大部分是半封建、半资本主义的经营地主（有的成分已不是地主，而已为富农或中农）；小种制的承种人也不再是封建农奴，而带有了雇佣性。但各地区由于经济、政治和社会历史条件不同，小种制在形式与内容上有着不小的差别。主要有四种具体形式。

小种地，是小种制的第一种形式，其特点是地主除供土地外，并供耕畜、肥料、种子、农具等生产资料与生产工具；承种人仅出全部劳动力，即全部农业劳动及杂务劳动。这一形式的小种制，在漳河下游地区称为小种地；在冀南中部称为捎种地；在清丰、南乐一带称为大锄地；在冀中，有叫小种地的，也有叫赔牛客家或伙种地、伙锅地、倒插股的；在平北，叫招佃户，也叫大伴种或里伴种，也有的地方叫里插股、倒插股；还有的地方称拉鞭地。

承苗锄，是小种制的第二种形式，其特点是地主除供土地、耕畜、种子、肥料、农具外，还出部分劳动力，即负责耕地、耙地、下种，而承种人仅出部分劳动力，即负责锄地到入囤的各种农活。承苗锄在清丰、南乐一带最流行，当地土称小锄地。

赔牛地，是小种制的第三种形式，其特点是地主提供土地、种子、农具，但不供给耕畜、肥料；承种人不仅出全部劳动力，还要出耕畜、肥料。这种形式在冀南各地称为赔牛地。

捎班地，是小种制的第四种形式，其特点是地主提供土地、耕畜、种子、肥料、农具等各种生产资料与生产工具；承种人虽提供全部劳动力，但并不以自力为主，而是经常雇佣短工和月工劳动。这种形式在冀南北部冀县一带很流行，称为捎班地。

冀中各县的租佃关系中，小种制和出租制几乎相当，有实物地租，也有货币地租。冀南北部的冀县一带的租佃关系，小种制和出租制各占一半，出租制不是零星的，整个将土地出租的地主和经营地主已经相当，其承种人租地经营单纯为着补助生活不足的成分减少，为了出卖农产品取得利润的目的增大了，出租制中有实物地租和货币地租，货币地租已占主要成分。漳河下游地区的租佃关系，以小种制为主，大部分为大种地或对半分，实行实物地租，没有货币地租，出租制只 3% 以下，地主只将外庄、外圈的零散而不易经营的土地或地主家人的体己地，包租给佃户。清丰、南乐地区的租佃关系，以小种制为主，出租制是零星的，但定额租地不仅有实物地租，而且有了货币地租，一般 3~5 元，井浇地可高达 10 元。

从租佃关系可以看出，地主对农民的主要剥削手段是地租。地租额一般在 50%~80%。地租的形式，在自然经济仍占优势的地区主要是自然地租，即实物地租；在商品经济比较发达的地区主要是货币地租。除地租外，一些地方还保留着劳役地租，佃户必须为地主无偿地捎种一些地，或给地主打零工、服杂役；一些地方，在正租之外还有额外剥削，如“加一斗租”“加二斗租”“小租”“黑租”“背租”（一斗租加一升豆或一捆草）；一些地方，佃户在地主的荒地上修养成熟地，地主就要加租，否则下地，地主遇到意外损失，要分加在佃户身上，否则就“拔锅锁门子”。这些地租，不论实物形态，还是货币形态，按其剥削的量，都是残酷榨取农民的封建剥削手段。正如彭真所指出：“地租的量远大于农民的剩余生产物，它并不是仅仅代表剩余生产物之一部分，而多半是包括农民终年劳动的剩余生产物之全部乃至必要劳动的不少的一部分。就是说地租的量，决定了它本身并不是仅仅代表剩余价值之一部的资本主义地租，而是野蛮的封建地租。”[1]

农民除受地租剥削外，还受高利贷盘剥。封建地主与部分富农所放的高利贷，一般年利率在一分七以上，甚至高达一倍。高利贷的方式多种多样，有“放利钱”（以钱放贷），有“当租”（穷人指地借钱，交粮抵利息，到时交不上，债主留地），有“月盈”（穷人年关或急用时，指地指房作质借钱，月利四分五分，盈利不到，地或房归债主所有），还有“青黄不接使钱”“孝帽底下使钱”“利滚利”“驴打滚”等。商业资本尤其帝国主义的商业买办资本及一部分中国的银号、钱庄、商号放的高利贷，一般的利率在一分左右，表面上利率很低，实际上其高利盘剥也是很残酷的。他们的放贷，与地主、富农相结合，或者以购买农民的农产物为放贷条件，在贷款之初就以极低的价格预定农民的农产物，使放贷变为与农民进行不等价交换的手段；或者以购买农民的劳动力为放贷条件，在贷款之初就以极低的价格预购农民的短工劳动力，使农民短工因借高利贷而变成长期被榨取的工奴。

抗战前，农民负担捐税也很严重。除国家的田赋等捐税外，市场上是有货必税。一般规定：烟酒税税率为30%；果木税税率为

---

[1] 彭真：《关于晋察冀边区党的工作和具体政策报告》，中共中央党校出版社1997年版，第61~62页。

30%~50%；麻税税率为 30%；牲畜税税率为 30%~50%；猪税税率为 30%，割头税税率为 30%。大多数市场都实行包税制，而包税的多为地主、土豪，他们通过贿赂官厅，收买地痞流氓，任意盘剥民众。市场上的“牙纪”“经纪”，都是包税的地主、土豪的爪牙。“牙纪”之“斗行”“称行”，有所谓“撒格”（一大斗能撒半升）、“剩格”（20 市斗能长出 1 市斗）。阜平县城南庄一带，一个“斗行”“称行”，往往可养活七八个人；陈庄的每个集上，“撒格”“剩格”可以赚到四五石以上粮食。抗战前，农民被额外盘剥之重，可窥一斑。❶

由于帝国主义和地主、商人、买办阶级无穷无尽地剥削农民和小手工业者，造成了农民和小手工业者大量破产失业，自然经济和小商品经济瓦解。他们腾出来的市场迅速为外国商品所占据，或部分地为民族资本的小工厂与工场手工业所取代，形成了当时河北所谓工业区，如高阳棉布区等，农民贫困，土地飞速地向地主与商人手里集中。在 20 世纪 20 年代初，河北农村的土地尚不集中，大部分土地还在自耕农手里，地主和佃农、雇农均不多，大体呈两头小、中间大的状态。据对河北省 26 个县 51 个村 4309 户的调查，自耕农、半自耕农，占总户数 90.69%，占总地数 97.64%；佃户和雇农，占总户数 5.82%，占总地数 0.03%；地主，占总户数 2.09%，占总地数 1.73%（见表 6–1）。❷

**表 6–1　20 世纪 20 年代初河北省 26 县 51 村农地概况调查表**

| 阶层 | 户数（户） | 占总户比（%） | 占有地（亩） | 占总地比（%） |
|---|---|---|---|---|
| 自耕农 | 3365 | 78.9 | 101063 | 83.68 |
| 自耕兼租入户 | 397 | 9.21 | 9348.6 | 7.74 |
| 自耕兼租出户 | 111 | 2.58 | 7509.6 | 6.22 |

❶《抗战以前北岳区农村经济与阶级关系的调查》（1943 年 5 月），中央档案馆馆藏档案文献。

❷ 据《河北省 26 县 51 村农地概况调查表》（未刊稿）第 12 页有关数据制成。

续表

| 阶层 | 户数（户） | 占总户比（%） | 占有地（亩） | 占总地比（%） |
|---|---|---|---|---|
| 佃农 | 29 | 0.67 | 40 | 0.03 |
| 雇农 | 222 | 5.15 | — | — |
| 全出租地主 | 90 | 2.09 | 2086.4 | 1.73 |
| 其他户 | 95 | — | — | — |

可见，自耕农户数与土地占优势，佃农、雇农和地主的户数及土地均较少。

但是，至20世纪30年代，短短10年左右，据对定县8个村1386户的调查，雇农和贫农占总户数77.3%，占总地数33.5%；地主、富农占总户数8.5%，占总地数41.7%（见表6-2）。另据对南和县的调查，贫雇农，占总户数51%，占总地数3%；中农，占总户数25%，占总地数5%；地主、富农，占总户数24%，占总地数92%。土地日益集中，地主、富农掌握了大部分土地，中农分化，或上升，或下降，佃农、贫雇农增加。可见，这时，农村土地关系，已经大体呈中间缩小、两头扩大的状态（见表6-3）。[1]

**表6-2　20世纪30年代河北省定县8村土地集中概况调查表**

| 阶层 | 户数（户） | 占总户（%） | 占总地（%） | 户均耕地（亩） |
|---|---|---|---|---|
| 无地户 | 119 | 8.6 | — | — |
| 25亩以下贫农 | — | 68.7 | 33.5 | 9.6 |
| 地主、富农 | — | 8.5 | 41.7 | 97.6 |

[1] 据朱文通、王小梅：《河北通史》（9）《民国上卷》，河北人民出版社2000年版，第221~222页有关数据推算所制成。

**表 6-3　20 世纪 30 年代河北省邢台南和县土地集中概况调查表**

| 阶层 | 占总户数（%） | 占总地数（%） |
|---|---|---|
| 贫、雇农 | 51 | 3 |
| 中农 | 25 | 5 |
| 地主、富农 | 24 | 92 |

彭真在分析抗战前晋察冀边区土地关系演变的一般趋势时曾指出："帝国主义的支配日益加深，社会经济的日益商品化，土地的飞快集中，富农经济的日益发展，而农民和一切小生产者则日益破产——这就是'七七'事变前晋察冀边区这块地区上（当然不仅这个地区）农村经济发展的总的趋势。"[1]

综合以上所述，可以看出，"不仅这个地区"，整个华北地区尤其河北省农村经济发展的总的趋势，的确如此。

## 第三节　河北地区抗日救亡运动的新高潮

### 一、冀南农民抗日反蒋大暴动

华北事变开始了日本帝国主义变中国为其独占殖民地的新阶段，蒋介石国民政府的妥协、退让，使中华民族的生存受到严重威胁，华北危机极为严重。因此，处在华北前沿的河北人民反对日本帝国主义侵略和反对国民党政府反动统治的抗日民主运动，又很快高涨起来。中共河北省委于 1935 年 4 月 1 日作出《关于华北形势与党的任务的决议（草案）》，提出河北党的基本任务是建成全民族的反帝统一战线，要求实事求是地指导工作，保护党的组织和各级领导机关。在中国共产党的领导、推动和影响下，河北和平津

[1] 彭真：《关于晋察冀边区党的工作和具体政策报告》，中共中央党校出版社 1997 年版，第 64~65 页。

等地的抗日民主运动风起云涌，此起彼伏。影响较大的有：冀南地区 10 余万盐民驱逐国民党盐巡的斗争、大名县蔡小庄的农民暴动、共产党员王承祖领导的玉田和丰润抗日武装斗争、滦县民团首领高志远领导的马城抗日起义、迁安县洒河桥等 30 余村农民捣毁伪满鸦片专署的斗争，等等。其中，中共河北省委领导的冀南农民抗日反蒋大暴动坚持时间最长、规模最大。

由于日本的侵略和掠夺，国民党当局的横征暴敛和贪污腐化，封建地主的压榨，加之自然灾害，使河北等地尤其冀南地区民不聊生，数十万盐民生活无依。广大群众抗日反蒋的要求非常迫切。1935 年 2 月，根据中共河北省委指示，直南特委起草《抗日游击队行动纲领》。3 月，特委在南宫县和生店村召开会议，北方局巡视员、省委宣传部部长必根、特委书记李菁玉等出席会议，讨论研究了开展抗日反蒋游击战争问题。4 月又在任县刘家屯召开特委会议，进一步研究发展暴动的具体问题，作出 5 月暴动的决议，决定发动游击战争、建立根据地，“打倒卖国贼蒋介石，驱逐日本帝国主义出中国”。并将冀南划分为滏（阳河）东、滏西两部分，分别由特委委员负责。这次暴动组织了不少游击小组，进行了收缴地主枪支、砸警察局等斗争，但由于准备不足，没有充分发动群众，加之有一个“底线”叛变告密，第一次暴动很快失败了。

根据中共河北省委指示，直南特委在巨鹿郭庄召开会议，经过总结经验教训，决定重新发动群众，建立革命武装，于 8 月间再次举行抗日反蒋大暴动。首先，建立秘密的不脱离生产的游击小组和分粮“布袋队”，领导以分粮、抢粮、保护盐民利益为中心的群众斗争，逐步过渡到脱离生产、半脱离生产的游击队。同时，充分发动群众，大量组织农民协会、贫农团、盐民协会等团体。广泛宣传中共中央《八一宣言》，反对丧权辱国的《何梅协定》《秦土协定》，提高各界群众的抗日救国热忱，建立反日反封建的统一战线。这样，7 月间，在任县、巨鹿收缴了地主豪绅部分枪支，在群众基础较好的任县六屯四庄、巨鹿旧城一带开始进行“分粮吃大户”的群众斗争，并在反对食盐统治的斗争中建立了平乡盐民游击队。自8月起，冀南农民抗日反蒋暴动普遍展开。在滏东地区，游击小组、游击队向分布在乡村的国民党保卫团、警察局等反动武装展开进攻。8月上旬，打掉了巨鹿县团城保卫团，缴获长短枪9支；中旬，夜袭南宫县王道寨之敌，缴枪10余支；下旬，袭击南宫县曹庄，将敌全俘。在滏西地区，滦村、安庄等10余村群众在游击队配合下，分掉滦村地主粮食1万余斤，并砸掉了尧山县（今隆尧县的一部分）张汪庄警察局。在游击小组、游击队发展的基础上，9月间，中共直南特委正式建立了中国工农红军平汉线游击队，共6个支队，800余人，分别由刘子厚和王光华等领导，活动于滏东的南宫、巨鹿、广宗、威县、平乡一带和滏西的任县、尧山、隆平一带，使冀南农民游击战争进入新的阶段。

10月起，冀南农民游击战争与“分粮吃大户”的群众斗争相结合，取得了很大的胜利。10月中旬，任县六屯、桥头等10余村群众，配合游击队，向河桥地主孙老清“征收抗日救国捐”，获得长短枪13支，手榴弹1500余枚，群众分粮20余万斤。10月下旬，国民党任县、尧山保安队到南汪店一带，镇压群众“分粮吃大户”斗争；游击队乘敌立足未稳，迅速将敌包围，经2小时战斗，全歼敌人，缴获枪75支。11月间，游击队配合广宗县李庄、槐窝弯头等40余村3000余农民，分掉核桃园地主粮食8万余斤。12月，巨鹿县石鹿、东九镇等10余村农民又分掉于家庄地主粮食10余万斤。到1935年11月，农民游击战争遍及冀南十数县，游击队发展达1100余人，创造了纵横百余里的平原游击区，包括巨鹿、任县、尧山的全部和广宗、威县、平乡的北部及南宫西部、内邱东部、隆平南部。农民群众广泛发动起来，仅贫农团（布袋队）即达十数万人。共产党员由数百人增加到5000余人，团员由200人增加到2000余人，遍及冀南地区20余县，在中共直南特委以下，建立了任县、巨鹿、平乡、广宗4个中心县委。根据中共河北省委指示，为统一军事指挥，直南特委于1936年1月28日在广宗县李庄三杏村，将中国工农红军平汉线游击队改编为华北人民抗日讨蒋救国军第1军第1师，刘文忠（刘子厚）任师长，张杰（王光华）任副师长，下辖2个团。[1]

冀南农民游击战争的开展，引起了日本侵略者和国民党当局的惊恐和仇视。按照蒋介石的“限期剿灭赤祸”的命令，1935年12月起，宋哲元部2个旅驻内邱、南宫、巨鹿一带，商震部1个师驻邢台、任县一带，采取步步为营、逐村围剿的办法，血腥镇压起义武装，大肆逮捕共产党员和骨干分子。在此紧要关头，中共河北省委根据中央指示和敌强我弱的情况，于1936年初要求直南特委将游击队转移到太行山区活动，将党的工作隐蔽起来，以待时机。但是，由于直南特委主要领导还没有彻底从“左”的思想影响下解放出来，因而错误地决定“游击队原地不动，继续进行隐蔽斗争”。结果，在国民党军包围、封锁和围剿下，任县六屯四庄等80余村遭血洗，2000余人被杀害，仅六屯四庄被杀400余人。至1936年3月，冀南农民游击战争被残酷镇压下去。

冀南农民游击战争，虽然由于敌人过于强大，平原游击区回旋余地小，没有山地根据地作依托，加之策略指导上“左”的错误，最后失败了，党的组织和革命力量受到严重破坏。但是，它的意义和影响是巨大的。这次游击战争坚持一年之久，鼓舞了各界群众的抗日民主运动，牵制了大量国民党军队，对配合红军东渡黄河抗日起了一定的作用，对国民党的对日妥协政策和日本侵略者的“华北自治运动”也是一次有力的打击。通过这次斗争，在广大群众中播撒了革命的火种，培养了干部，积累了创造根据地的经验教训，保存下来的一部分革命武装一直坚持到全国抗战爆发，成为开展敌后抗日游击战争的宝贵力量。

---

[1] 冀南革命根据地史编审委员会编:《冀南党史资料》第1辑（内部资料），1986年印行，第381~383页。

## 二、“一二·九”运动与河北抗日救亡新高潮

在国民党当局镇压冀南农民抗日反蒋游击战争之际，北平爆发了“一二·九”爱国学生抗日运动。以此为契机，河北和全国各地抗日民主运动进入了新的高潮。

日本侵略者策动“华北五省自治”和国民党当局的妥协政策，使民族危机空前严重，激起了冀、察与平津和全国各界群众的极大愤慨。“冀察政务委员会”的酝酿出笼，激起了冀、察与平津和全国各界人民的强烈反抗，爱国学生成为最先锋。根据中共北方局和河北省委的指示，北平市委在各校黄河水灾赈济会的基础上，于1935年11月18日成立了北平市学生联合会，具体组织和领导学生抗日救国运动。12月9日，在中共北平临时工委的领导下，北平数千名爱国学生举行声势浩大的抗日示威游行，高呼：“打倒日本帝国主义”“反对华北自治”“反对政府妥协外交”“停止内战、一致对外”“武装保卫华北”等口号，遭到国民党当局镇压，100余人受伤，30余人被捕。爱国学生随即发出通电，呼吁全国同胞共同奋起，抗日救国。12月16日，即“冀察政务委员会”预定宣布成立的日子，北平1万多名学生和几万工人、市民及东北流亡同胞，冲破国民党当局军警的拦截，云集天桥，举行市民大会，通过了《不承认冀察政务委员会》《反对华北任何傀儡组织》《收复东北失地》等项决议，并举行大规模的抗日示威游行。国民党当局被迫宣布冀察政务委员会延期成立，同时出动大批军警和部队镇压抗日示威群众，学生受伤300余人，被捕20余人。

“一二·九”北平爱国学生运动迅速波及全国，并扩大到社会各阶层，打击了日本侵略者并吞华北的计划和国民党政府的对日妥协政策，有力地宣传了“停止内战、一致对外”的主张，标志着全国抗日民主运动新高潮的到来。“一二·九”运动爆发后，天津、保定、张家口、石家庄、正定、井陉等地学生和群众纷纷集会，示威游行，声援北平学生抗日斗争，“打倒日本帝国主义”“反对华北

自治”“停止内战、一致抗日”的声浪，遍及河北城乡各地。1935年12月26日，平津学生联合会宣告成立。1936年1月成立华北学生联合会。在共产党的领导下，爱国学生运动开始走上与工农群众相结合的道路。平津学生积极响应“到工人中去，到农村去，到士兵中去，到游击战争中去，到民间去”的号召，组织了南下扩大宣传团，于1936年1月3日出发，到河北农村，向农民群众进行抗日宣传。南下扩大宣传团第1、第2团从北平出发，经丰台、南苑、黄村、青云店、礼贤镇；第3团从北平出发，经卢沟桥、长辛店、良乡、窦店、琉璃河；第4团从天津出发，经杨村、黄花店、安次、永清。各宣传团每到一地都召开群众大会，或演出抗日节目，向工人、农民、士兵进行抗日宣传，在沿途各地帮助建立农民救国会、民众救国会、商界救国会等。1月8日，4个宣传团先后到达固安，因国民党武装军警严把城门，宣传团遂在北关召开会议，决定以宣传团名义向世界发表宣言。会后，将第1、第2、第4团改组为第1、第2团，第3团不变；第1团赴雄县、高阳，第2团赴新城、容城、安新，第3团赴涿县、定兴、徐水，展开了更广泛有力的抗日宣传活动。宣传团虽屡遭国民党军警的围截，第3团被迫于1月15日由高碑店返回北平，第1、第2团历尽艰险，仍按预定计划于1月21日到达河北省城保定市会合。宣传团在保定城街头巷尾向工人和市民进行抗日宣传，在国民党河北省政府门前召开群众大会，还在保定第二师范宣布了“中华民族解放先锋队”的成立。1936年1月29日，根据中共北平市委指示，南下扩大宣传团在保定市内举行游行示威，宣布结束宣传活动，返回平津。这次南下扩大宣传团历时3个星期，行程350公里，是爱国学生走上与工农群众相结合道路的一次伟大誓师，在河北和全国产生了深远的影响。

北平“一二·九”爱国学生运动爆发后，12月18日，河北省农学院学生在党支部的领导下，上街游行示威，声援北平爱国学生运动，高呼“打倒日本帝国主义”“一致对外”“反对成立冀察政务委员会”等口号。保定育德中学、保定河北省立师范学校、保定河北省立第六中学等学校的师生也组织起来，上街游行示威。许多市民、工人、店员也涌入游行队伍，整个保定古城处处充满抗日爱国的氛围。12 月 23 日，在石家庄党组织的领导下，平汉铁路扶轮学校、正太路扶轮学校、正太铁路职工学校的爱国学生，上街游行，散发传单，高呼“打倒日本帝国主义”“反对华北自治”等口号。第二天，全市学生、工人、市民 4000 余人，举行大规模游行示威。同时，张家口市各学校学生向察哈尔省政府递交请愿书，“反对华北自治”，“反对成立冀察政务委员会”。

### 三、反对“冀东防共自治政府”的斗争

冀东地区，自“九一八”事变以来，即遭受日本帝国主义的直接威胁，《塘沽协定》签订后更变成日本帝国主义的准殖民地，遭受日本帝国主义的侵略与掠夺日益深重。因此，1935 年 11 月 25 日，汉奸殷汝耕伪政权在冀东一成立，立即引爆了华北尤其冀东各界人民反对日本帝国主义侵华政策和蒋介石国民政府妥协政策的满腔怒火的迸发，成为各界人民激烈反对的众矢之的。

伪冀东防共自治委员会（不久改称“冀东防共自治政府”）成立的第二天，河北省各大专院校的教职员发表紧急宣言，坚决反对殷汝耕倡言叛乱，破坏国家领土完整。同日，上海各界群众团体分别致电国民党中央、国民政府，要求明令讨伐殷汝耕。12 月 2 日，河北各界联合致电河北省旅平同乡会，转请国民政府速定解决冀东问题大计。12 月 8 日，天津市中等以上学校全体师生发表宣言，坚决反对“自治”运动。

伪冀东政权的成立，尤其遭到冀东各界人民的强烈反对。当时，消息一传开，冀东各县旅平同乡会和各县民众代表联合会就立即发表宣言，进行坚决反对伪冀东防共自治政府。昌平、香河、玉田、宁河、三河、顺义、乐亭、平谷、临榆、抚宁、卢龙等 11 县

县长先后发表声明，公开申明“绝不附逆”。[1]临榆、昌黎、乐亭、卢龙、迁安等5县县长拒绝参加冀东伪政府，并先后离职走人。冀东伪政权成立后，汉奸殷汝耕由通县沿长城到山海关进行所谓“阅边”活动。在中共迁安地方组织领导下，发动群众，在沿途的树上、村头、石崖上，贴满了“打倒卖国贼”“打倒汉奸殷汝耕”等标语口号，殷汝耕被迫改变其“阅边”的路径，调转车队经丰润前往唐山。

冀东人民反对伪冀东自治政府的斗争，有中国共产党领导下的斗争，也有人民群众自发奋起的斗争。1936年冬，滦县、唐山等地伪政权召集群众大会，庆祝伪冀东防共自治政府成立一周年，会上，被迫到会的中国人拒绝呼喊口号，拒绝唱伪冀东政权歌，将歌篇撕毁，以沉默表示反抗。在当晚的提灯会上，被迫参加提灯会的群众一致咒骂提灯游行是“给冀东政府发丧”，多数群众在半路上将提灯毁灭，“提灯会”变成了“踢灯会”。在华北尤其冀东人民抗日救亡运动高潮的推动下，是年冬季，驻昌黎的伪冀东保安第3总队第6区队第1大队200余人，在大队长张国乾的带领下，起事哗变，挟持2名日本军官，离开昌黎，向西开进，在玉田、丰润一带，一部被日军缴械，其余突围逃走。

面对全国尤其华北此起彼伏的抗日救亡运动，蒋介石和国民党政府采取了分化、瓦解和坚决镇压的政策。蒋介石下令“凡违反戒严令者，概以军法从事”，又分别电令宋哲元、秦德纯对平津学生“严格制裁”。行政院还密电北平、天津市长和华北军政当局取缔平津学联，对爱国学生“勿稍宽贷，以遏乱萌”。[2]因此，在平津和河北等地，国民党当局大肆逮捕爱国学生，解聘进步教授，破坏和瓦解学生组织，一时间制造了白色恐怖。

---

[1] 中共唐山市委党史研究室：《冀东革命史》，中共党史出版社1993年版，第168~169页。

[2] 转引自刘健清等主编：《中国国民党史》，江苏古籍出版杜1992年版，第401页。

## 四、国民党河北省党部涌入抗日活动

1927年“四一二”政变后，国民党中央开始在河北整理党务，进行清党，重新登记党员。1931年，审查合格党员11586人，至1933年11月党员总数增加到19203人。[1]同时，察哈尔省国民党党部经过清党，至1935年计有合格党员2231人。[2]

1931年“九一八”事变后，国民党河北省党组织及其干部、党员直接而沉重地遭受到日本帝国主义侵略的威胁，因而，在全国尤其华北工人、农民、知识分子与各界爱国人士的抗日救亡运动的高潮中，开始违背国民党中央的“绝对不抵抗”的禁令，涌入民众抗日救亡的洪流，出现了一波要求抗日与反对不抵抗政策的活动。据北平《民国日报》记载，“九一八”事变第二天，国民党北平市党部接连发了三封电报：一是致电国民党中央，要求“严重对付”日本侵略；二是致电广东、广西当局，要求“速蠲小嫌，同赴国难”；三是致电全国同胞，提出“一致奋起，共御外侮，宁为玉碎，毋为瓦全”。[3]9月20日是个星期天，国民党河北省党部全体人员放弃休假，照常工作，“无一不异常紧张，无人不悲愤填胸”，一天四次发电，呼吁全国同胞忍辱负重、共赴国难，要求各县党部加紧宣传，“俾民众全得醒悟觉起”。[4]同时，国民党察哈尔省党部、热河省党部也分别致电蒋介石或张学良，电请中央“驱逐日兵出境”，表示“誓作战死鬼，不作亡国奴，决组农民抗日救国军”。[5]10月2日，国民党河北省党部制定《河北省各县市反日救国会组织大纲》，规定反日救国会，要以团结全县（市）民众，打倒日本帝国主义和

---

❶《河北省党务统计报告》，1932年，河北省档案馆馆藏档案，档案号611-1-248。中国国民党执行委员会党史史料编纂委员会：《中国国民党年鉴》（民国三十年），第39页。

❷ 朱文通、王小梅：《河北通史》（9）《民国上卷》，河北人民出版社2000年版，第128页。

❸ 北平《民国日报》，1931年9月20日。

❹ 北平《民国日报》，1931年9月21日。

❺ 天津《民国日报》，1931年9月27日。

救国保种为宗旨，要以全县各机关、团体、学校为基础进行组织。到10月底，国民党在河北全省有49个县成立了反日救国会。反日救国会一面宣传抗日，一面“检查仇货”。

但是，1933年5月签订《塘沽协定》，规定撤销冀东各县国民党党部。从此，国民党河北省党部这一刚刚开启的抗日救亡活动就被压制下去。不过，国民党河北省党部并没有完全听任日本侵略者摆布，也没有完全听命于国民党中央，而是在冀东各县党部撤销并停止公开活动后，又指示一些县市党部转入秘密活动，如在唐山市党部撤销后，河北省党部曾先后派肖宜增、李义山去唐山，“任党务特派员，秘密开展活动”。[1]

1935年1~5月，日本帝国主义进攻山海关，占领热河，攻陷长城各口，直至冀东与平、津近郊。国民党华北各级党部尤其河北省党部与平、津市党部遭受更直接、更深重的威胁与震动，因此，在国民党爱国官兵长城抗战和全国各界人民抗日救亡运动的新高潮的推动和影响下，出现了新一波积极抗日与反对妥协政策的活动。据天津《大公报》记载，1月3日，日军进攻临榆（山海关），国民党守军何柱国部奋起抵抗。当日，河北、北平、天津等六省市国民党党部在北平举行联合谈话会，表示坚决反对日军侵占临榆，并致电国民党中央，提出“切恳中央迅集大军，戢彼凶焰，还我河山，捍卫国土”。还通电海内外，倡议“积极唤起全国同胞，共同救助，努力募捐，以为后援”。[2]据北平《民国日报》报道，当日军大举进攻热河，准备进犯长城之际，3月1日，国民党河北、北平、天津、热河、察哈尔等11省市党部联名致电国民党中央，要求“宣布对日绝交，撤回使节”，电促张学良至前线督师。3月4日，国民党河北、北平、天津、察哈尔、热河等华北12个省市党

---

❶《河北省第七、八督导区所属涞水、宛平、房山、武清、固安、永清等县参加河北省第四期党务人员训练班的学员登记表党务人员调查表》，1942年4月2日~5月7日，河北省档案馆馆藏，档案号611-1-62，第35页。

❷ 天津《大公报》，1933年1月5日。

部联合发表《告全国民众书》，倡议全国民众，立刻总动员，做好募捐慰劳、抵制仇货、人民自卫等工作。[1]

1935年依据《何梅协定》之规定，撤退国民党河北省内一切党部及有关抗日组织。同时，国民党中央也停发了河北省党务活动经费。因此，国民党河北省党部抗日与反对妥协政策的活动，几乎被彻底压制下去，不仅停止了公开活动，秘密活动也因没有经费保障而停顿下来。但是，在这种情况下，仍有个别地方的国民党党部自筹经费开展秘密抗日活动，一些党员坚持秘密活动。国民党中央也曾抽调少数党务人员到中央受训或工作。如献县国民党员贾树功，于“二十五年春，经省党部保送，赴南京特工训练所受训，训毕返里后，即开始暗组义勇军”。又如河间县国民党员曹清沧在国民党党部撤退后，“即到中央党部服务，二十五年春夏间，中央派回秘密活动”。[2]

上述国民党河北省党部及其基层组织与党员的抗日活动表明，由于民族危机空前严重，国民党省以下党部及党员已开始违抗国民党中央的对日妥协政策，逐步走上抗日的道路，蒋介石国民党中央对此也有所意识，开始进一步调整对日政策，准备抗日。

---

[1] 北平《民国日报》，1933年3月5日。

[2] 参见王英维：《战前国民党河北省地方党部抗日及其组织活动述析》，《河北北方学院学报》第23卷第6期，2007年12月。

# 第七章　走向全国抗战

## 第一节　日本觊觎全面侵华战争

### 一、制定全面侵华战争计划

在 1929 年开始的世界经济危机的推动下，日本法西斯势力极为猖獗。1932 年，日本首相犬养毅被暗杀，斋藤实组阁，日本政党内阁结束，走上法西斯军部势力控制政府的时代。1936 年 2 月 26 日，日本“皇道派”军官兵变，杀死大臣斋藤实等人，冈田内阁辞职，而“统治派”军官利用镇压兵变，处罚叛军，健全法西斯主义体制，确立了法西斯军部的独裁统治地位，由广田弘毅组成新的内阁。从此，日本政府变为法西斯侵略战争的工具，标志着日本天皇制军部法西斯统治正式形成。

随着日本法西斯军部独裁统治的确立与准战时体制的建立，军部与政府明确并制定了向大陆和海洋同时扩张的世界战略计划。1936 年 5 月 1 日，日本陆海军中央部经三次修改完成《帝国国防方针》与《帝国军队的用兵纲领》，6 月 3 日经天皇裕仁批准。规定：根据“天皇的宏图”，发扬帝国的“国威”，“采取先发制人的攻势”，“谋求速战速决”，逐次对中、苏、英、美作战，“占领所需疆域”，“控制东亚大陆及西太平洋”，而在对中国作战时，“初期的目标是，占领华北要地和上海附近”。[1]8月7日，日本陆海军中央部又促使日本五相（首相、外相、陆相、海相、藏相）会议通过了《国策基准》。规定：帝国的根本国策，“在于外交和国防互相配合，一方面确保帝国在东亚大陆的地位，另一方面向南方海洋发展”。要以实现根本国策为“轴心”，“统一调整内外各项政策”，“扩充国防军备”，“革新”外交政策，“改革”行政机构和财政经济政策。而对中国大陆的基本政策，规定：消除苏联的威胁，同时防范英、美，“具体实现日满华三国的紧密合作”。[2]这三个文件，首次将北进与南进两个方向并列为日本的根本国策，确定了占领中国，北攻苏联，南攻美英，控制东亚大陆和西、南太平洋的全面战略计划，充分暴露了日本独占中国、称霸世界的野心及其疯狂性。

日本帝国主义在世界战略方针中，虽然把苏联、美国作为首要假想敌国，中国为次要假想敌国，但实际上，按照强弱缓急，在用兵计划上，始终将中国作为首要侵略目标。日本军部1935年度和1936年度对华作战计划，其基点和目的是利用中国政府实行对内“剿共”内战、对外妥协退让的政策之机，一面同中国进行所谓“调整国交”谈判，一面出动少数兵力，“占领华北、华中，以及根据情况亦包括华南之要地”，迫使中国政府屈服投降。规定：对华北方面作战，“第7集团军（以中国驻屯军、关东军的1个师团及由日本国内及朝鲜派来的3个师团为基干）占领北平及天津附近要地”，“第8集团军（以2个师团为基干）与海军协同，在山东半岛及海洲附近登陆，占领青岛、济南、海洲附近要地”。对华中方面作战，以3个师团为基干组成第9集团军，与海军协同，“在上海附近长江下游地区登陆，占领上海附近地区”，并“根据情况，可由华北方面沿平汉铁路南下，策应沿长江向汉口方面作战”。对华

[1] 参见［日］服部卓四郎:《大东亚战争全史》第1册，商务印书馆1984年版，第260~262页。

[2] 参见［日］外务省编:《日本外交年表和主要文书（1840~1945）》下卷，原书房1969年版，第344~345页。

南方面作战，以1个师团的兵力，主力占领福州，一部占领厦门，必要时占领汕头。以上对华作战计划总兵力，为3个集团军共9个师团。[1]随着国际政治格局的变化，日本和德国于1936年11月25日在柏林签署《反共国际协定》，世界东方和西方两个法西斯集团在“反苏反共”的旗号下勾结起来，侵略扩张的气势更壮。日本陆海军中央部制定了《昭和十二（1937）年度的对华作战计划》，陆军参谋部又下达了《昭和十二年度帝国陆军作战计划要领》，全面侵华战争的准备趋于完备。1937年度对华作战计划的总兵力，由上一年度的9个师团增至14个师团。要求“当以中国为敌时，依下列要领进行作战。根据华北、华中以及华南地区形势，以击溃必要方面的敌人，并占领各要地为目的。为此，陆军应协同海军击溃必要地区之敌，并占领各要地。海军消灭敌舰队，并控制中国沿海以及扬子江水域，协助陆军占领必要之要地”。并具体计划：“在对华北作战时，除过去的2个集团军（5个师团）外，根据情况再增加3个师团，必要时还可能在华北五省进行作战。”“对华中方面，原来计划以第9集团军（3个师团）占领上海附近，但是这方面的中国军队增加了兵力，构筑了坚固的阵地线，考虑到作战规模将会因此而扩大时，限定在这一狭小地区，对我战略态势显然不利，因此，计划调新编第10集团军（2个师团）从杭州湾登陆，从太湖南面前进，两集团军策应向南京作战，占领和确保上海、杭州、南京在内的三角地带。”“对华南的作战计划，同去年度一样，计划大致用1个师团的兵力。”日本陆军参谋部为贯彻1937年度对华作战计划所发出的陆军作战计划要领，特别训令陆军在华北方面作战的作战要领，大致规定：河北方面军，除中国驻屯军司令官所属部队外，还包括关东军司令官及朝鲜司令官派遣的部队，以及从日本国内派来的部队，应“以主力沿平汉铁路地区作战，击溃河北省南部

[1] ［日］防卫厅防卫研究所战史室：《中国事变陆军作战》（1），朝云新闻社1985年增印，第101页。

方面之敌，并占领黄河以北的各要地”；同时，根据需要，“以一部自津浦铁路方面协助山东方面作战军作战”，也可“向山西及绥东方面进行作战”。“山东方面作战军，在青岛或其他地点登陆，击溃敌人，并占领山东省各要地。”并规定：作战初期，“中国驻屯军作战地域是，独石口以东、满华国境以南的地域”，“和山东方面作战军的分界线临时决定”。中国驻屯军司令官的作战任务是，“以原有的属下部队，确保天津、北平、张家口，可能的话包括济南等各要地，为在华北方面的陆军初期作战创造有利的条件，尔后的任务随机而确定”。

为实现全面侵华战争计划，日本军部和政府加紧推行侵吞华北的计划，企图把华北变为其侵占全中国的基地。1935 年，日本策动所谓“华北五省自治运动”，扶植成立伪冀东防共自治政府，迫使南京国民政府组织“冀察政务委员会”，企图使华北“特殊化”“明朗化”。1936 年 1 月 13 日，日军参谋本部和日本政府向驻天津的中国驻屯军司令官发出《处理华北纲要》，正式把分离华北确认为日本国策，确定“处理中国的主要目标”，是在去年“华北五省自治运动”基础上，“完成以华北民众为中心的自治”。《处理华北纲要》规定，“自治的区域，以华北五省为目标”，“先求逐步完成冀察两省及平津两市的自治，进而使其他三省自然而然地与之合流”。并规定，“处理华北由中国驻屯军司令官负责”，处理华北问题的中心，是推进以宋哲元为首的冀察政务委员会“实现实质性的自治”，“在冀察政务委员会的自治机能还未充分发挥时，支持冀东政府的独立性，如果冀察的自治到达大体上可公开化的时候，尽快使之合流”。[1] 8 月 11 日，日本外务、陆军、海军、大藏四省又下达《对中国实施的策略》和《第二次处理华北纲要》。由于国共合作趋势的发展和国际政治格局的变化，日本的对华政策，强调“反

[1] 《处理华北纲要》，1936 年 1 月 13 日。载复旦大学历史系编译组：《日本帝国主义对外侵略史料选编》，上海人民出版社 1983 年版，第 191~192 页。

苏反共”，企图破坏国共合作和阻止中苏美英的接近。规定：处理华北的重点，在于在华北“建设防共、亲日满的特殊地带”，同时“获得国防资源和扩充交通设备”，使华北与内蒙古地区“成为实现日满华三国合作互助的基础”，“无论在平时战时都能保持亲日态度”，以造成全面侵华与反苏的基地。对南京国民政府，具体地设法与中国“签订防共军事协定”“签订日华军事同盟”“促进日华悬案的解决”“促进日华经济合作”，以及向中国派遣政治、军事顾问等策略，“诱导”其逐步走上反苏、亲日的道路，实际上成为日本的附庸。[1]《对中国实施的策略》和《第二次处理华北纲要》，反映了日本要全面控制中国的当前目标。1936 年西安事变后，日本陆军省于 12 月 14 日下达《西安事变对策纲要》，日本外务省于 1937 年 2 月下达《第三次处理华北纲要》。面临中国国共两党合作抗日的新格局，两《纲要》规定：“帝国仍然坚持既定的对华方针和政策，力求其实现”，帝国反苏反共的态度“必须更加鲜明”，处理华北的要点，是将华北地区“造成巩固的防共、亲日满地带”，以建立全面侵华和防苏的基础，对南京国民政府采取措施，使它“确认华北的特殊性”，并对“日满华合作互助的各种措施进行合作”。明确规定：如果南京国民政府和各地政权，“抗日反日思潮更加激化”，出现日本侨民和在华权益受到“侵害”，“应毫不犹豫地运用自卫权”。这充分暴露了日本帝国主义企图使用武力侵吞华北和整个中国的急迫图谋，也是与日本的全面侵华战争计划完全一致的。

## 二、增兵华北，挑动战争

日本法西斯军部和政府为准备全面侵华战争，把扩军备战作为历届内阁的要务。为此，大力增加军费。据统计，1933~1936 年的 4 年间，日本内阁拨出的直接军费即高达近 40 亿日元，而实际的

---

[1] 《对中国实施的策略》《第二次处理华北纲要》，1936 年 8 月 11 日。载复旦大学历史系编译组：《日本帝国主义对外侵略史料选编》，上海人民出版社 1983 年版，第 201~206 页。

军费绝对数远大于这个数字。1937年度，军费预算总额达到32.7亿日元，仅其中直接军费就超出岁出总额的69%。同时，竭力扩充军队。日本1935年1月退出裁军会议后，于1936年6月改定《帝国国防方针》与《用兵纲领》，确定陆军扩充军备计划，为陆军50个师团，航空兵142个中队；确定海军扩充军备计划，为海军主力舰12艘，航空母舰12艘，巡洋舰28艘，水雷战队6队（驱逐舰96艘），潜水舰队若干（潜水舰70艘），航空兵65个队。经过全力扩充，至1937年初，日本陆海军总兵力及配置，已可与世界列强匹敌。日本陆军：关东军，有第1、第2、第4、第12师团，独立混成第1、第11旅团，独立第1至第5守备队，骑兵集团（第1、第4旅团），骑兵第3旅团，独立炮兵3个团，飞行集团（飞行第10、第11、第12、第15、第16团），铁道第3团，汽车第1、第2团，电信第3团等；朝鲜军，有第19、第20师团；中国驻屯军，有步兵旅团，炮兵团等；台湾军，有第1、第2旅团，炮兵团；日本国内，有近卫、第3、第5、第6、第7、第8、第9、第10、第11、第14、第16等11个师团；航空兵团，有第1飞行旅团（驻日本国内），第2飞行旅团（驻朝鲜），第3飞行旅团（驻台湾）。陆军总兵力，计达17个师团，5个独立混成旅团和5个独立守备队、1个骑兵集团和3个骑兵旅团、6个炮兵团、1个飞行集团和3个飞行旅团，等等。日本海军：军舰，有战列舰9艘，巡洋舰33艘，驱逐舰97艘，潜水舰55艘，航空母舰6艘，共计199艘，77.1万吨；舰队，有联合舰队（第1、第2舰队），第3舰队，练习舰队，其中第3舰队担任对华作战，司令部驻上海，辖第10、第11战队、第5水雷队及第27驱逐舰队；海军航空兵，有37个中队，基地航空兵飞机512架，舰载航空兵飞机173架，共计685架。为扩军备战，日本法西斯对内残酷压榨，对外疯狂掠夺。在国内，大量增加税收，发行公债，仅1937年预算即增税6亿日元，1932~1936年的5年间，发行公债总额达71亿日元，用以弥补庞大的军费开支。在国外，大量掠夺和进口各种战略物资，1932

年至1936年间，日本大肆开采掠夺中国东北的铁、煤、铝、镁等战略资源，平均每年掠走的铁占总产量50%，掠走的钢占总产量10%，由美国等地进口的铁矿石增长2.5倍，进口废铁增长1.5倍，进口铜增长26.5倍，石油、煤各增长近1倍。为扩充军备，日本经济加速军事化。日本政府大规模发展军火生产，一方面发展综合性的官营大兵工厂，1932~1936年，陆军、海军的官营兵工厂，固定资产不断增加，陆军工厂工人增长1.9倍，海军工厂工人增长2倍以上，兵器生产能力急骤扩大，仅年造舰能力标准排水吨即增长7倍；一方面主要发展民间军工企业，1931~1936年，政府向民间军工企业的订货及投资金额，为向官营军工企业投资金额的3倍，一大批与法西斯军部密切勾结的老财阀资本及新财阀资本迅速形成。在军事工业的带动下，日本的工业企业，在1932~1936年，从6.73万个发展到9.06万个，实现了由轻工业为主向重工业为主的转变，船舶产量跃居世界第3位，水泥、钢块、生铁、汽车分别上升到世界第5、第6、第7、第8位。[1]与此同时，日本法西斯军部和政府为解决其钢、铁等资源缺乏和兵源不足的问题，大力研究和开发细菌武器和毒气武器，除在日本国内秘密建立细菌工厂和毒气工厂外，还于1933年将东京的“防疫研究所”秘密迁至中国东北哈尔滨南岗区宣化街一带，在五常县背荫河设立实验场，1936年在哈尔滨设立“关东军防疫给水部”本部，在长春设立“关东军兽类防疫部”本部，使用活人进行细菌战和毒气战的实验，形成了世界上最大的细菌战基地，即731部队和100部队，到1937年“七七”事变前，日军已具备了对中国实施细菌战和毒气战的实战能力。

为准备对华战争，日本法西斯军部和政府决定向华北增兵，部署战略先遣队。此前，由日本关东军和中国驻屯军共同对华北和内

---

[1] 参见军事科学院军事历史研究部：《中国抗日战争史》上卷，解放军出版社1991年版，第554~566页。

蒙古地区实施侵略活动，而以关东军为主。由于既对苏又对华备战，日本军部决定关东军转向全力对苏作战，华北工作由中国驻屯军担负。加之日军认为，宋哲元为首的冀察政务委员会仍唯听从南京之“威命”，“完全不能行使我方之自治工作”，有“压迫宋哲元”之必要。[1]因此，日本政府决定大幅度增强中国驻屯军，扩大其编制，提升其地位。1936年4月18日，日军参谋本部决定从国内调兵，加强中国驻屯军。随后，中国驻屯军进行扩编改编，驻屯军司令部以下，设驻屯步兵旅司令部，辖步兵第1、第2团，设炮兵团、坦克队、骑兵队、工兵队、通讯队、宪兵队和医院、仓库等，兵力由改编前（6月1日）的人1771名、马174匹，改编后（6月10日）增至人5774名、马648匹。[2]日本军部和政府还将轮换制改为永驻制，将驻屯军司令官由少将军衔升格为中将军衔，且为亲补官，即如国务大臣、宫内大臣、陆海军大将一样，改由天皇直接任命。至此，“天津军的地位于是获得了升格，司令官田代皖一郎中将、参谋长桥本群少将、旅团长河边正三少将、联队长牟田口廉也大佐，阵容非常整齐，步炮3个团的混成旅，据估计可以制压中国军的6个师，于是在兵力上，可算是获得了安全感”。[3]下半年，日本继续向华北增兵，到1937年春，日本在华北驻军总数已达1万人以上。日本军部在增兵华北的同时，着手华北驻军的配置，将驻屯军主力一方面部署于北宁铁路沿线天津至山海关各原驻兵据点，以保障关内外运输补给的畅通；一方面策划部署对北平的新的战略包围。通县和丰台是北平的东面和西南面的两处战略要地，特别是丰台，地处北平西南郊，是连接北宁铁路与平汉铁路的枢纽，是北平西南通往外地的咽喉。这两个要地，都不是不平等的《辛丑

---

[1] 见秦孝仪主编：《中华民国重要史料初编——对日抗战时期（6）》第2册，台北裕台公司1981年版，第173页。

[2] 参见军事科学院军事历史研究部：《中国抗日战争史》上卷，解放军出版社1991年版，第568页。

[3] ［日］伊藤正德：《日本军阀兴亡史》下册，（台北）“国防部联合作战研究委员会”译，1968年版，第4页。

条约》所允许的外国驻兵地点。但日本军部公然侵犯中国主权，将驻屯军开进通县和丰台，使北平处在日军东西两面的战略包围之中。日军侵占丰台后，进驻与中国第 29 军第 37 师第 220 团吉星文营驻地相距 400 米的火车站东侧，处于可以切断平汉铁路的联络及北平与天津、北平与南方通道的地位，北平西南 15 公里处平汉铁路线上的卢沟桥与宛平城成为北平中国军政当局与南方诸地联系的唯一通道。至 1937 年 7 月初，日本在华北的驻屯军已配置部署就绪：驻天津，有中国驻屯军司令部，中国驻屯军步兵第 1 团第 2 营和步兵第 2 团（欠第 3 营及第 3 连），以及炮兵团、坦克队、骑兵队、工兵队、通讯队、宪兵队、军医院、军仓库等；驻北平，有中国驻屯军步兵旅团司令部，步兵第 1 团（欠第 2 营），以及电信所、宪兵分队、军医院分院；驻各地分遣队，分驻通县、丰台、塘沽、唐山、滦县、昌黎、山海关、秦皇岛等地，每一分遣队兵力一般为 1 个连，其中丰台分遣队兵力最多，有第 1 团第 3 营及步兵炮队。日军还在北平、天津、张家口、保定、太原、济南、青岛、归绥、郑州等大中城市设立了众多特务机关。[1] 与此同时，中国驻屯军开始频繁地进行挑衅性实战演习。1936 年 6 月 26 日，驻丰台日军举行演习，骑兵一部及散兵冲入中国守军哨线，遭到拦阻。日军即诡称军马跑入中国军营，要求“归还”，向宋哲元提出抗议，并提出道歉、赔偿、惩办当事军官、撤退丰台中国驻军等无理要求，挑起第一次丰台事件。中方被迫答应前三项要求，但应允另调部队至丰台换防。9 月 18 日，中日双方演习部队在丰台的一条路上相遇，日军一名军官骑马冲入中国军队，被逐回。日军捕去中国军队一名连长，加以凌辱，并提出中国军队从丰台全部撤退的无理要求，挑起第二次丰台事件。双方部队对峙一昼夜，最后中方再次让步，将驻丰台部队撤至赵家庄。至此，丰台及左右地区，均被日军侵占，

[1] 参见军事科学院军事历史研究部：《中国抗日战争史》上卷，解放军出版社 1991 年版，第 570 页。

为日军进攻卢沟桥和宛平城造成了有利条件。10 月 26 日起，中国驻屯军在北平西南郊举行秋季大演习，步兵、骑兵、炮兵、坦克队协同，以夺取卢沟桥、宛平城，攻占北平市为目标，进行综合演练，持续至 11 月 4 日才结束。1937 年上半年，中国驻屯军的实战演习升级进入全面战争的待命阶段。日军的军事演习，名目繁多，层出不穷，演习次数从每月或半月一次，发展为三五天一次；演习时间从白天实施，发展为夜间举行；甚至不分昼夜地连续进行连、营级战术演习。面对日军在卢沟桥附近的挑衅，中国守军宋哲元部第 29 军也加强了戒备。正如日本参谋本部作战部长石原莞尔所承认：驻兵丰台，"最终成为这次（'七七'）事变的直接原因"。[1]

## 第二节　国共两党及华北当局的抗战准备

### 一、中国共产党为实现抗战而斗争

华北事变以来，中日民族矛盾日益尖锐化。全国抗日救亡运动势不可当。国民党内抗日派力量明显增强。美、英等国为保护其在华利益也开始改变对日态度，表示反对"分离"华北。因而，促使蒋介石集团对日交涉逐步强硬起来。在国内阶级关系与国际政局发生变化的重要关头，中国共产党在长征路上发表著名的《八一宣言》。红军长征到达陕北后，于 12 月 25 日在瓦窑堡召开中央政治局会议。会议通过《关于目前政治形势与党的任务决议》，确定了建立抗日民族统一战线的方针。12 月 27 日，毛泽东在党的活动分子会议上作了《论反对日本帝国主义的策略》的报告。指出："日本帝国主义决定要变全中国为它的殖民地，和中国革命的现实力量还有严重的弱点，这两个基本事实就是党的新策略即广泛的统一战线的出发点。"党的任务就是把红军与工人、农民、学生、小资

[1] ［日］《现代史资料（9）· 日中战争（2）》，美铃书房 1978 年版，第 304 页。

产阶级、民族资产阶级，包括地主买办阶级营垒中间可能的抗日力量，联合成为一个统一的民族革命阵线，这是“今天的革命向反革命进攻的需要”。[1]并深刻地批判了“左”倾关门主义错误，指出它是孤家寡人的策略，是目前党内的主要危险。同时，提醒全党要警惕陈独秀右倾机会主义的复活。确立抗日民族统一战线的方针，标志着中国共产党政治路线的重大转变。

瓦窑堡会议后，中国共产党为了推动国民党及其军队参加抗日，建立抗日民族统一战线，争取和平，实现抗战，采取了一系列重大步骤。1935 年 12 月，中共中央决定将“加紧反对富农”的策略，改变为“保障富农扩大生产”与“发展工商业的自由”的政策，以利于团结中农，联合农民各阶层，发展生产力，造成广泛的农村统一战线。1936 年 5 月，在红军东征抗日期间，中华苏维埃共和国政府、中国人民红军革命军事委员会发出愿与国民党“停战议和、一致抗日”的通电。8 月 25 日，中共中央致书国民党，郑重宣布：赞成建立全中国统一的民主共和国，并在苏维埃区域实行与全中国一样的民主制度。9 月 1 日，中共中央发出指令，取消“抗日反蒋”的口号，改变为“逼蒋抗日”的方针。9 月 17 日，中共中央又正式作出了建立民主共和国的决议。西安事变和平解决后，中国共产党为促成第二次国共合作，建立抗日民族统一战线和实现全国抗战，于 1937 年 2 月 10 日，发出致国民党五届三中全会电，提出五项要求：停止一切内战，集中国力一致对外；保证言论、集会、结社的自由，释放一切政治犯；召集各党派各界各军的代表会议，集中全国人才，共同救国；迅速完成对抗战的一切准备工作；改善人民生活。如果国民党能够以五项要求为国策，中国共产党为表示团结御侮的诚意，愿意提出四项保证：在全国范围内停止推翻国民党政府之武装暴动方针；工农政府改名为中华民国特区政府，红军改名为国民革命军，直接受南京国民政府与军事委员会

---

[1] 《毛泽东选集》第 1 卷，人民出版社 1991 年版，第 151 页。

之指导；在特区政府区域内，实施普选的彻底民主制度；停止没收地主土地之政策，坚决执行抗日民族统一战线之共同纲领。中国共产党的主张，为推动国共合作，建立抗日民族统一战线和实现全国抗战，起了重大的作用。

在全国抗战爆发前夜，中国共产党于 1937 年 3 月 27~31 日，在延安召开中央政治局扩大会议。会议讨论了西安事变和平解决与国民党五届三中全会后的新形势与新任务，指出国民党开始转变，但还没有彻底转变，确定了中国共产党的任务是促使国民党进一步转变，巩固国内和平，争取民主权利，实现对日抗战，并在抗日运动中发挥领导作用。5 月 2~14 日，中国共产党在延安召开全国代表会议（苏区代表会议）。会上，张闻天致开幕词，朱德、刘少奇分别作了《红军在新阶段的任务》和《争取全国民主统一与党在统一战线中的领导权》的发言，毛泽东作了《中国共产党在抗日时期的任务》的报告和《为争取千百万群众进入抗日民族统一战线而斗争》的结论。会议通过了《抗日民族统一战线在目前阶段的任务》决议，批准了毛泽东的报告和中央自遵义会议以来的政治路线，批准了红军改编为国民革命军，批准了苏维埃政府改为民主政府，要求全党贯彻抗日民族统一战线的方针，肃清“左”倾关门主义，及时防止右倾机会主义。与此同时，在延安召开了党的白区工作会议，刘少奇作了《关于白区的党和群众工作》的报告，会议总结了白区工作的经验教训，确定了在巩固国内和平、争取民主权利、实现全国抗战的新阶段，白区党的工作方针与任务。这三个会议，标志着中国革命事实上由国内战争转变到建立抗日民族统一战线和对日抗战的新时期。

在中日民族矛盾激化，华北危机日益深重之际，为建立抗日民族统一战线和实现对日抗战，中国共产党特别加强了华北地区的工作。1936 年 3 月，中共中央派刘少奇主持北方局工作并兼任书记，彭真任组织部长，陈伯达任宣传部长，林枫任秘书长，担负恢复与发展华北各地区的党组织工作和对国民党及其地方实力派与知识分子的统一战线工作。当时，中共河北地方组织由于长期受“左”倾错误的严重危害，各级组织屡遭破坏，1934年开展的所谓反“铁夫路线”，使省委不少干部遭到打击。[1]随着中日民族矛盾上升为主要矛盾，特别是华北事变后，王明“左”倾路线受到河北地方组织的抵制，并在实践中开始纠正。但是，党内许多党员干部对政治形势和阶级关系变化认识不清，对抗日民族统一战线的新的政治路线缺乏理解，关门主义、冒险主义的倾向还严重存在。针对这种情况，刘少奇与北方局采取了一系列重大措施，来纠正长期存在的“左”倾错误影响，以实现河北与北方白区党的工作路线的彻底转变，开创华北抗日民主运动的新局面。1936年4月10日，刘少奇在中共河北省委内部刊物《火线》上发表《肃清立三路线的残余——关门主义冒险主义》一文；8月25日，北方局发出《华北政治形势与党的任务》指示信；11月，刘少奇又在《火线》上先后发表《民族统一战线的基本原则》和《领导权是民族统一战线的中心问题》等文。指出：党的主要任务，“是团聚和组织全民族抗日反汉奸的力量，来进行胜利的抗日反汉奸的民族革命战争”。“目前工作的中心任务是准备力量”。为此，必须纠正关门主义、冒险主义的影响，改变空谈主义的作风，必须恢复与发展组织，加强无产阶级的领导，并正确地处理统一战线与阶级斗争的关系、上层统一战线与下层群众的关系，对同盟者的错误与动摇保持警惕与必要的批评，十分注意斗争的策略，实现华北白区工作向建立抗日统一战线和对日抗战的转变。北方局营救狱中一批重要干部分配到各地工作，先后恢复和重建了北平、天津市委的工作和山东省委、山西工

[1] 李铁夫，又名胡国明，朝鲜人。1933年1月，李任中共河北省委代表驻天津期间，写了《关于组织问题的意见书》，揭露了王明“左”倾路线的严重错误。《意见书》反映了河北党员干部的正确意见，经省委组织部转中央驻北方代表呈中央。后遭王明“左”倾路线的残酷斗争和打击，李及省委与部分特委主要干部被错误地戴上“右倾取消主义”的帽子，受到开除党籍或纪律处分。刘少奇主持北方局工作后，此问题得到基本澄清。中共七大上作出正式结论，肯定李的《意见书》基本上是正确的。

委的工作，调整了京东特委和重建了冀热边特委，恢复与整顿了保定市委、张家口市委、唐山工委和直中特委、直鲁豫特委等各地特委、县委的工作，恢复和发展了各地党的组织。北平市委建立健全了东城、西城、北城和南城4个区委，共产党员由“一二·九”运动前50余人发展到500余人。到1937年抗战爆发前，共产党员在京东地区发展为460余人，在保定地区发展为800余人，华北城乡已计有共产党员7000余人。华北各地特别是平津与冀察地区，抗日救亡运动持续高涨。

1936年2月，在平津地区正式成立了中华民族抗日先锋队（简称“民先队”）。随后，在北平成立了华北学生救国联合会和以学生与上层知识分子为主，并包括工人、农民、商人、妇女及各界人士参加的华北各界救国联合会，并在河北、山西、察哈尔、山东等地建立了分会。这些抗日群众组织，编印出版了几十种救亡刊物和众多小册子，如北平的《生活通讯》《国防通讯》《解放》《华北烽火》《人民之友》《中国人》，天津的《天津妇女》《风雨同舟》等，还组织宣传团、戏曲队、歌咏队等到工厂、农村进行抗日救国宣传。“停止内战、一致抗日”“武装保卫华北”“保卫平津”的口号，深入人心，反对日本帝国主义侵略中国的斗争如火如荼。同年5月，日本大量增兵华北，天津、北平学生举行抗日大示威，这一抗日怒潮迅速扩展到全国。8月间，傅作义、阎锡山在蒋介石的支持下，在绥远抵抗日军与伪蒙军入侵，“三战三捷”，华北各地群众立即掀起援助绥远抗战的大潮，各界民众纷纷以各种方式慰问和支援绥远前线抗日部队。

中共中央和北方局在重建华北地方党组织及广大群众工作的同时，采取多种方式与途径，加强了对国民党华北地方实力派与上层人士特别是宋哲元及阎锡山的争取、团结和联合工作。1936年8月14日，毛泽东致信王世英并转刘少奇，提出：“统一战线以各派军队为第一位，千万注意。”并说：“韩复榘、傅作义、阎锡山、张自忠、刘汝明、商震六处，一有机会，即须接洽。”[1] 为争取宋哲元及第 29 军联合抗日，同一天，毛泽东亲自写信给宋哲元，并派张劲武为中共中央代表常驻宋哲元处。说：刘子青[2] 先生来，“知先生情殷抗日”，“果然确立抗日决心”，“甚望先生能于艰难困苦之中坚持初志”，“一俟时机成熟，实行发动大规模之抗日战争”，中国共产党和红军“誓竭全力以为后援”。并希望通过宋哲元与“鲁韩绥傅晋阎三处”联络，“共组北方联合战线”。[3] 中共北方局及华北联络局还通过各种关系，派出党员、干部到第 29 军中去工作，与中上层军官进行接洽与联络。如，华北联络局负责人王世英及华北联络局北平小组负责人、燕京大学、中国大学教授张友渔，时任第 29 军副参谋长兼第 38 师参谋长、秘密从事兵运工作的共产党员张克侠，第 29 军第 110 旅旅长、与中国共产党保持密切联系的何基丰，冀察政务委员会高级参议、主张联共抗日的刘治洲等人，对宋哲元及第 29 军做了大量工作。第 29 军在南苑办参谋训练班期间，张克侠即邀请张友渔前去讲授关于日本问题的课程，着重宣传抗日救国。张克侠还与华北抗日救国联合会联络，商定由救国会出面动员与组织群众，协助第 29 军抗日，保卫华北。同时，中国共产党还说服抗日群众把“打倒卖国贼宋哲元”的口号，改变为“拥护宋委员长抗日”“拥护第 29 军保卫华北”“拥护第 29 军保卫平津”等口号，发动各界救国会、学生救国会对第 29 军进行慰问、宣传活动，激发他们的抗日爱国热情。这样，共产党与宋哲元及第 29 军初步建立了统战关系。

为争取阎锡山联合抗日，中共中央和北方局曾先后派彭雪枫、南汉宸、王世英等赴太原与阎锡山联络。1936 年“九一八”事变 5 周年纪念日，“山西牺牲救国同盟会”（简称“牺盟会”）成立，阎

---

[1] 中共中央文献研究室：《毛泽东年谱》上卷，人民出版社、中央文献出版社 1993 年版，第 571 页。

[2] 刘子青，宋哲元派驻延安与中共中央联络的代表。

[3] 《致宋哲元》，载《毛泽东书信选集》，中央文献出版社 2003 年版，第 35 页。

锡山亲任会长。10月，中共中央北方局成立了山西公开工作委员会，由薄一波任书记，专门做阎锡山及其上层的统战工作，并与山西工作委员会不发生横的组织联系。11月中旬，阎锡山任命薄一波担任牺盟会常务秘书，主持牺盟会的日常工作。牺盟会经过改组，领导成员中除薄一波、董天知、韩钧外，又吸收宋劭文、戎子和、刘玉衡等，充实了党的领导力量。牺盟会名义上是阎锡山的官办民众团体，阎是会长，梁化之是总干事，但薄一波实际负责，7个常委中有6个是共产党员、进步人士，各委员会及各中心区的负责人，也大多是共产党员，在山西形成了共产党与阎锡山的特殊形式的统一战线。薄一波为首的中共山西公开工作委员会利用合法地位，与中共山西工作委员会相配合，推动山西统战工作和抗日民众运动的发展，12月间训练1000多名村政协理员，至1937年3月，在山西各地发展牺盟会员20余万人。与此同时，中共中央和北方局还通过各种渠道，与绥远的傅作义，山东的韩复榘，以及张自忠、商震、刘汝明等，建立了不同形式与不同程度的联合抗日关系。

上述中国共产党的重大政策转变及举措，为建立抗日民族统一战线和实现全国抗日战争，从政治上、思想上、理论上、军事上和组织上，做出了必要准备，发挥了巨大作用。

## 二、蒋介石国民政府加紧抗战准备

由于日本帝国主义步步紧逼，全国抗日救亡大势所趋，中国共产党的推动，国民党内抗日力量增强，促使蒋介石集团与国民政府开始转变对日态度，逐步调整内外政策。1935年11月12~23日，国民党召开第五次全国代表大会，会后改组国民政府，包括了各派系分子，表现了某些开明的姿态，仍坚持“攘外必先安内”的方针，对日外交虽表示“决不放弃和平”，但又表示“至非牺牲不可之时，自必决然牺牲”，表明开始发生某些变化。蒋介石在“五大”前后，开始寻找打通与中共接触的渠道。西安事变和平解决后，蒋介石与国民政府开始放弃“攘外必先安内”的方针，采取对内“和平统一”、对外“抗日御侮”的政策。1937年1月5日，下令撤销西北“剿共”司令部，陆续外调原“剿共”部队。2月，国民党召开五届三中全会。会议经过激烈争辩，拒绝了汪精卫的反共主张。会议通过了宣言，宣布：对外，“如果日本的侵略超过忍耐之限度，而决然出于抗战”；对内，“则和平统一”，其目的“在集中整个国家、整个民族之力量，以排除当前之国难”。会议通过的《根绝赤祸案》，虽以胜利者自居的架势，唱着诬蔑中国共产党和诋毁中国革命的老调，却曲折而实际地承认了停止内战、容共抗日的政策转变。[1]这次会议标志着蒋介石与汪精卫体制破裂，蒋介石与国民政府正式放弃了“攘外必先安内”的方针及对日“一面交涉、一面抵抗”的政策，走上了对日抗战的道路。此后，国民政府对日态度日趋强硬，拒绝接受屈辱条件，中日外交处于僵持局面。同时，派翁文灏等赴莫斯科，派孔祥熙等赴华盛顿、伦敦、巴黎，表明中国抗日的意志，寻求苏联与美、英、法等国的支援，以联合国际力量共同抗日。

蒋介石与国民政府的抗战准备，随着其内外政策的转变，在国内主要有以下工作。

（1）制定国防战略。1936年7月，国民党五届二中全会决定成立国防会议，负责讨论国防方针及关于国防各重要问题，并由蒋介石出任国防会议议长。第二年3月，国民党中执会和中政会决定成立国防委员会，作为全国国防最高决定机关，并以中政会正、副主席兼任国防委员会正、副主席。在设置国防决策机构的同时，国民政府逐步制定了国防战略计划。在1936年度《国防计划大纲草案》《国防作战计划》中，把“剿共”与“抗日准备”列为国防计划的两项基本任务。关于对日作战，初步构想：“拒止敌于沿海岸

---

[1] 荣孟源：《中国国民党历次代表大会及中央全会资料》（下），光明日报出版社1985年版，第428~429页。

及平津以东与张家口以北地区，不得已时逐次占领预定阵地作韧强之抗战，随时转移攻势，相机歼灭之。”计划从北向南逐次分为5道防线，划分为冀察、晋绥、山东、江浙、福建、粤桂6个防卫区。确定在南京、西安、南昌、成都、许昌、延平设立6个后方总军需库，储备50个师3个月的粮弹。并确定以四川为作战总根据地，还就沿海重要企业内迁做了初步构想。[1]1937年度《国防作战计划》，将国防战略计划的中心转到对日作战的准备上来，准确地估计到日本发动大规模侵华战争为时不远，其作战方针将是“速战速决”。据此，提出了对日作战实行“持久战”与“消耗战”战略方针，在战区划分与兵力部署上，将全国改划为山东、冀察、河南、晋绥、徐海、江浙、闽粤等7个作战区，陕甘宁青、湘鄂赣皖、川康、滇黔、广西等5个警备区，以第1至第5方面军部署在战区的第一线，以第1至第5总预备队部署于西安、重庆、南昌，作为平汉、津浦、江浙、闽粤的援军。还提出实行全国总动员，由平时转到战时轨道。[2]这一国防战略计划，虽有不切实际之处，却是一个全国积极备战的重要方案。

（2）加紧国防建设。抗战准备的中心是军队建设。1935年1月，国民政府召开军事整理会议，3月成立陆军整理处，由陈诚任处长。1936~1937年，陆军第1至第3期整编，实际整理85个师又9个独立旅。同时，整建了炮兵、装甲兵、工兵、通信兵、铁道兵等特种兵。到全国抗战爆发前，加上未整理的部队，国民政府陆军共有182个师、46个独立旅、9个骑兵师又6个骑兵独立旅，连同特种兵，总兵力170余万人，预定使用第一线作战部队有步兵80个师又9个独立旅，骑兵9个师，炮兵2个旅又16个团。国民政府不断扩建空军，1934年至1937年初，空军由8个中队，增编

[1] ［日］参谋本部：《民国二十五年度国防计划大纲草案》《民国二十五年度国防作战计划》，国民政府战史会档案，存中国第二历史档案馆。

[2] ［日］参谋本部：《民国二十六年度国防作战计划》，国民政府战史会档案，存中国第二历史档案馆。

为31个中队，还有4个运输机队，共有各类飞机600余架，还培养了飞行员、机械师各700余人。海军建设因军费受限发展较慢，到1937年上半年，只有3个舰队，大小舰艇100余艘，总计约6万吨，尚不具海上作战能力。国民政府自1935年起投入较多力量进行国防工事的建设，永久性工事用钢筋混凝土构筑而成，半永久性工事用铁轨、枕木构筑而成，临时性工事以简易材料构筑。按照敌情与作战地区，首先以4个师兵力，构筑了苏州、常熟、嘉兴、江阴等地的国防工事，接着，全面展开国防工事建设，其布局：南京为中心，次之沿海及黄河第一线，而后黄河以北各要点。到1937年上半年，江浙区、山东区、河南区、冀察区、山西区、绥远区第1期国防工事基本完成，其中江浙区、河南区及山东区鲁南阵地共构筑工事3512个，其他作战区及广东、福建等地也构筑了若干坚固程度不同的国防工事。为加紧抗战军事准备，国民政府在1937年度还拨出普通军费和国防军费专款6.34亿元，用于陆军、空军及海军建设。这些对于随后爆发的抗战都起了一定的作用。

（3）加强国防工业与交通建设。1935年12月，国民党五届一中全会通过《确定国民经济建设实施计划大纲案》，确立“国民经济之建设，应以整个民族为目标”。同年4月，资源委员会拟定三年重工业建设计划。国民政府在1936年度拨款1000万元，翌年度又拨款2000万元，充作重工业建设的经费。自1936年至1937年上半年，从国防计，在湖南、湖北、云南、江西、四川、青海等省，动工兴建中央钢铁厂、江西钨矿厂、阳新大冶铜矿、中央机械制造厂、中央无线电机制造厂、四川油矿、云南锡厂等21家企业，并将沿海兵工企业搬迁内地，扩大了军火生产的规模。适应经济建设与国防需要，国民政府1936年拟定了铁路五年计划，打算至1941年的5年间，兴建铁路8500公里。到1937年上半年，粤汉线、广九线、陇海线宝鸡至连云港、浙赣线、苏嘉线等铁路通车，平绥与同蒲两条铁路沟通，新建成杭甬、淮南、江南等铁路，铁路全长已达13000公里。公路建设也有了较快进展，到“七七”事变前夕，全国有公路109500公里，其中各省间公路29000公里，还有京沪、沪桂、京鲁、京川等十数条在建中的公路干线。[1]

上述国民政府的抗战准备，虽因过去长期“剿共”内战，损耗了国力，又为时较迟，这些准备很不充分，更不完备，但无疑对全国的抗日战争是有积极而重要作用的。

## 三、宋哲元与冀察当局转向对日抗战

冀察政务委员会是日本帝国主义“分离”华北政策与蒋介石及国民政府对日妥协政策的产物，宋哲元及第29军处在卖国投降与爱国抗日的矛盾冲突的大浪颠簸之中，极为艰难、苦闷而动摇。但是，宋哲元及第29军官兵是有爱国心的，在华北与全国民众抗日救亡大潮的推动下，在中国共产党多方工作及抗日民族统一战线方针的感召下转向对日抗战的道路。

如前所述，1936年1月，日本政府发出《处理华北纲要》，规定“华北工作”由华北日驻屯军负责，“先求逐步完成冀察两省及平津两市的自治，进而使其他三省自然地与之合流”。要求通过宋哲元“工作”，使“冀察政务委员会”“逐步实现实质性自治”，“确立华北五省自治的基础”。为此，日方多次会晤宋哲元，施加压力。宋哲元一面满足日方扩大冀察“自治程度”的要求，一面提出以取消冀东伪政权为条件，结果未能达成协议。五六月间，日本向华北大量增兵。天津学生于5月28日，北平学生于6月13日，分别举行大规模抗日游行示威，反对增兵华北，反对武装走私。日方要求取缔。宋哲元表示：“学生尚无轨外行动，不便取缔。”[2]宋哲元还发表谈话：“日本在华北增兵及设立驻平旅团司令部事，均与手

[1] 参见军事科学院军事历史研究部：《中国抗日战争史》上卷，解放军出版社1991年版，第513~516页。

[2] 《救亡情报》，1936年10月25日。

续不合”，并表示“现在吾人主要目的即保住主权”，[1]“若日本仍增兵占领华北，余将与29军将士实行抗日”。[2]日驻屯军司令官田代皖一郎提出以汉奸取代不肯就范的宋哲元，以使华北迅速“明朗化”，蒋介石与国民政府拒绝了这一无理要求。“九一八”事变5周年时，虽然国民政府一再通令禁止举行纪念活动，但宋哲元及冀察当局并没有下令禁止，北平各学校都召开了纪念大会，学生、教师及校方领导团结御侮的气氛十分浓烈。10月10日“双十节”，宋哲元发表宣言，说：“只知有国家，不知有个人，只知有公，不知有私，一切都以整个的民族利益为努力对象，这才不辜负先烈革命的真精神。”[3]10月下旬至11月初，日军进行进攻北平的大规模演习。11月7~12日，宋哲元部29军在固安和红山口举行了对抗性的军事演习。西安事变和平解决后，国共合作抗日统一战线初步形成，宋哲元抗日态度更为强硬，一面默许群众抗日救亡运动之发展，一面对部队进行抗日教育，加紧备战。1937年1月20日，宋哲元发表《通电》和《告同志书》，称：“拥护国家统一，推行中央政令”，“侵占我领土，侮辱我人民，即是我们的敌人，我们一定要打他”。[4]2月，宋哲元不顾日方的阻扰与威胁，派秦德纯赴南京参加国民党五届三中全会。3月17日，日驻屯军司令官田代皖一郎以请客为名，将宋哲元骗到天津，强迫他在华北经济提携条款上签字。宋哲元回到北平后，公开宣布“在被迫的情况下签字，是完全无效的”。[5]4月间，日军以汉奸陈觉明的名义，强购丰台土地6000余亩，企图建造兵营和飞机场，宋哲元以加强地籍管理为由阻止了日军的图谋。同月，宋哲元又下令恢复华北军训制度，分为冀、

---

[1] 转引自张蓬舟主编：《近五十年中国与日本》第2卷，四川人民出版社1985年版，第174页。
[2] 《救国时报》，1936年6月8日。
[3] 孙德湘等：《宋故上将哲元将军遗集》，台北传记文学出版社1985年版，第569页。
[4] 李云汉：《卢沟桥事变》，台北东大图书公司1987年版，第260页。
[5] 何基沣等：《七七事变纪实》，文史资料选辑，中华书局1962年版，第12页。

察、平、津 4 个区，办理学生暑期集中训练，由第 29 军高级军官担任总队长。

宋哲元与冀察当局转向抗日，为之后第 29 军在卢沟桥奋起抗战，全国抗日战争爆发，打下了根基。

据当时日本驻华大使馆武官辅佐官金井武夫在《中国事实的回想》中透露，早在 6 月间，东京军部和政府就已知道 7 月“7 日会在华北重演柳条湖事件”。在日本帝国主义急于发动全面侵华战争之际，在中国国共两党及华北当局走向合作、准备对日抗战之时，1937 年“七七”卢沟桥事变，就不可避免地成为日本帝国主义全面侵华战争和中国全国抗日战争的开端。

# 第八章 “七七”事变与河北地区沦陷

## 第一节 全国抗战烈火在河北点燃

### 一、卢沟桥事变

1937年7月7日，发生卢沟桥事变。以此为起点，日本军国主义发动全面侵华战争，中国全民族抗日战争爆发。

卢沟桥事变是日本帝国主义蓄谋发动全面侵华战争而精心策划的挑衅行动。日本在明治维新以后，资本主义迅速发展，逐步建立起军事法西斯统治，走上了对内镇压、对外侵略的军国主义道路。中日甲午战争前后，至迟在20世纪一二十年代，日本就确定了所谓“大陆政策”，制定了“欲征服中国，必先征服满蒙；欲征服世界，必先征服中国”的侵略扩张计划。按照这个计划，日本帝国主义发动“九一八”事变，占领中国东北三省；接着，占领热河全省[1]，并入侵华北，迫使国民政府签订《塘沽协定》《秦土协定》《何梅协定》，控制了河北省和察哈尔省[2]的大部分主权，还扶植起伪冀东防共自治政府和伪蒙古军政府，使河北省的东部和察哈尔省的北部沦为日本的殖民地。在欧洲的德、意法西斯轴心成立前后，日本

---

❶ 原热河省于1956年撤销，围场、丰宁、隆化、滦平、平泉、青龙、兴隆、承德等8县和承德市划归今河北省。

❷ 原察哈尔省于1952年12月撤销，赤城、怀来、宣化、涿鹿、万全、怀安、阳原、崇礼、张北、沽源、康保、尚义、蔚县等13县和张家口市划归今河北省。

加紧了准备全面侵华战争的步伐。到卢沟桥事变前，仅日本驻华北的中国驻屯军兵力即增至 1 万余人，分驻北平、天津和北宁路沿线的通州、唐山、秦皇岛、山海关等要点，还扶植伪满军、伪蒙军和伪冀东保安队等 12 万余人。北平已处在日军的包围之下，北平西南 15 公里处平汉铁路线上的卢沟桥和宛平城成为北平与南方内地联系的唯一通道。当时，宋哲元部国民党第 29 军有 4 个步兵师、1 个骑兵师和 1 个特务旅、2 个保安旅，10 万余人，广大官兵抗日情绪高涨。

自 1937 年 4 月 8 日起，驻丰台日军经常在卢沟桥附近进行挑衅性演习，中国守军宋哲元部第 29 军也加强了戒备。1937 年 7 月 7 日，驻丰台日军又在卢沟桥以北地区进行“利用薄暮接近敌主阵地”及“黎明突击行动”的演习。深夜 11 时许，日军以似乎听到宛平城内数发枪响，有一名日本士兵失踪为借口，要求进入宛平城内搜查。中国方面拒绝了日方的无理要求。河北省宛平（今北京市丰台区）县长王冷斋等奉命正在与日军特务机关长樱井等进行交涉，日军忽于黎明向卢沟桥和宛平城发起进攻，中国守军第 29 军冯治安部吉星文团奋起抵抗。这就是震惊中外的卢沟桥事变。

日本的一些著述，模糊侵略与被侵略的界限，把卢沟桥事变说成是无根无源的“偶然事件”，甚至把挑起事件和导致战争的责任推卸于中国军队和中国人民，暗示中国共产党起了“挑动作用”，这是完全违背历史事实的。

卢沟桥事变发生后，日本政府声明采取“不扩大的方针”，实际上加紧进行全面侵华战争。7 月 8 日，日军继续进攻中国守军。9 日晚，日军参谋次长给中国驻屯军下达《关于解决卢沟桥事变与中国谈判的方针》的通知，提出第 29 军向日军表示道歉、中国军队由卢沟桥附近撤退、彻底取缔共产党和抗日团体等无理要求，并于当日将卢沟桥事变命名为“华北事变”。11 日，日本内阁发表了《关于向华北派兵的政府声明》，随后，将关东军第 1 和第 11 旅团、朝鲜军第 20 师团派往华北。12 日，日本中国驻屯军司令官命令部队“做好适应全面对华战争的准备”。7月26日，日军向宋哲元发出最后通牒：将卢沟桥和八宝山附近的第37师于28日正午以前撤至长辛店，将北平城内和西苑的第37师于28日正午以前撤至永定河西岸，以后移驻保定地区；否则，日方“将不得不采取单独行动。[1]未等中国方面答复，日军就向北平的南苑、西苑和永定河一带大举进攻。7月27日，日本空军在河北省宛平县卢沟桥（今属北京市），首次投掷毒气炸弹。同日，日本大本营参谋总长闲院宫载仁下达临参命第65号命令，决定在侵华陆军中设置毒气部队。从此，拉开侵华战争毒气战的序幕。28日晨，日军各兵团开始攻击，第20师团和中国驻屯军步兵旅团向南苑攻击前进。同时，日军向天津攻击。中国第29军仓促应战，副军长佟麟阁、第132师师长赵登禹阵亡。28日晚，宋哲元、冯治安等撤往保定。第二天北平失陷。30日，天津弃守。

## 二、抗日民族统一战线正式形成

卢沟桥事变的第二天，中共中央发表通电，号召：“全中国人民、政府和军队团结起来，筑成民族统一战线的坚固的长城，抵抗日寇的侵略！”[2]7月9日，红军请缨开赴华北抗日。15日，将《中国共产党为公布国共合作宣言》送交国民党中央。23日，毛泽东主席发表《反对日本进攻的方针、办法和前途》一文，号召：实行全面的全民族的抗战，反对妥协、退让和片面抗战。8月下旬，中共中央公布《抗日救国十大纲领》，号召动员千百万群众进入抗日民族统一战线。并与国民党协议，将红军改编为国民革命军第八路军（后改称第十八集团军），朱德任总司令，彭德怀任副总司令，下辖第115师、第120师、第129师，全军共4.6万人。尔后，从陕甘宁边区开赴华北抗日前线。

---

❶ 日本防卫厅防卫研究所战史室:《中国事变陆军作战史》第1卷第1分册，田琪之译，中华书局1979年版，第195页。

❷ 《毛泽东选集》第2卷，人民出版社1991年版，第344页。

卢沟桥事变发生后，河北和全国各地民众掀起了新的抗日大潮。长辛店工人于7月8日起搜集大量铁轨、枕木、麻袋等，冒着枪林弹雨到宛平前线抢修防御工事。战地附近的农民搜集粮油、柴草和门板等，帮助军队修路、挖战壕、送饭、送水、送情报、抬伤员和运送弹药物资等。各地青年学生和各界人士组织起募捐团、慰劳团、战地服务团、宣传队和后援队，进行广泛的抗日活动。在抗日救国运动的推动下，驻通州的伪冀东保安队第1、第2总队张庆余、张砚田部约3000人，于7月29日反正，消灭日军守备队400余人，逮捕汉奸殷汝耕。由于当时第29军已经撤退，这支反正部队很快被日军所镇压。

卢沟桥事变发生后，国民党政府向华北调派军队，决定进入战时体制，把全国划分成四个战区，其中河北省和河南省北部设立第一战区，山西、察哈尔、绥远三省设立第二战区。另外，又指示宋哲元等与日军谈判，幻想实现局部妥协。7月17日，蒋介石在庐山发表准备抗战谈话，并提出4项解决卢沟桥事件的条件：第一，任何解决不得侵害中国主权和领土完整；第二，冀察组织不容任何不合法之改变；第三，中央政府所派地方官员，如冀察政务委员会委员长宋哲元等，不能任人要求撤换；第四，第29军现在所驻地区不能受任何的约束。他同时表示：“在和平绝望前一秒钟，我们还是希望和平，希望以和平外交方式，求得卢事的解决。”[1]蒋介石于7月21日、25日、26日，连续会见美英法德等大使，要求进行调解。日军占领平津后，于8月13日，又大举进攻上海。第二天，国民政府发表《抗日自卫宣言》，接着于16日下达了全国总动员令。国民党中央通讯社9月22日将《中国共产党为公布国共合作宣言》公开发表。次日，蒋介石在庐山发表谈话，承认共产党合法地位和国共合作抗日。至此，国共合作抗日民族统一战线正式成立。毛泽东指出：国共两党抗日统一战线的成立，“在中国革命史

---

❶ 沈云龙主编：《中国全面抗战大事记》，文海出版社1981年版，第48页。

上开辟了一个新纪元。这将给予中国革命以广大的深刻的影响，将对于打倒日本帝国主义发生决定的作用”。[1]

## 第二节　国民党军队在河北正面抗战

### 一、部署华北会战

日军占领平津后，以一部兵力展开于长辛店至独流镇一线，而以主力巩固平津地区，准备待国内援军到达后，大举进攻华北内地。8 月 5 日，日军参谋本部决定实施华北会战，企图“迅速对河北省内的中国军队以及中国的空军主力给予打击，随后占据华北要地，以期根本解决华北问题，并图谋调整日华关系”。[2]8 月上旬，将第 5、第 6、第 10 师团由日本国内调达北平、天津地区。同时，关东军以第 2、第 15 独立混成旅团和新编大泉支队、堤支队及先期到达的第 1 旅团编成关东军察哈尔派遣兵团。

出于判断“事变的扩大难以避免”，8 月 21 日，日军参谋本部决定，以第 16 师团为常设师团（甲种编制），以第 101、第 108、第 109 师团为特设师团（乙种编制），动员 4 个师团，动员兵力达到 11 个师团，另外，将 4 个预备师团的战力加以充实。8 月 25 日，日军参谋本部决定由国内再派遣 4 个师团（第 14、第 16、第 108、第 109 师团）赴华北战场，并决定了华北方面军的编制及其编组。

同日，日本的首、陆、海、外四相会议，交换了宣战的意见，认为：“实质上，无疑是战争，但因宣战，则利害得失错综复杂。一致意见，把这一问题搁置起来。”并决定“以（帝国议会）开幕

---

❶ 《毛泽东选集》第 2 卷，人民出版社 1991 年版，第 364 页。

❷ 日本防卫厅防卫研究所战史室：《中国事变陆军作战》（1），朝云新闻社 1985 年增印，第 231 页。

式诏书代替宣战诏书”。[1]

8月31日，根据军令陆甲第13号，下达临参命第82号，编成华北方面军司令部，司令官寺内寿一大将，下辖第1军、第2军，包括第5、第6、第10、第14、第16、第20、第108、第109等8个师团和1个独立混成旅团及1个临时航空兵团，等等。

华北方面军战斗序列：

华北方面军司令部，司令官寺内寿一大将；

第1军；

第2军；

第5师团，（师团长，中将）坂垣征四郎；

中国驻屯军混成旅团，（旅团长，少将）山下奉文；

临时航空兵团，（兵团长，中将）德川好敏；

华北方面军直属防空部队；

独立攻城重炮兵，第1、第2大队（丙）；

华北方面军直属兵站、通信队及铁道队；

中国驻屯宪兵队。

第1军战斗序列：

第1军司令部，（司令官，中将）香月清司；

第6师团，（师团长，中将）谷寿夫；

第14师团，（师团长，中将）土肥原贤二；

第20师团，（师团长，中将）川岸文三郎；

战车，第1、第2大队；

独立山炮，第1、第3联队；

野战重炮兵，第1、第3联队；

独立野战重炮兵，第8联队；

第1军通信队。

---

[1] 日本防卫厅防卫研究所战史室：《中国事变陆军作战史》第1卷第2分册，齐福霖译，中华书局1981年版，第22页。

第 2 军战斗序列：

第 2 军司令部，（司令官，中将）西尾寿造；

第 16 师团，（师团长，中将）中岛今朝吾；

第 108 师团，（师团长，中将）下元熊弥；

野战重炮兵，第 6 旅团；

第 2 军通信队。

以上，日本华北方面军共约 37 万人，辖有 2 个军、8 个师团、17 个旅团和临时航空兵团 1 个及其他特种部队，以及关东军察哈尔派遣兵团（4 个独立混成旅团、2 个支队）。

在编成华北方面军团的同一天，又以参命第 88 号，下达了华北方面军司令官的任务，规定：

> 一、华北方面军司令官负责占领平津地方及其附近主要地区，并确保该地区的安定。
>
> 以挫伤敌人的战斗意志、获得结束战争的机会为目的，应迅速消灭河北省中部的敌人。
>
> 二、有关细节由参谋长指示。[1]

如前所述，日本在向华北派遣部队的同时，随之派出毒气战部队。至 9 月，日本华北地区参战的毒气部队，已有野战瓦斯队本部 1 个、迫击大队 2 个、乙种迫击中队 3 个、迫击小队 2 个，并有野战化学试验部 2 个、野战毒气工厂 2 个。在华北战场上，不仅完成了战略展开的部署，而且完成了毒气战作战、实验及后勤保障的部署。与此同时，日军占领北平城内天坛公园西门南侧原国民政府中央防疫处后，利用原有设施和设备，着手筹建继东北 731 部队细菌战基地之后的第二个细菌战基地。1938 年 1 月日本华北方面军司

[1] 日本防卫厅防卫研究所战史室：《中国事变陆军作战史》第 1 卷第 2 分册，齐福霖译，中华书局 1981 年版，第 23~24 页。

令部由天津迁入北平，正式编组华北派遣军防疫给水部，本部设在天坛公园神乐署内，后来其代号“北支（甲）1855部队”，同时开始在太原、济南等地设置防疫给水细菌战支部，企图就近制造和使用细菌武器。

从上面日本编组华北方面军及给予任务中可以看出，日军参谋本部一方面已有“事变的扩大难以避免”的判断，另一方面仍强调“迅速消灭河北中部的敌人”，“挫伤敌人的战斗意志”，“获得结束战争的机会”。这表明，日本侵略者企图通过华北会战，“获得一个大的胜利”，“在两个月以至半年以内”，“迅速结束战争而不至陷于持久战争”。[1]

为应付日军的全面进攻，国民政府军事委员会于8月20日颁布《战争指导方案》和《作战指导计划》，提出“以达成‘持久战’为基本主旨”，并调整了部署。将临战地区划分为五个战区：第一战区，华北平汉、津浦路方面；第二战区，华北晋、绥、察方面。第一战区，为主战场之正面；第二战区，为主战场之侧背。第一战区，司令长官由蒋介石兼，程潜代辖：第1集团军，总司令宋哲元，副总司令万福麟、冯治安；第2集团军，刘峙，孙连仲；集团军直属部队与骑兵第4军、第14集团军。第二战区，司令长官阎锡山，辖：第6集团军，总司令杨爱源，副总司令孙楚；第7集团军，总司令傅作义，副总司令刘汝明；预备军总司令阎锡山兼；第八路军，总指挥朱德；第19军，军长王靖国。第一、第二战区，共辖6个集团军，包括24个军、53个师，另有21个旅及其他部队，计约60万人。

为阻止日军沿平汉、津浦路南犯，第一战区由第1集团军宋哲元部在津浦铁路北段防守，其防地前沿在固安、永清、独流镇东西一线；由第4集团军刘峙部在平汉铁路北段设防，阵地前沿在房

---

[1] 日本防卫厅防卫研究所战史室：《中国事变陆军作战史》第1卷第2分册，齐福霖译，中华书局1981年版，第25页。

山、琉璃河至固安（不含）一线。为阻止日军继续沿平绥铁路进攻，第二战区由第7集团军傅作义部第61军防守天镇、阳高一线，第17军防守蔚县、广灵地区，第13军防守涞源、灵丘地区；由第6集团军杨爱源部第33、第34军等防守平型关至茹越口内长城线。

## 二、平绥路作战

8月上旬，日军以第11旅团和第5、第10师团各一部从北平、天津地区出发，沿平绥铁路向西北进犯；以关东军一部由多伦、沽源，南下张北，企图会攻南口、居庸关、怀来、张家口，以保障平津侧背的安全，掩护主力沿平汉铁路、津浦铁路向河北地区进攻。

平绥铁路是华北与西北的交通大动脉。当时南口要隘只有第29军两个步兵营防守，没有任何防御工事。1937年8月5~7日，第7集团军前敌总指挥汤恩伯第13军和高桂兹第17军先后进入南口一带防地，"堆石为垒，聊作遮蔽"。[1]8月8日，日军独立第11旅团一部进攻得胜口，被守军第13军89师530团击退。9日，日军约5000人在飞机、大炮、坦克的掩护下猛攻南口及两翼阵地，第89师顽强抵抗，双方伤亡惨重。12日，日军突破南口阵地；当晚，中国军队反攻，又夺回阵地。由于进攻受阻，日军第5师团奉命进攻平绥路方面，并由其师团长统一指挥。13日，经激战，日军占领南口，中国军队退守居庸关以南两侧高地。14日和15日，日军向居庸关方向猛攻，中国军队顽强抵抗，反复肉搏，日军受阻。16日，日军第5师团转攻西面的横岭城、镇边城，对居庸关实行右翼迂回。第4师英勇迎敌，战况空前激烈，经过7天激战，23日，镇边关失陷。汤恩伯部据守怀来、居庸关、延庆等点。在危急关头，前来增援的卫立煌部第14集团军于8月24日到达南口以西青石口附近，但因道路险阻，永定河渡水困难，通信不良，未能与汤部取得联络。为策应南口方面作战，刘汝明部及其骑兵也曾

---

[1] 武月星：《南口之战》,《北京档案史料》1987年第3期，第44页。

分别向崇礼、张北和尚义、商都、德化进攻，第 143 师于 8 月 14 日克复崇礼，进到张北城下，骑兵各部也有进展。但由于日本关东军于 8 月 18 日、19 日攻陷外长城线上的神威口、汉诺坝，遂使张家口告急。中国守军第 7 集团军总司令傅作义率马延守独立第 7 旅由怀来回援张家口。23 日，第 143 师退守张家口。同日，日军猛攻横岭城、居庸关，大量施放毒气。中国守军第 4 师、第 89 师死伤枕藉。25 日，南口失守。26 日汤部退守怀来。同日怀来失陷。27 日张家口失守。汤部奉命向桑干河右岸突围，刘汝明部向洋河右岸撤退，傅作义部退守柴沟堡。沽源方面日军于 29 日由独石口南下龙关，30 日攻占赤城，高桂兹第 17 军在延庆与敌激战后，也向桑干河右岸撤退。至此，平绥路东段作战告一段落，据日方公布数字，日军伤亡 2600 余人；中国军队伤亡 26736 人。南口、张家口失陷后，日军随即占领察哈尔全省，山西门户洞开。而后，关东军一部沿同蒲铁路进攻山西省，第 5 师团南下蔚县增援平汉铁路方面作战。

日军占领南口、张家口后，继续沿平绥路西进、南下。一路以日本关东军察哈尔派遣兵团约 4 个旅团及伪蒙军 9 个骑兵师沿平绥路西进；一路以坂垣征四郎第 5 师团由怀来向蔚县进攻，配合平汉铁路方面主力作战。阎锡山判断日军沿平绥路西攻大同，敌我双方可能会战于雁门山以北地区，因此拟定了大同会战计划，即确定机动作战的方针，以主力配置于天镇、阳高、广灵、灵丘、平型关各地区，以一部控制于大同、浑源、应县附近以策应各方之战斗，相机转移攻势，达成利用山地歼灭敌人的目的。

但是，日本关东军察哈尔派遣兵团及伪蒙军除以先头部队独立混成第 15 旅团沿平绥路向西推进至柴沟堡，直指天镇外，另兵分三路向南、向西挺进：一部由张家口攻兴和，以图集宁；一部由怀安趋阳原，进攻浑源；一部由怀来攻蔚县，直指广灵。这样分进合击，对大同及晋北地区形成了包围态势。9 月 2 日晚，日本关东军混成第 15 旅团抵达天镇县东陲永嘉堡，混成第 2 旅团进到天镇县史家窑一带。9月3日，日军混成第15旅团进攻天镇县砖窑村陆地，激战竟日，晋绥军第213旅第425团伤亡500余人，日军伤亡300余人。9月4日，日军混成第15、第2旅团大举进攻天镇，集中兵力攻击李家寨、罗家山主阵地，晋绥守军伤亡数百人。9月5日，日军猛攻天镇主阵地盘山，激战终夜。9月6日，日军再攻盘山、周家山，并施放毒气。守军第400团伤亡500余人，7日盘山失守，日军兵临天镇城下。9月8日，日军一部进攻天镇城，一部绕过天镇，突袭阳高。9月10日阳高失陷，9月11日弃守天镇。至此，大同的屏障全失。日本关东军察哈尔兵团占领阳高、天镇后，直扑大同，9月11日突破聚乐堡附近阵地，兵临大同城下。此时，由于配合防守大同的部队未能适时到防，大同守军王靖国部兵力薄弱，遂弃城南撤广武、雁门关一线。9月13日，日军占领晋北重镇大同。另一路日军坂垣征四郎第5师团占领察南阳原、蔚县后，分兵进攻山西的广灵。广灵地处晋、察两省之要道，与天镇互为策应。蔚县日军于9月12日击退暖泉镇警戒部队，次日猛攻广灵正面之安头山、洗马庄阵地，并以一部向广灵阵地左翼之伊家店迂回，企图截断中国守军的后路。同时，阳原日军于9月12日进攻广灵西北之火烧岭，9月13日又向刘家沟阵地迂回，因洗马庄阵地被日军突破，守军李仙洲部转移阵地。9月14日，日军攻陷广灵城，遂向浑源、灵丘追击。这样，阎锡山的大同会战计划彻底破产。日军占领大同后，9月17日攻占丰镇、尚希庄，9月24日占领绥东重镇平地泉（集宁），随后继续向绥远进攻。

八路军总部按照与阎锡山的会战计划，为侧击进犯平型关之敌，命令第115师主力于9月中旬，进至平型关以西之大营镇待机。9月25日拂晓，日军第5师团第21旅团主力及师团辎重部队，沿灵丘—平型关公路向西开进，7时许，全部进入第115师的伏击地段。第115师突然开火，勇猛冲击。日军第5师团长坂垣征四郎急令增援，14时许，蔡家峪以东一部日军，与被围在小寨以南的日军会合，在6架飞机掩护下，向老爷庙高地猛扑。第115师

686团冲下公路，在685团协同下，全歼该部日军。此役，八路军第115师共歼灭日军1000余人，缴获日军汽车82辆，取得了全面抗战以来中国军队主动歼敌的第一个大胜利。[1]

平绥路沿线作战历时1个多月，国民党爱国官兵进行了英勇抵抗，延滞了日军的进攻，但以失败告终，日军控制了察南、晋北、绥东，解除了日军南下冀、晋的后顾之忧，使华北防御战局处于不利之态势。

## 三、平汉路北段作战

平汉铁路，北起北平，南至汉口，是贯通华北、华中的大动脉。平汉铁路北段，由北平至安阳，其中涿县、保定地区，是河北的战略要地。

日军在平绥路取得进展后，8月21日起，以第20、第6、第14师团由北平沿平汉铁路南犯，与孙良诚部在良乡城内和房山以北高地发生争夺战。8月27日，孙部转入马头店、琉璃河主阵地与敌对抗。日军攻占南口、居庸关后，日本华北方面军于9月4日制定了《华北会战指导方略》，规定：“以平汉线地区为主决战方面”，“在保定—沧州一线的附近”，“围歼”中国军队。第1军担任平汉线作战，第2军担任津浦线作战。为确保平汉线右侧安全，令第5师团从蔚县南下参加河北中部会战；为确保平汉线左侧安全，令第2军先行向津浦线进攻。日军第1军9月11日下令，于9月14日开始攻击。在第1军发起进攻前，于9月11日，日军第2军占领津浦线马厂、青县，并以一部兵力进占青县南部之兴济镇。

为抵御日军沿平汉、津浦线南下，国民政府军事委员会于8月20日决定：左地区队，为刘峙部第2集团军；右地区队，为宋哲元部第1集团军；总机动队，为第14集团军。8月下旬，又决定：

---

[1] 《毛泽东军事文集》第2卷，军事科学出版社、中央文献出版社1993年版，第68页。

在房山至保定之间构筑三道防御阵地，第一道防线，房山、琉璃河、固安之线，由孙连仲部第26路军配属骑兵第10师防守；第二道防线，易县、涞水、高碑店之线，由曾万钟第3军防守；第三道防线，满城、保定、新安镇之线，由关麟征部第52军防守。

由此，在保定地区，中、日两军拉开了大战架势。

日军第1军，于9月14日从北平附近出发，三路向南进犯。第20师团进攻琉璃河、涿县。第14师团从永清，第6师团从固安，渡过永定河，分别向涿县南部和定兴迂回。孙连仲部第26路军、第47师及骑兵第10师等守军，虽依托阵地，顽强抵抗，但伤亡严重，15日固安失守，17日琉璃河失陷，18日涿县又陷。中国军队南撤，准备保定作战。9月21日起，日军猛攻白洋淀及满城主阵地，激战3日，日军施放窒息性毒气，造成战地附近平民多人中毒。9月22日晚，蒋介石电令刘峙部第2集团军，固守保定及满城各据点。日军于23日，从满城方面突破防线，向保定包围，配合飞机轰炸保定城郊，但未能得逞。9月24日11时，日军第6师团对保定城垣再次发起攻击，攻击前，先由炮兵实施1个小时的轰击，将城打开两道缺口，步兵迅即向保定城发动攻击。刘峙给第52军军长关麟征转达蒋介石的指令“务须固守保定，无令不准撤退”，[1]但该军在日军猛攻下，“不愿将其消耗于河北”，[2]纷纷自动撤退。曾万钟部第3军未遵守固守满城及西北地区的命令，自动向后撤退。24日，刘峙部向安国、望都、曲阳之线撤退，河北省府保定及以北地区全部沦陷日军之手。

保定失陷后，为便于指挥，国民政府军事委员会于9月下旬决定：划平汉路北段为第一战区，由程潜代理司令长官；划津浦路北段为第六战区，冯玉祥为司令长官；撤销石家庄行营。并决定调整部署：由商震（第20集团军总司令）指挥第32军（少第139师）、

---

❶ 郭汝瑰、黄玉章主编：《中国抗日战争正面战场作战记》，江苏人民出版社2002年版，第398页。

❷ 《白崇禧回忆录》，解放军出版社1987年版，第157页。

骑兵第10、第17师，防御平汉线以东、滹沱河南岸；由卫立煌（第14集团军总司令）指挥第14军团（原第27路军）、第14、第3军，与第27、第85、第177、第89师等，防守平汉线正定、石家庄及以西、滹沱河南岸一线；由孙连仲指挥第1军团（少第27师）、第54师及第139师，作为预备队，在平汉路以西之平山以南地区集结。

9月23日，日军第1军司令官决定，以一部兵力迅速向南追击，主力在保定附近休整后再向石家庄进击。同日，日军第20师团步兵第80联队第3大队占领望都。9月25日，日军第1军主力从保定出发，沿平汉路及两侧地区继续南犯，9月底攻陷定县（今定州市）、新乐等地，准备向石家庄进攻。

这样，在平汉线上，由于中国守军第2集团军溃败撤退，日军企图在保定地区与中国守军决战的计划未能实现，只完成了进占石家庄以北至德县一线的作战任务。

10月1日，日军第20、第6、第14师团，以及新加入之第108师团，大举进攻石家庄。此间，由于太原告急，卫立煌奉命由河北增援山西，第1军团等部也撤守娘子关阵地。10月6日，日军猛攻滹沱河阵地东长寿一带，守军独立第46旅鲍刚部激战一昼夜，伤亡殆尽。10月8日，日军进攻正定，守军拼死抵抗，伤亡惨重。当日，正定失陷，日军强渡滹沱河，国民党军队南撤。10月10日，日军第14师团进占石家庄。第二天，日军第20师团占领井陉。接着，日军一部沿正太铁路西犯，10月下旬攻陷娘子关。沿平汉路南下的日军10月15日攻占顺德（今邢台），17日、18日占领邯郸、磁县。10月19日，日军第14师团从武安以南强渡漳河，守军关麟征部第52军与日军展开激战，经两昼夜，伤亡重大，双方在丰乐、安阳间形成对峙。为牵制入晋日军，宋哲元部第1集团军侧击平汉线，11月6日开始攻击，连克沙河、任县和顺德以北官庄车站，并攻击顺德城，切断了平汉路。这时，日军集中第108、第14师团等部，夹击进逼顺德的中国军队，同时，从邯郸、磁县方面，向大名反击。11 月 8 日，任县复陷。11 月 11 日，大名、广平失陷。至此，宋哲元部第 1 集团军退守卫河南岸。

平汉路北段作为主战场，其作战失利使华北战局发生逆转，直接影响了平绥路作战和津浦路作战。

## 四、津浦路北段作战

津浦铁路，北起天津，南至浦口，是贯通华北、华东的交通大动脉。由天津至黄河，为津浦路北段。

如前述，在日军第 1 军沿平汉路南犯的同时，日军第 2 军根据华北方面军“迅速进入沧县以南，之后以主力准备向保定南侧前进”的命令，由第 10 师团沿津浦铁路南进，以占领沧县；由第 109、第 16 师团沿子牙河向南进攻。

为加强沧县地区的防御，中国第 1 集团军根据军委会“在沧县附近抵抗”的命令，调整部署，下令：由第 40 军第 39 师、第 59 军第 38 师、第 77 军第 109 师、第 49 军（少第 109 师）等部，在刘各庄、姚官屯、李天木一线设防；由第 49 军第 109 师担任预备队，位于沧县以南地区；而由第 67 军在文安、大城一带，侧击日军，以策应正面作战。

8 月 7 日，日军一部进击独流镇。9 月 4 日起，日军攻取唐官屯、子牙镇阵地。9 月 10 日，日军突破马厂正面阵地，庞炳勋部第 39 军在姚官屯东西占领阵地，掩护宋哲元部第 59 军（原第 29 军改编）向娘娘河南岸一线撤退。日军占领马厂后，第 10 师团于 9 月 21 日起配合飞机、重炮，进攻第 39 军主阵地姚官屯，激战两昼夜，日军突破第一线阵地。23 日，日军向姚官屯等地第二线阵地进攻。日军以航空机群连续轰炸、扫射守军阵地、后方及两翼，炮兵集中火力进行轰击，以坦克、装甲车掩护步兵进攻。中国守军阵地被毁，伤亡较大，至 23 日上午，日军突破了姚官屯与东花园阵地。第 3 军团第 109 师第 654、第 653 团奉命增援，激战至 17 时，将日军逐出阵地。9 月 24 日拂晓前，日军主力向姚官屯、大姜庄、东西花园猛攻。中国守军用刺刀与日军拼杀，混战一团。第1集团军令第一线部队死守；令以第59军派1个旅兵力策应马落坡；令总预备队派1个旅兵力策应第一线作战。24日14时，日军连续进攻第109师阵地，经苦战，东西花园阵地被突破，姚官屯、大姜庄失守。至24日20时，中国守军全线动摇，第49军第109师固守沧县，其他各部向捷城河岸撤退。9月25日晨，日军占领沧县城。

日军第10师团占领沧县后继续沿津浦路向南进攻。同时，日军第16师团9月20日起进攻大城，中国守军第67军吴克仁部在大城、文安间与敌激战3天，伤亡甚重，日军于23日占领大城，随后继续沿子牙河向南进攻。

在这种情况下，蒋介石决定：将津浦线北段划为第六战区，急调冯玉祥为司令长官，指挥第1集团军、第3集团军继续抗敌。冯玉祥匆匆赶赴德县以北之桑园指挥作战，以第1集团军一部兵力，在冯家口、泊头、东光等地，逐次抵抗。日军于9月25日，占领捷地镇东西一线。冯玉祥根据军委会“各部队务于桑园、德县以北择地固守”的电令，令盐山、南皮一线部队进击日军侧背，以减轻东光、连镇一带第77军的压力。9月27日，日军第16师团占领献县，第10师团由运河东西两侧、津浦路以东，兵分三路，向德县进攻。中国军队第40、第49、第59军及第43师等部，于9月29日向冯家口一带之日军侧翼，实施反击。10月1日，第40军1个旅袭击泊头，第49军2个旅攻占冯家口、夏口，跟踪日军，向东光方面进击；由于东光方向部队已提前于9月29日放弃东光，南撤百余里，因此，未能收大效。10月1日，占领东光、连镇的日军进占桑园。同日，中国守军第1集团军各部沿津浦路东侧向南撤退。10月3日开始，日军第10师团进攻（山东）德县。军委会急令第3军团调2个师增援，但当日军兵临德县城下时，只有第12军之第81师485团及时赶到。日军猛烈攻城，该团虽奋力抵抗，但牺牲巨大，孤立无援，余部向徒骇河南岸撤退。10月5日，日军占领德县城。

从“七七”事变到11月中下旬，国民党军队在华北战场败退，河北、察哈尔全境沦陷。日军铁蹄所至，河北等地和平居民惨遭血腥屠杀。9月24日，日军侵占保定，屠杀居民3000余人。10月8日，日军占领正定，两三天内在县城及近郊13个村（街），杀害居民1609人，重伤103人，烧毁房屋106间，抢走牲畜80多头。10月12日，日军攻占藁城县梅花镇，屠杀居民1547人，占全镇人口60%，46户被杀绝。10月24日、11月5日，日军在成安县城及附近村庄进行两次大屠杀，杀害居民5200余人，仅在城内就杀害3718人，烧毁房屋1200余间。11月14日，日军在广平城附近村庄屠杀居民2000余人。11月15日，日军在邱县城内杀害居民800余人。

虽然蒋介石国民政府积极抗战，广大爱国官兵英勇作战，为国捐躯，但最终因战败而撤退。分析其原因，主要是：（1）国民政府准备不足。如南口、张家口之战，在日军进攻在即之时，蒋介石才于7月中下旬临时着手部署，汤恩伯奉命到达南口防地时，没有任何工事，只得临时勘察布防。这样仓促应战，必然被动挨打。（2）蒋介石实行单纯依靠军队与政府、压制人民的片面抗战路线和单纯阵地战的消极防御方针。综观上述平绥、平汉、津浦三铁路作战的过程，不论国民政府军事委员会，还是各集团军，其作战的指导思想可以概括为：军队的“守”“撤”两个字。由于准备不足，往往直到日军部署就绪后，才急忙调动军队“固守”“阻止”，无法死守时，又慌忙令其“撤守”“后退”。在上述战役、战斗中，没有能够充分利用有利的地形或战机，主动实施突击，以先机制敌。（3）参战部队指挥不统一，配合协调不好。以平绥铁路作战为例，中国参战部队派系不同，除蒋介石嫡系汤恩伯第13军外，有河北民军朱怀冰94师，陕西地方部队高桂兹84师、李先洲21师，晋绥军陈长捷22师、马延怀独立第7旅等。各部队对敌作战打得都很顽强，而各部队高级将领往往为保存实力，而配合协同作战较差，有的不听指挥。如刘汝明，为保察哈尔省地盘，不允许汤恩伯在宣化设立前敌总指挥部，多次阻止参加南口作战部队经过张家口，在南口危机时，他又拒绝由陕西米脂驰援的高双成师过境，因此干扰了战役正常进行。（4）敌强我弱。日军有机械化装备，训练有素。中国军队武器装备、训练落后，通信联络不良，有时指挥机关失掉联络，甚至部署、行动被敌侦知。这是造成作战失利的一个重要原因。

上述作战，虽然国民党军队败退，但意义和作用还是很大的。首先，挫伤了日军的气焰，打乱了日军侵华的计划。战争开始，日军军部宣称在华北两星期占领大同，一个月攻下山西全省，至多3个月即可迫使中国投降。并具体规定：“在8月12日左右，由铃木兵团消灭南口之敌，一举夺取八达岭。”[1]由于中国军队的顽强抵抗，到8月25日，日军才占领了南口；到11月8日，日军才攻下山西太原。其次，广大爱国官兵表现出的血战到底、宁死不屈的民族精神，鼓舞了全国人民的抗战热情和斗志。如南口作战，中国守军以寡敌众，以弱敌强，坚守阵地18个日夜，“在敌人炽烈的炮火和大规模使用毒气的进攻下，他们名副其实地战斗到最后一个人”，不管阵地事实上的失却，“这一页光荣的战史，将永远与长城各口抗战、淞沪两次战役鼎足三立，长久活在每一个中华儿女的心中”。[2]最后，国民党军的正面防御作战，对于中国共产党、八路军向华北敌后进攻，开辟敌后抗日战场、建立敌后抗日根据地，在战略上创造了有利的时机与条件。

---

❶ 日本防卫厅防卫研究所战史室：《中国事变陆军作战史》第1卷第1分册，田琪之译，中华书局1981年版，第216页。

❷ 《南口的失守》，《解放》周刊第1集第1卷第15期。

## 第三节　日伪政权与日伪团体的建立

### 一、建立伪政权

为灭亡中国，日本帝国主义采取“以华制华”“分而治之”的政策。攻占一个地方，很快网罗亲日派政客，建立伪政权、伪组织，巩固殖民统治，加强对中国人民的镇压和掠夺。

日军占领平津后，于7月30日，成立北平“治安维持会”，由原袁世凯的步兵统领江朝宗任会长；8月1日，成立天津地方“治安维持会”，由前直隶军阀政客高凌霨[1]主持。8月12日，日本陆军统帅部制定了《华北政务指导纲要》，规定：“作战的后方地区的政务指导应严格去掉敌国的观念”，以“依靠中国人建设新中国”为上策，行政机关“要由居民自主产生”。9月4日，日本华北方面军任命喜多诚一为特务机关长，统领华北各地特务机关，扶植亲日派政客组织傀儡政权，综合指导各项政务事项，“为实现日满华提携和共荣奠定基础”。[2]9月6日，冈本直三郎（日本华北方面军参谋长）指示喜多诚一：“关于建立华北政权的准备，暂建立政务执行机关，以统治现在及将来的军占领区的中国方面各机关，且尽量使之成为将来华北政权的基础。”[3]

据此，9月25日，日本华北方面军特务部制定了《关于建立华北政权的方案》，规定：“适应时局的发展，及时在华北建立以防共亲日满为政纲的政权”；“新政权虽然实质上是与南京政权分开的，但开始即勿使其声明独立或进行易帜的态度”。并具体规定：“当达

[1] 高凌霨（1868~1940年），字泽畬，晚年别号苍桧，天津人，光绪甲午（1894年）科举人，民国政客，曾任国务院内务总长兼代国务总理摄行大总统等职。抗战期间，投靠日本。

[2] 日本防卫厅防卫研究所战史室：《中国事变陆军作战史》第1卷第2分册，齐福霖译，中华书局1981年版，第125页。

[3] 日本防卫厅战史室编：《华北治安战》（上），天津人民出版社1982年中译本，第50页。

到占领河北省大半时，即建立察哈尔省政府、河北省政府、天津市政府及统一的华北政权（加强北平市政府）”；“各省、市政府的组织，大致援用原来组织标准”；“使各政府聘请少数有能力的日本人为顾问”；“当能包括山东、山西时，即扩大为统一政权”。10月22日，日本华北方面军特务部召开首脑会议，决定了如下构想：“以在华北建立的政权作为真正的中国政权”，“政体定为民主制，最初以委员制开始工作，但应以尽速转为总统制”，“以吸收了王道和道教的新（亲）民精神为指导思想”。[1]11月14日，制定成《华北政务指导计划案》，由特务部总务科长根本博大佐于24日赴东京报告。

伪中华民国临时政府原拟1938年1月1日成立。但国民政府首都南京在1937年12月13日陷落，日本军部认为这是“国府将崩溃”的标志，在此时机成立统一的伪政权，具有“新陈代谢”的意义，因此，决定提前成立伪中华民国临时政府。

1937年12月14日，即南京失陷的第二天，日本侵略者在北平中南海居仁堂举行了伪中华民国临时政府成立典礼。宣布“临时政府”的“国旗”，为北京政府时期的五色旗；“国歌”为“卿云歌”；继承中华民国年号；定都北平，将北平改称“北京”。会上，发表了伪《中华民国临时政府成立宣言》。“宣言”攻击抗日的国民党政府“反复容共”，“倒行逆施”，“构衅邻邦”，“同种相噬”。并宣布了伪临时政府的施政方针，宣称：在北京树立临时政府，“旨在煎涤污秽党治，同时绝对排除共党主义，发扬东亚道德，辑睦世界友邦，开发产业，使民生向上，厘定权责，使中外相安”。[2]揭穿了其施政方针就是：灭党（国民党）、除共（共产党）、睦邦（中日亲善提携）。

按照伪《中华民国临时政府组织大纲》，伪临时政府实行英美

---

[1] 日本防卫厅防卫研究所战史室：《中国事变陆军作战史》第1卷第1分册，田琪之译，中华书局1981年版，第125~126页。

[2] 伪《中华民国临时政府成立宣言》（1937年12月14日），载中国第二历史档案馆编：《中华民国档案资料汇编》第5辑第2编附录上，第20~21页。

等国的三权分立的体制，抛弃南京国民政府的五院制；伪临时政府由议政、行政、司法三个委员会组成，分别由汤尔和、王克敏、董康任委员长，以王克敏、王揖唐、董康、齐燮元、朱琛为常务委员会委员；“元首”暂留空位，而以“行政委员长代表中华民国临时政府”。伪临时政府之主体行政委员会，下设5个部：行政部，部长王克敏；治安部，部长齐燮元；教育部，部长汤尔和；司法部，部长朱琛；赈济部，部长王揖唐。后来，行政部改为内政部，各部长改称总长；增设财政部，汪时璟为总长，实业部，王荫泰任总长。伪临时政府下辖：伪河北、山东、山西、河南四个省公署；伪北京、天津、青岛特别市政府，以及伪威海卫行政专员公署、苏北专员公署。

12月24日，日本内阁决定了《事变处理大纲》，有两点特别值得注意：一是它暴露了日本政府将华北政权扩展为全中国政权，并配备日系官吏，以加强控制的强烈意图；二是它反映了日本政府成立国策会社，以管理、开发、掠夺华北经济的热切期望。

伪临时政府成立后，1938年1月1日，伪河北省公署在天津成立，由高凌霨任伪省长。同年2月1日，伪冀东防共自治政府与伪中华民国临时政府合并，“日满两帝国与冀东防共自治政府之间缔结的契约上之义务，则中华民国临时政府继承”，伪冀东政务长官池宗墨出任伪临时政府参议。至此，冀东22县并入伪河北省。伪河北省公署下辖：伪保定、冀东、冀南、津海四个“道公署”，分别于4月10日、21日和6月1日、6日成立，企图统治范围有2市131县（设置局、办事处）。伪冀东道公署驻唐山市（1938年1月28日设伪市政府，4月1日改伪市公署），下辖：通县、昌平、密云、顺义、怀柔、平谷（此6县今划归北京市）、宝坻、蓟县（此2县今划归天津市）、丰润、滦县、遵化、迁安、昌黎、乐亭、宁河、玉田、抚宁、临榆、三河、香河、卢龙及兴隆办事处。伪津海道公署驻沧县（今沧州市和沧县），下辖：天津（今天津市郊）、静海（今划归天津市）、宛平、房山、良乡、大兴（此4县今划归北京市)、涿县、霸县、任丘、交河(今属泊头市)、盐山、吴桥、景县、枣强、冀县、南宫、安次(今属廊坊市)、固安、永清、文安、新镇、大城、青县、肃宁、南皮、东光、阜城、武邑、衡水、新河、故城、新海设治局(今黄骅市)、宁津、庆云(此2县今属山东省)。伪保定道公署驻清苑县(今保定市和清苑县),下辖:石门市(今石家庄市,1938年1月15日设伪市公署筹备处,1939年10月13日成立伪市公署)、定县、正定、获鹿(今鹿泉)、束鹿、深县、易县、定兴、新城、蠡县、安国、饶阳、藁城、满城、徐水、涞源、涞水、容城、雄县、安新、高阳、博野、望都、完县(今顺平)、唐县、曲阳、行唐、灵寿、新乐、井陉、无极、深泽、安平、武强、晋县、栾城。伪冀南道公署驻邢台县(今邢台市),下辖:南乐、清丰、濮阳、长垣(此4县今划归河南省)、东明(今划归山东省)、邯郸、磁县、大名、永年、曲周、宁晋、赵县、元氏、赞皇、高邑、柏乡、临城、内邱、巨鹿、任县、南和、沙河、鸡泽、平乡、广宗、威县、清河、肥乡、广平、成安,及隆平、尧山(此2县今并为隆尧县)。

1937年9月4日,日本关东军在张家口成立伪察南自治政府,辖察南10县,于品卿、杜运宇为最高“委员”。10月15日,在大同(山西省)成立伪晋北自治政府,辖雁北13县,夏恭为最高“委员”。10月28日,在归绥(原属绥远省)成立伪蒙古联盟自治政府,云王(云端旺楚克)、德王(德穆楚克栋鲁普)任正副“主席”,辖察哈尔、乌兰察布、锡林郭勒、伊克昭、巴彦塔拉等5盟,厚和(即归绥)、包头两特别市。

三政权紧锣密鼓地成立期间,日本关东军于1937年10月1日发布了《蒙疆方面政治工作指导大纲》。10月4日,关东军司令官植田谦吉大将训令“蒙疆”各特务机关长遵照执行。同日,关东军参谋长东条英机指示张家口特务机关长松太久郎,要求三政权“联合委员会”应“尽快设立”,并对“蒙疆”地区的经济资源开发与管理及与“满洲”、华北两政权的关系,作了如下具体指令:平绥路虽属联合委员会管理，但目前应由“满铁”华北支局在张家口设立铁道局管理其业务；币制及金融机构的统一，应首先扩大改组察南银行，将来俟时机成熟普遍改变名称，并应进行有关事项的研究；在确定鸦片、盐务政策时，应特别注意筹划“蒙疆”方面的财源，并应注意财源及粮食流入我管辖区以外的中国地方；其他矿山资源的开发，目前龙烟铁矿应以兴中公司为中心，下花园、大同煤应速作调查，促进开发准备工作。❶

据此指导大纲，关东军操纵三个伪政权代表，于1937年11月22日，在张家口改组为伪蒙疆联合委员会。该伪联合委员会，由总委员会和金融、产业、交通等专门委员会组成，以金井章次（关东军）为最高顾问，并代行总务委员会委员长职务，统一管理三个伪政权。第二年7月，各专门委员会改称部，并增设民政、财务、警务等部。伪蒙疆政权的管辖范围，今属河北省者有：张家口市，宣化、康保、张北、尚义、万全、阳原、崇礼、怀安、涿鹿、蔚县、怀来、沽源、赤城等县。

在三个伪政权联合委员会成立的当天，三个伪自治政府代表向关东军司令官呈送了如下秘密函件：

> 一、蒙疆地方的本委员会应处理的一切命令及执行的政务，须适应贵军占领地的军事要求，因此，请求贵军给以大力协助，特请贵军司令官在幕后指导方面给予深切的关怀。
>
> 二、本委员会的最高顾问、参议、顾问及委员会职员中的主要成员，请由贵司令官推荐日满两国人员充任。
>
> 三、本委员会所管理及统辖的重要交通和重要矿业，根据需要，可委托贵司令官指定日满各机关分别经营，或合并经

---

❶ 日本防卫厅战史室编：《华北治安战》（上），中译本，天津人民出版社1982年版，第59~60页。

营，对此给以方便。[1]

关东军司令官接到上述函件，于11月25日秘密函复：“拟在我方可能范围内，尽力给以协助。”12月27日，日军“蒙疆兵团司令部”成立后，关东军司令官又于12月30日函致三个伪自治政权代表，通知关于11月25日秘密公文中的“关东军司令官”，改为“蒙疆兵团司令官”。[2]这样，就以秘密换文的方式，规定了日蒙之间的基本关系，确定了关东军及驻蒙兵团的领导权。

## 二、成立伪群众团体“新民会”

“七七”事变后，日本帝国主义为在华北占领区泯灭中国民众的抗日意志，实施殖民统治，日军每占领一地，就由宣抚班组织伪治安维持会，进行亲日的思想宣传。但由于它的侵略性过于显露，日本帝国主义决定采取更为“以华治华”的方略，在成立伪中华民国临时政府之后仅仅十天，即于1937年12月24日，在北平成立了与伪临时政府“表里一体”的伪中华民国新民会。

伪新民会是一个完全按照日本侵略者的决策设计，以所谓“民众团体”的身份，打着所谓“新民精神”的旗号，对民众“恩威兼施”，使民众一切服从指挥，做日本占领军及其傀儡政权的顺民的特务汉奸组织。

伪新民会的决策、设计与组织者是日本华北方面军特务机关。日本华北方面军特务机关部部长喜多诚一认为：应该成立一个所谓“民众团体”，来赞助伪临时政府推行王道运动。但“‘王道’一词听起来太古老了”，不便于“向公众宣传”。因此，喜多诚一主张将“王道”一词改称为“新民主义”。而“‘新民’一词，听起来比较

---

[1] 日本防卫厅战史室编：《华北治安战》（上），中译本，天津人民出版社1982年版，第61~62页。

[2] 日本防卫厅防卫研究所战史室：《中国事变陆军作战史》第1卷第2分册，齐福霖译，中华书局1981年版，第130页。

现代化”，所以，他也主张该“民众团体”，应“采用新的名称”。[1]

在这里，喜多诚一纯粹是盗用儒家经典，塞进近代殖民思想的黑货。“新民”一词，出于中国古代儒家经典《大学》中，讲的是教人的道理，所谓：“大学之道，在明明德，在新民，在止于至善。”而日本侵略者所谓“新民”，不过是“恩威兼施”，迫使民众做日本占领军及其傀儡政权的百依百顺的顺民而已。

喜多诚一为了使该伪民众团体尽快组建起来，特在原北平高等法院档案管理处设置伪中华民国新民会筹备处，特邀小泽开策、张燕卿具体筹划，请张燕卿出任筹备委员长。由于小泽开策原是伪满协和会发起人，张燕卿曾长期以伪满实业总长、外交总长等身份兼任伪满协和会的理事长。所以，借用组织伪满协和会之经验，迅速在华北网罗起伪新民会。

伪中华民国新民会，于1937年12月24日在北平中南海怀仁堂宣布成立。会上，由张燕卿宣读伪《中华民国新民会宣言》，颠倒黑白，大肆攻击抗日的南京国民政府“倒行逆施”，造成了“战祸弥漫”。宣称成立伪新民会，“确系中国民众蹲起”，“协助新政权，救祖国之危急”。宣布伪新民会纲领：“首应发扬东方文化道德，彰显先哲遗训，进而剿灭国共两党妄想邪说主义。本诸新民，以畅达民意，开发地产，以安民生。本会与新政权表里一体，率先对其拥护，成为反共战线之斗士。努力于民力之涵养，更向比邻共荣之现实迈进，借以对世界大和平有所贡献也。”[2]这个“宣言”，充分暴露了成立伪新民会的主旨与目的，就是与伪政权“表里一体”，“协助”伪政权，“剿灭国共两党”，向所谓中日“共荣”“迈进”。伪临时政府行政委员会委员长王克敏在大会致辞中，大赞伪新民会的宗旨，“实与新政权表里一体”，“新民会纲领五则，与新政权之主义主张，完全一致”。因此，伪新民会的任务，就是“纳众庶于

---

[1] ［美］约翰·亨特·博伊尔：《中日战争时期的通敌内幕（1937~1945）》上册，陈体芳译，商务印书馆1978年版，第121页。

[2] 《庸报》，1937年12月25日。

轨物”，用日本占领军及其傀儡政权制定的“良轨懿范”，“整齐”民众，“宣导”民众，“完成其新民政治”，使日伪殖民统治“基业永固”。[1]日本华北方面军特务机关部部长喜多诚一在致辞中，声称伪新民会之成立，“实为朝野融然合一”，“可谓在中国政治史上，未见先例之创造政治，其成果可得而期待”。日本华北方面军司令官寺内寿一发电贺，要求“政府与民众表里一体而结成之新民会，发扬东洋传来之精神，而图日满华之共荣，与剿共灭党之成效”。[2]

伪新民会成立之日，即宣布了伪《中华民国新民会章程》。“章程”共10章32条。[3]

日本华北方面军特务机关部操纵成立的伪新民会，以民众团体作标榜，实际上是纲领、组织十分完备的地道的汉奸特务组织。伪新民会成立后，迅即成立了其伪中央机关。按规定，伪新民会会长由伪临时政府行政委员会委员长王克敏担任，但因王推诿而暂空，张燕卿出任副会长。伪中央指导部部长由新近叛国分子原国民党中央执行委员会委员缪斌担任，次长由日本人早川三郎担任。在伪中央指导部设总务、厚生、教化三部，分别由小泽开策、缪斌、宋介任部长。不久，伪新民会中央指导部又制定了“会旗”与“会歌”。

伪新民会成立时，仅有20多人，因此，其伪中央机关建立后，立即加紧建立了直属组织，除“新民学院”外，1938年3月成立“新民青年实施委员会”，1938年5月建立“中央青年训练所”等。并在其华北占领区相继组建各省、道、县伪新民会指导部。截至1939年12月10日，共建立“首都”与河北、河南、山西、山东、冀南、冀东、保定、鲁西、鲁南、鲁北等“省、道中央直辖指导部”计18个，“县、市指导部”计98个。[4]与此同时，伪新民会自

[1]《庸报》，1937年12月25日。
[2]《庸报》，1937年12月25日。
[3]《庸报》，1937年12月24日。
[4] 中央指导部总务科资料室：《回顾本年度会工作》，《新民会报》第48号，1939年12月20日。

1938年4月起，面向社会征求会员，包括：开设青年训练所；为建设乡村做准备，设置实验村；指导分会的组成；扶植农村合作社等。至1939年末，组成分会292个，分会会员125582人；开设青年训练所115个，毕业人数为12822人；青年团58个，团员260337人；少年团及少女团86个，团员49275人；合作社由1937年末从临时政府手中接收的1975个，增为1939年末的4104个，社员总数为143531人。[1]

伪新民会河北省指导部于1938年4月3日成立，钮传善任指导部长，下辖保定、津海、冀东、冀南四道指导部。道指导部没有统辖县指导部的权力，县指导部由省指导部直辖。各县指导部成立的时间也不尽一致。据日方资料，1939年，保定道17县中，在新城县，日军1938年11月25日在高碑店开设青年训练所，12月24日新城县伪新民会指导部成立；在望都县，日军于1938年初在县城设立伪政权，当时，头目孙永茂向伪新民会中央指导部请求设望都县“新民会”指导部，因此“中央指导部”派员赴望都策划成立伪新民会。但是，3月14日，孙永茂被投诚抗日的原望都县伪警防队逮捕，成立望都县伪新民会指导部的事遂流产，后于同年4月，伪新民会中央指导部又派日本人深水五龙到望都，至6月，才组成望都县伪新民会指导部。

日本侵略者建立伪政权和伪民众团体实施殖民统治的计划，遭到中国一切抗日阶级、阶层人民的坚决反对，特别是共产党、八路军及其抗日根据地人民的有力打击。1938年底，日军在华北恢复“治安”的地区，实际上其势力所及只限于重要城市周围及狭窄的铁路沿线地区，河北省131县（设治局、办事处）中，只能控制77座县城及附近地区。

---

[1] 日本防卫厅战史室编：《华北治安战》（上），中译本，天津人民出版社1982年版，第192~193页。

# 第九章　敌后河北各抗日根据地的创建

## 第一节　敌后抗日根据地的开辟

### 一、中共中央的决策与部署

在全国抗战刚刚爆发的历史转折关头，1937年8月22~25日，中共中央在陕西省洛川县冯家村（红军总部驻地）举行了政治局扩大会议。根据毛泽东的报告，会议通过了《关于目前形势与党的任务的决定》《抗日救国十大纲领》等决议，决定：坚持统一战线中的无产阶级领导权，在战区和敌后，放手发动独立自主的山地游击战，以配合正面战场，开辟敌后战场，建立敌后抗日根据地，并以减租减息作为抗战时期解决农民问题的基本政策。

为进一步解决全党全军对抗日游击战略的认识问题，在此前后，毛泽东着重阐明了三个问题。

（1）坚持华北独立自主山地游击战的原则。毛泽东于1937年9月12日致电彭德怀，指出这种游击战的基本原则，包括：依照情况使用兵力的自由；红军有发动群众创造根据地组织义勇军之自由；地方政权与邻近友军不得干涉，南京只作战略决定，红军有执行此战略之一切自由；坚持依傍山地与不打硬仗的原则。只有这样，八路军才能充分发挥伟大作用。[1]

---

[1]《毛泽东军事文选》，解放军出版社1981年版，第81页。

（2）游击战争的战略地位。1937年9月21日，毛泽东致电彭德怀，强调："今日红军在决战问题上不起任何决定作用，而有一种自己的拿手好戏，在这种拿手好戏中一定能起决定作用，这就是真正独立自主的山地游击战（不是运动战）。"因此，"就要战略上有力部队处于敌之侧翼，就要以创造根据地发动群众为主"。这是"决定的制胜敌人，援助友军的唯一无二的办法"。[1]9月25日，毛泽东在致周恩来并刘少奇等的电报中，又强调："整个华北工作，应以游击战争为唯一方向。一切工作，例如兵运、统一战线，等等，应环绕于游击战争。"[2]

（3）八路军在华北的部署。八路军出师华北时，中共中央预定全部主力进至恒山山脉，建立根据地，配合国民党保卫华北。当八路军向恒山地区开进时，日军已闯入晋北，华北战场国民党军队的溃败已见端倪。9月16日、17日，毛泽东致电八路军总部，改变原计划，决定三个师分散配置：第115师进至晋东北，以五台山为活动中心；第120师开赴晋西北，以管涔山和吕梁山为活动中心；第129师转至晋东南，以太行山为活动中心。指出，这样便于八路军在战略上展开于日军的侧翼和后方，真正开展独立自主山地游击战，钳制日军进攻太原和南下。[3]10月21日，八路军总部又决定第115师主力于适当时机南移，聂荣臻率一部兵力，以五台山为中心，在晋察冀三省边区创建抗日根据地。太原失陷后，八路军总部根据中共中央、毛泽东于11月8日、9日、13日关于分兵深入敌后，实行战略展开的指示，进一步调整了部署：第115师主力转至吕梁山脉，创建晋西南抗日根据地；第120师进入管涔山脉，创建晋西北抗日根据地；总部率129师转至太行山脉，创建晋冀豫抗日根据地。[4]

---

❶《毛泽东军事文选》，解放军出版社1981年版，第64页。
❷《毛泽东军事文选》，解放军出版社1981年版，第85页。
❸《毛泽东军事文选》，解放军出版社1981年版，第83~84页。
❹《毛泽东军事文选》，解放军出版社1981年版，第88页。

河北省地处华北抗战的前哨与纽带地位，北部有燕山山脉，西北部有恒山、五台山脉，西部有太行山脉，并与冀东、冀中、冀南大平原相连，物产丰富，交通便利，工商业和文化教育较为发达。在人力、物力和资源上，平原可以支援山地；在地形上，山地可以掩护平原。平原与山地互相支撑、互为依托，为建立敌后抗日根据地提供了有利地形和物质条件。

中国共产党在河北等地有长期的工作基础，群众有很好的革命传统和经验。从 20 世纪 20 年代起，在李大钊等人领导下，就以北平、天津为中心，在冀东、冀中、冀西、冀南等地建立了中国共产党的组织。在中国共产党领导、影响下，河北爆发了多次工农群众反帝反封建的英勇斗争。至抗战爆发前，河北等地共产党组织得到恢复和发展，华北城乡已有共产党员 7000 余人，其中在京东地区发展为 460 余人，在保定地区发展为 800 余人。“七七”事变后，河北人民首先遭到日本侵略者的践踏和蹂躏。河北工人、农民和各阶层人民强烈要求保家卫国、武装抗日。

抗战开始后，河北很快沦为日军的后方。但当时，日军正处于战略进攻时期，急于南下、西进，加之其兵力不足，无暇后顾。因而，在铁路干线及重要城市以外，河北与其邻省边区的广大农村，国民党旧政权迅速瓦解，而日军无法经常占领，敌伪统治秩序尚未建立起来，成为空隙地带。这种状况，恰是建立敌后抗日根据地的有利时机。

河北等地的战略地位极为重要。中国共产党在河北及其邻省边区建立抗日根据地，能够使八路军分兵深入敌后建立的晋察冀、冀中、晋西北、晋冀豫、冀南及山东、冀鲁豫等抗日根据地，相互呼应，密切配合，把日军后方变为抗日前线，在战略上形成对日军的犬牙交错的包围态势；可以控制平汉、平绥、津浦、正太、北宁等铁路干线，阻断日军的运输大动脉，威胁日军华北大本营北平、天津及唐山、张家口、保定、石家庄、太原等战略要点；可以北越长城，威胁伪满洲国，扼住山海关之日军的咽喉要道。这如同在华北日军的心脏插入一把尖刀，使它忍受巨大威胁和痛苦，钳制日军巨大兵力，成为坚持敌后华北抗战的坚强堡垒，给国民党军队正面战场以有力的战略支援。将来，还可以成为反攻作战，收复东北失地的重要的前进阵地。

鉴于抗战爆发前后的政治局势和河北等地的重要战略地位，中共中央认为在河北及其邻省边区建立抗日根据地有着伟大的意义和光明的前途。还在“七七”事变前夕，中共中央在延安召开的白区工作会议上就决定：派李运昌到天津组建新的河北省委（敌后），李运昌任书记，马辉之任组织部长，李大章任宣传部长，统一领导冀东和平津地区党的工作；派李菁玉在石家庄组建平汉线省委，由李菁玉任书记，组织部长刘秀峰，宣传部长李雪峰，统一领导平汉铁路北平至安阳段两侧地区党的工作。“七七”事变的第二天，中共中央在《关于卢沟桥事变后华北工作方针问题》的指示中，要求：立即在平绥、平津以东地区，着手组织义勇军，准备进行艰苦的游击战争。9月3日，毛泽东致电周恩来等，请他与彭德怀同阎锡山交涉八路军的活动地区，提出：河北的石家庄、山西的太原、察哈尔的张家口之间21个县的全部或部分地区，为第115师、第120师的活动地区。八路军到达抗日前线后，毛泽东根据华北战局的急剧变化，在9月24日给中共中央军委华北军分会转北方局的指示中又指出：山西地方党“应以全力布置恒山、五台、管涔三大山脉之游击战争，而重点于五台山脉”。[1]9月25日，毛泽东在《关于整个华北工作应以游击战争为唯一方向的指示》中，强调：“应令河北党注全力于游击战争，借着红军抗战的声威，发动全华北党（包括山东在内）动员群众，收编散兵散枪，普遍地但是有计划地组织游击队。”“要设想在敌整个占领华北后，我们能坚持广泛有力

---

[1] 晋察冀抗日根据地史实丛书编审委员会、中央档案馆编：《晋察冀抗日根据地》第1册（文献选编上），中共党史资料出版社1989年版，第46页。

的游击战争。”[1]10月25日，朱德、彭德怀、任弼时联名致电毛泽东《关于冀察晋绥军事部署的报告》，首次提出：“平绥以南、同蒲以东、正太以北、平汉以西为晋察冀军区”；“正太路以南、同蒲以东、平汉以西、黄河以北为晋冀豫军区”；“晋西南成立军分区”。[2]次日，毛泽东代表中共中央，正式批准了这一具有重要历史意义的决策。

根据中共中央的部署，以刘少奇为首的北方局指示各级党委撤出城市，迅速转入农村进行工作，放手发展抗日武装，开展游击战争，建立巩固的抗日游击战争的根据地和抗日政权。

## 二、首创晋察冀边区抗日根据地

晋察冀边区最初限于平汉、平绥、同蒲、正太铁路中间的晋东北、察南、冀西的山地、半山地。它成立时，辖36个县，其中21个县在今河北境内。

根据中共中央的部署，八路军总部在平型关作战前，即派罗荣桓率第115师政治机关、骑兵营及教导队，开赴阜平、曲阳等地，协同中共地方组织着手创立根据地的准备工作。随着华北战局的变化，中共晋察冀省委于9月26日在阜平县成立，赵振声（李葆华）任书记，刘秀峰任宣传部长，王平任武装部长。10月21日，八路军总部决定率第115师主力南下驰援国民党军队的忻口会战，第115师政治委员聂荣臻留守五台山区创建晋察冀边区抗日根据地。当时，留下的部队有：第115师独立团及教导队、骑兵营，八路军总部特务团团直大部和第3营两个连，第343旅和第120师工作团，共约3000人。10月27日，在山西五台成立以聂荣臻为首的

---

[1] 晋察冀抗日根据地史实丛书编审委员会、中央档案馆编：《晋察冀抗日根据地》第1册（文献选编上），中共党史资料出版社1989年版，第47页。

[2] 晋察冀抗日根据地史实丛书编审委员会、中央档案馆编：《晋察冀抗日根据地》第1册（文献选编上），中共党史资料出版社1989年版，第49~50页，文中“晋冀鲁豫军区”，应为“晋冀豫军区”。

晋察冀军区司令部。当时，分兵深入到晋东北、冀西、察南地区，大刀阔斧地展开创建根据地的工作。

杨成武率领独立团向冀察边界发展。10 月 10 日，攻克涞源城。10 月 15 日，在广灵、灵丘间的冯家沟歼敌 100 多人，乘胜收复广平、灵丘、浑源、蔚县、阳原、易县等城。月底，独立团发展到 7000 人，扩编为独立第 1 师（后改称支队），建立了县、区、村各级抗日政权。这样，打开了晋察冀边区北部地区的局面。

赵尔陆率领总部特务团两个连与军政工作团，开赴晋东北地区，与原五台县长宋劭文（共产党员）相配合，通过“民族革命战争战地动员委员会”（简称“动委会”）这一合法组织开展工作。很快改造了五台、定襄两县政权机构，并使工作扩展到代县、繁峙、崞县、忻县等地，成立中共晋东北特委和游击司令部。这样，打开了晋察冀边区西部地区的局面。

在阜平为中心的冀西地区，王平率领地方党政工作团及第 115 师骑兵营（营长刘云彪），发动群众，组织游击队，成立阜平县“动委会”，先后攻占曲阳、满城、唐县、完县等县城，并袭入保定附近江城兵站，缴获敌弹药 1000 多箱。到 11 月中旬，共组建了三支游击大队，计 4000 余人。这样，打开了晋察冀边区东部地区的局面。

周建屏、刘道生率领 250 余人的工作团及武装小分队，活动于平山、盂县为中心的地区，不到一个月，成立了近 2000 人的“平山团”，于 10 月 29 日收复平山县城。同时，在井陉、获鹿（今鹿泉市）、平定、阳泉、正定等地发动群众，组织数支游击队。这样，打开了晋察冀边区南部地区的局面。

晋察冀军区于 11 月 7 日在五台正式宣布成立，任命聂荣臻为司令员兼政治委员。随后，任命唐延杰为参谋长，舒同为政治部主任。下辖 4 个军分区：第 1 军分区，司令员杨成武，政治委员邓华，辖晋东北的灵丘、广灵，察南的蔚县、阳原、涞源，冀西的易县、涞水、定兴、徐水、满城等县。第 2 军分区，司令员兼政治委员赵尔陆，辖晋东北的五台、定襄、忻县、崞县、代县、繁峙、应县、浑源、山阴等县。第3军分区，司令员陈漫远，政治委员王平，辖冀西的阜平、曲阳、唐县、完县、望都、新乐及定县西部。第4军分区，司令员周建屏，政治委员刘道生，辖冀西的平山、行唐、灵寿、正定、获鹿、井陉和晋东北的盂县、平定、寿阳、阳曲等县。从此，统一了边区的军事指挥。

11月18日，聂荣臻率晋察冀军区领导机关，由山西五台移到河北阜平县城。11月底，中共晋察冀省委改由黄敬任书记，赵振声（李葆华）改任组织部长，刘秀峰改任宣传部长。

日军为把晋察冀边区消灭在摇篮中，抽集两万余兵力，自11月24日起，从平汉、平绥、同蒲、正太铁路沿线出发，分8路围攻边区。在聂荣臻指挥下，军区部队展开广泛的游击战争，至12月21日，进行大的战斗8次，毙伤日军1987人，粉碎了日军围攻计划，使边区抗日根据地站稳了脚跟，边区八路军伤亡营级以下干部战士600余人。❶

五台、阜平为中心的晋察冀边区的创立，提供了在山岳地带创建抗日根据地的成功经验，揭开了华北抗战史上新的一页。

## 三、首创冀中平原抗日根据地

冀中平原抗日根据地，地处平汉、北宁、津浦、石德（未成）铁路中间的河北中部平原。

1937年7月，中共平汉线省委在石门正式成立，领导保（定）东、保南、保西、直中、直南等特委工作。日军由平津南侵时，中共平汉线省委即作出决定：党员一律坚持地方斗争，组织武装，开展游击战争。9月中旬，原红军团长孟庆山受中共中央派遣到达冀中，任保东特委军事委员。石家庄失陷后，因中共平汉线省委西

❶《晋察冀军区1937~1939年战斗概述》，解放军档案馆馆藏，档案号311–1939–1–1。

迁，与第 129 师会合，故保东、保南两特委合并，改称中共保属省委，由张君任书记，领导平汉线以东地区党的工作，继续大力组织抗日武装。这时，孟庆山任保属省委军事委员，在高阳、蠡县、安新、任丘等地，举办游击战争训练班，先后培训 200 多名骨干，抗日游击队在冀中各地很快发展起来。至年底，中共保属省委直接领导的抗日游击队达 3000 余人，晋察冀抗日义勇军第 5 支队 1000 余人，晋察冀抗日义勇军第 8 支队、第 9 支队各七八百人，饶阳人民抗日自卫军 4000 余人，蠡县华北抗日义勇军第 1 大队 200 余人，华北抗日义勇军第 1 大队 200 余人，抗日自卫大队 400 余人和抗日自卫八大队 500 余人。在安平、高阳、新镇、安新、深泽、安国等地，也相继建立了人民自卫团。

10 月 10 日，原东北军第 53 军第 130 师第 691 团由永定河撤退到藁城县梅花镇，当晚，迎击由藁城县城前来进攻的日军，激战一夜一天，歼敌二三百人。11 日，团长吕正操（共产党员）遵照中共北方局指示，召集营连长会议，决定拒绝国民党南撤命令，率领主力（当时第 2 营在娘子关）北上抗日。10 月 14 日，在晋县小樵镇，该团举行抗日誓师大会，宣布改编为人民自卫军，吕正操任司令员，李晓初为政治部主任，王树章任参谋长，下辖 3 个团，约 1600 人。人民自卫军先后摧毁深泽、安国、安平等县伪政权，并与博野民军司令张仲瀚[1]会见，决定联合抗日。10 月 30 日，攻占高阳城，消灭原伪冀东保安大队长殷松山等部 700 余人，对冀中震动很大。晋察冀军区派孙志远到冀中，带来电台及密码，从此，中共保属省委、人民自卫军与中共晋察冀省委、晋察冀军区建立起

---

[1] 张仲瀚（1915~1980 年），河北省沧县人（一说献县人），1933 年参加中国共产党。全国性抗战爆发后，违抗张荫梧南撤命令，与齐健秋由安国返回博野县，组织河北民军，分任博野河北民军司令员、副司令员，后任八路军第 3 纵队冀中军区津南抗日自卫军司令员、第 120 师 359 旅 719 团团长、南下支队第三支队支队长、枣阳军分区司令员，第一野战军第一兵团旅长、师长，新疆生产建设兵团副政委、第二政委，新疆军区副政委，中国人民解放军炮兵顾问等职，1980 年 3 月 9 日在北京逝世。

密切联系。人民自卫军很快扩编为4个团，另2个营共6000余人，并先后加委游击第1、第2师，游击第1、第2、第3、第4、第5支队，成为共产党领导下的一支重要武装力量。12月12日，吕正操、孙志远奉晋察冀军区命令，率人民自卫军主力和晋察冀抗日义勇军第8支队，开赴平汉路西晋察冀军区进行整训。留下的人民自卫军与保属省委领导的地方武装合编为人民自卫军游击司令部。随后，中共保属省委决定，人民自卫军游击司令部改称河北游击军司令部，以孟庆山为司令员，阎久祥为参谋长，侯平为政治部主任，大力开辟冀中平原抗日根据地。河北游击军司令部以各县人民自卫团为基础，编成第1、第2、第3主力师，组建河北游击军回民教导队（马本斋任队长），并以加委或扩编方式先后成立第1至第13路抗日队伍，一个多月时间，部队发展到六七万人。

1938年1月，人民自卫军返回冀中。根据中共中央北方局和晋察冀军区的决定，在肃宁县召开中共保属省委会议，决定改组保属省委为冀中省委，鲁奔任书记，张君任副书记，并确定了冀中党和部队的主要任务。会后，中共冀中省委由肃宁移驻安平，河北游击军司令部由肃宁移驻河间。人民自卫军和河北游击军相配合，很快消灭了伪定（县）、无（极）、藁（城）、深（县）、新（乐）五县靖乡司令刘大喜部，以及安平、深泽、深县地区的高建勋、徐二黑、白七、张八部等汉奸、土匪武装10多股共近万人，比较顺利地争取和改编了大部分地主联庄会门武装。还派出北上先遣队，初步开辟了平津保三角地带。同时，委任县长和政治指导员，建立深泽、安国、安平、博野、蠡县、高阳、安新、任丘、河间、容城等18个县抗日政府，组织各级抗日救国会和抗日群众团体，稳定了冀中抗日社会秩序。1938年4月，粉碎敌对冀中第一次围攻，消灭日伪军500余人。至此，冀中平原抗日根据地初步形成。

冀中平原根据地的开辟，使晋察冀抗日根据地之山地与平原连接起来，并为在华北敌后平原地区建立抗日根据地创造了成功的经验。

## 四、开创晋冀豫边区抗日根据地

晋冀豫边区抗日根据地包括晋东南、冀西和豫北地区，北至正太铁路，东至平汉铁路，西至同蒲铁路，南迄黄河，依托太行、太岳山脉，是华北的战略要地之一。辖区内，有井陉、获鹿、元氏、赞皇、高邑、临城、内邱、邢台、沙河、武安、涉县、磁县等12县在今河北省境内。早在1936年，中国共产党与阎锡山在山西省就建立了“牺盟会”这一特殊形式的统一战线关系。全国抗战爆发后，薄一波率领山西青年抗敌决死队第1纵队到晋东南沁县地区，戎伍胜率领山西青年抗敌决死第3纵队到晋东南长治地区，发动群众开展抗日游击战争。1937年10月中旬，当忻口激战之际，第129师师长刘伯承、政治委员张浩奉命率部由晋北驰援太原、娘子关，进入正太铁路南侧山西省平定地区，配合第115师主力阻击由石家庄沿正太铁路西犯的日军。10月26日至11月7日，连续在平定县七亘村和昔阳县黄崖底、广阳、户封等地伏击日军，歼敌1000余人。随后，第129师、第115师344旅转入晋东南，与中共冀晋豫省委（10月中旬由平汉线省委改组而成）一起，担负依托太行山开辟晋冀豫边区抗日根据地的任务。11月13日，第129师在山西和顺县石拐村召开干部会议，传达毛泽东关于依托太行、太岳山脉创建抗日根据地的指示，部署开展敌后抗日游击战争。会后，以营、连为单位，分别在平汉、正太、同蒲铁路沿线打击敌人，并抽调大批干部和一些连队，组成工作团和游击支队，分散到各地，配合中共地方组织，发动群众，创造抗日根据地。同时，根据中共中央北方局决定，撤销中共平汉线省委，成立中共冀晋豫省委后，李菁玉任书记，李雪峰任组织部长，徐子荣任宣传部长，统一领导晋冀豫边区党的工作。1938年1月15日，陈再道、李菁玉率第129师东进纵队开赴冀南，李雪峰接任中共冀晋豫省委书记。1938年1月18日，邓小平接任第129师政治委员。2月，在山西辽县召开第129师军政委员和团以上干部会议，进一步部署战略展开创建根据地的任务。到3月，中共冀晋豫省委以下，建立起晋中、冀晋、冀豫、晋东南、晋豫等特委，党的组织恢复和发展起来。薄一波领导牺盟会在山西第三、第五行政区内委任县长，使大部分县政权掌握在共产党员手里。各地普遍建立农救会、妇救会、青救会等群众抗日团体和游击队、自卫队等人民抗日武装。

在冀西，杨秀峰（共产党员）于1937年10月初，在河北省井陉县成立国民政府革命军事委员会委员长保定行营民训处冀西民训指导特派员办事处（冀西民训处），向冀西各县派出工作组，结合中共地方组织，开展抗日工作。在八路军先遣支队配合下，很快收编十几股溃兵，建立冀西游击队。12月初，第129师骑兵团在赞皇县北马寺村消灭日军140余人，烧毁汽车18辆。同时，杨秀峰率领冀西游击队，解决了勾结日军、欺压百姓的内丘县民团团长张允明（张仁雄）。到1938年二三月间，赞皇、内邱、高邑、元氏、井陉、邢台、沙河等县建立了抗日民主县政府。与此同时，1938年11月，在中共冀鲁豫边特委领导下，建立磁县抗日民主县政府；在第129师工作团帮助下，成立中共武安县委。

在豫北地区，1937年8月，中共豫北工委成立，领导各县抗日工作。9月，中共中央北方局和八路军总部派朱瑞、唐天际在新乡建立“第一战区司令长官部联络处”，一面与豫北国民党当局联络，一面结合中共地方组织，开展抗日工作。11月，成立中共晋冀鲁豫边区省委，初步打开了豫北地区的抗战局面。

1938年二三月间，第129师386旅和769团在游击队配合下，先后在长生口、神头村、响堂铺伏击日军，三战三捷，共歼日军2000余人，烧毁汽车180辆，粉碎了日军打通邯（郸）长（治）大道的计划，对晋冀豫边区抗日根据地的开创，起了关键作用。4月初，日本华北方面军以第108师团为主力，集中3万余人，由平汉、正太、同蒲铁路和邯长大道各据点出动，分9路围攻晋冀豫边区抗日根据地。八路军及时将分散游击的部队集中起来，以一部兵力钳制敌军多路，集中主力破敌一路。各地抗日政府、游击队和民众配合八路军作战。第二战区友军协力对敌作战。至4月27日，粉碎了日军的围攻，并乘胜收复晋东南18座县城。根据中共中央军委和八路军总部命令，4月下旬，晋冀豫军区在山西省辽县正式成立，司令员倪志亮，政治委员黄镇。全区基干武装由几千人发展到近2万人。晋冀豫边区抗日根据地的开创，为向平汉路以东平原地区扩展准备了巩固的前进阵地。

### 五、冀南平原抗日根据地开辟

冀南平原抗日根据地位于河北省南部，大致包括平汉铁路以东，卫河、运河以西，德石铁路（未成）以南，漳河以北的广大平原地区，是连接晋冀豫、冀中、冀鲁豫、山东等抗日根据地的枢纽。

"七七"事变后，中共临时直南特委（不久改称直南特委，书记马国瑞）在这一地区积极恢复和发展党的组织，到1937年底共产党员发展达700余人，并在任县、隆平、南宫、威县、广宗等地建立了抗日武装。第129师先遣队于11月进入沙河、邢台等地；孙继先、胥光义率领第129师挺进队（由30名干部组成）于12月进入冀南。陈再道、李菁玉率领东进纵队（3个步兵连、1个机枪连、1个骑兵连）又于1938年1月15日到达隆平县，大力开辟冀南平原抗日根据地。第129师东进纵队、挺进队在中共地方组织和游击队配合下，很快收复尧山、隆平，建立两县抗日政权和救亡团体，并乘胜进军巨鹿、南宫，争取改编了伪保安队，取消了"维持会"，建立起两县"战地总动员委员会"（简称战委会）。接着，以南宫为中心，在枣强、冀县、新河、广宗、清河、威县等地打击日军，攻克了土匪武装刘磨头、邱庆福部盘踞20多年的老巢环水村，争取日军清水部队威县伪警备旅1000人全部反正。同时，向北进军，收复晋县、宁晋两城。

当时，冀南有多股游杂武装，较大者有活动在武邑、衡水、冀县、景县、武强地区的赵云祥部河北民军第2路近万人，段海洲部青年抗日义勇军6000余人。为争取和解决这些游杂武装，经八路军提议，1938年3月，由赵云祥、段海洲与八路军三方代表在南宫举行会议，成立统一战线性质的军政委员会，推举陈再道为主任，协调冀南各抗日武装。这对于进一步争取改造游杂武装有重要的意义。冀南抗日武装在人民支持下，3月29日将伪军赵山峰部大部消灭。4月初，全歼土匪刘磨头部。5月中旬，段海洲部接受八路军改编，改称“八路军青年抗日游击纵队”，段任司令员。6月下旬，赵辉楼[1]部民众抗日自卫军接受八路军改编，改称冀豫游击第1支队，赵任司令员。至年底，先后收编、改编大小数十股游杂武装和20余县民团、保安队。

根据中共中央北方局指示，1938年3月20日，中共冀南省委（4月20日改称中共冀鲁豫边区省委，8月又改称冀南区党委）在南宫成立，李菁玉任书记，于光汉任组织部长，马国瑞任宣传部长，先后设立第1、第2、第3和鲁西、鲁西北、直南、冀鲁边等特委，统一和加强了党的领导。4月15日，在南宫召开有近40个县的县长、“战地总动员委员会”主任参加的会议，成立冀南军政委员会筹备会，推举巨鹿县名绅乔铭阁为主任。随即，冀南区总战委会、农救总会、民先总队、总工会和妇救总会等抗日群众团体相继成立。4月27日，冀南军区成立，宋任穷任司令员，并建立了5个军分区，统一了冀南区的军事指挥。至此，冀南平原抗日根据地初步形成。

晋察冀、冀中、晋冀豫、冀南等抗日根据地的开创，使河北成为华北敌后抗战的主要战场之一，并积累了在山岳地带和平原地带创建敌后抗日根据地的成功经验。

---

[1] 赵辉楼（1894~1960年），河北宁晋县人。曾参加北伐战争，后回乡办学；1938年在家乡组织民众抗日自卫军，自任司令员，后改编为八路军冀豫游击第1支队，任司令员；1939年任八路军第129师第385旅副旅长，同年加入中国共产党；抗战胜利后，任太行军区副司令员、司令员。新中国成立后，任河北省政协副主席等职。1960年9月28日病逝。

## 第二节　晋察冀边区政府的创建

### 一、筹建晋察冀边区政府的决策

晋察冀军区的成立及边区的开创，为建立晋察冀边区政府提供了根本前提和客观要求。但仅谈这一“客观基础”是不够的，还有必要说明以下两点。

第一，在晋察冀边区建立“民族革命战争战地总动员委员会”（简称“动委会”）一类半政权性质的群众组织，为改造地主资产阶级的旧政权，创造抗日民族统一战线的民主政权，架设了必要的桥梁。

抗战开始不久，晋察冀边界地区国民党各级旧政权迅速瓦解，汉奸、特务和亲日分子大肆活动，建立伪县政府或维持会。土匪武装、地主会门武装及各种杂色武装，各踞一方。整个社会一时陷入极端混乱的殖民地化和无政府状态。那时，由于旧政府过去一贯压迫民众，无法担负起抗战紧急任务，而蒋介石、阎锡山等下令严防共产党掌握政权；晋察冀边区又在初创中，群众尚未充分起来，政权干部十分缺乏，短期内还没有力量对旧政权进行彻底改造。因此，两重政权形式“成为发动全面抗战的一种不得已之举”。[1]一方面，随着边区抗日根据地的开辟，大多数县由共产党委任了县长，有的县由群众自己建立了临时抗日政府，某些地方也还残存着旧的县政府、区公所；另一方面，各地普遍建立了半政权性质的“动委会”（冀西叫“自卫会”，冀中叫“救国会”）一类群众组织。县“动委会”，由政府和群众团体的代表、八路军和其他军队的代表、国共两党及无党派人士联合组成，县以下组织区、村“动委会”。“动委会”内部，设正副主任、秘书、总务处和组织、宣传、锄奸、武装、动员分配等部。它不仅是动员群众、组织群众、武装群众抗

[1] 彭真向中央政治局关于晋察冀工作的报告，1941 年 8 月。原件存中央档案馆。

日的机关，而且成为决定和征收合理负担、供给部队给养、逮捕审讯汉奸、颁布减租减息和改良工人生活的权力机关，负担了一切应由政权担负而旧政权不可能担负的抗日紧急任务。由于“战地动员委员会”拥有一套系统的县区村组织，动员了广大民众，团结了进步青年和大多数旧政权工作人员及知识分子一道进行抗战工作，培养和锻炼了新旧干部，打破了政府与群众相隔绝的旧传统，迅速创造着抗日斗争的新的工作方式和作风，所以为边区改造旧政权、创造统一的新政权铺设了通途。但是，由于边区尚无统一的政府，不能打破晋、察、冀三省历史上形成的隔阂，不便于互通有无；不能形成统一的群众运动，不能采取统一的财政经济政策，不能统一解决武装动员问题和军队供给问题，边区各地人民的负担也很不平衡。边区人民要求各方面有个统一的办法，盼望着边区统一的新政府和新秩序。

第二，边区第一次反“围攻”的胜利突显了巩固边区根据地与建立统一政权的战略意义及其紧迫性。过去，一些著述只谈其军事意义，很少谈及对政权建设的作用，这也是不妥的。

1937 年 11 月 8 日太原沦陷，日军步步猛攻，国民党军溃退，面临可能被赶过黄河南岸的危困、慌乱情势。此时，晋察冀边区的八路军和游击队，破袭交通，攻占城镇，使日军“愈深入愈感受后方的威胁”。因此，不得不在占领太原后，“改作固守形势”，而调集 2 万余兵力，从平绥、平汉、同蒲、正太各铁路线出动，自 11 月 24 日，分兵 8 路，向五台、阜平地区“围攻”，企图压迫边区部队向深山退缩，以保障其后方主要交通线的安全。边区军民展开第一次在反“围攻”战役，第 120 师在同蒲路、第 129 师在正太路，积极配合边区的反“围攻”作战。历时近一个月，日军被迫于 12 月 21 日撤回铁路沿线。这次反“围攻”战役的胜利，使新生的边区抗日根据地经受住了考验和锻炼，使国民党正面抗敌部队有机会“得在晋南、晋西站稳自己的阵地，补充整理，继续与敌人作战”。因此，使各党、各军、各阶层和广大民众，形成了一个共识：“只要我们能够建立起健全的政府来，能把政权统一，那么这个区域一定能巩固起来。”“使这个军区成为华北抗日的根据地，作为我们中国各地区的模范”，“以政治配合军事来巩固我们的抗日阵线，坚决把日寇驱逐出去！”。[1]

“客观基础”大致如此。

关于筹建边区政府的决策，是学术界迄今未能确切解决的一个难题。

1984年前后，我们撰写小册子《晋察冀抗日民主政权简史》（简称《简史》）中，碰到一个明显的矛盾：1981年《刘少奇选集》中《为筹建晋察冀边区政府给聂荣臻电》标明的日期为1937年10月20日，但此时，聂荣臻尚未奉命率部留驻五台地区，中共中央也未作出建立晋察冀军区的部署，晋察冀军区更未成立，中共中央北方局怎么有可能超前指示筹建边区政府呢？面对这一矛盾，我们手中当时所掌握的文献资料还没有可能解决，而《刘少奇选集》所载这一电报是那时唯一能见到的权威性文献。所以，我们在《简史》中引据这一权威性文献后，加了一句话：“这个指示，给边区全党全军及时地提出了筹建边区统一的抗日民族统一战线民主政权的任务。”[2]实际上是暂时回避矛盾，或明或暗地把矛盾交给了读者。

此后，经过5年搜集文献史料和考证，弄清了中共中央筹建边区政府的决策进程，有充分证据表明，《为筹建晋察冀边区政府给聂荣臻电》的日期是不确切的，发电文者也不只是刘少奇。于是，在1992年出版的《晋察冀抗日根据地史》（笔者与肖银成主编）一书中作了简明的阐述。1993年又在《中共党史资料》第45辑发表

---

[1] 《晋察冀边区军政民代表大会汇刊》载《大会讲演词》：聂荣臻在开幕大会上、闭幕大会上的讲演词，1938年1月。原件存河北省档案馆，全宗晋察冀边区政府，卷号1-6-4。

[2] 谢忠厚、居之芬、李铁虎：《晋察冀抗日民主政权简史》，河北人民出版社1985年版，第15页。

《关于“为筹建晋察冀边区政府致聂荣臻电”成文时间的考证》一文。但长期以来，关于中共中央筹建边区政府的决策部署，在一些抗战史、民国史的著述中，仍以“1937年10月20日”为准。这是不符合历史实际的，应加以纠正。

第一，1986~1989年，我们先后发现四件档案文献，表明了筹建晋察冀边区政府的决策进程。第一件是聂荣臻给朱德、彭德怀、任弼时《关于成立晋察冀临时行政委员会等问题的请示报告》。[1]日期是“1937年11月8日”，即在太原失陷的当天，晋察冀军区成立的第二天。聂荣臻在这份请示报告中写道：“晋察冀既成立军区，政权亦应有一统一之组织。我意即成立晋察冀临时行政委员会，下分财政、民政、交通、经济、文化、锄奸等处，即以阎（即阎锡山——笔者注）委之行政员宋劭文任主席。”“你们意见如何”，“请立复”。聂荣臻的请示报告，并致周恩来转北方局。这就表明，成立晋察冀边区政府的酝酿和准备，最初起于聂荣臻的这一请示报告。第二件是朱德、彭德怀、任弼时对聂荣臻上述请示电的批复。[2]日期是“1937年11月13日”，即聂荣臻发出请示电的第五天，批复认为：“晋察冀边区政府稍迟再成立为宜”，“现在中心工作”要加紧壮大红军，组织游击队，组织党和改造县区乡村政治机构，准备粮食和经费等。当时，太原刚刚失陷，日军正准备大举“围攻”边区，这一批复，认为“稍迟为宜”，“现在中心”要加紧军事、政治工作，这是可以理解的。第三件是《北方局给晋察冀指示电》。[3]为铅印件，其内文与《刘少奇选集》所载《为筹建晋察冀边区政府给聂荣臻电》几乎一致，但标明的日期为“大概是1937年10月20日左右”。“大概”“左右”四个字，表明《为筹建晋察冀边区政府给聂荣臻电》的日期确实有误。第四件档案文献是周恩来、刘少奇《关于晋察冀边区抗日民主政权

[1] 原件存中央档案馆。
[2] 原件存中央档案馆。
[3] 原件存山西省档案馆，卷号续$B_1$-25。

的改造与建设问题的指示》。[1] 电报是发给聂荣臻并转晋察冀省委的，标明日期是“1937 年 11 月 16 日”。这一电报，同时发给朱德、彭德怀、任弼时、关向应、张浩、邓小平、朱瑞、彭真、彭雪枫，并报毛泽东、洛甫（张闻天）。电报指出：“（甲）在晋察冀全区，为加强[与]统一军事政治领导，应即进行统一战线的民主政权的改造与建设。（一）立即普遍进行区乡临时政府委员会[的]民选。（二）由当地武装部队、各党派团体代表组织临时县政府委员会，好的县长可当主席。（三）立即筹备[临时]省区政府的建立，名义可称为晋察冀边区政府委员会，主席即以宋劭文担任。”电报还对边区政府的组织机构、基本政策以及筹建边区政府的策略等问题作了明确的指示。周恩来、刘少奇的这一电报，与聂荣臻的请示电是相呼应的，显然是对聂荣臻的请示电的批复。而且，从内容和行文来看，周恩来、刘少奇的这一电报，即是《刘少奇选集》所载《为筹建晋察冀边区政府给聂荣臻电》的原始件。《为筹建晋察冀边区政府给聂荣臻电》的准确日期应为 1937 年 11 月 16 日，署名应为周恩来、刘少奇。这一批复，周恩来、刘少奇代表中共中央和北方局正式下达了筹建晋察冀边区政府的决策部署。

第二，中共中央文献研究室 1996 年出版《刘少奇年谱》时，以 11 月 16 日纪事及页下注的方式，事实上澄清了《刘少奇选集》所载《为筹建晋察冀边区政府给聂荣臻电》的成文日期问题。《刘少奇年谱》说：“聂荣臻于 1937 年 11 月 8 日将《关于成立晋察冀临时行政委员会的请示报告》报送朱德、彭德怀、任弼时并致周恩来转北方局。”“11 月 16 日，周恩来、刘少奇复电聂荣臻。”在将《为筹建晋察冀边区政府给聂荣臻电》的内文引述之后，又称：“这个电报和 10 月 22 日致贺龙、关向应电编入《刘少奇选集》时，题

[1] 原件存中央档案馆。

为《建立我党领导下的抗日民主政权》。”[1]这就清楚地表明，《为筹建晋察冀边区政府给聂荣臻电》是周恩来、刘少奇代表中共中央和北方局对聂荣臻的请示报告的批复，确切时间是 1937 年 11 月 16 日。

简言之，晋察冀边区的开创、“动委会”、反“围攻”，为筹建边区政府准备了客观的必要条件，而筹建边区政府的提出与酝酿，起于聂荣臻 1937 年 11 月 8 日的请示报告，5 天后即 11 月 13 日得到朱德、彭德怀、任弼时的批复，又过了 3 天即 11 月 16 日得到周恩来、刘少奇代表中共中央和北方局的批复，筹建边区政府成为中共中央和北方局的决策部署。

## 二、晋察冀边区军政民代表大会的筹备与召开

在反敌“八路围攻”战役即将展开之际，聂荣臻率领晋察冀军区领导机关，由山西五台移驻河北阜平，一面抓紧部署反“围攻”作战，一面落实中共中央和北方局筹建边区政府的决策。在到达阜平县城的晚上，即与宋劭文研究了筹建边区政府的问题。1937 年 11 月 18 日，由聂荣臻出面，召集冀察两省各军政民的领导人交换意见，大家一致赞同组织全边区临时政权机关的建议。12 月 5 日，在阜平县城挂起了“晋察冀边区临时政府筹备处”的牌子。[2]宋劭文、胡仁奎、刘奠基、张苏、王斐然 5 人[3]为筹备处筹备委员，负责筹备召开晋察冀边区军政民代表大会，成立边区临时政府。筹备处组织，“设主任一人，副主任一人；主任、副主任之下，设总务组、视察组、起草组，每组各设组长一人，各组得聘干事，承组长

---

❶ 中共中央文献研究室编：《刘少奇年谱》(上)，中央文献出版社 1996 年版，第 198~199 页。

❷《聂荣臻回忆录》(中)，解放军出版社 1984 年版，第 384~385 页。

❸ 胡仁奎，山西定襄县人，公开身份是牺盟会的成员，实际为中共地下党员。刘奠基，山西崞县人，国民党员，“动委会”负责人之一。王斐然，河北阜平县人，1924 年加入中国共产党。

之命分担工作”。[1]边区临时政府筹备处着重做了以下筹备工作。

第一，将筹备处成立的经过通知晋、察、冀三省各有关军政领袖，组织力量起草晋察冀边区军政民代表大会的召集法，派出宋劭文、仇友文、李杰庸、王斐然、白靖斋5人[2]分别到晋东北各县，冀西之完县、唐县、易县、满城、徐水、行唐、灵寿、平山等县，以及平汉铁路东之冀中各县，与抗日军政领袖、群众团体接洽，联络各县代表届时出席边区军政民代表大会，积极做好代表大会的各项具体准备工作。

第二，由宋劭文出面，利用与阎锡山的密切关系，经由阎锡山向蒋介石呈报，力争边区临时政府得到国民政府的批准，以巩固与发展抗日民族统一战线。据宋劭文回忆：他自11月起，给阎锡山连发七次电报，均未理睬。至11月下旬，他听取胡仁奎的意见，再给阎锡山发一份电报，说：成立边区政府，不仅对抗战有利，也对山西有利，而且在他提出的边区政府建议名单的9个委员中山西省占了5个，有宋劭文、胡仁奎、刘奠基、娄凝先（山西第一行政区公署秘书）、李杰庸（山西省政府秘书），除国民党员外，均为山西牺盟会负责人，并具体建议由宋劭文任边区行政委员会主任委员，胡仁奎任副主任委员。此电报发出后，12月中旬即收到阎锡山复电：同意筹建晋察冀边区行政委员会，并表示要呈报行政院。[3]

边区军政民代表大会原定于1938年1月5日召开，由于日军的封锁，交通不便，一些代表未能及时赶到，不得不推迟5天。

---

[1] 《晋察冀边区军政民代表大会汇刊》载《大会筹备经过》，原件存河北省档案馆，全宗晋察冀边区政府，卷号1-6-4。

[2] 仇友文，河北省蓟县人，1933年加入中国共产党。李杰庸，陕西省延长县人，1928年加入中国共产党。白靖斋，时任五台山沱阳学校校长，为抗日进步人士。

[3] 宋劭文：《晋察冀抗日民主政权建设的回顾》，载《晋察冀抗日根据地》第2册（回忆录选编），中共党史资料出版社1991年版，第38~39页。另据《聂荣臻回忆录》，当代中国出版社1994年版，第388页。胡仁奎给宋劭文建议致阎锡山的电报中主要讲成立边区政府“对山西有利，可以扩大山西的地盘，扩大到河北和察哈尔去”。

1938年1月10日，晋察冀边区军政民代表大会在阜平县城第一完全小学礼堂隆重开幕。大会连续开了6天，“胜利的开始，胜利的终结”，全体代表始终如一地表现着“精诚团结与贯彻到底的抗日精神”，“写下了一页不可淹没的史篇”。[1]

大会开幕典礼。1月10日下午3时举行，由宋劭文主持。138位工农商学军政喇嘛的代表出席（各县代表135人，筹备处筹备委员3人；另《抗敌报》新闻记者2人列席）。宋劭文致开幕词，说明成立边区临时政府的必要性，指出：“今天的代表大会，将决定我们今后政治方面如何做法，军事方面如何做法，财政方面如何做法，更赖我们同志的一致努力。”聂荣臻发表讲演词，阐明当前形势与边区临时政府成立的重要意义，指出：我们需要的政府，不是官僚政府，同时也不是苏维埃工农政权，“我们是要成立各党、各派、各阶层联合组织起来的政府，是广大人民的政府，坚决抗日的政府”。“只要我们能建立起健全的政府来，能把政权统一，那么这个区域一定能巩固起来。”国民党代表刘奠基发表讲演词，分析国共两党合作、分裂的经验与教训，指出：国共两党密切联合，革命力量和广大群众紧密联合，这样才会把日本强盗驱逐出中国去。共产党代表黄敬发表讲演词，说明党的统一战线方针和民主共和国口号，认为刘奠基对于中国大革命历史上的成功与失败的症结所在的分析，在现实的统一战线的阶段是极可宝贵的，指出：边区全体共产党员坚决拥护边区新的政权，“一致地主张国共两党应该紧密的合作，更以这为基础，团结其他各党各派和全中华民族的一切力量，为创造独立自由幸福的新中国而斗争到底”。

大会预备会。1月10日下午6时半举行，138位代表到会（另《抗敌报》新闻记者2人列席），由宋劭文主持。会议听取了宋劭文关于大会筹备经过的报告。修正通过了大会组织法，将《晋察冀边区军政民代表大会的召集法》修订为《晋察冀边区军政民代表大

---

[1] 原件存河北省档案馆，全宗晋察冀边区政府，卷号1-6-4。

会组织法》(简称“大会组织法”)。依据“大会组织法”,推举大会主席团,由聂荣臻、刘奠基、高鹏、姚东昌、王文仲、宋劭文、李耕涛7人组成;推举提案审查委员会,由邓拓、舒同、黄敬、刘奠基、李耕涛、赵宝藩、宋劭文7人组织,召集人刘奠基;推举大会宣言起草人,有邓拓、舒同、宋劭文。

大会第一次会议。1月11日下午5时至10时半举行,各县代表142人出席(另《抗敌报》新闻记者2人、军事学校代表2人列席)。刘奠基主持会议,并作了提案审查委员会关于提案审查的总报告,已收到代表提案300件左右,经过审查、整理,分为政治、军事、财政、经济、教育、妇女、群众运动等7项,建议将性质相同的提案,做成总的提案,大会详细讨论,“那么诸位的提案,也可得到个别的解决”。宋劭文作提案审查委员会关于政治提案的报告,说明各代表的政治提案的要点。大会讨论第一个议题:“建立统一的政权,以巩固并扩大抗日根据地。”这次会议还决定聘请刘奠基兼任大会秘书长;每日增加一次会议,定为上午10时至下午2时。

大会第二次会议。1月12日上午10时至下午1时半举行,各县代表142人出席(另《抗敌报》新闻记者2人、军事学校代表2人列席),由刘奠基主持,并报告新收到安国、深泽、安平县代表提案12件。邓拓作了提案审查委员会关于财政问题提案的意见。会议继续讨论第一个议题,并表决通过《政治问题决议案》。

大会第三次会议。1月12日下午5时至10时举行,各县代表141人出席(另《抗敌报》新闻记者2人、军事学校代表2人列席),由宋劭文主持,并报告审查安国、深泽等县代表提案的意见。会议讨论财政问题提案,并表决通过《财政问题决议案——树立健全的战时财政制度》。

大会第四次会议。1月13日上午10时至下午2时举行,各县代表142人出席(《抗敌报》新闻记者2人、军事学校代表2人列席),由宋劭文主持。由邓拓报告提案审查委员会关于审查经济提案的意见。会议讨论经济提案。在大家悉心讨论的时候，定县回民代表刘心义等 3 人赶赴会场，立刻掌声雷动，为各民族大团结、中华民族解放带来一股兴奋剂。至此，各县与会代表达 145 人。

第五次会议。1 月 13 日下午 5 时至 10 时半举行，各县代表 144 人出席（《抗敌报》新闻记者 2 人、军事学校代表 2 人列席），由宋劭文、高鹏、姚东昌主持。由刘奠基作提案审查委员会关于审查教育提案的意见，赵宝瑾作提案审查委员会关于审查妇女提案的意见。接着，会议继续讨论经济提案，并表决通过《经济问题决议案——确定边区战时经济建设计划案》；讨论妇女提案，决议重新整理后再讨论；讨论教育提案，并表决通过《文化教育决议案——确定边区文化教育计划》。

第六次会议。1 月 14 日上午 10 时至下午 2 时举行，各县代表 144 人出席（《抗敌报》新闻记者 2 人、军事学校代表 2 人列席），高鹏、李耕涛主持。由宋劭文报告提案审查委员会关于审查军事提案的意见，由黄敬报告提案审查委员会关于审查群众运动提案的意见。会议讨论军事提案，并表决通过《军事问题决议案》；讨论群众运动提案，并表决通过《群众运动决议案》。

第七次会议。1 月 14 日下午 5 时至 10 时半举行，各县代表 144 人出席（《抗敌报》新闻记者 2 人、军事学校代表 2 人列席），姚东昌、宋劭文主持。由刘奠基作提案审查委员会关于整理妇女提案的结果，会议讨论妇女提案，并表决通过《妇女问题决议案》。接着，大会讨论并通过边区临时政府“行政委员会选举法”。并由代表大会推定：选举时，由赵亚萍、高鹏、赵宝瑾担任发票；由臧秀英、刘三阳担任收票；由田云、陈建章、李连飞担任唱票；李静波、刘贞文、刘光运担任检查唱票。在讨论决定了选举法后，表决通过了《大会宣言》。

第八次会议。1 月 15 日上午 10 时至 12 时举行，各县代表 144 人出席（《抗敌报》新闻记者 2 人、军事学校代表 2 人列席），会议主席宋劭文。大会首先投票民主选举边区临时行政委员会委员。投票 144 张，开票点数，经主席检查并无错误。民主选举结果：聂荣臻得 140 票，宋劭文得 137 票，吕正操得 136 票，刘奠基得 132 票，孙志远得 116 票，张苏得 115 票，胡仁奎得 114 票，李杰庸得 110 票，娄凝先得 90 票。接着，投票民主选举候补委员，共投票 144 张，选举结果：孟阁臣得 114 票，王斐然得 89 票，张仲瀚得 87 票。最后，修正通过《大会通电》。

大会闭幕典礼。1 月 15 日 12 时半举行，各县代表 144 人出席（《抗敌报》新闻记者 2 人、军事学校代表 2 人列席），大会主席宋劭文。宋劭文致闭幕词，回民代表刘心义、蒙藏同乡会代表刘三阳、农民代表智鼎禹、妇女代表赵亚萍、工人代表孙玉惠、青年代表高鹏相继上台演讲，聂荣臻发表闭幕讲演词。聂荣臻、宋劭文在闭幕词中，高度评价代表大会的圆满成功与伟大意义，指出：我们要把大会的精神传布开来，团结更广大的民众，使边区成为华北抗日的根据地，做中国各地区的模范，以政治配合军事来巩固我们的抗日阵线，坚决把日寇驱逐出中国。最后，大会在高昂、热烈的“各党各派各民族团结起来！”“巩固抗日民族统一战线！”“巩固晋察冀边区抗日根据地！”“实行民主政治！”“改善人民生活！”“铲除汉奸卖国贼！”“打倒日本帝国主义！”等口号中胜利闭幕。当天，晋察冀边区临时政府宣告成立。

纵观晋察冀边区军政民代表大会从筹备到召开之全过程，有以下几个显著特色。

第一，晋察冀边区军政民代表大会的代表构成及其与会经历。《晋察冀边区军政民代表大会汇刊》在《大会经过》中写道：“这是一个民国史上最少见过的代表大会。它有着国民党的代表，共产党的代表，蒙回藏少数民族的代表，和尚喇嘛的代表，工农商学各阶层的代表，军政的代表……”他们不是乘火车来的，也不是乘汽车来的，大都是凭两条腿的跋涉，还有的是乘着骡马。行程是六七百里、一二百里不同。有的爬过长城岭，来自山西；有的穿过铺满碎石的太行山的崎岖夹道，来自察南、冀西；有的横过敌人占领的平汉铁路，来自冀中。代表们横过平汉铁路敌人的封锁线，并不觉得惊慌，只是充满了愤怒；代表们在高耸的大山、崎岖的小道中辛苦奔波，并没有想眼前的舒适，只是幸运地赞美："真是打游击的好地方！"在敌后抗战的环境中，代表大会的代表是陆续赶赴阜平的，大部分代表按通知于1月5日如期与会，少数代表未能赶到，1月10日大会开幕典礼，到会各县代表有135人，至1月13日代表大会举行第四次会议中间，定县3位代表才走进会场。而且，"事实上，一些没有被联络的地区，如平西、平北也自动派代表参加了大会"。[1]《大会经过》又写道："从开会的第一天起，就充分地表现出复杂的代表的和谐与统一"，"大会的精神始终如一，这正显示出统一战线的巩固，这正显示出中华民族彻底解放的伟大的精神。"

"最少见过"四个字，是对晋察冀边区军政民代表大会的历史性评价，既突显了晋察冀边区军政民代表大会在民国史上的地位，表明从民国史的角度看，它是一个前所未有的亮点；更显现出晋察冀边区军政民代表大会与民国史上历次代表大会的根本性区别，它是国共合作抗日民族统一战线的伟大成果。

第二，晋察冀边区临时政府——临时"行政委员会选举法"与民主程序。

依据晋察冀边区军政民代表大会通过的选举法，边区临时行政委员会委员的选举，其民主制度与民主程序，大致分为三个步骤。

首先，由代表大会推选18人，从中表决9人为候选人。这种"推选"与"表决"相结合的做法，体现了代表大会选举产生边区临时行政委员会的委员候选人的民主原则、差额原则和集中原则。

其次，由边区临时政府筹备处提出9人，连同代表大会表决产生的9人，共18人，成为边区临时行政委员会的委员候选人。这

[1] 宋劭文：《晋察冀抗日民主政权建设的回顾》，载《晋察冀抗日根据地》第2册（回忆录选编），第38页。

种由代表大会“推选”、“表决”与“边区临时政府筹备处提出”相结合的做法，既体现了代表大会的充分民主，又体现了边区临时政府筹备处的适度集中，这种适度集中，不是限制了代表大会的充分民主，而是使边区临时行政委员会的委员候选人具有了更广泛的代表性，更加符合边区各党派、各民族、各阶层的抗日人民和部队的要求，因为在当时战争环境及时间紧迫的景况下，边区临时政府筹备处对边区各地党政军民抗日领袖有着更为广泛而实际的了解。

最后，由代表大会与会代表投票，从边区临时行政委员会的18个委员候选人当中，选定9人为边区临时行政委员会的委员。依法确定的18个委员候选人包括吕正操、宋劭文、聂荣臻、刘奠基、孙志远、李杰庸、胡仁奎、娄凝先、孟阁臣、郭飞天、赵同、卢星文、张仲瀚、仇友文、王斐然、李耕涛、高鹏、张苏。投票选举结果：聂荣臻、宋劭文、吕正操、刘奠基、孙志远、张苏、胡仁奎、李杰庸、娄凝先9人当选为边区临时行政委员会委员。代表大会投票选举委员后，接着，投票选举候补委员，投票结果：孟阁臣、王斐然、张仲瀚当选为候补委员。在大会民主投票选举过程中，有法定的发票人、收票人、唱票人、唱票检查人，全程监督负责代表大会民主选举的合法性。

这一步骤表明，代表大会在民主选举边区临时行政委员会的委员、候补委员时，分为两次投票。在投票选举委员时，又实行了复选制，并如“表决”产生委员候选人一样，再次实行了差额制。

晋察冀边区军政民代表大会的选举法及其实施过程，实际而有效地遵循了民主原则、集中原则及其适度结合，具体而灵活地运用了差额制和复选制的民主程序，是一个划时代的创新，这里蕴藏着新型的民主制度的丰富内容。这一点，在抗战史和民国史的著述中，亦应加以发掘与探讨。

第三，晋察冀边区政府的合法地位。

成立晋察冀边区政府，必须首先克服来自国民党方面的巨大阻力，变消极因素为积极因素，使边区政府成为统一战线的政权形式和巩固与扩大统一战线的锐利武器。为此，根据中共中央和北方局的指示，进行了争取边区政府合法地位的复杂而曲折的工作。已如前述，由宋劭文出面，连续八次给阎锡山发电报，阎锡山才于12月中旬复电表示同意筹建边区政府，并表示要呈报国民政府。

边区军政民代表大会期间，在讨论第一项议题“建立统一的政权以巩固并扩大抗日根据地”的时候，据《大会经过》记载，到会代表一致认为：“晋察冀边区是中华民国的组成部分，边区政府完全接受国民政府与各直属长官的领导，执行国民政府的法律与命令。”“按边区政府所属有30多个县，应该是一个省政府的等级，可是它是由晋察冀三省边区组成的，所以不能加一省的字样上去；又因为它不是包括了三省的全面积，所以只称为边区。边区政府只是一个临时性质的政府，当抗战终了的时候，它的任务即行终了，政权即仍归还三省政府。”

晋察冀边区政府的民族统一战线政权的形式、行政隶属关系及其临时性质，表明它的成立完全是为了加强敌后抗战的力量，因而也决定了它应有的合法性。而蒋介石、阎锡山当时还不了解这一民族统一战线的政权形式的真谛。

边区临时政府成立后，2月上旬，收到阎锡山转奉1月31日国民政府军委会及行政院电令正式成立边区政府并任命各委员。[1]阎锡山电称：

> 兹会程司令长官上军委会行政院一电，文曰：据第一区政治主任宋劭文电称，“所辖各县与冀察邻境各县自敌军深入后与主管省府断绝联络，职亲往冀西察南与当地军政长官晤商联合办法，咸愿成立晋察冀边区行政委员会，设主任委员、副主任委员各一人，委员若干人，下设秘书、民、财、教、实五

---

[1] 载宋劭文在晋察冀边区参议会上作的《晋察冀边区行政委员会工作报告》(1943年1月16日、17日)，原件存中央档案馆。

> 处，受战区司令长官之指挥，办理本区统一军事、行政、组训民众、发展游击战争等事，逐渐向敌后方深入收复失地，由会委任县长以资管理，仰蒙俯准，请转电中央备案，并请委派职员以利进行等语。”经锡山等往复电商，该主任所称各节，在敌人包围中，暂行树立政权，于牵制敌人收复失地当不无裨补。至各项人选，查政治主任宋劭文、盂县县长胡仁奎、太原绥署参事刘奠基、山西省府秘书李杰庸、政治主任公署秘书娄凝先、蔚县县长张苏、军区司令聂荣臻、保定行营民训处特派员孙志远、五十三军团长吕正操等九人，现均在该区担任军政及组训民众，拟以该九人任委员，并拟以宋劭文为主任委员兼财政处长，胡仁奎为副主任委员兼民政处长，刘奠基兼教育处长，张苏兼实业处长，娄凝先兼秘书长，以上各员已在该区奋斗数月，均具救国热忱，如蒙指派当益加奋勉。惟事关创设，可否暂予照准，一俟军事底定，即行裁撤之处，敬请核示等语。兹奉军委会复电开：“马子电悉，所谓成立晋察冀边区行政委员会及该会组织人选均照准，晋察冀边区行政委员会着归阎司令长官指挥，特此遵照”等因，合电仰该员等一体遵照，即日组织成立。❶

这表明，经第二战区司令长官阎锡山会同第一战区司令长官程潜，于1月21日给国民政府行政院、军委会发电报（马子电），呈报成立晋察冀边区行政委员会及其人选，“请核示”。军委会及行政院于1月31日复电：“均照准。”至此，晋察冀边区行政委员会，不仅经过了边区军政民代表大会的民主选举，而且得到了第二战区、第一战区司令长官和国民政府行政院、军委会的正式批准，取得了合法地位，晋察冀边区临时行政委员会的名称去掉了“临时”

---

❶ 载宋劭文在晋察冀边区参议会上作的《晋察冀边区行政委员会工作报告》（1943年1月16日、17日），原件存中央档案馆。

二字，主席改称主任委员，各厅改为处。

晋察冀边区政府的成立也遇到了来自党内的阻力。如王明以中共中央长江局书记的名义，于1月28日致信中共中央书记处和八路军总部，提出严厉批评，声称：晋察冀的做法，会“刺激”国民党，“对全国统一战线工作，将发生不良影响”。❶这种右倾机会主义的无理态度，遭到中共中央的坚决拒绝和严肃批评。

## 三、边区政府的施政方针与政策

在《晋察冀边区军政民代表大会汇刊》里有两句十分精湛的话，一句为：“大会胜利的开始，胜利的终结，它在中华民族的解放史上确是写下了一页不可淹没的史篇。”另一句为：“晋察冀边区政权成为中华民族解放史上的一朵奇葩。”❷前一句，已有前述。这后一句，既高度概括了边区军政民代表大会的杰出成就，又深刻地揭示了它在中华民族解放史上的重大意义。

代表大会的杰出成就，主要是相互联结的两个方面。

第一，代表大会民主选举产生了边区行政委员会，它是中国共产党领导的敌后第一个边区统一的抗日民族统一战线的民主政权，又是敌后唯一经过国民政府军委会与行政院正式批准承认的边区政府。正如聂荣臻在《晋察冀边区军政民代表大会开幕典礼上的演讲词》中所说：“我们需要什么样的政府？官僚政府是不合我们需要的，同时谁要说今日建立苏维埃工农政权，我们也会说他是疯狂，我们是要成立各党、各派、各阶层联合组织起来的政府，是广大人民的政府，坚决抗日的政府，它有着伟大的任务。”❸《大会宣言》公开申明了边区政府的性质和任务：“边区临时行政委员会，是以民

---

❶ 北京军区晋察冀战史编写组：《晋察冀军区抗日战争史》，军事科学出版社1986年版，第25页。

❷ 原件存河北省档案馆，全宗晋察冀边区政府，卷号1-6-4。

❸ 聂荣臻在《晋察冀边区军政民代表大会开幕典礼上的演讲词》，1938年1月10日。载《晋察冀边区军政民代表大会汇刊》，原件存河北省档案馆，全宗晋察冀边区政府，卷号1-6-4。

族统一战线的政权形式，包含着各党、各派、各阶层及各种民族分子。它的实际内容是贯彻抗日与真正民主。在行政的体系上，也是中华民国的地方政府，服从中央政府的领导，经过中央政府的批准，接受中央政府的法律与命令。”历史所赋予它的任务是：“真正负担起普遍武装人民、动员人民参战的任务；真正负担起改善人民生活、保障民主权利，并彻底肃清一切汉奸的任务；真正能够统一财政经济、保证部队给养、发动群众高度的积极性去参加战争中一切工作；使晋察冀边区成为华北抗战的良好的根据地，以争取持久抗战的最后胜利！”这一杰出成就，充分地表现了抗日民族统一战线的巩固，“这一巩固给那些阴谋拆散中国抗日民族统一战线的日本帝国主义及汉奸卖国贼以致命的打击。这一巩固显示出晋察冀边区抗日根据地已经成了华北持久抗战的主要堡垒之一。这一巩固更证明了我民族持久抗战的前途必然是胜利的”。❶

这一杰出成就，标志着中国共产党的抗日民族统一战线的方针和政策在实践中获得了成功，获得了在敌后改造和建设抗日民族统一战线的民主政权的实践经验。

第二，代表大会根据中共中央的抗日民族统一战线方针和抗日救国十大纲领及国民政府的抗战建国纲领与法令，依据晋察冀边区的实际情况，制定和通过了政治问题、军事问题、财政问题、经济问题、文化教育、群众运动、妇女问题七项决议案和多项重要文件，确定了边区政府的施政准绳和各项政策。这是由边区政府的性质和任务所决定的，也是边区政权工作赖以建树和发展的一个决定因素。

代表大会的《政治问题决议案》，规定了边区政权的组织机构、职能范围及其民主建设的基本制度。边区内最高行政机关是边区行政委员会，用国民政府颁布之省政府组织法，边区行政委员会的委

❶ 《大会宣言》《大会通电》，载《晋察冀边区军政民代表大会汇刊》，1938 年 1 月。原件存河北省档案馆，全宗晋察冀边区政府，卷号 1-6-4。

员、候补委员“由代表大会选举之，呈请战区直属司令长官转呈国民政府正式任命。边区政府设秘书处、民政处、财政处、教育处、实业处，各处长均由委员兼任。边区政府视行政上之必要，于适当地区设主任公署，主任由边区政府任命，秘书、干事由主任遴选，呈边区政府委任。边区政府以下，设县政府、区公所、乡镇或村公所。县长及秘书、各科长，均由民选，未能民选前，由边区政府委任。区长及助理员，均由民选，在未能民选前，由边区政府民政科委任。乡长副、镇长副或村长副，均由民选，选举办法由边区政府颁布行之。边区政府的领导方式，以指示信与命令并行，指示信讨论执行，命令不得更改，下级政府对上级政府建立报告制度，上级政府对下级政府建立工作检查制度与巡视制度。确定了建立军政民正确关系的基本政策，规定凡行政上的事情，由政府去做，军民有意见，可建议政府采纳；由边区政府规定并公布统一的合理负担办法、统一的减租减息办法、统一的优待抗日军人办法；由边区政府颁布《修正危害民国紧急治罪法》《避难人家财产管理法》《处理汉奸财产办法》；取消半政权性质的动委会一类组织，边区政府积极扶植民众团体之组织，人民有集会、结社、言论、出版及宗教信仰等自由。并规定建立独立的司法系统；建立统一的人民武装自卫队；取消各级政府工作人员薪饷制、统一规定生活待遇，“每人每月最多不得超过 18 元”。

代表大会的《军事问题决议案》，规定了整顿和建设边区人民抗日武装和优待抗日军人家属的基本要求。非正规军的脱离生产的武装部队，如保安队、自卫团、公安局警、义勇军、游击队等各色武装，“逐渐统一编制为游击队”，由边区政府会同军区司令部拟定编制办法。妥善解决部队的供给问题，取消部队薪饷制，规定最低生活费用，逐渐做到由政府统筹统支，纠正勒索、摊派。各地驻军和政府对于武装的组织与扩大，必须注意质量，多组织不脱离生产的自卫队，以减少政府经费负担。“义勇军、游击队的改造，在组织上洗刷一切不良分子，并加强政治教育，建立与民众的良好关系。”“一切土匪武装，应该在政治上用力争取，其有假借名义，乱作胡为，甚至有汉奸的行为和证据者，不可争取者，应协同地方政府、驻军严厉取缔。”还规定，成立军政学校，训练大批干部人才；带群众性的武装部队，其军火补充，依靠群众力量解决之，必要时设土造工厂。游击队队员家属要依优待抗日军人家属办法享受优待。

代表大会的《财政问题决议案》和《经济问题决议案》，明确地规定了抗战时期边区财政经济建设的基本政策。

关于财政金融政策，规定：实行战时自筹、自给的财政制度。其基本办法是：募集救国公债；展还政府一切对内对外的旧债；废除一切苛杂的间接税，创立新的合理的直接税，按统一的累进税，征收财产税、遗产税、所得税；增辟公共企业收入，由边区政府积极发展公营企业；建立边区关税，保护边区贸易；没收日寇、汉奸财产，以充政府抗日经费。其紧急办法是：征收奢侈品、娱乐品等特种消费税；极力节省军政机关及一切群众团体的公务费开支；征收动产超过税，以相当数额公债交换之；举办人民救国基金或救国储金，偿以十足之公债额。决定建立战时统一的财务行政制度，由边区政府逐渐实现统一征收、统一开支，确立预算、决算制度，严守财政公开的原则。又规定：整理与管理通货，禁止各地商号滥发土票，由商家合组统一的发行机关，发行统一的土票，收回旧票；协助农民合作社发行流通券；收集现银、黄金、外币，保持法币、省币、土票的正当兑换比例，规定外币、省币、法币、土票的兑换比例。建立与发展信用制度，创设边区银行，发行边币；扶助各商号实行贴现与抵押，扩张商业信用；举办边区汇兑事业。

关于战时边区经济建设的任务与政策，规定：其基本任务，是在经济上充实国防，加强抗战力量；发展独立的民族经济；改善并增进人民生活，保护战时的经济动员。在农业上，要扩大与改进农业生产，扩大耕地面积，开垦荒地，防止新荒，改进农业生产条件和农业生产技术；调整和充实农业金融，修正合作社营业办法，扩充农民自己的金融机关，举办低利生产贷款，推行农民储蓄事业；创办大大小小的农业仓库，建立统一的仓库管理制度，管制粮食，禁止浪费。在工业上，规定：扩大战时必需的工业部门，发展农村手工业，促进农家手工副业，如纺纱织布、农具、造纸、煤炭、食盐等，提倡大规模的手工业经营；开发国防工业，恢复、保护与扩大原有的各种国防工业经营，鼓励投资，实行战时工业投资奖励办法；开办新工业单位，集中资力，利用各种科学或土法开采煤矿、铁矿、铅矿等，创办硝矿、防毒、通信、动力等工业生产。举办工业信用贷款，实行工业投资奖励及保息办法，建立商办工业投资机关，以充实工业生产资金。在商业贸易上，规定：发展输出输入贸易，建立边区贸易总局及各地商办贸易局，经营大规模有计划的特产输出和必需品输入；建立边区关税，奖励非必需品输出和必需品输入，禁止、限制非必需品输入和必需品输出；实现商业的合理化，调节全区物品的供需，平准各项货物的价格，取缔奸商的囤积买卖与买空卖空等破坏，防止牙行及商人遏粜、垄断和居奇。交通运输方面，规定：整顿原有交通事业，整理各地邮局，建立边区邮政总局，增设各地支局，保障邮政机关安全；调理各地私营交通机关，使各地行商、运输货栈等交通机关形成统一组织，扩充其业务，加强其管制；建立边区统一的交通网，实行战时交通工具统制及全区总登记，统一牲口、车辆的调度，建立健全边区内统一的公营交通机关，在边区各地设置交通总站及分站，采用群众普遍服务制度，形成稠密的经常交通网。

代表大会的《文化教育决议案》，规定了边区文化教育的基本方针及其政策措施。规定：文化教育的基本原则，是发挥高度的民族精神，加强抗战力量；培养健全的军事政治干部，领导抗战；造就专门技术人才，建设抗战时期各种事业；培养热烈的新青年，扩大民族革命的基础势力；提高一般民众的文化水准，并增进他们的健康。为此，要求：（1）整顿学校教育，恢复日军破坏停办的初级和高级小学，学生男女兼收；编订各种救亡读物与教材；检定和训练小学教师；利用义田、祭田等公有收入与合理负担办法来筹划学校经费；小学校完全免费；改善教师待遇；改变学生生活，组织儿童团、歌咏队，实行小先生制。（2）扩大民众教育，加强民众宣传，普遍建立农、工、妇女等各种补习学校、识字班、夜校等，创办通俗图书馆、书报社、讲演所等，组织宣传团、游动教育团、歌剧社、鼓书社等，举办各种宣传周、讲演会等，提倡并奖励各种民众娱乐和健康活动。（3）扩大干部教育，设立各种干部培训班、短期学校，造就干部人才，登记、训练旧有军政人员，使之参加救亡工作；开设各种技术训练班、讲习所等，训练特种技术人才。并决定筹办边区日刊。

代表大会的《群众运动决议案》《妇女问题决议案》，确定了边区政府保障和扶助群众运动的基本原则和提高妇女地位的基本政策。规定：政府保证群众集会、结社、言论、出版、信仰之自由；扶助群众运动，承认各群众团体的独立性，不干涉它的内部问题；在可能条件下，给予群众团体之物质帮助；应即颁布改善与保障各阶级、各民族群众利益的各种条例与法令，如劳动法、土地法、商业法、婚姻法等；群众团体有依法监督与弹劾政府之权利，但不能直接干涉政府行政。政府要扶助妇女组织，提高妇女文化、政治水平，改善妇女生活，禁止贩卖及虐待妇女，废止娼妓及童养媳，提高妇女职业，保障妇女参政权、婚姻自由权、财产继承权等。

上述晋察冀边区军政民代表大会的召开及其“两大建树”，在晋察冀抗日根据地史上，在中国抗日战争史上，在中华民族解放史上，有着伟大的意义和深远的影响。（1）它标志着晋察冀边区统一的抗日民主政权的确立。从此，在中国共产党的领导下，在与日本侵略者及汉奸、反动派展开激烈而复杂的斗争中，边区政府采取自上而下、自下而上的逐步改革的方式，取消“动委会”一类半政权性质的组织，将其职能，一部分并入政权，一部分归入群众团体；委任坚决抗日和执行政府方针政策的县长，撤换旧县长，以改造县政权；开展民选村长与反贪污斗争，以改造村政权；依法设置边区政府的辅佐机关政治主任公署（后改为行政主任公署）及行政督察专员公署，建立与健全县政府及区公所、乡镇村公所。至 1938 年 10 月，边区政府以下，已经拥有冀中、冀西两个政治主任公署，8 个督察专员公署，72 个县政府，1200 余万人口的广大地区。边区政权在行政系统上和地域上统一起来，在边区形成了集中统一的政权领导和抗日民主的社会新秩序。（2）它标志着边区新民主主义制度的开端。从此，中国共产党掌握了边区政权这个最锐利的武器，领导边区各党派、各民族、各阶层的全体人民，统领边区人民军队和抗日武装，在广泛开展敌后抗日游击战争，巩固与扩大边区抗日根据地的同时，在边区根据地里进行政治、经济、文化等各项社会改革与建设，以改造旧社会，创造新社会。开展农民减租减息斗争与工人、雇工增资斗争，废除苛捐杂税，实行合理负担，创建边区银行，发行边币，恢复与发展农工商贸等生产事业，实行小学义务教育，大力扫除文盲。因而，逐渐动摇着过去旧的农村阶级关系，一定程度地改善着人民群众的生活，工人、农民、青年、妇女的政治地位和社会地位日益提高，广大群众发动起来，积极生产，踊跃支前、参军、参战。边区在华北敌后奠定了新民主主义的社会雏形，成为中国最进步、最光明的地区之一。（3）它标志着边区抗日民族统一战线的巩固和边区抗日根据地的巩固。这种巩固，显示着中华民族大团结、争取民族独立解放的伟大精神，“给那些阴谋拆散抗日民族统一战线的日本帝国主义及汉奸卖国贼以致命的打击”。这种巩固，显示着边区抗日根据地已经在华北敌后站稳了脚跟，成为“华北持久抗战的堡垒之一”。[1]在中国共产党领导下，晋察冀军区和边区政府坚决执行抗日民族统一战线的方针，广泛开展人民抗日游击战争，一面收复失地，摧毁伪政权、伪组织，巩固与扩大边区抗日根据地，一面在战役上战略上配合国民党军队的徐州会战、

---

[1] 《晋察冀边区军政民代表大会通电》，1938 年 1 月 15 日。载《晋察冀边区军政民代表大会汇刊》，1938 年 1 月。原件存河北省档案馆，全宗晋察冀边区政府，卷号 1-6-4。

武汉会战，使晋察冀边区成为“抗日民族统一战线的模范区和敌后模范的抗日根据地”。（4）它标志着中共中央、毛泽东关于建立敌后抗日根据地和抗日民族统一战线政权、开辟敌后战场和发动人民抗日游击战争、坚持统一战线和持久抗战、驱逐日本侵略者与建立新中国等一整套理论和战略，在抗战的实践中获得了成功。这是一个具有划时代意义的伟大创造，对于晋察冀边区的抗战和政治、经济、文化等各项改革与建设，对于敌后各抗日根据地的创建与发展，乃至推动全国的团结抗战进步与民主化进程，都产生着深刻的影响。向全中国和全世界证明：日本帝国主义虽然占领了中国的华北、华中、华南的许多点线，但是华北是不会灭亡的，中国是不会灭亡的，中国共产党和中国人民有能力，有办法，把日本侵略者从中国驱逐出去。

“两大建树”是认识和阐述晋察冀边区军政民代表大会的历史地位及其意义的切入点和着重点。而迄今，关于民国史的著述极少提到这“两大建树”。

# 第十章　敌后抗日游击战争的展开

## 第一节　开展河北平原游击战争

### 一、贯彻中共中央战略展开的方针

至1938年春，晋察冀、冀中、晋冀豫、冀南等抗日根据地业已先后成功开创，抗日民主政权建立，党的队伍迅速发展，正规军、地方游击队和不脱离生产的武装自卫队，以及各种群众抗日团体广泛建立和发展起来。党、政、军及群众组织的建立，适应了根据地创建初期各方面工作迅速开展的需要，但还没有来得及进一步提高和巩固。另外，当时华北、华东日军正集中主力从南、北两个方向对进，企图占领徐州，打通津浦路，而华北敌后兵力较少，力量比较薄弱，边区根据地处在较为顺利的环境中，具有向外发展的有利条件。因此，巩固原有阵地，并在巩固中向外发展，向冀鲁豫广大地区展开，扩大敌后抗日根据地，在战略上积极配合国民党军队正面战场作战，成为敌后华北党和八路军的重要任务。

1938年徐州、武汉会战期间，中共中央、八路军总部曾多次下达指示，要求八路军从晋察冀、晋冀豫边区向冀东、冀中、冀南、冀鲁豫等地发展，巩固和扩大华北敌后抗日根据地。2月9日，毛泽东致电八路军总部、北方局和晋察冀军区，指示派出得力干部和精干部队，准备去开辟冀东。2月10日，朱德、彭德怀、任弼时就此致电聂荣臻，提出派精干的游击支队向承德、北平、山海关之间出动，创建根据地。3月6日，朱德、彭德怀致电聂荣臻，提出晋察冀边区部队应“向易县、涞源、房山、昌平、涿鹿、阳原包括南口东西铁道段，并应作为主要发展方向。邓华支队应即向怀柔、顺义、延庆及昌平之东北丰宁县”。指出：只有积极扩大领域，才能壮大本身与解决粮食等经费问题，并造成深入冀东、热河的有利条件。3月26日，中共中央决定北方局组织部长彭真驻晋察冀，以北方局代表名义，协同聂荣臻指导晋察冀与平汉路东及平津党的工作。4月20日，毛泽东、张闻天、刘少奇致电聂荣臻、彭真及朱德、彭德怀，提出了巩固与扩大晋察冀根据地的方针。指出：“由于各种顺利条件与你们领导和同志们的努力，使晋察冀广大地区的抗日运动在各方面都有很大的发展，根据地的建立，已经大体成功，但在各方面都是不巩固的。目前你们的任务中心是在各方面巩固已得的胜利。并在巩固的现有基础上去继续发展。”并对加强部队的整理训练与党的工作，肃清根据地内部土匪，派干部去冀中，巩固党的组织和团结统一，群众运动及政府工作等问题，作了明确具体的指示。[1]这一指示，对晋察冀根据地创建以来取得的伟大成绩作出了高度的评价，并为进一步巩固与发展根据地，加强根据地党、政、军及群众组织的建设，指出了明确、具体的方向。4月21日，毛泽东、张闻天、刘少奇又发出《关于平原游击战的指示》，明确地提出：抗战以来的经验证明，“在河北、山东平原地区广泛的发展抗日游击战争，坚持平原地区的游击战，也是可能的”，“党与八路军部队在河北、山东平原地区，应坚决采取尽量广泛发展游击战的方针”。[2]

根据上述指示精神，中共晋察冀省委于4月间召开第一次党代表大会。这是边区发展史上一次具有重大意义的会议。会议期间，彭真作了《关于全国抗战形势和争取抗战胜利方针》的报告，聂荣

---

❶ 中共中央书记处编：《六大以来》（下），人民出版社1980年版，第306页。
❷ 中共中央书记处编：《六大以来》（下），人民出版社1980年版，第307页。

臻作了《几个月来支持华北抗战的总结与我们今后的任务》的报告，黄敬、舒同就几个月来地方党和部队工作分别作了总结报告。这次大会初步总结了晋察冀抗日根据地创建以来在发动群众、扩大武装、建党、建政等方面的成就和经验。指出："晋察冀边区党最近5个月的领导，基本上是执行党中央抗日民族统一战线的正确政策的。"因此，"已光荣地完成了中央、北方局当时所给予它的任务，创造、巩固、扩大了晋察冀边区抗日根据地，使它成为坚持华北抗战的堡垒，并在全国抗战中起了伟大的战略作用"。[1]同时，这次大会也检讨了边区党在发展上片面追求数量、忽视质量，在统一战线上过分伤害地主阶级利益等的错误倾向。

这次边区党代表大会，根据国内抗战形势和边区具体情况，确定了目前边区党的方针和任务："巩固与扩大边区，在军事上、政治上给平津保等大城市，平汉、津浦两条铁路沿线以威胁及打击，以支持华北的抗战，并吸引牵制敌寇兵力，以配合主力军在武汉的会战。"[2]在"巩固与扩大边区"的方针下，会议强调必须"巩固党和军队、政权及抗日群众组织"，巩固与扩大边区抗日根据地，使它成为更健强的抗战堡垒和前进有力阵地，并使它继续发展成为统一战线的模范区域，"这是边区党政治上的中心任务，一切工作应该围绕这一中心任务来布置"。[3]会议认为：保障党的独立性，巩固党的组织，健全党的各级领导机关，"成为当前最主要的任务"，提出了整顿、巩固党组织的具体措施。在武装建设上，会议认为：中心问题是"要把新的部队变成富有战斗力的坚强部队"，提出利用战斗间隙训练部队，巩固和提高战斗力；发扬艰苦奋斗精神，保持八路军的优良传统；大量繁殖、发展新的游击队和游击小组，加强人

[1] 彭真：《在晋察冀边区第一次党代表会上关于讨论黄敬报告的结论》，1938年4月。
[2] 《中共北方分局第二次党代表大会晋察冀边区党委工作报告》，1939年1月。
[3] 彭真：《在晋察冀边区第一次党代表会上关于讨论黄敬报告的结论》，1938年4月。

民自卫队的组织与训练，建立基干自卫队。这次党代表大会强调，必须继续巩固与扩大边区统一战线，把统一战线运用于边区的具体环境中，健全和改善各级政权，使群众组织方式能够团结各阶级共同抗战，密切党政军民之间的关系。

晋察冀边区党代表大会还决定编辑出版中共晋察冀省委机关内刊《战线》，以加强党的建设和方针政策的研究、指导。

根据中共中央和八路军总部的指示，第 129 师于 1938 年 4 月决定抓住大好时机，向冀南、豫北和铁路沿线行动：副师长徐向前率领 769 团和 115 师 689 团、第 5 支队开赴冀南；386 旅旅长陈赓率领旅主力进至平汉路以西冀豫边地区，相机向豫北发展；386 旅政治部主任王新亭率领 771 团进至平汉路东侧。为使党的工作适应新的形势，中共冀晋豫省委于 6 月间在山西省沁县南底水村召开工作会议，总结 4 个月以来的工作，通过了《新形势下省委工作的新任务》的决定。确定省委的任务是："更高实现创造晋冀豫边区为坚持巩固的根据地，积极开展广泛的游击战争，大量吸引敌人到华北来，以牵制日军向武汉的进攻，保卫武汉；同时准备下不可动摇的党、群众武装及政权的基础，长期粉碎敌人可能同时并进的肃清华北的一切计划，以达收复失地与驱逐日寇的最后胜利。"❶ 会议决定，创办省委机关报《中国人报》，并将晋中、冀晋两特委合并为中共晋冀特委。

## 二、开展河北平原游击战争

1938 年春，随着冀中平原抗日根据地形成，4 月 1 日，晋察冀边区政府决定成立冀中区政治主任公署，李耕涛任主任。4 月 21 日，中共冀中区第一次党代表大会在安平县召开。地方区以上、部队团以上各级党组织代表 500 多人参加会议。黄敬主持会议，并作关于

❶ 太行革命根据地史编写组：《太行革命根据地大事记述》（未刊稿），中共山西省委党史资料征集研究委员会 1983 年印，第 21 页。

贯彻抗日民族统一战线的报告。吕正操作关于建军和冀中形势的报告。大会选举产生了中共冀中省委领导机构，黄敬为书记，鲁奔为副书记。会议总结冀中区建军和创建根据地的工作，确定了坚持冀中平原抗日根据地的方针，通过了统一冀中党、政、军、群众团体的领导机构等重大决定，还通过了减租减息、统筹财政、调剂金融、统治贸易等政策。根据大会的决定，中共冀中省委（不久改称冀中区党委）设立下属4个特委（不久改称地委），分别由董汝琴、张雪峰、翟晋阶、罗玉川担任第1、第2、第3、第4特委书记，较快地健全了县委、区委和党支部，统一了冀中区各级党的领导。

5月1日，正式成立冀中区政治主任公署，吕正操兼主任，李耕涛改任副主任。并公布冀中区政治主任公署的基本施政方针：（1）发动民众，组织民众，积极参加抗战，争取最后胜利；（2）实行民主，广泛发展群众组织，建立民意机关，实行区村普选；（3）改善民生，发展农村经济，提倡土著手工业，取消苛捐杂税，实行合理负担，减租减息，优待抗属。在冀中区设立4个行政督察专员公署，专员分别由冯钧、王文仲、仇友文、韩德三担任，很快建立健全了县区村抗日政府，统一了冀中区的政权领导。

人民自卫军与河北游击军进行整编，统一编为八路军第3纵队。成立冀中军区，为二级军区，归晋察冀军区指挥。由吕正操任第3纵队兼冀中军区司令员，孟庆山任第3纵队兼冀中军区副司令员，孙志远为政治部主任。下设4个军分区，由赵承金、于权伸、沙克、孟庆山分任第1、第2、第3、第4军分区司令员。8月，王平担任第3纵队兼冀中军区政治委员。冀中回民武装合编为“八路军第3纵队回民教导总队”，马本斋任总队长。5月间，冀中区农民、工人、青年、妇女抗日救国会分别召开会议，健全了各群众团体的领导机关。

冀中区军民在党代表大会前后，开展了广泛的冀中平原抗日游击战争。1~4月，冀中区军民粉碎了日军的春季“扫荡”，作战100余次，收复高阳、安新两县城，部队发展到6万人。冀中部队在整编的同时，于4月底和“七七”抗战一周年之际，两次向平汉线出击，攻克城镇和据点多处。六七月间，冀中区党政军领导机关迁到任丘县曹口、出岸、青塔，大力开辟大清河以北地区。不久，在霸县成立第5特委（地委）、军分区和行政督察专员公署，马载任书记，朱占奎、周彪任司令员和政治委员，李凤林任专员。冀中区抗日根据地逐步扩展到拥有44个县，人口约800万，占有24座县城。冀中区军民还开展了拆城破路，改造平原地形的群众运动，拆除了蠡县等24县的城墙。同时，平毁平（北平）大（名）、津（天津）保（定）等公路，改造原有贯通各村庄的大道，一律挖成宽五六尺、深三四尺，不能走汽车，只能走大车的道沟。这是冀中军民的伟大创造。

为开展冀南区平原抗日游击战争，徐向前、刘志坚率领第129师769团、第115师689团及第5支队，1938年4月26日到达南宫。随后，研究总结平原抗战经验，发表《开展河北的游击战争》一文，提出了在平原上“把广大的人民造成游击队的人山”的战略思想，强调“不管什么样的山，也没有这样的山好”。5月间，冀南部队攻克任县、南和、临清、威县等6座县城，将南宫、清河一带与八路军对抗的“六离会”数万人驱散，收缴全部武器，严惩首恶分子李耀庭等人。尔后，乘青纱帐广泛出击。6月间，收复曲周、永年、肥乡、广平、成安、邱县、枣强、临漳等县城。8月间，消灭伪军苏启明、扈金录、王治金、李台、李福和等部。八路军经过数百次战斗，消灭日伪军7万余人，在冀南平原大多数县建立了抗日民主政府。

与此同时，中共冀南地方组织和八路军积极主动地同国民党河北省第17区行政督察专员兼冀鲁边8县保安司令丁树本，及国民党山东省第6区行政督察专员兼保安司令范筑先，建立与加强了抗日统一战线关系，对于稳定冀南抗战局面，争取团结国民党地方上层人士和各阶层人物，促进冀南抗日民主政府的建立产生了较大影响。在冀南平原抗战新形势下，7月初，第129师政治委员邓小平由太行抵达冀南，冀西游击队司令员杨秀峰也来到冀南。根据邓小平关于建立冀南行政主任公署的方案，8 月 14~20 日，冀南各县代表大会在南宫召开。大会决定：撤销冀南军政委员会，成立冀南行政主任公署，并民主选举杨秀峰、宋任穷担任正、副主任。冀南行政公署以下，设立 5 个行政区督察专员公署，共辖 51 个县。由岳一峰、唐哲明、刘建章、宋任穷、杨静远分别任第 1、第 2、第 3、第 4（及未建的第 5）、第 6 专署专员。公布了冀南行政主任公署施政方针，并领导全区逐步建立健全了县、区、村政权。8 月 19 日，根据中共北方局的决定，中共冀鲁豫边区省委撤销，改组为中共冀南区党委，李菁玉任书记，组织部长于光汉，宣传部长朱则民。下属各特委改称地委，由李力、李光亚、张增敬、信锡华、扈惠民、李启华、徐运北、张承先、王从吾分别担任第 1 至第 5 地委和冀鲁边、鲁西、鲁西北、直南地委书记。

冀南行政主任公署成立后，毛泽东、洛甫、刘少奇于 8 月 20 日致电徐向前、邓小平、宋任穷及冀鲁豫边区省委，彭德怀、朱瑞、刘伯承，指出："冀南新政府成立须即实行几件善事：（1）救济各地广大饥饿的群众，粮款向富户筹集及提出一部分公款等。（2）组织秋收运动。（3）规定二五减租办法。（4）发布在敌人进攻时人民自卫与避难办法及空舍清野办法。（5）发布人民防匪自卫办法。（6）组织廉洁政府，规定各级政府人员生活费及公费。"要求：对保安队应即改编或改造，对土匪应争取或肃清。新政府"暂时不必向外面发宣言、通电"，但是，"在本区内应即发布各种布告、法律、命令，提高自己威信，以完全新的姿态在人民面前出现"。[1] 据此，中共冀南区党委和冀南行政主任公署，公布了八大施政纲领。主要内容包括：动员一切人力、物力，广泛开展游击战争；巩固扩大抗日民族统一战线，团结全体同胞，建立坚强的根据地，抗战到

[1] 冀南革命根据地史编审委员会编：《冀南党史资料》第 2 辑（内部资料），1986 年印行，第 47 页。

底；建立民主廉洁的县抗日政府，严惩贪官污吏；整顿各县金融，发展农村经济，提倡土货生产；废除苛捐杂税，实行合理税收；优待抗日军人家属；在有钱出钱，有力出力，改善民生的前提下，安定民生，发挥人民的抗战积极性；实行抗日教育，普遍发动群众，组织战委会和工农妇学商各抗日团体及自卫队；肃清汉奸敌探，实行抗日戒严。冀南行政主任公署还先后公布了公平负担实施办法、田赋问题规定等法令、政策。至此，冀南平原抗日根据地各方面工作走上轨道。

## 第二节　向冀东、冀鲁豫展开

### 一、开辟冀鲁边区与冀鲁豫边区抗日根据地

冀鲁边区处于河北与山东的结合部，北近天津，南连济南，西至津浦铁路，东控渤海，战略地位很重要。此区包括河北省的沧县、东光、南皮、吴桥、盐山、宁津（今属山东）、庆云（今属山东）、新海（今黄骅）等 8 个县。

“七七”事变后，中共津南特委马振华、邸玉栋在冀鲁边境盐山县旧县镇与当地有影响的开明士绅商谈，于 7 月 15 日公开宣布成立“津南人民抗日救国总会”。随后，组织了“抗日救国军”，邢仁甫[1]任司令员，马振华为政治处主任，并取得国民党当局批准，命名为“国民政府军事委员会别动总队第 31 游击支队”。11 月间，中共津南特委与鲁北工委合并为冀鲁边区工委，于文彬任书记，统一领导冀鲁边区党的工作。第 31 游击支队克盐山，袭无棣，取庆云，攻乐陵，转战宁津、南皮等地，连战皆捷，到 1938 年 3 月，部队发展到 2000 余人，活动范围从旧县镇附近扩展到冀鲁边区的大部地区。

---

[1] 邢仁甫，后叛变革命。

根据中共中央决定，1938 年 4 月和 6 月，曾国华率领第 115 师永兴支队（第 5 支队），孙继先率领第 129 师津浦支队，先后进入冀鲁边区。6 月下旬，冀鲁边区划归中共北方局和第 129 师领导。7 月 8 日，成立冀鲁边军政委员会，马国瑞任书记。随后，成立中共冀鲁边区特委，李启华任书记，归中共冀鲁豫边区省委领导。9 月 27 日，肖华率领第 115 师东进抗日纵队到达山东乐陵，随即将原在边区活动的 3 支抗日部队统一编入挺进纵队，由肖华任冀鲁边区军政委员会书记、纵队司令员兼政治委员（马国瑞赴延安），并确定了“巩固津南，发展鲁北”的工作方针。随即，冀鲁边区行政督察专员公署成立，杨靖远任专员，隶属冀南行政主任公署领导。经过反敌“扫荡”作战和反顽“摩擦”的斗争，到 1940 年 9 月，正式成立了中共冀鲁边区党委，李启华任代理书记（不久王卓如到边区任书记）兼宣传部长，张晔任组织部长。同时，成立冀鲁边军区，周贯伍任政治委员兼代司令员（1941 年 7 月黄骅任军区副司令员）。并成立冀鲁边行政主任公署，由张辉增、张永逊负责。划分为 3 个地委、专署、军分区：第 1 地委，刘青林代理书记，专员石景芳；第 2 地委，书记杜子孚，专员孙子权；第 3 地委，书记李广文，专员朱林森。

冀鲁豫边区北与冀南抗日根据地毗邻，南与豫皖苏抗日根据地相连，西至平汉铁路，东邻津浦铁路，是华北与华中联系的枢纽。

全国抗战开始后，根据中共中央北方局指示，刘大风在直南沙区成立直南临时特委，积极恢复和发展党组织。1937 年 11 月，组建河北民军第 4 支队。1938 年 1 月，在清丰县（今属河南省）正式成立中共直南特委，朱则民任书记（后为王丛吾），刘大风为副书记。4 月间，通过与国民党河北省政府濮阳（今属河南省）专员丁树本的统战关系，建立了冀鲁豫抗日救国总会，并先后成立县区村基层组织。五六月间，八路军东进纵队和第 115 师 688 团到达该区。8 月下旬起，八路军与地方武装配合，先后攻克敌据点多处，消灭伪军郭清部 4000 余人。之后，第 4 支队编入东进纵队，中共直南特委又组建了黄河支队。

1939 年 2 月，杨得志、崔田民率领第 115 师 344 旅进入冀鲁豫边区，将黄河支队等地方武装与主力合编为冀鲁豫支队，统一了抗日武装的领导。1940 年春，在反击国民党第一次反共高潮中，石友三、高树勋部败逃陇海路两侧，丁树本部投降日军。4 月间，中共冀鲁豫边区党委、军区和冀南 6 县（大名、清丰、南乐、长垣、东明、濮阳）行政督察专员公署先后成立。王丛吾任区党委书记，杨得志任军区司令员，崔田民任政治委员，安法乾任专员。1941 年 1 月，冀鲁豫边区参议会在内黄县召开，选举产生了冀鲁豫边区行政主任公署，晁哲甫、贾心斋任正副主任。下辖直南、豫北、鲁西南 3 个专署，共 15 个县。至此，成功地创建了冀鲁豫边区抗日根据地。

## 二、开辟平西，发动冀东抗日大起义

平西地区位于北平西侧平汉、平绥两条铁路之间，面积 1 万平方公里，人口 30 余万。

"七七"事变后，中共河北省委派北平市委李光汉、刘宗昌到青白口、宛平县指示工作。中共中央北方局派张湘、胡景翼带十几名军事干部到平西组织抗日武装。当时，东北流亡到关内的赵侗、高鹏等在北平近郊沙河、昌平地区拉起队伍，8 月下旬，宣布成立"国民抗日军"。随后，袭击北平德胜门外第二号监狱，救出几十名共产党员和爱国人士。这支队伍奉晋察冀军区命令，到阜平进行整训，12 月 25 日改编为晋察冀军区第 5 支队，1938 年 3 月返回平西。同时，为迅速开辟平西根据地，晋察冀军区派邓华支队挺进平西。在中共地方组织和游击队配合下，邓华支队连克桃花堡、矾山堡、门头沟、金水口等据点，一度收复昌平、涞水、涿县、良乡等县城，并破坏了北平至门头沟段铁路和平绥铁路下花园至昌平段，摧毁伪组织，征服反动地主武装。很快解放十余万人口的地区，相继建立了以宛平 8 区为中心的昌（平）宛（平）、房（山）涞（水）

涿（县）、涿（县）宣（化）怀（来）三个联合县抗日政府和党的工作委员会。从而开辟了平西抗日根据地，为向冀热察边区发展打下了前进基地。

冀东大致指河北省东北部地区，包括：顺义、密云、平谷、通县、怀柔、三河、武清、香河、宁河、蓟县、宝坻、遵化、兴隆、丰润、玉田、迁安、卢龙、抚宁、临榆、昌黎、滦县、乐亭等22县，唐山市及秦皇岛、塘沽两港，面积约4万平方公里，人口约630万。

1937年抗战全面爆发后，中共中央北方局和河北省委在冀热边区和北宁铁路以南建立了冀热边特委和京东特委，并派李润民、孔庆同等军事干部协助举办游击战争训练班。12月，成立了由各抗日阶级、阶层参加的“华北人民自卫委员会冀东分会”，李运昌任主任，在冀热边很快发展会员1.5万人，还成立了华北抗日联军冀东游击支队。1938年3月，发动开滦3.5万工人进行了为期50天的同盟大罢工。6月，乐亭县3000雇工开展增资斗争。这样，开展冀东抗日游击战争的条件日趋成熟。

1938年5月间，中共中央将活动在晋西北的宋时轮支队调至平西，与邓华支队合并为八路军第4纵队，共5000余人，担负进据冀东、热南、察东北，创建冀热察边区抗日根据地的任务。为加强对冀东抗日起义的领导，中共河北省委将冀热边和京东两特委合并为冀热边特委，胡锡奎任书记，李运昌负责军事工作。6月8日，八路军第4纵队由平西出发，分两路挺进冀东，连克昌平、延庆、兴隆等县城，6月下旬，到达蓟县靠山集和遵化县将军关下营一线。李运昌在丰润县田家湾子主持召开冀热边特委和有同盟者参加的军事会议，通过了特委提出的起义行动纲领，决定组织冀东抗日联军，高志远任司令，李运昌、洪麟阁任副司令，并确定起义日期为7月16日。

由于起义消息泄露，冀东人民抗日起义遂提前于7月6日举行。起义由滦县港北村开始，很快席卷7县，进而扩展为21县的大规模游击战争，成立39个总队，达7万余人，加上国民党地方组织的起义队伍等其他武装，共达10万余人。8月初，起义进入高潮，第4纵队与冀东抗日联军先后攻克卢龙、玉田、迁安、蓟县、平谷、乐亭、丰润等县城，并成立平谷、蓟县和丰玉遵联合县政府。8月下旬，第4纵队、冀热边特委、冀东抗日联军负责人在遵化县铁厂召开有同盟者代表参加的重要会议，决定：成立冀察热宁军区，下设5个军分区；成立冀察热宁边区行政委员会，以统一军事指挥和政权领导。为进一步加强对起义的领导，马辉之、姚依林率领河北省委机关由天津迁到冀东。

但是，铁厂会议后不久，第4纵队主要领导人认为日军将大举围攻冀东，平原不好坚持，抗日联军战斗力弱，把形势估计得过于严重，未能坚持创造抗日根据地的方针，错误地作出了第4纵队和冀东抗日联军全部撤回平西的决定。中共中央、晋察冀军区多次阻止西撤，均未奏效。9月下旬，全军开始向西转移，只留下包森、单德贵、陈群三个游击支队（各200人左右）坚持冀东抗日斗争。队伍在西撤途中伤亡和散失很多。中共冀热边特委决定率领冀东抗日联军一部6000余人返回冀东，经连日苦战，回到丰、滦、迁边境的腰带山一带，最后剩下100余人，坚持冀东游击战争。第4纵队于10月撤至平西，部队和起义武装剩下4000余人。

第4纵队挺进冀东和冀东抗日大起义，未能巩固自己的胜利，但是，它为以后冀热察边区抗日根据地的建立，打下了基础，并在战略上配合了国民党军队的武汉战役。

## 第三节　晋察冀边区初步建设与首次反“扫荡”战役的胜利

### 一、边区党的初步整顿与巩固

1937年抗战全面爆发时，晋察冀边区党的组织基础较好，但与上级保持组织联系、坚持活动的并不多。冀中地区党员数量较多，如平山县有党员 700 余人，但是，有确切组织关系并切实坚持工作的，只有几十人。这种状况与迅速发展的抗日形势的要求很不适应。因此，1937 年 9 月，八路军出师华北前线时，中共中央北方局就决定采取大刀阔斧的大量发展党的方针，在发动群众的过程中，大力恢复抗战前失掉的党的关系。1938 年 3 月 15 日，中共中央在《关于大量发展党员的决议》中，决定要“大量的、十百倍的发展党员”。根据这一决议，中共晋察冀省委在地方和军队中大量吸收新党员，建立党的组织。到 1938 年 6 月初，在平汉路以西，党员发展到约 10460 人（其中，缺阜平县 6 区、5 区的数字），1937 年抗战全面爆发后新发展的党员占 90% 以上。边区党的快速发展，使边区党由范围狭小的地下党开始成为拥有广大群众的党。在边区各方面的工作中，“起了中心的领导作用”。[1]

但一些地方出现了单纯追求数量、忽视质量的偏差。主要表现为不负责任的“拉夫”现象和缺乏必要的入党手续，有的地方甚至一人一天发展几十个新党员，有些投机分子、阶级异己分子混入党内。这些缺点与错误，是同巩固与扩大边区抗日根据地的紧迫任务不相适应的。

在 1937 年 12 月召开的晋察冀军区政治工作会议上，这些偏差已引起注意。1938 年 2 月，中共晋察冀省委初步提出了一些办法，要求各地从组织上进行整顿。1938 年 4 月边区第一次党代表大会后，中共晋察冀省委领导各地党组织，迅速对党的组织进行整顿。规定：党员必须一律重新登记，将忠实于党的组织、积极从事于党的工作的革命分子，确定为正式党员；对那些政治上、组织上认识较差，但本质好的积极分子，特别是工农出身的党员，应确定候补期，督促其进步提高；把混入党内的投机分子、异己分子清洗出去。同时，逐级审查党的干部，规定：省委负责审查到县级；特委

[1] 黄敬：《地方党五个月工作总结与今后工作方针》，1938 年 4 月。原件存中央档案馆。

负责审查到区委；县委负责审查到支部；区委负责审查到小组长；支部负责审查到每个党员。在整顿中，党的领导机关和各种规章制度开始健全充实起来。这样，使党的建设与生活逐渐走上了正轨。

1938 年 5 月 14 日，中共晋察冀省委制定颁布《在政权机关中工作的党员必须遵守的条例》，要求全党除领导一切抗日分子在党内外开展反贪污腐化等斗争外，在政权中工作的党员应遵守："一、必须坚决站在抗日民族统一战线和民主的立场上；二、必须保护工、农、小资产阶级及其他阶级阶层一切抗日群众的利益；三、刻苦耐劳，积极负责，绝对廉洁、正直；四、绝对服从党的决议和指示。"并规定，"违犯上列任何一条规定，经批评、纠正不改，或相当的党的领导机关认为有辞职必要时，均须立即服从命令辞职，否则，开除其党籍"。[1] 这是敌后抗日根据地第一个党员干部管理监督条例。从此，贪污腐化、包办代替、命令主义，以及不深入实际，只凭浮浅的了解和主观想象指导工作的坏作风开始得到克服；雷厉风行地贯彻执行党的指示，廉洁、正直、民主，保护群众，联系群众，深入下层了解实际情况，积极负责地具体地帮助指导工作的优良政风开始形成，各级党委和政府的领导作风和领导水平有了提高和进步。

但是，在整顿、严密与巩固党的工作中，个别地方又出现了不负责任地盲目洗刷的现象。有的县 2000 余个党员，竟洗刷出 1500 余个。这固然是过去"拉夫"式发展党员的结果，也是在整顿中对党组织和党员不负责任的表现。一些地方片面强调巩固而停止了发展，不了解党代表大会关于"加强党的无产阶级成分，吸收大批工人雇农入党"对于巩固党的重要意义，以致使党的组织在这些地方依然停留在狭小的圈子里。

1938 年 6 月，中共晋察冀省委召开组织工作会议，省委组织

---

[1] 晋察冀抗日根据地资料丛书编审委员会：《晋察冀抗日根据地》第 1 册（文献选编上），中共党史资料出版社 1988 年版，第 164 页。

部长赵振声（李葆华）作了报告，彭真作了会议结论。这次组织工作会议后，边区党的建设进一步走上了在发展中求巩固的正确轨道，党的组织和领导进一步健全，党员的质量进一步提高，大批工人、雇农、贫农和革命知识分子中的先进分子被吸收进党内来，党的队伍进一步发展壮大，成为领导边区人民开展敌后游击战争，建设抗日根据地的坚强核心。

## 二、边区民主政体的初建

为了建立晋察冀边区集中统一的政权体系，创建新型的民主制度，边区政府成立后，立即根据军政民代表大会的决议，宣布取消动员委员会、救国委员会和自卫委员会等一类半政权组织，采取自上而下的办法统一边区各级政权领导机构。由边委会统一委任县长，凡接受领导的县长一律加委，如果不接受领导，就不加委。召开县长联席会议，民主讨论和决定边区政权工作和抗战救国的重大事项。这样，边委会很快就在各县建立起权威，边区与各县的工作步调渐趋一致。1938 年 2 月 7 日，边委会颁布《县政府组织大纲》。规定：县政府“于边区行政委员会指导监督之下处理全县行政，监督地方自治事务，并于不抵触国府及边区政府之法令范围内，得发布县令。并制定县单行规则”。县长由边委会委任，俟“各县民众组织健全，区村行政人员办理民选完毕，并有相当成绩者，经边区行政委员会查明合格，得呈请国府试行民选县长”。秘书、科长由县长呈请边委会委任。科员由县长委任，呈报边委会备案。县政府之下，设军用代办所和人民武装自卫队总队部。代办所承县长之命，办理一切军用事项；所长由县长遴选，呈请边委会核准委任；自卫队总队长由边区自卫队总队部委任。[1]1938 年 4 月，边区政府又指示各县设立司法科。7 月 29 日，边委会颁布《县佐

[1] 谢忠厚、宋学民主编：《晋察冀边区民主政权建设文献选编》（上），中央文献出版社 2013 年版，第 57 页。

公署组织章程》。规定："边区各县，如特殊情形发生行政上之不便时，由边区行政委员会划定区域，设置县佐公署，处理各项政务。"[1]还规定在一些接近敌占区、虽有一定基础但力量不足的几个县结合部，设立联合县政府。随着根据地的巩固和扩大，敌伪政权被摧毁或缩小，县佐公署可以发展为县政府，联合县政府可以分成新的县政府。全边区县政府的机构逐步臻于健全和统一。

当时，边区处于敌后战争的环境，经常遭到日寇的分割、包围和封锁，因此，在县政府以下设立了区公所，并作为一级政权，以加强对村的领导。1938 年 3 月 23 日，边委会公布《边区区村镇公所组织法暨区长、村长、镇长、闾邻长选举法》。规定：区公所，设区长 1 人，助理员 2~4 人，均由区民选举；但在民选前，区长由边委会委任，区助理员由区长遴选、县长委任。[2]区公所是县政权领导村政权工作的重要枢纽和桥梁。

村政权是边区抗日民主政权的基石。在边委会第一次县长联席会议上，就展开了对改造村政权问题的热烈讨论，认为村政权是边区政权建设的重心。按照边区军政民代表大会通过的《政治问题决议案》及《边区区村镇公所组织暨区长、村长、镇长、闾邻长选举法》，在村置村公所，设村长 1 人；在镇置镇公所，设镇长 1 人。村、镇各设副村长、副镇长 1 人。村镇在 500 户以上者，得增设副村长或副镇长 1~5 人。村长、副村长由村民大会选举，镇长、副镇长由镇民大会选举，均由区公所呈报县政府备案。[3]1938 年 3 月，边委会发布第一次村选命令，边区各地迅速掀起民选村长运动。这一运动与各区村的反贪污斗争相结合，清算村账，撤换贪污挥霍、鱼肉乡民的旧村长，民主选举新村长，一个热烈的民主运动在边区

[1] 谢忠厚、宋学民主编：《晋察冀边区民主政权建设文献选编》(上)，中央文献出版社 2013 年版，第 92 页。

[2] 谢忠厚、宋学民主编：《晋察冀边区民主政权建设文献选编》(上)，中央文献出版社 2013 年版，第 63~64 页。

[3] 谢忠厚、宋学民主编：《晋察冀边区民主政权建设文献选编》(上)，中央文献出版社 2013 年版，第 67~70 页。

各地形成。晋察冀区有8000多个村庄进行了民选村长的运动，参选公民占40%~50%。6月间，冀中区政治主任公署颁布区、村、镇“组织法”和“选举法”。据24个县统计，有3128个村庄进行了选举和改选，占所属村庄的68%。这次村选，对于改造边区村政权，加强边区抗日民主政权的基础，起了一定的作用，但是，保留了编乡、编村和闾邻长制[1]等旧村政的残余，一些村政权仍旧把持在少数地主封建势力及地痞流氓手中。

边委会刚一成立，即设立了晋东北政治主任公署，由宋劭文兼任主任，辖20个县，不久，改称晋东北行政督察专员公署，由边委会直辖。同时，设立冀西政治主任公署，主任由张苏兼任，辖16个县。2月11日，边委会公布《政治主任公署组织法》，规定：政治主任公署，设政治主任1人，由边委会委任；设秘书1人，干事5~7人，由政治主任选用，报请边委会加委；设书记员4人，由政治主任录用；另，服务队20人。政治主任公署为边委会的派出机构，负责“联系本区政治、军事，指挥监督本区各县县长；办理本区行政、财政、教育、实业等工作；可撤换县长，派代请委”。1938年4月，边委会设立冀中区政治主任公署，李耕涛为主任，不久，由吕正操兼主任，李耕涛改任副主任。[2]1938年10月，边委会决定设置行政督察专员公署（简称专署）。在冀西政治主任公署以下，设立第一、第二、第三专署：第一专署，辖涞源、易县、徐水、满城、蔚县、定兴等，陈 凡为专员；第二专署，辖阜平、唐县、曲阳、完县、望都等，张冲为专员；第三专署，辖平山、行唐、灵寿、正定、井（陉）获（鹿）等，徐达本为专员。在冀中政治主任公署以下，设立第一、第二、第三、第四专署：第一专署，

[1] 编乡、编村为战前旧制，系以大村为基础，小村加入，编成乡或村，易使大村得利，小村吃亏。闾邻制为战前村内的行政制度，不以地域而以族姓划分闾、邻，闾、邻长多为族长、家长所把持。

[2] 谢忠厚、宋学民主编：《晋察冀边区民主政权建设文献选编》（上），中央文献出版社2013年版，第60页。

辖深县、河间、武强、肃宁、饶阳、青县、献县、交河、沧县，冯钧任专员（兼河间县长）；第二专署，辖安平、蠡县、深泽、定县、无极、安国、正定、博野、新乐等县，王文仲任专员（兼蠡县县长）；第三专署，辖文安、新镇、安次、霸县、永清、静海、大城、任丘等县，仇友文任专员（兼文安县长）；第四专署，辖固安、雄县、徐水、新城、容城、新安、安新、清苑、高阳等县，韩德三任专员（兼雄县县长）。同时，边委会将能分到下级的工作尽量下放：在各专区，设边区银行办事处，由边区总行与专署双重领导；撤销边区人民武装自卫队总指挥部，在各专区设立自卫队总指挥部；撤销边区贸易机关——裕民公司，由各专区建立贸易机关。还规定，因战争情况与边委会联系被隔绝时，可由专署代边委会行使职权。边委会于1938年底撤销冀西政治主任公署，冀西各专署归边委会直接领导。至此，边区各级政权机构业已建立和健全起来，全边区形成了集中统一的抗日民主政权体系。

边区初创时，受各种条件的限制，边区各级政权还不能完全实现普选，但是尽最大可能地体现了民主精神，初创了新型的民主制度。第一，边区行政委员会的产生，是边区各界、各党派、各军队、各阶层、各民族的代表，经由边区军政民代表大会民主选举的结果；第二，村一级政权已开始实现民选；第三，政权机关中民主集中制领导制度的建立，尤其在边区各级政权中，建立了最初的民意机关，即边区行政会议、县行政会议和区行政会议及村民大会。边区、县、区的行政会议，带有军政民联席会议的性质，主要由政府领导人、各群众团体代表和各界人士组成。边区各级政权，直接通过各种行政会议形式，间接通过各群众团体之组织系统，动员、领导广大群众，以支持实现政府的各种政策，完成各项工作；同时，又通过行政会议的形式，反映并吸收各界民众对政府工作的批评和建议。因而，各级政权沟通和密切了同人民群众的联系，人民群众又能够通过这种渠道来申达自己的意见，行使参政议政的权利。在各级行政会议上，各级政府行政领导必须报告政府工作；而各群众团体与各界代表，可以将各自组织内外群众对于政府工作的要求和意见反映出来；将行政上应兴应革的重大事件，提出讨论，作出决定，提交政府，并推动、帮助政府实行。[1]

边区行政会议是全边区最高的群众参政机构，由边区级军政民各界负责人组成。首次边区行政会议于1938年6月8日召开，出席会议者包括边区军政民各界负责人。这次会议讨论、决定了发行公债、粮食统收统支和部队服装、弹药、给养问题，并决定今后每两个月举行一次边区行政会议，邀请附近县份的士绅参加。

县行政会议是县级群众的参政机关。1938年2月7日，边委会发布《晋察冀边区县政府组织大纲》，规定“县政府设县政会议”。同年夏，边委会颁布《县政会议组织办法（草案）》。规定县行政会议，由县长、人民武装自卫队总队长、县级各群众团体的代表共同组成，讨论、审议有关全县重大的兴革事项，审议县政府及各方交办事项，以发扬民主，巩固和加强县政权领导。县行政会议每半月召开一次。这时的县行政会议，实际上是军政民联席会议。

区民代表会议是区的最高民意机关，“行使选举权、罢免权、创制权、复决权”。在没有召开区民代表会议以前，暂设立区行政会议。区行政会议，由区长、区各群众团体代表、开明士绅等组成，为区公所的议事机关。村（镇）民大会，是村（镇）的最高民意机关。“无论男女在本村镇区域内居住1年或有住所达2年以上、年满16岁经登记后为村镇公民，有出席村民大会或镇民大会及行使选举罢免创制复决之权。”在没有召开村（镇）民大会以前，在村（镇）建立“救亡室”或“民族革命室”的组织。[2]区、村政权通过这些初步的民意机构的形式，保持与群众的联系，以发扬民主，辅佐区政，改革村政。

---

[1] 参见彭真：《论晋察冀边区抗日根据地的政权》，1938年10月13日。原载《解放》第55期。

[2] 谢忠厚、宋学民主编：《晋察冀边区民主政权建设文献选编》（上），中央文献出版社2013年版，第62~73页。

边区各级群众参政机关的设立虽是初步的，从形式到内容都还很不完备，但它已经尽可能地实行了民主，在团结和发动广大抗日群众参加抗战和进行新民主主义各项建设中，起了重要的促进作用。宋劭文指出，这“虽然只不过是一个民权的尝试，然而已经证明：中山先生民权主义的伟大。集思广益的会议制度，它比建立在个人身上的独断独行的制度是要进步的，我们的这些尝试一般地说是成功的”。[1]

1938年10月13日，彭真发表《论晋察冀边区抗日根据地的政权》一文，对根据地创建初期边区各级政权建设的成就和经验，作了重要总结。指出：晋察冀边区的抗日政权之所以取得上述这样高的政治地位和威信，主要是因为“它自身有着相当高度的行政效率，和广大群众自动积极的热烈的支持和爱护”。[2]

## 三、边区人民战争武装体制的建立

在创建抗日根据地初期，晋察冀军区将创建和扩大抗日武装作为中心工作，经过广泛的宣传动员，实行减租减息，激发了民众的抗日救国热情，广大群众自愿把子弟送到部队，各地青年纷纷自动报名参军。过去那种“好男不当兵”“好铁不打钉”的流言，被“好男儿上前线”的豪言壮语所代替。聂荣臻司令员给边区部队起了一个“子弟兵”的名字，就是说明边区部队的任务是保卫祖国，保卫边区，保卫家乡，和边区群众的切身利益是紧密结合的，边区部队的成分绝大多数是边区人民的子弟。到1937年12月，平汉路以西的4个军分区及晋察冀军区直属队已发展到近1.5万人，枪约6000支。[3]在冀中，吕正操领导的人民自卫军、孟庆山领导的河北

[1] 宋劭文：《边区政权工作检讨总结》，1939年7月。原件存中央档案馆。

[2] 载晋察冀抗日根据地资料丛书编审委员会编：《晋察冀抗日根据地》第1册（文献选编上），中共党史资料出版社1988年版。

[3] 聂荣臻：《关于目前军事形势和部队情况的报告》，1937年12月8日。原件存中央档案馆。

游击军等抗日武装也在战斗中迅速壮大起来。

为了提高边区部队的政治素质和军事素质，晋察冀军区在粉碎日军第一次“八路围攻”后，立即抓紧有利时机，从 1937 年 12 月中旬开始，除少数部队向四外活动，牵制敌人外，其余全部集中整理训练。12 月 25 日，聂荣臻主持召开军区政治工作会议，着重研究解决部队大量发展中带来的各种问题，决定迅速进行一次部队整编训练。这次整编训练历时 3 个月，收效很大。第一，统一编制，建立了各级指挥系统。晋察冀军区所辖各军分区一律成立支队，下辖大队，军分区兼任支队的领导。第二，建立健全部队政治工作系统，加强了部队政治思想工作。各部队在连队普遍建立起党支部，大队建立党总支，军分区以上设置党务委员会。部队各级党组织初步建立起各种会议制度和汇报制度，加强了对党员的教育，并积极发展党员。至 1938 年 1 月，共发展党员 4810 人，党员在连队中的比例达到 20%~35%。同时清洗了 1300 多名混入军内的投机分子、兵痞流氓及各类不良分子，纯洁和巩固了部队。第三，大量培养提拔干部。在整编训练中，共提拔连、排干部 400 余人，营、团干部 150 余人。1937 年 12 月，以第 115 师随营学校为基础，在阜平县东、西庄开办了军政干部学校，孙毅任校长。干校开办 3 期，每期 4 个月，共培养了 1500 余名干部，分配到各部队工作，基本解决了开辟根据地和扩充部队的急需。1938 年 1 月，军区卫生部在五台县河北村成立医务训练队，先后招收护士班、调剂班、军医班，经过 3~10 个月的培训，分配到部队工作。1938 年 6 月，诺尔曼·白求恩[1]来到晋察冀边区，担任军区卫生部顾问，创办卫生学校，为边区部队培养了大批医疗技术人员。同时，1938 年 1 月，冀中人民自卫军军政干部学校在安平开学。

---

[1] 亨利·诺尔曼·白求恩（1890~1939 年），加拿大医学博士。1938 年 3 月 31 日，率领一个由加拿大人和美国人组成的医疗队来到中国延安。1938 年 6 月来到晋察冀边区。1939 年 11 月 12 日因手术感染病毒，医治无效，在河北省唐县逝世，终年 49 岁。

为了开展广泛的群众性游击战争，晋察冀军区和边区政府在扩大主力部队的同时，在各地大力发展群众武装，成立起人数不等的游击队、自卫队、自卫军、义勇军等。根据边区军政民代表大会《军事问题决议案》，为了统一群众武装的领导，将自卫队、保安队、游击队、公安局警察、义勇军等非正规军的脱离生产的武装部队，统一编制为地方游击队。地方游击队“是在边区各县政府领导之下的脱离生产的、固定的小型地方游击队，是主力部队坚持敌后游击战争的重要帮手”。[1]将不脱离生产的群众武装，统一改为村自卫队。1938年2月1日，边区政府颁布《晋察冀边区人民武装自卫队暂行组织条例》。规定：“凡年在16岁以上，50岁以下之人民，无残废疾病者，不论男女均得参加自卫队，队员不脱离生产。”并根据年龄不同，分别组成青年队、壮年队、老年队。自卫队的任务为：“(1)站岗放哨，清查户口，除奸缉匪，维护后方治安。(2)担架运输，坚壁清野，侦察通讯，担任后方勤务。(3)破坏交通，构筑工事，进行游击，配合部队作战。”2月28日，成立了“晋察冀边区人民武装总指挥部”，在专员行政区设置区队部，在县设置总队部，在区设立大队部，中心村设立中队部。每中队下有1~3个分队，每分队下有3个小队，每小队下有3个班，每班数人至十数人不等。村有脱离生产的自卫队和模范班，区以上有脱离生产的地方性游击队。从此，实现了人民武装的统一组织、统一名称、统一编制、统一领导。

经过边区部队的整训和人民武装的整理，在边区逐步形成了人民战争武装力量体制，即由边区主力部队、地方游击队与不脱离生产的人民自卫队所组成的“三位一体”的武装力量体制。因而，为在边区实行全民总动员，开展广泛的群众性的游击战争，巩固和扩大抗日根据地，发掘出用之不竭的武装力量的源泉。

---

[1] 刘澜涛：《论晋察冀边区人民武装》，载《光辉的历程》，长征出版社1997年版，第106页。

## 四、边区首次反“扫荡”战役的胜利

晋察冀边区军民粉碎日军“八路围攻”后，为发展敌后抗日根据地和配合国民党正面战场徐州会战和武汉会战，于 1938 年 2 月、4 月、7 月，连续向平汉、平绥、正太铁路大举破袭出击，并以宋、邓纵队胜利挺进冀东，给日军沉重打击和巨大牵制。据不完全统计，晋察冀军区成立 1 周年，共与日军作战 434 次，毙伤俘日伪军 15026 人，伪军反正 3807 人。日军认为：“山西北部及连接太行山脉的北岳地带，乃共军巢穴，其影响至今及于华北全区。因此，必须彻底扫除，以绝后患。”[1]

日本华北方面军为维持华北占领区的“治安”，调集第 26、第 110、第 109 师团，及第 2、第 3、第 4 独立混成旅团，共 5 万余人。经过充分准备，于 9 月 20 日起，从平绥、平汉、同蒲铁路沿线各点出动，分进合击，企图围歼晋察冀边区领导机关和主力部队于五台、阜平地区，以摧毁根据地。这是侵华日军转移兵力于敌后战场，开始重点进攻华北敌后抗日根据地的信号。

在东线：9 月 20 日，日军第 110 师团分 3 路向曲阳、唐县、完县进攻。当日，在曲阳七里庄和唐县店头镇，日军遭到冀中第 3 军分区八路军有力抗击，死伤 250 余人，由于日军大量施放毒剂，冀中第 3 军分区八路军被迫撤出战斗。9 月 27 日，日军攻占党城、灵山、王快一线，准备进犯阜平。28 日，晋察冀军区部队袭击灵山镇，日军进攻受阻，遂利用顺风，使用催泪性毒气筒 130 个，造成正面染毒区达 200 米。同日，日军又在北镇，施放催泪性毒气筒 120 余个，造成正面染毒区达 300 米。边区八路军部分官兵中毒，被迫主动撤出战斗。日军 1000 余人于 10 月 4 日晨，在飞机、炮兵火力掩护下，以骑兵为先导，向阜平进犯。日军进至东西庄、方代口地区，晋察冀军区第 1、第 3 军分区部队与冀中独立旅展开有力

[1] 日本防卫厅战史室：《华北治安战》（上），天津人民出版社 1982 年版，第 80 页。

抗击，在激战中，仅方代口一地，即歼日军300余人。至中午，日军增援部队1000余人赶到，对八路军猛烈炮击，发射毒气弹400余发、催泪性毒气筒200余个，八路军约5个营阵地被日军毒气所覆盖。为保存有生力量，边区八路军主动撤出战斗。10月6日，日军占领阜平。

在西线：9月24日，日军第109师团与南线日军相响应，由代县、定襄出动，企图进占五台，合击晋察冀边区领导机关和主力部队。10月1日，在飞机掩护下，一部日军进至定襄以北受录、季庄一带，八路军120师714团实施有力阻击，日军伤亡严重，遂施放催泪性红筒2548个，造成正面染毒区达2700米，白色毒雾笼罩了第120师部队的第一线阵地。同日，向王进村一带进犯的日军，也遭到八路军的迎头痛击，伤亡重大。在增援部队到达后，以飞机、炮兵火力猛攻120师阵地，并大量施放毒气。10月3日，日军进占五台县城。

日军占领五台、阜平后，在边区腹地大肆筑点修路，以点、线为依托，实施分块清剿。日军为打通阜平至曲阳的交通线，10月24日，日军进攻灵山，在严城镇战斗中，施放85个催泪性毒气筒。10月26日，在阜平附近大白化战斗中，日军施放47个催泪性毒气筒。当日夜，第359旅717团及第1军分区第3团袭击阜平县城，巧妙地引起日军自相混战。10月27日晨，阜平城内的日军，在8架飞机掩护下，投掷大量毒气弹，弃城东逃。10月28日，当日军2000余人退至王快附近时，遭遇晋察冀军区追击部队，在激战中，日军施放催泪性毒气筒90余个，以掩护其逃窜。

至11月7日，边区军民经过48天的浴血奋战，进行大小战斗136次，军区部队主力以伤亡1200人的代价，歼敌5330余人，❶取得了反敌“扫荡”战役的胜利，粉碎了日军摧毁晋察冀抗日根据

❶《晋察冀军区1937~1939年战斗概述》，原件存解放军档案馆，档案号311-1939-1-1。

地的企图。日军占领了边区的五台、涞源、灵丘、唐县、完县、曲阳等6座县城。初步统计，在此次作战中，日军共使用毒气13次以上，在阜平、定襄方向就使用各种毒气筒达3236个，并发射毒气炮弹数百发，仅晋察冀军区八路军部队即有1团大部、3团1个营、717团4个连中毒。

这次反"扫荡"战役的胜利，对于巩固和发展晋察冀抗日根据地，坚持敌后华北抗战，具有重要的意义。

## 五、《抗日模范根据地晋察冀边区》出版

为了总结晋察冀边区创建以来在战火中成长发展的历程和经验，聂荣臻在边区反敌围攻、反"扫荡"的激烈战火中，废寝忘食，向中共中央写了关于晋察冀初创时期的情况的报告。这份报告约10万字，着重叙述了边区发动群众、依靠群众，开展敌后游击战争的情况，于1939年1月报送中央。聂荣臻在报告中阐述了晋察冀边区在抗战中形成发展的历程，说明了边区一年来在敌后战斗的重大收获，介绍了粉碎敌人对边区"八路围攻"的斗争情况，总结了晋察冀边区抗战的经验教训。自1937年10月27日在山西五台县建立晋察冀军区，一年来边区部队收复了晋东北、冀西、冀中和察南40余县，在河北省阜平县城召开边区军政民代表大会，正式民主选举产生了抗日民族统一战线性质的边区行政委员会。边委会成立后，实行了抗日民主和减租减息政策，初步改善了边区人民的经济生活，提高了边区人民的政治觉悟，促进民众抗日组织蓬勃发展。自1937年11月7日至1938年11月7日，晋察冀军区部队进行大小战斗434次，共毙伤日伪军13997名，俘虏日伪军1029人，伪军反正3807人，缴获各种枪3034支和大批军用物资。[1]1938年9~11月，边区军民经过英勇的反"扫荡"斗争，粉碎了日军5万以上兵力的新进攻，歼灭敌人5000人以上。经过一

[1] 聂荣臻:《抗日模范根据地——晋察冀边区》，1939年5月，原件存中央档案馆。

年的奋斗，在敌人远后方建立了晋察冀三省边区72县10万平方公里、1200余万人口的抗日民主根据地，并使之在不断斗争中扩大、巩固。[1]聂荣臻总结了边区六条基本经验，并加以高度概括，说："就因为我们高举着鲜明的民族自卫战争的旗帜，紧握着统一战线的武器，……各级干部发挥了艰苦奋斗英勇牺牲的精神，获得军、政、民的高度亲密合作与民众的热烈的帮助，而正确地运用了游击战术，发挥我们自己的一切长处，抓住敌人的弱点，我们才得到了许多战斗的胜利。"[2]并表示："我们相信有力量把敌人全部从边区里赶出去，犹如我们相信我们整个中华民族的抗战必能取得最后胜利一样，将来胜利的经验与事实，必将最后证明我们是有力量最后战胜敌人的。"[3]

聂荣臻的上述报告，毛泽东看到后，决定单独成书出版，并为该书亲自题写了书名：《抗日模范根据地晋察冀边区》。1939年3月18日毛泽东在《致聂荣臻》的信中说：你著的书"是十分宝贵的"，"书准备在延安、重庆两处出版（我与王主任各作一序），照片正传观各同志。望努力奋斗，加深研究，写出更多的新作品"。[4]1939年5月1日，该书由八路军军政杂志社正式出版。

《抗日模范根据地晋察冀边区》一书出版，向国内外介绍华北敌后第一个抗日根据地进行抗日与民主民生改革的斗争及其经验，具有极其重要的意义。这集中体现在毛泽东、朱德、王稼祥等分别为该书所作的"序"中。

毛泽东在序中指出："晋察冀边区是华北抗战的堡垒。""聂荣臻同志的这个小册子，有凭有据地述说了该区一年半如何实行三民

---

[1] 谢忠厚、肖银成主编：《晋察冀抗日根据地史》，改革出版社1992年版，第151~153页。

[2] 聂荣臻：《抗日模范根据地晋察冀边区》，八路军军政杂志社1939年版，第102页。

[3] 聂荣臻：《抗日模范根据地晋察冀边区》，八路军军政杂志社1939年版，第99页。

[4] 《毛泽东书信选集》，人民出版社1984年版，第153页。

主义与如何坚持游击战争的经验，不但足以击破汉奸及其应声虫们的胡说，而且足以为各地如何实行三民主义，如何唤起民众以密切配合抗战的模范。”[1]

朱德在序中赞扬“聂荣臻同志此书之作，以忠实的报道，以亲自的经历，来阐明晋察冀边区的创造、发展与巩固，来叙述一年多以来边区艰苦奋斗的经过，来介绍边区斗争的经验教训，来检讨边区工作的优点与缺点。其目的在于向全国军民与全世界人士面前宣告：‘我们要胜利，我们一定能胜利’”。[2]指出“晋察冀边区的创造、巩固与发展，对于我国的抗战，有着重大而深切的意义。首先，它给全国军民以坚持敌后抗战之信心与模范的榜样；同时它给日寇以无穷的打击与深痛的隐忧；再有，它给汉奸伪组织予以无情的扑灭与摧毁，使丧心病狂之败类不无顾忌，使敌后伪政权难以组成，及无法巩固其统治。还有，它也给全世界先进人士以正确的启示，在国际人士面前宣告：中华民族是不可侮的，因而增强了我国之外援。凡此种种，它起着在今天配合全国军民之英勇战斗，去停止敌之进攻；在将来配合全国主力之出击，成为反攻敌人之最前线有力阵地之伟大作用”。[3]

中央军委副主席兼总政治部主任王稼祥在序中认为：“晋察冀边区已经成为在敌后方的一个抗日模范根据地了，聂荣臻同志的这本小册子叙述了这个模范根据地的产生、发展、巩固，及其与日寇的艰苦卓绝的奋斗。”指出：“晋察冀边区的这些经验，应当成为全国抗战——特别是敌后抗战的借镜。”[4]

---

[1] 聂荣臻：《抗日模范根据地晋察冀边区》，八路军军政杂志社 1939 年版，第 2 页。

[2] 聂荣臻：《抗日模范根据地晋察冀边区》，八路军军政杂志社 1939 年版，第 6 页。

[3] 聂荣臻：《抗日模范根据地晋察冀边区》，八路军军政杂志社 1939 年版，第 5 页。

[4] 聂荣臻：《抗日模范根据地晋察冀边区》，八路军军政杂志社 1939 年版，第 6 页。

# 第十一章　敌后抗日根据地的巩固与发展

## 第一节　武汉会战后的河北抗战形势

### 一、日军进攻重点转向敌后华北

中国共产党开辟敌后战场，开展敌后抗日游击战争的事实表明：所谓“敌后抗日根据地”，就是中国共产党领导下的一定地域的人民、武装、政权和一定的经济、文化所构成的抗日民主的社会整体力量，是中国人民在敌后进行抗日游击战争的战略基地。敌后抗日根据地，不仅仅是进行抗日斗争，更不单纯是抗日武装斗争，还包括进行社会的政治、经济、文化等各方面的改革与建设，既是对一个旧社会的改造，也是对一个新社会的开创。它是“抗日的力量”，同时是“民主的力量”，即新民主主义社会的雏形。[1]

1938 年 10 月，日军攻占武汉、广州后，由于人力、物力的大量消耗和战区的扩大，使其兵力分散，实感不足；共产党领导敌后抗日游击战争迅猛发展，更使日军后方感受到巨大威胁。因此，日军攻占武汉后，不得不停止正面进攻，中国抗日战争开始进入战略相持阶段。

早在 1938 年 9 月 6 日，日本华中派遣军就作出《关于武汉广

---

❶ 谢忠厚、肖银成主编：《晋察冀抗日根据地史》，改革出版社 1992 年版，第 2 页；谢忠厚：《河北抗战史》，北京出版社 1994 年版，第 6 页。

州两战役善后处理的判断》，认为：日本兵力不足，“国内经济形势不容轻易乐观”，“在作战上大致已到前进限度”。提出：“今后不谋求大规模作战”，要对“所有占据地区彻底进行治安肃正，强化新政权”，要在占据地区谋求军队“自给自足”，“以防止因财政破产而不得不改变对华方针的窘境”。[1]

根据这个建议，11月间日本大本营制定《陆军作战指导纲要》，确定了今后的作战方针，即“确保占据地区，促进其安定，以坚强的长期围攻态势，扑灭残余的抗日势力”。在华北，“方面军以确保安定为一切工作的根本，以肃正作战为指导作战的准绳”。强调要“进行大规模的扫荡作战”，特别要“首先恢复河北北部、山东省、山西省北部及蒙疆等重要地区的治安，并确保主要交通线”。[2]1939年3月，日军进一步提出了“以战养战”的方针。

日本大本营对华北方面军进行了全面整备，以主要兵力进驻华北，到1939年6月，华北增至15个师团、12个旅团、12个骑兵团、1个航空部队，计约40万人，占侵华日军半数以上。日本华北方面军制定了《昭和14年度治安肃正计划》与《治安肃正纲要》。日军所谓的“治安肃正”，不仅是军事侵略，同时包括政治统治、经济掠夺和奴役教育。其根本指导方针是：“通过讨伐作战，全部摧毁匪军根据地，同时进行高度的分散部署兵力，随后即依靠这些分散的据点，对匪国进行机敏神速的讨伐，使残存匪团得不到喘息时间和安身处所。”[3]与此同时，进行各项治安建设，包括：重建伪政权、伪组织，培植亲日武装团体，“开通道路”，“恢复商业机构和运输事业”，改造伪币，掠夺粮棉矿产等物资，进行奴化教育，“把握民心”，挑拨国共关系等。企图以这种“军政会民一体”

[1] 日本防卫厅防卫研究所战史室：《中国事变陆军作战史》第2卷第2分册，田琪之译，中华书局1980年版，第52~56页。

[2] 日本防卫厅防卫研究所战史室：《中国事变陆军作战史》第2卷第2分册，田琪之译，中华书局1980年版，第59页。

[3] 日本防卫厅战史室：《华北治安战》(上)，中译本，天津人民出版社1982年版，第105页。

的“总力战”，达到“彻底消灭”敌后抗日根据地，确保其占领区的侵略目的。[1]并确定日军“治安讨伐作战”的重点是：专以中共军的“游击战争为对象给予完全的封锁，以奇袭、快速奔袭作为作战指导的基础，以治安肃正建设来“维持”和“扩大”讨伐的效果。[2]

日本侵略者认为，“华北方面军与占领区外围的重庆军队相对峙，而在占领区内特别在山西北部、东部、河北一带及山东大部地区，共军无论在质量上、数量上均已形成抗日游击战的主力”。[3]因此，日本华北方面军制定了1939年1月~1940年3月的治安讨伐作战计划，分为三期：第一期，1939年1~5月；第二期，1939年6~9月；第三期，1939年10月~1940年3月。日本华北方面军妄图“剿灭共产党军队”，摧毁各抗日根据地，河北与邻省边区首当其冲。日本华北方面军司令官多田骏提出实行所谓“囚笼政策”，就是以铁路为柱，以公路为链，以碉堡为锁，辅之以封锁沟墙，日军由占领区向抗日根据地，构成网状的“囚笼”。1939年、1940年间，日军在华北抓民夫修铁路1870公里，公路1500公里，新筑碉堡、据点2749个。日军企图依靠这种“囚笼政策”，实行“分散配置”“分区扫荡”“灵活进剿”，以消灭八路军和抗日根据地，巩固其占领区。

为了大量屠杀中国抗日军民，解决日本缺少钢铁资源和兵力不足的难题，“以寡敌众，以少胜多”，日本侵略者加紧了细菌武器的研制和使用。日军占领北平不久，即占领了原中央防疫处静生生物制品所，在原有设施基础上，扩建其细菌战基地，于1938年2月编成日本华北方面军防疫给水部。1939年，西村英二出任日本华北方面军防疫给水部部长，这支隐藏在北平城内的华北细菌战

---

❶ 日本防卫厅战史室：《华北治安战》(上)，中译本，天津人民出版社1982年版，第109~110页。

❷ 日本防卫厅防卫研究所战史室：《中国事变陆军作战史》第2卷第2分册，田琪之译，中华书局1980年版，第154页。

❸ 日本防卫厅战史室：《华北治安战》(上)，中译本，天津人民出版社1982年版，第216页。

总部，代号称为“北支（甲）1855 部队”，对外又称“151 兵站医院”。同时，1938 年 5 月，在济南、太原分别建成了两个细菌战支部；在天津、保定、石家庄、张家口及山西的大同、运城，河南的郑州、新乡、开封，山东的青岛，绥远的包头，江苏的徐州等城市，先后建立了细菌战支部。而关东军 731 部队也在承德、赤峰建立了细菌战支队。从此，日军在河北及邻省广大地区构筑了严密的细菌战网络。

## 二、加强宪兵、特务组织和建立伪治安军

日军还加强了宪兵、特务机构及情报工作。1937 年 8 月，依据军令陆甲第 13 号，中国驻屯军宪兵队隶属华北方面军司令官指挥，总人数为 237 人，宪兵队总队部设在天津日本租界，直辖天津、塘沽、秦皇岛各分队；特设北平宪兵队总队，指挥通县、丰台、西城、东城各分队。另外，在第 1 军、第 2 军及驻蒙兵团，配属野战宪兵与兵站宪兵。1938 年 8 月，依据军令陆甲第 55 号，重新设置驻中国宪兵队司令部，下设 10 个宪兵队（38 个分队）、1 个宪兵教练所，总人数为 1624 人。驻中国宪兵队司令部“隶属于华北方面军司令官之下，掌管在华北方面军作战区内的保安及军事警察，并管理宪兵教育工作”。各宪兵队分驻在北平、天津、石家庄、张家口、太原、济南、青岛、临汾、徐州、开封等地。驻蒙兵团宪兵队编入张家口宪兵队内。1941 年 5 月，依据军令陆甲第 17 号，经过改编，名称改为“华北派遣宪兵队”，总人数达 2595 名，其目的在于将宪兵队的性质改变为华北派遣野战宪兵队。❶

日本华北方面军还于 1938 年 11 月，建立“华北灭共委员会”，设在北平内黄城，称为“黄城事务所”。此外，还有各种特务情报机关，如：茂川机关（北平）、渡赖机关（天津）、华北综合调查研

❶ 日本防卫厅战史室编：《华北治安战》（上），中译本，天津人民出版社 1982 年版，第 182~184 页。

究所、华北交通公司特别调查班等。日军企图利用军事进攻和伪政权、伪组织，来树立其政治支配力量，巩固其占领区。❶

日本华北方面军为确保占领区的“治安”，指使伪临时政府迅速组建警备部队、警察等所谓“属于新政权”的军队。为此，伪临时政府治安部总长齐燮元提出“兴学”“建军”“剿共”六字方针，于1938年4月在通县建立伪陆军军官学校，8月在北平东四四条建立伪陆军宪兵学校，10月在清河镇成立伪军士教导团，于1939年初在通县又举办了伪军官队。同时，伪治安部还先后建立了译务、军需、军医等训练班，及伪陆军医院、监狱等机构。

经过筹备，1939年10月，伪治安军第一期建军完成，成立第1、第2、第3集团司令部，第1集团辖2个团，另成立2个独立团。伪治安军编成后，开赴河北省及山东省，担负河北省固安、丰润、迁安、涿县、通县等10个县及山东省2个县的警备工作。1940年10月，伪治安军第二期建军，新建立第3、第4、第5、第6、第7集团司令部，计14个步兵团，另成立1个炮兵队。伪治安军总兵力由1.5万人增至3万人以上。❷

此外，有伪省、道警备队，守卫其驻扎城市；有伪县警备队，作为维持地方治安的骨干。

## 三、加强伪政权与伪组织

1939年6月，日本政府决定建立以汪精卫为首的伪中央政府的方针。1940年1月23~26日，汪精卫与伪华北临时政府头子王克敏、伪华中维新政府头子梁鸿志在山东青岛，讨论了建立伪中央政府问题。1940年3月30日，在南京成立了以汪精卫为首的伪国民政府。当天，宣布撤销伪中华民国临时政府，改称伪华北政务委

---

❶ 日本防卫厅战史室编：《华北治安战》(上)，中译本，天津人民出版社1982年版，第184~187页。

❷ 日本防卫厅战史室编：《华北治安战》(上)，中译本，天津人民出版社1982年版，第184~187页。

员会；伪华北政务委员会由王克敏任委员长、常务委员兼内务总署督办，汪时璟、齐燮元、汤尔和、王荫泰、殷同、朱琛分别为常务委员兼财务总署督办、常务委员兼绥靖总署督办、常务委员兼教育总署督办、常务委员兼实业总署督办、常务委员兼建设总署督办、常务委员兼财政厅厅长。1940 年 6 月，王克敏下台，王揖唐继任其职务；朱琛辞政务厅长职，由祝惺元接任。教育总署督办汤尔和死后，由周作人继任。伪华北政务委员会顾问，由伪新民学院副院长佐藤三郎、前大连市长丸茂藤平担任。伪华北政务委员会的管辖范围，除河北、山西、山东外，仍管辖伪临时政府所管辖的河南省北部 1 市、14 县与江苏省北部 17 县，1940 年末又增加了安徽省北部 10 县，其管辖地区达 398 县。

1939 年 9 月 1 日，在张家口成立了伪蒙古自治政府，主席由德穆楚克栋鲁普兼任，于品卿、夏恭为副主席，最高顾问为日本人金井章次，李守信为伪蒙古军总司令，挂蒙古旗，用成吉思汗年号。

其间，日本侵略者为加强河北占领区的伪政权与伪组织，伪河北省公署于 1939 年 3 月自天津迁驻清苑（今保定市），任命保定道尹吴赞周为伪河北省省长。省以下设道、市、县，并任命伪道尹、市长、县知事。1940 年 8 月，在河北省增设渤海、燕京、真定、顺德等 4 个道。这样，河北全省共被划分为 8 个道：真定道，驻石门（今石家庄），辖 15 县；保定道，驻清苑，辖 22 县；渤海道，驻沧县（今沧州市），辖 19 县；冀东道，驻唐山，辖 11 县；燕京道，驻北平，辖 15 县；顺德道，驻顺德（今邢台市），辖 22 县；津海道，驻天津，辖 12 县；冀南道，驻邯郸，辖 14 县；石门、唐山为伪省公署直辖市。[1]

日军为适应华北政治形势，对伪新民会进行了改组。1939 年底，安滕纪三郎中将、王揖唐、缪斌任伪新民会副会长，片同护

---

[1] 日本防卫厅战史室编：《华北治安战》（上），中译本，天津人民出版社 1982 年版，第 259~261 页。

郎少将升任顾问。1940 年 2 月下旬，解散军宣抚班，与伪新民会合并。1940 年 3 月 8 日，伪新民会组成仪式在中南海怀仁堂举行，宣称要“更加发扬政教一体、官民一体的精神，更加强调思想的统一，组织的普遍化”。并宣布：

> 中华民国新民会为新中国建设之精神团体，与临时政府表里一体，同为国家机构的民众实践组织。其纲领如下：
>
> （1）发扬新民精神，显示王道；
>
> （2）实行反共，复兴文化，确立和平；
>
> （3）振兴产业，改善人民生活；
>
> （4）睦邻结盟，以建设东亚新秩序。

同时，制定了伪新民会章程。规定：“新民会分中央总会和地方总会，后者由省（特别市）总会与县（市）总会组成。中央总会由全体联合协议会、中央委员会及中央机关构成。各地方总会同样由各联合协议会、委员会、事务局构成。本会的基层组织单位为分会，由会员按地区系统和组织系统组成。”[1]

伪临时政府改为伪华北政务委员会后，伪新民会接过伪临时政府的五色旗，定为会旗，以“象征华北的五族协和与和平”。

1940 年 8 月 17 日，由王揖唐兼任伪新民会会长，同时由伪华北政务委员会委员、各总署督办，省长、特别市长及苏北行政专员等，兼任伪新民会中央委员会委员。这样，进一步确立了政会一体的体制，加强了“新民会”的汉奸特务活动。

## 四、加紧经济掠夺和奴化教育

华北日军为了“自给自足”“以战养战”，并为充实日本国力作

[1] 日本防卫厅战史室编：《华北治安战》（上），中译本，天津人民出版社 1982 年版，第 262 页。

出贡献，在占领区对金融、工矿业、农业等物资，进行了各种形式的掠夺。

在金融方面，日本侵略者继在伪满洲国设立“满洲中央银行”，发行伪满钞票之后，在华北地区，首先没收了中国官办、民办的银行，停止使用法币、冀钞、察钞，并于1937年9月，在张家口成立伪察南银行，11月改组为伪蒙疆银行，资本总额定为1200万元，成为伪蒙疆地区的中央银行，并由察南、晋北、蒙古联盟3个伪政权分别成立了伪实业银行。1938年3月，在北平成立伪中国联合准备银行，作为伪华北地区的中央银行，以后在河北等地设立30余处分行，发行额开始为2亿元，1938年底达45800万元，1940年为71500万元，1941年增至96600万元。日军利用这些银行，发行大量伪钞，控制金融，掠夺物资。

在交通工矿业方面，起初，日军在河北等地实行“军管理”的直接掠夺方式，由于不能奏效，即改为中日合作方式进行掠夺。1938年10月，成立了伪华北国策公司，在河北等地分别设立许多分公司和企业，开发和经营煤、铁、盐等矿产和电力、交通、通信等，规定伪国策公司各企业由中国投资45%，日本投资55%，以引诱中国资本家“合作”。实际上，占领区的交通、工矿业完全为日本所掌握和控制。如1938年龙烟铁矿日产矿石600吨左右，除供应石景山炼铁厂一部分外，其余全部运往日本；宣化下花园、大同口泉镇、包头石拐沟三个煤田年产煤100万吨，其中35万吨运往日本。

日本对河北农村的掠夺十分残酷，主要方式有：（1）强占土地。日军修筑兵营、仓库、铁路、公路、据点、碉堡、飞机场、封锁沟墙，任意侵占农民土地。伪日中实业公司没收军粮城、茶店两农场土地达5.6万亩。日伪合办的垦殖公司1940年在冀东沿海圈占土地7万顷。（2）强制低价收购农产品。如1938年，日伪在各地粮食收购价格只有市场价格的一半；西河美种棉花的收购价格每担38元，而天津市场上为56元。（3）由地方伪政权征收捐税。

（4）由日伪军直接掠夺粮食、棉花等物资。日军把粮食定为军用物资，实行“统制”，强行征购和配给。日军还直接在河北、山东等地区掠走青壮年约 600 万人，到东北等地做苦工。

1938 年 7 月，日本在《从内部指导中国政权的大纲》中，明确提出了从文化教育上奴化中国的方针。在 1940 年制定的《华北地区思想战指导纲要》中，进一步具体地规定了贯彻其“灭共亲日”思想的举措。在河北各地中学，都派有日本教官；在各地小学，经常派人监视；并严加控制教员和课程内容，以保证向学生灌输奴化思想。所谓高等教育，如伪新民学院、伪蒙疆学院等，完全是为培养傀儡官吏和高级奴才服务的。各级学校的课本和教材，必须宣扬所谓“中日亲善”和“建设大东亚新秩序”。日军为利用封建伦理道德来维护日伪统治，还提倡尊孔读经。日伪还利用“新民会”等伪民众团体，举办各种训练班，以毒化青少年。据日伪资料统计，1939 年末，伪新民会共有分会 292 个，会员 125582 人；共开设青年训练所 115 个，训练 12822 人；有伪青年团 58 个，团员 260337 人；有伪少年团、少女团 86 个，团员 49275 人。出版大量报刊，如北平有伪《新兴报》《全民报》《新民报》《新北京报》《北京益世报》；天津有伪《新天津报》《东亚晨报》《东亚晚报》《庸报》《华北人民救国报》《天声》《天风》《国语》等；伪河北省公署有《河北日报》（后改为《保定华北新报》）等汉奸报纸。此外，日军还通过放映电影、演出戏剧，进行欺骗宣传；扶植、利用封建会道门来宣传封建迷信，为维护日伪统治服务。

总之，在武汉会战结束后，随着汪伪中央政府的成立，日本帝国主义“根据华北的特殊地位，为了在国防、经济、思想各方面形成一个与日满紧密合作的地带”，确定了所谓“华北建设的目标”。“首先，必须树立日本对华北的政治支配力，谋求亲日反共思想的彻底深入，使民众真正心悦诚服。”“实行笼络民心的各项政策。对于粮食问题，首先要争取华北自给自足。对于棉花、煤炭等，应与日满交换，借以提高生产力，为充实日满的总体力量作出贡献。”“确立和推广新民会的指导思想，建设一个由真正的日中合作思想控制的华北，以促进东亚建设，不使错误的三民主义和共产主义思想有可乘之机。”❶

## 五、国民党五届五中全会与重建河北省政府

抗战初期，国民党采取联共抗日方针，抗战比较努力。共产党及其领导的人民军队在敌后广泛开展游击战争，建立了抗日根据地，力量迅速发展。蒋介石集团为此深为忧虑，惊呼“大有失地愈多，该党发展愈速之趋势”。武汉会战结束后，日本对国民党积极进行政治诱降，国民党内部发生了分化，以国民党副总裁、国防最高委员会副主席汪精卫为首的亲日派公开叛国投敌，以蒋介石集团为代表的亲英美派也发生动摇、妥协、倒退的倾向。

1939 年 1 月，国民党召开五届五中全会，会议宣称“坚持抗战到底”，决定设置国防最高委员会，由蒋介石任委员长，统一党政军的指挥。但按蒋介石的解释，所谓“抗战到底”，就是恢复卢沟桥事变以前的状况，目前是“联共”和“防共”，最后达到“融共”之目的。会议秘密制定并通过了《限制共党活动办法》《共党问题处理办法》等文件，确定了“防共、限共、溶共、反共”的方针，决定成立“防共委员会”。这次全会是蒋介石集团由“联共”抗日变为“限共”、“反共”、消极抗日的一个转折点。

国民党五届五中全会前后，蒋介石集团开始向华北敌后伸展力量，在抗日的旗号下，公开限制共产党和人民力量在敌后的发展，河北等地成为国民党与中共争夺的首要目标。1938 年 6 月，国民

❶ 日本防卫厅战史室编：《华北治安战》（上），中译本，天津人民出版社 1982 年版，第 241~242 页。

政府重建河北省政府，委任鹿钟麟❶为省政府主席兼国民党省党部主任委员，张荫梧❷为河北省保安司令、河北民军总指挥、省政府委员（后为省民政厅厅长），随后又兼任三民主义青年团河北支团主任。9月15日，鹿钟麟率领河北省政府机关进入南宫。11月，蒋介石国民政府又决定设置冀察战区，由鹿钟麟任总司令。"张荫梧在蒋介石的有意培植下，逐渐成为经常与八路军冲突的摩擦专家。"❶在国民党五中全会后，蒋介石国民政府决定派60个师回到敌后，进行"游击战争"，由各省主席兼游击司令，对敌后游击队进行整理。国民党军队回到敌后，最初还能发挥一定的抗日作用，不久即开始不断制造反共"摩擦"事件。因此，河北地区出现了共产党政权、国民党政权、日伪政权三种政权并存的复杂局面。

## 第二节　中共中央巩固与建设根据地的方针

### 一、中共中央六届六中全会

河北各抗日根据地在敌后华北创立之后，经过一年的抗日战斗与建设，有了很大发展与进步，已成为敌后华北抗战的坚强堡垒，晋察冀边区已成为敌后模范的抗日根据地及统一战线的模范区。但

❶ 鹿钟麟（1884~1966年），字瑞伯，河北定州北鹿庄人，西北军著名将领，随冯玉祥戎马生活近40年。在"北京政变"中，率部将中国末代皇帝溥仪驱逐出宫，废为平民。曾任国民党军事委员会委员、军政部次长及代理部长、河北省主席、兵役部部长等职。1949年1月，在天津以普通公民身份参加街道居民工作。1954年任中华人民共和国国防委员会委员。

❷ 张荫梧（1891~1949年），字桐轩，河北博野人，国民党陆军上将。抗战爆发后，在蒋介石的有意培植下，逐渐成为经常与八路军发生武装冲突的摩擦专家。曾以保定行营民训处处长兼河北民军总指挥身份组织河北民军，继而任河北省保安司令兼河北省政府民政厅厅长、三民主义青年团河北支团主任，力倡"曲线救国"，多次制造反共"摩擦"事件。解放战争时期任国民党华北"剿匪"总部上将参议，1949年北平解放后因串联旧部组织反革命武装被捕，5月27日在关押中病逝。

❶ 潘嘉钊等编：《康泽与蒋介石父子》，群众出版社1994年版，第93页。

各抗日根据地处在日军的四面包围之中，困难很大。在抗日战争进入战略相持阶段，敌后抗战更为剧烈和复杂，敌后抗日根据地在敌人包围中能不能存在？能不能巩固、发展？怎样坚持持久战？这些问题，成为河北和全国人民迫切需要回答的问题。

在抗日战争即将由战略防御阶段转入战略相持阶段之际，为了总结抗战以来的经验，决定和部署党在新形势下的任务，中国共产党于 1938 年 9 月 29 日~11 月 6 日，在延安召开了扩大的六届六中全会。会上，毛泽东作了《论新阶段》的政治报告和会议总结。会议通过了《抗日民族自卫战争与抗日民族统一战线发展的新阶段》的政治决议等重要文件。会议要求全党认识和担负起领导抗战的重大历史责任，提出把工作重心放在战区和敌后，决定了巩固华北抗日根据地和迅速发展华中抗日游击战争的方针。全会通过的政治决议指出：武汉沦陷后，中日战争正在进入相持阶段，党的任务是巩固和扩大抗日民族统一战线，坚持持久战，“发展敌后方的游击战争，建立和巩固更多的抗日根据地，缩小敌之占领区”。[1]

10 月 5 日，大会主席团发出《致晋察冀边区电》，说：“全会完全同意边区党委所执行的坚定的统一战线的方针，并在这个方针下，依靠全党全军的努力，已经创造晋察冀边区成为敌后模范的抗日根据地及统一战线的模范区。这些都在华北抗战中已经和将要尽其极大的战略作用，而且你们的经验将成为全党全国在抗战中最有价值的指南。”又说：“希望你们继续坚持统一战线的方针，动员一切力量，执行灵活的游击战与运动战，进行坚壁清野，准备长期战斗，镇压汉奸日探，粉碎敌人的进攻。”“长久保持晋察冀边区是最进步的模范的抗日根据地，作为将来进攻日寇的最好的前进阵地。”[2]

1939 年 2 月 10 日，中共中央在《关于河北等地摩擦问题的指

---

[1] 中共中央书记处编：《六大以来》(上)，人民出版社 1981 年版，第 1003 页。
[2] 河北省社会科学院历史研究所、河北省档案馆等编：《晋察冀抗日根据地史料选编》(上)，河北人民出版社 1983 年版，第 26~27 页。

示》中，指出："河北之摩擦原因，就在于军政不一致，鹿（指鹿钟麟——笔者注）向八路军抢夺政权与地区所引起。"不但决不能取消晋察冀、冀中、冀南的现行政权，相反的，应当在山东及其他地区，"依照战略形势划分新的行政区域"。强调：共产党、八路军必须坚持自己的立场，"对非理进攻，必须反击，决不能轻言让步"。[1] 中共中央于7月7日发表《为抗战两周年纪念对时局宣言》，提出了三大政治口号："坚持抗战到底，反对中途妥协！""巩固国内团结，反对内部分裂！""力求全国进步，反对向后倒退！"

1939年9月27日，中共中央在关于晋察冀工作的指示中，又进一步强调指出，抗日战争进入相持阶段后，正面相持愈多，则敌后战斗愈艰苦，对此应有充分准备，加紧巩固党和军区，准备与敌人进行长期的、艰苦的斗争。

1939年11月1日，中共中央作出《关于深入群众工作的决定》，要求："在八路军、新四军活动区域，必须实行激进的有利于广大抗日民众的经济改革与政治改革。""在经济改革方面，必须实行减租减息，废除苛捐杂税和改良工人生活。""在政治改革方面，必须实行民选制度。"[2]

中共中央上述指示，为河北和全国人民指明了坚持抗战团结进步、反对投降分裂倒退、巩固和扩大敌后抗日根据地的正确方针。

## 二、晋察冀边区第二次党代表大会

中共中央召开扩大的六届六中全会以后，为了加强战区和敌后工作的统一领导，采取了一系列重要措施。中共中央政治局于1938年11月9日发出《关于北方局及分局委员的通知》：以朱德、彭德怀、杨尚昆、聂荣臻、关向应、邓小平、彭真、程子华、郭洪涛为中共中央北方局委员，以朱德、彭德怀、杨尚昆为北方局常

---

[1] 中共中央书记处编：《六大以来》（上），人民出版社1980年版，第1013页。
[2] 中央档案馆编：《中共中央文件选集》（11），中共中央党校出版社1986年版，第208~209页。

委，以杨尚昆兼北方局书记；成立北方局晋察冀分局，以聂荣臻、彭真、关向应、程子华为晋察冀分局委员，彭真兼分局书记。❶

1939 年 1 月，中共中央决定撤销晋察冀分局，成立中共中央北方分局，代表中共中央和北方局全面领导晋察冀地区的党政军民工作。北方分局以聂荣臻、彭真、关向应、程子华为委员，由彭真任书记，刘仁任组织部长，李常青任宣传工作委员会书记，肖明任副书记。同年夏，姚依林任北方分局秘书长。随后，又成立北方分局社会部，许建国（杜理卿）任部长；陆平任北方分局青委书记。北方分局下辖：晋察冀区党委（1938 年 10 月 25 日，晋察冀省委改称晋察冀区党委），刘澜涛任书记，赵振声（李葆华）任组织部长，胡锡奎任宣传部长，林铁任民运部长；冀中区党委，黄敬任区党委书记；冀热察区党委，马辉之任区党委书记。冀热察区党委领导平西、平北与冀东党的工作，并领导北平、天津、唐山等敌占大城市党的工作。❷

中共中央北方分局的成立，统一和加强了晋察冀边区党政军与群众工作的领导，晋察冀、冀中、冀热察三个战略区之间的抗日斗争，更为紧密地结合起来，为巩固和发展晋察冀边区抗日根据地，奠定了重要的组织领导保证作用。❸

中共中央北方分局成立后，1939 年 1 月，彭真与聂荣臻在平山县蛟潭庄附近的苍蝇沟，主持召开了晋察冀边区第二次党代表大会。会上，彭真作了传达中共中央六届六中全会决议的报告，并作了《关于新阶段的诸问题》的结论；聂荣臻作了《十四个月抗战的经验与总结》的报告，并作了《关于各区党委报告》的结论。会议根据中共中央六届六中全会精神，总结了边区创建以来的重大成就

❶ 中央档案馆编:《中共中央文件选集》(10)，中共中央党校出版社 1986 年版，第 723 页。

❷ 谢忠厚、肖银成主编:《晋察冀抗日根据地史》，改革出版社 1992 年版，第 132~133 页。

❸ 谢忠厚、肖银成主编:《晋察冀抗日根据地史》，改革出版社 1992 年版，第 133 页。

和基本经验，分析了华北与边区的形势，确定了巩固和建设边区抗日根据地，为建立三民主义共和国而奋斗的基本方针和各项任务。

聂荣臻在报告和结论中，对晋察冀边区和八路军在抗战中的地位作用、边区粉碎敌人围攻及其经验教训、冀中和冀东抗日游击战争的形势，以及今后边区的环境与任务作了论述。他指出：冀东起义已取得了伟大的胜利与意义，但因主客观原因，未能巩固起来，“以后冀东依然要成立与创造根据地”。冀中部队统一在八路军及党的领导下的工作，是完全成功的。要求抓紧区、村改选工作，动员群众进行民主运动；财政经济上要整理税收，发展生产，节省开支；要加强对自卫队的领导，使自卫队在中心区担负起维持治安、侦查汉奸，在游击区打击敌伪组织、破坏交通、铲除汉奸的任务；加强边区部队的正规化及其与之相应的司令部建设，团结、培养与爱护、提拔干部。

彭真在传达六届六中全会精神的报告中指出，党的五中全会至六中全会及党在17年中所走过的曲折历程中的最大进步，是从苏维埃革命战争转变到抗日民族战争，国内建立起抗日民族统一战线；党学会了运用马克思主义，更能具体运用马克思主义解决中国的实际问题，使马克思主义中国化、民族化，抛弃了不符合中国革命的旧公式死教条，在斗争中发展了马克思主义。彭真在《新阶段的结论报告》中重点对马克思主义中国化问题、党的有关历史问题的估价、中国革命性质与规律、关于人民阵线的几个问题、关于统一战线的广泛性与长期性等问题作了深刻论述，强调马克思主义的中国化、民族化，“即具体化不多也不少”。他指出：“抗日民族统一战线的前途，就是建立三民主义共和国”，它的性质不是西欧式的纯粹资产阶级的共和国，也不是苏维埃共和国，而是民族独立、民权自由、民生幸福的三民主义共和国，这是“抗战的目标”，“国共合作的目的”，“是走向社会主义社会必经的阶段”。[1]

北方分局召开的党代表大会在正确地分析全国抗战和边区形势的基础上，提出了巩固和建设边区抗日根据地的基本方针和各项任务。指出，抗日战争处于第一阶段至第二阶段的过渡时期中，敌人已开始“扫荡”华北，首先向边区开刀。目前，边区党的任务是努力巩固根据地，广泛发展游击战争，粉碎敌人的进攻。为此，要巩固边区党的组织，加强部队军事整训，深入开展根据地民主政治建设、财政经济建设，巩固抗日民族统一战线，动员一切力量，迎接更加艰苦复杂的敌后斗争。[2]

关于努力巩固根据地和广泛发展游击战争，会议指出，正确的方针是巩固地向前发展，“这是进可以攻、退可以守的好办法”。[3]会议要求边区全党同志，一切准备与决心要有坚决巩固根据地、长期坚持抗日游击战争的计划。强调主要斗争方式是游击战争，要以游击战持久，以游击战消耗敌人，以游击战锻炼和加强自己，准备反攻。党、民运、政权工作皆应适应新环境，一切为了巩固根据地，为了战争。要求部队本身，要充实现有单位，紧缩和健全机关，克服“头大脚小”“小脚胖婆娘”等现象；在组织和训练指挥上都要有正规化观念去开展游击战争，克服存在的游击主义习气；在战术上，继续坚持夜袭战、伏击战等多种战法；在军事教育上要着重技术问题。同时，要加强部队的政治教育，从自觉中建立铁的纪律，提高部队党的质量，使整个部队成为边区战斗堡垒。

关于加强党的领导问题。大会指出，党的工作虽然有很大发展，取得了很多成绩，但发展还不平衡，有的地区党的组织不够纯洁。因此，提出党的组织工作要实行“巩固中发展，发展中巩固，中心是巩固”的方针。要求各级党组织进行整顿，提高党员干部的

---

[1] 彭真在中共中央北方分局代表大会上《关于新阶段诸问题的结论》，1939 年 1 月。原件存中央档案馆。
[2] 《北方分局党代大会的成功与实现大会的决议而斗争》，《战线》第 14 期。
[3] 《毛泽东选集》第 2 卷，人民出版社 1968 年版，第 395 页。

组织观念，忠实于党，健全党支部，有选举条件的党支部应进行民主选举，要定期改选并成为经常的制度。对党员要经常进行教育，教育党员怎样做一个好的共产党员，懂得好党员的标准，发扬吃苦耐劳的精神，培养选拔优秀的党员干部。从而，把边区全党团结在党中央的政治与组织路线之下，争取成为强大、巩固、钢铁一般的党。

会议提出了加强根据地各项建设的任务和政策措施。在政治上坚持抗日民族统一战线的政策，使全边区人民、社会各阶层团结一致，开展对敌斗争。要加强政权建设，开展民主运动，对区、村政权发动普选运动，帮助政府保证民主权利，刷洗顽固分子，反对与克服贪污腐化、堕落、官僚现象，建立吃苦耐劳的廉洁作风。要积极开展群众运动，保证改善民生。要加强青年组织工作，以“青抗先”为中心，用最活跃的形式把广大青年组织起来，在政治上、文化上、军事上使青年迅速进步。会议还提出要开展根据地的财政、经济、文化建设，等等。

会议一致认为，“一年前党给我们的任务乃单独支持华北，现第二阶段将到，华北各地力量更要增强，巩固阵地以准备反攻，故我已非单独突出的了”。[1] 只要坚持贯彻执行中共中央扩大的六届六中全会决议精神，与其他抗日根据地互相支援与配合，就完全能够粉碎日本帝国主义的“扫荡”进攻，击退国民党顽固派的政治阴谋和军事“摩擦”，使晋察冀根据地得到更好的巩固与发展。

### 三、晋冀豫边区第一次党代表大会

早在武汉会战之际，中共中央就于 1938 年 8 月 24 日发出《关于目前晋冀豫党与八路军的任务的指示》，指出：“摆在晋冀豫全区面前的中心任务，是以最快的速度，创造晋冀豫边区成为坚持抗战

[1] 聂荣臻在中共中央北方分局党代表大会上的《十四个月抗战的经验与总结》报告，1939 年 1 月。原件存中央档案馆。

的巩固根据地。”要求：建立完全在党领导下的有战斗力的若干游击兵团（如聂荣臻同志的游击支队）及地方游击中队；广泛组织不脱离生产的自卫军，并使他们担任侦察、警戒、放哨、坚壁清野等；争取改造友军，特别是准备永久留在华北打游击的友军，成为坚强进步的抗日军；逐渐改造政权机关，使之成为广泛人民阶层的抗日民主政权，但同时是国民党政权，各级动员委员会吸收真正人民团体及武装部队代表参加，使之成为实际的各级政府委员会，逐渐洗刷机关中的腐败分子，尤其是汉奸动摇分子；逐渐求得军事政治的统一指挥与领导，采取必要过渡办法，以准备将来召集冀鲁豫边区政府代表大会，成立边区临时政府；在统一战线方针下，坚决执行动员武装群众及肃清汉奸的政策；设法召集全边区或若干县联合的群众团体的代表会议，以动员群众参战及建立真正有广大群众的团体，在抗日的大前提下，依照阎（锡山）之法令解除人民一些痛苦，满足人民的一些迫切要求；大大发展党，建立与健全各级党的领导机关。❶

1938 年 12 月，中共晋冀豫区党委召开扩大会议，各特委与部分县委负责人与会，传达与贯彻中共中央六届六中全会精神。会上，中共中央北方局书记杨尚昆作了《六中全会总结与我们的任务》的结论报告，阐明了六中全会的基本问题与基本精神，提出在坚持华北抗战中的晋冀豫边区的任务。通过学习与讨论六届六中全会精神，各级党委与干部提高了对抗日战争的领导责任感和在统一战线中坚持独立自主原则的自觉性。会议根据中共中央六届六中全会精神，讨论决定了边区新的任务：加紧动员工作，在准备与迎接战争的情况下，加速全区民运组织——农救、青救、妇救、工救、文化界与各界救国联合会的统一领导，培养大批民运干部；充实与改善政权工作及战时经济、政治、文化等的建设工作；建立与加强

❶ 中央档案馆编：《中共中央文件选集》（10），中共中央党校出版社 1985 年版，第 567~568 页。

军区工作，统一基干武装的领导；等等。

为了总结创建和巩固根据地的工作，胜利地进行反“扫荡”、反“摩擦”的斗争，1939年9月10~28日，中共晋冀豫区党委在山西省武乡县东堡村召开全区第一次党代表大会。出席会议的正式代表129名，列席代表137名，代表全区30150名共产党员。会上，中共北方局书记杨尚昆作了政治报告，朱德、彭德怀分别发表重要讲话或报告，区党委书记李雪峰作了工作报告，组织部长何英才作了党的建设报告。会议总结了在区党委领导下，两年来坚持抗战、建设根据地、艰苦奋斗所取得的成绩：大大地发展了党，根据地初建时，全区不及30名党员，“今天晋冀豫党已成为华北最大的党组织”；培养了成千上万的干部，大批干部是几年中生长起来的，在创造根据地工作中，党在政权、群众、武装工作上起了很大作用，“没有全区党，就没有今天的根据地”；创造了许多武装，军区部队、县干队、各机关卫队；帮助了正规军发展，现在许多主力是由地方部队改编的；坚持了在山西建立模范统一战线的方针，帮助了友军、政权，帮助了决死队、卫立煌、川军等友军。[1]大会分析了进入战略相持阶段后华北和晋冀豫边区的形势，确定了全区党的任务：严密与巩固党的组织，中心是深入巩固工作，具体切实领导；发展游击战争，建设军区，扩大正规军；大胆开展民主运动，改造村政权，建立参议会；适当改善民生，巩固社会统一战线；开展生产运动，进行经济建设，发展合作事业；囤聚爱国公粮，厉行节约，筹集资材；统一领导，统一行动，军民联系，深入下层；巩固根据地，努力开展敌占区工作。会议选举李雪峰、何英才、徐子荣、黄镇、彭涛、安子文、王卓如、张玺、王孝慈、赖若愚、王维纲、李哲人、张晔、程式兰为中共晋冀豫区委员会委员。

会议还根据抗日、反顽斗争的紧张形势，通过了《告全区同

---

[1] 杨尚昆在中共晋冀豫区党委召开的第一次边区党代表大会上的政治报告，1939年9月11日至13日。原件存中央档案馆。

胞、各抗日部队、各抗日党派及全区党员同志书》，指出全区新的任务是巩固抗日根据地，粉碎敌人围攻，准备反攻力量；号召全体共产党员继续发扬党的艰苦卓绝、英勇奋斗的光荣传统，确实地深入工作，埋头苦干，加强马列主义学习，以坚定的政治立场，去克服一切困难，粉碎日军的围攻，打退顽军的摩擦。

中共中央北方分局党代表大会和中共晋冀豫边区党代表大会，对于克服投降危险，巩固和建设抗日根据地，具有重要的历史意义。

## 第三节　抗日根据地的反“扫荡”作战

### 一、冀中区五次反“扫荡”战役

晋察冀边区的冀中平原与平汉路西山岳地带，在战略上有着不可分割的关系。因此，日军 1938 年秋“围攻”晋察冀边区基本区而遭失败后，就掉转来“扫荡”冀中平原，企图“迅速肃清平原而后指向山地”。在这种情况下，中共冀中区党委和军区确定了“坚持冀中游击战争，巩固抗日根据地，粉碎敌之围攻，配合正面抗战，以争取新阶段的到来”的正确的反“扫荡”方针，并决定执行基本上游击战、不放弃有利条件下的运动战的作战方针。

1938 年 11 月 12 日，日伪军 6000 余人，配合战车两个中队，在飞机掩护下，大举围攻大清河以北的雄县、霸县、容城、新城、固安地区，企图消灭大清河以北地区的抗日武装，控制平、津、保三角地带。冀中第 5、第 3、第 4 军分区部队及冀中独立第 2 支队、华北民众自卫军、冀中民军北上先遣队等部，与敌奋战 26 天，至 12 月 9 日，作战 29 次，毙伤日伪军 600 余人，俘伪军 1000 余人，粉碎了敌军第一次分区“扫荡”。

12 月 21 日，驻定县等地的日伪军 1500 余人，进攻安国、博野、蠡县地区，企图消灭或驱离潴龙河以西地区的抗日部队，控制该区，进而向冀中抗日根据地中心地区进攻。冀中军区第 2 军分区部队与敌作战22次，至1939年1月20日，消灭日伪军300余人，粉碎了日伪军第二次“扫荡”。

1939年1月25日开始，日伪军7000余人，配合飞机、坦克、大炮，从平汉路、津浦路出发，分五路围攻冀中根据地中心区的河间、献县、任丘、肃宁、大城地区，企图围歼冀中部队主力和领导机关。在敌人大兵力围攻下，冀中主力部队由于还缺乏平原游击战的经验，情势变得严重起来。

还在日伪军第一次“扫荡”冀中平原之际，毛泽东、王稼祥就致电聂荣臻，指出：“估计今后华北形势的进展，冀中区域的任务是巩固现有武装部队，依靠群众力量，坚持长期游击战争。”“为完成以上任务，作如下决定：（1）派程子华同志带一批干部去冀中。了华任吕纵队政治委员，加强该部队正规化是目前中心任务。（2）决定贺（龙）、关（向应）带一部去冀中，争取扩大120师。（3）120师到冀中，可以推动影响当地部队正规化的进程，而冀中党应以极大力量帮助扩大120师。具体计划由关到五台与聂、彭依据实际情况商酌办理。（4）贺、关到冀中后，吕部则归其指挥，惟建制系统仍属聂区管辖。”❶

冀中军民在第三次反“扫荡”的紧急关头，贺龙、关向应根据中共中央的命令，由晋西北率第120师主力于1939年1月25日到达冀中高阳县惠伯口（今属河间县）。程子华也率100多名军政干部由冀西到达冀中，并任冀中军区政治委员。随后，成立了以贺龙为首的冀中区军政委员会和作战指挥部。在贺龙、关向应、吕正操的统一指挥下，第120师和冀中部队并肩作战，集中兵力打击由沧县向河间、肃宁进攻之敌。2月2日，第120师第716团在曹家庄毙伤敌军150余人。2月4日，在大曹村战斗中，又毙伤敌军300余人，缴获物资80余大车。至此，敌死伤900余人，被迫停止第

---

❶ 谢忠厚、肖银成主编：《晋察冀抗日根据地史》，改革出版社1992年版，第140页。

三次分区“扫荡”。

1939 年 2 月 6 日起，日伪军向冀中发动第四次围攻：从博野、蠡县出动 600 人，汽车 20 辆，坦克、装甲车 10 辆，进占邹村；从安平出动 400 余人，进占王村；从献县出动 1000 余人，进至武强；在深县集结 400 余人，企图合击驻邢家庄地区的八路军第 120 师第 715 团。第 715 团给敌造成大量杀伤后主动撤出战斗。至 2 月 15 日，共与敌作战 9 次，毙伤日伪军 400 余人，日伪军第四次“扫荡”失败后，转攻冀南根据地。

3 月 18 日，日伪军集中 9000 余兵力，在 4 架飞机、2 个坦克中队配合下，对肃宁、任丘、文安、大城地区发动第五次“扫荡”，企图捕捉第 120 师主力和冀中区领导机关。第 120 师和冀中主力部队跳出敌合击圈后，相机打击敌人，至 4 月 1 日，与敌作战 35 次，毙伤敌军 900 余人，日伪军第五次“扫荡”破产。[1]

4 月 23 日，第 120 师主力在冀中部队配合下，贺龙师长亲自指挥，在河间县齐会村，将敌第 27 师团第 3 联队吉田大队 800 余人包围，激战两昼夜，毙伤边佳行联队长以下 700 余人，缴获日军防毒面具 70 余个，毒瓦斯 10 余筒，创造了平原歼灭战的光辉范例。在此次战斗中，日军大肆施放毒气，造成贺龙师长以下 500 余人中毒。

冀中军民在第 120 师配合下，经过五次反“扫荡”战役，共与敌作战 158 次，毙伤日伪军 4264 人，伪军反正 1100 人，第 120 师和冀中部队伤亡 1581 人。[2]冀中军民提高了坚持平原游击战争的信心，锻炼了冀中部队，巩固了冀中平原抗日根据地。日本侵略者虽然在五次“扫荡”中，占领了冀中区的全部县城和一部分重要城镇，建立了 100 多个据点，给冀中平原抗日根据地造成许多破坏，

---

[1] 冀中军区司令部：《冀中平原游击战争经验总结——第一部分发展的三个阶段》，档案号 313-1940-1-3；《五次围攻冀中报告》，档案号 313-1939-1-4。原件存解放军档案馆。此两件档案在五次反围攻的作战起止时间上略有不同。

[2] 吕正操：《冀中回忆录》，解放军出版社 1984 年版，第 133 页。

但企图消灭冀中抗日部队，摧毁冀中平原抗日根据地的目的，遭到了彻底破产。

1939年8月，第120师主力开赴晋察冀军区整训待命。第120师主力在冀中的8个月中，共与敌作战116次，歼灭日伪军4900人，部队由6400人发展到21900人，圆满完成了中央军委给予的巩固冀中、帮助三纵队和扩大部队的三项任务。[1]

在冀中人民反“扫荡”斗争中，涌现了一支活跃在白洋淀苇丛中的水上游击队。1938年，安新县第三区区委书记徐健、区长李刚义，在大张庄召集猎户开会，动员他们拿起“大抬杆”参军参战，反抗侵略者。当时有二三十名靠打雁、打野鸭子为生的猎人，带着大抬杆枪参军，组成了水上游击队。因为这支游击队原来在打水禽时，为了防止浪花打湿枪膛内的火药，在枪的点火处插上一根雁翎，所以被称为“雁翎队”。当年夏，徐水、雄县日军1000余人进犯安新城。雁翎队埋伏在北关桥附近，打死敌骑兵20多人。1939年秋天，雁翎队埋伏在下张庄以西、李庄子以东河道两边的苇丛中，打死赵北口的伪军20多人，缴获步枪20多支，子弹4箱，机枪1挺，俘日军2人。1941年3月，安新日军头目龟本从天津、保定等地集中130多只汽船，配合步兵和骑兵对白洋淀进行“扫荡”。7月1日，当日伪军50余人乘坐2只汽船，从赵北口返回安新城时，雁翎队在中途设伏，将敌全部击毙，然后在密密的荷花掩护下，转移到了安全地带。当时在群众中传诵着这样一首歌谣：“雁翎队，是神兵，来无影，去无踪。千顷苇塘摆战场，抬杆专打鬼子兵。”

## 二、晋察冀区冬季反“扫荡”战役

1939年3月，晋察冀军区开始分期分批整训部队。至11月，

---

[1] 谢忠厚、肖银成主编：《晋察冀抗日根据地史》，改革出版社1992年版，第144页。

晋察冀、冀中、冀热察三个战略区的部队整编为 31 个战斗团，建立健全了各种制度。由于日军的“围攻”“扫荡”，各战略区部队的整训是在对敌战斗中进行的。5 月 9~19 日，王震率第 359 旅第 718 团与晋察冀军区第 1 军分区部队配合，在山西省繁峙县上下细腰涧歼灭日军 700 余人。5 月 21 日，第 1 军分区部队在易县大龙华毙伤日伪军 350 人，缴获机密文件 50 多册，其中，有日军华北方面军司令部颁发的《关于使用特种器材（毒气）之参考》《关于剿匪与警备的指针》、对晋察冀根据地的《1939 年第一、二、三期肃正作战概要》以及日军第 110 师团司令部颁发的《对山区方面匪团封锁计划》等文件。6 月 18~19 日，平西军民粉碎敌军 2500 余人的大“扫荡”，扩大了根据地。9 月 25~30 日，第 120 师部队在第 4 军分区部队协同下，在灵寿县陈庄歼敌第 8 独立混成旅团 1200 余人，被称为“模范的歼灭战”。第 120 师独立第 1 旅参谋长陈勉在此次战斗中牺牲。

自 10 月初开始，日军实施其“第三期治安肃正作战”，调集 2 万余兵力，对晋察冀边区基本区进行冬季大“扫荡”。日军沿途残杀百姓 1200 多人，烧毁房屋 50800 间，掠走粮食 7 万余石，企图消灭军区部队主力，从根本上摧毁根据地。晋察冀军民在第 120 师主力一部配合下，展开反“扫荡”战役。10 月下旬，日军以 2 万兵力对涞源一带进行“扫荡”。晋察冀军区部队与第 120 师一部相配合，采取灵活转移、伏击奇袭以及攻击敌人后方交通线和据点等办法打击敌人。11 月 3 日，在涞源县雁宿崖村西北设伏，激战一天，歼敌 500 余人。次日，日本“蒙疆驻屯军”最高司令官兼第 2 独立混成旅团长阿部规秀率领 1500 余人前来报复，企图寻找晋察冀军区主力决战。11 月 7 日，第 120 师特务团和晋察冀军区第 1 军分区部队将敌包围在涞源县黄土岭地区，激战至 8 日，歼敌 900 余人，击毙阿部规秀中将。日本华北方面军司令官多田骏哀叹：“名将之花凋谢在太行山上。”晋察冀军区颁发嘉奖令，表彰击毙阿部规秀的第 1 军分区炮兵营。雁宿崖和黄土岭战斗的胜利，“是在敌后进行有利条件下的运动战非常成功的一个例子”，[1]使全国军民极为振奋，纷纷来电祝贺。重庆国民政府军事委员会委员长蒋介石也致电八路军朱德总司令予以嘉奖。

从11月20日起，日军独立第3混成旅团、第26师团、独立混成第8旅团、第110师团各一部，共出动2万人左右，分别在西、北、南、东路向边区中心阜平进攻，实行连续合击行动，企图将晋察冀军区主力部队压缩于阜平地区聚而歼之。晋察冀军区实施主力避免与敌决战，适当分散于敌人之周围，以积极的游击动作迷惑与疲惫敌人，抓住有利战机歼灭敌人的指导方针。在敌合围阜平将成之时，军区机关和部队适时转向外线。深入阜平内地的敌人大肆修筑据点、公路，造成了割裂边区基本区之势。八路军和地方武装则灵活地与敌周旋，在敌人侧后方不断袭击敌人，截击敌给养，破坏敌交通，打击伪组织，逼使敌人撤退。11月30日，在阜平五丈湾设伏歼敌100多人。12月4日，在高洪口地区伏击敌人，经勇猛冲杀、白刃格斗，歼灭了日军木内大队长以下300余人，缴获步枪80余支，机枪5挺。与此同时，冀中军区部队和冀热察挺进军积极配合，几次出击平汉线，有力地牵制了敌人。此次反“扫荡”战役于12月8日胜利结束，北岳区部队与日、伪军共作战108次，毙伤敌3600余人，缴获大批武器弹药与军用物资。晋察冀军区部队共伤亡2000人左右。

### 三、冀南区粉碎敌四路“围攻”、十一路“扫荡”

1938年11月14~30日，华北日军在“先控制平原，后进攻山地”的方针下，第3独立混成旅团和第114师团各一部及部分伪军，约3700兵力，配合200余辆战车，分四路向冀南平原抗日根据地进行“围攻”。一路由石家庄出动1200余人，向宁晋、枣强方向进攻；一路由邯郸出动600余人，向永年、广平方向进攻；一路

---

[1] 《聂荣臻回忆录》(中)，解放军出版社1984年版，第440页。

从邢台出发1000余人，经任县、巨鹿向南宫方向进攻；一路从德县出动500余人，经武城向临清方向进攻。主要目标是合围冀南抗日根据地腹心地区南宫一带。为粉碎日伪军的“围攻”，东纵和冀南部队先后主动撤离隆平、故城、武城、高唐、夏津、临清、南宫等城，在各县游击队的配合下，避实就虚，转移至敌之侧背，相机打击敌人。区党委、军区、行署机关转移到广宗、威县乡村，领导反“围攻”斗争。至11月30日，冀南军民作战28次，毙伤敌军600余人，迫敌退出了南宫等根据地中心地区。但是，在反“围攻”战斗中，11月15日，临清失陷，范筑先等700余名将士牺牲，日军占领了根据地周边的宁晋、永年、故城、恩县、高唐等城镇，形成对冀南根据地的东、西、南三面包围态势。

为坚持冀南平原游击战争及鲁北地区的斗争，12月下旬，刘伯承、邓小平率领第129师主力第386旅和先遣1支队第3大队由太行区进入冀南区，并在威县落户张庄召开冀南党政军干部会议，确定了依靠工农群众，依靠广大乡村，坚持平原游击战争，坚持抗日民主阵地的方针。会后，冀南军民掀起了拆城墙、破路、挖交通沟等改造平原地形的群众运动。至1939年7月，全区破路10950公里，开挖只能通大车、不能通汽车的交通沟2500公里，拆除城墙23座和2/3以上村镇的寨墙，为长期开展平原游击战争，创造了较好的条件。

1939年1月7日，日军集中第110、第14、第10、第27师团各一部，共3万余人，分成11路，从平汉、津浦两铁路夹击，对冀南根据地进行大规模“扫荡”。

1939年1月11日，邓小平、刘伯承、徐向前召开冀南区党委、军区和行署领导人会议，研究部署反“扫荡”作战，决定暂时撤出所占县城，部队分成若干集团，分区游击，独立作战，互相策应，在保存有生力量的原则下，经常以小部队与敌保持接触，避实击虚，寻机集中力量歼敌。1月16日，第129师正式下达役字第3号命令，将冀南、鲁西两地区部队分编为6个集团，分别活动于冀南第1、第2、第3、第4、第5军分区及津南、鲁西北、泰西地区，相机打击敌人。

按照第129师的部署，冀南广大军民自1月9日起，以突袭、伏击、麻雀战等机动灵活的战法，展开英勇顽强的反“扫荡”斗争。冀南军民先后在南和县河郭镇、任县辛市和邢家湾、巨鹿县堤村和柳行，及宁晋、曲周、鸡泽等地袭击敌人，毙伤日伪军540余人。至2月9日，日军主力合击南宫、冀县、枣强地区，占领了冀南中心区全部县城。冀南党政军领导机关和部队深入广大乡村，广泛发动群众，展开更大规模的反“扫荡”斗争。

2月4日，第129师第386旅在威县以南的邱县香城固设伏，并派出小部队连续袭击威县城内的日军，以诱敌出城。2月10日，第386旅第688团与补充团及新1团在威县以南的香城固，伏击日军第10师团第40联队补充大队一部及安田步兵加强中队，截断敌退路。敌施放毒气弹，八路军顽强战斗，全歼敌人，击毙日军大队长以下200余人，俘8人，缴获各种炮4门，烧毁汽车9辆，创造了平原歼灭战的一个范例，是粉碎敌此次“扫荡”的关键性战斗。在这次战斗中，八路军也伤亡50余人。次日，敌人70余辆汽车、2000余兵力，在飞机掩护下大举反扑。八路军迅速转移，使敌扑空。此后，敌以南宫、巨鹿、广宗、威县为重点，进行分区反复“扫荡”。冀南军民采取分散游击办法，不断破坏交通，袭扰敌人。1~5月，冀南军民进行大小战斗1000余次，毙伤日伪军3000余人，粉碎了敌人的“扫荡”计划。

在抗日战火中，冀南区参议员大会于1939年9月18日在威县召开，250名参议员参加大会。会上，杨秀峰作了《冀南抗日民主根据地开创经过和今后施政方针》的报告，通过冀南行政工作计划，并决定改组冀南行政主任公署，增设行政委员会，推举杨秀峰、宋任穷担任正副主任。会上，还选举产生了冀南区参议会，王乃堂、平杰三为正副议长。在此前后，专区和县建立了参议室，聘请素孚众望的士绅和各界人士为参议，代表民意，协助专员、县长筹划工作；并进行了村政权的改造工作，到9月间，已完成改造的村政权2300余个，普遍建立了村民大会和村政委员会。从此，冀南民主政治建设步入一个新阶段。

## 四、冀中区粉碎敌春季全面“扫荡”

日军扫荡平汉铁路以西山岳根据地的同时，对冀中平原又有三次分区“扫荡”。1939年10月8日起，敌军6000余人“扫荡”大清河以北地区，冀中区军民经7次战斗，至23日将敌击退。12月3日起，敌1500余人“扫荡”正定、新乐、无极、深泽地区，冀中军民经5天战斗，将敌击退。从12月16日开始，敌集中1.3万余人，同时“扫荡”三个地区：滏阳河左岸以西、以北和滹沱河西岸地区，包括深县、武强、饶阳、安平、蠡县、肃宁、束鹿等县；滏阳河、子牙河右岸以东、以南地区，包括河间、沧县、献县、交河（今泊头市）、阜城、武邑、衡水、景县地区；同时“扫荡”大清河以北地区。12月27日在雄县神堂孙村，第27团500余人同敌3000余人激战8小时，毙伤敌军450余人，将敌击退，创造了以少胜多的战例。至此，冀中军民作战60次，毙伤日伪军2500余人。

1940年春，日军采取高度分散清乡、抽调兵力集中“扫荡”的新方式，从军事、政治、经济等方面破坏冀中平原抗日根据地，企图“由点线扩大到面的占领”，达到“以战养战”的目的。4月上旬，日军3万余人和伪军6000余人，对冀中区进行为期50天的全面“扫荡”。这次“扫荡”，在四个地区同时进行：一是子牙河流域，敌人3个“扫荡”队奔袭“扫荡”河间、肃宁之间地区；二是大清河以北地区，对固安、永清、新城（今高碑店市）、雄县、霸县等地进行反复抢掠和搜剿；三是在唐河、潴龙河流域，对保定、定县（今定州市）地区第9军分区部队连续合击；四是在沧石路沿线，在路北“扫荡”深县（今深州市）、武强、饶阳、安平等地，在路南“扫荡”新河、宁晋、冀县（今冀州市）等地。

冀中军民展开全面反“扫荡”的战斗。在中共冀中区党委、军区与政治主任公署的领导下，将后方机关和部分主力转至山地整训，留下的部队分散坚持斗争，相机集中打击敌人。各军分区部队高度发挥主动性、灵活性，机动、灵活地与敌人周旋，时聚时散，袭击敌据点，打击敌“扫荡”部队，歼灭小股敌人。民兵日夜袭扰敌人。同时，广泛开展政治攻势和群众性锄奸运动，坚壁清野，封锁敌人。冀中军民还大力开展交通破袭战。4月10~14日，深县一带7万余群众破坏深县至晋县（今晋州市）、安平至魏家桥等公路75公里。4月12日开始，3万余群众对沧石路进行7天大破袭，毁路基50余公里。至5月底，冀中部队与敌作战216次，毙伤日军4300余人，伪军400余人，炸毁汽车14辆，击落飞机1架，粉碎了日伪军的春季全面“扫荡”，各路日伪军先后被迫撤退。

接着，6月1~25日，冀中军民开展护麦斗争，先后作战43次，毙伤日伪军854人，攻克据点9个。6月25日~8月10日，冀中军民又发动青纱帐战役，共作战146次，毙伤俘日伪军3100余人，破坏公路150余公里，攻克部分据点，恢复与扩大了抗日根据地。

### 五、晋冀豫区粉碎日军大“扫荡”

1939年1月22日，正太路日伪军6000余兵力，“扫荡”和顺、辽县地区，向晋冀豫区根据地延伸，为大“扫荡”做准备。

为粉碎敌人“扫荡”，第129师主力在地方党与游击队的配合下，连续打击日伪军，逮捕汉奸、特务。晋冀豫区军民对平汉、正太、道清等线进行破击，并袭击了邢台县皇寺镇、武安县伯延镇、磁县彭城镇等据点，消灭日伪军400余人，迫使日军放弃辽县城，退守和顺城。为准备反击日军的大“扫荡”，第129师从冀南返回平汉路西太行山区。

7月初，日本华北方面军集中5万余兵力，由第1军军长梅津指挥，从同蒲、正太、平汉、道清铁路各点出动，分九路向晋冀豫区进行大规模"扫荡"，企图以主力从白（圭）晋（城）、平（定）辽（县）、邯（郸）长（治）各线，合击第129师主力于辽县、榆社、武乡地区，分割和摧毁根据地。这就是通常人们所说的"第二次九路围攻"。

在八路军总部统一指挥下，第129师主力、第115师第344旅与晋豫边支队、决死第1、第3纵队，在广大群众和民兵配合下，展开空前的反"扫荡"作战。7月3日起，在北线，八路军以小部队对正太、平汉、同蒲各铁路进行破袭，伏击、阻击敌人，而以主力集结在武乡西北及辽县西南，待机歼敌。日伪军7月5日占领沁县、武乡、辽县，接着，分路向榆社地区合击。在榆社以西云簇镇，日军第109师团一部遭到八路军第386旅的沉重打击。在日伪军分路回撤之时，在辽县以西石匣村，八路军第385旅主力伏击敌一个大队，毙伤日伪军300余人；由高平以北向长治回撤的日伪军，路经三甲镇，遭到八路军第344旅伏击，被歼160余人。至8月初，日伪军占领长治、潞城、屯留、阳城、黎城、晋城、沁水等20余座县城，控制了白晋路北段和平辽等公路、邯长大道，但已经伤亡累累，疲惫不堪。到8月下旬，反"扫荡"作战结束。日军占领了晋冀豫区20多个县城，控制了白晋路北段，平（定）辽（县）公路和邯长大道。八路军共作战70余次，毙伤日伪军2000余人，收复了榆社、武乡、沁源、高平等县城，粉碎了日军合围八路军主力，摧毁太行根据地的企图。之后，八路军一部主力在民兵配合下，从8月下旬至10月初，对深入根据地的白晋公路、邯长大道等交通线和据点，广泛进行袭击，先后进行邢台县土岭、武安县康尔城等大小战斗200次，毙伤俘日伪军2800余人，击落敌机1架。当时，面对日军的进攻，驻太南的国民党军队，只有少数部队略作抵抗，多数对八路军的抗敌行动有所牵制与破坏。

粉碎日军"第二次九路围攻"后，由于日军仍占领着白晋公路和邯长大道，晋冀豫区被分割为太行、太岳两区，太行区又分为太北、太南两部分。根据八路军总部指示，为打断敌人分割太南、太北的交通线，改变敌、顽夹击的不利形势，第129师主力、第115师第344旅和晋冀豫军区部队一部，举行了邯长战役。12月8日开始，游击队对邯长大道进行全线破袭。配合地方武装，主力部队连续袭击邯长大道之赵店、停河铺、黎城、涉县、东阳关等据点，截击敌运输队，使敌各据点交通断绝、粮弹无援。晋冀豫区主力部队乘敌惊慌、疲惫，攻克黎城和赵店、戚里店、东阳关等据点。第769团和第344旅一部收复涉县城，先遣支队收复涉县东北的井店。至26日，战役结束，共毙伤敌700余人，收复黎城、涉县两城及据点23处，打破了日军对太行区的分割局面，使太南、太北连成一片，对巩固晋冀豫根据地起了重要作用。

## 六、冀中回民支队的抗日斗争

在创建敌后根据地的过程中，河北的回、满、蒙、藏等少数民族与汉族同胞并肩战斗，涌现出许多可歌可泣的英雄人物和事迹。其中，冀中回民支队最为出色，影响最大。

冀中回民支队最初是由回民干部教导队和回民教导队合编而成的。1937年抗战全面爆发后，共产党员肖秉钧动员回民爱国知识分子刘文正等，在定县、安国一带组织起二三百人的抗日武装。1938年1月，这支武装经过改编，命名为冀中人民自卫军回民干部教导队，肖秉钧任政治主任，刘文正为副主任，马永恩为队长，活动在定县、蠡县、深泽一带。在这支队伍的影响下，以河间、肃宁、定县的回民为核心，成立了冀中回民抗日建国联合会，提出“爱教必先爱国”的口号，很快团结了冀中广大回民群众。

同时，在孟庆山领导下，马本斋（献县东辛庄人）等在献县组织起三四百人的抗日武装。1938年5月，根据冀中军区决定，这支武装命名为回民教导队，马本斋任队长，刘文正任政治主任。6月，两支回民武装在河间合编为回民教导总队，马本斋任总队长，杨铁成任政治主任（不久丁铁石继任）。随后，各连建立党支部，逐步健全了政治工作制度。1939年初，总队党委决定，大量吸收汉族青年参加回民抗日武装，同时决定不论回汉各族官兵一律按回族习惯生活。部队很快由七八百人扩大到2000余人。10月，回民教导总队改称回民支队，司令员为马本斋，郭陆顺为政治委员，丁铁石为政治部主任。

1940年2月，回民支队奉命到达深县南部地区。当时，日军正在全面“扫荡”冀中。回民支队连续战斗50余天，先后在南花盆、康庄、榆科等地作战30余次，毙伤日伪军500余人。1941年7月，回民支队进入建国县[1]。两个月间，在沧（县）河（间）公路、景和、曹辛庄等地作战27次，毙伤俘日伪军600余人。8月4日，敌山本联队长带1000余兵力包围献县东辛庄，抓住马本斋的母亲，企图逼她给儿子写信劝降。马本斋的母亲在河间城内敌人监狱中顽强地坚持绝食斗争，于9月7日为国捐躯。10月10日、12月12日，《解放日报》连续载文，称赞马本斋的母亲“气节凛然”“气壮山河”。

1942年3月，回民支队到建国、交河和阜城、景县一带活动，与冀南部队配合，打击敌人“蚕食”“扫荡”。在空前残酷的“五一大扫荡”中，回民支队冲破敌人的重重包围，越过北运河、津浦铁路，于7月间转战冀鲁豫边区。

1944年2月1日，回民支队奉命由鲁西北奔赴延安，担负保卫中共中央的任务。马本斋因积劳成疾，患对口疮转肺炎，未能随军西行，于2月7日不幸逝世，年仅42岁。8日、9日，冀鲁豫边区党政军民举行公葬仪式，将马本斋的遗体安葬在鲁西北回民聚居地莘县张鲁集村。3月16日，延安回族各界代表300余人，在清真寺举行马本斋追悼大会。吴玉章、林伯渠、叶剑英等出席追悼大会，毛泽东、朱德、周恩来等送了挽联。

---

[1] 建国县，系新设县，包括河间、献县各一部分。

## 第四节 反击国民党顽固派的“摩擦”进攻

### 一、中共中央关于反“摩擦”斗争的方略

敌后各抗日根据地的创建和发展，人民力量在敌后的发展壮大，成为日本侵略者的心腹大患，也使蒋介石国民党甚感不安。国民党顽固派在河北等地的反共“摩擦”活动，起初是以国民政府行政院的名义，下令取消边区银行，随后是阎锡山转来所谓国民政府撤销边区政府的命令。这些无理要求理所当然地被拒绝。不久，国民政府于1938年6月委任鹿钟麟为河北省政府主席，委任河北民军总指挥张荫梧为“民政厅长”。同年12月，蒋介石又任命鹿钟麟为冀察战区总司令兼河北省政府主席。蒋介石又于1939年3月任命石友三[1]为冀察战区副总司令兼察哈尔省政府主席，庞炳勋[2]为冀察战区副总司令。国民政府军事委员会还转发了《今后关于华北共产党之对策》文件，密令在华北搜罗反共人才，组织反共专门机关，“指导与中共的斗争”；在山西大量囤积粮秣弹药，“以备反共之用”。[3]这样，河北等地的反共“摩擦”活动日益严重起来，当时称为“河北问题”。

为了坚持团结抗战进步，巩固与发展抗日根据地，针对国民党顽固派发动的反共“摩擦”活动，中共中央及时作出了一系列明确

---

[1] 石友三（1891~1940年），吉林省长春人，一生投机钻营，曾三次背叛冯玉祥，二次背叛蒋介石，1932年投降日军，次年又被国民党军收编，曾任第181师师长、第69军军长、第10军团总司令、冀察战区副总司令兼察哈尔省主席，1940年在开封与日本驻军司令佐佐木签订协议，公开投敌。蒋介石11月下旬密令将其处决，随后高树勋在河北省濮阳（今属河南省）将石友三诱捕处决。

[2] 庞炳勋（1879~1963年），字更陈，河北省新河县人，国民党陆军上将。曾任国民党第40军军长、第3军团司令、第24集团军总司令、冀察战区副总司令、总司令兼河北省主席、中央监察委员，1943年5月投降日本，任汪精卫伪政府暂编24集团军总司令，抗战胜利后被蒋介石委任为新编第1路先遣军总司令，1963年1月12日病逝于台湾。

[3] 《聂荣臻回忆录》(中)，解放军出版社1984年版，第450页。

指示。

毛泽东、王稼祥、刘少奇早在1938年8月20日，就致电聂荣臻、彭真、徐向前、邓小平等，指出："要迅速建立与巩固河北的统一军事、行政系统，使鹿钟麟不致容易被他拆散。如果在河北形成几个军事行政系统，那将来的困难与摩擦将会更多。"❶八路军总部朱德、彭德怀于11月3日发出《关于巩固冀南、冀中政权的指示》，指出豫北、鲁西北顽固分子，在鹿钟麟、沈鸿烈（国民党山东省政府主席）的策划下，多方造谣诬蔑，排斥摧残抗日力量，企图夺取八路军收复区之全部政权。对此，我军应以防御斗争原则，孤立顽固分子，揭发汉奸分子的一切阴谋。11月4日，总政治部发布《关于部队中设立联络部的命令》，要求在各级部队政治机关设立联络部或联络员，经常派人与当地友军联络，主动积极地接近友军，疏通彼此间的关系，解除和消除一切不必要的误会，以虚心诚意的态度，交换工作经验。

抗战相持阶段到来之际，在顽固派的反共"摩擦"活动日益严重的形势下，中共中央、八路军总部、北方局分别向各敌后根据地发出巩固统一战线，坚持抗战，反对"摩擦"的指示，具体指导各地的反"摩擦"斗争。

1939年1月23日，中央书记处在《关于我党对国民党防共限共对策的指示》中，指出："蒋及国民党之政策，在于加紧限制八路军发展，同时使八路军与各地方系统部队关系恶化，以孤立八路军。""我们对摩擦如逆来顺受，则将来摩擦逆流必更大，顽固气焰必更高，故我应以冷静而严正之态度对之。"强调："我应公开表示，抗战部队与游击队不能不吃饭，如能加饷，可考虑改变筹粮办法。""已建立之政权，未到万不得已时，决不应轻易放弃。"❷

---

❶《晋察冀抗日根据地》史料丛书编审委员会、中央档案馆编：《晋察冀抗日根据地》第1册（文献选编上），中央党史资料出版社1989年版，第184页。

❷ 中央档案馆编：《中共中央文件选编》(12)，中共中央党校出版社1991年版，第12~13页。

1939年1月25日，中共中央为国共关系问题致电蒋介石，认为“抗战以来基本事实，表现两党合作日趋进步，两党同志日趋团结”，但“两党合作过程中常有摩擦现象，最近尤甚”。指出：“摩擦增加之原因，一部分固由于日寇汉奸挑拨离间之阴谋”，“另一部分不能不归咎于少数不明民族大义，不顾国家存亡者之固执成见，一意孤行”。表示深信：“巩固与扩大国共两党长期之合作，为全国爱国同胞和世界先进人士所切望，为全民族抗战建国所必需。”因此，必须停止摩擦现象，“断不应任其发展，致陷民族国家之不利”。❶

1939年2月10日，中共中央书记处发出《中央关于河北等地摩擦问题的指示》。指出：“敌人正在进攻华北抗日根据地冀中、冀南、冀察晋、晋东南等区，而我抗战阵线中，又因鹿钟麟、沈鸿烈之极端错误行动，引起严重的摩擦与纠纷，使华北抗战遇到莫大困难与危险。”提出七项主张，一面与蒋及各将领谈判，一面实行坚持自己之立场，主要内容包括：为真正统一指挥与统一行政起见，坚决要求撤换鹿钟麟，以朱德为冀察战区总司令兼河北省主席，石友三副之；为发展冀、察、鲁三省的游击战争，巩固三省的抗日根据地，应将山西八路军部队多开一部分赴三省，而三省八路军部队则决不能减少；敌后抗战形势证明建立边区是正确的，维持原有省界是错误的，晋察冀边区、冀中、冀南现行政权，不但决不应取消，相反的，应当在山东及其他地区，应依照战略形势划分新的行政区域；“对非理进攻，必须反击，决不能轻言让步”；要取消冀中、冀南行政公署、冀察晋政委会，“影响甚大，决不能从”；“政府发饷甚少，八路军及游击队不能不就地筹粮，人民拥戴，跳跃输财，有利于国，无害于民，今后仍应如此，决不能枵腹作战”；“八

❶ 中央档案馆编：《中共中央文件选编》(12)，中共中央党校出版社1991年版，第17~19页。

路军名称，为敌人所畏，为国人所爱，决不应轻易更改”。[1]

1939 年 5 月 1 日，中共中央北方局书记杨尚昆在《统一战线与摩擦问题》一文中，论述了如何在维护统一战线中开展反“摩擦”斗争，指出：“摩擦是一种斗争，是统一战线中阶级斗争的表现与方式”，“国民党进步是逼的，迟缓的，长期合作，长期摩擦，进步是在斗争与摩擦中发展巩固的。”对于巩固统一战线和对付摩擦的办法是：坚持抗战，巩固国共合作，一切为着抗战胜利，不能一味地让步，要说明共产党八路军的正确主张，严正批评国民党的错误；要扩大自身的力量；发展共产党组织，严密共产党组织，加强党的教育；等等。

上述指示，为敌后河北及各抗日根据地党政军民进行反“摩擦”斗争，指明了原则立场与方针政策，为打退国民党顽固派的“摩擦”进攻，提供了锐利的思想武器。河北各抗日根据地军民在粉碎日军“围攻”“扫荡”的同时，根据中共中央的指示，本着“有理、有利、有节”的原则，对国民党顽固派的“摩擦”进攻，进行了坚决的回击。

## 二、打退鹿钟麟、张荫梧的摩擦进攻

鹿钟麟、张荫梧等于 1938 年 9 月到达河北省南宫县城后，中共冀南省委、冀南军区和冀南行政主任公署召开纪念“九一八”事变七周年和欢迎鹿钟麟来冀南大会。会后，中共中央北方局代表朱瑞与冀南根据地主要领导人徐向前、杨秀峰、宋任穷等先后与鹿钟麟等会谈，以争取国共两党团结合作抗战。共产党、八路军划出藁城、衡水、冀县、故城、新河等 6 县为鹿钟麟等省政府和部队人员的物资供给地。但鹿等遵照蒋介石向共产党“收复失地”的旨意，不断制造破坏团结抗战的摩擦事件。在朱瑞与鹿钟麟会谈时，鹿提

[1] 《晋察冀抗日根据地》史料丛书编审委员会、中央档案馆编：《晋察冀抗日根据地》第 1 册（文献选编上），中央党史资料出版社 1989 年版，第 255~256 页。

出重新划分军分区，任命专员，冀西军分区司令由张荫梧担任。朱瑞拒绝了鹿钟麟的方案。鹿钟麟依仗张荫梧部河北民军，网罗土匪游杂武装赵云祥、胡和道等部，并与国民党山东省主席沈鸿烈结成所谓“冀鲁联防”，与国民党河北省濮阳专员丁树本配合，企图限制共产党、八路军的发展。当日军“扫荡”冀南、冀中之际，在鹿钟麟的指使下，游杂武装胡和道部策动反动会道门白吉会，于9月30日突袭驻枣强县姚屯的东进纵队独立团某连，杀害战士13人，并包围枣强县城，提出“撤换县长，赶走八路”的无理要求。11月25日，鹿钟麟又乘日军占领南宫之机，以“不知去向”为借口，宣布取消冀南行政主任公署。1939年1月26日鹿钟麟发表了取消冀中、冀南主任公署的训令：“奉蒋委员长令，冀南境内各主任公署紊乱，行政系统不遵中央命令，时有扰民举动，殊属妨害抗战，冀南、冀中行政主任公署即日遵照结束。”[1]同时，秘密派遣特务打入冀中区八路军内部进行策反阴谋活动。9月，鹿钟麟派其高级参谋邱立亭为代表来冀中，游说吕正操，提出改编第3纵队为一个军，请吕正操任军长，被吕坚决拒绝。

张荫梧为瓦解张仲瀚领导的博野民军，早在1938年5月，就策动亲信张文祥率博野民军第2团到献县，将博野民军特务营包围缴械，逼走博野民军司令张仲瀚和共产党员齐健秋。9月，张荫梧又策动张文祥、李侠飞率博野民军2个团南逃赞皇、元氏一带，沿途抓捕中共冀中第二特委宣传部长宋振恒、中共深泽县委书记何昆山和农会主任何福林、县基干队指导员张振安，在安平县崔安铺村将他们活埋杀害，制造了安平惨案。

在这种情况下，中共中央12月2日发出《关于与鹿钟麟斗争策略的指示》。指出：“鹿钟麟本无力量，只有省府的合法地位。看来他们已采取排挤八路军而扩充自己的方针。因此，估计与鹿钟麟

---

[1] 谢武申：《一二九师暨晋冀鲁豫区反顽斗争概论》，中共山西省委党史研究室1984年印行，第24页。

合作，必须经过激烈的斗争，否则鹿恐难醒悟。我们的基本方针是：促其改变态度与我合作。但当其无理进攻时，应给予有力反抗。”据此，冀南、冀西、冀中军民在中共中央北方局和八路军总部的领导下，一方面加强了统战工作，特别是巩固与国民党山东省聊城第六区行政督察专员兼保安司令范筑先部的抗战合作，一方面发动了反击鹿钟麟、张荫梧摩擦进攻的斗争。

1938 年 12 月 25 日，张荫梧派河北民军副总指挥王长江[1]率张文祥、李侠飞等 3 个团约 3000 人，进犯博野、安国、蠡县地区。冀中军区第二军分区部队将其全部包围，战斗中，王长江率部分官兵起义，其余民军大部被解决，吴嘉谟被俘，李侠飞、张文祥率一部逃回冀南。冀中军区将民军编为 3 个团，王长江任司令员，张存实任副司令员。1939 年 2 月改称“冀中民军”，通电脱离张荫梧“河北民军”。1939 年 11 月又与挺进支队合编为冀中军区警备旅，王长江任旅长，旷伏兆为政治委员。

此时，蒋介石把第 18 军团石友三部由鲁南调到冀南和冀鲁边区，令其对付八路军。蒋介石还给鹿钟麟拨款 12 万元，用于发展河北国民党组织。因此，鹿钟麟、张荫梧、石友三等制造反共“摩擦”更加卖力。他们在冀南、冀西、冀中地区，委任一批专员、县长，同群众拥护的抗日民主政权相对立，使冀中特别是冀南、冀西形成了双专员、双县长、双区长、双村长，甚至双小学校长的混乱局面。

1939 年 2 月，张荫梧通过伪新镇县长王宗祺策反冀中军区独立第二支队队长柴恩波叛国投敌，在写给蒋介石的电报中称柴恩波施行“曲线救国”，已委任柴为“河北民军第 3 师师长”。1939 年 4

[1] 王长江（1899~1978 年），河北省博野县人。1940 年加入中国共产党。1937 年抗战全面爆发后，任河北民军副总指挥。1938 年 12 月，率部起义参加八路军，改编为冀中民军，通电脱离张荫梧河北民军。历任冀中民军司令员、冀中民众抗日自卫军司令员、冀中军区警备旅旅长兼冀中军区第六军分区司令员、抗日军政大学第七分校校长、绥蒙军区副司令员、华北军区副参谋长兼军区直属党委副书记等职。1978 年 11 月 17 日，在济南病逝。

月，张荫梧污蔑八路军是“伪抗日军”，密令所部当日军进攻八路军时，“应不迟疑地予以夹击”。[1]6月上旬，张荫梧假借鹿钟麟电令增援冀中反“扫荡”之机会，率民军5000余人由冀南进入冀中，企图报与八路军“积怨”之“仇”，[2]一到深县南部地区，即从王家井、磨头，至北马庄、张骞寺一带，到处摧毁抗日团体和抗日政权，摧残抗日干部和群众。6月11日袭击冀中军区第3纵队在深县的后方机关，残杀干部战士400余人，制造了深县惨案。[3]但因“秩序混乱，目标过大”，招致石门等地日军进攻。[4]日军侦知实情主动撤退后，张荫梧又在张骞寺召开军事会议，准备攻击八路军留守处。[5]张荫梧在给蒋介石的电报中说：“日军扫荡八路，在他人以为大难当前，在我以为军政开展好机会。”后来，蒋介石在给吕正操的电报中称此事为“假途灭虢”事件。[6]石友三也将八路军在清河县城以北埋藏的迫击炮2门、步枪600支和大批物资全部抢走。

为解决河北等地摩擦问题，刘伯承多次与鹿钟麟会谈。1939年6月13日彭德怀到冀南与鹿钟麟谈判。彭德怀提出《坚持河北抗战共同纲领》(8条)，其主要内容是：停止武装冲突，进行政治解决，各驻军统筹解决筹款、筹粮等问题。由于八路军作了一些让步，鹿钟麟表示基本同意这个纲领。但是，张荫梧公开提出“限共、防共、杀共、罚共”和“专门打八路军”的口号，并同日伪

---

[1] 参见叶剑英《在蒋介石召开的全国军以上参谋长会议上的发言》，1940年3月8日，载《叶剑英军事文选》，解放军出版社1997年版；《聂荣臻回忆录》(中)，解放军出版社1984年版，第454页。

[2] 冀察战区总司令部政治部印行《第十八集团军在河北活动纪实》，民国二十七年(1938年)九月至二十八年(1939年)十月，载《中华民国重要史料初编·对日抗战时期》(二)，台北裕台公司1981年版，第231~244页。

[3] 曹振家：《深县张骞寺事件》，《深县文史资料选集》第2辑，第157~160页。《程子华回忆录》，解放军出版社1987年版，第220页。

[4] 肖泽西：《关于民军的一些情况》，《冀中人民抗日斗争资料》第2集，1984年2月15日(内部印)。

[5] 王新哲：《保定军校史研究》，光明日报出版社2002年版，第194页。

[6] 宋劭文：《晋察冀边区行政委员会工作报告》，1943年1月。原件存中央档案馆。

军秘密订立进攻八路军的协定。1939 年 6 月 22~23 日，第 120 师主力和冀中军区赵承金部在深县北马庄、张骞寺地区歼灭张荫梧部 2500 余人，缴获张荫梧部电台及全部文件，张率 20 余人逃走。8 月 12 日，张荫梧率 3000 余人，包围中马峪，进攻赞皇县八路军工作团和独立支队第 2 大队。八路军和冀西游击队于 8 月 16 日给予反击，至 24 日，两次消灭张荫梧部 2000 余人。张率残部过平汉路，向赵县方向逃窜，25 日，冀南东纵第 1 团、第 3 团与第 1 军分区 2 个营，在赵县梅花镇以南将张部包围，至 27 日，在赵县东北唐家寨将张部歼灭，俘 600 余人，张只身逃脱。

7 月 8 日，国民党军王子耀部进攻冀南青年纵队，八路军反击，将其大部消灭，王子耀带少数人突围，逃往尧山县城投敌。9 月间，鹿钟麟派郑继成率部再次进攻冀中，张荫梧派乔明礼部协同作战。他们刚从冀南渡过滏阳河，就被第 120 师和冀中第 1 军分区部队包围歼灭，郑、乔受伤被俘。不久，为有利于统一战线，主动把郑、乔二人送回。

1939 年 9 月 19 日，蒋介石看到八路军总部痛陈张荫梧投敌罪行的报告后，不得不下令"着张荫梧停职查办"。又因鹿钟麟未能收拾河北局面，准其辞去河北省主席职务，由庞炳勋接任。12 月 24 日，蒋介石又正式下令：张荫梧"应免本兼各职"，国民党第 97 军军长朱怀冰任冀察战区政治部主任、河北省民政厅长，乔明礼任河北民军总指挥。

### 三、打退国民党第一次反共高潮

1939 年 11 月，国民党在五届六中全会上，确定了由政治限共为主发展为军事限共为主的方针。12 月，国民党发动第一次反共高潮，太行、冀南为其重点之一。还在 9 月间，石友三就把高树勋部新 8 军由冀鲁边区调到观城、濮阳地区，命令驻枣强、南宫、威县、清河地区的第 69 军向西南发展，不断挑衅八路军。11 月 30 日，石友三以袭击石门日军为名，派独立第 4 旅进驻冀南第 1 军分区的晋县、束鹿、赵县、栾城一带，与国民党别动第4纵队侯如镛部相呼应，控制了平汉路东、西地区。朱怀冰于11月26日率第97军北进，12月6日，先头主力到达邢台、内邱以西地区。国民党冀察游击纵队夏维礼部和别动第4纵队侯如镛部共3000余人也到达沙河以西的渡口、册井一带。此时，乔明礼也背弃“不反共”的诺言，在束鹿县屠杀群众。

根据中共中央指示，第129师决定首先回击侯、乔两部。1940年1月12日，侯、乔两部6000余人向驻赞皇地区的范子侠部进攻。第129师第385旅主力、冀南游击队和冀中军区警备旅、第21团、第22团予以反击，将侯、乔部大部消灭。15日，侯如镛带残部700余人在日军营救下逃入赞皇城。

1940年初，朱怀冰、庞炳勋、石友三等部不断向冀南、太行根据地进攻。叛军石友三部与日军由互不侵犯转到防务交换，公开宣言要先发制人，消灭冀南青年纵队1个营，勾结东纵特务营叛变，摧毁抗日政权。为此，中共中央和八路军总部决定：抽调晋察冀军区第1、第5主力团和冀中军区警备旅组成“南下支队”，陈正湘任司令，刘道生任政治委员，由聂荣臻率领，于2月中旬到达太行区，配合第129师反击朱怀冰部顽军；抽调冀中军区第16、第21、第22、第23、第24团和津南自卫军，组成“南进支队”，赵承金任司令，谭冠三任政治委员，在程子华率领下，开赴冀南，配合冀南部队反击石友三部顽军。

1940年2月2日，第129师发出《关于冀南反顽战役基本命令》，令：“我军以消灭石（友三）军钳制高（树勋）军，如高军增援则一并消灭之的目的，进行本战役。统由程子华、宋任穷指挥实现之。”并作出了具体部署。2月9日起，集中冀中7个团、冀南15个团，与叛军石友三部接战，至2月11~13日，冀南、冀中、冀鲁豫部队在威县东北枣科、清河以西狼窝，消灭叛军1个团、2个营，而后将其主力包围在临清西部的下堡寺、马鸣堂、摇鞍镇地区。16日前后，日军出动3000余人进攻八路军，并施放毒气。石友三部乘机逃到漳河以南的清丰、濮阳地区，与丁树本、高树勋部会合。

这时，蒋介石命令鹿钟麟、朱怀冰、孙殿英据守磁县、武安、涉县、林县地区，并增派第41军开赴太行山南部地区，企图由南往北会攻太行、冀南根据地。

八路军总部决定举行磁武涉林战役和卫东战役，以打退国民党顽军的进攻。3月5日夜，磁武涉林战役开始。中央纵队的冀南青年纵队、冀中警备旅向朱怀冰部主力补充团进攻，激战至第二天下午，歼灭其大部。同时，中央纵队的晋察冀挺进纵队将新第24师第7团击溃。右翼纵队第129师第386旅第1团一部和独立支队、师部特务团将冀察游击第2纵队第4支队700余人击溃，并攻占南王庄、齐家岭，消灭顽军1个营。左翼队先遣支队第1大队主力进至张尔庄东南山地，阻止朱怀冰部向东南逃窜。6日夜，中央纵队和左翼队向朱怀冰部的巢穴南北盆口、东西花园、南北贾壁地区进攻。至8日，共消灭朱怀冰部第97军和其他杂牌军计1万余人，朱率残部2000余人逃向修武县境。卫东战役于3月4日开始。冀中、冀南、冀鲁豫部队共17个团，由东、南、西三面向石友三、高树勋部进攻，石、高率部南逃，从民权县柳河集火车站过了陇海铁路。至11日，卫东战役结束，全部恢复卫河以东地区，共毙伤石、高所部3600余人。4月间，石友三、丁树本两部北进，企图占领直南地区。丁部被八路军击溃。石部南撤曹县、定陶一带。由于石友三投敌叛国罪行已暴露，蒋介石11月下旬密令将石处决，随后高树勋在河北省濮阳（今属河南省）将石处决。

1940年3月14日，中共中央发出关于山西、河北反“摩擦”斗争告一段落的指示。南进支队完成任务后，留下第16、第24团归冀鲁豫军区建制，其余部队陆续返回冀中。南下支队于6月初返回晋察冀军区。反“摩擦”斗争的胜利，把国民党顽军及冀察战区、河北省政府等驱除出河北省境，使河北各抗日根据地军民得以集中力量对日军作战。

## 第五节　创造冀热察区大块游击抗日根据地

### 一、创造冀热察区抗日根据地的方针与部署

冀东抗日大起义受挫后，1938 年 11 月 25 日，毛泽东、王稼祥、杨尚昆对冀热察区工作发出指示，给予冀东抗日大起义很高评价，作出了继续创建冀热察区根据地的重要决策。估计了冀热察区的军事、政治环境，认为该地区有许多有利条件，是可能坚持游击战争、创造游击根据地的，但是也有许多困难，要经过长期艰苦斗争，才能够达到目的。因此，决定成立八路军冀热察挺进军，派萧克前往工作，并成立军政委员会统一领导军队、地方党政工作。[1] 11 月 26 日，八路军总部任命萧克为冀热察挺进军司令员。1939 年 1 月初，萧克带领近百人随第 120 师主力东越同蒲路，到达河北省平山县蛟潭庄晋察冀军区司令部，与聂荣臻研究了成立冀热察挺进军的问题，随后，进入平西。[2]

1939 年 2 月 7 日，八路军冀热察挺进军以第 4 纵队为基础，在平西野三坡正式成立，萧克任司令员兼政治委员，程世才任参谋长，伍晋南任政治部主任；同时，由萧克、马辉之、伍晋南、宋时轮、邓华组成冀热察军政委员会，萧克任书记，马辉之为副书记，统一了平西、平北、冀东地区的军事指挥，下辖主力部队第 1、第 2 支队及冀东抗日联军等部队。同时，撤销中共河北省委，成立中共冀热察区党委，马辉之任书记，张明远任宣传部长，吴德任组织部长，委员还有姚依林、李运昌、胡锡奎、李楚离，负责领导平西、平北、冀东党的工作。[3]

---

❶ 《晋察冀抗日根据地》史料丛书编审委员会、中央档案馆编:《晋察冀抗日根据地》第 1 册（文献选编上），中央党史资料出版社 1989 年版，第 217 页。

❷ 谢忠厚、肖银成主编:《晋察冀抗日根据地史》，改革出版社 1992 年版，第 164~165 页。

❸ 谢忠厚、肖银成主编:《晋察冀抗日根据地史》，改革出版社 1992 年版，第 165 页。

1939年3月间，中共冀热察区党委在平西斋堂召开党员代表大会，会议根据中共中央六届六中全会的精神，确定了“巩固平西抗日根据地，开展冀热察游击战争”的战略任务。八九月间，在中共冀热察区党委和军政委员会联席会议上，萧克提出了“巩固平西抗日根据地，坚持冀东游击战争，开辟平北新的游击根据地”的三位一体的任务。这一任务的三个组成部分互相关联，互相依存，互相配合，是一个不可分割的整体，“平西的巩固，需要平北的开展与冀东坚持；冀东之坚持，需要平西的巩固与平北的开展；平北的开展，需要平西的巩固与冀东之坚持”。[1]“三位一体”战略任务的提出，从战略上统一了三个地区党政军干部的思想，为成功地创建冀热察区大块游击根据地，奠定了思想基础。

1940年2月11日，中共中央、中央军委给萧克等发出《关于挺进军的战略任务的指示》。指出：中央规定你们的战略任务是确保平西根据地，发展冀东游击战争，直至热河、山海关，并准备将来再向辽宁前进。因为你们区域敌情特别严重，你们扩大军队的方针，仍应是在巩固的基础上，力求一步一步地扩大，如同你们发展根据地的方针一样。你们要注意扩大随营学校或办抗大分校，只有自力更生，大量创造干部，才能担负创造冀热察三省伟大根据地的任务。要十分注意财政工作与经济建设工作，在抗大分校内设立行政工作班，教授政权工作及财政经济工作，这是支持长期战争的基本决定条件之一。中共中央这一指示，为坚持创造冀热察区抗日根据地指出了明确方向。[2]

---

[1] 萧克：《目前冀热察形势与我们几个工作任务》，1941年6月12日。载河北省社会科学院历史研究所等编：《晋察冀抗日根据地史料选编》下册，河北人民出版社1983年版，第59页。

[2] 谢忠厚、肖银成主编：《晋察冀抗日根据地史》，改革出版社1992年版，第166页。

## 二、巩固与扩大平西抗日根据地

在八路军第4纵队挺进冀东后，平西抗日根据地由于日军“扫荡”，受到很大破坏。1938年10月，宋时轮、邓华率部返回平西后，摧毁斋堂的敌“维持会”，消灭汉奸武装，争取与改造地主武装，这样，各项工作恢复开展起来，建立县区村抗日政权与群众组织，并向西南发展，使平西与边区连成一片。挺进军成立后，一边战斗，一边整训，4个月连续扩军，主力扩大3000余人，发展游击队3000余人。1939年春，开始向东、向北发展。首先开辟了房（山）涞（水）涿（县）小平原地区，随即向察南的宣（化）涿（鹿）怀（来）地区伸展。1939年3月间，在平西成立了晋察冀边区第4行政督察专员公署（后改称第6专员公署），专员杜伯华，下辖房（山）良（乡）、涞（水）涿（县）、昌（平）宛（平）、宣（化）涿（鹿）怀（来）四个联合县政府。不久，又开辟了永定河北岸地区，建立了昌（平）延（庆）联合县政府。1939年5月，成立中共平西地委，统一领导平西党、政府和群众工作。中共冀热察区党委于1939年9月创办《挺进报》，广泛进行党的抗日政策的宣传教育工作。

平西的巩固与扩大是在抗日战火中实现的。1939年2~6月，日军2000人以上连续三次大“扫荡”，被平西军民粉碎。同年底，又粉碎了敌人对妙峰山的大“扫荡”。1939年11月，挺进军进行了较大规模的整编，撤销原第4纵队第11、第12两个支队的番号，将第11支队的第31、第32、第33大队和房涞涿游击支队改编为第6、第7两个团；把第12支队及平西游击支队一部分编为第9团；原已合编的抗日先锋队和冀东抗日联军及平西游击队之一部合编为第10团；冀东过来的800多人编为第12团；仍在冀东的包森支队编为第13团。整编后，利用战斗空隙进行了3个多月的军政训练，建立了政治工作制度，加强了部队和地方游击队党组织的建设。这样，平西部队兵力达到1.2万余人，老部队中党员比例占30%以上，游击队中也普遍建立了党组织，部队的军政素质和战斗力大有提高。整训后，挺进军派第6团去雁北坚持游击战争，派第10团去平北开辟新区，第12团赴冀东，平西留下第7、第9两个团。在整训主力部队的同时，还积极开展地方武装建设，扩大和巩固县区游击队，在有基础的村庄中建立村游击小组，还在县区村普遍建立了民兵组织。此外，还对平西周围的4000名伪军进行宣传争取工作，提高伪军官兵的民族意识，争取他们为抗日做些工作等。❶

1940年1月，挺进军主力一部出击宛平、房山境内的王平口、佛子庄、长口峪、周口店一线，袭占南窑、北窑等重要据点，毙伤日伪军200余人。3月间，日伪军9000余人分数路“扫荡”平西。平西军民经过14天战斗，消灭敌军600余人，至22日，敌军被迫退出平西根据地。至1941年初，形成了巩固的平西抗日根据地，包括宛平、房山、涞水县的大部，良乡、涿县（今涿州市）、宣化、涿鹿、怀来、昌平、延庆等县的一部，人口达30余万。在巩固区实行了减租减息和民主选举运动，区村政权得到改造，群众生活得到改善，广大群众的政治地位和抗战觉悟有很大提高，有4000多名青年农民参加了主力部队和游击队。野三坡最早叫三坡（分上、中、下三坡），清朝以来把三坡改叫野三坡。这里地处房山、宛平、涞水和涞源交界，一溜几十个村子，长期过着与世隔绝、自给自足的生活。他们不知有“民国”，还沿用清朝年号，甚至保持着“老人官”统治的制度。八路军进入这一地区后，经过深入细致地发动群众工作，人们的精神面貌改换一新。❷

平西根据地的巩固与扩大，为坚持冀东、开辟平北、创造冀热察区大块抗日根据地，建立了巩固的前进阵地。

---

❶ 谢忠厚、肖银成主编：《晋察冀抗日根据地史》，改革出版社1992年版，第167页。

❷ 谢忠厚、肖银成主编：《晋察冀抗日根据地史》，改革出版社1992年版，第169页。

### 三、冀东大块抗日游击根据地形成

1938年11月初，李运昌率一部起义队伍由西撤路上返回冀东，只剩下130余人。在迁安县柳沟峪村，李运昌主持召开中共冀热边特委和抗联司令部干部会议，决定重整旗鼓，坚持冀东游击战争，创造抗日根据地。会后，积极恢复地方工作，收拢失散队伍，至年底，队伍扩大到1400余人，重建抗联总队。起义后八路军留在冀东的陈群支队、包森支队、单德贵支队分别在冀东东部、中部、西部活动，逐步发展到约2000人。

1939年6月，中共中央北方分局根据中央军委的指示，在唐县军城召开会议，李运昌与会。根据相持阶段到来后，日军集中兵力对付敌后根据地的新形势，会议决定八路军不再大规模挺进冀东，冀东不再发动第二次起义；并确定“冀东的坚持与发展主要依靠于冀东的党、冀东的人民的艰苦斗争，由小股的多股的游击队发展成为大的游击队，由多块小块的游击根据地发展成为大块根据地”的新方针。[1]同年7月中旬，中共冀东地委改称中共冀热察区党委冀东地区分委（简称冀东区分委），李楚离任书记，委员有李运昌、周文彬等。9月，冀东部队改编为冀热察挺进军第13支队，李运昌任司令员，李楚离任政治委员，包森任副司令员，曾克林任参谋长，刘诚光任政治部主任，部队发展到4000余人，编成第28、第30团。1939年秋，冀东已有10个县、近200万人口的地区建立了许多小块游击根据地。10月间，成立丰（润）滦（县）迁（安）联合县政府，同时成立中共丰滦迁联合县委员会。同年底，晋察冀边区政府设立冀东办事处，丁振军任主任。[2]

1940年1月，中共冀东地区分委在遵化县葛老湾召开扩大会

---

❶《中共中央北方分局对冀东工作的指示》，1943年3月25日。载《晋察冀抗日根据地》史料丛书编审委员会、中央档案馆编：《晋察冀抗日根据地》第1册（文献选编下），中央党史资料出版社1989年版，第823页。

❷ 谢忠厚、肖银成主编：《晋察冀抗日根据地史》，改革出版社1992年版，第171页。

议，会议传达和贯彻军城会议精神，决定巩固原有游击区，开辟新区，建立多块小块游击根据地，建立抗日政权和群众团体，采取正确的财政经济政策和改善人民生活，加强锄奸和争取伪军伪组织人员的工作，大量发展党员和加强党的领导机构。并决定将冀东抗日武装编成 9 个游击总队，分散活动。其间，冀东区分委机关报《救国报》创刊。这是冀东大块游击根据地创建中的一次重要会议。至 5 月，先后建立以盘山、潘家峪、鲁家峪三小块根据地为基础的蓟（县）平（泉）密（云）、遵化、迁（安）遵（化）兴（隆）、丰（润）玉（田）遵（化）4 个抗日县政府，管辖 1000 余个村庄。7 月 4 日，撤销冀东办事处，成立晋察冀边区第 13 行政督察专员公署，焦若愚任专员；并设立冀东东部地区办事处，丁振军任主任。[1]

1940 年 5 月，日军对冀东游击根据地发动分区“扫荡”。在 1 个多月的反“扫荡”斗争中，冀东军民与敌作战 47 次，毙伤日伪军 1500 余人。7 月下旬，根据晋察冀军区命令，撤销冀热察挺进军第 13 支队番号，成立冀东军分区，李运昌任司令员，李楚离任政治委员，并将原 8 个总队除一部充实第 12 团外，都编为第 13 团，由包森兼团长、政治委员。至 8 月上旬，开辟了蓟县南部地区和宝坻县北部地区。至此，冀东初步形成了东、西两大块抗日游击根据地。在“百团大战”中，第 12、第 13 团东西两路出击北宁铁路和敌据点，袭入唐山市，并发动 1 万余群众破路，给敌沉重打击。9 月初，第 12 团在粉碎敌人对丰滦迁中心区的“扫荡”中，优秀工人干部节振国在战斗中不幸牺牲。至年底，冀东部队又作战 50 余次，毙伤日伪军 1000 余人，攻克据点多处；冀东区共建立 7 个联合县政权，人口 110 万，共产党员发展到 6000 人，在农村普遍建立了“青年报国会”“妇女报国会”“儿童团”等群众团体，会员达 10 万余人；冀东地区东西两大块游击根据地连接起来，冀东

[1] 谢忠厚、肖银成主编：《晋察冀抗日根据地史》，改革出版社 1992 年版，第 171~173 页。

大块抗日游击根据地基本形成。❶

## 四、开辟平北游击抗日根据地

平北地处北平以北、长城内外与承德、张家口之间的冀热察三省边区，是平西与冀东联系的桥梁，又是伪满洲国、伪蒙疆与伪华北政权的结合部。在平绥路东段和平古路沿线，分别驻有日军第2、第15两个旅团的大部和伪满、伪蒙疆的军队。在张家口设有伪蒙疆自治政府和日本驻“蒙疆派遣军司令部”。因此，开辟平北地区，将使平西和冀东联结起来，使三个地区的游击战争互相配合，成为长期坚持抗战和将来反攻的重要阵地。❷

1938年八路军第4纵队挺进冀东期间，纵队政治部主任伍晋南曾奉命带领一支武装，进入密云、昌平、滦平一带开辟工作。1939年夏，挺进军第34大队进入十三陵地区开辟工作。但均未成功。1939年秋，冀热察区党委和挺进军决定：采取波浪式的发展，在发展中求巩固的方针；在战术上以小部队多点渗透，荫蔽开辟。1940年1月，苏梅、钟辉琨率领平北工作委员会和第9团第8连及平北游击支队进入平北，活动于延庆、昌平之间的十三陵以北地区，很快建立了包括5个区的昌（平）延（庆）联合县政府。尔后，向怀来、延庆、赤城、龙关地区发展，基本站住了脚跟。5月，白乙化又率领第10团到丰（宁）滦（平）密（云）地区开辟工作，段苏权也带领一支小部队和部分干部进入平北。7月，程世才率领第7团进入平北，由于目标过大，很快撤回平西。至此，平北地区开辟了6小块游击根据地，包括：后七村为中心的昌延地区，青龙口为中心的延庆北部地区，红旗店为中心的白河西岸地

❶ 谢忠厚、肖银成主编：《晋察冀抗日根据地史》，改革出版社1992年版，第174页。

❷ 谢忠厚、肖银成主编：《晋察冀抗日根据地史》，改革出版社1992年版，第175页。

区，四海、永宁地区，赤城以北地区，黑河以西、长城以东地区。[1]

平北游击根据地的开辟和发展，引起敌人的不安，加紧封锁八路军活动地区。1940 年 5 月开始，日军对平北几块游击根据地进行分区“扫荡”。9~11 月，日军 4000 余兵力多次“扫荡”密云以西白河西岸地区。第 10 团在游击队配合下，与敌作战 37 次，毙伤俘日伪军 700 余人。12 月初，日军 1500 余人“扫荡”延庆、怀来以北地区，平北军民经过 3 天战斗，将敌逼退。平北军民经过几次反“扫荡”的锻炼，战斗意志更加坚强，地方游击队有了新发展，还动员一批青年补充部队。很多地区建立了农救会和青救会等组织，开始实行合理负担和改善人民生活的各项政策，开展了锄奸和瓦解伪军工作。

1940 年 7 月，中共平北地委成立，苏梅为代理书记。同时，成立晋察冀边区第 14 行政督察专员公署，张致祥任专员，辖昌（平）延（庆）怀（柔）、龙（关）崇（礼）赤（城）、龙（关）延（庆）怀（来）、昌（平）怀（来）密（云）等联合县政府。并正式成立第 14 军分区，归挺进军司令部指挥，程世才任司令员（不久由覃国翰接任），段苏权任政治委员。到 1941 年春，在平北，由数小块游击根据地连接扩大为大块抗日根据地，包括南北 200 公里、东西 250 公里的广大地区，人口约有 40 万。[2]

至此，中共冀热察区党委和挺进军实现了巩固平西、坚持冀东、开辟平北，创造了冀热察区大块抗日游击根据地的战略任务。平西与平北、冀东连接起来，冀热察区抗日游击根据地的人口达到 320 万，部队发展到 7 个团和 9 个区队，共 1.6 万余人，游击队近 1 万人，建立了广大的民兵组织。1941 年 6 月 16 日，中共中央北方分局在《关于冀热察地区形势及目前中心工作的报告》中指出：“以冀察热边为中心创造大块游击根据地的任务，目前基本上已经

[1] 谢忠厚：《河北抗战史》，北京出版社 1994 年版，第 135 页。
[2] 谢忠厚、肖银成主编：《晋察冀抗日根据地史》，改革出版社 1992 年版，第 177 页。

实现，因此，冀察热党目前工作中心应放在巩固现有阵地，在巩固中向前发展。”[1]冀热察边区抗日根据地的建立，像一把钢刀，插入敌人的心腹，直接威胁敌人伪华北、伪满、伪蒙疆的统治和平绥、北宁路等交通要道，使晋察冀边区进一步扩大。这对于发展敌后华北抗日游击战争，准备将来反攻，收复东北失地，具有深远的影响和重大意义。[2]

---

❶ 《晋察冀抗日根据地》史料丛书编审委员会、中央档案馆编:《晋察冀抗日根据地》第 1 册（文献选编下），中共党史资料出版社 1989 年版，第 519 页。

❷ 谢忠厚、肖银成主编:《晋察冀抗日根据地史》，改革出版社 1992 年版，第 178 页。

# 第十二章　敌后抗日根据地的全面建设

## 第一节　各抗日根据地加强党政军建设

### 一、贯彻党的新民主主义理论和政策

抗日战争进入相持阶段，国民党顽固派在政治上、军事上“限共、溶共”的同时，在思想理论上也发动了攻势。国民党五届五中全会前后，“一个主义”“一个政党”“一个领袖”的宣传达到高潮。声称：“中国有三民主义就够了”，用不着社会主义，要求“收起”共产主义；实行国民党一党专政，“以党治国”“以党建国”，“它以外的党派”“没有独立存在的理由”，要求共产党取消边区，取消军队。毛泽东、张闻天、周恩来等领导人，为了向全国各族人民说明中国共产党关于抗日战争与新中国建设的全部见解，在同国民党顽固派进行关于三民主义的大论战中，做了大量理论研究工作，集中全党智慧，形成和确立了新民主主义的科学理论体系，回答了中国向何处去的问题。1939年9月，毛泽东在《中国共产党在抗日时期的任务》《论持久战》等著作中，鲜明地提出抗日战争的政治目的是“驱逐日本帝国主义，建立自由平等的新中国”的观点。同年10月发表《〈共产党人〉发刊词》一文，明确地提出统一战线、武装斗争、党的建设是中国共产党战胜敌人的“三个主要的法宝”。1939年12月，毛泽东发表《中国革命和中国共产党》；1940年1月，毛泽东发表《新民主主义论》。这两篇重要著作中，首次使用

了“新民主主义”的科学概念，标志着中国共产党新民主主义的科学理论体系的形成。明确地指出：现代中国社会殖民地、半殖民地、半封建的特殊性质，决定了中国革命必须分两步走，第一步民主主义革命，改变殖民地、半殖民地、半封建的社会形态，建立一个独立的民主主义的社会；第二步社会主义革命，建立一个社会主义的社会。“第一个为第二个准备条件，而两个阶段必须衔接，不容横插一个资产阶级专政的阶段。”中国现阶段革命的性质是“新式的特殊的资产阶级民主主义的革命”，即“新民主主义的革命”。“所谓新民主主义的革命就是在无产阶级领导之下的人民大众的反帝反封建的革命。”“新民主主义革命是社会主义革命的必要准备，社会主义革命是新民主主义革命的必然趋势。”“中国共产党领导的整个中国革命运动，是包括民主主义革命和社会主义革命两个阶段在内的全部革命运动”，两个革命阶段“是有机构成的两部分，而为整个共产主义体系所指导”。新民主主义革命的目标，就是要建立工人阶级领导之下的反帝反封建的各革命阶级联合专政的新民主主义的共和国，在抗日时期就是抗日民族统一战线的共和国。并在此基础上，鲜明地提出了新民主主义的政治、经济、文化纲领，描绘了中国新民主主义的社会制度的蓝图，从而使广大共产党员和全国各族人民清楚地看到了国民党顽固派鼓吹的“三民主义”，不是孙中山先生联俄、联共、扶助农工三大政策的三民主义、新三民主义、革命的三民主义，而是离开三大政策的三民主义、旧三民主义、反动的三民主义，清楚地看到了抗日战争和中国革命的发展规律和美好前途，也为敌后抗日根据地建设新民主主义社会的雏形规定了明确的方向。[1]

为了巩固和建设抗日根据地，根据中共中央关于坚持抗战团结进步、反对投降分裂倒退的指示和毛泽东的新民主主义理论，中

---

[1] 谢忠厚：《领导河北人民抗日战争》，《中国共产党河北省历史》（第1卷），未刊本。

共中央北方局于 1940 年 4 月在山西省黎城召开高级干部会议。杨尚昆主持会议，并作了《目前政治形势与统一战线中的策略问题》的报告；刘伯承作了《党军建设问题》的报告；邓小平就成立冀南、太行、太岳行政联合办事处（简称冀太联办）和财经问题发表了重要讲话。会议着重讨论解决了在新形势下巩固和建设根据地的问题。会议提出了建党、建军、建政三大建设以及打击敌人“囚笼政策”的任务和方针，强调要巩固与扩大抗日民族统一战线，发展进步势力，争取中间势力，孤立顽固势力，争取时局好转。并决定统一冀南、太行、太岳三个战略区的军政领导，成立太行军政委员会，邓小平任书记；筹备成立冀太联办，杨秀峰任主任，薄一波、戎伍胜任副主任。这次会议解决了华北抗日根据地由开创阶段转变到巩固和建设阶段所面临的一系列问题，具有重要历史意义。

根据毛泽东的新民主主义理论，1940 年 4 月，中共中央北方分局召开扩大干部会议，彭真作了报告和结论，明确地提出在边区“改造旧社会，创造新社会”的总目标。指出：“我们在边区正在改造一个旧社会，创造着一个新社会。在边区凡我巩固统治的区域，已基本上脱掉了半殖民地的性质。在边区，半封建性在政权上基本上打掉了，在经济上的半封建也正在削弱的过程中，在文化上人民的生活上也正在改变着。”会议制定了在边区改造旧社会、创造新社会的各种具体政策，并决定七、八、九三个月举行边区民主选举运动，彻底改革边区政权机构，建立健全边区新民主主义的政治制度。[1] 同年 7 月 1 日，彭真在边区纪念中国共产党成立 19 周年大会上的演说中，进一步阐明边区根据地建设的新民主主义性质，指出：“今天我们党是正在进行着这样一个伟大的工程”，在边区根据地“正在改造着旧社会，创造一个新民主主义的社会”，使边区

---

[1] 彭真在中共中央北方分局扩大干部会议上的报告提纲，1940 年 4 月。原件存中央档案馆。

“成为新中国的模型”。❶同年8月19日，《抗敌报》公布了彭真主持制定的《中共中央北方分局关于晋察冀边区目前施政纲领》(共20条，简称“双十纲领”)，科学地总结边区的经验，正确地规定了最适合于边区抗战需要的民族统一战线的、新民主主义的政治、军事、经济、文化和民族、宗教及社会等各项基本政策。从而，比较全面地解决了建设什么样的边区抗日根据地和怎样建设边区抗日根据地的问题，对于抗日根据地的全面建设具有重要的指导意义。

## 二、党组织的整顿与巩固

1939年8月25日，中共中央政治局发出《关于巩固党的决定》，指出：中国共产党自抗战以来，特别自1938年3月15日中央关于大量发展党的正确决定以来，已经获得了很大的发展，吸收了大批的优秀分子入党，建立了全国的群众性的党的基础。但正因为在短时期内党得到了猛烈的发展，所以，党的组织很不巩固，在征收新党员的工作中是有严重的错误与缺点存在的。因此，在目前形势下，“在思想上、政治上、组织上巩固党，成为我们今天极端严重的任务，成为完成党的政治任务的决定因素”。❷

敌后抗日根据地的四大支柱——党、政权、军队、群众团体，其中党是领导一切的。河北各抗日根据地开创以来，贯彻中共中央关于大量发展党的方针，各地共产党组织得到很大发展。抗战爆发前，晋察冀边区平汉路以西的8个县有党员、团员800人，至1938年6月初，党员发展为1.046万人（缺五分区和阜平县六区党员数字）。冀中区，1938年4月党员发展到1.2万人，同年8月党员增至2万人，1939年8月党员已达7万余人。冀南区，1937年底党员发展为700人，1938年5月党员猛增至5万人。太行区，1938年2月党员发展为1000人，1939年2月党员增至1万人。党

❶ 彭真:《为把晋察冀边区建设成模范的抗日根据地而斗争》，1940年7月1日。原件存中央档案馆。

❷《中共党史教学参考资料》(二)，人民出版社1979年版，第280页，

组织的大量发展，建立了党的广大群众基础，党的领导力量进一步加强，适应了抗战初期大刀阔斧地发动群众、武装群众，在敌后组织和领导浩浩荡荡的抗日队伍的需要。如安平县，至1938年底，已有共产党员800余名，全县108个行政村都建立了党支部。但也比较普遍地出现了降低标准问题，甚至有些投机分子、阶级异己分子混入党内，使党的组织不够巩固。在思想上、政治上、组织上巩固党，已成为完成党的政治任务的决定因素。[1]为此，根据1939年8月中共中央《关于巩固党的决定》的精神，河北各抗日根据地先后加强了党组织的巩固与整顿工作。

如前所述，在晋察冀区和冀中区，这项工作起步较早。1937年12月晋察冀军区政治工作会议后开始了纠正党在发展中出现的“拉夫”现象。1938年4月，边区党代表大会决定党员一律重新登记，洗刷投机分子和阶级异己分子，标志着党组织由大量发展走上巩固发展的阶段。但个别地方出现了盲目洗刷的现象，一些地方片面强调巩固而停止了发展。6月间，中共晋察冀省委组织工作会议纠正了这些偏差，使党的建设走上了在发展中求巩固的正确轨道。1939年春，北方分局召开的边区党代表大会，确定了发展中巩固、巩固的发展的组织方针。

1939年9月27日，中共中央在《对冀察晋工作的指示》中指出：“冀察晋各方面的工作均有伟大的成绩，堪称华北党的模范。”又指出：在相持阶段中，“我党应充分地认识当前困难，用一切努力巩固党、巩固军区，来与敌人进行长期的艰苦的奋斗”。并强调指出：“党的工作中心是巩固，不是发展。贡献给七次大会应当是巩固党的模范，而不是十万党员。中央巩固党的决定，应详细讨论，不要认为干部和党员都已经审查，不须再注意了。”[2]

为了贯彻中央《关于巩固党的决定》，总结晋察冀边区党的组

---

[1] 《中共党史教学参考资料》(二)，人民出版社1979年版，第280页。

[2] 《晋察冀抗日根据地》史料丛书编审委员会、中央档案馆编：《晋察冀抗日根据地》第1册(文献选编上)，中共党史资料出版社1989年版，第289~290页。

织工作及经验教训，中共北方分局于1939年10月在曲阳县青山村一座天主教堂里召开组织工作会议，故称青山组织会议。分局组织部长赵振声在会上作了《关于边区党的组织问题的报告》，贺龙、黄敬、马辉之等在会上发了言，分局常委关向应作了会议总结，分局书记彭真作了会议结论。会议决定：党在组织方面的总方针是，党的发展一般的停止，集中力量从事党的组织的整理与巩固工作，同时决定加紧克服党的工作的不平衡。在指导上，要进行分类分期整理。大致分三类地区：第一类，已有相当数量党员（或党员数量不大），但组织不太巩固，工作混乱的地区，要一律停止发展党员，集中精力进行整顿和巩固工作。第二类，党组织一般的尚属巩固，但发展不平衡的县份，要在巩固中克服不平衡现象。第三类，根本无党组织或党员极少的地区，要继续个别地、慎重地积极发展党员。在步骤上，先从组织巩固入手，然后转为政治上、思想上的巩固工作。在组织整理巩固党中，要抓住审查干部、整顿支部和健全领导制度三个环节，重点是审查干部。在政治上、思想上巩固党，主要是加强马克思列宁主义教育和党的知识教育，提高认识，促进党员思想意识的无产阶级化，从思想上、政治上保持党的独立性。分局青山会议，对于边区党的整顿与巩固工作的顺利进行，具有重大的意义。

在太行、冀南根据地，遵照中共中央《关于巩固党的决定》，一段时期内暂停一般的组织发展，只在薄弱地区和薄弱部门适当发展，把巩固党组织作为组织建设的中心工作。1940年4月黎城会议后，从5月开始，普遍展开整党工作。从审查各级干部入手，加强党员中的骨干，整顿基层组织，使各级党组织，特别是基层党支部的领导权，掌握在经过考验的、忠实可靠的干部手里。首先，强调用党员标准要求和教育党员，使党员了解共产党是为广大人民群众办事的，必须密切同人民群众的关系，团结群众，联系群众，带领群众积极参加抗日斗争，要求每个党员必须严守党的秘密，遵守党的纪律。其次，对党员进行审查。对那些缺乏党的知识、犯有错误的党员，凡经过教育，愿意按党章要求去做的，一般地要保留在党内。对那些觉悟低、经过教育仍不起作用的党员，要劝他们退党。对那些思想上拥护党，但不愿执行党的严格纪律、起模范作用，而自动要求退党的人，则允许他们退党。少数混进党内的阶级异己分子、奸细及投机分子，经过审查确认后，要坚决、慎重地清洗出党。

党的建设的一个重要方面，是领导作风、领导方法与工作作风、工作方法问题。在根据地创建初期，提倡自上而下的大刀阔斧的工作方法与工作作风，强调克服过去秘密工作时期那种自下而上的手工业式的工作方法，这是适时的、正确的。但是，随着根据地各项工作的深入开展，必须转变领导方法与领导作风，深入群众，密切联系群众，深入细致地进行群众工作。在太行区、冀南区，在整顿与巩固党的工作中，从 1938 年 12 月起，提出树立自下而上的点滴工作的方法与作风；1940 年，进一步强调发扬自下而上、点滴工作作风问题。

经过整顿和巩固工作，各根据地党的组织状况和工作状况有显著进步。党的组织更加纯洁、巩固。晋察冀全区从 1939 年冬至 1940 年秋，经过半年多整顿与巩固工作，全区 17 万余党员，大多数党员干部是经得起考验的。其中，冀中区有 9 万党员，洗刷了阶级异己分子、投机分子及太落后分子 2730 人（叛变者 138 人，逃跑脱党者 406 人），占党员总数的 3.03%。平汉路以西 15 个县的统计，共洗刷 759 人，占党员总数的 2%；其中被洗刷分子 449 人的分类比例为：阶级异己分子占 25.2%，敌探奸细占 10.5%，投机分子占 26.3%，太落后分子占 38%。[1]党的各级领导更为健全，领导作风和领导方法有很大转变。各战略区党委确定了实验县，地委、县委建立了实验制度，干部深入基层，深入群众，调查研究，及时

[1] 彭真：《关于晋察冀边区党的工作和具体政策报告》，中共中央党校出版社 1981 年版，第 158 页。

解决问题。党的基层组织的战斗力和核心堡垒作用普遍增强，并涌现了大批模范党支部。这对长期坚持艰苦的对敌斗争和根据地建设，具有决定性的意义。

## 三、创建人民战争武装体制

主力部队是坚持抗日根据地对敌斗争的主要武装力量，其作战是正规性的，因此，需要进行正规化建设。

在晋察冀根据地，1937 年 12 月军区政治工作会议后，即着手主力兵团的建设。1939 年 1 月，聂荣臻在《中共中央北方分局党代表大会上的结论》中明确指出："关于部队建设，它的组织要合乎现在的需要。现在兵团作战是正规性的，这样需要部队的正规化。正规部队大的兵团必须要有参谋部的建设，其他一切制度，教育政治工作，党的领导，都与游击队不同的。"又指出："我们今天所要求的正规化，只是中国式的正规化。今天我们的部队离正规化的程度还不够，老的部队存在有游击习气，新的部队则有小资产阶级的浪漫性——这些都是障碍我们正规化的。"[1]为了使部队彻底的巩固和较高度的正规化，军区于 1939 年 3 月至 1940 年前后，进行了大规模的整编整军运动。其基本方针是："从编制上、组织上、政治上、思想上进一步巩固党，巩固军队，创造出基干兵团，并完成更高度的正规化的要求。"[2]

晋察冀边区大规模的部队整编和政治整军运动，在 1939 年 3 月至 1940 年前后，分两期展开。如冀中区第 3 纵队，于 1939 年 3 月，抽出 2/3 部队，组成新编第 16、第 17、第 18 主力团，在唐县地区进行第一期整训。8 月底至 11 月间，又抽调第 21、第 22、第

---

[1] 《晋察冀抗日根据地》史料丛书编审委员会、中央档案馆编：《晋察冀抗日根据地》第 1 册（文献选编上），中共党史资料出版社 1989 年版，第 252 页。

[2] 《晋察冀抗日根据地》史料丛书编审委员会、中央档案馆编：《晋察冀抗日根据地》第 1 册（文献选编上），中共党史资料出版社 1989 年版，第 469 页。

23 主力团，在华北战地工作考察团[1]的直接指导与帮助下，进行了第二期整训。经过整编整训，晋察冀全区主力部队共 94762 人，编为 31 个战斗团，还有大量游击队。每个团通常由 3 个营 9 个连组成，少数团每营 4 个连，即加一个机枪连。另有团属机炮连、特务连、通讯侦察连。每团兵力 2000~2500 人，人员与武器都比以前大为充实。新编成的部队，除教导团直属军区外，其他各团仍分别隶属各军分区指挥，每个军分区辖 2~3 个主力团。这样就使部队在组织与编制上走上了比较正规化的道路。在部队整编整训中，大力加强部队党的建设与政治思想工作。到 1939 年 6 月，军区主力部队的党员达到总人数的 30%~40%，基础薄弱的部队也基本上达到了每班有党员。连队建立党支部，营建立分总支，团或相当团的单位建立总支部。团以下各级党的领导机构都经过党员民主选举，实行集体领导、分工负责制。各部队开展了创造模范党支部、分总支和总支的活动。第 1 期整编整训中，在路西整训的部队，创造了 33 个模范支部、6 个分总支和 3 个总支。从而，加强了党对军队的绝对领导，加强了政治思想工作，确立了政治工作制度。发挥了党组织的保证作用。同时，充实参谋机关，加强干部训练。为了进一步加强正规军建设，坚持敌后持久抗战，晋察冀军区于 1940 年 7 月在唐县娘子神村召开了高级干部会议。会上，彭真作《目前政治形势》报告，聂荣臻作《关于军事问题》报告与会议总结，政治部副主任朱良才作《政治工作问题》报告，吕正操作《坚持冀中平原游击战争战术问题》报告。会议总结交流了军区创建以来部队建设经验，进一步确定了提高高级干部的政治思想水平，进一步加强部队正规化建设，加强对敌斗争的任务和举措。到 1940 年 12 月，全军

---

[1] 华北战地工作考察团，是根据中央军委的指示，于 1939 年 1 月在延安组建的。全团有 60 余名工作人员，由方强任团长。该团任务主要是考察军队工作，收集经验，协同各级机关整训部队，训练下级干部，巩固党的领导，提高部队战术基础；同时，了解华北各地工作情况，帮助部队及地方建立前后方联系。

区主力部队达到108952人，军区骑兵营扩建为骑兵第1团。[1]聂荣臻任晋察冀军区司令员兼政治委员，参谋长唐延杰，政治部主任舒同。下辖：八路军第3纵队兼冀中军区、冀热察挺进军、12个军分区、回民支队、南进支队。第3纵队兼冀中军区司令员吕正操，政治委员程子华，参谋长孙毅，政治部主任孙志远。挺进军司令员萧克，政治委员陈漫远，参谋长程世才，政治部主任伍晋南。

在太行、冀南抗日根据地，整军工作从1940年1月陆续展开。首先在作战间隙进行政治整军，以阶级教育为中心，以干部教育为重点，大力加强连队政治工作与党支部建设工作。5月5日，第129师师部发出《政治建军整军训令》，指出："为了争取时局好转，克服时局逆转，巩固和扩大敌后抗日根据地，发展与巩固进步力量，彻底完成创造模范党军的光荣伟大的任务，必须实行整编，使我军在组织上加以巩固，提高战术修养，巩固坚强战斗作风，提高战斗力，方能达成这一艰巨的任务。"从此，从政治整军开始转向整编阶段。6月，撤销晋冀豫军区，成立太行军区（第129师兼），晋冀豫边区的边纵第1、第3团和保安6团及平汉纵队，改编为新10旅；冀西游击队、边纵第2团、宗大队和赞皇独立团，改编为新11旅。太行军区辖5个军分区：第1军分区，司令员秦基伟，政治委员高扬；第2军分区，司令员张车传，政治委员赖若愚；第3军分区，司令员郭国言，政治委员王一仑；第4军分区，司令员石志本，政治委员王孝慈；第5军分区，司令员皮定均，政治委员王维纲。同时，第129师东进纵队与冀南军区合并（撤销东纵番号），陈再道任司令员，宋任穷任政治委员，副司令员王宏坤，参谋长范朝利，政治部主任刘志坚。冀南军区辖第129师新编第4、第7、第8、第9旅，旅首长兼军分区首长：新4旅兼第2军分区，旅长兼分区司令员徐深吉，政治委员吴富善；新8旅兼第3军

---

[1] 北京军区晋察冀战史编写组编：《晋察冀军区抗日战争史》，军事科学出版社1986年版，附件三：晋察冀军区抗日战争时期武装力量实力变化统计表。

分区，旅长兼分区司令员张维翰，政治委员肖永智；新 9 旅兼第 4 军分区，旅长兼分区司令员桂干生，政治委员李定灼；新 7 旅兼第 5 军分区，旅长兼分区司令员易品良，政治委员文建武。

这次整军整编工作，使各抗日根据地主力部队走上正规化的轨道，加强了党对军队的绝对领导，充实健全了参谋机关，部队的政治素质和战斗力明显提高。但由于地方武装过多升级，如冀南有 2/3 的地方武装直接补充到野战部队，曾一度对开展群众性游击战争产生了不利影响。不久，纠正了这种偏向。

在 1939 年和 1940 年，河北各根据地在整军整编中，对地方武装也进行了整训。地方武装主要是基干游击队：各军分区建立游击支队或游击总队；县基干游击队，设队长、指导员，分负军政专责，下设分队、小队；并建立区游击队，在基础较好的村建立游击小组。1939 年 12 月，冀南各军分区基干武装和县、区游击队发展到 1.6 万余人。1940 年 7 月，晋察冀区有 8 个游击支队；冀中区有 2 个游击支队、5 个游击总队共 3 万人；冀东有 9 个游击总队，连同平西、平北共有地方武装近 1 万人。

为了健全地方武装的统一领导与指挥，河北各根据地加强军分区建设和干部配备。1940 年 7 月，晋察冀边区将军事、行政区划统一排列：晋察冀区辖第 1~5 军分区，冀中区辖第 6~10 军分区；军分区司令员分别为杨成武、郭天民、黄永胜、陈正湘、邓华、王长江、于权伸、常德善、韩伟、朱占奎；政治委员分别为罗元发、赵尔陆、王平、刘道生、李天焕、旷伏兆、吴西、王远音、帅荣、周彪。冀东为第 13 军分区，李运昌、李楚离分别任司令员和政治委员。平北为第 14 军分区，程世才、段苏权分别任司令员和政治委员。

地方武装经过整训，战斗力大大增强，发挥了重要作用。1940 年 7 月 22~31 日，冀南地方武装和群众配合主力部队破击石德铁路，作战 21 次，毙伤日伪军 200 余人，破坏铁路路基 12.5 公里，并破坏枣强、冀县、南宫、威县等地公路 90 余公里和沿路大部分电话线。在地方武装的大力配合下，晋察冀军区部队 1939 年对敌作战 1332 次，歼灭日伪军 32614 人；1940 年对敌作战 2131 次，歼灭日伪军 32290 人。

民兵自卫队是抗日根据地初创时建立起来的，属于不脱离生产的群众武装组织。在根据地巩固发展阶段已成为一支重要的抗日武装力量。其基本任务是：站岗放哨、传递消息、反奸除特、运送伤员和物资、袭扰敌人、保护群众利益、维护社会秩序等。

民兵自卫队的骨干是模范自卫队和青年抗日先锋队（简称青抗先）。模范自卫队也叫基干自卫队，是 23~35 岁的壮年武装组织，主要由共产党员和先进分子组成，由区人民武装委员会模范队部领导，设队长、指导员。青抗先由 16~23 岁的青年积极分子组成，受民兵自卫队指挥，又有独立的领导系统。军区有青抗先总队部，军分区、县设队部，县以下设区分队长、中心村队长等。由于青抗先队员大部分又是青救会员，因此，青抗先工作又在青救会的政治领导下进行。

各根据地还建立了妇女自卫队、游击小组、警卫队等群众武装组织。妇女自卫队以村为单位，编为大队、中队和班，受人民抗日武装委员会指挥。游击小组是游击区和接敌区秘密的不脱离生产的人民武装组织，是由一部分模范自卫队员和青抗先队员组成的精干有力的武装组织，能配合部队作战和独立进行游击活动。

随着民兵的发展，实现了“寓兵于民”“全民总武装”的方针，各地出现了“母亲叫儿打东洋，妻子送郎上战场”的动人景象。

### 四、抗日群众团体的统一和发展[1]

河北各抗日根据地开创以来，普遍建立了各种抗日群众组织，包括工救会、农救会、青救会、妇救会、文救会、儿童团和回民建国会、佛救会、抗敌后援会和自卫队等各种抗日团体，并逐步走上

---

[1] 本小节史料引自谢忠厚：《河北抗战史》，北京出版社 1994 年版，第 140~141 页。

统一领导和统一行动。1938年9月至1940年，对各种群众组织进行了整理，建立了党支部，选配了得力干部，加强了统一领导；并开展减租减息和民主选举运动，将二者结合起来，树立了基本群众的政治优势。

农民抗日救国会在群众团体中规模最大、影响最广。农民是抗日和生产的主力军，抗日群众运动以农民为主体。如晋察冀边区农民抗日救国会，1938年3月成立，1939年5月颁布《工作纲领》，1940年7月颁布《组织章程》。规定：农民抗日救国会的最高权力机关是农救会边区代表大会，代表大会闭幕期间，执行委员会为最高权力机关。其执行委员会选举5~7人组织常设委员会，互推主任1人。区以上各级农救会委员会，均设组织部、宣传教育部、生活改善部、武装动员部、秘书处等。

工救会是工人阶级的抗日群众组织。河北各根据地先后建立了工人抗日救国总工会，并颁布了组织章程和工作纲领，规定工救会在抗日民主政府领导下，其宗旨为：团结矿产工人、手艺工人、雇农、店员支援参加抗战，加强抗战力量，拥护工人利益，提高工人政治文化水平，实行抗战建国纲领，争取民族和工人的解放。在工救会执行委员会与常设委员会以下，设置总务、组织、宣传教育、抗战动员和劳动保护等部。

妇救会是妇女抗日和反封建斗争的组织。河北各抗日根据地妇救会在其组织章程和工作纲领中，均明确规定：妇救会以推动根据地妇女运动，组织与团结妇女参加抗战建国事业，争取最后胜利，促使新民主主义共和国之实现并谋妇女解放为宗旨。在区以上各级妇女抗日救国会，均设执行委员会和常务委员会，下设生活改善、组织、宣传、武装、青妇等部和秘书处。

青年抗日救国会是15~23岁青年的抗日组织。青救会的宗旨是：团结抗日革命青年，参加抗战建国神圣事业；教育、提高青年的政治文化水平，改善青年生活，提高青年地位；驱逐日本帝国主义出中国，建立新民主主义共和国。在区以上各级青救会，设执行委员会和常设委员会，下设组织、宣传、生活改善、武装、儿童等部。在青救会领导下，儿童团发展很快，很活跃，团结7~14岁儿童，站岗放哨，传递信息，打日本，锄汉奸，保卫根据地，同时学习知识本领，成为抗日群众工作中的一大创造。

此外，河北各根据地还建立了抗日统一战线，组织抗敌后援会和文化界抗日救国会。如晋察冀边区抗敌后援会1939年4月在阜平成立，公布《组织简章》，选举杨耕田为主任。晋察冀边区文化界抗日救国会，于1940年10月召开成立大会，公布《组织章程》和《工作纲领》，选举周巍峙、叶正宣为正、副主任。

各抗日根据地均创办了群众干部学校，有的还创办了群众运动刊物，如晋察冀边区各群众团体联办了《群众》杂志，冀南抗日根据地各群众团体联办了《冀南群众》杂志。

实践经验证明，党、军队、政权、群众团体，是敌后抗日根据地和抗日游击战争的四大支柱。它们是密切联系、相互配合的，又是缺一不可的，党是领导一切的核心。

## 第二节　创建抗日民主政权新体制

### 一、晋察冀边区新民主主义政治制度的健全[1]

抗日民主政权建设，是敌后抗日根据地建设的根本问题。中共中央1940年3月6日发出《抗日根据地的政权问题》的指示。强调："在抗日时期，我们所建立的政权的性质，是民族统一战线的。这种政权，是一切赞成抗日又赞成民主的人们的政权，是几个革命阶级联合起来对于汉奸和反动派的民主专政。"要求在政权的人员分配上，实行"三三制"原则，即共产党员、左派分子、中间

---

[1] 本小节史料源自谢忠厚：《领导河北人民抗日战争》，《中国共产党河北省历史》（第1卷），未刊本。

分子各占1/3。并对民主集中制的组织原则、选举政策、施政方针等，作了明确规定。[1]河北各抗日根据地，根据毛泽东新民主主义论与上述指示，普遍加强了抗日民主政权建设。1939年1月，在边区党代表大会上，中共中央北方分局提出了政权建设的基本方针："进一步实施民主政治，建立起各级政权的民主集中制，密切政府与人民的联系，使之更能成为统一战线的廉洁的地方政府；发挥抗日政权的最大能力，以它的模范作用影响并推动全国各地政府进步。"[2]边区党代表大会后，对边区各级政权机构进行了初步改革。

根据地政权的基石是村政权。村政权不健全，根据地政权就不巩固，各项政策就无法落实。为进一步改造村政权，边区在1938年春进行第一次村选举运动后，在1939年春和1940年春，又连续两年开展了大规模村选举运动。1940年春，晋察冀区和冀中区各县参选人数占公民总数80%以上，有1万余名正副村长、2万余名村代表会主任、近30万名村代表涌上政治舞台。各地村政权机构得到根本改造，废除了封建的以户为基础的闾邻、保甲等制度，普遍建立了村民代表会和村公所。

在战争环境下，区政权有特殊重要作用，它是县和村的中间环节。1938年春，在设置区公所的同时，建立了区政会议，作为区的议事机关。1939年9月起，进行区政会议改革，取消由各机关、团体委派代表组成的旧办法，改变为由区民代表组成区政会议，区民代表由村民大会直接选举。规定：区政会议有权审议区公所的各项工作，决定区政实施计划，区公所必须执行。因而，使区政会议带有了区最高权力机关的性质。同时，实行了划小区，每个县把原来4~5个区，划为6~10个区，区辖村30个以下，辖境不超过30公里，使区公所更便于对村公所的领导。

县政权是独立领导抗战和根据地建设的单位。随着县政府的

[1] 《毛泽东选集》第2卷，人民出版社1991年版，第741页。
[2] 中共中央北方分局党代表大会上的《晋察冀边区党委工作报告》，1939年1月。

建立，1938年各县建立了县政会议，实际上是军政民联席会议。1939年春，开始对县政会议进行改革，规定：在县政府之上设县政会议，由县长一人、县政府秘书一人、县自卫队部一人、区长和区士绅代表若干人，县、区群众团体代表若干人，共同组成。县政会议的职权，是讨论县地方兴革事宜，讨论、布置上级政府命令与交办事项，检查工作。从此，县政会议开始带有权力机关的性质。

1940年4月中共中央北方分局召开扩大干部会议，确定了在晋察冀全区“改造旧社会，创造新社会”的各项政策，决定七、八、九三个月，进行边区民主大选运动。据此，1940年下半年，晋察冀全区开展大规模的民主选举运动。6月15日，边区政府颁布《晋察冀边区参议会暂行组织条例》《晋察冀边区县区村暂行组织条例》《晋察冀边区暂行选举条例》三个重要文件，揭开了这次民主选举运动的序幕。经过广泛深入的选举动员和组织工作，7月15日，开始进行区代表会和区长的民主选举。以村为单位进行区代表会的选举，200个公民以下的村，选举区代表1人；200个公民以上的村，每增加300人，增选区代表1人。在区选中，边区政府总结推广灵寿、井陉两县的区选经验。各区代表候选人，有的公布竞选纲领，发表演说；有的进行个别鼓动；有的由团体组织竞选宣传。选民对候选人公开进行批评或赞扬。因而，形成了空前的群众参政议政的热潮。到7月底，各地圆满选出了区代表会和区长。

县议会和县长及国民大会代表的选举，从8月初开始。县议会选举，以区为单位进行。2万公民以下的县，选举县议员20名；2万公民以上的县，每增加2500人，增选议员1人。国民大会代表，每县推选1人，各职业团体也规定了代表名额。

在县选高潮中，8月19日，中共中央北方分局和晋察冀边区国民党部同时分别在《抗敌报》上公布《关于晋察冀边区目前施政纲领》(简称《施政纲领》)和《竞选纲领》。中共中央北方分局《施政纲领》是在分局书记彭真的主持下，经过深入调查研究，反复讨论修改而制定的，并经中共中央毛泽东批准后才颁布的。这一纲领共20条，简称“双十纲领”。它是在毛泽东的新民主主义理论的指导下，科学地总结根据地开创以来的建设经验，正确地规定了最适合于抗战需要的民族统一战线的、新民主主义的政治、经济、文化、宗教、民族、妇女及社会等各项基本政策。8月19日，彭真在《抗敌报》上发表《关于我们的施政纲领》一文，从目的和意义、出发点和基本精神及各种基本政策等方面，对“双十纲领”作了系统、全面的阐释。彭真指出：这个纲领“纯然是本党中央抗日民族统一战线的方针与抗日救国十大纲领的地方化与具体化，同时也是完全符合于孙中山先生的三民主义与国民政府抗战建国纲领的政策的”。“它所处理的是边区政治经济建设发展的现阶段实际亟待解决的问题”，“并不是只讲原则和总的方针的宣传纲领，而是当前具体的行动纲领”。它的出发点，即基本精神，是为了巩固发展边区的统一战线，是要从政治上、经济上保障工农劳苦群众生活的改善，是为了保障边区有顽强的健康的持久性，从而，使“边区不但成为模范的抗日民主根据地，而且成为新民主主义的即三民主义的政治经济建设模范，亦成为建国的模范”。[1]

《施政纲领》的颁布实施，标志着敌后抗日根据地建设进入“改造旧社会，创造新社会”的一个新的阶段。10月3日，中共中央机关报《新中华报》发表社论《中共晋察冀边委的施政纲领》；中共中央机关杂志《解放》第117期刊载《晋察冀边区抗日民主政治发展上的重大事件》一文。指出：“双十纲领”，“是最适合目前抗战需要的，同时又是目前全国模范的抗日民族统一战线的、新民主主义的施政纲领”。这一纲领，保证边区“能成为全国最模范、最进步的民主抗日地区”，能成为全国“总反攻的前进阵地”，“大大推动着全国团结抗战进步和民主化的进程”。强调：“全国各地，特别是敌后方各抗日根据地，在政治经济军事文化设施计划上，都应以它为最好的参考和借镜。”

---

[1] 彭真：《关于我们的施政纲领》，《抗敌报》1940年8月19日。

由于“双十纲领”解决了边区各阶级、阶层人士亟待回答的问题，一经颁布，很快成为各阶层人民共同的行动纲领。9~10月，边区参议员的民主选举，以县为单位进行，3万人以下的县，选举参议员2人；3万人以上的县，每增加3万人，增选参议员1人。沦陷区的县、市不能选举者，由边区政府聘请参议员；各职业团体、少数民族、正规部队，均以单位选举参议员。到10月初，全边区民主选举运动基本结束。

晋察冀边区这次民主选举运动，是中国民主政治发展史上的一个创举，具有重要历史意义。

（1）它是一次由广大群众参加的革命运动。在晋察冀区，区、县和边区三级选举，参选人数一次比一次多。三级选举，平均参选人数占公民总数80%以上；中心区阜平、平山参选人数占98%以上，有的区、村达100%；即使在游击区秘密进行选举，参选人数一般也达70%以上。妇女参选参政更为突出，女议员占1/5，有女县长1名，女县议会负责人6名，女区代表会主席19名，女区长7名。这是几千年封建统治的中国历史上所没有的。

（2）它是在抗战的过程中，彻底改革旧的政权机构，建设新民主主义的政权机构而进行的一次成功的尝试。这次民主大选运动，产生了区代表会、县议会、边区参议会和各级政府，并按照民主集中制原则，建立起新型的民意机关和行政机关的完整系统。从而，健全了立法与行政统一的新民主主义政权机构，及其一套正规的民主政治制度，进一步密切了政权与人民的联系。

（3）经过这次民主选举运动，边区各级政权初步实现了“三三制”。据晋察冀区统计，在5个专区、19个县的924名县议员中，共产党员占55.3%，进步分子占26.3%，中间分子占18.5%；在4个专区、13个县的4749名区代表中，共产党员占47.84%，进步分子占40.89%，中间分子占11.27%。有些县、区政权，基本上实现了“三三制”。中共中央机关报《新中华报》11月10日发表社论《晋察冀边区民主建设的新胜利》，指出这次民主大选运动，“其成就是伟大的，其在政治上的意义是极其重大的。它奠定了彻底实现新民主主义政治，更加巩固和发展晋察冀边区坚持敌后抗战的坚实基础。这一选举运动的经验，应成为全国首先是其他敌后抗日根据地，在民主建设上宝贵的参考和借镜”。

## 二、冀南区参议会召开和冀太联办的成立

在太行、冀南抗日根据地，旧政权的改造与新政权的建立，采用了两种不同的方法：在日军进攻下国民党旧政权已经瓦解的地方，则由共产党、八路军与地方抗日分子合作，建立统一战线组织“战地动员委员会”，然后逐步过渡到民选的抗日民主政权；对尚存在的国民党旧政权，根据广大群众的要求，按照统一战线的政策，实行民主改革，逐渐使之成为适合于抗战需要的民主政权。

冀南行政主任公署于1938年8月成立后，在日军11路“扫荡”的环境下，于1939年1月在广宗县件只镇召开行政座谈会，各县政府、民众团体和士绅代表200余人与会。这次会议研究并确定召集冀南人民代表大会。同年7月，颁布《冀南人民代表大会组织暂行章程》，规定：“本会为本区最高民意机关。举凡本会言行悉以民意为依归，并遵守统一战线与抗战建国纲领之最高原则。”同年9月，在广宗县杜杨村和威县郭草村，召开冀南人民代表大会，全区52个县250名人民代表与会。首先，由冀南总战委会召集代表大会预备会，一致决议将冀南人民代表大会改称“冀南参议员大会”，以遵照国民政府的宪法规定，使冀南抗日民主政府合法化。9月18日，冀南行政区参议会正式开幕。会上，冀南行政主任公署主任杨秀峰作了《冀南抗日民主根据地开创经过和今后施政方针》的报告。会议收到各种提案200余件。会议讨论通过了冀南行政工作计划，包括：团结各阶层人士参加根据地建设，减租减息，改善民生；优军优抗，动员参军，加强自卫队建设，开展游击战争；加强财政工作，整顿税收，推行合作社工作，提倡农村生产；健全司法工作，开展文化教育；健全各级行政机构，实行村长普选等。会

议经民主选举，改组了冀南行政主任公署，增设了行政委员会，推举杨秀峰、宋任穷、孙文淑、岳一峰、唐哲明、刘建章、刘铁之、范若一、傅充闾、邢仁甫、刘啸东、李泊等13人为行政委员会委员，杨秀峰、宋任穷为正、副主任。民主选举王乃堂、平杰三、刘雨臣、张贯一、张浩天、艾秀峰（艾大炎）、张仲儒、王维仁、张若萍、李吉平、彭天汉为驻会参议员，王乃堂、平杰三为正、副议长。会后，根据冀南行政主任公署的部署，在各专区、县建立了参议室，聘请抗日士绅、教育界人士为参议，代表民意，协助专员、县长筹划工作。与此同时，冀南区党委、行署从1939年7月起开始部署村政权的改造工作，先后颁布《冀南区县政府组织规程》《冀南各县区公所组织规程》《冀南各县村选举暂行条例》《冀南各县村政权改进办法》等，同年12月又颁布《冀南各县村政权改选办法》。经过改造，冀南各县村政权，在原村公所基础上普遍建立村政委员会制度，村政委员会由村民大会直接选举产生，村政委员会由村长、副村长及各群众团体负责人组成，村政委员会所辖村公所，由村长、副村长和财政、动员、粮秣、教育干事组成，并在人员分配上贯彻“三三制”原则。至此，在冀南区普遍建立了村民大会和村政委员会，民主政治建设步入一个新阶段。

1940年5月，根据中共中央北方局黎城会议的建党、建军、建政的决定，冀南行政主任公署正、副主任杨秀峰、宋任穷与晋东南第3、第5专署专员薄一波、戎伍胜会商，决定成立冀南、太行、太岳行政联合办事处（简称冀太联办）。冀太联办于8月1日，在河北省涉县东辽城村正式成立，杨秀峰为主任，薄一波、戎伍胜为副主任。冀太联办，是冀南、太行、太岳抗日根据地统一后的最高行政领导机关，又是行使权力的机关。冀太联办设行政委员会，以主任的名义，聘请各抗日党派、抗日军队和各界领袖人物、地方士绅、名流学者和专家组成，一切大政方针和重要法令的制定必须经过行政委员会会议，并组织教育、水利、经济等各专门委员会，来协助行政委员会工作。冀太联办的任务是：团结冀太区人民，建立坚强的抗日民主政权，巩固敌后抗日根据地，坚持抗战到底，反对投降妥协；巩固统一战线，开展民主政治；加强财政经济统一和建设；密切山地与平原的配合，发展生产，促进经济交流，改善广大人民的生活；促进各区间文化教育工作的配合，培养各种专门技术人才，建立正规的教育制度，开展大众的文化运动，聘请各种专家开展各种研究工作。

冀太联办辖冀南、太行、太岳3个行政区、15个专区、115个县。

太行区是冀太联办的直辖区，有5个专区、36个县，其中涉及今河北省的有第1、第5专区：第1专区即冀西专区，辖内邱、临城、赞皇、获鹿（今鹿泉市）、元氏、井陉、邢（台）西、沙河、武（安）北和山西省的平（定）东、昔（阳）东、和（顺）东等12县；第5专区即漳北专区，辖涉县、武安、磁县和河南省的林（县）北、安阳和山西省的偏城（今属河北涉县）等6县。

冀太联办成立后，冀南行政主任公署改称冀南行政公署（简称冀南行署），主任宋任穷，副主任刘建章。冀南行署辖6个专署、47个县：第1专署❶辖临漳、成安、大名、魏县、元城、漳河等6县；第2专署辖柏乡、隆平、尧山、任县、巨鹿、新河、平乡、南和、宁晋等9县；第3专署辖鸡泽、曲周、永年、邯郸、肥乡、永（年）肥（乡）、广平、邱县、馆陶等9县；第4专署辖南宫、威县、广宗、企之、广（宗）曲（周）、垂杨、清江、临清等8县；第5专署辖冀县、衡水、武邑、故城、阜（城）东、枣（强）南、枣（强）北、景县等8县；第6专署❷辖山东省的清河、夏津、高唐、平原、恩县、武城、德县（今德州市）等7县。

冀太联办成立后，制定颁布《冀南太行太岳行政联合办事处施政纲领》，包括民族、民生、民主三部分，共20条。它体现了抗日

---

❶ 原冀南第1专署的束鹿、晋县、藁城、赵县、栾城、宁晋等6县，于1940年6月30日，划归冀中，与深（县）南县组成冀中区第1专署。

❷ 原冀南第6专署即冀鲁边专署，改由冀鲁边区军政委员会直接领导。

民族统一战线的精神，提出了建设新民主主义社会的纲领，是建设抗日根据地的方针和准绳。9月，冀太联办又根据北方局高级干部会议精神，陆续制定颁布《修正合理负担征收款项实施条令》《征收救国公粮暂行办法》等法规。冀太联办的成立和施政纲领及一些法规的颁布，对于统一冀太区的政权领导，实现建设和巩固根据地的各项任务，起了重要的作用。

## 三、加强抗日根据地法制建设

法制建设是抗日根据地政权建设的重要组成部分，其任务是保护抗日各阶层人民的利益，维护根据地的抗日民主社会秩序，对汉奸、反动派及违法犯罪分子进行制裁。

公安保卫工作是抗日根据地法制建设的重要组成部分。河北各根据地开辟后，为了镇压汉奸、敌探，维护抗日秩序，取消旧的公安局和警察制度，逐步建立健全新型的公安保卫部门。1939年6月25日，晋察冀边区公安总局在阜平县花山村成立，李波任局长。边区公安总局，是边区政府的职能部门，直接领导晋察冀区各县公安局和冀中区、冀北区（冀热察区）公安分局的工作。冀北公安分局于6月间筹建，领导平西、平北和冀东专区公安局和各县公安局工作。冀中区公安分局于9月间筹建，领导冀中各专区和县公安局工作。1940年8月，冀太联办公安处建立，并在专区、县、区建立了相应的公安保卫机构。

与此同时，在中共中央北方局、北方分局和各区党委、地委、县委，相继建立了社会部，负责肃清内奸和情报、派遣工作；并在冀中、冀南、平西、平北、冀东等地先后建立情报站。因此，大大加强了各根据地的公安保卫工作，各地侦破了不少重大汉奸、敌探案件。但也出现了一些乱捕、逼供，甚至乱杀的现象。根据中共中央和北方局的指示，1940年9月和10月，北方分局召开扩大干部会议和第一次县委社会部长联席会议，明确了社会部与公安局的分工，强调：要正确地执行党的锄奸政策，“重证据不重口供”，“废止肉刑”。冀太联办相继公布一系列公安保卫制度和条令，提出保障人权，规定区无捕人权，县无杀人权。从而，纠正了执行锄奸政策中“左”的偏向，进一步加强和改进了公安保卫工作。

河北各抗日根据地初创时，没有统一的司法机关，县政府有承审处或司法科，动委会（战委会）有锄奸部。1938 年 2 月 1 日，晋察冀边区临时高等法院成立，并在冀中成立办事处，在各县成立司法处，还成立易（县）满（城）徐（水）地方法院，形成了独立的司法系统。同年 5 月，边区临时高等法院改组为边区政府司法处，冀中办事处改为冀中分处，各县司法处改为县政府的司法科，撤销易满徐地方法院。1939 年，冀中分处改为冀中区政治主任公署司法科，同时建立专署级司法机关，从而使司法与行政走上统一的轨道。在冀南区，1939 年春国民党河北省高等法院撤离后，成立了冀南行政主任公署司法处，并整顿恢复县承审处。1940 年 8 月正式成立冀太联办司法处，各专区、县、区建立相应的司法机构，初步形成了司法工作系统。

各根据地还选派一批共产党员和进步分子加强司法工作，并逐步健全了各项司法工作制度。如晋察冀边区建立了二级二审制度、复判制度、复核制度、申辩制度、陪审制度、巡回审判制度、检查制度和废除诉讼费等 8 种司法工作制度。司法机关把重点放在审判上，逐步形成了新型审判工作的特点：依据证据而不只凭口供，反对刑讯逼供；实行公开审判，请陪审人陈述意见，将审判结果公开宣布；审判官独立行使审判权，不受任何人非法干涉；在法律面前人人平等；没有人可以享受不受法律制裁的权力。

河北各抗日根据地的监狱和看守所，是强制性管理犯人的场所，但不是如旧社会那样的“人间地狱”，而是感化教育使人向善的“学校”。其监、所政策，是对犯人进行政治教育和劳动教育及识字教育，使犯人改过，成为新民主主义社会的公民。对犯人严格管理，但绝对不许非法打骂。因此，在敌人扫荡的紧急情况下，平山、安平、安国、肃宁、高阳等地曾令犯人回家或分散活动，事后一召集，马上能全部集合起来。不少较轻微犯人经过教育、动员，自愿参加了抗日部队。

各根据地司法工作从无到有，逐步发展，对保证抗日民主政府的各项政策、法令的实施起了重要作用。但发展不平衡，特别是受旧的司法传统观念影响，司法工作还不够主动深入，需要进一步制度化、群众化，以适应敌后新的斗争形势。

## 第三节　抗日根据地财政经济建设的全面展开

### 一、中共中央关于根据地财政经济建设的指示

全国抗战开始不久，中共中央政治局在 1937 年 8 月洛川会议上通过的《为动员一切力量争取抗战胜利而斗争》(即“抗日救国十大纲领”）中，就指出：抗日的财政政策，“以有钱出钱和没收汉奸财产作抗日经费为原则”；抗日的经济政策，是“整顿和扩大国防生产，发展农村经济，保证战时生产品的自给。提倡国货，改良土产。禁绝日货。取缔奸商，反对投机操纵”。同时，要“改良人民生活”，“废除苛捐杂税”，实行“减租减息”“救济失业”“赈济灾荒”。[1] 中共中央认为，如不改良人民生活，照旧压榨人民，使人民呻吟痛苦，则无力抗日。指出：“穷是错误办法产生出来的，有了合乎人民利益的新政策之后决不会穷。如此广土众民的国家而说财政经济无办法，真是没有道理的话。”[2]

1937 年 9 月，八路军奉命开赴抗日前线对日作战时，中共代表周恩来与第 2 战区司令长官阎锡山进行谈判，双方同意在敌后抗日根据地“实行合理负担”，即“有钱出钱、有粮出粮、有枪出枪、有力出力”，作为八路军挺进敌后进行抗日游击战争，筹措军粮、

---

[1] 《毛泽东选集》第 2 卷，人民出版社 1991 年版，第 356 页。
[2] 《毛泽东选集》第 2 卷，人民出版社 1991 年版，第 348 页。

军款的原则设想。

在抗日战争开始进入战略相持阶段的重要关头，中国共产党于1938年9月29日~11月6日召开扩大的六届六中全会。会议明确指出，党在抗日民族自卫战争与抗日民族统一战线发展的新阶段，为了坚持持久抗战，必须发展敌后抗日游击战争，建立和巩固更多的敌后抗日根据地；必须实行新的战时财政经济政策，在战区和敌后实行减租减息，改善农民、工人与职员待遇，适当增加工资，改良民众生活，激发民众抗战热忱和生产热忱；同时，要保护私人工商业的自由营业，注意发展合作事业；设立地方银行，发行地方纸币，与敌人发行的伪币做斗争，与敌人的经济封锁和经济破坏做斗争，以保障被隔断区域的经济自给，保证抗日武装部队的必要供给。

上述指示为抗日战争时期的根据地经济建设和财政政策指出了明确的方向。

河北各抗日根据地与其他各地抗日根据地一样，深处敌后，既没有大后方作为依托，更缺少国民政府的支援，战争的需要，要依靠根据地党政军民自力更生来解决。抗日战争是全民族的革命战争，而基本力量是农民群众。因此，在敌后抗日根据地，必须在巩固与扩大抗日民族统一战线的前提下，不断改善农民及其他人民群众的生活，才能广泛发动群众参加抗日斗争。这些，都要求立足于敌后抗日根据地的财政经济建设的发展，否则坚持持久抗战是不可能的。为此，河北各抗日根据地，根据中共中央、北方局和八路军总部的指示，从本地实际情况出发，制定和实行了适合于本地需要的财政经济政策、措施。如晋察冀边区行政委员会，在1938年秋季反“扫荡”战役后，把根据地财政经济建设提到了重要日程，并作为各级政权的中心工作。1939年4月，以《为实现抗战建国纲领而奋斗》宣传提纲的形式，公布了边区经济建设的原则方案。这个方案是对根据地创建初期经济建设经验的总结，是对边区军政民代表大会制定的经济建设方针的完善和发展。它科学地阐明了边区根据地进行经济建设的重要性、紧迫性和可能性，明确了边区根据地经济建设的性质和方向，系统地提出了边区经济建设的各项任务。关于敌后根据地进行经济建设的重要性和可能性，方案指出："持久抗战进行到今天，从敌攻我守争取到敌我相持的过渡阶段，经济建设的重要性已显现的非常明白，它成为从敌我相持争取到敌守我攻以获得抗战胜利的决定条件之一。"不但在抗战的总后方要发展战时经济，而且在敌人后方开辟的"根据地与游击区，也还是能够而且必须开展经济建设的事业"。纵然有主客观条件的限制，但是在"发展生产、建设经济、积极改善民生方面"，需要和可能做的工作是很多的。关于发展生产事业和合作事业的任务，方案提出：为了改善人民生活，必须解决废弛与浪费的劳动力。为此，必须解决适合于游击战争环境下的生产组合和生产技术问题，将农业家庭变成半农业半作坊的家庭，要发展手工业作坊，发展完全脱离家庭生产的手工业工厂和机械工厂，以将千百万人的劳动力使用于生产事业中。农业方面，着重垦荒、灌溉、农具改造三件工作，要改造生产工具，制用畜力、水力、风力的简单机器，以提高生产力。牧畜方面，要求全边区 1939 年达到一人一鸡，一户一猪。工业方面，重点发展纺织业及榨油、造纸、卷烟、文具、肥皂等产业，争取做到自给。同时对造林、开矿等都作了明确要求。通过发展多种事业把被废弛的劳动力尽可能利用起来。方案要求区村的经济活动中要充分发挥合作社的作用，"把它作为开展生产事业与乡村建设的契机"。要重视发展生产合作，同时发展运销合作社、消费合作社和信用合作社。首先抓好中心村合作社的建立，然后逐步展开，做到村村有合作社。要周密布置，克服困难，做出成绩。为适应战争环境，方案还要求繁荣贸易、稳定金融、整理财政税收。商业要以分散为主，坚持统一战线政策，健全县以上贸易机关，发展公私合营经济。通过各种商业联盟尽量吸收私人资本，允许私商对敌占区进行贸易，并给商人赚钱机会。要执行对内贸易的相对自由，对外贸易相对统制的政策。要管理好出口贸易，巩固边区货币金融，打击敌伪钞票。边区的财政税收，自 1939 年起，要实行边区统一的直接税收，限于田赋和救国公粮，一切地方税都要取消。要整理税局，建立财务制度，厉行节约，避免浪费。为此，要培养大批商业干部和税收人才。[1]这个原则方案，勾勒出晋察冀边区财政经济建设的初步蓝图，也为其他敌后根据地财政经济建设提供了一个参考。

1938 年 8 月，中共冀晋豫省委提出了进行抗战财政经济建设的问题。冀南行政主任公署成立后，于 1938 年 9 月建立冀南经济委员会，根据冀南的经济特点与物质条件，1939 年逐步提出了冀南经济建设的初步大纲，确定冀南经济政策的总纲是：巩固冀南抗日游击区之经济基础，粉碎敌人经济侵略之阴谋，改善人民生活状况，保证抗日军队之给养，争取最后胜利，建立三民主义新中国。1940 年开始，根据地的财政经济建设工作逐渐走向统一。为贯彻黎城会议关于财政经济的各项政策，晋东南第 3 行政主任公署与冀太联办筹备处于 1940 年 7 月在涉县曲里召开太北区（即太行区）财经扩大会议，会议决定了太行抗日根据地的财政经济政策的原则，即在对敌斗争中进行财政经济建设，坚持自力更生，自给自足；提高生产，发展国民经济；统一一致，统筹统支。[2]

上述敌后抗日根据地财政经济建设的原则表明：财政经济建设是巩固、壮大敌后抗日根据地和战胜敌人的一个决定条件，是敌后抗日根据地各级政府的中心工作，必须以最大的努力，克服一切困难，完成这一驱逐日本帝国主义、建立新中国的神圣事业。

## 二、统一金融事业

河北的货币流通一向非常混乱。法币流通量很少，主要是冀

[1] 参见魏宏运主编：《晋察冀边区财政经济史料选编》（总论编），南开大学出版社 1984 年版，第 247~260 页。

[2] 政协河北省委员会编：《晋冀鲁豫抗日根据地史料汇编》（上），河北人民出版社 2015 年版，第 784、第 814 页。

钞和平津杂钞，县有县钞，银行、商号也发行钞票。冀、晋、察三省省钞互不流通，使物资贸易不畅。1937年抗战全面爆发后，日军没收了原河北省银行和原察哈尔省银行，利用伪蒙疆银行和伪中国联合准备银行，发行大量伪冀钞、伪蒙银券和伪联银券，企图在抗日根据地内流通，套取物资，扰乱与占领金融市场。金融货币斗争，成为河北各抗日根据地财政经济建设战线上的一项重要任务。

河北各抗日根据地为了统一货币，自力更生发展经济，支持长期抗战，相继建立了银行。1938年3月20日，晋察冀边区银行成立，发行晋察冀边区币（简称“边币），关学文任行长，胡作宾任副行长，总行设在五台县石嘴村，分行设在河北安平，各专区设银行办事处，各县设代办所，资金共10万余元。边币采用石印，发行以粮食、棉花和法币作准备，发行1元、2元、5元、5角、1角等几种，与法币等值流通。边区银行经营储蓄、汇兑、贷款、兑换等业务，并代理金库即边区公款和地方款的保管和支付。根据中共中央指示和边区情况，边区政府制定了货币政策：边币作为边区的本位币独占发行，境内贸易一律使用边币，逐步清理法币和杂钞，绝对禁止法币外流，严禁伪钞入境。

在晋冀豫抗日根据地，起初于1938年8月成立上党银号，发行上党票，在山西第3、第5专区流通。1939年10月15日，冀南银行在南宫县后索泸村成立，上党银号即行并入。冀南银行发行冀钞，在冀南6个专区分别设立分行，在冀南、太行两区流通，作为根据地的本位币流通，后来发行范围扩大。根据彭德怀1940年1月20日指示，冀南银行与晋察冀边区银行、山东北海银行、晋西北银行实行沟通，取缔晋钞，注意保护法币，冀钞的角票、1元票尽量发，2元票发一部分，5元票暂停发，准备发行1500万元，铜圆改为分。同年7月，冀钞成为冀南、太行、太岳三区的本位币。

冀鲁豫根据地，1940年初筹建鲁西银行，1941年7月鲁西区与冀鲁豫区合并后，鲁西币成为冀鲁豫边区的本位币。

各抗日根据地在统一货币的斗争中，都进行了货币战，包括市场、比价、反假钞等斗争。所谓市场斗争，就是本位币与伪币、假钞、法币争夺流通市场的斗争，坚决抵制日本票、朝鲜票、伪蒙古票、伪满洲票、旧冀钞等敌伪货币，同时保护法币，严禁白银外流。1938年8月17日，毛泽东、张闻天、王稼祥、刘少奇发出《关于晋察冀边区货币政策的指示》，指出：边区应有比较稳定的货币，以备同日寇作持久的斗争；纸币发行的数目，要根据边区市场需要，而且应有货物、伪币、法币等准备金，以防贬值；财政货币政策应着眼将来浩大军费之来源；要用各种方法，使杂钞流到边区以外去；应有适当的贸易政策，作为货币政策的后盾；"问题中心在于边区纸币应维持不低于伪币之比价。"[1] 据此，晋察冀根据地主要采取以下措施：（1）严禁使用伪钞，杜绝伪钞在边区流通。为不使群众吃亏，边区银行在接敌区设立伪钞兑换所，让群众把伪币按比值兑换成边币，由政府贸易部门统一掌握伪币从敌占区购进必需品。（2）停止法币、杂钞流通，确定边币是唯一的交换媒介，持法币、杂钞者必须兑换成边币才能进行交易。（3）采取降低比值和坡度贬值的办法把杂钞驱逐到敌占区去。以旧冀钞为例，1939年初，日伪将冀钞以9折使用，边区即以7折兑换，一直保持比敌占区低2成的行市。同时，以阜平为中心向周围地区延伸，1元旧冀钞兑换边币渐递为5角、6角、7角、8角、9角。所谓比价斗争，就是根据地外汇管理中对本位币与外币交换的比价，要根据情况和需要进行适当调整。比价过低，会刺激输入，阻碍输出，减少外汇来源；比价过高，又会引发根据地物价上涨。及时、适度地调整外汇比价，才能争取主动，保护根据地经济利益。所谓反假钞斗争，就是打击日伪以汇票、假钞形式套购、掠夺根据地物资。如晋察冀边区政府1941年8月发布《为严防假法币、本币流行的通令》，列出各种假币与法币、边币在纸质、花纹、图案、字迹、号码、图章、

---

[1] 《晋察冀抗日根据地》史料丛书编审委员会、中央档案馆编：《晋察冀抗日根据地史》第1册（文献选编上），中央党史资料出版社1989年版，第182~183页。

颜色等方面的区别，并设立边区对照所，及时发现和揭露敌人的假钞阴谋。

通过上述斗争和措施，根据地货币逐渐统一，金融保持稳定。广大群众把边区银行看成自己的银行，有的群众把过去埋藏地下的金银首饰取出来，送到边区银行，换成边币，边区银行储蓄保证金也日益增多起来。到 1940 年夏，边币成为唯一的本位币，实现了独立自主的货币制度。

银行对根据地解决财政军费需要、恢复发展经济，起了重要作用。晋察冀边区银行从成立到 1940 年底，累计发行边币 5424 万元，历年银行透支占财政军费支出的比数是：1938 年为 70%，1939 年为 85%，1940 年为 89%。鲁西银行 1940 年发行货币 150 万元，全部用于透支财政军费开支。各根据地银行大力办理生产贷款和投资业务，以优惠利率扶植工业、农业和商业。晋察冀边区银行一般工农矿业贷款利息月息 5 厘，商业为 8 厘。1939 年冀中区遭到大水灾，冲毁农田 17 万亩，淹没村庄 1 万多个。1940 年春，边区银行以月息 4 厘的低利率，发放合作贷款 300 万元，赈济贷款 100 余万元，种子贷款 4765 石，耕牛补充 6921 头（每头贷款 50~100 元）；冀南银行发放的生产贷款，1940 年为 1216 万元，1941 年达 2596 万元。从而有效地支持了根据地财政经济的恢复和发展。

### 三、统筹统支与合理负担

抗日根据地财政工作的基本任务是保障抗日军队和政府的供给，减轻人民负担。根据地初创时，财政比较混乱，负担也不合理。抗日部队各项费用，随筹随支，有些地方按公平负担办法，多数地方临时摊派。虽然支持了抗战急需，但是造成负担不均，滥筹款，一些地方发生了浪费、贪污等严重现象。因此，各地抗日民主政权建立后，普遍实行了统筹统支和合理负担，这种无政府状态很快得到克服与解决。

在晋察冀边区，1938 年 1 月，边区军政民代表大会上，通过《财政问题决议案》，决定废除一切苛杂的间接税，实行合理的直接税和关税，统一财政制度，实行统筹统支和预决算制度。据此，晋察冀边区政府采取以下措施：（1）开征田赋，停止县合理负担，实行村合理负担。同年 3 月间，边区政府公布《村合理负担实施办法》与《村合理负担评议会简章》，严格规定村合理负担办法，即根据每户的资产、收入和消费情况来计算每户应负担的数目。按资产平均，不及 50 元的不计；50 元以上者，每 50 元算作 1 厘，每 500 元算作 1 分。按收入平均，每年每人不足 30 元者免征；30 元以上者，每 5 元算作 1 厘，每 50 元算作 1 分；从 50 元到 500 元之间每 50 元为一级；从 500 元到 1000 元每百元为一级。每人应征数最高不超过本人收入的 35%。冀中区行署根据本区情况，按村户土地多少、好坏来计算定级：每人平均 1.5 亩地（抗日军属 3 亩）者免征，其超过部分按累进法计算，5 亩为一级，共分六级（六级以上土地按六级计）。土地好坏，按上等地折合中等地 1.5 亩，下等地 1.5 亩折合中等地 1 亩。实行这种新税制以后，消除了旧政权下穷人出力又出钱的不合理现象，实行了“有钱出钱，钱多多出”的原则，负担面达 50%左右，大多数贫雇农负担较轻或免于负担。（2）恢复合理税收，发行救国公债，征收救国公粮。1938 年 5 月，晋察冀边区税务局成立后，开始征收烟酒税、烟酒牌照税、烟酒特税、进出口税、印花税和营业税。同年 7 月，边区政府公布《救国公债条例》等法规，规定：救国公债年息 4 厘，自民国二十八年（1939 年）起，每年 6 月底一次付给；自民国三十一年（1942 年）起还本，分 30 年还清，每年抽签还本一次。这次救国公债在边区发行 200 万元，在冀中发行 100 万元。同年 9~11 月，边区政府发布《征收救国公粮条例》《军用粮票使用办法》《救国公粮储存保管办法》。规定：救国公粮的征收，按户收入折成米来计算，每人平均小米 1 石 4 斗以下者不收；1 石 5 斗至 2 石者征收 3%；2 石 1 斗至 3 石者征收 5%；3 石以上者每增加 1 石递增 1%，增至 20% 为止。从此，救国公粮成为晋察冀、冀中的一项重要的农业税，它的妥善储存、保管，极大地便利了军队和群众。

冀南行政主任公署于1938年公布《冀南村合理负担实施办法》及修改、补充意见，1939年5月公布《冀南公平负担暂行办法》，规定：每人除地一亩半外，平均有地在三亩以下者为第一级；三亩一分以上、六亩以下者为二级（不足一分者不予计入）；六亩一分以上、九亩以下者为第三级；九亩一分以上、十二亩以下者为第四级；十二亩一分以上、十五亩以下者为第五级；十五亩一分以上、十八亩以下者为第六级；第六级以上之地亩均按第六级计算。各级之差为二分，即第二级每亩以一亩二分计，第三级每亩以一亩四分计，第三级每亩以一亩六分计，第四级每亩以一亩八分计，第五级每亩以二亩计，第六级以后之地亩均按二亩计。各户应纳款额的计算，以该村共合负担地之总数，除以该村应纳负担款总数所得之商数，即为每亩应纳负担款数；再以每户共合负担地亩数乘以每亩应负担款数，所得之积，即为每户应纳负担款之额数。❶

在晋冀豫边区抗日根据地，在黎城会议上对合理负担办法作了修改、完善，确定：每年征收一次公粮，起征点从贫农开始计算，最高负担率不超过个人收入的30%，纠正了地主、富农过多负担的现象，并决定实行统筹统支的财政制度，禁止县、区、村擅自向群众筹款。

1940年8月19日，冀太联办发出了实行新合理负担的指示信，次日公布合理负担条令。在冀南区和太行区的广大农村中，建立起合理负担审查委员会，反对逃避负担，纠正不合理现象；并规定审查委员会中有偏见者处以罚金，有贪污行为者由民众大会公审，保证了合理负担政策的真正落实。

---

❶ 参见冀南革命根据地史编审委员会编：《冀南党史资料》第3辑（内部资料），1988年印行，第65~70页。

## 四、减租减息群众运动的展开

减租减息是第一次大革命时期国共两党于1926年10月提出的，但国民党从来没有付诸实践。1937年全面抗战开始后，中共中央洛川会议决定将减租减息作为抗战时期解决农民问题的基本政策。1939年11月1日，中共中央在《关于深入群众工作的指示》中，明确指出："在八路军、新四军活动区域，必须实行激进的有利于广大民众的经济改革与政治改革。在经济改革方面，必须实行减租减息、废止苛捐杂税与改良工人生活。凡已经实行的，必须检查实行程度。凡尚未实行的，必须毫不犹豫地立即实行。"[1]根据中共中央、北方局的指示，为了使广大农民群众的生活得到改善，又团结各阶层合作抗日，河北各抗日根据地先后实行了以减租减息为主要内容的逐步限制和削弱封建剥削的政策。

1937年全面抗战之初，八路军第115师一部进入阜平地区后，提出"二五减租""一分利息"的口号。1938年2月9日，晋察冀边区政府颁布《减租减息单行条例》，这是敌后抗日根据地第一个完整的减租减息条令。规定："地主之土地收入，不论租佃、伴种，一律照原租额减少25%"；"地主之利息收入，不论新债、旧欠，年利率一律不准超过一分（即10%）"。还规定除正租外，严禁庄头剥削，禁止一切杂租和高利贷。[2]据此，在晋察冀区和冀中区及平西，自上而下发动了广大农民群众的减租减息运动。开始时，地主势力相当大，有的威胁佃户、债户搞明减暗不减，有的以假"自耕""转让""出卖""出典"土地抗拒减租减息，有的佃户也将已减的租息又暗地里给地主送回。随着减租减息运动的发展，与改造区村政权的民主运动相结合，农民群众的觉悟有很大提高，在政治上

---

[1] 中央档案馆编：《中共中央文件选集》（11），中共中央党校出版社1986年版，第208页。

[2] 《晋察冀抗日根据地》史料丛书编审委员会、中央档案馆编：《晋察冀抗日根据地》第1册（文献选编上），中央党史资料出版社1989年版，第88页。

树立了优势，于是广大农民群众开始自下而上行动起来，要地主减租减息。

为了解决减租减息运动中出现的新问题，晋察冀边区政府1940年2月1日修正公布了减租减息条例，并发出《关于减租减息的意义与执行问题的指示信》。规定：地租不得超过耕地正产物收获总额的37.5%，耕地副产物一律归承租人所有；地主未得租户、佃户、伴耕户之同意，不得将耕地转租转佃伴耕他人。1940年8月，又颁布《双十纲领》，规定“在减租减息后，佃户必须依约缴租，债户须依约偿付本息”。因而，在法律上限制了地主对农民的封建剥削，巩固了农民的既得利益，又缓和了地主与农民的紧张关系，使减租减息群众运动发展到依法减租减息和交租交息的新阶段。到1940年底，晋察冀区和冀中区普遍实行了减租减息，平西中心区初步实行了减租减息。

在晋冀豫、冀南、冀鲁边和冀鲁豫抗日根据地，也都先后作出了二五减租、一五减息或半分减息及五一增资等规定。1938~1940年，在群众基础较好的地区开展了减租减息和借粮反霸斗争。当时，一方面存在减租减息开展不普遍的问题，另一方面少数地方出现了农民不交租息，甚至乱打、乱罚的偏向。1940年4月中共中央北方局在黎城会议上提出了减租减息、组织群众的任务，要求“切实实行减租减息”，减租减息后，佃户应按期如数交租，债户应按期如数交息。但为巩固和扩大统一战线，只强调了克服“左”的偏向，因而，在一定范围影响了减租减息群众运动的广泛开展。同年12月3日，冀太联办颁布《减租减息暂行条例》，规定“五一减租”（减1/5）、最高租额不超过千分之三七五（37.5%），禁止上打利、日得利、利加利、驴打滚等高利贷剥削。据此，在冀南、太行开展了减租减息增资斗争，取得了一定成效。但由于未能将减租减息群众运动提到应有高度，致使运动进展缓慢。冀南区至1940年实行减租减息的地区不到1/3，冀鲁豫区到1941年全区8000个村庄中只有660多个村庄实行了减租减息。

通过减租减息群众运动，农民基本群众生活得到改善，削弱了农村封建势力，阶级关系发生了很大变化。1939 年至 1940 年 6 月，仅晋察冀区 2 个专区减租额 614.5 吨，4 个专区减息额 32.6 余万元，还从高利贷者手中抽回土地 46900 余亩。阜平、曲阳、平山、灵寿、行唐、唐县、定（县）北、涞源、易县和（山西）五台、灵丘等 12 个县 32 个村庄的调查，中农户增加 45.11%，雇农户减少 38.18%，贫农户减少 13.39%，地主户减少 31.63%，富农户减少 2.53%。减租减息与民主运动相结合，树立了基本群众政治优势，极大地调动了广大农民的抗战积极性。1940 年，据冀中 7 个县调查，村民代表大会中贫农、工人、中农占 87.1%，地主、富农占 8.1%；村长中贫农、工人、中农占 89.9%，地主、富农占 7.6%。1938~1942 年，晋察冀区民兵参战 10649 次，毙伤俘日伪军 1885 人，锄奸 1658 人；仅 1940 年春季反“扫荡”中，据边区 17 个县的统计，农会会员参战达 2 万人，配合作战 32 次，扰袭敌 284 次。冀中区民兵参战累计达 143 万人以上，毙伤俘日伪军 6000 余人。[1]

## 五、发展根据地生产、贸易与合作事业

发展生产是支持长期敌后抗战的根本措施，而农业生产是根据地的经济支柱。河北各抗日根据地农村人口占 98%左右。由于日军的“扫荡”和封锁，根据地农业生产遭到很大破坏，劳动力大量减少，荒地增加，产量下降。因此，各抗日根据地均把恢复和发展农业生产放在首位。晋察冀边区政府先后颁布《垦荒单行条例》《奖励兴修农田水利暂行办法》《奖励生产事业暂行条例》。1939 年 10 月，冀南区党委作出了开展生产运动的决议。从而，使根据地的农业和林牧副业恢复和发展较快。1939 年底，阜平、平山等 9 个县垦荒 1.5 万亩。1939~1940 年，晋察冀区整理旧渠 2734 道，

---

[1] 方草：《中共土地改革在晋察冀边区实施》，1942 年。原件存中央档案馆。

开新渠1290道，凿井2000余眼，可浇地36万亩。同时，积极开展救灾斗争。1939年7月，日军利用雨季决堤放水，使河北全省遭水灾，有60余县被淹。冀中淹没良田53925顷，淹没村庄6752个，冲毁房屋168904间，损失1.6亿元，灾民200余万人。冀南淹没村庄3000余个，冲毁良田55096顷，灾民250余万人。为战胜大水灾，恢复生产，冀中区主任公署拨急赈款9万元，急赈粮3000石，救济款553290元；晋察冀边区政府拨给救济贷款200万元，赈济贷款100万元。冀南区行署拨急赈款6.5万元，救济贷款13万元，并采取以工代赈的办法，发动27县数十万群众投入治河工程。从而战胜了敌祸天灾，使农业生产得到恢复发展。

在工业生产方面，各根据地主要发展农村手工业、促进家庭副业，提倡较大规模的手工业经营，同时注意发展国防工业。为适应对敌斗争和独立自主地进行根据地建设的需要，晋察冀边区政府1940年提出了“争取边区工业品的自给自足”的口号。冀中、冀南等地家庭纺织业一向很发达，特别是高阳土布驰名中外，由于日军进攻被迫停顿。各地抗日民主政权建立后，家庭纺织业逐步得到恢复和发展。如行唐、唐县的土布生产数量大，质量高，销往平津和华北各地，深受群众欢迎。火柴、造纸、制革、面粉加工、榨油、毛织、制盐、制碱和其他日用品工业也有很大发展，根据地人民生活日用工业品达到大部分自给。

为发展根据地工业，各地积极提倡、广泛动员小生产者和私人企业家办工厂、作坊，在有利于民生军需的原则下，使他们自由自主地去从事生产和贸易。对于私人不易经营的军需工业、矿业、冶炼业、纺织机制造等工业，主要由政府和部队公营生产。1940年，冀南区生产建设总局直接领导的有皮革厂、工具制造厂、造纸厂、电池厂等9个小企业，资本达12万元。1941年春，冀太联办发放工业贷款124.8万元，不但发展了军需工业，而且建立了不少日用工业品的工厂，差不多每个县都有了小工厂。晋察冀军区1939年4月在完县神南镇建立军事工业部，领导军火研究和生产，将原有的几个修械所合并为7个军工连（厂），到1940年军工连（厂）发展到10个。

由于抗日根据地处在农村，敌人占据城市和交通线，因而，抗日根据地要取得对敌经济斗争的胜利，必须发展商业贸易。抗日根据地的商业贸易政策是：境内贸易自由，统治对外贸易。晋察冀边区政府1938年8月17日制定《统治对外贸易执行方案》。9月，发出《我们的贸易政策》指示。1940年8月制定《管理对外贸易条例》。指出，根据地的贸易政策应成为粉碎敌人经济阴谋的武器之一。它包括两方面内容：一方面，统治对外贸易，对抗战有利的东西尽量输入，对抗战无关的东西尽量限制输入，鼓励一切土货输出，粮食等战略物资严禁出口，以维持贸易平衡，争取出超，巩固根据地的财政；另一方面，在根据地内部，原则上实行自由贸易，打破各种垄断现象，活跃商业和集市，各级贸易机关的任务是调节军需民用，促进土货出口，平衡物价，稳定金融，不能与民争利。

由于抗日根据地实行正确的商业贸易政策，有计划地输出和输入，控制了对外贸易，使敌占区农产品供不应求，迫使敌人不得不以工业品来换取农产品。同时，根据地吸引了大量商人从事商业活动，只要不投机操纵，囤积居奇，就允许他们自由地赚钱和发展。到1940年，河北各根据地境内贸易出现了繁荣景象，集市贸易额有较大增长，并在北平、天津、唐山、张家口、保定、石家庄等敌占城市建立了贸易点，对打破敌人经济封锁起了重要作用。

抗日根据地的经济主要是小农经济，特别在战争环境下，广大群众对粮食、山货等的出卖和布、盐、油的购买，经常感到困难，容易被奸商垄断、操纵。为方便和改善群众生活，调剂军需民用，河北各根据地均号召群众集资兴办合作事业。1939年2月，晋察冀边区政府颁布《合作社暂行规程》，规定：合作社须有9人以上方得设立，社股不限。合作社按经营性质分为生产、运销、消费、信用等合作社。并对民主办社原则、赢利分配、奖励办法等作了具体规定。各抗日根据地开办了干部训练班，以培养经营管理、会计业务等骨干。1940年1月，晋察冀边区银行还发放300余万元合作贷款，重点用于发展运销与生产合作社。在抗日民主政府扶植下，各根据地合作事业发展很快。冀中区合作事业发展比较广泛、健全，至1940年7月，有合作社3338个，社员113万人，股金272.5余万元。1940年5~7月，冀中区合作社营业总额达1300余万元，盈余390余万元，每股分红超过原股。冀南区行署1939年11月号召成立合作社，仅第4专署即成立合作社845个，有社员75128人，股金119万元。合作事业在根据地经济生活中发挥了重要的作用。据统计，1940年，晋察冀边区各种合作社资本总额已占市场资本总额的10%，从敌占区运进的必需品和向敌占区输出的山货土产均有一半是合作社经营的。

河北各抗日根据地经过三年财政经济建设，各项生产事业得到恢复和有所发展，在经济上初步形成了乡村对敌占城市的包围。

## 六、总结经验推进根据地财政经济建设

在敌后抗日根据地的财政经济建设和对敌经济斗争取得重要成就和胜利的情况下，为了总结经验，确定今后根据地财政经济建设的任务，河北各抗日根据地在1940年前后，分别召开经济会议或财政经济会议，分析了抗战相持阶段敌后根据地财政经济面临的新形势、新特点，进一步提出了根据地财政经济建设的任务与政策。

晋察冀边区行政委员会于1940年8月1~10日召开边区第一次经济工作会议。以这次经济工作会议为例，这一时期，河北各抗日根据地在财政经济建设方面，大致讨论与解决了如下几个方针与政策的问题。

第一，关于敌后抗日根据地经济建设的方向。

据宋劭文在晋察冀边区经济会议上关于《晋察冀边区经济发展的方向与现阶段我们的中心任务》的报告，在分析中国的国情和边区的经济特点，肯定边区三年以来政治上和经济上的进步和变化的基础上，提出边区经济的发展方向：（1）调节资本主义生产的发

展。为此，要削弱封建经济，把土地分散，引导地主向商业和工业投资，转向资本主义生产，使富农经济逐渐变成资本主义经济；同时积极帮助中农、贫农发展生产，逐渐走上富裕之路；要没收汉奸土地，整理公有土地和庙宇土地，分给抗属和贫苦农民耕种。指出，减租减息是使土地分散的积极办法，要求没有很好实行减租减息的地区，要尽快按有关法令积极进行。（2）发展工厂工业、手工业作坊和家庭副业，使商品经济发展起来，并发挥私资经营的中小商业在农村经济商品化过程中的重要作用。（3）在公营和私营开办的工厂中实行8小时工作制，改善雇工的生活。（4）广泛开展合作运动，发展运销、生产和信用合作社，并明确分工，边区贸易局管理边区对外贸易，合作社管理边区内部的贸易，以利于合作事业的发展。（5）肃清半殖民地经济残余，变原料输出为制品输出，严厉取缔走私，统制外汇，争取对敌占区贸易的出超，巩固边区货币。同时，要发展必要的公营企业，主要发展重工业（煤、铁、铜、铅等矿业以及制酸、兵工等产业）和大商业。

第二，关于敌后抗日根据地经济建设的基本经验。

宋劭文在报告中提出如下三个方面：（1）民主政治与经济建设是相互推动的，在边区各级选举完成和建立抗日民主政权之后，边区的经济建设是使边区更巩固、更扩大，使边区成为新中国模型的决定因素。（2）在殖民地、半殖民地、半封建经济包围的边区，不能抑制资本主义生产的发展，因此，在不造成操纵国民生计的大资本家的条件下，要大胆发展边区的资本主义生产，但是要实行节制资本，反对走欧美式的资本主义道路。（3）根据党的抗日民族统一战线政策，在经济建设上要开展两条战线上的斗争，一方面要反对无原则的发展资本主义，在边区造成妨碍到国民生计的大资本家；一方面要反对过左倾向，反对害怕富农、中小商人、中小资本家的发展。要动员全边区休息着的、逃避着的资金和力量到生产战线上来，才能保证经济建设胜利完成任务，把边区建设得更巩固、更光辉。

第三，关于敌后抗日根据地的贸易政策。

据胡仁奎在晋察冀边区经济工作会议上作的《贸易与汇兑》的报告，抗日根据地处于战时敌后的特殊环境，边区的贸易是战争的组成部分，贸易的任务是服从政治，贸易不仅是商业任务，也是政治任务。“我们不但不能把可以资敌的军用物品卖给敌人，而且要把我们的必需品买回来；我们不但要把我们剩余而非军需品的土货卖到敌区，而且要把敌人作倾销来夺取市场的非必需品，一文钱的货也不放进来。”还要完成贸易平衡的任务。为此，政府要通过关税、政治动员及行政手段，执行保护贸易的政策和方法。“要统制贸易，必须统制汇兑。”“把兑换事业有计划地交给统一机关办理，对稳定金融有很大作用。”“要采取打击的办法，紧急处理，把伪币和汇票，有计划地打回敌区，换回商品。”

第四，关于敌后抗日根据地发展生产的问题。

据边区实业处长张苏在边区经济工作会议上作的《生产与合作》的报告，在敌后抗日根据地里，“生产是一切建设的基础”，是坚持敌后持久抗战取得胜利的物质保证。“各级政府应把生产工作列在一切工作的首位。”各级政府必须根据各地的具体环境，提出具体的生产计划，并努力完成。办好生产、运销等各种合作社，对于小农经济占优势的边区经济的发展具有重要意义。各级政府必须格外扶助生产、运销合作社的更快发展。[1]

敌后各抗日根据地的经济会议或财政经济会议的召开，通过讨论与研究经济建设问题，明确了根据地经济建设及对敌经济斗争的方向、中心任务和具体政策，并对投资法、劳动保护法、工人管理法和贸易等问题作出了具体决定。这对于进一步奠定各抗日根据地自力更生、自给自足的经济基础，使根据地经济建设健康的发展，加强对敌经济斗争，起了重要的历史作用。

---

[1] 宋劭文、胡仁奎、张苏在晋察冀边区经济工作会议上的报告，1940 年 8 月。中央档案馆馆藏文献。

## 第四节　抗日根据地新文化建设的展开

### 一、创办新闻出版事业

新闻出版是反对奴化思想和民族失败主义，巩固和建设敌后抗日根据地，坚持长期抗战的一条极为重要的舆论战线。敌后河北各抗日根据地都很重视这项工作，与开展新民主主义的政治、经济建设相适应，在新民主主义文化建设上也得到较快发展。各机关、部队和群众团体都创办了油印、石印或铅印的多种报刊和书籍。到1940年，影响较大的有《晋察冀日报》《新华日报（华北版）》《冀中导报》《救国报》《挺进报》《冀南日报》《中国人报》等报纸和《战线》《新长城》《抗战生活》《群众》等杂志。

部队的新闻工作开展较早。八路军野战政治部和第129师政治部在开创晋冀鲁豫根据地之初，即创办了《先锋报》。晋察冀军区成立不久，军区政治部于1937年12月11日创办了《抗敌报》，舒同兼任社长，沙飞为副社长。1938年4月《抗敌报》划归中共晋察冀省委后，晋察冀军区政治部又于6月间在《抗敌副刊》的基础上创办了《抗敌三日刊》，石印，以广大战士为主要读者对象，1940年改为排以上干部为主要读者对象（1942年6月5日更名为《子弟兵报》）。晋察冀军区政治部还创办了《晋察冀画报》《子弟兵画报》《晋察冀画刊》《熔炉》《抗敌月刊》《抗日战场》等刊物。各二级军区和军分区也很重视新闻报刊工作，如：冀中人民自卫军1937年底创办《自卫报》，河北游击军1938年1月创办《国防报》，人民自卫军与河北游击军合编为八路军第3纵队后，《自卫报》改为《抗敌报》，冀中军区成立后，《抗敌报》停刊，改出《前线报》；《国防报》停刊，创办《火星报》。第115师第344旅1937年底创办《战友报》，1940年成为冀鲁豫军区的机关报。冀南军区创办了《团结报》。

中共中央北方局的机关报《新华日报》华北版，于1939年元旦创刊，何允任社长兼总编辑，陈克寒为副总编辑。这是敌后华北第一份四开四版的铅印报纸，单日出刊，每期发行3万份，1940年初达5万份，读者遍及河北和华北各地，乃至北平、天津等敌占区。《抗战生活》是晋冀豫根据地的主要综合性杂志，1939年4月1日创刊，为石印半月刊，张盘石任主编，第6期后休刊，1940年5月1日复刊，改为16开铅印，由何云任社长兼总编辑（1941年12月并入《华北文艺》）。

中共冀晋豫省委于1938年5月1日创办《中国人报》(周刊)，为油印四开的隔日刊，11月1日改为铅印，由通俗文学作家赵树理负责编辑，出版后，秘密送入敌占区，起了很大的宣传作用，不久合并于《新华日报》华北版。中共晋冀豫区党委于1939年9月，将冀西、太南、晋中三《导报》合并于太行区的《胜利报》，使之成为区党委的机关报（1941年7月改名为《晋冀豫日报》，年底合并于《新华日报》华北版）。

中共冀南区党委1939年9月18日创办《冀南日报》，艾大炎任社长，莫循为总编辑，1940年发行达5000份，还办了党刊《平原》。各地委还创办了《黎明报》《滏阳报》《人山报》《群众报》《滏运报》等。此外，冀南区还有《团结报》《工农兵》《新平原》等报刊。

中共冀鲁豫区党委1940年4月创办《卫河日报》。1942年春该报与《鲁西日报》合并为《冀鲁豫日报》，成为中共冀鲁豫区党委的机关报。

在晋察冀边区，《抗敌报》转为中共晋察冀省委的机关报后，于1938年8月16日改为铅印四开四版的隔日刊，1939年初成为中共中央北方分局（后改称晋察冀分局、晋察冀中央局）的机关报，1940年11月7日改名为《晋察冀日报》。该报在邓拓主持下，在极艰苦的战争环境中，从未停过刊，成为边区最权威的报纸。他们“八条骡子办报”的事迹，为各根据地的新闻工作树立了榜样。中共中央北方分局还创办《战线》《新长城》等机关理论刊物。晋察冀边区行政委员会 1938 年 6 月 13 日创办政府机关刊物《边政导报》，1939 年 1 月 15 日创办政府机关报《救国报》，还主办《抗战建设》和不定期的《边政往来》，边区行政委员会教育处主编《边区教育》(后来改为《教育阵地》)。边区以下，形成区党委、地委和县委三级报刊。中共冀中区党委 1938 年 9 月 10 日创刊机关报《冀中导报》，铅印，四开四版，彭椝任社长，朱子强为总编辑，一般发行 2000 份。中共冀东地分委 1940 年元旦创刊《救国报》，油印，7 日刊。

河北各抗日根据地的群众团体也油印、石印、铅印了大量报刊，如晋察冀边区文化界抗日救国联合会的综合性刊物《边区文化》，边区文协会的《晋察冀文艺》，边区剧协会的《晋察冀戏剧》，边区音协会的《晋察冀音乐》，边区美协会的《晋察冀美术》等刊物。冀中区各群众团体创办报刊约 200 余种，主要有冀中新世纪剧社先后创办的《歌与诗》《诗与画》《新世纪诗刊》，冀中妇女抗日救国会创办的《冀中妇女》，冀中文建会创办的《文化工作》等刊物。

河北各根据地的出版工作当时尚依附于新闻机构，书店主要是发行部门，而书刊的出版多由报社兼管。在太行和冀南区，主要出版发行中心是《新华日报》华北分馆和太行文化教育出版社。在中共中央北方局组织领导下，太行文化教育出版社于 1938 年 10 月成立，张柏园任社长，张盘石为编辑部长，主要编写和出版中、小学教科书；党政军领导机关的文件和图书的印刷出版，主要由《新华日报》华北分馆担负。1940 年初，太行文化教育出版社与《新华日报》华北分馆合并。至 1941 年初，两机构共出版发行哲学社会科学、马列主义著作及教材等达 40 余万册。在晋察冀边区，晋察冀日报社、子弟兵报社等边区级报社及各战略区的报社，不仅出版报纸，而且担负编辑出版图书的任务。1941 年 5 月 5 日，新华书店晋察冀分店成立，行政上与晋察冀日报发行科是一个机构，但在业务上受延安新华书店总店的指导，其主要任务是销售报刊、图书。晋察冀日报社自 1938 年出版毛泽东的《论持久战》，至 1942

年底的5年间，共出书156种，计1113207册，其中政治类书占80%以上。

## 二、创办抗日根据地的新型教育事业

河北各抗日根据地在艰苦的敌后抗战和改造旧社会、创造新社会的复杂斗争中，逐步创造了特有的新民主主义的教育结构，其基本特征是：在全部教育中，干部教育第一，国民教育第二；在干部教育中，在职干部教育第一；在国民教育中，工农业余教育重于儿童教育。

干部教育的经常工作和主要途径是在职教育。为此，各根据地普遍建立学习日制度，领导干部建立学习中心组。各级干部根据不同情况，有计划地学习理论、时事政策和文化知识，强调理论联系实际，以自学为主，开展学习竞赛，并将马克思的诞生日5月5日定为学习节，以总结经验，表彰先进，推进在职干部的学习热潮。

为了广泛吸收知识分子，培养各级干部和专门人才，各根据地都创办高等教育、中等教育和各种训练班。这是干部教育的又一重要途径。

中国抗日军政大学（简称抗大）及其分校和华北联合大学（简称联大），是培养高、中级干部的主要高等学校。抗大总校及分校认真执行“坚定正确的政治方向，艰苦奋斗的工作作风，灵活机动的战略战术”的教育方针，坚持“团结、紧张、严肃、活泼”的校风，培养了一批又一批的优秀军政干部。抗大第一、第二分校于1938年冬创办。第一分校于1939年2月进入太行区，何长工任校长，副校长周纯全。同年11月，抗大第一分校除留守大队外，全部迁往山东抗日根据地。第二分校于1939年初到达晋察冀边区灵寿县陈庄，校长陈伯钧（后为孙毅），副校长邵式平，3月初开学。抗大总校于1939年8月开始绕道晋察冀边区，于1940年2月进入太行区，11月初到达邢台浆水地区，并与第一分校留守大队会合。这时总校的工作，由副校长滕代远、罗瑞卿和政治部主任张际春、教育长何长工主持，下设士干科与基本科，分别训练团以上干部和营以下一般干部。在总校领导下，1940 年 11 月，第六分校在太行区正式成立，校长刘忠，政委黄欧东。

华北联合大学于 1939 年 7 月 7 日由陕北公学、鲁迅艺校、工人学校和战时青年训练班部分教职员在延安组成，共 1500 人，成仿吾（原陕北公学校长）任校长，经济学家江隆真为教务长兼社科部长，10 月间到达晋察冀边区首府阜平。联大以培养大批华北地方干部，提高华北人民的抗战觉悟和文化科学知识为主要任务，确立“团结、前进、刻苦、坚定”的校训。当时，联大设社科部、文艺部（原鲁迅艺校副校长沙可夫、著名音乐家吕骥为正副部长）、青年部和工人部，1940 年 7 月增设师范部（部长李凡夫），下设队。同年 10 月，联大提出向正规化发展的口号，将部改为院，院下设系：社会科学院下设财政、法政 2 系；文艺学院下设文、音、美、剧 4 系；教育学院设教育系。学制由 3 个月、半年、1 年不等延长为 1~2 年；并选拔优秀毕业生作为研究生，以培养高级文化干部。1941 年 3 月，晋察冀边区抗战建国学院与联大社会科学院合并成立法政学院（院长郭任之），边区群众干部学校并入联大，在联大增设群众工作部和高中部（部长何干之）。各根据地为解决急需的各类干部，还开办了综合性和专门性的院校及各种训练班。

晋察冀军区于 1937 年 11 月创办军事学校，8 个月内即培养了 1200 名军事政治干部。冀中、冀南两区 1938 年 7 月合办河北抗战建国学院，杨秀峰兼校长，1939 年 2 月因环境恶化而停办，共培养干部 2700 人。1939 年 7 月，冀南政治干部学校（后改为冀南抗战建国学院）成立，至 1940 年底培养干部 2000 余人。

晋察冀边区于 1939 年 4 月创办抗战建国学院，宋劭文兼院长，后与联大合并，两年间共培养税务、银行、合作、区助理等行政和专业人才 1020 人。晋察冀边区还于 1938 年 4 月创办蒙藏学校，1939 年春扩建为蒙藏学院，专门培养少数民族干部。晋冀鲁豫边区创办了抗战建国学院和鲁迅艺术学院分院。

全面抗战前期，中学也属于干部教育的性质。至1940年，晋察冀、冀中两区有中学8所，学生3216人；1941年7月，冀中区有中学和职中4所，学生2645人；冀南区也建立了冀鲁中学和滏东中学。为解决急需的师资问题，师范发展较快，至1940年，冀中区4个专区和藁（城）新（乐）、晋（县）安（国）、深（县）北等县建立了短期师范，有学生1000余人。河北各根据地干部学校教育的创办与发展，为新中国的高等教育建设积累了宝贵的经验。

普及小学义务教育是抗日政府的基本方针。1937年全面抗战爆发后，日本侵略军烧毁、破坏了河北各地的学校设施。敌后根据地建立后，各级抗日政府一面恢复、重建学校，一面对旧的教学制度和教学方法进行改造，使之适应民族革命战争的需要。1939年底，冀南、冀中根据地的绝大多数村庄恢复了小学，到1940年底，小学生总数超过了战前。至1940年底，据武强等23县统计，冀中区恢复和新办小学3142所，高小178所，入学儿童316342人，有11个县入学率超过75%，有的县达95%以上；其中，女生数在1938年为2万人，1939年为4万人，1940年达13万人。在游击区和接敌区，许多学校打游击上课，还准备了敌伪课本，敌人来了即照本宣科，敌人走了又进行抗日文化教育，还有隐蔽的抗日小学、巡回小学和地道小学，有不少教师化装成农民、货郎等，走街串巷，进行分组教学，“敌来停课，敌走上课”。

河北各根据地社会教育十分普及。大多数村庄开设识字班和民众学校，农忙时办午校、夜校，农闲时办半日制的冬学。有些地方开办了“民革室”或“救亡室”等俱乐部，还有展览会和民众教育馆等，各群众团体也都建立自己的学习组织，把广大青年和成人组织到学习中来，进行抗日、民主的政治教育和生产、救灾等科学知识教育，以及扫除文盲为中心的文化教育。在扫盲中，许多地方实行小先生制和在街口、门口设识字牌的办法，识字的教不识字的，或互相问答。冀南区，1939年有识字班1000余处。冀中区第8专区冬学的女学员，1938年有7976人，占学员总数的25.13%；1940

年达 160153 人，占学员总数的 47.38%。几千年愚昧落后的劳动人民开始在文化上也翻了身。

## 三、创办大众的反帝反封建的文学艺术

抗战以来，一批又一批文艺工作者来到河北各抗日根据地，各种文艺团体纷纷成立。在晋察冀边区，1938 年春成立边区文化者救亡协会，翌年 2 月正式组成边区文化界抗日救国会（简称文救会），推选叶正宣、邵子南、周明、李宗美、陶宗侃 5 人为执委会常委。并成立冀中区文建会，在专、县、区、村成立文救分会、文救小组，主要任务是推动农村的各项文化工作。边区文救会直属的文艺、戏剧、音乐、美术等协会也建立起来。1940 年初，中华全国文艺界抗敌协会晋察冀边区分会（简称边区文协）成立，推举沙可夫、田间、魏巍、何洛、康濯等 5 人为执委会常委，主要任务是推动文学创作。

在晋冀鲁豫边区，1939 年 5 月成立晋东南文化教育界抗日救国总会（简称文救总会）。11 月，成立中华全国文艺界抗敌协会晋东南分会（简称文协分会），以李伯钊、何云、孙泱、刘白羽、陈荒煤等人组成理事会，并派大批文艺工作者到冀西等地开展工作。翌年 9 月，晋东南文救总会改为文化艺术界联合会（简称文联，1941 年 9 月改称晋冀豫边区文联，后改为太行文联）。冀南区文化界抗日救国总会也宣告成立，由艾大炎、赵鼎新为正副主任。加上延安和大后方的文艺分支机构，至 1941 年，晋冀鲁豫边区已有文艺作家协会、诗歌研究会、戏剧协会、音乐协会、美术协会、新文字研究会、木刻协会等文艺团体。

在文艺团体和“文化人”的推动下，各根据地专业文艺工作者与群众性的文艺运动相结合，创作了大量反映战争和根据地建设的现实、为人民群众喜闻乐见的诗歌、报告文学和小说。

海燕文艺社于 1938 年 10 月，在《抗敌报》以副刊《海燕》为阵地，介绍“延安街头诗运动日”和田间创作的街头诗，推动了

晋察冀边区街头诗的兴起。同年12月，铁流社成立，由钱丹辉、蓝矛、叶正煊、郑成武等人负责，并于1939年元旦在平山县组织“街头诗活动日”，随后创刊《诗战线》。1939年2月，战地社正式成立后，创刊《诗建设》，田间、邵子南、方冰先后任主编。边区文救会和文艺前卫社也分别创办《边区诗歌》和《前卫诗刊》。1938年10月，著名诗人岗夫（王玉堂）等人创办《文化哨》，为诗歌创作提供了阵地。1939年3月，《新华日报》华北版副刊《新地》开辟街头诗专页。1940年冬，出版岗夫揭露日军暴行的诗集《九月谷上场》。

抗日根据地文学的主要形式是报告文学。周而复的报告文学集《晋察冀行》和《诺尔曼·白求恩片断》，周立波的报告文学集《晋察冀边区印象记》，沙汀的长篇报告文学《随军散记》和《敌后琐记》，丁玲的长篇报告文学《一二九师与晋冀鲁豫边区》等最为著名。陈荒煤的《刘伯承将军会见记》《陈赓将军印象记》，杨朔的《西战场上》《征尘》《铁骑兵》，华山的《窑洞阵地战》《头顶露青天喽》，赵树理的《孟祥英翻身》，魏巍的《雁宿崖战斗小景》《黄土岭战斗日记》《平原雷火》，孙犁的报告文学集《白洋淀纪事》，碧野的《北方原野》，李英儒的《子弟兵夜袭安平城》《攻克文安》等，都有较强的艺术感染力和较大的影响。各根据地群众性的文学创作运动也很活跃，如1939年1月，“晋察冀一周”群众创作活动，收到作品15万余字。

各抗日根据地涌现了大量小说。在抗战初期多是短篇小说，抗战中后期出现了不少中篇和长篇小说。孙犁先后发表《邢兰》《女人们》《丈夫》《荷花淀》等小说，其代表作《荷花淀》成功地塑造了白洋淀水乡妇女的英雄形象，在《解放日报》副刊连载后，得到延安文艺界的好评。蒋弼的《我要做公民》反映了根据地人民的思想变化。邵子南以晋察冀边区反“扫荡”为题材，先后发表《贾希哲夜夜下西庄》《阎荣堂九死一生》《李勇大摆地雷阵》，颇受读者赞誉。康濯的《初春》《腊梅花》《灾难的明天》《我的两家房东》《春种秋收》等小说，深刻反映了抗日根据地农村社会的改革和进步。

抗战前，河北农村十分缺少文化生活。但在抗战后，凡八路军所到之处，戏剧活动非常活跃。各抗日根据地均有一些艺术水平较高的专业剧团，如晋察冀军区政治部的抗敌剧社和自卫周刊社的自卫剧社，及第1~4军分区的战线、七月、冲锋、火线等剧社，冀中的火线剧社和新世纪剧社，晋冀豫边区的火线剧团等。晋察冀边区于1939年7月成立边区戏协分会，晋冀鲁豫边区于1941年8月成立边区戏协分会。为指导戏运的发展，晋冀鲁豫边区戏协分会创办《新华日报》副刊《戏运》，晋察冀边区戏协分会先后出刊《抗敌报》副刊《戏运》和《晋察冀戏剧》。广大农村普遍建立了民众剧团和宣传队。如晋察冀边区，1940年有大型剧团25个，村剧团1000多个。抗敌剧社的刘菁芜创作的大型话剧《我们的乡村》和刘佳创作的独幕话剧《到山那边去》，第120师战斗剧社莫耶创作的三幕话剧《齐会之战》，华北联大文工团丁里创作的歌话剧《参加八路军》等深受群众的欢迎。

在河北各抗日根据地，群众性歌咏活动十分普及。晋察冀边区要求每个妇女和儿童至少要会唱6首救亡歌曲。著名的《在太行山上》《八路军进行曲》《二月里来好风光》《朱德将军》《松花江上》《游击队之歌》《黄河大合唱》等歌曲广为流传。同时，建立音乐团体，创办音乐刊物。晋察冀边区，西北战地服务团创办了边区最早的音乐刊物《歌创作》，周巍峙领导的音乐组两年余时间即创作歌曲200多首。1940年4月，吕骥等人筹办成立了中华全国音协晋察冀分会，并创刊《晋察冀音乐》。晋冀鲁豫边区于1939年5月成立中华全国歌协分会，1940年初创办前方鲁迅艺术学校，不久增设音乐系，并出版《鲁艺校刊》。各根据地还千方百计培养音乐人才，如晋冀鲁豫边区，除鲁艺学校音乐系和民革艺校培养一般音乐人才外，还于1940年底在鲁艺学校开办音乐研究班，培养了一批音乐骨干。

在河北各抗日根据地开辟之初，广大乡村到处是形象生动的墙头画，用以向广大民众进行救亡宣传。随后，外来的美术工作者与新培养的青年美术人才相结合，沿着美术大众化的道路前进，使美术工作有了较快的发展。1939 年 3 月 3 日成立中国美术协会晋察冀分会，并成立画报社，先后编辑出版《抗敌画报》和《晋察冀美术》。到 1940 年，晋察冀边区有上十万条街头写满了标语、诗，画满了画。1939 年，木刻家陈铁耕、胡一川率鲁迅艺术学校木刻工作团从延安到达晋冀鲁豫边区，主编《敌后木刻》，作为《新华日报》华北版的增刊出版，并为边区培养了一批青年木刻家。陈铁耕运用国画技巧，创作的抗日题材的 48 幅连环画《黄阿福》与 28 幅连环画《穷孩子》，被公认为奠定了运用国画技巧表现抗日现实的基础。青年木刻家华山的连环画《王家庄》，具有力与美的现实感，颇受欢迎。

### 四、新型医药卫生事业的创办

随着敌后抗日根据地的开辟，抗日部队和政府为适应敌后抗战与军民健康之急需，积极发展医药卫生事业。1937 年 11 月 9 日，晋察冀军区卫生部成立，叶青山任部长，设医务科、材料科、管理科和后方医院。不久，冀中军区卫生部成立。晋冀豫、冀南、冀鲁豫等军区及各军分区也先后成立卫生机构。为培养急需的医务人员，各根据地以部队为主创办了卫生学校和医务训练班。

为了创办新型的医药卫生事业，各抗日根据地动员、吸收了一批地方卫生医药人员参军。著名的有：曾留学日本的病理学博士、原河北医学院教授殷希鹏，原河北医学院微生物教授刘璞，留日学生、小儿科专家陈其园，留日学生、眼科专家张文奇，北平和平医学院毕业生周之望、崔蕴如，北平医科大学毕业生张增录等。他们成为各根据地医药卫生事业的重要技术骨干，不少人担任了领导工作。这样，解决了医务科技人员奇缺的困难。

为了解决医疗器械缺乏的问题，各抗日根据地因陋就简建立了卫生材料工厂（组），生产脱脂棉、纱布以及丸、散、膏、丹等中成药和部分医疗器械。为了培养医务人员，各抗日根据地以军区为主，创办医务训练队和卫生学校。1939 年 9 月，晋察冀军区卫生学校在唐县牛儿沟成立，江一真任校长，殷希鹏任教务主任，设三个专业，有军医、护士、调剂，学员共 150 人。后来，军区后方医院第二医院并入军区卫生学校，作为该校的治疗与实习基地。后来，军区卫生党校发展成为白求恩卫生学校。八路军前方总部与第 129 师一起，创办了卫生学校（培养医生）和荣誉军人学校（供重伤员疗养与补习）。冀中、冀南等二级军区，也先后创办了军区卫生部等培训、医疗机构。

抗日根据地的医药卫生事业，以全心全意为人民服务为宗旨。在极为艰险的敌后战争环境中，各根据地军政机关的医药卫生部门，发扬救死扶伤的革命人道主义精神，除战地医护外，还经常组织医疗队分赴各地为广大群众治病防疫，派出医疗骨干协助地方开办中、西医训练班和妇幼卫生训练班及乡村卫生员训练班，促进了农村医疗网点的形成和群众性卫生事业的发展。

白求恩大夫是敌后各抗日根据地医药卫生战线上的一位杰出人物，也是可歌可泣的一位国际友人。

白求恩大夫是加拿大共产党员，著名的胸外科医生。1937 年抗日战争全面爆发后，他率领加拿大和美国援华医疗队来到中国，1938 年 6 月 17 日来到晋察冀边区，被委任为晋察冀军区卫生部顾问。他曾先后创办晋察冀军区模范医院、特种外科医院，积极筹办军区卫生学校，还穿过平汉铁路敌人的封锁线，到冀中根据地开展医疗工作。他以精湛的医术为军民服务，亲自抢救了无数伤病员，培养了一批又一批的医疗骨干。在 1939 年冬季反“扫荡”斗争中，他率领医疗队赶往战斗最激烈的摩天岭前线，在敌人已接近手术地的紧急情况下，坚持为最后一名伤员做完了手术，才肯转移。在这次手术中，白求恩大夫左手指不幸被手术刀划破而感染病毒。11 月 12 日，白求恩大夫的病情恶化，抢救无效，在唐县黄石口村逝世。他在生命的最后一刻，给聂荣臻元帅和晋察冀人民留下了遗言："请转告加拿大和美国共产党，我在这里十分愉快，我唯一的希望是能多有贡献！""让我把千百倍的谢忱送给你和其余千百万亲爱的同志。"[1] 为纪念与弘扬白求恩的国际主义精神，1940年2月，晋察冀军区将军区卫生学校命名为白求恩卫生学校，同时将学校附属医院命名为白求恩国际和平医院，并在唐县修建了白求恩墓。毛泽东写了著名的《纪念白求恩》一文。

## 第五节 "百团大战"的胜利

### 一、八路军总部关于"百团大战"的部署

到1940年，河北乃至整个华北各抗日根据地在反围攻、反"扫荡"战斗中更加发展壮大，根据地的政治、军事、经济、文化建设都有了较大的成效。同时，日军在华北加紧推行"治安肃正"计划和"囚笼政策"，广修据点、沟墙。截至1940年夏，仅在晋察冀边区已构成690个据点，其中路西206个，路东432个，平西52个，日伪军分进合击亦较容易和经常，而八路军之大兵力活动则感困难。[2] 日军除巩固原有铁路、公路外，1940年6月中旬起又抢修石（门）德（县）铁路，还以石门为中心先后开辟与拓宽了通往正定、获鹿（今鹿泉）、元氏、栾城、藁城、沧县、赵陵铺等8条公路，妄图分割和封锁抗日根据地，尔后重兵"扫荡"，以消灭八路军，摧毁抗日根据地。同时，国民党顽固派的妥协投降倒退的逆流也日益弥漫发展着。

在这种情况下，为了粉碎日军上述计划，遏制国民党顽固派的妥协投降活动，1940年春天，彭德怀、左权、刘伯承、邓小平、聂荣臻等人在晋东南酝酿确定要发动一次大规模的正太路破击战。

---

[1] 转引自《聂荣臻回忆录》(中)，解放军出版社1984年版，第488页。

[2] 聂荣臻：《在晋察冀军区高级干部会议上关于军事问题的报告提纲》，1940年7月17~18日。原件存中央档案馆。

7月22日，八路军总部发出《关于破击正太路战役预备命令》，指出："由于国际形势的变动，我西南国际交通路被截断，国内困难增加，敌有于8月进攻西安截断西北交通之消息，似此，一部大地主、大资产阶级之更加动摇，投降危险亦随之严重。""为打击敌之'囚笼政策'，击破敌进犯西安之企图，争取华北战局更有利的发展，决定趁目前青纱帐与雨季时节，敌对晋察冀、晋西北及晋东南'扫荡'较为缓和，正太沿线较为空虚的有利时机，大举破击正太路。""彻底破坏正太线若干要隘，消灭部分敌人，收复若干重要名胜、关隘据点，较长期截断该线交通，并乘胜扩大拔除该线南北地区若干据点，开展该路沿线两侧工作，基本是截断交通为目的。"[1]8月8日，八路军前方总部下达战役行动命令，决定于8月20日开始战斗。这一战役后来发展到有华北各抗日根据地的105个团参战，故被称为"百团大战"。

## 二、正太路破击战和全面破交战

日军在正太路沿线构筑了许多坚固的堡垒群，各堡垒之间又有交通壕相连，周围设有铁丝网、外壕等障碍物，并且构成严密的火力网。仅平定至石家庄铁路两侧，敌人据点就有40余个，守备正太线的敌人，由东至西依次为日军独立第8、第4、第9混成旅团。其中守备石家庄至平定段的，是日军独立第8混成旅团及第4混成旅团一部。

根据八路军总部的作战命令，1940年8月20日夜10时，八路军对正太路发起全线攻击。晋察冀军区抽调8个步兵团、1个骑兵团、2个骑兵营、3个炮兵连、1个工兵连、5个游击支队，担负破袭正太路之阳泉至石门段的任务。郭天民、刘道生指挥右纵队向乱柳（阳泉附近）至娘子关段破袭，重点进攻娘子关，准备奏效后

[1] 参见政协河北省委员会编：《晋冀鲁豫抗日根据地史料汇编》（上），河北人民出版社2015年版，第593页。

向阳泉方向扩张战果。娘子关是正太路上冀、晋两省交界的咽喉，过去国民党军队在这里修了不少国防工事。日军占领这里后又修筑了4个大堡垒。担负主攻任务的第5团部队首先解决了关下村里的伪军，然后依托村庄向敌人堡垒猛攻。经过3个小时的反复冲击，终于在近黎明时夺取了娘子关，歼灭守敌大部，并乘胜破坏娘子关东面的铁路桥及附近工事和通信设施，收割电线1000多斤。天亮后，敌铁甲车来援，部队从娘子关退出。杨成武指挥中央纵队破袭娘子关至微水段铁路和井陉煤矿，重点进攻井陉煤矿。井陉煤矿与阳泉煤矿同为日军在华北的重要燃料基地。敌人在老矿和新矿四周均修有一丈多高的围墙，墙上挂起电网，电网外有铁丝网与外壕，内有大小堡垒，在离矿区8里的北面山上，还修筑了3个碉堡，作为外围。担负主攻任务的第3团在矿区工人配合下，首先切断了矿区电源，靠着夜幕掩护，向敌人发起猛攻。到21日黎明时，将守敌全部歼灭，将矿区一部分重要机件拆除并运往根据地，其余厂房、矿井及敌人堡垒全部予以破坏。其他部队攻入沿线蔡庄、南岭、北峪等敌占据点多处，并对铁路桥梁进行了破坏。熊伯涛指挥左纵队向微水至石门段铁路攻击，20日晚首先攻击岩峰、上安两个铁路据点，敌人凭借坚固工事据守顽抗，部队攻击未果。

与此同时，第129师部队向正太路阳泉至榆次段进攻，重点破袭阳泉至张净镇段铁路。由刘伯承和邓小平直接指挥攻打阳泉西的桑掌阳泉大桥，由陈赓、王新亭负责指挥攻打寿阳至榆次一线。经过一昼夜激战，攻克了芦家庄、马首、和尚足、桑掌等据点、车站。至8月25日，又攻克上湖、坡头、燕子沟、狼峪、张净，并攻占阳泉的外围据点冶西。第129师于8月20日发起攻打阳泉城的战斗。第二天，日军动员阳泉城全部日军及武装日侨，在飞机掩护下，向八路军占领的师垴山高地发起猛烈进攻。26日，日军兵力增至1500余人，除继续猛攻师垴山阵地外，同时向八路军右翼平定以西的冠山阵地进攻。为避免在不利情况下与敌决战，八路军遂主动撤出师垴山主峰，以小部队牵制敌人，主动转向破路的任务。至 9 月 10 日，经过 20 天激战，完成了正太路破袭战的任务。八路军基本上控制了正太路 218 公里全线，并破坏 2/3 以上铁路，使正太路全线瘫痪，井陉煤矿被严重破坏。第 120 师也对同蒲路北段和晋西北部分据点进行攻击。

配合正太路作战，冀中、冀南、冀东等地军民在“不留一条铁轨，不留一条枕木，不留一座桥梁”的战斗口号下，向平汉、北宁、石德等铁路和邯长、沧石等公路展开破击。冀中区动员 10.3 万以上的群众，配合部队多次破击平汉、津浦、北宁、石德路以及境内公路。从 8 月 20 日至 9 月 20 日，冀中军民共平毁公路、铁路 500 多公里，炸毁大桥 20 座，收割电线 2.7 万斤，毙伤俘日伪军 1300 余人。冀东军民袭占了北宁路上的赵各庄、唐庄子据点和古冶车站，并一度攻入唐山市，破坏了北宁铁路和各地公路。八九月间，冀东主力一部南下平原地区，连克蓟县的上仓、下仓、三岔口和宝坻县的新安镇、八面城、林亭口及宁河县的张头窝等据点，然后掉头北上，直插三河境内，平谷城下，打通了长期被敌分割的丰玉遵根据地与盘山根据地之间的联系。第 129 师部队与民兵和成千上万的群众，冒着敌人的枪林弹雨，破坏敌人的铁路、公路及一切附属建筑。冀南区先后出动 10 个主力团和各县游击队参战，动员群众 25 万人次破路。因此，使河北乃至整个华北敌人的铁路、公路陷入人民战争的火海之中。

### 三、摧毁日军深入根据地的据点

9 月 10 日，“百团大战”开始第二阶段战役，总任务是摧毁敌军深入根据地内的交通线和据点。

根据八路军总部的部署，晋察冀军区为开展西北方向的工作，集结主力，破击涞源、灵丘境内的公路，夺取涞源、灵丘两城（主要目标为涞源）；同时以有力部队在同蒲路东侧，积极配合第 120 师作战。为此，晋察冀军区组织了“涞灵战役”。以第 1、第 2、第 3、第 20 团和骑兵团主力及第 1 军分区特务营与军区工兵连，组成右翼队，由杨成武指挥，夺取涞源及附近据点，而后协助左翼队夺取灵丘。以第6、第26团及察绥游击支队，组成左翼队，由邓华指挥，阻敌增援，配合右翼队，相机夺取灵丘及附近的各据点。

9月20日，涞灵战役打响。是日夜里10时，杨成武右翼队向涞源城及附近据点发起攻击。经一夜激战，攻占了涞源东、西、南三面城关和附近几个据点。但由于敌人防守严密，施放毒气，加之攻击部队兵力分散，因而伤亡较多，进展不大。23日，改变部署，由一部监视城内敌人，集中主力扫清周围据点，先后攻下了敌人筑有坚固工事的三甲村、东团堡等据点十几处，歼敌数百。在进攻东团堡的战斗中，部队冒着毒气向敌人勇猛冲击，敌人顽强抵抗，经反复冲杀，全歼日军第2混成旅团士官教导队大队长以下100多人，残敌27人被迫投火自焚。日军驻涞源警备司令为此作了所谓《大日本皇军驻东团堡井田部队长恨歌》，刻于石上。9月28日，张家口、蔚县等处敌人3000余人增援涞源，攻城部队遂主动放弃涞源地区的作战。10月2日，开始涞灵战役第二期作战。邓华指挥4个团、1个支队、2个营的兵力，向灵丘、浑源、广灵地区出击。曾先后袭入南坡头、抢风岭、青磁窖等处据点。在攻打南坡头据点的战斗中，打了一场干脆漂亮的歼灭战，一举歼灭日军70余人。但是，由于灵丘、浑源、广灵地区的日军，会同大同增援之敌1000余人，实行反扑，日军第110师团、第2混成旅团等也集结兵力，准备进攻根据地，因此，涞灵战役于10月10日提前结束。

涞灵战役历时18天，毙伤俘日伪军1100多人，缴获各种枪支290多支（挺）及大批子弹。为策应涞灵战役，冀中部队主力于10月1~20日进行了“任（丘）河（间）大（城）肃（宁）战役”。各地游击队和民兵配合部队破路、挖沟、炸桥，围困和打击敌人。“任河大肃战役”共作战112次，毙伤俘日伪军800余人，缴获各种枪支300多支（挺），攻克据点29处，破坏铁路5公里，公路150多公里。这一战役歼灭了大量敌人有生力量，严重破坏了敌人密集的交通网和据点堡垒，摧毁了这一地区的大部分伪组织，恢复了抗日村政权和群众组织，打击了敌人控制冀中中心地区的企图。也牵制了敌人大量兵力，有力地配合了晋察冀及整个华北战场的作战。与此同时，第129师进行了榆（社）辽（县）战役，主要任务是拔除辽县至榆社公路沿线日军的据点，相机收复和顺、辽县两城，并准备在榆社、辽县地区打击可能从平（定）辽（县）或白晋路方面增援的日伪军。8月23日，战役打响，至24日，相继攻克沿华、三景、小岭底、铺上敌据点。榆社是日军在榆辽公路上的一个重要据点，筑有坚固工事，严密火网，驻有日军200人，伪军60人。战斗自23日打响后，经三次进攻，敌退守榆社中学，负隅顽抗，施放毒气。25日下午4时，突击部队利用坑道作业，将敌碉堡西南之围墙炸开缺口，大部队乘烟雾突入榆社中学，全歼日伪军。与此同时，第129师部队攻克石匣据点和辽县以北寒王据点，辽县陷于孤立。这时，日军由和顺、管头增援辽县。第129师决定停止进攻辽县，转为打援。遂于29日攻克管头，全歼守敌。30日，日伪军在8架飞机配合下，向八路军阵地猛攻。为避免伤亡，第129师部命令部队主动撤出战斗。为策应此役，冀南、冀西部队对平汉铁路元氏至安阳段进行了严重破坏，一度攻占邢台车站，并破坏了石德铁路和邯（郸）济（南）公路的部分路基。太行区部队破袭了磁县至安阳间的铁路。

### 四、粉碎日军报复“扫荡”

日军遭到突然打击后，从10月6日起逐次“扫荡”晋东南、晋察冀等抗日根据地。日军自10月6日开始，集中武安、武乡、辽县、襄垣、潞城之兵力，采取所谓“铁壁合围”“捕捉奔袭”“梳篦战”“辗转抉剔”等战术，向太行根据地腹心区进行反复“拉网扫荡”。第386旅、第385旅与决死1纵队主力，与日军周旋，以打击、消耗敌人。第10旅则乘敌之后方空虚，在和（顺）辽（县）公路之弓家沟设伏，击毁汽车44辆，歼敌运输队近百人。遂迫使分路“扫荡”辽县、武乡、榆社之敌，于10月17日撤回原驻地。10月20日，日军调集近万兵力，再次“扫荡”太行区，重点放在漳河沿岸，企图围捕八路军领导机关。敌军扑空后，大肆烧杀。10月25日，敌军猛攻黄涯洞兵工厂，多次施放毒气。第386旅一部、总部特务团及民兵自卫队顽强阻敌，激战3天，敌军未得逞。10月29~31日，在关家垴西之山顶高地，第386旅侧击日军冈崎大队，经激战，毙敌大部。日军调集1500余人增援，第386旅主动撤出战斗。关家垴战斗，击毙日军冈崎谦受、今富光藏两个大队长，毙伤日军400余人。

10月13日，日军集中1万多兵力数路进攻平西。平西部队经过半月苦战，迫敌主力撤退。10月24日，日军对冀中进行报复，在蠡县、安国、博野地区屠杀民众800多人，屠杀政府干部200多人；27日又在赵晖、郭家庄屠杀民众2200多人，屠杀政府干部数百人。11月初，日伪军数路向晋察冀区进攻。晋察冀军区机关和主力部队及时跳出了敌之合围圈。15日，敌占领阜平后，实行分区“围剿”。边区各界民众立即行动起来，实行彻底的清野空舍，广泛开展游击战争。20日，军区部队攻克陈庄，歼敌1000余人。在军民的英勇打击下，日伪军自25日起，除留1000多人企图长期盘踞外，主力开始撤退。1941年1月1日，军区部队收复阜平城。至1月4日，反“扫荡”作战结束，共毙伤俘日伪军4800多人。

为配合反“扫荡”作战，冀南部队在群众协助下，10月30日~11月12日，对石德铁路和邯济、邯大等公路及乡村大道展开大破击，歼敌350多人，破坏铁路100多公里，破坏公路330多公里。至12月5日，冀南有25万群众参战，破路211次。冀中区部队11月15日向石德铁路进攻，至11月26日，共作战60多次，歼敌1100多人，争取伪军反正120人，参战群众7.7万多人，毁坏铁路10公里、公路240公里。12月7日起，冀中区部队又进攻平汉路，至17日，歼敌470多人，炸毁机车2辆、汽车15辆。12

月 26 日，冀中部队在定县至新乐宣村伏击满载敌军 300 多人、汽车 40 辆和大量物资的一列军车，仅半小时，全歼敌人，炸毁机车和全部军用物资。

## 五、“百团大战”的影响

“百团大战”是抗战以来首次大规模的主动进攻战役，于 1940 年 8 月 20 日发起，至 1941 年 1 月 5 日结束，沉重地打击了敌人。整个“百团大战”战役，抗日根据地军民共进行大小战斗 1824 次，毙伤日军 20645 人，俘虏日军 281 人，毙伤伪军 5155 人，俘虏伪军 18407 人，日军携械投诚 47 人，伪军反正 1845 人（以上共 46380 人）。加上，晋西北抗日根据地反“扫荡”作战，毙伤敌 2500 余人；晋察冀军区阜（平）王（快）作战，毙伤敌 2000 余人。总共毙伤俘日伪军 50880 余人，破坏铁路 474 公里，公路 1502 公里，车站、桥梁、隧道 261 处，攻克据点 2900 多处，缴获日军作战物资甚多，其中各种炮 53 门，各种枪 5800 余支，另有毒气炮弹 57 发、毒气筒 2059 个、防毒面具 1051 个。[1] 此役，使正太铁路 3 个多月无法修复，使日军华北交通一度全部陷于瘫痪，“需要长时间和巨款方能修复”。因而，大大提高了共产党、八路军的声望，增强了全国军民抗战必胜的信心，对于遏制国民党顽固派妥协投降逆流起了积极作用。八路军在“百团大战”作战中阵亡 1.7 万余人，日军先后使用毒气作战 20 次以上，造成八路军官兵 21182 人中毒，其中旅长级干部中毒者有陈赓、周希汉、陈锡联、范子侠、谢富治、尹先炳等 8 人（见表 12-1）。

[1] 军事科学院军事历史研究部：《中国抗日战争史》（中卷），解放军出版社 1991 年版，第 623 页。

**表 12–1 百团大战中第 129 师缴获日军化学武器及中毒人数统计表**

| | | 第一阶段 | 第二阶段 | 第三阶段 | 合计 |
|---|---|---|---|---|---|
| 缴获化学武器 | 瓦斯弹 | 47 发 | — | 10 发 | 57 发 |
| | 毒气筒 | 93 箱 | 28 筒 | 10 筒 | 93 箱 38 筒 |
| 中毒人数（名） | 干部 | 50 | 100 | 30 | 180 |
| | 战士 | 1200 | 3000 | 500 | 4700 |

注：据人民出版社 1982 年版《百团大战史料》之《第 129 师进行百团大战三个阶段的战绩统计表》而编成。

经过"百团大战"，"由于共军大规模的奇袭攻击，导致（日本）华北方面军更大规模的反击战，进而发展到消灭根据地的作战"。[1]在"百团大战"中八路军所显示出来的强大阵容，也使国民党顽固派进一步增加了反共警惕。因此，"百团大战"之后，河北乃至整个华北抗日根据地，进入了更加复杂、剧烈和艰苦的斗争时期，也即黎明前的黑暗时期。

❶ 日本防卫厅战史室编：《华北治安战》（上），中译本，天津人民出版社 1982 年版，第 295~296 页。

# 第十三章　敌后严重困难与中共中央的方针

## 第一节　敌后抗战进入严重困难时期

### 一、太平洋战争爆发前后的形势

1940 年 9 月，日本与德、意法西斯签订军事同盟条约，从此，开始把侵略矛头指向东南亚和太平洋广大区域。日本急于解决中国战事，于 1941 年 1 月制定《对华长期作战指导纲要》，决定以确保占领区为主，使占领区成为支持扩大侵略战争的基地。从 1941 年初起，日本华北方面军调集重兵，对敌后各抗日根据地进行了大规模的“扫荡”“蚕食”和“清乡”，企图彻底摧毁中国共产党领导的人民抗日力量，巩固其对占领区的统治。同时，日本侵略者对国民党正面战场也加紧了军事进攻，先后发动了豫南和晋南中条山战役、江西上高战役、第二次长沙战役和雷州半岛登陆作战等，并切断中国对外的陆路和海上交通线，阻止英、美等国对中国的援助，还对重庆等大后方城市进行大规模轰炸，企图逼迫国民政府妥协投降。

当时，美国为了保持其在中国和亚洲的殖民利益，一方面，以经济和军事援助支持中国抗战，先后于 1940 年底和 1941 年初向中国提供 1 亿美元贷款和通过《武器租借法案》，并派陈纳德为首的美国志愿空军——“飞虎队”，直接帮助中国空战，以拖住和消耗日军主力，阻止其继续南进；另一方面，却又暗中酝酿着以承认伪满洲国，牺牲中国长城以北的领土和主权，来换取日本对美国在中国和亚洲殖民利益的承认，并进而促使日本北上进攻苏联的“东方慕尼黑”阴谋。从1941年3月到太平洋战争爆发，日美之间始终进行着讨价还价的秘密谈判。

但是，与美国“绥靖”政策的本意相反，日本在权衡了“北上”和“南下”的利弊之后，认为日本发动战争的主要利益是为了解决“中日事变”，征服中国，进而称霸亚洲。在这个问题上，日本的主要对手当时是美国而不是苏联。而在与日本作战的准备上，又恰是美国而非苏联，缺乏全面和充分的准备。因此，1941年7月日本裕仁天皇“御前会议”正式作出“南下”作战决定。10月，东条英机上台组阁。12月8日，日本不宣而战，向美国在夏威夷群岛珍珠港的太平洋舰队发动了突然袭击，几乎炸沉了美国太平洋舰队的全部战舰和飞机，炸死炸伤美军官兵4000余人，使美国受到重大损失。因此，美国、英国同时对日宣战，太平洋战争爆发。1942年1月1日，以苏、美、英、中4国为首的26国在华盛顿签署《联合国家宣言》，太平洋地区反法西斯国际统一战线正式成立。

太平洋战争初期，由于美、英等国事先缺乏必要的战争准备，日军的突袭进攻获得了相当的成功。1942年上半年，日军先后攻占了菲律宾、马来半岛、泰国、新加坡、印度尼西亚和缅甸等几乎所有的东南亚国家。日本当局认为“这是前所未有的处理事变的绝好机会”，[1]因此更加紧了对中国正面战场特别是敌后战场的进攻，中国抗日战争，特别是华北、华中敌后抗日根据地人民的抗日斗争，遇到了暂时的严重困难。

## 二、日军的“蚕食”政策和“治安强化”运动

日本为确保华北占领区，把华北变为太平洋战争的“兵站基

[1] 日本防卫厅战史室编：《华北治安战》(下)，中译本，天津人民出版社1982年版，第94页。

地”，迅速增强了日本华北方面军的兵力。到 1941 年，日本华北方面军增至 32.5 万余人，华北伪军增至 10 万余人。[1] 日本华北方面军将过去单纯的军事进攻，改变为“三分军事”“七分政治”，政治、军事、经济、文化等为一体的“总力战”；将过去短期的“鲸吞式扫荡”，改变为“堡垒主义”，进行步步为营，有计划的“蚕食”，长期“扫荡”与反复“清剿”；将过去一般的烧杀抢掠，改变为杀光、烧光、抢光的“三光”政策，企图彻底摧毁抗日根据地。1941 年 3 月至 1942 年底，华北日军实施了五次“治安强化”运动。

华北日军所谓“治安强化”运动，就是把其占领区，划分为“治安区”“准治安区”“非治安区”，对不同地区的不同情况，采取不同的“治安”措施。

在所谓“治安区”内，即在日伪军事政治统治相对稳定的占领区内，日军利用日伪在这些地区军事上的相对优势，强制推行“大编乡”，建立一套村、乡、县、道的伪政权，实行“清乡”政策，强行清查户口，颁发“良民证”，建立“保甲制度”与村民“连坐法”，以强化其政治统治；建立“新民会”“兴亚会”、伪商会、伪合作社、伪佛教总会等，对青年进行强制特务训练，对群众实行奴化教育；在军事上，有计划、有步骤地建立村、县伪自卫队、保安团、警备队，强化伪军建设。同时，开展所谓“自首”运动，收买叛徒，破坏共产党和八路军在该地区的地下组织，强迫群众在城市周围与铁路、公路沿线挖封锁沟，修封锁墙和据点碉堡，以阻止八路军进入活动。

在所谓“准治安区”，即日军与八路军争夺拉锯的“游击区”，日军实行“蚕食”政策。首先，对要“蚕食”地区，采取秘密的方式，派大批特务、间谍到要“蚕食”地区，散布谣言，挑拨离间，进行大量的政治、军事、思想的渗透，动摇民心，瓦解抗日政权和

---

[1] 彭德怀：《敌寇治安强化运动下的阴谋与我们的基本任务》，1941 年 11 月1日。河北省社会科学院历史研究所等编：《晋察冀抗日根据地史料选编》（下），河北人民出版社 1983 年版，第 142 页。

组织，造成民心涣散。其次，采取突然袭击和大兵压境，将八路军主力从该地区赶走，强迫该地区老百姓实行“大编乡”或“集家并村”，在该地区制造了许多惨无人道的“人圈”和“无人区”，并强迫群众修封锁沟墙和据点碉堡，以切断抗日根据地和游击区、八路军和群众的联系。日军以此办法，逐步地“蚕食”抗日根据地游击区，压迫八路军主力退缩到巩固区的狭小范围，并逐步把游击区变为“敌占区”。

对所谓“非治安区”，即八路军抗日根据地的巩固区，日军进行残酷“扫荡”“清剿”，实行“三光”政策。首先集中优势兵力，有计划地进行长期“扫荡”和反复“清剿”，企图歼灭八路军主力。在此目的达不到时，日军则在根据地内实行“三光”政策，以彻底摧毁根据地军民的生存条件。

日本华北方面军企图以上述血腥政策，达到逐步巩固和扩大其“治安区”，缩小乃至消灭“非治安区”，把华北变为其大东亚战争的“兵站基地”。

地处华北抗战前哨的河北各抗日根据地，是华北日伪推行“蚕食”政策和“治安强化”运动的重点地区。在晋察冀边区，日伪从1940年开始挖封锁沟：一条东起涿县，向西经易县、紫荆关、涞源，一直到（山西）灵丘、浑源，企图把北岳区[1]分割为南北两块；另一条北起易县，向南经满城、完县（今顺平县）、唐县、曲阳、行唐，一直到灵寿，并与平汉路平行，企图把山区根据地与冀中平原分割开来。日伪还在冀、晋交界的各县之间、各乡之间，铁路、公路沿线和据点周围，均挖了封锁沟，有的还引河水灌入，实行严密封锁。为了分割、封锁冀中与冀南两根据地，日伪新修了德石铁路和大量公路，开凿永定河与大清河之间的运河。在冀南区，1940年底，有公路83条，共2000多公里；1941年春增加到160条，共2500多公里；1942年增加到600条左右，共达5000多公

[1] 1941年1月1日晋察冀区改称北岳区，辖境未变。

里。据点、碉堡是敌人联结铁路、公路、河流和封锁沟墙的枢纽。在晋察冀边区，敌人据点1941年春有800多个，1942年6月增至1460多个，平均每县有据点15个。在冀中平原，1942年“五一扫荡”后，敌人共修据点碉堡1753个，平均4个半村有1个；共修铁路、公路8379公里，修封锁沟墙4186公里，平均每百平方公里有公路20公里、封锁沟20公里、封锁墙1公里；冀中根据地被分割为2670小块。在冀鲁边区的24个县内，1942年下半年敌人封锁沟达1400公里，公路达4000公里，敌据点碉堡密布，第1军分区7个村有1个据点，第2军分区8个村有1个据点，第3军分区10个村有1个据点。

日军为分割、封锁抗日根据地，阻断八路军与人民的联系，还在冀东、平北的长城沿线、冀西及晋东北，制造了三大块“无人区”。长城沿线的“无人区”面积最大、斗争最惨烈。日本侵略者为保障伪满洲国境之安全，1939年和1940年，开始在冀热边界地带小规模制造“无人区”；1941年9月驻承德的日军制定了《国境地带无人区方案》，关东军与伪华北、伪蒙疆日军配合行动，有计划地在长城内外推行“集家并村”和“焦土”政策，沿长城两侧之热南、热中、热西、辽西及察南地区，划出“无住禁作地带”，烧毁村庄、房屋和庄稼，把群众驱赶到集中居住的“部落”(“人圈”)里。至1944年初，日本侵略者宣布其“无人区”计划基本完成，制造了西起赤城县独石口以东的老丈坝，东至山海关以西的九门口，长约1000公里，宽25~250公里，面积约5万平方公里的“无人区”。其中，约8500平方公里为“无住禁作地带”，有1.7万个自然村被集家并村，建立了2506个“部落”，有140万人被驱赶集家进“人圈”。[1]当时，热河有214179户（1070895人）被集家，占总户数的33.4%；有123718户（618590人）被迫迁移，占总户

[1] 中共河北党史研究室编:《长城线上千里无人区》第1卷，中央编译出版社2005年版，第43页。

数的19.3%，占总人口的17.9%。[1]

日伪军对河北各抗日根据地在逐步“蚕食”的基础上，进行了疯狂的大规模“扫荡”和“清乡”。第一次“治安强化”运动期间（1941年3月30日~4月5日，实际延续到6月），日军“扫荡”了冀中第10军分区和冀东区，迫使两地八路军主力部队分别暂时转至平汉路以西地区和长城以外地区。第二次“治安强化”运动期间（1941年7月7日~9月7日），日军集中7万兵力对北岳、平西根据地进行了为期2个月的“铁臂合围”大“扫荡”。在第三次“治安强化”运动期间（1941年11月1日~12月25日），日伪军对太行区进行了三次较大规模的“扫荡”。第四次（1942年3月30日~6月中旬）、第五次（1942年10月8日~12月10日）“治安强化”运动期间，日军集中兵力对冀东根据地进行了三次大规模的“扫荡”，对冀南和冀中进行了极端残酷的“四二九”大“扫荡”和“五一”大“扫荡”，对太行根据地进行了4次5000人以上的“扫荡”。至此，河北各抗日根据地的巩固区大大缩小，大部分变为游击区和敌占区。

日军在河北各地进行“治安强化”运动和“清乡”运动中，肆意进行烧杀奸淫。1939年夏，日军提出杀光、烧光、抢光的“三光”政策后，特别在太平洋战争爆发前后，日军的残酷“扫荡”结合“三光”政策，其暴行之野蛮、疯狂达到了世界战争史上无与伦比的程度。1941年1月25日，日军在冀东制造了潘家峪惨案，全村被杀1301人，重伤84人，烧毁房屋1398间，活着的（包括下落不明者）只剩303人。1941年冬，日军对北岳、平西大“扫荡”，烧毁房屋25万间，粮食5800万斤，杀害群众4800多人，抢走壮丁1.7万多人，抢掠牲畜1万多头。在涞源县东杏花村，日军把23个干部、群众捆在木桩上，或刺死，或开膛，还把两个人的头骨砸开，取出脑汁掺在玉米粥中，取名“开脑粥”，强迫群众喝

[1] 此原件存中央档案馆。

下。在曲阳县沟里村，日军把 100 多人赶进房中，放火焚烧，不少群众冲出后又被抓住，将 50 多人扔在一口井里，还往井下甩石头、手榴弹和燃烧的木柴，致使群众全被残害。

日军在“扫荡”中，大肆使用毒气战、细菌战。由过去主要对部队使用发展为主要对群众使用，由主要是较小规模的使用发展为主要是大规模的使用，由间隙时间较长发展为经常性使用。据不完全统计，在冀东地区，1941~1945 年，日军制造了 21 起毒气战惨案，中毒伤亡军民 2300 余人，其中死亡 1600 余人。1941 年，日本关东军派遣独立守备队 4 个大队，协同独立第 27 师团，进行“冀号”作战，命令各大队要携带毒瓦斯和防毒面具，小川政夫所在的独立守备步兵第 7 大队各中队携带红筒 5 个、绿筒 100 个、绿棒 100 个、发烟筒 100 个及防毒面具 50 个。1941 年 7 月中旬，在河北玉田县东南母庄，日军第 7 大队 400 多人，为搜查兵器，将村民 150 人赶到村东北路旁洼地里，凶狠地进行集体拷问，并点燃小型绿筒 1 个、发烟筒 2 个、绿棒 5 个，达 30 分钟以上，村民有半数呕吐，不能走路的十几人，有 3 名幼儿因窒息而死。1942 年 5 月，日军对冀中大“扫荡”，在无极县、定县之间的赵户村，灵寿县朱食村和朱骇村，定县北疃村，唐县岳烟村及拒马河，无极县黑贵子村，深泽县白庄和宋庄，以及冀南威县掌史村等地，施毒 10 余次，仅 5 月 27 日，在定县北疃村向地道内施放赤筒和绿筒毒气，就使 800 多名战士、群众中毒死亡或被杀害。1943 年春，日军“扫荡”灵寿结束时，在上、下石门村散布鼠疫跳蚤，造成该村突发鼠疫，全村 200 多户严重时每天死亡 40~60 人。同年三四月间，日军“扫荡”易县后，在油味村投放鼠疫老鼠，几天内村民死亡 70 多人。同年 8 月底至 11 月上旬，日军在北平进行霍乱试验后，又进行鲁西霍乱作战，掘开卫河左岸堤防，投放霍乱细菌，仅冀南抗日根据地即受灾 30 多县，灾民 400 多万人，水淹、霍乱、饿死近 20 万人。

## 三、日军实施毁灭性的经济掠夺

太平洋战争爆发前后，日军在华北加紧了毁灭性的经济掠夺。

日本没收了英国经营的开滦煤矿和门头沟煤矿，至此，河北各地的煤矿几乎全为日本所控制。到1942年3月，日本的“兴亚院”在华北设立了31个公司和若干个厂矿，控制了包括河北在内的华北沦陷区的全部交通工矿企业。还在伪蒙疆地区和华北地区分别设立了“兴亚院”联络部，在北平设分社，在张家口等地设支社。侵华日军和各财团、民间组织及个人均在沦陷区经商办企业，从事经济掠夺。日本大力开发龙烟铁矿，1942年矿石产量占华北铁矿石产量的80%。为加快掠夺龙烟铁矿，日军不断开展“紧红”运动，也就是加快出铁矿石的运动，矿石的运出越来越多，一批一批矿工被折磨致死。龙烟铁矿庞家堡矿的“万人坑”“肉丘坟”，是日军奴役、掠夺中国人民的罪证。日本从英国人手中接管开滦煤矿后，进行疯狂的掠夺性开采，最高年产达660多万吨，在3年9个月里共掠走煤炭2260多万吨。

河北的农产品，尤其粮食、棉花，是日本掠夺的主要战略物资。在沦陷区，日军推行所谓“囤粮保管”和“计口授田”政策，在麦收、秋收时，强迫农民到“公共打粮场”去收打，所收获的粮食要全部交给日军据点的仓库“保管”，之后，每月再按定量，“配给”农民很少一点口粮。日军低价征购粮食，甚至无代价征收粮食。日军对冀中、冀东、冀南等地，还制订了抢粮计划，组织抢粮队、运输队，抢掠了大量粮食。日军为掠夺棉花，强制农民多种棉花，规定冀中、冀西等产棉区农户，必须以7/10的耕地种植棉花。日军还强制发行植棉贷款，限制农民必须把棉花卖给伪新民合作社。伪新民合作社收购棉花时，又使用140斤抵100斤的特别大秤，而价格比市场上低一半，还要强收手续费，因而使棉农吃尽苦头。

畜产品也是日军掠夺的重要物资。日军除大肆抢掠外，还以所谓“公定价格”强制收购牲畜、皮毛。据伪蒙疆畜产股份有限公司 1944 年 5 月 1 日至 1945 年 4 月 30 日年度决算报告，一年间日本掠夺的皮张有：绵羊毛皮 67414 张，山羊皮 28380 张，子绵羊毛皮 28214 张，子山羊皮 34322 张，绵羊胎子皮 1076 张，山羊胎子皮 1742 张，犬毛皮 12472 张，牛皮 31702 张，马皮 1766 张，驴皮 1721 张，狐皮 773 张，黄羊皮 4393 张，猫皮 1841 张，狼皮 158 张，裘制皮 177 张，黄鼠皮 15 张，玛瑙皮 2 张。还有骆驼皮、牛头皮、牛腿皮等 31 种共 270640 张。按当时所谓“公定价格”价值 2.95 亿元，而市场价格为 29.6 亿元。[1]

日本还疯狂掠夺劳动力，征发大量劳动力筑点碉、挖沟、修路。据冀南区巨鹿县大韩寨和大吕寨、冀县北冯村、新河县西干庄共 1150 户的统计，1 个月内出夫工 18294 人次，平均每户 6 人次；依此类推，冀南区每年为敌出夫工 3.6 亿人次，平均每个劳动力要用 1/5 的时间为日军出夫做工。日军还把大量青壮年抓去东北和日本做苦工，至 1942 年 6 月，日军从河北及整个华北抓掠青壮年 600 万人以上。日本还与汪伪国民政府签订了所谓“连运契约”，从 1943 年 7 月至日本投降前，日军从河北等省抓捕 3.8 万人，其中河北人涉及 132 个县。抓捕的人员分别被关押在保定、石门、北平、塘沽和青岛等地日军收容所，然后押运到日本做苦工。8 年间惨死和下落不明者达 8000 多人。[2]

日军不断增加苛捐杂税，巧立名目榨取老百姓。河北等地沦陷区人民负担的捐税多达 100 多种。太平洋战争爆发后，日军更以“国防献金”“飞机献纳金”“皇军慰劳金”等名目进行搜刮。沦陷区农民的捐税负担高达年收入的 80% 以上。日军每年从冀南区强征各种税款达 20 亿元，平均每人每年负担 350 元。

---

[1] 李志亮、姜济民：《日本帝国主义对蒙疆地区的经济掠夺》，《张家口地区文史资料》第 4、5 辑合订本，1986 年 6 月版。

[2] 晓李：《侵华日军对中国劳工的掠夺与残害》，载冀中革命根据地史编审委办公室：《冀中史工作通讯》，1990 年第 1 期。

在日军的疯狂掠夺和破坏下，河北广大农村土地荒芜，产量大幅度下降，民族工商业纷纷倒闭，沦陷区人民挣扎在死亡线上。大米、白面被确定为日军军粮，禁止老百姓食用。在县以上城市，实行粮食“配给”制度。而所谓“粮食”，却是由豆饼、树皮、草根等制成的“混合面”，而且“配给”的数量很少，远远不够食用。由于粮食奇缺，物价飞涨，城乡普遍发生饥荒，许多农民全家数口只有一条被子盖，有的炕上连席子也没有，卖儿卖女的、饿死的不计其数。

## 四、国民党河北省军政要员投敌

1941 年，德、意、日法西斯侵略势力极为嚣张。在日本的压力和劝降下，国民党顽固势力又加紧了反共“摩擦”活动。1 月 6 日制造了“皖南事变”，17 日蒋介石宣布撤销新四军番号。同时，命令汤恩伯、李品仙等率 20 万大军进攻长江以北的新四军，从而形成了第二次反共高潮。当时，自 1940 年撤离省境的以国民党河北省党部主任委员、河北省政府主席庞炳勋为首的第 40 军和孙殿英部新 5 军驻豫北的林县，高树勋部新 8 军驻河北濮阳地区（今属河南），第 93 军驻晋东南，孙良诚部第 39 军、游杂武装齐子修部驻鲁西和鲁南。这些顽军先后从东、西、南三面向冀南区抗日根据地进犯。高树勋部还于 4 月、6 月、11 月三次进犯冀鲁豫区抗日根据地。第 93 军还配合阎锡山部向太行区抗日根据地进攻。对于国民党顽固派的反共活动，河北各抗日根据地军民给予坚决回击。

1943 年 3 月，蒋介石出版《中国之命运》一书，污蔑中国共产党是“新式军阀”，搞“新式割据”。7 月，胡宗南率 3 个军团四五十万人包围陕甘宁边区，掀起了第三次反共高潮。驻豫北林县的国民党河北省党部主任、河北省政府主席庞炳勋乘机于 3 月 23 日率领第 24 集团军 21 个团兵力，向太行、太岳抗日根据地大举进犯。此时，恰逢日军进行春夏季“肃正”作战。由于八路军展开了广泛的群众性抗日游击战争，使日军摧毁八路军总部和第 129 师主力的企图未能得逞。但是，庞炳勋部国民党军队在日军围攻下纷纷投敌。4 月 24 日，新 5 军军长孙殿英投敌。5 月初，第 24 集团军主力第 40 团被日军击溃。5 月 6 日，庞炳勋在豫北临淇以西的双脑村被俘后投敌，侯如镛、杨明卿、赵星彩、于光辉等军官一起投敌。6 月 22 日，汪伪南京政府委任庞炳勋为伪第 24 集团军总司令，孙殿英为副总司令，驻河南新乡。国民党第 24 集团军副司令马法五率残部渡过黄河，到达陕西后，升任第 24 集团军总司令兼国民党河北省政府主席。至此，河北境内及周围地区的国民党军队及其军政要员，或撤退到黄河以南等地，或投敌当了汉奸。

## 第二节　中共中央克服困难的方针与政策

### 一、中共中央关于克服困难的指示

日军实行“治安强化”运动和“三光”政策，加之对沦陷区人民的残酷榨取，使河北广大地区的土地、劳力、牲畜、农具和物资财富遭到巨大损失，严重破坏了社会生产力。1942 年和 1943 年，河北各地又遇到严重自然灾害。北岳区 39 个县中有 36 个县遭受大旱灾，冀西的阜平、曲阳、易县等地灾情最重，灾民 18 万人。冀中、冀南旱灾面积占 4/5。冀南、太行区的灾民达 100 万人。1943 年 7 月，武安、涉县、沙河、大名、魏县、冀县等 30 多个县又发生严重的蝗虫灾害。日军还乘雨季河水猛涨之际，把鲁西卫河、河北滏阳河等河流的大堤决口多处，并乘机在卫河沿岸投放霍乱细菌，造成冀南 30 多个县被洪水淹没，霍乱流行，灾民达 400 万人。敌、伪、顽的进攻、破坏与天灾，使河北各抗日根据地遇到了极为严重的困难，面临严峻的考验。

为克服困难，战胜敌人，1941 年 11 月 7 日，中共中央军委发出《关于抗日根据地军事建设的指示》，进一步提出了各根据地都要建立健全主力军、地方军和人民武装“三位一体”的军事体系的任务。规定：山地根据地主力军与地方军的比例为2∶1，平原根据地为1∶1；在冀东等某些最困难的地区，全部武装应地方化。不脱产的自卫队应包括人民的大多数，其骨干力量即民兵、模范自卫队、青抗先等武装的数量，应超过主力军与地方军的总量。要求各地大力发展民间武器，如手榴弹、地雷、土枪、火炮等，以解决广泛发展群众性游击战争的武器弹药困难问题。

1941年12月，中共中央在《关于太平洋战争爆发后敌后抗日根据地工作的指示》中，对敌后抗战形势作了透彻、详尽的分析，提出“长期坚持游击战争，准备将来的反攻”的总方针。为此，中共中央要求：军队除坚持反抗日军的“扫荡”“蚕食”进攻和坚持必要的游击战争外，要抓紧休养兵力，恢复元气；党政军民一切机关团体部队要厉行“精兵简政”，使根据地的军队与地方党政民机关脱产人数“不超过甚至更少于居民的百分之三”；反对贪污浪费，以休养恢复民力；要抓紧培训干部；加强对敌伪军的政治攻势，加强瓦解敌军争取伪军工作；全党加强调查研究和学习整训，以迎接新的伟大时期的到来。[1]

1942年初，中共中央作出开展全党整风运动的决定，要求通过反对主观主义以整顿学风，反对宗派主义以整顿党风，反对党八股以整顿文风，使全党克服各种非无产阶级思想和作风，树立理论联系实际、密切联系群众和批评与自我批评的三大作风，在思想上、政治上、组织上进一步巩固和团结起来，更好地团结和领导全体人民战胜困难，坚持长期抗战，迎接伟大的新时期的到来。

针对日军的“总力战”，1942年9月，中共中央作出《关于统一抗日根据地党的领导及调整各组织间关系的决定》。明确规定：中央代表机关（中央局、分局）与各级党委（区党委、地委），为各地区的最高领导机关，对各地区的党政军民工作进行统一领导，

---

[1] 《晋察冀抗日根据地》史料丛书编审委员会、中央档案馆编：《晋察冀抗日根据地》第1册（文献选编下），中共党史资料出版社1989年版，第590~592页。

取消过去各地党政军委员会。并规定，各级党委的成员，不应全部或绝大多数是党务工作者，而必须包括党务、军队、政府中主要负责的党员干部。特别强调，严格执行“下级服从上级、全党服从中央”的原则，对于“党的统一领导，是有决定意义的”。

1942 年 12 月，在陕甘宁边区高级干部会议上，毛泽东作了重要报告，提出“发展经济，保障供给”的财政经济工作总方针。1943 年 10 月，中共中央指示各抗日根据地开展减租、生产、拥政爱民运动，号召党政军民“自己动手，克服困难”“自己动手，丰衣足食”。中共中央把这一时期为克服困难、长期坚持抗日游击战争所必须执行的主要政策，归纳为十大政策：对敌斗争、统一领导、整顿三风、审查干部、精兵简政、拥政爱民、减租减息、发展生产、时事教育、“三三制”政权。

中共中央北方局、华北军分会和八路军总部在总结各地斗争经验与教训的基础上，从 1942 年 5 月起陆续发出一系列反“蚕食”、反“扫荡”斗争的重要指示，主要有 1942 年 5 月 4 日中共中央北方局、华北军分会《关于反对敌人“蚕食”政策的指示》和 1942 年 7 月 15 日八路军副总司令彭德怀《关于平原抗日游击战争的几个具体问题对魏巍同志的答复》信等。着重指出：在敌“治安强化”运动的各个环节中，“蚕食”政策是对抗日根据地危害最大的一环。敌军在“蚕食”的初期，对根据地采取的是政治、经济、思想文化多方面的大量的秘密渗透工作，派遣特务、奸细到根据地内侦察情报，制造谣言，挑拨离间，蛊惑民心，收买汉奸、叛徒和地痞、流氓，瓦解抗日的各种基层组织等。因其是缓慢的、零碎的、秘密的、隐蔽的，震荡较小，根据地军民往往比较轻视和麻痹。而其秘密渗透一旦得逞，便立即采取军事突袭和“扫荡”的办法，逼退八路军主力和党政军领导机关，摧毁各种抗日组织而代之以各种伪组织，使抗日根据地变为游击区、敌占区。因此，反敌“蚕食”政策是粉碎敌军“治安强化”运动的中心环节，应当引起华北全党全军的高度重视和一致行动。并指出，共产党八路军反“蚕食”斗争的基本方针，应当是大力发展群众性的游击战争，坚持以武装斗争为核心，密切配合政治、经济、思想文化的各种合法与非法的斗争，与敌展开各种公开和隐蔽的、非法与合法的斗争，以坚持这些地区的抗日游击战争，坚持和建立各种公开和隐蔽的抗日游击根据地，变敌占区为游击区，变游击区为根据地。[1]

“四二九”大“扫荡”后，中共中央北方局于1942年6月22日发出关于坚持冀南的指示。指出：华北敌后抗战形势极为严重，战局发展将更加残酷，冀南目前正处在严重困难危险之中。对此，应有充分的认识和极大的警惕。但是，又要看到整个国际形势有利于巩固山区根据地和坚持平原游击战争，因此，要坚决克服悲观失败情绪，提高坚持敌后抗战的信心。要求冀南：（1）必须发动群众开展游击战争，保护群众利益，密切党与群众的关系；（2）游击根据地在执行政策时，要根据情况有所变通，但必须防止游击主义和“抓一把”的倾向；（3）在不同地区应确定不同的斗争方针和任务；（4）迅速改变组织形式和斗争方式，领导机关应力求紧缩，抽出干部加强基层；（5）政权要加重领导武装斗争的任务，随军行动。号召冀南“全党、全军与冀南千百万群众共存亡”。此后，中共中央向华北、华中各根据地转发了北方局上述指示，指出这个指示虽多针对冀南，但对全局都有指导意义。

上述指示和决策，为河北敌后各抗日根据地克服困难，从根本上扭转军事上“敌进我退”的被动局面，长期坚持抗日游击战争，深入根据地建设，准备反攻，指出了明确的方向。

---

[1] 《晋察冀抗日根据地》史料丛书编审委员会、中央档案馆编：《晋察冀抗日根据地》第1册（文献选编下），中共党史资料出版社1989年版，第648~653页、第663~667页。

## 二、彭真总结晋察冀边区工作经验[1]

在晋察冀抗日根据地开始进入最困难时期之际，彭真于1940年9月主持召开北方分局第九次扩大干部会议，之后，奉命赴延安，于1941年6月4日~8月21日，先后七次向毛泽东和中央政治局报告了晋察冀根据地工作。报告的主要内容是“如何在晋察冀边区具体执行党中央的政策”，其目的在于总结“具体执行党中央的政策中的经验和教训”。第一次报告是在6月4日，主要报告内容：一是边区制定各种具体政策的根据；二是边区的政权建设。第二次报告在6月18日，主要报告边区的经济政策。第三次报告在7月16日，主要报告内容：一是边区的劳动政策；二是边区的金融政策。第四次报告在7月23日，主要报告边区的财政政策。第五次报告在7月30日，主要报告边区财政政策中的抗战勤务。第六次报告在8月6日，主要报告边区党的建设，包括发展时期和巩固时期。第七次报告在8月21日，继续报告边区党的建设，包括审查干部、整理支部、洗刷问题、巩固健全党的领导、党校建设等。[2]

毛泽东、朱德、任弼时、张闻天、何凯丰、李富春、叶剑英、王若飞、杨尚昆、邓小平、王稼祥、博古、林伯渠、胡乔木等曾出席会议听取报告，毛泽东还亲手笔录了“边区的具体政策”“边区党的建设”“边区今后坚持”等要点。毛泽东认为，晋察冀根据地工作从实际情况出发，“是马列主义的”，[3]是“把马列主义中国化，是一条活的马克思主义路线”。[4]中共中央肯定了晋察冀边区的建

---

[1] 本小节史料，参见谢忠厚、肖银成主编：《晋察冀抗日根据地史》，改革出版社1992年版，第325~332页。

[2] 彭真向中共中央政治局七次报告，1941年6月4日~8月21日。中央档案馆馆藏文献。

[3] 薄一波：《七十年奋斗与思考》（上卷），中共党史出版社1996年版，第359页。

[4] 陈模：《彭真在延安中央党校》，载《缅怀彭真》，中央文献出版社1998年版，第296页。

设经验，决定以《晋察冀边区的各种具体政策及党的建设经验》为题，将彭真报告的要点，逐次批转敌后各根据地党委“参考、研究和讨论”。

随后，彭真根据中共中央和毛泽东的指示精神，在中央批转报告要点的基础上，集中各方面的智慧，进一步补充修改、整理，又增写了除奸工作和文化建设。从而，集成《关于晋察冀的工作报告》(简称《报告》)一书[1]，于1941年底在延安由解放出版社出版。全书10多万字，分为：边区内几个主要阶层在抗战中的政治动向、政权建设、除奸工作、财经政策、金融政策、劳动政策、土地政策、文化建设、党的建设等部分，创造性地运用和发挥毛泽东的新民主主义理论，解决了敌后抗日根据地创立、巩固和建设中的一系列理论问题和实践问题。

《报告》认为，巩固和建设敌后根据地，必须坚决贯彻执行中共中央各项政策；在决定晋察冀边区的各项具体政策时，应遵循如下四个基本原则：第一，在抗战时期，中日民族矛盾始终是主导的、基本的，国内的阶级矛盾是从属的。这是边区的“一切具体政策的基础”。第二，抗日战争是中国共产党领导的新民主主义革命的一个特殊阶段，在抗战时期，对于国内的封建势力与反封建势力的矛盾和无产阶级与资产阶级的矛盾，不能同等看待，无产阶级与资产阶级和富农的斗争，主要的是“争取领导权的斗争”，是“在允许资本主义生产发展的范围内适当改良工人生活的斗争”，“而不是根本反对资本主义和削弱资本主义经济的斗争”。第三，由于中日民族矛盾是主要矛盾，以及发展抗日民族统一战线的需要与可能，在抗日根据地内，对于封建制度，“只能采取逐渐削弱的政策，

---

[1] 中共中央党校出版社1981年重印彭真《关于晋察冀的工作报告》一书时，以1944年的铅印本为底本，参照冀鲁豫区党委《党的生活》所载的版本作了校补，原书名改为《关于晋察冀边区党的工作和具体政策报告》。人民出版社1991年5月出版《彭真文选》时，又将原书改写为《晋察冀边区各项具体政策及党的建设经验》一文。

而不能采取直接推翻打倒的政策”。这样，使地主一方面仍然是革命的对象，另一方面又成为抗日的同盟者之一。第四，在民主问题上，由于富农及中等资产阶级同地主阶级具有极不相同的政治作用和政治地位，因此，“在政策上严格加以区别是必要的”。

《报告》科学地总结了晋察冀边区进行政权建设和改革的经验：第一，“要以群众为基础，武装为骨干”，依靠群众，建立人民军队、专政机关和民兵自卫队，代替地主资产阶级的军队和旧的警察、保安队。第二，在抗日根据地内，可以通过逐步和平改革的办法，彻底摧毁旧的封建的政权组织机构，而建立起新型的民意机关和行政机关。第三，要认识与摆正民意机关和行政机关的关系，民意机关是全权的，政府对民意机关的决定有绝对服从的义务。第四，民意机关与政府行政机关，都以民主集中制为基本组织原则，实行定期改选，防止公务人员因独断专行和任职过久，变成“为民之上”的旧官僚。第五，在政权组织成分上，既要保证共产党的领导和工农基本群众占优势，又要实行“三三制”，以巩固统一战线，争取地主、资本家共同抗日。第六，要建立抗日统一战线的民主秩序，对于一切汉奸、反动派实行专政，严格镇压他们的破坏活动；对于一切抗日人民实行民主，保障一切抗日人民的人权、政治权利和财权、地权。“只有这样才能使抗战的各阶层不致在无益的斗争中同归于尽，而亲密团结起来共同抗日。”第七，运用“三三制”的政权进行适当的阶级斗争，逐步改良工农群众的经济生活和政治地位，“这是可能的，也是允许的”。但是，“不应妨害它成为民族斗争武器之作用”，“否则不利于民族抗战，同时即不利于在政权中占优势的阶级。”根据这些经验，彭真在《报告》中肯定地说：“推翻封建政治制度的民主革命，不但为抗战所必需，而且可以在抗战过程中，在我军占优势的根据地内，逐渐实现。”

《报告》深刻地总结了根据地经济建设的经验，认为：敌后根据地经济改革和建设的根本任务，是“以各种形式和不同速度摧毁着或削弱着旧的半殖民地、半封建的经济制度，创造着新民主主义的经济制度”。这既是增加财力、物力，支持敌后长期抗战的需要，也是为新民主主义社会打下经济基础。为此，中共中央北方分局与晋察冀边区政府制定和实行了独立自主的财政经济政策，主要有：（1）发展生产，依靠农业、工业和林业，增加财力、物力。这“实为根据地财政经济建设之基础”。而农业生产又为“根据地经济之中心关键”。（2）在边区抗日根据地中，由于敌后战争环境和落后的生产条件，除军事工业外，公营企业只能占极小的比重。要解决军需和民生的迫切需要，“唯一的正确方针，是启发小生产者和私人企业家的生产积极性和自动性，使他们在有利于民生军需的原则下，自由自主地去努力从事他的生产和贸易”。只要不是投机操纵、囤积居奇，就应该让他们积极自主地发展其事业。（3）在敌后根据地应允许富农经营和资本主义生产顺利发展，在政策上把它与封建经济制度严格加以区别。（4）采取贸易自由、自由竞争的政策，促进边区国民经济的发展。这是“社会经济的推动机，鞭策小生产者和私人企业经营者乃至劳动者前进的鞭子”。同时，加强对外贸易的管理，依靠群众和关税，对必需品鼓励输入，禁止或限制输出；对非必需品鼓励输出，禁止或限制输入。在边区境内，既要打破垄断和割据，又要取缔投机操纵，保障贸易自由，货畅其流。并利用合作社等形式，对广大群众的生产和贸易进行必要的指导和调节。（5）在劳动政策上，实行劳资契约自由，资本家有雇佣工人的自由，工人有出卖劳动力或告退的自由。这是敌后根据地“调节劳资关系的水平仪”。（6）要建立健全银行，普遍发展合作社，构成完备的金融网，以巩固边币的币值与地位，保持币值与金融的适当稳定。（7）根据地财政建设的总原则，“是要能够健康地持久”。为此，必须统筹统支，切忌无计划地滥征滥支；先要量出为入，然后要量入为出；要发展生产，调节金融，繁荣贸易，蓄养民力，照顾整个国民经济的发展；实行统一累进税，既规定适当的免征点以照顾贫苦群众，又规定累进最高率以照顾统一战线。“保障百分之八十的人口共同合理地担负抗日经费。”

《报告》总结了晋察冀边区执行土地政策的经验：农民是抗日的主力，为了发动广大农民群众起来抗战，同时又团结地主合作抗日，在抗日根据地内，必须实行减租减息的政策。忽视农民的组织与动员，忽视农民生活改善，只要农民与地主联合抗日，不要农民对地主斗争，这种右的倾向，是边区根据地开创初期的主要危险。但在边区根据地已经巩固，基本群众已经起来之后，最危险的是“左”的倾向，如：因为地主阶级有两面性，而根本怀疑它抗日的可能性；“不了解地主阶级中也有各种不同的阶层，不同的利害关系与政治动向”，因而“每当反共高潮发生，大地主对抗战表现动摇时，即以为整个地主阶级将叛变投敌”；违反党的保障一切抗日人民的人权、财权的政策，在减租减息之后，未依约交租交息，甚至无端侵犯地主、富有者人权、财权；对地主与富农、地主经济与富农经济，未加以区别，因而对富农经营也采取了限制削弱的政策；在已经适当减租减息、增加工资、减少工时的地区，不是适时“转移改善农民生活的重心于发展生产方面”，而是“始终停止在改变佃东间、劳资间分配关系的阶段”，等等。《报告》认为，在敌后根据地执行土地政策中，必须防止和及时纠正右的和“左”的两种错误倾向。

《报告》深入地总结了晋察冀边区党的建设经验。认为：边区创建初期，党采取迅速大量发展的方针，这是正确的。但是，有不少新党员，缺乏革命斗争的锻炼和考验，在思想上还存在着各种非无产阶级意识，同时党组织内也混进了少数投机分子、阶级异己分子和奸细。因此，在根据地巩固时期，从组织上、思想上、政治上巩固和建设党，成为一项极为重要而迫切的任务。为此，中共中央北方分局采取如下政策措施：（1）从组织上巩固党，要紧紧抓住“审查干部、整理支部和健全领导”这样“三个重要环节”。审查干部、整理支部，主要是对干部、党员进行教育，而对少数混入党内的奸细与投机分子、异己分子，以及太落后分子，坚决而慎重地洗刷出党。审查干部、整理支部之后，要立即进行各级党组织的民主选举，健全各级领导及其民主制度。（2）“党必须放在党性强的正派的干部手里，才能养成正派的作风，才有巩固的基石。”因此必须加强党的干部队伍。要基本依靠本地干部，适当调剂外来干部，并使本地干部与外来干部互相帮助、学习；要爱护党的干部，把干部放在斗争和工作的实践中去锻炼，及时给予具体指导；要大胆地按级逐渐地提拔干部，必须以称职为前提，必须正派，党的领导机关对野心分子、投机分子、个人第一、成事不足坏事有余的幸进之徒等钻营分子，“应该紧紧地关起门”。（3）加强党内教育，从思想上、政治上巩固党。由于敌后根据地内党员的成分，绝大多数是农民、手工业工人、小资产阶级知识分子，产业工人成分极少，从思想上、政治上巩固党，党内教育“是一个异常严重的任务”。党内教育的内容，主要是：从思想上稳定党员的人生观，要党员、干部实际能为抗战、为新民主主义革命、为最终实现共产主义而奋斗，不怕艰苦，不怕牺牲；进行党的策略教育，使党员、干部把党中央在每个时期的政策指示和边区的具体情况结合起来，正确地运用抗日民族统一战线中联合与斗争的原则；进行党的组织原则的教育及文化教育，使干部党员了解党的建设的知识和经验，正确地开展反对党内错误倾向的斗争。无论哪一种教育，都要贯彻理论联系实际的原则。

此外，《报告》还简略总结了晋察冀边区群众工作的经验。

总之，《报告》比较全面系统地总结了晋察冀边区从创建起到1941年2月约3年零3个月以来，贯彻执行党中央的政策的基本情况和实际经验，不仅对晋察冀抗日根据地的巩固和建设具有重要的指导意义，而且对敌后各根据地建设具有普遍的借鉴作用，为丰富毛泽东思想作出了贡献，也为新中国建设提供了宝贵经验。

### 三、冀南区党委召开地委书记扩大会议

中共冀南区党委接到北方局、华北军分会《关于反对敌人“蚕食”政策的指示》后，为了扭转“四二九”大“扫荡”所造成的被

动局面，很快向各地发出《打开冀南严重局面》的指示，指出：各级党组织，在艰苦斗争环境中，在对敌斗争上，应坚持以政治斗争为主、以军事斗争为骨干的方针，广泛地开展政治宣传工作，鼓舞干部战士认清当前困难是暂时的，只要坚定信心，坚守阵地，就一定会重新打开抗日局面。同时指出，冀南所出现的复杂局面，一方面是敌人残酷“扫荡”造成的，另一方面也与冀南党在斗争方针与策略上的某些失误有关。

为总结经验教训，迅速扭转冀南的严重局面，1942 年 5 月 30 日，中共冀南区党委召开地委书记扩大会议。会议着重从党的工作上与对敌斗争策略上，检查原因，总结教训。会议认为，在冀南党的工作上，缺乏党政军民一元化的领导，缺乏预见性与组织性，政治上麻痹，军事上被动，对日军“四二九”大“扫荡”没有做出具体切实的准备，因而，出现了严重的混乱，甚至工作停止的局面。在对敌斗争策略上，在批评与纠正“左”的主观主义、空谈主义的倾向之后，又产生了右的错误倾向：夸大敌强我弱环境的严重性，曲解党的两面政策，片面强调对敌应付一面，忽视对敌斗争一面，锄奸、反资敌、反自首、争取与打击伪军和伪组织等斗争，表现为停顿状态；曲解党的隐蔽精干的政策，有些地方解散组织而潜伏不动，有些地方大量撤出干部，有些地方停止了发展组织。在党的群众工作上，长期以来，群众没有真正发动起来形成广大群众的抗日运动。由于冀南部分党组织和群众缺乏必要的艰苦的对敌斗争的准备，影响了困难局面的迅速扭转。

会议在总结经验教训的基础上，制定扭转冀南困难局面的方针与政策。指出：冀南党的斗争方针，是以政治斗争为主，以军事斗争为骨干。当前，冀南工作的紧急任务是：开展对敌伪的宣传战，以巩固思想阵地，增强胜利信心；克服对敌斗争中的右倾错误，展开对敌伪的政治攻势，努力发展游击战争；加强民运工作与统战工作；完成财粮征收任务；加强县、区独立工作能力，以适应艰苦分散的游击战争。会议通过《贯彻党的正确政策以打开冀南目前严重局面的决议》。

1942年6月22日，中共中央北方局发出《关于目前工作的指示》，指出：冀南抗日根据地目前正处在严重困难危险中，此种严重形势还在发展中；大块根据地已不存在，而被分割成小块游击根据地。对冀南区党委和军区提出明确的要求：要准备在任何条件下，领导冀南军民坚持冀南平原游击战争，“全党全军与冀南千百万群众共存亡”。7月13日，中共冀南区党委发出关于贯彻执行北方局6月22日指示的《补充指示》，明确提出：冀南工作，应根据“熬时间，积蓄力量”的方针，以消耗和消灭敌人，保存群众力量，保存有生力量，为一切工作的出发点，开展群众性游击战争。并根据冀南不同地区的工作基础、被分割情况及敌情条件，提出了不同的斗争策略和斗争形式。

上述冀南区党委地委书记扩大会议，是在坚持冀南抗日根据地斗争的关键时刻召开的，及时地克服了部队、干部与群众中的失败情绪，极大地鼓舞了对敌斗争的信心与勇气，成为迅速扭转冀南严重局面的转折点。中共冀南区党委的补充指示，提出了扭转冀南抗日根据地困难局面的正确方略和具体措施，成为迅速扭转冀南困难局面的关键所在。这对于冀中等地开展反“蚕食”、反“扫荡”斗争，扭转严重困难局面，也有一定的借鉴意义。

## 四、晋察冀边区召开高级干部会议

为了根本扭转晋察冀抗日根据地的被动局面，中共中央北方分局和晋察冀军区于1942年9月11~15日在河北省平山县寨北村召开了具有重大历史意义的边区党政军高级干部会议。这次会议由聂荣臻主持。会上，聂荣臻作了形势报告和结论报告，萧克代表军区作了关于反“蚕食”、反“扫荡”方针的军事报告。会议贯彻中共中央、中央军委、北方局、华北军分会和八路军总部关于反“蚕食”斗争的重要指示，集中讨论和确定了晋察冀抗日根据地反“蚕食”、反“扫荡”的正确方针，纠正了在对敌斗争中“左”的和右的错误倾向，统一了边区全党全军的认识，因此成为转危为安的重要转折点。

会议指出，分局和军区在过去对反“扫荡”斗争的教育抓得紧，对反“蚕食”斗争的教育还很不够，因此不少干部对敌“蚕食”政策的危害性认识不足，普遍表现了麻痹轻敌；对反“蚕食”斗争的方针主要是“向敌后之敌后挺进”缺乏深刻的理解，在敌“蚕食”进攻面前或是单纯正面硬抗，或是悲观消极退缩，有的甚至曲解“两面政策”，自动放弃抗日阵地，把公开的抗日政权变为应酬敌人的“维持会”，手足无措，缺乏有效的办法。因此，造成边区抗日根据地缩小、财政困难、军事回旋地缩小，以致出现了被动退缩的严重局面。

会议着重分析了当时华北日军在兵力配备上的特点和弱点，认为：“前紧后松，前强后弱”，在敌占区有着相当大的空隙，群众抗日基础仍很雄厚，民心可用，敌“蚕食”进攻在山地和平原有着不同的特点。会议指出，大力发展人民游击战争，向“敌后之敌后挺进”，摧毁敌占区的治安和统治，吸引敌正面兵力后转，使其瞻前顾后，两头抓瞎，是粉碎敌正面“蚕食”政策的最有效方法。会议确定了反“蚕食”斗争的正确方针是：大力发展人民游击战争，以武装斗争为核心，向敌后之敌后挺进，摧毁敌占区的治安和统治，建立起在敌占区的多块小块抗日游击根据地，将敌占区变为抗日游击区，将游击区变为根据地。会议要求，将敌后活动与正面斗争相配合，将平原斗争与山地斗争相配合，使地方军、民兵游击队与主力军相配合，使军事斗争与政治斗争相配合，从而形成一个有机的整体，彻底打退敌“蚕食”进攻。

会议强调：全军必须在军事思想上来一个大转变。认清在敌“分割”、包围、“封锁”的形势下，敌后已不适宜过多地集中兵力打大的运动战，而只适宜打更加分散的广泛的群众游击战争；不能只想靠主力军打大仗，而必须充分调动各级人民武装的积极性，主动寻找战机，天天打小仗，积小胜为大胜，达到逐步歼灭、消耗和瓦解敌有生力量的目的。会议决定：以地方军全部和主力军的1/3到1/2，经常分散深入到各县和敌后之敌后，发展群众游击战争；对民兵和地方武装进行必要调整，取消区游击小队，普遍发展村游击小组，加强对村游击小组的领导和训练，提高其作战素质，使游击战争具有更扎实、广泛的群众基础。

会议指出：在敌占区、游击区工作中，必须坚决纠正“左”倾宗派主义和关门主义的错误倾向，彻底执行党的各项统一战线的政策，这是团结各阶层人民，取得残酷的民族革命战争胜利的重要前提。同时，还必须克服部分干部在敌占区工作中的右倾“合法主义”倾向，党员干部在思想上、政治上必须明确，党在敌占区运用的“革命两面政策”的实质，是以敌人允许的合法形式进行欺骗敌人的非法斗争，必须以武装斗争为核心，以非法斗争为主；如果把“革命的两面政策”纳入“合法主义”的轨道，势必束缚自己的手脚，走上退却和取消主义的道路。

会议还指出：“蚕食”和“扫荡”，是敌“治安强化”运动中相互联系、密切配合的两环，必须把反“蚕食”与反“扫荡”的斗争紧密联系起来。根据新形势下敌军“蚕食”“扫荡”的特点，会议制定了山岳地区反敌大“扫荡”的新方针：在战役初期，要避免同敌主力决战，以主力军的1/3配合地方军和民兵，开展广泛的游击战、地雷战，迟滞敌人的突袭与合围，掩护主力、首脑机关和群众的安全转移，并杀伤敌一部。战役中期，应以主力一部在内线继续牵制消耗敌人，与敌周旋，其余主力转入外线和敌后待机破敌；在内线主力应迅速控制边区各制高点，以达随时威胁、阻止和杀伤敌人的目的；并应组织群众搞好坚壁清野，使敌得不到粮食，得不到休息，见不到群众；同时加强对敌伪军的宣传工作，从各方面消耗、疲惫瓦解敌军；转入外线和敌后之主力，应猛烈地开展破击战，摧毁敌后方的治安和统治，给进攻根据地的敌人以巨大的威胁和钳制。战役后期，当敌军从根据地撤退时，主力应迅速集结，寻机作战，歼灭撤退敌军的一路或数路兵力，以彻底粉碎敌“扫荡”

进攻。[1]

这次高级干部会议后，北方分局和晋察冀军区采取一系列果断措施，迅速派出1/3到1/2主力部队，与地方联合，组织了数十支“一元化”的“武装工作队”，向“敌后之敌后挺进”，广泛地开展群众抗日游击战争，为把敌占区变成游击区、把游击区变成抗日根据地而斗争。

这次高级干部会议，不仅成为晋察冀边区根据地扭转被动局面的一个转折点，对河北各抗日根据地的反“蚕食”、反“扫荡”斗争也有一定的推进作用。

[1] 聂荣臻:《在晋察冀边区党政军高干会议上的结论》，1942年9月15日；萧克:《在晋察冀边区党政军高干会议上的军事报告》，1942年9月12日。中央档案馆馆藏文献。

# 第十四章　抗日根据地的反“扫荡”浴血奋战

## 第一节　北岳、平西、冀东反“扫荡”战役

### 一、北岳、平西 1941 年冬季反“扫荡”战役

华北日军将晋察冀边区抗日根据地，视为“华北治安的最大隐患”。❶因此，在第二次“治安强化”运动中，华北敌酋冈村宁次于 1941 年 8 月，亲自指挥日军 6 万多人和伪军 1 万多人，共 7 万余兵力，分作进攻兵团和封锁兵团，对晋察冀边区之北岳、平西地区，进行为期 2 个多月的“铁臂合围”大“扫荡”。此次大“扫荡”的目的，是企图消灭晋察冀军区主力和首脑机关，彻底摧毁根据地设施，以最终消灭晋察冀边区抗日根据地。其进攻兵团，又分为甲、乙、丙兵团：甲兵团以第 21 师团一个联队为主，配置在北平附近；乙兵团以第 110 师团一个旅团为主，配置在石门附近；丙兵团以第 39 师团直属队和第 1 军、驻蒙军各一部组成，在平汉路北段、同蒲路北段、正太路和涞源、广灵、灵丘一线，对北岳、平西地区形成封锁包围。并以第 1 军三个步兵大队和第 11 装甲车队主力作预备队，配置在石门地区，由飞行团支援作战。

针对敌情，北岳、平西根据地军民此次反“扫荡”战役，大体

❶ 日本防卫厅战史室编：《华北治安战》（上），中译本，天津人民出版社 1982 年版，第 430 页。

分为三个阶段。

第一阶段为8月14~22日。日军为隐蔽企图，由甲兵团“扫荡”平北根据地的古北口、密云地区，由乙、丙兵团“扫荡”冀中根据地的深泽、安国、无极、安平等地区；同时，由封锁兵团2万多人对北岳、平西根据地实行封锁包围。针对敌人的企图，晋察冀军区8月21日发出反“扫荡”作战命令，主力转移到平汉铁路、正太铁路沿线等外线地区，以待机破敌。

第二阶段为8月23日~9月3日。8月23日，敌突然将“扫荡”转向北岳、平西地区，封锁了平汉、正太铁路和涞（源）易（县）公路，从东、西、南、北四面先对北岳区第1、第2、第4军分区，之后对第3军分区的阜平、陈庄和平西的蓬头等地区进行合围“扫荡”，企图围歼晋察冀军区主力和领导机关。晋察冀军区内线部队和党政军领导机关，在聂荣臻率领下，与敌艰苦周旋，在阜平以西的常家梁一带山区隐蔽5天，中断与各方的无线电联络，不烧火做饭，靠红薯、瓜果等充饥，最后，化整为零，安全转移到敌侧后的机动位置平山县东西文玉地区。萧克率领平西部队主力也于8月30日跳出敌合围圈。敌数路扑空后，9月3日会战阜平，并对阜平、陈庄、蓬头等根据地中心区进行清剿和搜捕。

第三阶段为9月4日~10月15日。9月4日起，敌进攻兵团分驻各要地，在封锁兵团配合下，进一步搜剿分散隐蔽的晋察冀军区部队和机关，摧毁根据地设施，抢筑据点、碉堡和公路、沟墙。为粉碎敌人的清剿，晋察冀军区转至外线的部队迅速集结，打击敌分散清剿和运输部队，并以游击战争保卫群众秋收。同时，根据八路军总部命令，第120师、第129师和冀中部队分别向同蒲、平汉、石德铁路进攻，分别攻克广平、南和、沙河、隆平等县城和忻口火车站，给予敌人很大打击和威胁。9月26日，晋察冀军区部队收复阜平城。至10月15日，敌被迫大部撤退。

这次反“扫荡”，北岳和平西根据地军民历经两个月艰苦斗争，八路军部队与敌作战800多次，歼敌5500余人，民兵作战仅北岳区达1314次，毙伤日伪军485人，俘30人，破坏交通890公里，粉碎了日军消灭边区党政军领导机关和主力部队，摧毁根据地的企图。在9月25日易县狼牙山战斗中，为掩护主力部队转移，第1军分区第1团第7连第6班战士在班长共产党员马宝玉带领下，打退敌数百人猛烈进攻，在棋盘陀顶峰，又杀伤敌20余人，最后5名战士英勇跳崖，表现了中华儿女英勇不屈的英雄气概和民族气节。

但是，敌人这次大"扫荡"给晋察冀山地根据地造成了空前的损失。晋察冀军区部队伤亡2000余人，干部群众伤亡4500余人，青壮年被抓走近2万人，房屋被烧毁15万余间，数万亩庄稼被毁坏，粮食被抢被烧5799万余斤，牲畜被抢杀3万余头，农具被毁坏23万余件，群众罹病10万余人。日伪军在根据地内新修据点113处，修公路530余公里，封锁沟150余公里，并沿晋、冀边界和冀中与冀西交界地带挖封锁沟158公里。[1]还在晋东北北起五台，南到盂县、平定，制造了长50多公里、宽15公里，包括182个村庄的大块"无人区"。至此，北岳、平西根据地被敌分割、封锁，巩固区缩小，进入了艰苦时期。

## 二、冀东区反"扫荡"与打伪治安军战役

日军在第一次、第二次"治安强化"运动期间，于1941年6~7月集中6万余人对冀东游击根据地进行大"扫荡"。冀东军分区由于未能侦知敌意图，在反"扫荡"战役中失利，第12团团长陈群牺牲，部队减员1000余人。8月1日，中共冀东区分委在遵化县大张屯村召开扩大会议，总结反"扫荡"失利的教训，确定了坚持冀东和开辟热南山区的任务。经过3个月艰苦斗争，坚持了冀东蓟（县）玉（田）丰（润）遵（化）平原基本区，开辟了西起雾

---

[1] 北京军区晋察冀战史编写组：《晋察冀军区抗日战争史》，解放军出版社1986年版，第265~266页。

灵山，中经五指山、五风山，东至都山，南起长城，北到锦承路，计 40 多万人口的热南山区，冀东成为横跨长城，既有平原，又有广大山区的抗日游击根据地。因此，日军在第三次“治安强化”运动期间，于 1941 年 11~12 月，将华北伪治安军 7 个集团、21 个团，3 万余兵力，移防冀东。

为打击伪治安军，中共冀东地区分委于 1941 年 10 月下旬，在热（河）南王厂沟召开紧急会议，决定让热南的主力部队返回冀东基本区，进行打伪治安军战役。12 月 15 日，冀东军分区司令部直接指挥第 13 团和第 12 团各一部，在遵化县四十里铺，伏击从迁安县三屯营向遵化县移防的伪治安军第 3 集团军 6 团，全歼其团部和 1 个营，共 400 余人，缴获机枪 5 挺、步枪 300 多支、子弹 2 万余发、辎重 150 马车，开创了冀东八路军整营歼灭敌人的先例。12 月 26 日，冀东军分区副司令员包森指挥第 13 团一部和迁遵兴基干队，化装强攻敌遵化县双城子据点。从上午 10 时打到翌日晨 3 时，将据点摧毁，毙伤俘伪军连长以下 200 余人，伪营长及日本教官自杀，缴获迫击炮 1 门、轻重机枪 5 挺、步枪 160 支，拔掉了联结迁安、遵化、兴隆三县城的一颗“钉子”，使伪治安军大为震恐。1942 年 1 月 13 日，冀东军分区副司令员包森指挥第 13 团 7 个连，在遵化县果河沿设伏，全歼到燕山口进行“扫荡”的伪治安军第 2 集团军第 4 团，击溃来援的第 2 集团军团部和第 3 团，击毙伪团长 1 人、日教官 4 人，毙伤俘伪中校团副以下 1000 余人，缴获山炮 2 门、迫击炮 4 门、轻重机枪 26 挺、步枪 700 余支、子弹 10 万余发，八路军只伤亡 30 余人。为此，受到晋察冀军区司令部的嘉奖。[1]1942 年 2 月 20 日，李运昌、曾克林率冀东八路军第 12 团第 1、第 2 营及第 8 总队，强攻敌军迁安县杨店子、殷家营、王庄子等据点，又歼伪治安军第 20 团 600 余人，击毙日教官 1 人，为开

---

[1] 冀热辽人民抗日斗争史研究会编辑室编：《冀热辽人民抗日斗争》（文献、回忆录）第 3 辑，天津人民出版社 1987 年版，第 454、第 455 页。

辟滦（河）东打开了通道。

1941 年 12 月~1942 年 2 月，冀东军民在打伪治安军作战中，共进行大小战斗 20 余次，全歼与大部歼灭伪治安军 4 个整团，部分歼灭伪治安军 1 个团，击溃 2 个团，毙伤俘伪军 5000 多人，击毙日军中佐以下官兵 526 人，缴获炮 8 门、机枪 68 挺、步枪 2000 多支。[1] 此次战役胜利后，冀东八路军总兵力由 4000 余人发展为 7000 余人，初步形成了主力团、游击队与民兵"三结合"的人民战争体制。从此，打破了日军企图以伪治安军维持冀东殖民统治的计划。此役结束后，冀东军分区司令员包森在遵化县野户山与伪满军的战斗中，不幸中弹牺牲，年仅 32 岁。

## 第二节 冀南、冀中反"扫荡"浴血奋战

### 一、冀南区反敌"四二九"大"扫荡"

1942 年 2 月 25~26 日，日本华北方面军召开各兵团参谋长会议，下达本年度《治安肃正建设计划大纲》。为隐蔽其上半年重点"扫荡"冀中的企图，首先对冀东、冀西、冀南根据地分别进行了"扫荡"。

日军在第四次"治安强化"运动期间，进行"冀东一号一期作战"计划。从 4 月 1 日起，日军第 27 师团主力、第 15 独立混成旅团和关东军、伪军各一部共 5 万余人，对冀东抗日根据地基本区进行大规模"扫荡"。冀东根据地军民采取内线与外线相结合的战法，展开反"扫荡"作战。坚持内线作战的两个营与地方武装配合，灵活机动地在敌军之间穿插，使敌连连扑空，疲于奔命；主力越过长城转至热河南部山区开展游击战争，有力地配合内线部队反"扫

[1] 中共唐山市委党史研究室：《冀东革命史》，中共党史出版社 1993 年版，第 268 页。

荡”作战。至5月底，敌军结束此次“扫荡”。冀东根据地遭受很大损失，约有2万群众被杀害，数千名青壮年被掳走，1000多个村庄被洗劫一空，根据地基本区变为游击区与敌占区。随后，中共冀东地委和军分区发动青纱帐复仇战役，6月中旬，各部队由热南山区返回冀东平原基本区，到7月底，共作战50余次，歼灭日伪军1600余人，被敌“蚕食”地区，除玉田、蓟县平原等部分地区外，大部分地区得到恢复，粉碎了日伪的“冀东一号一期作战”计划。

与此同时，日军于4月25~27日，以第15独立混成旅团和第110师团各一部共4000余人，分别对北岳区之易县刘家台、管头一带和平山县慈峪、南沟等地进行“扫荡”，均被根据地军民打退。4月29日，日军集中兵力，对冀南抗日根据地进行大规模“扫荡”。

实际上，从1941年开始，日军就对冀南抗日根据地进行了连续“扫荡”。1941年3月下旬至4月下旬，日军以3000余兵力，从津浦、平汉两线，对冀南第1、第3、第4、第5军分区进行“扫荡”；同年10月15日至年底，日伪军500人以上的“扫荡”计有15次。为摧毁冀南抗日根据地，华北日军早在1942年2月间，就制定了由第12军大规模“扫荡”冀南的“第12号作战计划”，即“四二九”铁壁合围大“扫荡”计划，目的是彻底消灭冀南抗日力量，并配合对冀中等华北其他地区的大“扫荡”。

这次大“扫荡”前，日军于1942年1~3月，对冀南进行了4次千人以上的“扫荡”。接着，冈村宁次调集日军第1、第7、第8、第9独立混成旅团和第59、第27师团各一部，以及伪军，共3万多人，于4月29日对冀南抗日根据地进行大规模“扫荡”，日军第12军司令官土桥一次也由山东济南到临清就近指挥作战。日军为隐蔽军事部署，其作战命令一律用口头传达，不准使用电报等文字，利用夜间秘密接近八路军阵地，然后发起突然袭击。

4月28日夜间，日军秘密出动。29日凌晨，日军突然合围冀南抗日根据地，以两个合围圈，实施“铁臂合围”大“扫荡”。第一个合围圈，以武城县北武官寨、十二里庄一带为中心，企图合围冀南军区、区党委、行署领导机关和新7旅及群众团体、学校等。第二个合围圈，以邱县东目寨、摇鞍镇一带为中心，企图合围第4军分区、新4旅和第4地委、专署等地方党政机关。

29日深夜，军区情报科报告，第19团发现枣强大营附近日伪军在夜间集合，情况异常，但未引起军区首长注意。当夜拂晓，第19团在饶阳店以北与从枣强大营出动的敌人遭遇，一面向军区报告，一面经激战，向西穿插，从枣强、大营出动的两股敌人之间，跳出了合围圈。第7旅骑兵连由饶阳店以北向西转移，在盛树林附近与敌遭遇，边打边撤，渡过清凉江，转移到陡河、谭家村一带。

29日上午10时左右，冀南区党政军机关和部队等先后集结于武城县十二里庄及附近一些村庄。这时，北面有向南压来的日伪军已占领了十二里庄北面的几个村庄，南面有垂阳、段芦头出动之敌据守，武城出动之敌也在北进，日军飞机开始轰炸、扫射，日伪军的合围圈已经形成。在危急时刻，冀南军区参谋长范朝利和军区政治部主任刘志坚决定向清河县方向突围。但是，由于敌众我寡，骑兵团和第7旅发起冲击后，均被敌压制回来。遂调整突围部署：骑兵团在中，特务团在左，第7旅与第20团在右，党政军机关及其他人员随骑兵团和特务团突围，骑兵团、特务团、第21团各留1个连掩护主力部队突围。各部突出重围后，在清河县东北之黄金庄方向向连冢、谢炉家两点集合。到29日傍晚，经激战，冀南军区部队和党政机关，突破敌人两道包围圈，在清河县东北的马二庄一带集结，而后安全到达枣强县城南的瓦窑地区。

在冀南区党政军领导机关从武官寨地区突围的同时，第4军分区党政军领导机关也展开从邱县东目寨地区突围的作战。4月29日晨，日伪军从临清、威县、平乡、馆陶、曲周等地出动，合围新4旅和第4军分区党政军领导机关。第771团与从曲周向东进攻的日伪军打响后，由新4旅副旅长杜义德指挥向西突围，新4旅政委文建武指挥第10团向北突围，分别冲出敌人的合围。第11团由邱县东北下堡寺附近突出重围。新4旅旅长徐深吉、参谋长陈明义指挥旅直属队，由邱县东北摇鞍镇向贺伍庄方向突围，奋勇冲杀，冲出敌人的重围。在突围中，新4旅政治部副主任陈元龙和在旅部集中并准备赴延安学习的原第10团团长陈子彬、第11团政委桂承志英勇牺牲。第4地委、专署、分区机关在驻地邱县北孝固村一带，遭敌合围。第4军分区司令员杨宏明率直属队和机关人员，与敌反复冲杀，最后，从下堡寺西突出重围。在激战中，杨宏明英勇牺牲。驻香城固一带的第4军分区基干团及参加整训的县大队，在威县以南与敌激战，而后从杏园方向冲出敌人的包围圈。在突围作战中，第4军分区政治部主任孙毅民在香城固东务头村英勇牺牲。

5月7日，合围冀南抗日根据地的各路日伪军撤回原据点。这次大“扫荡”，日军未能达到消灭冀南党政军领导机关和部队的目的。在突围作战中，大部分部队和党政军干部安全转移，被冲散的部队和干部大部分安全返回了部队和机关，未能冲出重围或受伤的干部战士，大部分在当地群众的掩护下脱险。在日伪军大“扫荡”中，有500余名干部、战士、群众牺牲或被杀害。5月7日后，敌转入清剿，大力建据点、修公路和封锁沟墙。至此，冀南平原根据地大部变为游击区和敌占区，党支部被破坏了近1/2。面对这种严重局势，中共冀南区党委、军区于5月间分别召开会议，决定及时改变组织形式和斗争形式，广泛开展群众性游击战争，继续坚持冀南平原抗日游击战争。

为纪念在“四二九”反“扫荡”中牺牲的烈士，冀南军区和行署决定将临清、威县、清河交界地带划为宏毅县。

## 二、冀中区反敌“五一”大“扫荡”

冀中平原在经济上、战略上具有重要地位。因此，太平洋战争爆发后，日军为把华北变成“大东亚战争的兵站基地”，同时切断晋察冀边区之山区抗日根据地的重要粮食和物资来源，更把冀中平原抗日根据地列为“治安强化”运动中日军进攻的重点和中心区。

日军确定1942年上半年重点“扫荡”冀中平原抗日根据地，并做了充分准备。日军在对冀中平原根据地进行“蚕食”的基础上，于1942年初至4月在冀中挖封锁沟3900公里，沿平汉路两侧山脚下修封锁墙数百公里，在冀中平原建立据点碉堡1300多处，并对冀中各军分区进行轮番“扫荡”和清剿，使冀中根据地的基本区面积、人口减少2/3，把冀中区主力部队和领导机关压缩在中心区的狭长地带。在石门等处设立情报所、谍报班等，搜集掌握冀中抗日武装的总兵力、部队编成、指挥关系、武器装备、后勤补给、指挥官及活动范围，以及行政建制、民兵组织等情况，窃听、破译无线电密码，掌握冀中区党政军领导机关的行踪等。为隐蔽战略意图，从4月起，日军先后对冀东、冀西、冀南等根据地进行大“扫荡”，进一步切断冀中与周围各根据地的联系，完成对冀中抗日根据地的封锁和包围。从5月1日起，日军以第110、第26、第41、第27师团和第7、第9独立混成旅团及2个联队共5万多兵力，由冈村宁次亲自指挥，采取“铁臂合围”“拉网扫荡”战术，对冀中平原抗日根据地进行空前残酷的大“扫荡”。[1]

太平洋战争爆发后，中共冀中区党委曾一度存有盲目乐观的情绪，于1942年1月17日曾有“敌组织较前规模更大的‘扫荡’将暂时不可能了”的估计。随着日伪军对冀中“蚕食”、奔袭与“扫荡”的日益严重，根据中共中央北方分局和晋察冀军区的指示，冀中区党委、军区预料到敌人将“扫荡”，3月20日发出关于开展地道斗争指示，4月间明确提出：“对太平洋战争爆发后敌人不可能再进行大的长期的‘扫荡’的观点，必须立即肃清，进一步从思想上、物质上积极准备对付敌人的春季大‘扫荡’。”4月26日正式

[1] 日军直接参战部队，共步兵18个大队为基干，包括：清水规矩第41师团的主力（步兵6个大队为基干），池上贤吉独立混成第9旅团步兵约2个大队，第110师团白龙理四郎指挥的4个步兵大队为基干，配属第26师团的坂本吉太郎支队步兵2个大队为基干，山骑武四骑兵第13联队，独立混成第7旅团小川雪松独立步兵第29大队。日军配合作战部队，包括饭沼守第110师团、原田熊吉第27师团、第29独立飞行队。

发出反“扫荡”的命令，并变更密码，破坏了敌人的无线电跟踪。

日本华北方面军实施这次冀中作战，代号为“3号作战”。其方针是，对“冀中地区的共军主力，进行突然袭击的包围作战，摧毁其根据地，同时在政治、经济、思想上采取各种措施，以便将该区一举变为治安区”。[1]

冀中军民反敌“五一”大“扫荡”，大体经过三个阶段。

第一阶段为5月1~10日。5月1日前，敌人在武强县小范镇以北滏阳河上筑起一道拦河坝，以抬高水位，封锁小范至衡水段之滏阳河。自5月1日起，敌军从边沿区开始，以第110、第26师团各一部“扫荡”潴龙河以北地区，以第7独立混成旅团一部“扫荡”滹沱河以北地区，以第9独立混成旅团和骑兵第13联队“扫荡”石德铁路以南地区，企图压缩聚歼冀中抗日根据地主力部队和党政军领导机关于中心区的滹沱河、滏阳河、德石路之间三角地带深县、武强、饶阳、安平等中心地区。冀中各军分区部队由于未能突破敌人包围，大部向这一中心区退缩，陷于被动局面。同时，日军第41师团于5月10日夜间，抵达德石路辛集、衡水一线，为第二阶段以突然袭击方式，“铁臂合围”冀中根据地中心区做好准备。

第二阶段为5月11~15日。敌人在滏阳河落闸截水进行全线封锁，由第41师团主力和第9独立混成旅团从石德铁路往北，由第110师团和第7独立混成旅团从滹沱河沿岸往南，在平原根据地中心区进行“拉网扫荡”。这时，冀中军区留下主力一部坚持中心区斗争，领导机关和第27团等部转至滏阳河以东地区，各军分区部队和机关也陆续突出重围。

第三阶段前半期为5月16~27日。日军分兵追歼突围到滹沱河以北地区的冀中部队，并调整部署，准备对根据地中心区进行清剿。此时，冀中区党委、军区误认为“扫荡”之敌撤退，乃命令第

---

[1] 日本防卫厅战史室编：《华北治安战》（下），中译本，天津人民出版社1982年版，第148页。

6、第8、第9军分区部队返回中心区，恢复根据地。5月23日，第6军分区主力在深县以南地区遭敌第41师团等部1.5万多人的合击，激战终日，当夜突围。28日，第8军分区主力在河（间）肃（宁）公路以南的薛村、顶汪遭敌重兵合围，在突围激战中，司令员常德善[1]、政治委员王远音[2]等壮烈牺牲。第9军分区主力得知上面情况后及时返回白洋淀地区。

第三阶段后半期为5月27日~6月20日。敌控制冀中平原中心区后，转入全面清剿，到处搜捕坚持分散斗争的党政军民工作人员，破坏抗日政权和群众组织，建立伪政权、伪组织，大力筑据点，修公路，挖封锁沟墙。在此严重局势下，冀中区党委、军区决定留下部分地方武装，实行高度分散，配合民兵，就地坚持反清剿斗争；主力部队和领导机关于6月上旬分别向北岳区、冀鲁边区和冀南区根据地转移。

6月12日，冀中军区司令员吕正操、区党委书记黄敬率领冀中党政军领导机关和第27团2个营，由冀中南部转移到冀南根据地游击区威县城北25公里的掌史村。该村周围5公里以内有日伪军据点8个，总兵力达3000人以上。吕、黄决定隐蔽力量，据村固守，夜晚转移。日军开始派100余人进攻，屡攻不下，遂渐次增兵，上午10时，周围据点集中三四百人，多次进攻；中午，掌史村四周进攻之敌已达1000余人；各县日伪军继续增援，兵力达1500余人，进攻更加猛烈，并施放毒气。指战员用毛巾蘸尿，裹上大蒜，掩住口鼻，坚持战斗。近黄昏，冀中部队集中火力反击，将敌击溃，晚9时，分两路胜利突围。这次战斗，毙伤敌军300余人，冀中部队伤亡90余人，受到中央军委电令嘉奖。吕、黄部后

---

[1] 常德善，山东峄县人，17岁参加中国工农红军，经过长征，1939年随第120师到冀中，后任冀中第8军分区司令员。在雪村战斗中牺牲时，年仅30岁。新中国成立后，常德善遗骨移到华北军区烈士陵园。

[2] 王远音，山西五台县人，1938年8月任晋察冀军区第1军分区政治部主任，1939年1月任冀中军区第3军分区政委，1940年8月任冀中军区第8军分区政委。在雪村战斗中牺牲时，年仅26岁。

经太行区，于 11 月到达北岳区，与直接转移到这里的冀中党政军机关人员会合。

与此同时，遵照八路军总部命令，冀南、太行、北岳、平西和山东等地的八路军分别向平汉、正太、津浦等铁路沿线广泛出击，有力地支援了冀中区军民的反“扫荡”斗争。

在反“扫荡”的浴血战斗中，冀中军民表现了英勇善战、浴血奋战、顽强不屈的民族精神。5 月 10 日，在深县护驾池村，冀中部队 1 个营兵力抵抗敌军 4000 多兵力、5 架飞机、19 辆坦克的进攻，激战一天，毙伤敌军 500 余人，当晚突围，八路军仅伤亡 40 多人。5 月 13 日，在无极县小吕、王村，冀中第 7 军分区第 22 团 3 个连和第 17 团 1 个连，配合县区游击队，伏击由无极出动“扫荡”之敌，经 40 分钟战斗，击毙伪真（正）定道尹，毙伤敌加岛骑兵大队长以下官兵 180 余人，缴获战马 60 余匹，八路军无一伤亡。5 月 30 日拂晓，冀中第 7 军分区第 17 团第 2 连、晋（县）深（泽）(无）极县大队，转移到深泽县城东北 5 公里的北白庄村，恰遇警一团第 2 营由李家角战斗突围而集合成的混合连，在第 17 团第 1 营副营长张子明的统一指挥下，打退了敌军 1000 余兵力连续 5 次冲锋，毙敌晋藤联队长以下 400 余人，八路军仅伤亡 20 余人，而后主动转移。6 月 8 日，冀中第 8 军分区司令员常德善、政治委员王远音率军分区机关一部，在第 23 团第 2 营的掩护下，准备向敌合围圈之外转移，但为了与第 30 团会合一并转移，又于是日拂晓，回到河（间）肃（宁）公路以南的肃宁县雪村一带，不料，遭到来自沧县、河间、肃宁、献县、饶阳等地日伪军的合击。当时，常、王二人对转移的意见不一，贻误了迅速摆脱敌人的时机，又未能固守村落，因此，在白天，边打边向河肃公路以北突围，遭敌军步骑兵阻击，未能成功。常、王各带 1 个连，分路冲杀到河肃公路以北的张庄、太师庄一带。由于地形开阔，又遭敌军四面包围阻击，常德善右腿、左手等多处负伤，遂一面掩护警卫员冲出重围，到白洋淀向地委书记报告，一面用机枪掩护战士突围，最后，身中20多颗子弹，壮烈牺牲。王远音身负重伤，难以突围，但决不当俘虏，遂举枪自殉。第30团团长萧治国、政委汪威、总支书记沈笑天、第23团第2营营长、教导员等壮烈牺牲。6月9日，冀中部队第22团2个连，警一团第2营的混合连，藁（城）无（极）县大队与晋（县）深（泽）县大队各一部，转移到深泽县南北宋庄，在团长左叶的统一指挥下，突然猛袭从村边通过的日军支队长坂本部300余人，毙伤坂本以下数十人。之后，日军进攻宋庄，兵力陆续增至2500余人，八路军第22团等部依据村落进行防御战，经激战16小时，打退敌军连续38次冲锋，毙伤敌军坂本以下850余人，八路军第22团等部伤亡73人。在无极县南北侯坊和赵户村，冀中地方部队和民兵利用联村地道，打退敌人8次进攻，坚持村落战达1个多月，毙伤日伪军400多人。❶

冀中老百姓或以血肉之躯，或以母认子、妇认夫、子认父等方式，掩护抗日干部和战士，他们的民族浩气与世长存。安平县刘庄村青救会主任刘志清被捕后，敌人架起铡刀，逼他说出抗日干部。他从容就义，说："是中国人就不能出卖祖国，出卖民族，你刘爷纵死也永远不会屈服！"安平县佟家羽林村，有母子二人被敌人捉住。敌人痛打母亲，逼她说出村干部，她一口咬定"不知道"。敌人对她的12岁孩子施毒刑，母亲大声叮嘱儿子："你死了也不能乱讲，可不能给祖宗丢人留骂名！"孩子至死未吐露一个字。深县南王家铺村有27个老百姓被敌人捉住，拉到井边，逼问八路军伤员、枪支、公粮藏在什么地方，一连砍杀16个人，没有得到一句口供。当日军又要杀人时，村武委会主任挺身而出，说自己是武委会主任，日军追问谁是村长，农会、青会、工会、妇会主任时，他一一回答由他兼任，大义凛然，从容就义。驻深泽县日军在马铺村，抓捕15名青年，在全村群众面前，让他们躺在板凳上，一个一个将青年的头浸入水中，活活淹死。当日军残杀第7个青年时，他突然

❶ 参见《冀中抗日根据地斗争史》，中央党史出版社1997年版，第264~268页。

挣脱双手，怒吼着扑向日军，当场群众奋勇而起，用锄头、砖头、木棒，砸向敌人，夺下武器，将 12 个日军全部打死。

冀中军民经过近两个月反“扫荡”战斗，作战 270 余次，毙伤敌 1.1 万余人，粉碎了日军消灭冀中区领导机关和主力部队的企图。但由于敌人在“扫荡”中实行“三光”政策，使根据地损失十分严重。冀中军区主力部队损失 1/3，地方部队损失近一半，区以上干部牺牲 1/3，群众伤亡和被掳走达 5 万余人，造成了“无村不戴孝，处处闻哭声”的悲惨景象。5 月 27 日，日军在定县北疃村，向地道内施放毒气，使 800 余人惨遭毒死，造成“北疃村惨案”。在反“扫荡”战斗中，冀中军区宣传部长张仁槐、第 9 军分区政治部主任袁心纯等也壮烈牺牲。

“五一”大“扫荡”后，日军在冀中大量修筑据点、公路和封锁沟墙。到 7 月，在冀中平原，敌据点增至 1753 个，铁路、公路增至 8379 公里，封锁沟墙增至 4186 公里，根据地被分割成 2670 小块。从此，冀中平原抗日游击战争进入了更加残酷和困难的阶段。

“五一”大“扫荡”后，中共冀中区党委、行署和军区暂时撤往平汉路西以后，根据中共中央北方分局指示，在冀中成立了以程子华为首的中共临时区党委，领导冀中军民在极端困难的环境下，继续坚持平原游击战争，坚持、恢复和重建冀中平原抗日根据地。

### 三、冀东、平北反敌制造“无人区”斗争

日军早在 1939 年和 1940 年，就在热南山区兴隆县两次小规模制造“无人区”。冀东抗日大起义后，坚持冀热边抗日斗争的八路军部队，至 1939 年夏秋，开辟了兴隆县五指山游击根据地，威胁到伪满洲国西南边境的安全。日军 1939 年 10 月开始第一次“小集家”，在兴隆县黑河川、横河川及杨树台以北 34 个小山村，烧毁 3300 间房屋，驱赶 760 户人家，“集家”到安子岭、双炉台。这次“集家并村”被抗日军民摧毁后，日军又于 1940 年秋第二次“集家

并村”，重点在五指山中心区之横河川、羊羔峪，其范围，由黑河川、横河川，扩大到狗北岭、驴儿叫一带山区，以及长城北侧罗文峪以西之冷嘴头、沙波峪，马兰关以西之花市，古北口以东之大小黄崖一带。同时，在遵化县马兰峪陵区也开始“集家并村”。由于迁（安）遵（化）兴（隆）游击队袭击西台子伪警察所，加之羊羔峪集家点伪警察害怕染上瘟疫而逃走，这次制造“无人区”又宣告流产。1941 年，平北和冀东抗日军民向长城沿线之热河西部山区和南部山区发展，平北地区从独石口到古北口，冀东地区从古北口到桃林口，沿长城线内外开辟了广大抗日游击区，同伪满和伪华北地区日伪军展开了殊死战斗。日本侵略者为了隔断八路军与人民的联系，防止华北抗日战火向伪满境内发展，日本关东军西南防卫司令部 1941 年 9 月制定《时局应急西南特别肃正计划》，承德日本宪兵本部拟定《国境地带无人区化》实施方案。伪满方面日伪军与伪华北方面日伪军、伪蒙疆方面日伪军相配合，10 月开始，集中重兵，疯狂“扫荡”，有计划地、大规模地“集家并村”，制造“无人区”。

1942 年 8 月 1 日~9 月 5 日，日军实施“冀东一号二期作战”，集中 3 万余人，对冀东东部地区反复“扫荡”。冀东军民展开反“扫荡”战役，至 9 月底，作战 20 余次，毙伤俘日伪军 900 余人，又恢复基本区 470 多个村庄，并一度袭入唐山市。冀东基本区反“扫荡”的胜利，鼓舞了北宁路南、滦河以东、热河等外线地区的开辟工作。9 月 17 日~11 月 15 日，华北日军与第五次“治安强化”运动同步，实施：“冀东一号终期作战”，集中第 27 师团、伪华北治安军、伪满军计 5 万余人，从东自滦河，南北宽 20 公里的正面，以拉网式向西平推，实施大“扫荡”，而后“辗转剔抉”“梳篦清剿”，企图消灭八路军主力；后期，日军沿长城构筑三道封锁线，企图割断长城内外的联系。并由日本关东军配合，集结数万兵力，封锁长城线，在热南山区反复“扫荡”，制造“无人区”。在中共冀东地委和军分区的领导下，八路军主力团及时转到外线，未受到大的损失，但地方工作遭受严重摧残，长城沿线各县山区根据地被日军制造成“无人区”，平原根据地基本区被敌严重“蚕食”，地方武装和地方干部大部被迫由基本区转到热南山区。

平北抗日游击根据地是北岳区与冀东区联系的桥梁。日军曾于1941年9~11月，集中1万余兵力对平北进行大“扫荡”，被平北抗日军民粉碎。从1942年4月开始，日军沿丰（润）滦（县）密（云）西部山区的桃峪口到石匣，挖成了长40公里、宽3.6丈、深1.6丈的封锁沟，每隔半公里设1个碉堡防守；并沿长城西起渤海所，东至板城子，南起白道峪，北至于营子的纵横约60公里地区，制造了大块“无人区”。为消灭平北抗日部队主力，摧毁根据地，日军于7月9日~8月19日，集中2个独立混成旅团和伪满军、伪蒙疆军一部，共1万多兵力，又向平北根据地西部山区进行大规模“扫荡”。平北八路军主力部队一部潜入东部、南部敌后，袭扰敌人，进行恢复根据地的工作，大部主力转移到坝外草原。在1个多月的反“扫荡”作战中，平北军民与敌作战38次，毙伤俘日伪军320余人，粉碎了敌人消灭平北八路军主力部队的企图。深入平北东部地区的八路军部队先后袭击了燕落、石岩、康各庄、溪翁等敌据点，发动7000余群众破坏公路320余公里、桥梁24座、壕沟22条，收割电线750公斤，给敌军很大打击。

在热南、热北地区，冀东和平北八路军一面武装反敌制造“无人区”，一面开展群众性反敌制造“无人区”斗争，打乱了敌军制造“无人区”的计划。华北日军原计划在长城以南东起卢龙县桃林口，向西经迁安、遵化、蓟县、三河、平谷、密云，至平北地区的昌平县桃峪口，长600公里、宽8~10公里，总面积4000平方公里的“非治安区”，制造禁耕、禁住、禁行人的“无人区”。至1942年底，将1000多个村庄、5万间民房烧毁，制造成1500平方公里的“无人区”。日本关东军和伪满军原计划将长城以北东起冷口，西至古北口、宽32公里的地区划为“无住禁作地带”，拆除烧毁一切民房，将居民赶进“人圈”。至1943年6月，大体完成热南地区的集家，仅兴隆县的“集家并村”，就有11.1万余人被赶进199个“人圈”，有1301平方公里被划作“无住禁作地带”，占全县总面积的41.7%。兴隆全县，1942年1月~1943年12月被日伪检举入狱死亡1.2万余人，1943年“人圈”内发生伤寒等疫情，死亡6000余人。同时，日军在长城南侧冀东抗日根据地平原基本区沿山区的几块根据地，如遵化、丰润、迁安、滦县的部分村庄，也被制造成“暂时无人村”的“无人区”。在冀东平原基本区，日军强迫当地民众，并从冀中、山东等地强征10万劳工，挖成东西5条、南北6条封锁沟，不能挖沟的山区构筑封锁墙，沿封锁沟墙设置碉堡、据点，进行严密分割封锁。日军对热南地区群众进行了野蛮的大屠杀。1942年12月5日，日军在滦县潘家戴村一次屠杀群众1280人，烧毁民房1030间，制造了大惨案。1943年2月，日军抽调1.2万兵力分数路对承德、兴隆、平泉、遵化、凌源、青龙、迁安等县山岳地区进行轮番“扫荡”，实行“三光”政策，推行“集家并村”。由于当时冀东主力部队用于恢复根据地平原基本区的斗争，为避免群众遭到杀害，采取了有计划地允许群众进入“人圈”的策略。日军在热南地区制造了东起乾沟、西至曹家路，北起巴里罕、南至长城的大片“无人区”，使600多万亩耕地荒芜，1000多个村庄变成废墟。

在敌人的“人圈”里，群众遭受种种凌辱，甚至无辜被杀害，过着人间地狱的生活。坚持在“无人区”进行斗争的部队和干部，把工作重点放在“人圈”，秘密地宣传群众，组织武装，建立地下党组织，领导群众抢种抢收粮食，积极为群众提供生活和医药用品。“人圈”里的群众千方百计配合部队、干部的活动，担负传递情报、救护伤员、战勤等任务。直到1944年初，经过5年多时间，日本侵略者才宣称在长城沿线热辽地区“集家并村”，制造“无人区”的计划基本完成。

经中共唐山党史研究室陈平等人实地勘察测量，日军制造“无人区”的范围，不仅远大于《华北治安战》及其他日本史著所载，而且远大于日军原拟定之“无人区”计划。日本关东军与华北方面军相配合，实际制造成“无人区”，其范围，东起九门口,西迄独石口，长约1000公里，北起围场，南至长城以内，宽8~30公里，最宽处250公里，包括青龙、兴隆、承德、宽城、滦平5县全境，丰宁、怀柔、隆化、平泉、建昌、宁城、凌源7县大部，平谷、密云、延庆、赤城等县长城以北伪满辖地，围场、绥中、喀喇沁旗的部分地区及遵化县马兰峪一带，“无人区”的总面积约达5万平方公里，其中，“无住禁作地带”约8500平方公里，“集家并村”达1.7万个自然村，建立了2506座“人圈”，驱赶“集家并村”的群众约140万人。这样，日军制造了一个庞大的特殊战略地带。

## 第三节　太行区、冀鲁边区反“扫荡”战役

### 一、太行区反“扫荡”战役

太平洋战争爆发前后，日军为消灭中共中央北方局、八路军总部和第129师主力，对太行抗日根据地进行连续不断的“蚕食”和“扫荡”。太行抗日根据地党政军民采取针锋相对的方针，展开连续不断的反“蚕食”、反“扫荡”作战。1941年1月中旬、下旬，太行第2军分区部队、第129师第386旅、决死3纵队，在地方武装配合下，分别粉碎了日伪军对三分区与榆社、辽县、和顺、昔阳的“扫荡”。4月和6月，太行第1军分区赞皇独立营、第31团和第5军分区第34团及第358旅第14团、新10旅第12团、第30团、决死3纵队等部，在民兵配合下，粉碎了日伪军对太行第1、第2、第3军分区的“扫荡”，歼敌800余人。7月，在第二次“治安强化”运动中，华北日军对太行区发动“秋季”大“扫荡”，向武乡、黎城、涉县地区围攻，企图围捕八路军总部、第129师师部等首脑机关，摧毁军工设施。太行军民以游击战、麻雀战、地雷战给日伪军以很大杀伤。1941年10月31日~11月21日，日本华北方面军

第 1 军集中第 36 师团、独立混成第 6、第 9 旅团各一部共约 1.5 万人，对太行抗日根据地腹心区进行大“扫荡”，企图围捕八路军总部领导机关，破坏根据地军工生产基地黄崖洞兵工厂，寻找八路军主力作战。

黄崖洞兵工厂于 1939 年建成，坐落在太行山中段岭脊之上的黎城县北部的群山当中，生产的主要武器有 55 式步枪、81 式步枪、50 炮及炮弹。10 月 31 日，日军连夜奔袭八路军第 129 师师部驻地涉县赤岸村和八路军总部驻地黎城西井镇，扑空后，被第 129 师部队阻于东阳关、响堂铺一线。11 月 9 日，日军第 36 师团由黎城出动，进攻黎城以北的黄崖洞兵工厂。警戒部队八路军总部特务团在第 129 师 4 个主力团及民兵的配合下，同日军展开激战。10 日下午，日军数路向黄崖洞地区之桃花寨、水腰发起攻击，施放毒气，特务团坚守阵地。11 日拂晓，日军数十门大炮轰击，400 名步骑兵冲锋，被特务团击毙 100 余人，被迫退回。日军第二次猛烈冲锋，又被特务团等部击毙 300 余人。11 日黄昏，日军疯狂炮击，发射大量毒气弹，八路军阵地前沿干部、战士全部中毒。13~15 日，日军转攻南口阵地，战斗极为激烈，日军使用了最新式武器喷火器。15 日，第 129 师采取“放敌进入厂区，再歼敌一部”的战术。至 18 日，八路军总部特务团等部连续激战 8 昼夜，日军猛烈连续炮击，发射毒气弹、毒气筒，团长欧致富等官兵 70 余人中毒。八路军主动撤出战斗，兵工厂被破坏。至 11 月 21 日，日军退出黎城。这次反“扫荡”战役，太行区军民作战 20 天，八路军、游击队共歼敌 1384 人，民兵毙伤敌军 92 人，八路军伤亡 396 人，民兵伤亡 12 人。

1942 年春节期间，日军集中 1.2 万兵力，对八路军总部驻地辽县麻田进行“铁臂合围”大“扫荡”。八路军、游击队、民兵协同作战，以伏击、袭击、急袭等游击战术，打击敌人，至 3 月 3 日，敌伤亡 2000 余人，被迫撤退。日军撤退时，在辽县、武乡、黎城、涉县等地区，到处撒布糜烂性毒气，大多撒在门侧、炕席和草堆上，以及粮食和水井中，人、畜一经接触，即遭中毒。涉县某村中毒数十人，有全家中毒毙命者。武乡的柳沟、东堡、桥南塔等11个村庄因中毒而死亡者尤多。[1]在这次反“扫荡”作战中，太行第3军分区司令员郭国言、第6军分区司令员范子侠、第1军分区第31团副团长曾纪云、第3军分区政治部主任郝维青等英勇牺牲。

日军为策应对冀中区的大“扫荡”，5月17日出动2.5万余兵力，对太行根据地北部地区进行大“扫荡”。敌军第3、第4独立混成旅团和第1、第8独立混成旅团各一部由平汉路石门至安阳段和正太路沿线各点出动，从东、北两面向八路军总部驻地推进；敌军第36师团主力由长治、武乡、辽县等地出动，从西、南两面向八路军总部驻地推进。25日，敌军以空军支援发起攻击。八路军总部和北方局机关在第386旅第769团掩护下突出重围，左权将军在山西辽县南艾铺附近的十字岭上指挥后勤人员突围时不幸被炮弹击中，光荣殉国。为纪念左权，北方局和八路军总部于9月18日决定将山西辽县改称左权县。10月20日，日军又以第36、第37、第69师团和第4独立混成旅团及伪军各一部共1.6万多人，分别对太行、太岳区进行“扫荡”。太行、太岳抗日根据地军民采取内线坚持与外线出击相结合，主力军与地方部队、民兵相结合的战法，展开广泛群众性游击战争，迫使敌军于11月12日和16日分别撤退。这次反“扫荡”战役的胜利，巩固了太行、太岳抗日根据地。

## 二、冀鲁边区反敌“六九”大“扫荡”

日军“五一”大“扫荡”冀中期间，冀中第8军分区一部、第23团大部、回民支队，分别跨过津浦铁路，转移到冀鲁边区。中共冀鲁边区党委根据上级指示，一面接应冀中突围转移来的部队，一面积极做好反敌“扫荡”的准备工作。

---

[1] 《解放日报》，1942年3月15日。

日军自5月下旬开始，调集2个师团及部分伪军，共约2万兵力，于6月9日从德县（今德州市）、连镇、泊镇等铁路沿线据点出发，对冀鲁边区之东光、南皮、宁津、庆云一带进行“拉网”大“扫荡”。6月10日，冀鲁边区第1地委在东光县高台村召开县以上干部会议，研究部署反“扫荡”作战。在反“扫荡”作战中，6月12日晨，在东光县刘大瓮村，冀鲁边区第1地委妇救会主任崔兰仙带领的1个连队与敌遭遇，激战中，崔兰仙身负重伤，宁死不当俘虏，被敌连刺数刀，壮烈牺牲。6月18日，冀鲁边第1地委、专署机关与冀中第8地委书记翟晋阶率领的冀中参观团及部分地方武装，转移到东光县四柳林（宫柳林、王柳林、赵柳林、孙柳林）和大小单家村一带，遭日伪军四面合围，从东面南皮县寨子村，北面南皮县宣惠河畔刘夫青村，再到西面东光县秦村，至南面宁津县双碓村，形成了方圆15公里的包围圈。6月19日拂晓，地委机关干部和部队从大单村开始突围，沿通往寺后杨村、砥桥村的交通沟，转移到鬲津河堤下，遭日军伏击，部分干部战士死伤，突围失败。队伍边打边撤，在寺后杨村附近，专员石景芳负重伤，继续组织突围。向崔达家村方向突围中，又遭敌阻击，地委书记杜子孚与60余名干部战士大部牺牲。专员石景芳带领其他人员在赵柳林村东的一个坟场，与敌展开肉搏战，全部壮烈牺牲。地委组织部长邸玉栋率领的机关干部，从小单家村南的一条道沟突围，前后受敌，冲入敌阵，奋勇拼杀，壮烈牺牲。驻小单村的青年连及驻宫柳村的鬲津县1连，在战斗打响后，杀出一条血路，突出了合围圈。

冀鲁边区这次反“扫荡”，从拂晓到中午，异常惨烈。除地委青救会主任燕明、专署秘书主任傅炳翰等少数干部战士脱险外，地委书记杜子孚、专员石景芳、地委组织部长邸玉栋、地委副秘书长赵德华、专署财政科长陈介清、军区政治部宣传科长徐镜尧、原冀中第8地委书记翟晋阶、开明士绅杨万和与兰桂芝、妇救会主任崔兰仙、文救会主任吕器等其他干部战士300余人壮烈牺牲，被俘40余人，最后全被杀害。

大“扫荡”结束后，中共山东分局派彭瑞林接任第1地委书记兼军分区政委，傅继泽任第1军分区司令员，王亦山接任专员，领导军民投入了坚持和恢复根据地的斗争。

6月下旬，由冀中转移到冀鲁边区的冀中第8军分区第23团1营，在沧县东圈子村遭日伪军包围。该营依据村落，激战一天，打退敌军十数次进攻，消灭敌人600余人，傍晚突围。战斗中，副团长赵振亚、政治部主任孟庆武、1营副营长戴敬武及战士100余人牺牲。

7月初，冀鲁边军区第18团在南皮县大七拨村，遭敌包围。经激战，突出重围，团长杨柳新及80余名干部战士牺牲。

在敌“扫荡”四柳林村之时，冀鲁边军区乘宁津、乐陵一带敌兵力空虚，对敌据点发起进攻。特务1连攻打宁津县长官南的一个据点，特务营2个连攻打盐山县圣佛西北的一个据点，周贯五、陆成道率领5连攻打乐陵县王胡家据点。一夜间，拔除敌军三个据点，给敌军以很大震慑。

# 第十五章　全面反“蚕食”、反“清剿”斗争

## 第一节　冀中、冀南的反“蚕食”、反“清剿”

### 一、冀中区反敌“清剿”斗争的胜利

“五一”大“扫荡”后，冀中根据地大部变为敌占区和游击区，少量根据地和游击根据地也被敌军细碎分割。敌人反复进行清剿，大肆捕杀抗日干部和部队人员，残酷镇压群众。

1942年6月21日，冀中区党委发出《关于青纱帐时期工作的指示》，但未能正确分析冀中形势和确定新的组织形式与斗争方式，因此没有能够及时扭转严重局面。7月15日，彭德怀副总司令发出《关于平原游击战争答复魏巍同志的几个具体问题》，对平原根据地的严重形势、坚持平原公开武装斗争的条件、非法斗争与合法斗争的关系等问题，作了科学、具体的说明，旗帜鲜明地批驳了放松平原抗日武装斗争的做法。据此，8月10日，中共中央北方分局和晋察冀军区进一步指出，坚持冀中平原必须以武装斗争为主，要求抓紧青纱帐有利时机，打击和粉碎敌人建立统治秩序的企图，进而建成许多小块抗日根据地。

冀中区党政军民贯彻上述指示，很快克服了一度放松武装斗争的偏向。适应游击区和游击根据地斗争的需要，初步将过去公开的组织形式和斗争形式转变为隐蔽、半隐蔽的组织形式和斗争方式。冀中区和军分区，成立党政军委员会；军分区部队由地委统一领

导，地委书记兼军分区政治委员，军分区司令员和政治部主任参加地委。各地委根据情况划分为几个小地区，由地委委员任书记，地区队队长和政治委员及县委书记为委员，组成精干的领导机构，全面领导各小块地区的斗争。部队按地方化进行编组：地区队和县、区游击队穿便衣，以班为单位分散活动。彻底精简机关，县、区干部与部队一起活动，昼伏夜出，坚持斗争。许多基层干部返回本区、本村开展工作，使基层党政民组织逐步得到恢复。还通过控制伪组织，建立秘密交通线，保持上下级的联络。

在初步整理组织基础上，冀中军民积极开展平原游击战争，夺取了青纱帐战役的胜利。8月25日至10月上旬，冀中军民毙伤俘日伪军1200多人，伪军反正350多人，逼退敌据点56处，平毁公路与封锁沟50多公里。在一些敌人统治比较薄弱的地区和白洋淀小网区及文安、新镇、胜芳等苇塘区，恢复、建立游击根据地或隐蔽根据地。

中共冀中区党委根据新的经验，于11月作出《关于冀中形势与任务的指示》。决定：由县、区委书记兼任县、区游击队政治委员，实行党政军统一编组，地方武装取消排的编制，改为小连大班制；地方党政干部与大班一起编组活动，每组18人左右。并从游击小组、青抗先和模范自卫队中挑选优秀分子，组成秘密的民兵游击小组，受党支部直接领导，以专门打击零散的汉奸敌特。至此，冀中区较好地完成了组织形式和斗争方式的转变，基本上结束了“五一”扫荡后的混乱局面。在敌人据点碉堡林立、沟墙路密如蛛网的大平原上，冀中军民以高度分散、机动灵活的游击战术，如捕捉战、院落伏击战、堵门战、挑帘战等，到处袭扰、歼灭敌人，搞得敌伪人人自危。

冀中军民在青纱帐过后，展开大规模建设、改造地道的群众运动。改造原有地道，与新挖地道配套，使之既适于隐蔽，又能依托作战。一些小型工厂、报社、电台、医院等陆续搬进地道，在敌人眼皮底下开展各项抗日工作。到1944年，冀中军民挖地道达1.25

万公里，花费约1500万个劳动日。

冀中军民运用革命的“两面政策”，积极开展对伪军伪组织的工作。把伪政权改造成为抗日的“两面政权”或抗日的“一面政权”，使一些伪军伪组织人员改恶从善，掩护、帮助抗日工作，使敌占村逐步变成抗日村，使敌占区逐步变为游击区和游击根据地。

1943年1月，中共冀中区党委在唐县张各庄召开区党委扩大干部会议。出席会议的有区党委委员、地委书记、军分区司令员及冀中区党政军领导机关负责人。会议重温了彭德怀副总司令和中共中央北方分局、晋察冀军区有关冀中工作的指示，汇报和分析了冀中的斗争形势，围绕统一思想，端正政策，推动冀中形势进一步好转的问题，总结“五一”反“扫荡”以来的斗争经验，研究和明确了以武装斗争为主，与其他各种斗争及实行“两面政策”紧密结合的方针，确定了贯彻各项政策的具体措施。经会议讨论研究，冀中区党委发出《关于整理组织工作的决定》《关于锄奸保卫工作的指示》《关于反自首斗争的指示》《关于今后敌伪军工作的指示》《关于统一战线工作的指示》《关于对敌斗争两面政策与合法斗争的指示》《关于对敌经济斗争的指示》；冀中军区发出《关于武装斗争的补充指示》，冀中行署发出《关于人民负担的指示》。会后，冀中区党委与冀中军区于4月间，又分别发出《关于青纱帐时期的工作方针》《关于群众工作的决定》与《反清剿斗争的指示》。这次张各庄会议及各项指示，对于统一思想认识，加强团结，坚持冀中平原游击战争，扭转被动局面，具有重要的意义。

1943年春，敌人为扑灭刚刚开始恢复的冀中抗日根据地，不断从各据点抽集四五百至千人兵力，奔袭合击和清剿冀中小部队活动地区，还对一些村庄进行驻剿，有的村竟驻剿十多天。针对这种情况，冀中小部队和游击队或先期跳出敌包围圈，到外线钳制、打击敌人；或运用村落联防战，待机歼敌，进行反合击。对驻剿之敌，由县、区地方武装依托地道坚持斗争；对小股敌人，坚决予以歼灭；对防守薄弱的敌据点，抓住有利时机坚决拔除。3月间，冀中第8军分区青（县）沧（县）交（河）联合县大队和第7区小队共约50人，在沧石路以北西河头村遭敌1500多人包围。他们依托地道进行顽强斗争，坚守各村角，阻敌紧缩包围，打退敌军连续多次进攻，使敌军不得不撤退。4月12日，定（县）南县第1区小队化装巧袭敌军四合庄据点，生俘伪军34人。同时，冀中各军分区都组织了多支武工队，深入敌占区开展游击战争，配合粉碎敌奔袭合击和清剿，积极恢复、开辟根据地。

到1943年6月间，冀中部队共进行反合击作战34次，毙伤俘日伪军488人，缴获炮1门、机枪9挺、枪135支，恢复、开辟游击根据地和隐蔽根据地54块，八路军小部队和党政干部已能在冀中4/5的地区内活动。

## 二、冀南区反敌“蚕食”斗争与形势好转

“四二九”大“扫荡”后，冀南抗日根据地进入最艰苦时期。巩固区缩小，大部分地区变为游击区和敌占区，近1/2的党支部被破坏，党员由4万人减为2.1万人。敌人的“蚕食”、“扫荡”、分割、封锁，使冀南平原上据点林立，铁路、公路、封锁沟墙交织，抗日部队活动困难，广大群众情绪暂时受挫。

为了扭转冀南平原根据地的退缩局面，中共冀南区党委和军区根据北方局《关于反对敌人蚕食政策的指示》，迅速发出《打开冀南严重局面的指示》，并于5月下旬召开地委书记扩大会议，通过了冀南区党委《关于贯彻党的正确政策，以打开目前严重局面的指示》。以这次会议为转折点，会后，中共冀南区党委迅速实现一元化领导，宋任穷任区党委书记兼军区政治委员，由区党委委员兼任地委书记，军分区主要领导人参加地委，由地、县委书记兼任军分区、县游击队政治委员。同时，大力紧缩野战部队，充实和加强地方武装，将野战旅与军分区合并，取消旅的番号。新7旅与第6军分区合并，易品良为军分区司令员，文建武为地委书记兼军分区政治委员，郭鲁为专员。新8旅与第3军分区合并，张维翰任军分区

司令员，肖永智任政治委员，乔晓光任地委书记，孟夫唐任专员。新4旅与第4军分区合并，由区党委宣传部长王任重兼地委书记、军分区政治委员，军分区司令员由军区参谋长范朝利担任。从而，加强了冀南区党政军领导力量，提高了坚持冀南平原游击战争的信心和勇气。

1942年6月11日，日伪军1.2万人对枣（强）南地区进行合围“扫荡”，企图歼灭冀南区党政军领导机关。冀南区党政军领导机关及时跳出了敌人的包围圈，在战斗中，冀南区行署秘书长刘铁之、军区武装部长李力、第5专署专员李松霄牺牲。这次“扫荡”，使根据地进一步缩小，斗争形势更为严重。

为扭转严重局面，中共冀南区党委、军区和行署提出“面向敌占区”“面向交通线”“敌进我进”的口号，组织小部队深入到碉堡林立的格子网内，组织敌后武工队深入敌占区，开展游击战争，建立隐蔽的游击根据地，逐步使敌占区变成游击区和小块抗日根据地。从部队抽调具有独立战斗能力的连、排干部，组织精干的党政军一体化的武工队。至7月底，共建立武工队21支、队员438人。根据不同地区敌人的统治强弱和抗日工作基础等条件，确定了武工队的不同斗争策略。在敌人统治比较巩固的地方，如平汉铁路沿线，坚持“长期隐蔽，积蓄力量”的方针，着重加强党的秘密工作、统一战线工作和伪军伪组织工作；同时，团结基本群众，采取革命的“两面政策”，利用伪组织的一套合法形式，开展抗日斗争，也就是所谓“白皮红心”。在敌人的主要交通线和重要据点，但其统治比较薄弱的地方，以合法斗争为主，配合以隐蔽的武装斗争。在敌人占优势的游击区，利用半公开的群众组织或其他灰色组织，团结各阶层群众，开展反“蚕食”、反“维持”的斗争，以牵制敌人向根据地基本区的推进。在抗日游击根据地，积极进行武装建设，以公开的抗日群众组织，开展民主民生斗争和对敌斗争，建立“三三制”的民选村政权。

自1942年8月5日起，冀南区军民进行元城战役。当时，伪东亚同盟自治军4个旅兵力企图攻占元城，进而向冀鲁豫区“蚕食”。陈再道指挥冀南部队展开反击战。至8月31日，歼敌3个半团，巩固了元城。由桂干生率领第1军分区部队插入邯大公路以南，收复了魏县、成安、漳河等县的根据地。此役，揭开了创造小块根据地的序幕。

自1942年9月初起，日军不断出动数百人、千余人兵力，对小块根据地进行“扫荡”。9月12日，日军第41师团、第7与第8独立混成旅团各一部和伪军共1万多兵力，对冀南进行大规模“扫荡”，重点合围枣（强）南地区，企图消灭冀南区及其第6军分区党政军领导机关。冀南区及其第6军分区党政军领导机关和部队适时跳出敌人的合击圈，安全转移到威县以南和故城地区。日军在此次“扫荡”中，仅从枣（强）南县第2、第3、第5、第7区就抢走粮食13600多石，牲口920多头，猪1200多口，还在王均村屠杀群众300多人。

为扩大创造小块根据地的成果，冀南区军民自10月5日起，进行为期3个月的秋季攻势。实行内线作战与外线作战相结合的方针，采取袭击、伏击、伪装等多种方式，灵活地打击敌人，共进行大小战斗546次，毙伤俘日伪军3980余人，缴获机枪23挺，长短枪2000余支。至1943年初，小块游击根据地有了较大发展。第1军分区在威县地区攻克敌据点10多处，在大名地区攻克敌据点5处，不仅巩固了根据地，还组织起100多人的邯大路南支队。第2军分区在滏（阳河）西地区发展，巩固了隆平、尧山以南和隆平东北等地。第3军分区开辟馆陶县的卫河以东、冠县北部和永年县西部地区，并组织起100多人的特务队在邯（郸）磁（县）交界地区站住了脚。第4军分区恢复了平乡、广宗、巨鹿交界地区，开辟平乡北部地区，还在清河、广宗一带组织了200多人的游击队。第5军分区开辟了景县、衡水南部地区，使之与故城、枣（强）北根据地连接起来。第6军分区在清河、武城地区打开了局面，在垂阳（今属大名县）地区的工作也有较大进展，在3县均建立了100多人的游击队。

## 第二节　北岳区、冀东区粉碎敌“蚕食”进攻[1]

### 一、北岳区打退敌“蚕食”进攻

1942年下半年起，日军对北岳区第1、第3、第4军分区的边沿地区实行正面的“蚕食”推进，占去1000多个村庄，据点由上年864处增加到1786处。为了迅速制止敌人的正面“蚕食”进攻，晋察冀军区和北岳区党委认真贯彻边区高级干部会议确定的新方针，实行了党的一元化领导，以党政军民的革命的“总体战”来战胜敌人的“总力战”。各军分区主力部队以1/3或1/2分散深入到敌之侧后开展游击活动，阻止敌人正面“蚕食”推进。他们袭扰和打击修路、建碉、挖沟之敌，围困据点，破坏交通，驱散民夫，烧毁器材，破路平沟拆墙，使敌人的正面“蚕食”受到巨大打击。如9月初，敌人在满城县吴家庄至韩家庄挖封锁沟，北岳区第1军分区第3团先后对敌袭击15次，伏击3次，炮击4次，驱散民夫5000多人，民兵还在敌人必经之路上埋设地雷，迫使敌人放弃了挖沟计划。各团和地区队组织若干支武装工作队，深入到沟线外去恢复、开辟新区，配合正面的反“蚕食”斗争。仅3个月时间，逮捕伪组织人员6000多人，恢复、建立1600个抗日村政权。

至1942年底，北岳区军民共进行较大战斗593次，歼灭日伪军4290人，摧毁点碉116处，破路平沟59公里，基本上制止了敌人的正面“蚕食”进攻，并冲破敌人的沟墙封锁线。同时，粉碎了敌人的抢粮计划，有效地保卫了秋收、秋征，并从边沿区和敌占区运回大批粮食。

敌人的正面“蚕食”被粉碎后，1943年又进行跃进“蚕食”。

---

[1] 本节参照《冀东革命史》，中共党史出版社1993年版，做了较大改动。

至4月，日军在阜平、平山、行唐、曲阳等地向根据地内跃进“蚕食”15~20公里，面积约3000平方公里，使北岳与冀中联系更为困难。

针对敌军跃进“蚕食”的特点，北岳区军民采取新的方针，正面、侧后和沟线外有机配合，给敌军跃进“蚕食”以沉重打击。敌军“蚕食”唐县西大洋地区时，八路军对敌军作战48次，消灭日伪军329人，攻克据点5座。敌“蚕食”平山、灵寿地区时，根据地数十个飞行射击组和爆破组在敌之交通线上和警戒线内，袭击敌军143次，毙伤敌军863人，攻克据点12座。3月4日，满城敌军600多人押民夫1.8万多人，开始在满城东北的西黑山至唐湖间挖沟、建点。北岳区第1军分区部队乘敌军立足未稳，发起猛袭，驱散民夫8000人，迫使敌军停工。3月10日，满城敌军押民夫2万人，再次强修。第1军分区部队毙敌270多人，驱散民夫1.5万人，并将敌军刚修的碉堡、公路、沟墙全部平毁，迫使敌军放弃了原“蚕食”计划。

至1943年4月中旬，北岳区军民基本上粉碎了敌人的跃进“蚕食”。敌人虽然“蚕食”了根据地部分地区，但北岳区军民向敌后之敌后挺进，正面部队与敌后部队配合，形成对敌人的夹击之势。

## 二、冀东区开辟新的游击根据地

冀东八路军夺取打伪治安军的战役胜利后，中共冀东地委和军分区估计日军将对冀东进行报复“扫荡”，于1942年2月间决定：主力除留一部分坚持内线斗争外，其余转向外线积极牵制敌人，以减轻中心区的压力，并决定开辟新区。1942年3月15日，中共中央北方分局和晋察冀军区发出《冀东工作的指示》，指出：今后敌对冀东之争夺必将更趋激烈，斗争必将日益残酷。应进一步深入巩固冀东原有根据地，为敌控制之地区应力图恢复。关于发展方向，目前应相机向东、向南发展，开辟新区域；今后应该注意加紧向北发展，坚持锦（州）热（河）路南游击战争，并开辟锦热路北工作，准备在适当时机开展路北游击战争。据此，当日军4万多兵力自4月1日起对冀东基本区进行残酷“扫荡”之时，中共冀东地委和军分区决定，主力部队除留下2个营坚持基本区的斗争外，其余大部突破敌人的封锁，转移到外线坚持斗争，积极开辟新的游击根据地。6月下旬，中共冀东地委召开第一次扩大会议，决定：冀东全党目前的中心任务，是“夺回被‘蚕食’区，巩固原有阵地，开辟游击区，突破包围封锁”。为此，决定今后必须贯彻“以发展为主，在发展中求巩固”的方针，在粉碎敌人对基本区“扫荡”的同时，实行“敌进我进”的策略，调集主力和大批干部，向外线、向敌区挺进，创造新的游击区，将滦（河）东开辟为游击区，将热（河）南山区和锦（州）承（德）铁路以北七老图山山区创建为游击根据地。

北宁路南地区，指北宁铁路以南的乐亭全县和丰润、滦县、宁河三县的北宁路以南地区，这一地区，濒临渤海，物产丰富。1942年8月，中共冀东地委组建北宁路南工委和路南工作团，并建立丰（润）滦（县）昌（黎）乐（亭）办事处。冀东地委抽调部分路南籍干部深入该区，利用青纱帐，采取隐蔽方式，很快在300多个村庄开辟了抗日工作。接着，组织起路南地方武装第1区队，向丰润和滦县南部地区开辟工作。到11月底，在东迄滦河、西至陡河，新开辟500余村庄，连同原有470个村庄，设立5个总区。同期，迁（安）滦（县）丰（润）联合县在唐山以南的稻地、钱营地区开辟100余个村庄，建立1个分区；丰（润）玉（田）宁（河）联合县在胥各庄至芦台一线以南开辟100余个村庄。共计在北宁路以南开辟游击区达1170余个村庄，建立起抗日武装500余人。至1943年2月，东、中、西三块游击区连成一片，形成南北两面对北宁路、唐山、开滦矿区的夹击态势。

滦东地区，指冀东东部地区，东起山海关，西至长城，包括滦河以东的昌黎、卢龙、迁安（大部）、抚宁、临榆等5个县和秦皇岛港，是东北通往华北的咽喉要地。在这一地区，日伪沿青龙河东岸挖壕沟，修据点，进行封锁，组织“伙会”武装，镇压抗日群众。1942 年 5 月，成立中共迁（安）卢（隆）抚（宁）昌（黎）联合县工委和办事处。7 月，派出小型工作组，深入滦河以东的迁安东部地区。中共迁卢抚昌联合县工委和办事处，积极宣传群众，控制“伙会”，做好瓦解敌伪军工作，使参加“伙会”的群众识破了敌人的阴谋，青龙河沿岸的伪军也大部分被争取过来。这时，冀东第 12 团主力一个连封锁大恒河日军据点，由地方干部率领数万名群众破坏公路，平毁壕沟，并与据点里的伪军里应外合，炸掉碉堡，摧毁了敌人的封锁线。部队、工作组与地方党相结合，经过 3 个月战斗，在迁、卢、抚、临、昌、青（龙）等县开辟 400 多个村庄，在华北日军“确保区”的滦东打下了立足点。到 1943 年 2 月，滦河以东，洋河以西，南至北宁路，北至长城，建立 9 个总区，在北宁路以南建立了迁卢抚昌联合县路南办事处，游击区村庄达 700 余个。

热北，指锦承铁路以北的热河省北部地区，包括承德与平泉北部、宁城全部及围场、隆化，北至赤峰，东至朝阳，境内有七老图山与老哈河，地势险要，物产丰富。这一地区，已越过伪满“西南国境线”，接近其腹地。早在 1940 年 7 月，中共青平工作团就着手在这里开展抗日活动，到 1942 年初，游击队发展到 40 余人。1942 年 5 月，中共冀东地委派出承平宁工作队，进入锦承路北，与原游击队配合，开辟游击区。经过 3 个月工作，在承德县三沟、东沟及平泉县车轮轿川建立 3 个区抗日政权，游击队发展到 100 余人。同年 10 月，中共冀东地委又派出 70 余名干部，加强锦承路北的开辟工作。至年底，在锦承路以北开辟 200 余个村庄，建立 5 个抗日区政权，形成以七老图山主峰光头山为中心的游击根据地。1943 年 4 月，中共冀东地委和军分区决定，在承平宁的基本区建党建政，广泛开展游击战争；以光头山为基地，向西、向东、向北发展，由小沟向大川发展，向蒙民区发展；在“集家并村”地区领导群众开展反“集家”的斗争。从此，承平宁地区工作迅速发展，至1943年5月，在宁平接壤地区建立第5、第6区，游击队发展到600余人，并建立承平宁联合县工委和行政办事处，在锦承路以北形成承平宁抗日游击根据地，并不断向东之伪满腹地发展。

热（河）辽（宁）边境之青龙、凌源、建昌、绥中地区，地处伪满洲国境，是向东北发展，进入伪满的咽喉要道。1942年春，中共中央北方分局成立东北工作委员会后，11月组建了中共冀东地委东北工作委员会，由杨雨民带领部分人员赴锦承路北；由赵濯华、张化东带领部分人员，进入青龙地区，分别与原在那里的干部一起，开辟热北和凌青绥游击根据地。

为开辟凌青绥地区，中共冀东地委1942年6月扩大会议后，派张仲三率领一批干部和游击队，与原在青龙地区工作的宋国祥会合，组成凌青绥武装工作队，共约50余人，由宋国祥任队长，张仲三任指导员，进入青龙东北地区。武装工作队分为6大组，其中，4个组在长城北侧，2个组在长城南侧抚宁、临榆地区，分别串联发动群众，争取上层，隐蔽发展与开辟工作。同时，派第12团第1营从峪门口过长城，进入青龙县境，尔后边打边走，在建昌县，奇袭老达杖子伪警察所；在青龙县安子岭，全歼武修讨伐大队200余人；在青龙县鲇鱼洞沟，击溃张金祥讨伐大队300余人，振奋了群众。因而，迅速将青龙县花厂峪为中心的100多个村庄开辟为抗日游击区。同年12月，根据中共冀东地委的决定，张化东、张仲三、宋国祥会合，成立中共临（榆）抚（宁）凌（源）青（龙）绥（中）工委和行政办事处，由张化东任工委书记，宋国祥任办事处主任，张仲三为副主任。工委和办事处向凌源和绥中派出突击组，隐蔽向东北开辟发展。不久，游击队发展壮大到100余人，在长城以北建立了4个区政权，在长城以南建立了2个区政权，凌青绥抗日游击根据地初具规模。为更好地开辟东北工作，1943年初，长城以南的2个区划归迁（安）卢（龙）抚（宁）昌（黎）联合县，临抚凌青绥工委和办事处遂改称凌青绥联合县工委和办事处。

1942 年 6 月，中共冀东地委召开扩大会议后，冀东西部地分委决定大力向平津方向开辟新区。在蓟（县）宝（坻）三（河）联合县，其南部，向宝坻、武清敌占区发展；其西部，向香河、三河敌占区发展。至 1942 年底，香（河）武（清）宝（坻）工作团将 200 多个村庄开辟为隐蔽抗日游击区。与此同时，丰（润）玉（田）宁（河）联合县于 1942 年秋冬派出两批干部与武装工作队，深入宁河敌占区，开辟宁河隐蔽抗日游击区。

由于冀东区党政军民在坚持反“蚕食”、反“扫荡”，恢复基本区的同时，开辟北宁路南、滦河以东、热北和凌青绥等广大抗日游击根据地及香武宝、宁河等隐蔽抗日游击区，到 1942 年底，冀东抗日县政权发展到 11 个，其中，跨长城内外有 3 个县，在伪满境内有 2 个县，部队发展到 8100 人，主力有 5700 人。

# 第十六章　抗日根据地励精图治与恢复发展

## 第一节　加强党对敌后抗战的统一领导

### 一、开展全党整风运动

1942 年起，河北各抗日根据地遵照中共中央的决定，认真开展全党整风运动。

晋察冀边区党政军机关 1942 年 5 月开始整风。《晋察冀日报》7 月 1 日发表《纪念“七一”全党学习毛泽东思想》的社论和聂荣臻的署名文章《全面展开整顿三风的学习和检查》一文，阐述了整风的基本精神，提出一面学习，一面工作，一面检查。8 月 1 日起，整风运动全面展开。在北岳区成立了各级学习委员会，制定学习计划和制度。冀中、冀东和平北地区因战斗紧张，党的整风运动开展较晚，并且是在战斗间隙结合进行的。北岳区的整风运动，从 8 月至次年 4 月，为第一期整风学习。各地普遍组织学习了毛泽东关于整顿三风的报告和中央规定的有关文件，在领会精神实质的基础上，开展批评与自我批评，把钻研文件、反省个人、检查工作三者有机结合进行，总结执行党的政策的经验教训，提高自觉性，克服盲目性。1943 年 5 月至年底，为第二期整风学习。地方上，以县以上领导干部和边区机关为主；军队系统，以军分区以上领导干部为主。结合业务和工作实际，进行全面检查整顿，以便提高业务水平，改进领导作风，促进边区的各项建设。自 1944 年起，边区整风运动结合审查干部进行，更深入地接触实际问题，展开必要的思想斗争。在县以上党委成立整风委员会，以加强领导，并将整风重点放在地委和军分区以上干部中。北岳区县团级以上干部凡需离职整风的，都进入中共中央北方分局举办的整风训练班；一般干部除少数进入地委举办的整风训练班外，多数就地在职参加整风。冀中、平北和冀热边地区，由于战斗紧张，只有少数干部参加中共中央北方分局党校的整风训练班，多数干部就地安排整风学习。在坦白运动中，党员干部去掉顾虑，向党交心，全面反省了自己历史上的问题和一切非无产阶级的思想表现，形成群众性的思想革命运动，达到了审查干部和纯洁组织的目的。1944 年 7~10 月，中共中央北方分局在阜平县柏崖子村召开扩大的高级干部整风会议。会后，边区机关和北岳区的整风运动告一段落。冀中、冀热边地区党的整风运动到 1945 年 6 月抗战胜利前夕才结束。

晋冀鲁豫根据地，1942 年上半年开始机关和太行区党的整风运动。前期，主要是以学习整风文件，联系个人思想，领会精神实质，解决思想认识问题为主。1943~1945 年，中共中央太行分局（同年冬季，分局撤销，改为太行区党委）党校先后举办 4 期县以上干部整风班。同时，在涉县索堡村举办了边区政府、交通局、工商局干部的整风班；在涉县温村举办了报社、文联、干校、联中、工会等单位干部的整风班。各整风班的做法不同，一般都经过三个阶段。第一阶段，学习整风文件，端正整风态度。第二阶段，开展思想运动，经过大家思考、争辩，解决自己的认识问题。第三阶段，进行系统反省和总结，按照“实事求是”“放下包袱，开动机器”的原则，“抛弃旧我”“树立新我”，提高革命自觉性和执行党的正确路线的自觉性。冀南区的地委和军分区以上高级干部，于 1943 年上半年集中到中共中央北方局党校参加整风。冀南区的县区级干部和团营级干部，于 1943 年 11 月起，抽出 700 人到太行区偏城（今属涉县）集中整风。冀南与冀鲁豫两区合并后，又抽调县级和连级以上干部到设在太行区林县（今属河南省）的中共冀鲁豫分局党校集中整风，9月间，学员有2000多人，其中原冀南区有1100多人。此外，部分干部参加地委举办的整风班，其他干部被安排在职整风学习，一面整风，一面战斗，互相促进。到1945年6月，全区党的整风运动基本结束。

河北各根据地还开展了文艺界的整风运动。文艺工作者学习毛泽东《在延安文艺座谈会上的讲话》，对文艺思想上存在的“艺术至上”，“脱离政治、脱离群众、脱离实际”等不良倾向，进行了检查、清理。因此较好地解决了文艺为工农兵服务、文艺为无产阶级政治服务，以及普及与提高的关系等根本性的问题，使文艺工作者坚定了走与工农相结合的道路，使文艺运动走上了面向实际、面向群众的崭新阶段。

河北各根据地开展的这次全党整风运动，具有重大而深远的意义。虽然在整风后期的坦白运动和反特斗争中，由于受康生的“抢救失足者”的影响，出现了“扩大化”的倾向，尤其冀南区出现了比较严重的“逼、供、信”的现象，伤害了部分干部，但根据中共中央的指示，及时纠正了这些问题。通过整风，广大党员干部受到一次深刻的马克思列宁主义、毛泽东思想教育，进一步明确了马克思列宁主义普遍原理与中国革命实践相结合的根本方向，增强了执行党的正确路线、防止和纠正“左”的和右的错误倾向的能力；主观主义、宗派主义、官僚主义、军阀主义等倾向有了很大克服，思想作风和工作作风有了很大转变，党的理论联系实际、批评与自我批评、密切联系群众的三大作风从此开始形成；促进了党员干部世界观和阶级立场的转变，克服剥削阶级和小资产阶级的思想影响，树立全心全意为人民服务的思想，大大增强了党内团结、意志统一、行动统一，使党从思想上、政治上、组织上得到全面巩固。总之，全党整风运动，为各根据地克服困难，准备反攻，夺取抗战最后胜利，提供了根本保证。

## 二、健全党的“一元化”领导体制

在抗战最艰苦时期，为了粉碎敌人的“总力战”，1942 年 9 月 1 日，中共中央发出《关于统一抗日根据地党的领导及调整各组织间的关系的决定》。据此，河北各抗日根据地适时对党政军民领导机关进行了调整，实现和加强了党的统一和一元化领导。

晋察冀抗日根据地，在中共中央北方分局书记彭真赴延安后，中共中央于 1942 年 8 月 12 日决定由聂荣臻任北方分局书记、晋察冀军区司令员兼政治委员，程子华、刘澜涛任分局副书记兼军区副政治委员，萧克任分局委员兼军区副司令员，杜理卿（许建国）、李葆华（赵振声）、刘仁为分局委员。1942 年 10 月 24 日，中共中央北方分局发出通知，要求更好地贯彻中央关于“一元化”的决定，调整区党委和二级军区以下的各级领导机关。同年 11 月 2 日，中共北岳区党委改组，增补军区政治部主任朱良才、边区政府党团书记张苏为区党委常委，刘澜涛任书记，朱良才任副书记。从而，使中共北岳区党委成为本区内党政军民统一的、一元化的领导机关。边区政府党团改由中共北岳区党委领导，但在讨论决定有关全边区问题时仍须取得中共中央北方分局的批准。军区政治部也改由中共北岳区党委领导，撤销区党委和县以上的军事部。之后，中共北岳区各地委改组，地委书记分别由军分区司令员或政治委员担任，原地委书记改任副书记兼军分区政治委员或副政治委员。在冀中区，“五一”大“扫荡”后，成立“一元化”的中共临时区党委，由程子华兼书记，各地委、军分区合并领导机关。1942 年 9 月，程子华正式担任中共冀中区党委书记兼军区政治委员，马辉之任区党委副书记。不久，刘亚球、黄兴义赴延安参加整风，张国坚任区党委组织部长。为了进一步贯彻精兵简政，1943 年 8 月，中共中央北方分局决定：撤销北岳区党委建制和冀中区党委、军区、行署建制，由分局、军区、边区政府直接领导北岳区和冀中区各地委、军分区、专署的工作；成立由林铁、刘澜涛、胡锡奎组成的北岳区工作委员会和由马辉之、周小舟、张国坚组成的冀中区工作委员会，作为分局的办事机构协助处理本区的日常事务。在冀热察区，1942年2月撤销区党委和挺进军建制后，由分局、军区、边区政府直接领导平西、平北、冀东地区的工作。为使平北根据地向西发展与北岳区连接，1943年2月，中共中央北方分局决定：平北东部划归冀东领导，平北西部划归平西领导，建立平北地分委。7月间，中共中央北方分局又决定加强冀东党的统一领导，设立冀热边区特委、军区、行署，由李运昌任特委书记、军区司令员兼政治委员、行署主任，李楚离任特委副书记兼军区副政治委员，朱其文任行署副主任，下辖第1至第5地委、军分区、专署。与此同时，各地对县以下领导机构也进行了精简和调整。从而，在冀中、北岳、冀东、平西、平北等根据地，自上而下实现了党的统一和一元化领导。

根据中共中央和北方局的决定，1942年5月27日，取消冀南区军政委员会，由宋任穷任中共冀南区党委书记兼军区政治委员。9月1日，以邓小平为书记的中共中央太行分局成立。10月20日，中共冀鲁豫区党委改组，由黄敬任书记，并撤销晋冀豫区和冀鲁豫区各级军政委员会，由区党委和各级党委实行一元化的领导。同时，对军分区进行调整，使主力军与军区合并，原则上由地、县、区委书记兼任军分区和县、区基干部队的政治委员。从而，把党政军民各项工作统一在党委的领导之下。为进一步贯彻精简和加强党的统一领导，中共中央1943年10月6日作出决定，撤销太行分局，由中共中央北方局直接领导冀南、晋冀豫、冀鲁豫、太岳区党委，任命邓小平为中共中央北方局代理书记，并决定将第129师师部与八路军总部合并（保留第129师番号）。10月9日，中共晋冀豫区党委和军区改称中共太行区党委和军区，在行政上仍为晋冀鲁豫边区政府的直辖区。1943年11月，成立中共中央冀鲁豫分局（通称平原分局），黄敬任书记，宋任穷任组织部长，李菁玉任宣传部长，对冀南、冀鲁豫两区党委工作实行统一领导。

此外，在中共中央山东分局领导下，冀鲁边区与清河区于1944年2月合并为渤海区，原在河北境内的冀鲁边区第1地委、军分区、专署，改称渤海区第1地委、军分区、专署。

各抗日根据地在敌人封锁沟以外的地区，除了主力团和地区队的主要领导干部参加所在地区的县委外，还采取了一些补充办法。例如，北岳区沟线外的一些小块地区，成立了由敌后武装工作队的政治委员、队长和该区政府、群众团体有关干部组成的领导一切的党委会，统一领导该地区的全面对敌斗争。

上述各抗日根据地领导机关的精简、调整和党的领导的统一与一元化，使党政军民的力量形成了有机整体，为粉碎敌人的“总力战”，恢复、发展根据地，准备反攻，从组织上、领导上提供了可靠保证。

## 三、实现党对抗日群众团体“一元化”领导

1942年5月，冀南区农、工、妇、青、文等各抗日救国会进行合并、精简，改组为统一的冀南区各界抗日救国联合会，由习从真任主任。在此前后，太行区和冀鲁豫区各群众团体也分别精简、合并为各界抗日救国联合会。1943年4月25日~5月2日，北岳区20多个群众团体、180多名代表（列席代表）举行联合大会，决定共同组织统一的北岳区各界抗日救国联合会，选举杨耕田为主任。同时，冀中区召开各群众团体常委扩大会议，决定组成统一的冀中区各界抗日救国联合会，推选杨新月为主任。平北、冀东地区群众团体的统一改组工作也先后完成。在此基础上，1943年9月16日，召开晋察冀边区抗联会扩大执行委员会会议，北岳、冀中、冀热边和平北等地群众团体代表数十人与会。会议决定成立晋察冀边区各界抗日救国联合会，选举杨耕田为边区抗联会主任，并决定北岳、冀中两区抗联会停止活动，各专区抗联会团体会员由边区抗联会直接领导。

经过调整、改组，河北各抗日根据地所属区以上各级农、工、

妇、青等群众团体组成统一的各界抗日救国联合会；各界抗敌后援会、产业工会、文联、教联、学联、医救等成为抗联会的团体会员，保持其单独组织系统的独立性；村保持农、工、妇、青等各单独组织，在这些组织之上，建立村抗联会。至此，河北各抗日根据地的群众组织系统，均按行政区分为六级：边区（晋察冀边区、晋冀鲁豫边区）抗联会、战略区（冀中、北岳、冀南、太行、冀鲁豫、冀热边）抗联会、专区、县、区、村抗联会。区以上各级抗联会领导机关是执委会、常委会，设正副主任，下设组织、宣传、工、农、青、妇等部，县以上各级抗联会设秘书处。为适应敌后分散的斗争环境，改组后的专区抗联会可以单独行动；专区、县抗联会可以在敌人分割地区设立办事处，作为代表机构实行就近领导。到 1945 年初，晋察冀边区各群众团体会员达 300 万人；群众团体干部，北岳区有 2900 多人，冀中区有 1800 多人。

在河北各抗日根据地，共产党在领导群众运动中，特别是在领导群众进行民主民生的斗争中，创造了丰富的经验。1943 年 4 月，中共北岳区党委召开群众团体联合代表大会，会议不仅选举产生了北岳区抗联会领导机构，更重要的是总结了 6 年来群众工作的经验教训。在此基础上，中共中央晋察冀分局副书记刘澜涛于 1945 年 1 月在《晋察冀边区群众工作》一文中，对边区群众工作的历史和基本经验，作了比较全面的阐述，并概括为以下 11 条。（1）抗日根据地土地问题的解决，应采取革命的改良办法，实行减租减息和交租交息的政策；（2）抗日根据地内农民与地主阶级的斗争是长期的，地主阶级的政治优势丧失后，它的经济优势还没有丧失；（3）基本群众发动起来，农民与地主才可能在法律面前讲平等，才能有平等的统一战线；（4）抗日、减租减息、民主政权三者相互联结，每一时期必须有重点，根据地进入正规后，应以生产为主要环节；（5）群众运动必须与群众武装相结合；（6）从上层统战可以打开创造根据地的局面，但只有发动了基本群众，才能使根据地得到巩固；（7）群众运动应以农民为主，青年、妇女等组织应以农救会为中心;（8）要保护群众利益，应适时由减租减息、增资为中心，过渡到以发展生产为中心;（9）正确对待群众运动中出现的过“左”行动，要教育和引导，不能把一些基层干部当成“新兴黑暗势力”来打击;（10）基本群众没有起来时，应强调斗争，待基本群众起来后，应强调团结，争取地主合作抗日;（11）群众起来以后，要强调组织性、纪律性，但不要束缚群众，要让群众通过亲身体验而自觉接受党的政策。晋察冀边区群众运动的经验说明：必须正确处理党、政权、军队与群众团体的关系，讲究群众斗争的策略。这些经验教训，对进一步推进冀中、冀东、北岳等抗日根据地的群众工作，起了重要的作用，对冀南、太行、冀鲁豫等抗日根据地的群众工作也有一定的借鉴意义。

## 第二节　健全抗日民主政权体制

### 一、晋冀鲁豫边区政府成立

1941 年 3 月 16 日，邓小平受中共中央北方局委托，在冀太联办第二次行政会议上提议，在全面抗战四周年时，召开晋冀豫边区临时参议会，并按照“三三制”的原则，选举产生边区临时参议会，成立晋冀豫边区政府。自 4 月起，各地选举参议员的工作全面展开。4 月 5 日，中共中央北方局提出《关于晋冀豫边区建设》的主张，包括如下 15 项：第一，坚持华北抗战，誓死与晋冀豫边区人民共存亡。第二，与一切抗日党派亲密合作，坚持抗日民族统一战线到底。第三，为彻底实现三民主义与抗战建国纲领而奋斗。第四，加强与扩大武装力量，实行全民武装自卫。第五，加强民主政治建设，逐步实现民选各级政府。第六，坚决镇压死心塌地的汉奸，贯彻保障人权。第七，保障一切抗日人民之财产所有权。第八，调节劳资双方利益，增加工业生产。第九，加强农村阶级团结，增加农业生产。第十，确保抗日根据地之自足经济，打击敌人

“以战养战”企图，逐渐建立统一的财政制度，实行统一的所得累进税。第十一，对敌实行统制贸易，在根据地内实行自由贸易。第十二，加强文化教育运动，提高民众文化政治水平。第十三，保障女权，实行男女平等。第十四，面向敌占区，缩小敌占区。第十五，边区各民族在政治、经济、文化、教育上一律享有平等自由权利。[1]5月，邓小平在中共中央北方局机关刊物《党的生活》上，发表《党与抗日民主政权》一文，明确地阐述了党关于抗日民主政权的主张，深刻指出：“三三制”政权的实质，是贯彻民主精神，团结一切抗日力量。这些对晋冀鲁豫边区政权建设，具有重要的指导意义。

1941年7月7日，在山西辽县桐峪镇，晋冀豫边区临时参议会隆重开幕。会议根据中共中央北方局建议，同意将冀鲁豫区与鲁西区合并，划入本边区，将晋冀豫边区临时参议会，改为晋冀鲁豫边区临时参议会，并民主选举成立晋冀鲁豫边区政府。出席边区临时参议会大会的参议员共133人，其中共产党员46人，占1/3。会上，彭德怀作了《目前形势与抗日根据地的各种政策》的报告，杨秀峰作了《工作报告》。会议制定并通过边区临时参议会的组织条例、边区政府的组织条例、边区政府的施政纲领与各项政策。大会民主选举边区临时参议会驻会委员15人，申伯纯（八路军方面参议员）为议长，宋维周、邢肇堂（国民党方面参议员）为副议长。大会民主选举边区政府委员14人、候补委员4人，杨秀峰为边区政府主席，副主席有薄一波、戎伍胜，高等法院院长为浦化人。8月15日大会结束。晋冀鲁豫边区政府设秘书处、财政厅、民政厅、建设厅、教育厅、公安总局等机构。边区政府下辖：太行、太岳、冀南、冀鲁豫4个行政区，共21个专区，154个县。

晋冀鲁豫边区临时参议会的召开和边区政府的成立，实现了边区政权的统一领导，对边区和各敌后根据地的民主政治建设，具有

---

[1] 参见政协河北省委员会编：《晋冀鲁豫抗日根据地史料汇编》（中），河北人民出版社2015年版，第1117~1120页。

巨大的推进作用。

根据中共中央的决定，北方局太行分局于1942年9月1日成立。邓小平任分局书记兼组织部长（后由李雪峰任组织部长），李大章任副书记兼宣传部长，刘伯承、蔡树藩、李雪峰为委员。太行分局统一领导晋冀豫、冀南、太岳、冀鲁豫4个区党委的工作。为研究解决根本扭转晋冀鲁豫边区困难局面问题，太行分局于1943年1月25日~2月20日，在涉县温村召开了高级干部会议。会上，邓小平就《五年来对敌斗争的概略总结与今后对敌斗争的方针》作了报告，并作了会议结论；李大章作了《过去群众工作的简单回顾与今后工作的方针》的报告；戎伍胜就《进一步加强经济建设开展对敌经济斗争》作了报告；彭德怀、罗瑞卿作了重要讲话。会议确定了全边区工作的基本方针：坚持华北抗战，坚持根据地和抗日游击战争，从各方面积蓄力量，为反攻和战后做准备。明确今后的具体任务是：巩固抗日民族统一战线，调动人民抗日积极性；加强武装建设，发展群众性抗日游击战争；加强根据地财政经济建设，打下自给自足的基础；加强敌占区对伪军伪组织工作，建立小型、隐蔽的游击根据地；加强党的一元化领导，深入全党整风，彻底实行精兵简政。这次会议，为全面开展对敌斗争和根据地各项建设，根本扭转困难局面，奠定了思想政治基础。

## 二、晋察冀边区召开参议会

晋察冀边区第一届参议会于1943年1月15日在阜平县温塘村召开。出席会议的有来自北岳、冀中、冀东等地的议员288人，中外来宾和边区各界列席人员80余人。中共中央对这次会议作了重要指示，指出：1940年8月北方分局提出的目前施政纲领“在群众中有很大影响，并且直到现在还是适当的”，应成为新选出的边区政府的施政纲领，并对制定施政纲领的实施重点作了明确的指示。会上，聂荣臻致辞，宋劭文作了《边区行政委员会工作报告》。

会议按照“三三制”原则，选举产生了边区最高政权机关。与会参议员中，党外人士占近50%，中间势力和上层士绅代表及专家、学者、名流占36.1%。选举结果：正副议长成仿吾、于力都是大学教授，驻会参议员办事处7名成员中，国民党员和民主人士占2/3以上。新选举产生的边区行政委员会，由聂荣臻、宋劭文、吕正操、张苏、王承周、刘奠基、胡仁奎、刘皑风、王久荃等9人组成，其中，共产党员3人，国民党员2人，民主人士4人。王斐然为边区高等法院院长。从而，建立健全了由村至边区的各级"三三制"政体。

会议审议通过了宋劭文的工作报告，通过并正式颁布《晋察冀边区选举条例》《晋察冀边区参议会组织条例》《晋察冀边区行政委员会组织条例》《晋察冀边区县区村组织条例》，使边区民主政治建设进入新的发展阶段。会议一致同意中共中央北方分局副书记刘澜涛的提议，将《中共中央北方分局关于晋察冀边区目前施政纲领》，确定为边区行政委员会的施政纲领，并确定了施政纲领的《实施重点》。会议还通过《边区租佃债息条例》《边区抗战勤务条例》《边区统一累进税税则》《边区婚姻条例》等14个法规、条令，为边区全面开展对敌斗争和各项建设提供了比较完备的法律依据。

晋察冀边区参议会的召开，是边区民主政治建设史上的新起点，是根据地建设史上的转折点。边区参议会大会《宣言》宣布，边区今后的施政重点是：要继续深入贯彻《双十纲领》和统一战线的各项政策，更加巩固各党各派各阶层人民的团结；要加强游击区的对敌斗争，变游击区为根据地；厉行精兵简政，节省民力；发展生产，繁荣经济，亲密军政军民关系，积极积蓄反攻力量。《解放日报》发表题为《晋察冀边区参议会的成功》的社论，指出：这届参议会"给边区人民带来了胜利的信号"。

### 三、根据地"三三制"政权普遍建立

在晋冀鲁豫边区临时参议会和晋察冀边区参议会召开前后，河北各抗日根据地进一步掀起新的民主建政热潮，普遍建立健全了各

级“三三制”政权。

村政权是抗日民主政权的基石。根据冀太联办专员、县长会议的决定，冀南区1940年11月至1941年3月完成了村选，在抗日根据地1/3以上的村庄建立起民选的抗日政权。太行区1941年上半年完成村选，普遍建立了村政委员会（村公所）。晋冀鲁豫边区政府成立后，各地加紧村政权的改造。1942年和1943年，以村选为主要内容的大规模民主选举运动，与以减租减息为主要内容的民生运动相结合，使冀南、太行、冀鲁豫区广大农村政权得到普遍的改造和巩固。同1941年比较，村政权真正体现了“三三制”原则，贫雇农的比例上升，中农比例略有下降，富农受到保护，开明士绅占一定比例，具有了更广泛的群众基础。

晋察冀边区1940年民主大选以来，村政权基本上实现了“三三制”原则。据阜平、行唐、易县等10个县统计，1941年在村民代表会和村政委员会中，共产党员占33%，进步分子和中间分子占67%。边区参议会后，立即作出《关于整顿各级政权组织的决定》。在1943年1~3月，集中力量对专署以下政权进行检查、整理，包括：“三三制”原则的落实、政策法令的执行、政权的政绩和自身建设改进等内容。与整理村政权组织相结合，冀中、北岳、冀东等地进行1943年的村选，更好地落实了“三三制”原则，使村政权焕然一新。

县政权是独立领导对敌斗争和各项建设的战斗堡垒。晋冀鲁豫边区在推选参议员的过程中，冀南、太行、冀鲁豫区对县一级政权，按照“三三制”原则进行了调整。晋冀鲁豫边区政府成立后，各地对县政权又做了大量调整工作，吸收一批民族资产阶级和开明士绅参加民意机关和政府机关，从而使县政权更好地团结各抗日阶级和阶层。晋察冀边区政府1943年3月9日发出《关于县议会改选和县议会工作的指示》。据此，以北岳区为主开展第二届县议会选举运动，冀中、冀东视战争环境而灵活进行。各地召开了各种座谈会，听取各界人士的意见。人们踊跃参选、竞选，各县参选人数均在90%以上。

区不是一级政权，但它是县领导村的桥梁和纽带。因此，河北各根据地都很重视区民代表会和区公所的加强和改善，选派优秀干部担任区的领导，使区能够独立工作和斗争。

河北各抗日根据地各级“三三制”抗日民主政权的普遍建立，从政治上巩固与扩大了抗日民族统一战线，调动了各阶级、阶层的抗战积极性。

## 四、游击区抗日政权建设

1941年后，由于日军的“蚕食”和“扫荡”，河北各抗日根据地的巩固区大大缩小，游击区不断扩大。因此，加强游击区政权建设，成为开展游击区人民抗日斗争，粉碎敌人的“蚕食”政策，恢复和发展抗日根据地的一个关键。

1942年9月，中共中央北方分局召开的高级干部会议确定“向敌后之敌后挺进”的方针，并对游击区实行“两面政权”策略作了明确的阐述，指出它的实质是以合法的形式掩蔽非法的斗争，并纠正了游击区工作中“左”的关门主义和右的合法主义等错误倾向。同时，晋察冀边区政府作出《关于目前游击区政权组织工作的决定》，并发表张明远的《游击区的村政权建设问题》《对敌斗争中抗日两面政策问题》等文。据此，1942年底至1943年初，在北岳、冀中、冀东等地，普遍完成了游击区抗日政权的组织形式和斗争策略的转变。游击区包括接敌区和游击根据地，当时存在三种“两面村政权”，因而采取了不同的建政方针和策略：第一种是抗日的“两面村政权”，主要存在于游击根据地和接敌区，大部分由抗日“一面村政权”应变而成。对此种村政权，必须坚持抗日行政村建制和村公所组织，村民代表会因过于暴露可以暂时停开。为应付敌人，可以另设伪组织和人员，如伪村长、保甲长等，但必须控制在抗日的村公所之下。还必须掌握民兵游击小组，使之掩蔽在伪组织内，以合法形式掩护抗日武装斗争。待时机成熟，这些村政权应转变为抗日的“一面村政权”。第二种是中间的“两面村政权”，主要存在于接敌区敌我力量均薄弱的地方。这种村政权，往往被地主、流氓把持，对敌我两面应付。我们的策略是，以争取为主，打击和削弱其亲日的一面，争取和发展其抗日的一面，逐渐改造其成分，使之由中间两面转变为抗日两面或抗日一面政权。第三种是亲日的“两面村政权”，实质是日伪政权，但有时也不得不对我应酬。对这种村政权，要以分化、打击为主，加强群众工作和武装工作，通过对亲日的上层分子实行孤立、打击、动摇、争取，或由改变人事而改变组织，或由改变组织而改变人事，逐渐使它由亲日“两面村政权”变成中间“两面村政权”或抗日“两面村政权”。同时，对日伪在游击区推行的“大乡大村制”，能拒绝的就拒绝，能迟缓的就迟缓，能打击的就打击，不能拒绝、迟缓、打击时，则掌握其人物，削弱其组织，准备将来摧毁它。1942 年 12 月初，即太平洋战争爆发一周年时，北岳区军民发动对敌政治攻势突击周，并依靠小部队和民兵游击小组，逮捕游击区日伪政权人员 6000 多人，基本上摧毁了各伪大乡公所，敌后武工队乘胜在游击区恢复重建 1200 多个抗日村政权。在冀东区，1943 年基本区初步恢复后，开始恢复和建立健全抗日村政权，当时，有抗日的“一面村政权”，抗日的“两面村政权”、中间的“两面村政权”和日伪控制的“两面村政权”及日伪政权，到 1944 年抗日游击根据地进入巩固阶段，各地加强了基层政权的转化工作，据 15 个联合县统计，在 8201 个村庄中，彻底摧毁旧政权的抗日“一面村政权”占 22%，抗日的““两面村政权””和中间的““两面村政权””占 60%。

冀南、太行、冀鲁豫区的游击区抗日政权建设起步较早，特别是敌后武工队起了重要作用。1942 年 3 月 14 日，刘伯承、邓小平在给冀南军区的指示中提出：“对特别严重的地区，必须依照北方局指示组织武装工作队，深入到敌占区、接敌区、三角区进行工作。这种工作队以 50 人为一队，以营特派员为队长，好的县委书记或委员为政委、书记。队长和队员质量要非常优良，都能懂得政策。”据此，冀南派出了首批武工队，并发出《武装工作队初次出动到敌占区工作的指示》。第129师政治部1942年9月3日颁发《关于武装工作队的几项规定》，提出武工队的任务和准则是：第一，切实照顾和保护群众利益，发动和依靠群众进行斗争；第二，由武装作依托，坚持斗争，保持优势；第三，惩治死心塌地的汉奸、特务；第四，加强武工队的自身建设。

武工队在敌占区、接敌区以团结农村各阶层开展对敌斗争、减轻人民负担为主。他们领导群众进行反勒索、反劳役、反抓丁的斗争，并以合法形式实现减租、增资，还说服富户借粮帮助灾民度荒。在群众的拥护和支持下，武工队镇压汉奸，瓦解伪组织人员，运用革命的“两面政策”，建立隐蔽的抗日政权，逐步变敌占区为游击区和小块抗日根据地。在冀南区，武工队先后镇压了巨鹿县伪警备大队长和情报主任、南和县伪军大队长等，抓捕了22个敌探，破获一个特务机关。到1943年底，冀南区攻克和逼退敌据点140多处。在晋冀鲁豫全区，由武工队和小部队恢复发展的抗日根据地约占3/5。

### 五、加强和改善抗日根据地公安司法建设

进入严重困难时期，潜入抗日根据地的汉奸、敌探和反动会门乘机进行破坏活动，暗杀、暴乱、抢劫等案件剧增，尤其边沿区社会秩序更为混乱。因此，河北各抗日根据地加强公安保卫和司法工作，以保障根据地和人民生命财产的安全。

首先，确定了公安部门以锄奸反特为主要任务的方针，提出一系列具体政策。中共中央北方分局于1941年3月在平山县红岭北村召开北岳、冀中、冀东党政军领导干部参加的联席会议，边区公安总局局长李波和军区锄奸部长余光文分别作了工作报告，许建国代表分局作了结论。会议明确了公安部门与党委社会部、军队锄奸部的分工、协作关系，要求加强各级公安部门的组织建设和公安管理的法制建设，把专门机关与群众性锄奸工作结合起来，正确执行

党的锄奸政策，严格执行捕杀批准手续。据此，北岳、冀中分别召开公安保卫工作会议，进一步确定了本区公安保卫工作的任务。晋冀鲁豫边区政府成立后，确定了公安保卫部门以锄奸反特为主要任务的方针。1943 年 1 月，邓小平在太行分局高级干部会议上，提出镇压政策与宽大政策相结合的方针，要求：保障一切抗日党派和人民的人权、地权、财权，保护基本群众利益，以团结对敌；对死心塌地的汉奸、特务、坏分子和叛徒，要采取坚决镇压政策，一方面要防止乱捕、乱杀，另一方面要防止放纵汉奸、坏分子的偏向。因而，为抗日根据地加强和健全公安保卫工作指出了正确的方向。

其次，加强党和政府对公安保卫工作的领导，健全各级公安保卫工作机构。1941 年 4 月，晋察冀边区政府颁布《公安局暂行条例》，对边区各级公安局的任务、权限、组织机构作了明确规定，决定边区公安总局在北岳、冀中设分局，各专区设公安督察员，县设公安局，区、村设治安员，在集镇由县公安局设派出所。同年底，中共中央北方分局决定进一步加强对公安部门的领导，将边区公安总局改为北岳区公安局，受北岳区党委和边区政府的领导；冀中、冀北公安分局改为冀中、冀北公安局，分别受冀中区党委、行署和冀热察区党委、冀北办事处的领导；并决定县以上各级公安局内设立党团，以保证党的政策、决定能认真、及时地执行。至此，冀中、北岳、冀东健全和加强了公安保卫工作。在冀南区公安局和冀鲁豫区公安总局成立后，1941 年 9 月晋冀鲁豫边区公安总局成立，并逐步健全了专区和县的公安保卫机构。冀鲁豫区还于 1943 年 3 月发出《关于加强公安工作的指示》，决定有步骤、有重点地建立群众性锄奸组织，在基本区设立村公安助理员，在政权经过改造的村设公安员助理员，在对敌斗争尖锐的地区建立群众性的锄奸团。从而，使公安保卫工作深入到农村群众中去。

最后，加强和完善根据地公安管理的法制建设。1942 年，晋察冀边区政府和边区公安总局陆续颁布《公安局警务规约》《村治安员的工作决定》《村锄奸小组工作纲要》《群众锄奸组织纲要》等公安管理法规。特别是 1942 年 4 月，晋察冀边区政府颁布了《关于特种刑事案件审理程序之决定》，严格地健全了公安部门进行搜查、逮捕、审讯、侦察汉奸特务等特种刑事案件的手续。规定：特种刑事被告除公安机关直接拘捕外，其他单位、团体、个人在依法羁捕后，务于 24 小时内解送公安局侦察。公安机关羁押被告，侦察时限不应超过 2 个月，审判时限不应超过 1 个月。冀鲁豫区行署 1941 年颁布《保障人权暂行条例》，次年又召开公安司法会议，要求把保障人权与镇压死心塌地的汉奸结合起来，注重侦察工作和全面调查研究，防止重审讯而忽视侦察的偏向。这就使公安工作走上了法制化、制度化。

河北各抗日根据地的公安保卫工作，经过整顿和加强，更有效地严厉打击了汉奸特务，又保障了人权，为粉碎敌人的“蚕食”和“扫荡”阴谋，保卫根据地领导机关的安全和人民生命财产安全，作出了重要贡献。据北岳、冀中、冀东等区不完全统计，1941~1943 年，公安部门先后破获汉奸特务组织“新民会”“佛教会”“清乡队”“反共自卫团”“暗杀团”“和平会”等策划的重大案件 10 起，破获敌特组织数十起，逮捕镇压汉奸特务数百人，及时防止了敌人在涞水等地策划的数起大规模武装暴乱。在战斗中，晋察冀边区公安干警 1000 余人英勇牺牲。

与此同时，河北各抗日根据地的司法工作也得到了改善和健全。首先，为适应敌后严重形势的需要，加强和改善了司法组织机构。1941 年 9 月晋冀鲁豫边区高等法院成立后，冀南、冀鲁豫区高等法院先后改为边区高等法院司法处，太行、冀南、冀鲁豫区的专区、县建立了相应的司法机构，实现了全边区司法工作的统一领导。在晋察冀边区，根据 1943 年 1 月边区参议会的决定，将边区司法处改为边区高等法院，由王斐然任院长；将冀中行署司法处改为边区高等法院冀中分院；在各专署设边区高等法院分庭；将各县司法科改为司法处。到 1944 年 10 月，晋察冀边区高等法院以下又增设了冀晋、冀察、冀热辽三个分院。

其次，制定、颁布各项法规，使司法工作有法可依，以充分发挥其作用。晋冀鲁豫根据地，从 1941 年 9 月边区政府成立至 1943 年 9 月第二届参议会召开，先后颁布 74 项政策法令，有的适用于全边区，有的是专为太行、冀南或冀鲁豫区而制定的。晋察冀根据地为加强司法部门打击制裁汉奸特务等罪犯的职能作用，1942 年 4 月颁布《关于特种刑事案件审理程序之决定》，1943 年 1 月又修订为《关于逮捕、搜索、侦察、处理特种刑事犯之决定》和《关于游击区特种刑事犯的紧急处理》等法规。一方面，在抗日根据地内进一步健全了逮捕、搜索、侦察、处理刑事、特种刑事案犯的严格程序和手续；另一方面，规定在游击区和敌占区，任何抗日的个人、团体、区公所和武装工作队均有依法在紧急情况下当场逮捕、处决证据确凿的汉奸特务现行犯的权力，但处决后务于 10 日内上报县政府备案。还颁布《晋察冀边区惩治贪污条例》《破坏坚壁物资惩治办法》等法规。为加强司法机关维护抗日人民权益的职能，晋察冀边区政府正式颁布《减租减息条例》及其《实施细则》，以及《调解工作条例》等，以解决土地、债务、婚姻、财产继承等民事纠纷案件。还实施了《劝诫办法》，以进一步发挥司法工作的教育作用，对那些行为不检而未达到犯罪的人，给予劝告、警告，使其悔改。

最后，改进司法制度和作风。在严重困难时期，河北各抗日根据地结合全党整风运动，普遍检查纠正了司法工作中存在的主观主义、不深入不细致等不良作风，进一步健全了司法工作制度。如晋察冀边区于 1944 年 3 月召开司法工作会议，总结 6 年来司法工作的经验，克服了片面强调“司法独立”、脱离政治、脱离实际的主观主义和官僚主义的作风。5 月间又颁布《关于改进司法制度的决定》。规定：（1）建立健全各级司法机关的巡回就审制度；（2）加强县司法处巡回就审对区、村调解工作的指导和帮助；（3）加强专署法庭二审对县司法处一审的指导和联系，使一、二审配合；（4）建立由政府首长主持、政府各部门参加的各级审判检查会议，督促审判工作更好地执行政府法令。从此，各级司法干部的作风有了很大的转变。

河北各抗日根据地公安、司法工作的加强和完善，保障了根据地抗日民主社会秩序的稳定和发展，对于克服困难、准备反攻，夺取抗战最后胜利，具有重要的意义。

## 第三节　为克服财政经济困难而斗争

### 一、厉行精兵简政

1941 年 12 月 17 日，中共中央提出精兵简政的政策，规定根据地脱产人员不得超过负担人口的 3%，要求通过精兵简政达到“精简、统一、效能、节约、反对官僚主义的目标”。这是减轻人民负担，克服财政经济困难的一项极其重要的政策。

晋冀鲁豫边区是执行精兵简政政策的模范区。当时，太行区的负担人口只有 150 万，而有脱产人员 6 万，大大超过中央规定的比例。1942 年 1~8 月，第 129 师等部队系统由 420 个单位减为 269 个单位、由 26697 人精简为 20047 人，使脱产武装人员不超过负担人口的 2%；边区党政民学脱产人员由 2 万余人精简为 1.5 万人，占负担人口的 1%。1943 年部队系统又精简 118 个单位，政民系统减至 1.1 万人，边区政府本身由 540 人减至 100 人。至此，边区政府先后减员 48%，节省经费 46%。冀南区在 1942~1943 年 6 月多次进行精简。冀南军区司令部只保留 4 个科、11 名干部，部队精编为 4070 人，并将骑兵团和第 21、第 771、第 10、第 20 等 5 个主力团分别调赴冀鲁豫、陕北、太行、太岳等地，冀南只保留第 26、第 25、第 23、第 11、第 27 等 6 个团；县、区游击队也大量精简。冀南区党委系统人员减至 2000 人以内，各级政府和群众团体干部减至 1 万人以内。冀南全区脱产人员减少 50%，群众负担 1943 年比 1942 年减少 2/3。

晋察冀边区，由于敌人的“蚕食”和“扫荡”，根据地面积、人口减少，军政供给与人民负担之间的矛盾很突出。1941年底，北岳、冀中两区的巩固区人口减少到500万，而部队和党政民脱产人员占负担人口的5%。因此，中共中央北方分局和晋察冀边区政府1942年起采取一系列精兵简政的措施。2月，撤销冀热察区党委和挺进军的建制，改为在平西、冀东、平北分别建立第11、第13、第14地委、军分区，直属分局和军区领导。同时，缩编主力军，充实地方部队，严格控制政府机关人员编制。主力部队减少5000人，精简8.3%，保留甲种团（2770人）11个，乙种团（1080人）21个；党政民脱产人员减少8000多人，精简24%。1943年进一步将甲种团缩编为小团，北岳、冀中共保留25个小团、21个地区队，平北、冀东因战斗残酷未能精简。8月，又撤销中共冀中区党委、军区、行署和中共北岳区党委的建制，设立冀中、北岳两个工作委员会，作为分局的办事机构。尔后，根据中共中央1943年8月5日电告精神，晋察冀边区又进行了更为彻底的精简，至1944年初才告一段落。经过多次精简，边区党政民机关人员比1942年减少一半，边区政府由2000人减为500人；边区各级政权人员的比例变为：边区政府占17.07%，专署占14.33%，县占32.73%，区占35.87%；晋察冀军区和北岳区各军分区后方机关减少2000人，又将12个团兵力和抗大二分校、白求恩国际和平医院、陆军中学等，分先后两批，共1.6万多人调往晋绥和陕甘宁边区。这样，边区总兵力精简40%；战斗部队人数，由精简前的73.4%提高到84.36%；非战斗人员，由精简前的26.51%下降为15.64%。全边区脱产人数，最终达到了不超过负担人口3%的要求。

河北各抗日根据地的精兵简政，是结合增产节约、反对贪污浪费的运动进行的。各抗日根据地党政民机关和部队都举办了自给性的生产活动，千方百计从事种菜、养猪、榨油、造纸等养殖和手工生产，尽量增加自给。同时，建立健全审计机关，严格人员编制和经费开支，厉行节约，杜绝浪费，惩治贪污。仅晋察冀军区部队 1942 年，就节约粮食 14 万余斤，节约军衣 4 万余套，节省民工 120 万人次。

## 二、全面开展减租减息群众运动

1942 年 1 月 28 日，中共中央发出《关于抗日根据地土地政策的决定》，2 月又发出《关于如何执行土地政策决定的指示》。随后，中共中央北方局发出《中央土地政策决定的讨论提纲》，结合各地贯彻土地政策的情况，对地租、佃权、债务及特殊土地处理等问题，提出具体处理意见。9 月，刘少奇从华中回延安途经冀鲁豫区时，对减租减息问题作重要指示。他指出：没有牢固的群众观念，不搞减租减息，就是机会主义。如果不迅速把群众发动起来，给群众看得见的物质利益，根据地就不能巩固。根据上述指示精神，河北各抗日根据地全面开展了大规模的减租减息群众运动。

晋察冀边区的减租减息运动，于 1940 年、1941 年进入高潮。1942 年 3 月 20 日边区政府第二次修正颁布减租减息条例及其实施细则，对边区土地政策作了必要的调整。规定：减租减息后，必须交租交息；死契地一律不能回赎；耕地副产物一律不能超过正产物的 1/10，超过部分以正产物论；钱租地可以双方自愿改为半实物或实物地租。并按照各地情况确定了减租减息的不同重点。据此，广大干部深入实际调查研究，及时解决存在的问题，使减租减息群众运动不断向纵深发展。北岳区在已经实行减租减息的地方进行了复查，据涞水县 6 个村的统计，183 个佃户得到退租粮 190 石 5 斗 9 升。经过减租减息，农村阶级关系发生显著变化，两头减小，中间增大，原来的雇农、贫农和中农的地位上升。据北岳区 35 个村调查，1942 年与全面抗战前相比，各阶层占有土地的比重为：地主由占 16.4％下降为 11.7％；富农由占 21.92％下降为 19.35％；中农由占 41.69％上升为 49.14％；贫雇农由占 17.92％上升为 19.37％。地主由 127 户减为 109 户；富农由 310 户上升为 333 户；

中农由 1857 户上升为 2539 户；贫农由 2122 户上升为 2162 户；雇农由 370 户减为 185 户。

在晋冀鲁豫边区，由于领导层对中共中央 1939 年 11 月关于深入群众工作的指示理解不深，加之 1940 年 4 月中共中央北方局黎城会议较多地强调纠正“左”的偏向，因而在 1940 年至 1942 年上半年，冀南、太行、冀鲁豫区的减租减息群众运动没有真正发动起来，影响到根据地的巩固程度。在贯彻中共中央关于土地政策的决定和刘少奇的指示以后，晋冀鲁豫边区经过总结经验和试点，从 1942 年 6 月起，在太行、冀南、冀鲁豫区迅速形成大规模的减租减息群众运动。这次减租减息运动，太行区以减租、保佃、清债、退押为主要内容。如涉县，首先开展群众性反维持敌人的斗争，逮捕了首恶分子；接着，开展反贪污、反摊派的斗争，实行合理负担；1942 年 11 月至 1943 年春，展开以减租减息、增资、清债为中心的群众运动。1943 年 1 月 12 日，在井店召开斗争全县头号地主任聚伍大会，有 100 多个村庄 1.1 万人参加大会。此次运动，涉县农民抽回契约 8474 份，清理旧债 351430 元，清理抵押地 4642 亩，房屋 1691 间，共减租 98475 公斤，退租 68025 公斤，增资 89100 公斤。全县人民抗日热情高涨，农会会员猛增到 18300 人，青救会和妇救会人员达 7500 多人，民兵发展到 5000 多人。在冀鲁豫（含冀南）区，黄敬调任区党委书记后，1942 年 11~12 月召开全区高级干部会议，实现了工作重心向减租减息、发动群众转移。经过一年多时间，广大群众普遍发动起来，群众的基本生活得到改善，基本上树立了贫雇农在政治上的优势。

### 三、抗灾救灾和发展生产

1941~1943 年，日军实施“蚕食”“扫荡”“三光”政策，河北广大地区的生产力遭到严重破坏，抗日根据地的生存条件遭受极大毁坏。敌祸、天灾使河北各地瘟疫流行，罹病者不计其数。1942 年秋，日军“扫荡”北岳区后，群众生病人数达 10 万多人，平山等地死亡1万多人。1942年秋至1943年夏，河北全省大旱。据统计，北岳区39个县中有30多个县大旱，灾民有18万人。冀中、冀南旱灾面积达4/5，有大批难民逃亡，甚至饿死。仅冀南灾民逃亡100万人，饿死约20万人。1943年8月，太行区的武安、涉县、磁县和冀南区的30多个县发生罕见的蝗虫灾害，遮天盖地的蝗虫把几十亩、几百亩庄稼很快吃光。接着又连降大雨，日军将卫运河、滏阳河、漳河掘口，企图淹没冀南抗日根据地，并在鲁西实施霍乱细菌作战，致使冀南区30多个县被淹，灾民达400多万人。9月起，霍乱在冀南等地蔓延，巨鹿县病死3000人，曲周县东王堡村150户病死600人，馆陶榆林、来村、法寺等村10天内死亡370余人，威县南胡帐村170户死亡210人，邱县梁儿庄300户死亡400人（死绝20户），清河黄金庄病死200余人。不少地方已无人掩埋死者，情景十分凄惨。[1]

面对敌祸、天灾，河北各抗日根据地党和政府领导群众进行大规模的抗灾救灾斗争。1943年春，中共中央北方分局和晋察冀边区政府号召党员干部“以儿子爱护母亲的态度”对待灾区人民，逐户解决困难；在群众中，开展“一口饭、一把糠、一把菜”的互助募捐运动；在部队中，开展“节约一两米运动”。边区政府给冀中灾民发放4000大石（每石10斗，每斗27斤）救济粮，给北岳灾民发放60多万元救济款、4000多大石救济粮，进行急赈；为边区受灾群众拨出300万元购买药物，300万元修建被毁房屋，几十万元添置衣被。还拨款210万元扶植冀西重灾区群众开展生产自救。晋冀鲁豫边区政府号召全区军民紧急动员起来战胜灾荒，在各地建立救灾委员会。冀南区1943年4月开展群众借粮运动，有835个村11万人，借粮163.5万公斤，借贷食品2.5万公斤，筹款12万元，借棉花24.5万公斤，有效地解决了灾民的吃穿问题。同时，

---

[1] 冀南革命斗争史编审委员会编：《冀南革命斗争史》，中央编译出版社1996年版，第265~266页。

冀南行署大力放赈，拨出 15 万元防疫治病，还推行了以工代赈的办法。大旱期间，规定每打一眼井，奖粮 10 公斤，全区共打井 1 万眼，群众得奖励粮 10 万公斤。开展群众性灭蝗斗争，如宏毅县 5 天内就捕蝗 14822 公斤，保障了大部分地区能有二三成至五六成的收成。大水灾后，又采取政府管饭，组织群众疏通新旧河道的办法，共动土 500 万立方米，使鸡泽、永年、南和、任县、武邑、衡水等 10 多县受益，增加水地 3 万多亩。上述措施，控制了灾情，解决了灾民的燃眉之急，也为发展生产准备了一定条件。

河北各抗日根据地把发展生产作为战胜敌祸、天灾的基本举措。晋察冀边区政府 1941 年 8 月 6~16 日召开第二次经济会议。张苏作《边区经济发展的现状与我们的经济政策》报告和会议总结。会议明确提出迅速建立自给自足的独立的抗战经济的任务，确定了各项具体政策。1943 年 2 月又召开第三次经济会议，宋劭文作《当前对敌经济斗争方针》报告。会议决定：把严禁必需品出口改为主动地有计划地组织必需品的专卖出口，以平衡进出口贸易，活跃边区市场，促进生产运销事业的发展，提高边币的地位。根据两次会议的决定，各地大力发展农副业生产。凿井 1309 眼，修旧渠、开新渠 1056 道，共可浇地 192797 亩，还修滩得良田 41495 亩。并推广“燕京”“靠山黄”“曲五”等抗旱作物品种，以及温汤浸种、压绿肥等农业技术和病虫害防治技术。各地还以“组织劳动力互助解决人力、畜力困难”“普遍锄三遍保证粮食增产”“订户计划、提出奋斗目标和季度管理措施”等三项内容为主，开展农业生产竞赛运动，特别是灾区的生产自救运动搞得轰轰烈烈。如冀西 12 个县，组织 4 万灾民纺纱织布，2 万灾民从事运销贸易。上述措施，促进了晋察冀边区生产事业的恢复发展。1941 年，农业方面，边区完成统一累进税征收计划的 70% 以上，实收粮食比 1940 年增加 18.5%；1942 年边区完成公粮征收的 95.24%，创造历史最好水平。工业方面，民用工业有较大发展，拥有 3 个煤矿和皮革、造纸、农具、瓷器、炼油、纺织等 7 个直属工厂。特别是北岳区的手工业得到了迅速发展，到1941年初，有公营私营纸厂数十家，月产纸数百万张；有公营私营油坊近200家。

在晋冀鲁豫边区政府领导下，冀南、太行、冀鲁豫区的生产事业也取得了显著成绩。冀南各地的庄稼班、拉犁队、短工队等互助组很普遍，如曲周县有互助组966个，庄稼班67个，从而解决了人力、畜力的不足，保证了1943年的小麦及时播种。冀南的纺织业也很活跃，如妇女土布生产合作社，很快发展到3600多个，生产的土布除供给本区外，还销往太行等区。此外，各级政府都组织了运粮队，如企之县运粮大队拥有推车300辆，1943年底至1944年6月，共运粮100多万斤，不仅解决了党政军民的口粮，也为生产筹集了部分资金。冀南区的卷烟、饲养等副业也有较大恢复和发展。

### 四、各抗日根据地普遍实行统一累进税

实行统一累进税，是加强财政建设，克服财政经济困难的一项重大措施。1940年12月，中共中央发出调整税收政策的指示，提出："必须按收入多少规定纳税多少。一切有收入的人民，除对最贫苦者应该规定免征外，百分之八十以上的居民，不论工人农民，均须负担国家赋税，不应该将负担完全放在地主资本家身上。"[1]为改革税收政策，晋察冀边区首先实行了统一累进税。

早在1940年8月，中共中央北方分局在《双十纲领》中就宣布：实行有免征点和累进最高率的统一累进税。同年11月，晋察冀边区政府公布《晋察冀边区统一累进税暂行办法和施行细则》。1941年春，在北岳、冀中、平西地区正式实行统一累进税，规定把过去的村合理负担改为统一累进税，即把过去的田赋、公粮、营业税及烟酒税、印花税、牌照税等6种财产税与收入税统一为一种税，以粮、钱、秣三种形式统一交纳，由边区政府按年所需一次征

[1] 《毛泽东选集》(第2卷)，人民出版社1991年版，第767页。

收，其他机关不得再向群众征收钱粮柴草。统一累进税征收后，除出入口税和田房契税外，田赋和其他捐税一律停征。军队和各级政权机关均由边区政府统筹统支，县以下不得再征收地方附加。在边区政府统一领导下，在各地成立征收委员会和人民代表机构，形成一整套民主调查、评审和科学的计算方法。按照《晋察冀边区统一累进税暂行办法》，农业、工业、商业等财产和收入，统一以富力作为计算单位，析分计算纳税，扣除免税部分后，按人均富力分数分级累进征收。农业上：土地以产谷 1 石 2 斗为 1 标准亩；凡自耕地，以 1 标准亩为 1 富力分；出租地，以 1.5 标准亩为 1 富力分；佃租地，以 2 标准亩为 1 富力分。工商业等各种资产（除土地外），以资金 200 元为 1 富力分，收入 40 元为 1 富力分。免征点为人均 1.5 富力分，凡资产、收入超过者，对超过部分按累进税率征收。最低税率与最高税率之间不超过 1.6 倍，最高税率不超过收入的 30%。统一累进税的实行，使边区各阶层人民负担更加趋于合理，负担面一般不低于总人口的 70%，也不超过总人口的 90%，既照顾了贫困户，又减轻了地主、富农和资本家的负担。1943 年 1 月，晋察冀边区参议会修正通过了统一累进税税则，将农业税和工商税分别征收。规定农业税取消以资产和收入计算富力的办法，改为将财产与收入合并，以收入计算纳税富力；工商业，取消按资金计算富力的办法，改为按纯收入计算纳税富力。这样计算更简便，负担更趋合理。统一累进税实行后，边区财政建立在更加稳定持久的基础上，进一步巩固发展了边区抗日民族统一战线。如据冀中区 3 个县 6 个村调查，各阶层统一累进税的负担比例为：地主占 17.04%，中农占 9.76%，贫农占 3.79%。纳税后，各阶层的盈余比例为：贫农占 5.82%，地主占 9.31%，中农占 16.91%，富农占 18.82%。当时，这个比例是合理的，也增加了根据地财政收入。1940 年，冀中动员 62 万民兵、4191 辆大车，秘密给平汉路西的山区根据地运送粮食 950 万公斤（12 万石）。1941 年实行统一累进税后，冀中除本区开支外，尚余 11%，给山区运送土布 10 万多匹，上结款 300 万元。

在晋冀鲁豫边区政府领导下，冀南、太行、冀鲁豫区也先后实行统一累进税。晋冀鲁豫边区临时参议会于1941年8月10日讨论通过了统一累进税条例。1942年9月21日，晋冀鲁豫边区政府公布《游击区接敌区财粮累进负担办法》。该区统一累进税的计算方法：免征点为每人全年收入不到2石谷（135公斤），超过免征点部分，划分为7等计分征收。超过免征点5斗以下为一等，累进率按每斗3毫计算，超过免征点30石以下为7等，累进率每斗为3厘6毫计算；30石以上者不再累进。除粮食外的工商业、副业、利息、房租和其他临时收入按实价折谷计算。自耕、佃耕的土地，按实收数八折计算。工商业按纯利计算。各种资产一律免税。

统一累进税的实行，克服了根据地财政上的混乱现象，更合理地调节了各阶层人民的负担和收入，保障了抗战的需要，为建立新民主主义的财政税收制度奠定了基础。

## 五、发展抗日根据地军事工业

河北各抗日根据地把军工生产作为工业生产的重要组成部分。在八路军总部军工部的领导下，太行区先后建立军工第一、第二、第三、第四所和铁厂、复装子弹试验厂、炸弹厂、机器厂等8个兵工厂。如1940年在武安县梁村建立的军工部第四所，拥有机床36台，职工610多人，主要生产手枪、步枪、掷弹筒和“六〇”迫击炮弹。冀南区1941年3月建立军工科研队，先后研制了燃烧弹、信号弹、手榴弹等。八路军总部军工部长刘鼎和第一所副所长刘贵福经过几年努力，于1940年8月1日研制成功了新型步马枪，实践效果优于日制“三八”式步枪，被命名为“八一”式步马枪。

晋察冀边区军工生产起步较早。1939年4月，晋察冀军区工业部在定县神南镇成立后，在平山县桑园口村和骆驼庵村、五台县跑泉村、完县孟子峪村、易县张家庄子、曲阳县红岗村和牛粪岭等地，建立军工第一至第八所（工厂），每月生产步枪、小口径手枪各200支，刺刀3200把，复装子弹2万发，地雷1000个，手榴弹

4000 枚。

1941 年后，日军频繁“扫荡”抗日根据地，把兵工厂作为重点破坏目标。据太行区统计，到 1943 年 6 月，军事工业共损失机器 108 马力，占总数的 58.5％；房屋被毁 250 多间，职工牺牲和被俘 80 多人。为坚持发展抗日根据地的军工生产，保障子弟兵的武器供给和补充，各抗日根据地实行“兵工生产游击化”的方针，把原有的兵工厂化整为零，分散组成生产单一产品的小厂。工厂编制实行精兵简政，转移到远离敌人的山村坚持军工生产。晋冀鲁豫根据地的军工生产由 1941 年的 9 个单位，分散改组为 15 个单位，职工由 3200 多人减为 1700 多人。晋察冀根据地的军工生产，由 8 个单位分散组成 13 个单位，并按地理位置分为：以完县、唐县为中心的北区军事工业管理区，以五台、平山为中心的南区军事工业管理区，实行分区管理。这种小型工厂和分区管理，机动灵活，减少了敌人“扫荡”造成的损失，使抗日根据地军事工业在极端困难的环境中坚持下来，得到一定的发展和提高。

到 1943 年，晋冀鲁豫根据地军事工业形成了比较完整配套的生产体系，包括枪厂、炮厂、子弹厂、化学厂、炸弹厂、机器厂、煤炭、铁厂等，各军分区还建立了炸弹厂和修械所。军工生产数量很大，不仅供给本区，还支援了其他根据地。1941~1943 年，先后自力更生研制成功了无烟火药和黄铜弹壳，实现了完全自制子弹；研制成功了杀伤力很大的硝化甘油炸药和硝铵混合炸药，特别是雷银雷管，使自制地雷、炮弹、手榴弹、炸药包、掷弹筒、枪榴弹等重型火器得到迅速发展。到 1944 年，达到月产捷克式马步枪 100 支，掷弹筒 65 个，枪榴弹 223 个，决枪 220 支，硝铵炸药 670 公斤，无烟火药 250 公斤，黑色无烟火药 90 公斤，黄药手榴弹 1 万枚，全自制“七九”子弹 1.9 万发，复装各种子弹 6 万发，基本上满足了部队和民兵的武器弹药供应。

进入 1944 年，日军再无力对抗日根据地进行大规模“扫荡”。这时，抗日根据地的军工生产很快进行调整，将分散的小型工厂，按产品、工艺加以合并和扩大，使生产能力大大提高。到1945年初，晋冀鲁豫根据地建立了6座大型武器制造厂，化学厂、化钢厂、子弹厂、试验所各1座。晋察冀根据地除军区工业部直属兵工管理处的4个兵工厂外，冀中、冀晋、冀察、冀热辽区都建立了兵工管理处，各设有子弹厂、化学厂、机器厂等3个兵工厂，全区军工生产职工达5000人。

## 六、全面开展对敌经济斗争

在抗战严重困难时期，河北各根据地在恢复发展经济的同时，全面展开对敌经济斗争，取得重大的胜利。

粮食是争夺的主要战略物资。河北各抗日根据地为了生产和掌握粮食，打击敌人对粮食的掠夺和破坏，除了继续掩护群众耕种、收获和坚壁粮食外，还采取不少新措施。（1）控制和调剂粮食。1940年秋，晋察冀边区政府组织政民合办的粮食平粜局。共募集民股247.8万元，银行期票343.5万元，购进60101大石（每斗27斤）粮食，相当于当年公粮总数的2/3。由于掌握了大批粮食，阻止了敌人对粮食的掠夺，使根据地粮价物价比较平稳。1941年秋，晋察冀边区政府再次由平粜局购进粮食30186大石，防止了粮食向敌占区流动，使军民顺利渡过了1942年的严重灾荒。（2）停止粮食出境禁令，实行粮食专卖制度。太行区1941年起改变严禁粮食出境的限制，开始组织大批力量从西部的白晋铁路沿线购进低价粮食，一部分作为内部调剂，一部分向东部平汉铁路沿线敌占区出口，换回军民急需的工业品。因此，使粮食成为打击敌人封锁的有力武器。（3）坚决打击敌人掠夺粮食的计划。1942年秋，日军计划在华北掠夺2000万石粮食。河北各抗日根据地军民对此进行了坚决的斗争。晋察冀边区针对敌人的抢粮阴谋，将抢收、抢征、抢运粮食作为10~11月的中心任务，建立各级征收委员会，各地对粮食的征收、运输、储存、坚壁等作了周密安排，游击区和敌占区的不少伪大乡长、联保长也出面为边区催粮催款。北岳区完成秋粮入库计划的 95.2%，有的专区超额完成了任务。

市场斗争的实质是争夺物资。抗日根据地的市场贸易政策，是内部贸易自由，对外统治贸易。进入严重困难时期，各抗日根据地为争取市场贸易和掌握物资的主动权，采取了更加灵活的政策措施。（1）把贸易的内部自由和对外统治结合起来。如 1941 年 8 月，晋察冀边区经济会议确定的对敌市场斗争方针是：大力整顿和发展合作贸易，克服合作社统治、垄断贸易的现象，鼓励和发展私人商贩，在内部大力发展、开辟和保护市场，达到内部贸易自由繁荣；对外贸易实行统治，严禁粮食、棉花等必需品出口资敌。因此，使抗日根据地内部市场得到恢复和发展，空前活跃起来。（2）采取对外贸易主动进攻方针。一是利用税率调节输入和输出物资，使抗日根据地在对敌市场贸易斗争中处于主动地位。如晋察冀边区政府颁布《征收外货入境税暂行办法》和《征收本产货物出境税暂行条例》；晋冀鲁豫边区政府颁布《征收出入境税条例》和《特种出口贸易统治暂行办法》。通过征税，使抗日根据地获得大量收入。二是主动组织粮、棉等必需品的专卖出口。如北岳区，打通了东、西两线的销路，从西线晋东北、雁北购进粮食，运到东线冀西的敌占区、游击区专卖出口；再由东线冀西购进棉花、土布、盐等，运往西线专卖出口；在东、西两线物资交流中，由抗日根据地内部加工和运销。这样，促进了贸易和生产的发展，改变了抗日根据地贸易逆差的被动局面。（3）掌握和夺取游击区、敌占区的市场。通过建立“两面政权”，教育群众，团结商人，采取必需品专卖出口与缉私相结合的办法，吸引和破坏敌人掌握的市场。如北岳区第 4 专区，到 1943 年底，在游击区建立缉私小组 78 个，有效地封锁了敌伪市场，保护了抗日根据地的专卖出口。因而，从敌人手中夺回 15 个游击区市场，占市场总数的 40%，并在敌伪控制的 21 个市场中，已经暗中控制和严密封锁了 5 个，暗中流通部分边币的有 14 个。

对敌货币斗争是与对敌市场斗争、粮食斗争密切结合进行的。

太平洋战争爆发后，日本不能再利用法币从美国购买物资，加之法币在国民党统治区恶性膨胀，因此，有大量法币向抗日根据地排放。河北各抗日根据地为保护自身经济利益，先后决定使边币脱离法币，建立独立、单一的本位币制，边区银行和税收贸易机构不再接收法币，避免边币价值遭受法币贬值的影响，而使边币完全建立在抗日根据地经济发展和金库有价物的基础上。同时，绝对禁止伪币入境和在抗日根据地内流通，一经查出全部没收，用查获的伪币到敌占区购回物资。在外汇管理上，及时适度地调整边币与伪币的交换比值，争取主动。对敌伪制造假钞、扰乱抗日根据地金融的活动，及时广泛发动群众，开展反假、打假斗争。因此，随着根据地的恢复发展和对敌市场、粮食斗争的胜利，边币市场也不断扩大，边币对伪币的比值不断上升，最终取得了对伪币的压倒性优势。在北岳区，到 1945 年上半年，边币占领了巩固区和游击区几乎全部的市场，迫使伪币以 3.5∶1、4∶1、4.8∶1 的比值迅速贬值；在冀中区，边币也控制了半数以上的市场。

由于抗日根据地对敌粮食、市场、货币斗争的胜利，使敌人的经济封锁和掠夺计划遭到破产，敌占区的伪币发行指数和物价指数大幅度上涨。1940 年 1 月~1944 年 10 月，华北伪联银券发行指数和物价指数分别上涨 2128.54% 和 6481.19%，大大高于同期抗日根据地货币发行指数和物价上涨指数的幅度。

## 第四节　繁荣抗日根据地文化事业

### 一、新闻宣传工作的改善与加强

抗日战争进入最困难时期后，面对日本帝国主义的思想战和汪伪的汉奸理论及国民党顽固派的反共分裂投降论调，中共中央宣传部在总结各地思想宣传工作的经验教训的基础上，于 1941 年 7 月 4 日发出了《关于各抗日根据地报纸杂志的指示》，要求各抗日根据地“努力改进党的和党直接领导下的报纸杂志的工作”，集中力量办好中央局、中央分局和区党委机关报、机关杂志、党内刊物和综合性文化艺术刊物及群众性通俗报纸，力求提高质量与合理地使用人力物力。[1]据此，河北各抗日根据地迅速对新闻出版和宣传工作进行了整顿，建立健全了编辑、通讯、出版、发行机构和各种制度，加强了报刊管理工作。经过全党整风，贯彻“全党办报”的方针，新闻宣传战线的干部提高了党性原则，加强了报刊对党的各项工作及群众运动的指导性，文风、编排、印刷等方面也大大提高。

在晋察冀边区，除《晋察冀日报》《子弟兵报》《冀中导报》《群众》等主要宣传舆论工具外，还有党内刊物《战线》《新长城》《边区建设》《边区教育》等重要杂志。在中共中央晋察冀分局领导下，邓拓带领《晋察冀日报》工作人员，一面打游击，一面出报纸，无论敌情多么严重，从来没有停过刊。在反敌“扫荡”的斗争中，报社记者、编辑胡畏、戴烨、司马军城、罗夫等近20人英勇牺牲，八路军记者团的雷烨、新华社晋察冀分社记者陈辉等人为国捐躯。在冀中区，1941年大小报纸达三四十种，发行达2万份，《冀中导报》改为石印，并增刊《情报》(隔日电讯)、《导报月刊》和青年读物《战斗生活》。“五一”大“扫荡”后，《冀中导报》停刊，改由各地委出版《团结》《黎明》《前进》等小报。1945年3月15日《冀中导报》复刊，冀中各地委小报停办，不久，《冀中导报》由石印改为铅印。在图书出版发行工作上，1942年成立晋察冀文化供应站，冀中区有抗战学社和青塔书店等。1944年，中共中央晋察冀分局决定，由邓拓主编《毛泽东选集》，收入毛泽东重要著作29篇，共50万字，经中共中央宣传部批准，分为五卷公开出版。这是中国第一部毛泽东著作选集本。

在晋冀鲁豫边区，《新华日报》(华北版)在极艰险的环境中坚

[1] 中央档案馆编:《中共中央文件选编》(11)，中共中央党校出版社1985年版，第701页。

持出版发行，先后有何云等50多名记者、编辑伤亡。1943年10月1日，该报改为太行版，发行范围为晋冀豫区。冀南《导报》等于1941年并入太行区《胜利报》后，改称《晋冀豫日报》，成为中共晋冀豫区党委的机关报。同年，《卫河日报》和《鲁西日报》合并为《冀鲁豫日报》，成为中共冀鲁豫区党委的机关报。[1]1943年3月冀鲁豫军区创办《战友报》，该报在华北产生较大影响。冀南区除区党委机关报《冀南日报》外，各地委办了《黎明报》《滏阳报》《人山报》《群众报》《滏运报》等，冀南军区创办了《团结报》。日军“四二九”大“扫荡”后，《冀南日报》停办，1945年9月11日《冀南日报》复刊，其间由各地委办小报。《抗战生活》是晋冀鲁豫边区的主要杂志，该杂志1941年12月并入《华北文艺》，此外还有《华北妇女》《教师之友》《敌伪研究》等杂志，晋冀鲁豫军区主办了《前进》半月刊和《战场》周刊等杂志。在图书出版方面，太行区1942年建立华北新华书店，1944年建立冀鲁豫书店。1944年太行区发行的中级图书、大众读物、教材和宣传品即达13498册。[2]

## 二、教育事业的整顿和改革

在抗日战争的最困难时期，河北各抗日根据地对文化教育事业进行了整顿和改革，教育机构数量虽有所减少，但教育质量得到提高，形成了敌后抗日根据地特有的新民主主义教育结构。其基本特征是：在全部教育工作中，干部教育第一，国民教育第二；在干部教育中，在职干部教育第一；在国民教育中，工农业余教育重于儿童教育。

干部教育之所以是第一位的，“这是因为一切工作，包括国民

---

[1] 冀鲁豫边区革命史工作组编：《冀鲁豫边区革命史》，山东大学出版社1991年版，第452页。

[2] 魏宏运、左志远主编：《华北抗日根据地史》，档案出版社1990年版，第261页。

教育工作在内，都须经过干部去做”。[1] 在抗战最困难时期，河北各抗日根据地对高等教育、中等教育和干部教育进行了精简和改革。在晋冀鲁豫边区：1940 年 2 月转至太行区建校的抗大总校，于 1942 年返回延安，3 年间共培养连、营、团级干部 7500 人。抗大一分校由太行区迁至山东抗日根据地后，太行区 1940 年 11 月组成抗大六分校，学员 2000 人，并入抗大总校后，又于 1943 年初成立新抗大六分校，培养部队和地方一般干部，年底结束。为培养干部，冀南、冀鲁豫根据地也创办了抗战学院。冀南抗战学院于 1941 年 1 月改为冀南行政干部学校，9 月间冀南民运干部学校并入后，改称冀南政治干部学校，1942 年停办，冀南第 2、第 3 军分区又设立第一、第二政治干部分校，一直开办至 1944 年 5 月。为加强中等教育，太行区，在 1943 年停办抗战学院后，将第一、第二、第三中学合并为太行联合中学；冀鲁豫区，开办联合抗日中学等中学 8 所，均以培养基层的行政、经济、教育干部为主。晋察冀边区，在抗大二分校，于 1942 年把干部班改为陆军中学，以培养连级干部，同时成立附属中学，以培养预科生，共有学员 1500 人。该校至 1943 年春迁往陕甘宁边区，共办 8~10 期，前 4 期培养干部 1 万余人。华北联合大学 1941 年改为三院二部：法政学院、教育学院、文艺学院和群工部、中学部，共有学生 4000 余人，达到全盛时期。后经几次精简，只保留教育学院，分为师范班、中学班、政治班和短期训练班等，共 600 名学员。1942 年北岳区 5 所中学合并为晋察冀边区联合中学，学制三年，由公费改为自费。随着抗战形势的好转，1944 年后，冀中区恢复抗战建国学院，建立了 6 所中学；冀鲁豫区的中学发展为 11 所，学生达 2000 人。河北各根据地的高等教育、中等教育和各种干部训练班均得到不同程度的恢复与发展。各抗日根据地在干部教育中，要求贯彻学以致用、理论联系实际的原则，学习业务、政治和文化，肃清主观主义、宗派

[1] 《中共中央关于在职干部教育的决定》，1942 年 2 月 28 日。

主义和党八股的影响，并对党政民干部的学习制度和学习情况实行考核、测验和奖惩，作为干部鉴定的标准之一。这些举措，对于培养与提高广大干部的政治思想水平和业务能力，战胜困难，准备反攻，起了至关重要的作用。

在国民教育工作中，工农业余教育重于儿童教育，这是因为当时农村的成人与儿童不同，是战争和生产任务的主要担当者，他们提高一步，战争和生产就能提高一步。1941 年后，河北各抗日根据地工农业余教育，配合反敌“扫荡”斗争，与群众性锄奸运动、誓约运动、参军运动相结合，形成了广大的群众运动。1942 年晋察冀边区政府制定《冬学教育实施大纲》，按学员识字多少，划分为四个年级，对各门课程比重和应达到的标准作了具体规定。1943 年 2 月又要求各地在冬学基础上建立民校，3 月又发出办好春学的号召，要求加强生产和政治教育。同年 11 月，又确定边区工农业余教育试行民办公助的方针和自愿的原则，大力纠正过去业余教育工作中偏重政治教育、轻视文化学习及强迫命令的做法。从此，晋察冀边区工农业余教育走上经常化和普遍、深入的轨道。北岳区的民众教育比较普遍、完备，阜平县每个村庄都有民校，曲阳县游击区中有民校的村庄占 96%。冀中区在敌“五一”大“扫荡”后的极端残酷环境中，民校以新的形式坚持下来。晋冀鲁豫边区政府于 1942 年 4 月决定在民众学校开办识字班和政治班，规定公民必须识字 1000 个，每年识字 250 个。1943 年 4 月公布《民众学校暂行规程》，要求把民众教育与扶植群众民主民生运动结合起来，把公民识字提高到 1200 个。至 1944 年，太行区有冬学 4836 处，学员 415955 人；冀南、冀鲁豫区的民众教育也得到恢复和发展。

河北各抗日根据地自开创以来，即大力恢复、普及小学义务教育。1941 年后，各地提出“小学正规化”的口号，使小学教育由量的恢复和发展，进到质的提高阶段，但也出现了脱离生产、脱离群众的倾向。在激烈的反敌“扫荡”斗争中，各地小学经过整顿、改革和反奴化教育，特别是提出“小学民办公助”的方针后，小学教育走上健康发展的道路。由于日伪频繁“扫荡”，许多地方的小学被迫停顿下来。为坚持、恢复和发展小学教育，晋察冀边区政府先后颁布《小学教师考核奖励条例》《优待敌占区学生入学办法》《关于优待高小贫寒优秀学生的规定》《关于整理小学加强儿童生产教育的指示》等，各地小学相继实行以全日制为主附设半日制随学班、半日二部制、半日巡回制或隔日巡回制等灵活的教育形式，并把生产成绩作为评定学生的标准之一。1944 年 4 月，晋察冀边区政府召开教育工作会议，决定推行“小学民办公助”的方针，进一步克服教育脱离群众、脱离生产的倾向。1943 年 10 月，晋冀鲁豫边区政府教育厅作出《加强学校教育的决定》，提出适当增设学校，解决教育经费，提高小学教员待遇等措施。因而，促进了抗日根据地小学教育的恢复、发展和巩固。针对日伪军的“扫荡”和奴化教育，河北各抗日根据地加强了学校的爱国主义和民族气节教育。在游击区，有隐蔽的抗日小学、巡回抗日小学和地道小学，环境特别残酷的村庄有抗日“两面”小学或岗楼小学，不少老师化装成农民、货郎等，走街串巷，进行分组教学，“敌来停课，敌走上课”。完县、望都等 11 县，1943 年有各式伪装小学 154 处。抗日根据地广大儿童参加了童子军，热烈响应三大号召：积极入校学习，努力帮助家庭生产，按时出操上课；广泛开展“五不誓约”运动：不上鬼子学，不念鬼子书；不听鬼子话，不参加鬼子会；不吃鬼子糖，不要鬼子东西；不见鬼子面，不告诉鬼子一句实话；不受鬼子骗，不参加鬼子少年团。在极其艰苦的敌后抗战中，儿童中涌现出许多学习模范、生产模范和宁死不屈的气节英雄。武强县儿童温三郁，敌人一刀一刀砍断他的 10 个手指头，他始终忍痛保守着军事秘密，掩护了隐藏在他家地道里的一个小队抗日武装。据北岳区抗联会 1943 年统计，17 个县涌现出模范童子军 113 人，受到北岳区童子军理事会表彰奖励的有完县野场村王璞、行唐县上层村张六子、井陉县新庄村田金保等 30 人。

### 三、科学技术工作的加强

1941年起，河北各抗日根据地适应发展生产、争取自给自足的需要，把提高科学技术作为发展生产最积极、最有效的途径，采取若干奖励政策和管理措施。如晋察冀边区政府，1941年7月7日公布《奖励生产技术条例》，规定：对于三种人给予荣誉奖或100~10000元资金，即生产技术的发明者和改良者、外货代用品的制造者、矿产的发现者。1942年3月2日又公布《优待生产技术人员暂行办法》，规定：技术人员按其学历、经历、技术水平和贡献等条件，由边区政府核定为技正、技士、技佐和技术员，每月零用费分别为30元、20元、15元、10元，家境困难者每年补助技正300~500元，技士200~400元，技佐100~300元，技术员80~200元。1942年10月，晋察冀边区政府召开首次边区自然科学大会，会议制定了边区科技工作的方针和任务，以及一套适合敌后环境的科技工作管理办法，宣布成立晋察冀边区自然科学界协会（简称边区科协），通过边区科协《章程》和《工作纲领》，边区科协下设电、工、农、医等学会，各协会又分设专业组。

在抗日战争的最困难时期，河北各抗日根据地的科学技术事业呈现出繁荣的局面。在自然科学理论研究上，发表了不少重要论文。晋察冀边区科协主办的《自然科学界》杂志，相继发表《小鼓风炉冶炼生铁略谈》《大碳炉化铁》《炼油的研究》《制碱法》《栗性状相关研究》《玻璃试制经过》《大麦黑穗病防治研究》《枣树步曲防治研究》《纸浆的碎解及胶填料》等论文，并发表了外籍学者林迈可的《避音器的制造》《日晷的原理与制造》、班威廉的《液体氦气的研究》《超等电导率的理论》、傅莱的《痨肺（结核）自觉症及预防治疗法和虐子症》等论文。在自然科学应用研究上，取得很多重大成果，其中军工生产技术最为突出。1940年，在晋冀鲁豫根据地，研制成功“八一”式新型步马枪，并由复制子弹到自制枪弹，以及自制无烟火药和烈性炸药，还自制了比日本造更适用的掷弹筒，把迫击炮弹改造成手射炮。在晋察冀根据地，发明自制了雷银和雷银雷管，进一步创制了雷银纸雷管，不仅成本低，而且灵敏度高，安全可靠，因而完全代替了雷汞制造的铜雷管。由此，大大缩小了敌我的武器差距。在育种、肥料、栽培和病虫害防治等农业技术上，取得了多项成果。如“881”号、燕“15”号谷子，经过两年试验，亩产可提高15%~20%；平“4”号玉米，亩产可达500斤。各抗日根据地还开展群众性科技普及工作，编辑出版育种法、病虫害防治法、家畜疾病治疗法等科技通俗读物，举办流动科技展览，在农民学校讲解科技知识和农业常识，对于改进生产技术，促进生产，起了一定的作用。

## 四、文化艺术事业的发展与繁荣

文化艺术是敌后抗日根据地建设事业的一个重要方面军。1941年后，河北各抗日根据地的文化艺术工作在整顿、改革中继续沿着民族化、大众化的方向前进，呈现出日渐发展与繁荣的景象。

在晋察冀边区，1941年6月成立边区文化界抗日救国联合会（简称边区抗联），统一领导边区文化运动。边区抗联由边区文救会、文协、音协、剧协、美协等文化艺术团体组成。边区的诗歌运动最为活跃。同年7月成立边区诗会，出版边区诗会机关刊物《诗》。同年8月8日，冀中新世纪诗歌社创办诗刊《新世纪诗歌》。1943年1月，张苏、邓拓、于力倡议创办《燕赵诗社》，并出版诗集。《晋察冀文艺》杂志和《晋察冀日报》副刊《晋察冀艺术》《鼓》等，也经常发表各种诗作。著名诗人田间、魏巍、孙犁、陈辉等人后来都出版了诗集。报告文学作品颇多，其中最著名的有周而复的《晋察冀行》和周立波的《晋察冀边区印象记》。1941年冀中文化界发动“冀中一日”创作活动，有10万军民参加，经王林为主任的编委会编选，筛选出230篇作品，分为《鬼蜮魍魉》《铁的子弟兵》《民主、自由、幸福》《战斗的人民》四辑，发表后影响很大。边区在小说创作方面以短篇最突出，孙犁的《丈夫》《荷花淀》，邵子南的《贾希哲夜夜下西庄》《阎荣堂九死一生》《李勇大摆地雷阵》，康濯的《初春》《腊梅花》等，都颇受读者欢迎。梁斌的短篇《三个布尔什维克的爸爸》和中篇《父亲》，王林的长篇《腹地》，穆吉的《雁翎队》，在广大群众中颇有影响。边区剧协 1942 年还创办了《晋察冀边区戏剧》杂志。傅铎的大型话剧《王秀鸾》，杜烽的大型话剧《李国瑞》，火线剧社的独幕话剧《把眼光放远一点》，颇为群众所喜闻乐见。阜平高街村剧团创作演出的《穷人乐》，受到中共中央晋察冀分局的表彰，号召全区文艺工作者“沿着高街《穷人乐》的方向，发展边区群众文艺运动”。边区的歌咏、音乐、美术等工作相当活跃，如《晋察冀画报》，还配有英文说明，最受欢迎，有许多外国朋友对在敌后极困难条件下能够出版如此精美的画报，深表惊讶和赞美。

在晋冀鲁豫边区，诗歌、报告文学、小说、戏剧、音乐、美术等不断发展繁荣。1941 年 5 月创办《华北文艺》月刊，同年 6 月成立太行诗歌社，社员 200 余人，出版社刊《太行诗歌》。报告文学，以丁玲的《一二九师与晋冀鲁豫边区》、华山的《窑洞陆地战》、赵树理的《孟祥英翻身》、碧野的《北方原野》等最具代表性和感染力。经过整风，小说创作有新的发展，赵树理 1943 年初完成《小二黑结婚》，10 月又写了中篇小说《李有才板话》。郭沫若著文称赞赵树理的《李有才板话》和邵子南的《李勇大摆地雷阵》，是“抗战以来文艺作品的杰出者”，“有新的天地、新的人物、新的感情、新的作风、新的文化”。在戏剧方面，1941 年 8 月成立晋冀鲁豫边区戏剧分会后，各剧团在反敌“扫荡”中，创作改编了历史剧《花木兰》《忠臣血》《天堂地狱》等一批以旧形式充实新内容的剧本。太行各地曾发起征集剧本活动，收到各类剧本 275 部。抗战歌曲创作和群众性歌咏活动很普遍，作曲家岗夫、张林移、孙泱等人一年内发表了 51 首新歌，张林移的四部和声优秀乐曲《好男儿要当兵》，在各抗日根据地流行甚快、颇广。墙头画、漫画、连环画也很普及，木刻板画以陈铁耕的 48 幅连环画《黄河福》和 28 幅连环画《穷孩子》为代表，公认他奠定了运用国画技巧绘制抗日现实题材的基础。根据地还创办了太行区木刻工厂，创作单幅民间年画，使木刻板画大众化，每幅作品印制 1 万~5 万份，以满足群众需要。

## 五、医药卫生防疫事业的新发展

抗日战争的最艰苦时期，河北各抗日根据地的医药卫生防疫事业不断地进行改革和加强，有了长足的进步和发展。

第一，建立健全教学与医疗相结合的体制。1941 年 2 月，白求恩卫生学校增设军医高级班和妇产班，连同原军医、调剂、护士各班，共 9 期，师生 451 人。1942 年敌人大“扫荡”后，晋察冀军区卫生部与冀中军区卫生部合并，冀中军区卫生教导班与白求恩卫生学校合编，学员增至 770 人，有教授 17 人，教学水平大大提高。该校附属医院白求恩国际和平医院，在印度援华医生柯棣华的主持下，坚持和发展了白求恩的办院方针和制度，并在冀中、冀东各军分区设立分院，使白求恩国际和平医院不仅成为教学实践的主要基地，而且成为全边区的医疗中心。1943 年该校进行精简，部分学员奔赴延安，9 位教授到各军分区从事医疗或训练工作，全校仅剩学员 129 人，医院床位由 250 张减为 80 张，但保留了教学骨干。随着抗战形势好转，至 1945 年 7 月，白求恩卫生学校和白求恩国际和平医院迅速恢复发展。抗战期间，白求恩卫生学校共培养军医 386 人、调剂员 339 人、护士 203 人；白求恩国际和平医院由最初的 23 人发展到 3000 人，每天可门诊 1000 人次，住院人数最高可容纳 6000 人次，其治愈率达 68%，伤员存活率达 93%。

第二，加强医学研究，自力更生解决缺医少药问题。1942 年，晋察冀边区成立医药技术指导委员会，作为边区最高的医药技术指导机关和医药界的权威组织，同时创办《卫生建设》杂志，作为卫生建设的学术刊物和医务人员业务学习的重要教材。这个时期，研究成功交感神经节切除术、外伤性下肢神经痛和一般下部神经痛治疗法；用针灸治疟疾病，用青核桃皮制作扑疟母灵，疗效都很好。据统计，1942 年，疟疾病患者 14910 人，治愈 12555 人，占 84%；死亡 33 人，占 0.22%。为解决医药器材奇缺的困难，1941 年成立军区材料厂，生产脱脂棉、纱布、丸散膏丹等 100 多种药品、器材。1942 年，广泛开展自制药品、器材的活动，以保障自给。在精兵简政中，统一将各军分区制药厂、冀中化学制药厂编入晋察冀军区伯华制药厂，职工达 230 人。抗战期间，伯华制药厂共生产药品 119 种，医疗器械 21 种，全区所用药品、器械有 70% 为自制，还有部分销往冀南、太行、晋西北等抗日根据地及平、津等敌占城市。

第三，群众性卫生防疫运动广泛展开。由于战争和灾荒，特别是日军实行毒气战、细菌战，各地疾病流行，伤寒、霍乱、鼠疫、疟疾、疥疮等，严重地威胁着抗日根据地军民的生命和健康。因此，在共产党和抗日民主政府领导下，各根据地都把乡村卫生防疫运动作为卫生建设的一项重要任务。一方面大力培养卫生干部和卫生人员，积极推广中西医结合而以中医为主的治病办法；另一方面在群众中大力宣传科学卫生常识，破除迷信，改变不讲卫生的陋习。并举办卫生合作社，采取民办公助的形式，培养民间医生，扶植私人药铺。还多次派出医疗队、卫生队，到灾区为群众防病治病。1943 年，晋察冀边区政府拨款 300 万元，用于生产药品，分发各地公营和私营的医药合作社代售给群众治病；晋冀鲁豫边区政府仅在太行区就拨款 3 万元医药费，并组织各种医疗队、卫生队下乡防病治病，在武（安）北县为 3661 人种牛痘。1943 年夏，行唐、灵寿、平山等地疾病流行，晋察冀军区派出的医疗队在 3 个月中，施诊 1012 次，治愈 8354 人。龙华县南城司村张明远开办的县中西医药研究所和县医疗所，尽可能采用针灸、土药、偏方，或以贱药代替贵药，被群众誉为“模范医务工作者”。群众卫生防疫运动的开展，对于保障抗日根据地军民的生命健康起了重要的作用。

第四，深入开展防菌、防毒的防疫工作。日本侵略者为了大量屠杀抗日军民，千方百计地制造各种疫情。他们不仅对抗日根据地进行烧杀抢掠，制造“无人区”，而且实施细菌战、毒气战，频繁地散布各种恶性传染细菌，加之自然灾害，河北各抗日根据地及其周边地区疫病流行，城乡平民病亡惨重。如北岳区，日军 1941 年秋季大“扫荡”后，群众害病者达 10 万余人，平山县死亡 1 万余人。又如，据 1944 年 11 月 18 日《抗战日报》报道：“近来晋察冀各地疟疾、痢疾流行，其中有严重者以平山某村病人达三分之一，甚至到二分之一，井陉 8 个村的病人占总人口 22%，满城 5 个村共有病人 440 人，徐水某村病人达总数 70%，有的村庄一天死三四个人，完县西朝阳仅儿童即病了 200 多人，平北涞水紫石口村也病了三分之一的人。”[1]

针对日本制造严重疫情的反人道行径，河北各抗日根据地广泛持久地开展了防菌防毒的防疫卫生运动。

1942 年 3 月，八路军总部以地字第 4 号发出《关于防范日寇散放毒气的训令》，规定了周密检查、进行消毒、向部队与居民广泛宣传等五项防毒防菌的办法。

1942 年 3 月 24 日，第 129 师司令部以队字 1 号发出《关于做好防疫工作的通报》，要求军民成立联合卫生委员会，并深入卫生教育，务使全体军民认识防疫工作的重要性。[2]

1942 年 5 月，晋察冀边区政府和晋察冀军区司令部连发三个防范日军细菌战、毒气战的重要文件。

第一个文件：

晋察冀边区行政委员会于 1942 年 5 月 26 日，以世民社字第 100 号文，致函各专员、县长、县佐，并随函附发了晋察冀军区司令部 1942 年 5 月 9 日队军字第 5 号文及 1942 年 5 月 5 日作军字第 26 号文两个关于防范敌寇毒质病菌进攻之对策通报。该致函强调：

---

[1] 《敌人在华北的暴行》，1945 年 11 月 20 日，中央档案馆馆藏文献，档案号 190。

[2] 中国人民解放军档案馆编：《抗日战争时期八路军人员伤亡和财产损失档案选编》(5)，中共党史出版社 2014 年版，第 2249~2251 页。

因与我各级干部各界人民之健康，关系重大，兹依原件翻印随函附发，希各该县大量翻印，散发各村，并广泛宣传，使人民提高警惕，努力开展防毒防疫卫生工作，严加防范，勿稍疏忽。

“散发各村”“广泛宣传”“防毒防疫”“勿稍疏忽”这16个字，成为晋察冀边区人民防毒防疫卫生工作的重要指针。

第二个文件：

晋察冀军区司令部1942年5月5日作军字第26号文，根据冀中区所获报，揭露日军对敌后抗日根据地军民实行毒质攻击与破坏的各种事实，要求根据地军民“严加防范”，并提出以下防范方法：（1）擦枪油，应努力研究代用品。（2）由敌占区买来的食盐，无论其是否有毒，先在锅内炒一次再吃，同时卫生部门注意化验其毒质，拟定解毒之方法。（3）毛巾与肥皂，可用布或边区制造的毛巾、肥皂；为了避免牙膏牙粉中毒，可以食盐代之。

第三个文件：

晋察冀军区司令部1942年5月9日队军字第5号文，进一步详细地分析了日军在华北进行毒质战（毒气战）、病菌战（细菌战）的新形势，具体地提出防范细菌战、毒气战的有力措施。指出：

敌人的毒质战和病菌战已经发展到了一个新的阶段，即：“（1）使用对象，已由军队为主，改作群众为主；（2）使用时机，已由间隙施放为主，改为经常施放为主；（3）使用分量，已由小规模为主，改为大规模为主。”

第5号文分析了敌人使用细菌的种类、方法。指出：

敌人已经使用的病菌有霍乱、伤寒、赤痢、鼠疫、鼠伤寒、传染性黄疸等，其他还没有发现过。这几种可能使用的病菌，培养都是很容易的，施放也比毒气容易。敌人以飞机、以炮弹投掷细菌，来屠杀我们广大地区的群众，是很困难的，因而一般使用直接的散布，在“扫荡”中，或派间谍投掷霍乱、伤寒病菌于井水内；鼠疫、鼠伤寒病菌，是施放注射过病菌的鼠于村落内；赤痢病菌，多投掷于房内或井内；传染性黄疸病菌，是将身藏病菌的鼠，投于村落内或投掷于井内。

第5号文进一步分析了日军今后毒质战、细菌战的发展走向，指出：

一般地说，在我们更接近胜利的最艰苦的两年中，敌人的毒质战和病菌战，会更疯狂地发展，因为敌人越接近失败，敌人越会采取更残酷更野蛮的方式方法。

比较着说，病菌战比毒质战存在着更加厉害的毒效，因为病菌战在任何时期，都可以使用，不像毒质之只限于“扫荡”时期，病菌在适当的温度下繁殖大于死亡，可以长期存在，不像毒质只能挥发不能繁殖，并且其浓度扩散到一定的稀薄程度后，即会失效，又病菌之传染，尤其是鼠疫和霍乱的传染，极迅速广泛，不像毒质之没有传染效能，病菌的防范和治疗还比较毒质困难。

为此，第5号文明确地提出了粉碎日军毒质战和病菌战的具体防范对策措施。其中，关于粉碎日军病菌战的主要对策，指出：

第一，粉碎敌人的病菌战，群众教育虽然今天是主要的，但单依靠群众教育是不可能的，必须卫生医务人员提高针药技术的比例。

第二，做好各项预防工作。

（1）要侦察携带病菌的间谍。在盘查一切间谍嫌疑犯时，着重检查病菌，凡是携带瓶子、罐子，而只装油装酒的即就可能是装有病菌及其培养剂。假设病菌间谍不肯供出，则应强迫他自己吃些，一般的定会恐吓屈服的。携带老鼠的人，那更可能是病菌间谍。水井附近和村庄附近是病菌间谍活动的地方，应加以严密警戒，凡是这些地方发现的陌生人，应立即拘捕起来。

（2）做好每次“扫荡”后的侦察。首先是侦察水井和房屋内有无散放毒菌的象征，如点状或片状的暗气，则是有霍乱、伤寒、鼠疫或传染性的痢疾的病菌及培养剂的象征；其次是侦察房屋内有无死老鼠或病态的活鼠，凡是起黑水泡的死鼠，或不畏人和猫、爱喝水的活鼠，就是带有鼠疫病菌的象征，如有起红疹子的死鼠，或同前变态更甚的活鼠，就是带有鼠伤寒病菌的象征。但是，带有传染性黄疸病菌的鼠，是不会死或变态的。

（3）要灭除病菌的传染机会。首先是食料和饮料，必须经过蒸热再行吃喝；其次是发起捕鼠、捕蝇、捕蚤运动，消灭病菌可能传染物；最后是组织对于患者和病者地区的封锁和隔离，必须接近患者时，将患者地区的人员应先行进行杀菌处理。

（4）要消灭存在的病菌。首先是应消灭一切病菌培养剂和媒介物，一切患者的呕吐和排泄物及其尸首，必须以厚土掩埋之；其次是发现投有病菌的水井、住所及其他食物、污水时，应封锁或禁止食用，一切患者的衣服脱下后，用碱水煮沸杀菌或以药剂（石灰水、百部、白芷等）杀菌法消灭之。

（5）进行对于病菌的抵抗：最好要注射各种预防针，但因现在客观条件所限制，而以醋汤和吃葱蒜代替，是可能的，也是对于群众适用的，既保持身体健康增强抵抗力，又使侵入的病菌不得繁殖生长而自毙。

> 第三，要了解关于各种传染病的病状和治疗。这些已详载于一般医学常识，兹不重复。

第5号文特别提出要克服麻痹现象。强调：

> 在艰苦斗争中，粉碎毒质战和病菌战是整个战争的任务中很重要的一部分。过去由于我们对这一重要斗争的麻痹现象和自流主义，已经遭受了一些可能避免的牺牲，要想不再重复过去的错误，我们就应该急起直追，开展这一重要工作，尤其注意警惕的是敌人可能在其充分准备下，而同时以病菌战向我各个根据地进行散播，各地遭受这样的病菌战的毒害是会比较过去更普遍的，遭受损失的结果是会更加严重的。[1]

上述文件是河北，也是敌后各抗日根据地军民粉碎日军细菌战、毒气战的有力武器。

在党和抗日政府的领导下，河北各抗日根据地人民采取了一系列防疫防毒的有效措施：一是及时通报疫情，提醒军民防范。二是除内部指示外，公开揭露日军罪行，赢得广泛声援。如《新华日报》《抗敌报》《晋察冀日报》《冀南日报》等公开揭露日军使用细菌、毒气武器的罪行，使日军的反人类罪行遭到全国人民和世界人民的声讨和谴责。三是采取抢救措施，减少军民伤亡。抗日民主政府和卫生防疫部门广泛发动群众，进行防疫、防毒的宣传和防控工作。并对重染区采取紧急抢救措施，如迅速划分隔离带、运用石灰水消毒、封盖投毒水井、禁用感染食品、发放解毒药物、掩埋病亡遗体等。由于及时采取各项抢救措施，在一定程度上遏制了病菌蔓延，减轻了患者痛苦，降低了死亡率。四是打击敌军力量，破坏细

---

[1] 晋察冀边区三个重要文献，载谢忠厚等主编：《日本侵略华北罪行档案》第5卷《细菌战》，河北人民出版社2005年版，第185~191页。

菌、毒气生产。

由于各抗日根据地党政军民切实贯彻防范日军细菌战、毒气战的各项对策，广泛开展防毒防疫的群众性卫生运动，粉碎了日军把八路军压缩到山地，大规模采用细菌、毒气战术的图谋。

在抗日战争的最困难时期，继白求恩之后又涌现了柯棣华大夫等可歌可泣的国际友人。柯棣华原名德瓦卡纳斯·桑塔拉姆·柯棣，1910 年 10 月 10 日出生，1936 年毕业于孟买省格兰特医学院。1938 年他随同印度援华医疗队来到中国，为了表达援华的决心，在自己的姓氏后面加了一个“华”字，从此，改名为柯棣华。1940 年 6 月，柯棣华到达晋察冀边区，在白求恩卫生学校担任教员，后来，被任命为白求恩国际和平医院第一任院长。他处处以白求恩为榜样，对医术精益求精，对工作极端负责任。在晋察冀边区两年多时间里，柯棣华亲自做手术 900 多例，战斗紧张时，他每天平均做五六台手术。在抗战最困难的 1942 年，他于 7 月 7 日毅然加入了中国共产党。由于工作过于紧张，当他写完教材《外科总论》，又在赶写《外科各论》时，终因癫痫病发作，抢救无效，于 1942 年 12 月 9 日在唐县以身殉职，年仅 32 岁。晋察冀边区和延安分别于 12 月 18 日和 30 日举行了追悼大会。毛泽东题写挽词：“印度友人柯棣华大夫远道来华，援助抗日，在延安华北工作五年之久，医治伤员，积劳病逝，全军失一臂助，民族失一友人。柯棣华大夫的国际主义精神，是我们永远不应该忘记的。”[1]

## 第五节　各抗日根据地的恢复与再发展

### 一、开展更广泛的群众游击战争

冀南、冀中、冀东等抗日根据地自 1942 年冬季开始恢复。进

[1] 《聂荣臻回忆录》(中)，解放军出版社 1984 年版，第 490 页。

入 1943 年，在国际反法西斯战线转入战略反攻的形势下，在“为反攻和战后做准备”的方针下，河北各抗日根据地进一步组织大批敌后武装工作队和小部队，挺进到敌占区、接敌区，积极打击敌人，展开军事斗争和政治攻势，并与根据地巩固区军民的反“蚕食”、反“扫荡”的斗争紧密配合，遂使根据地得到恢复和再发展。

在晋冀鲁豫抗日根据地，根据 1943 年 1 月温村会议的精神，大力贯彻“敌进我进”的军事方针，派遣近 1000 支敌后武工队和小部队，深入敌占区、边沿区。这些敌后武工队和小部队，加紧政治攻势和瓦解伪军工作，开展锄奸反特斗争，同时领导群众进行反掠夺、反劳役、反抓丁的斗争。因此，很快争取和控制了一些日伪据点，建立了许多隐蔽的村镇抗日政权。如冀南区，1943 年 1~4 月，通过开展强大的政治攻势，对伪军点“黑点”和“红点”，建立“善恶录”“生死簿”，在伪军、伪组织中成立秘密的“抗敌复仇同盟”“回心社”“忠义社”等组织，瓦解伪军 9097 人，利用伪军关系拔除敌据点 109 处。经过一年的奋斗，冀南区恢复和开辟 10 个县，占本区面积的 1/5。在晋冀鲁豫边区，1943 年全年，由敌后武工队和小部队恢复和开辟的面积，约占全区恢复和开辟总面积的 3/5。

在晋察冀边区，1943 年北岳区继续组织多支武工队深入敌后，宣传、动员群众，镇压汉奸、特务，争取和瓦解伪军、伪组织，运用建立“两面政权”的策略，恢复根据地和开辟新区。至年底，北岳区恢复和开辟村庄 2000 多个，新建 5 个县抗日民主政权，粉碎了敌人在平汉路西侧建立第二道封锁线的计划，争取了对敌斗争的主动权。冀中军民共攻克、逼退敌人据点 600 多处，恢复和开辟 3500 个村庄、54 块游击根据地，使许多小块根据地联结起来。1943 年春夏季，冀东区也派出大批武工队和小部队，重返丰润、滦县、宁河、玉田、遵化等地，先后拔除敌人据点 40 多处，基本上恢复了原有的平原基本区；在热南山区和昌平、延庆地区沉重打击了敌人“集家并村”、制造“无人区”的计划。

在恢复、发展根据地的斗争中，河北各根据地大力加强了民兵建设，民兵联防、地道战、地雷战、交通战蓬勃发展。各地民兵的数量和质量不断提高，战斗力和作战艺术显著增强。北岳区民兵由1941年的30万人增加到1942年的40万人。冀中、冀南、冀东等地民兵也有很大发展。在广泛的群众性游击战争中，各地民兵极大地发展了地道战、地雷战、水上游击战、交通战和民兵联防等游击战法，取得了辉煌的战绩。地道战始于“五一”反“扫荡”前后的冀中区，进入1943年，在冀南、北岳、冀东等地得到广泛发展。冀中区的许多地方，不仅形成了户户相通、村村相连的地道网，而且进一步改进，构成了“三通”（房上、地下、院户相通）、“三交叉”（高房顶、院落、地道三层火力网交叉）、“五防”（防水、防毒、防掘、防钻、防火）的战斗型地道体系。到1944年初，全冀中挖地道达1.25万公里。在深泽县白庄村地道斗争中，有一次，冀中部队以不足300人的兵力，抗击敌军1000多兵力，歼敌400多人，而抗日部队只伤亡20多人。清苑县冉庄村民兵，先后利用地道作战11次，歼敌96人，民兵只伤1人。冀南区肥乡县，有的地方几十个村地道相连，变成了打击敌人的“迷魂阵”。利用地道，还有效地掩护了党政军民干部，使他们能够坚持领导抗战。还有不少小型工厂、报社、电台、医院等，掩蔽在地道内，坚持正常开展抗日工作。

地雷战在群众性抗日游击战争中得到普遍运用。各地民兵不仅制造了石雷、铁雷、砖雷、木雷、瓷瓶雷、瓦罐雷等，而且创造了拉雷、滚雷、绊雷、连环雷、水雷、子母雷等巧妙的埋雷方法，封锁敌人，大量杀伤敌人。阜平县李勇、新乐县李混子等人，是闻名的爆炸英雄。1943年上半年北岳区民兵用地雷炸死敌军1000多人；李勇领导的游击小组使用地雷，几分钟内炸死敌军36人，创造了游击小组一次杀敌的新纪录。6月9日《晋察冀日报》发表社论，号召全区军民“广泛开展李勇爆炸运动”。新乐县李混子领导的爆破组，制造了大型地雷，炸毁了敌人的火车头。太行区民兵在5月反“扫荡”的战斗中，巧布地雷阵，使敌人触雷

1900多个，死伤1000多人；在涉县的赤岸、王堡等地，敌人不得不到处标记“危险区”，连厕所都不敢进。地雷战的广泛运用，对于打击进犯之敌，配合主力作战，保卫根据地，发挥了巨大的作用。

1941年后，河北各根据地都开展大规模的交通破击战，给敌人沉重打击。冀南区军民1941年8~12月，连续三次开展交通破击战，并配合太行区军民对平汉铁路的破击战，共破坏公路326公里，攻克据点33处，歼敌3189人，缴获枪1659支，机枪31挺，炸毁汽车5辆。冀中区军民三次对石（门）德（县）、平汉铁路的破击战，参战达70万人次，作战约150次，歼敌2000多人，破坏铁路175公里，平毁封锁沟125公里，攻克碉堡47个，炸毁桥梁12座，炸毁火车一列，收割电线4500多公斤。交通战的广泛开展，使敌人的交通运输和作战计划受到打击和破坏，对于配合主力部队的反“扫荡”作战，坚持和发展抗日根据地，起了重要作用。

这一时期，民兵由过去的村自为战，逐步发展为地区性的民兵联防作战。民兵一面生产，一面监视敌人，发现敌情，立即按预定的信号，通知附近各村军民，以准备联合作战，打击敌人。如冀中区，在民兵联防中，抓住敌人外出活动的规律，创造了“堵门战”（埋伏在据点附近，敌人一出门，就给予迎头痛击）、“捕捉战”（埋伏在村边、树林等处，捕捉零散活动的敌人）等战法，搞得敌人龟缩在碉堡内，不敢轻易外出活动。

在广泛开展游击战争，特别是在开展对敌政治攻势中，河北各根据地的“日人反战同盟”和“朝鲜独立同盟”发挥了重要作用。他们与中国军民并肩抗战，以喊话、写信、印发宣传品和慰问袋等各种方式，做瓦解、争取日军的工作。据晋察冀根据地的统计，1943年在战场上投诚的日军占日俘总数的48%，相当于1940年的7倍。在战斗中，许多盟员冲锋陷阵，冀中区日人反战同盟支部长田中实等日、朝国际主义战士英勇地献出了宝贵的生命。

## 二、各抗日根据地反“扫荡”战役胜利

日军为确保华北“真正成为大东亚战争的兵站基地”，在1943年秋冬，纠集20万兵力，对敌后华北各抗日根据地进行全面的“扫荡”，重点在晋察冀边区的北岳区。日本华北方面军抽集第110、第63、第26师团主力，第62师团一半，第3独立混成旅团，第1、第2独立混成旅团各一部，以及伪治安军等，共4万多兵力，对北岳区进行了为期3个月的“毁灭扫荡”，实行杀光、烧光、抢光的“三光”政策，企图断绝根据地军民的生存条件。

针对敌军此次大“扫荡”的特点，晋察冀军区采取内线与外线相结合，主力与民兵相结合、军事打击与政治攻势相结合的方针，此次反“扫荡”战役，大致经历三个阶段。

第一阶段反“扫荡”作战。9月15日，各路敌军向抗日根据地边沿集结。至18日，敌军以分进合击方式，分别占领了满城西北的松山、唐县西北的唐梅、平山西北的会口和五台东南的蛟潭庄、灵丘以南的下关、盂县东北的六岭关等地。为打破敌人的合围，晋察冀军区以主力团和1/3地区队兵力及边沿区的县大队、区小队、武工队，伸至沟线外，破坏敌人的交通和后方设施；以主力团和2/3地区队兵力在内线，以连、营为单位，配合民兵开展游击战、地雷战，阻击、消耗和拖疲惫敌人。到9月下旬，各路敌军合击边区首府阜平城，并依据要点实行分区清剿，大肆烧杀抢掠。为打击清剿之敌，各军分区大力组织射击组、爆破组，与民兵游击组相结合，展开地雷战、麻雀战，并适当集结主力打击小股清剿之敌。9月25日，敌军4000多兵力在空军掩护下，围攻阜平城东北的神仙山和完县西北的青虚山，晋察冀军区第42团和第2团一部为保卫边区党政军领导机关和大量弹药物资，坚守制高点12昼夜，在第6团和特务团等部的配合下，终于将敌击退。

至10月中旬，开始转入第二阶段反“扫荡”作战。10月13日起，敌军集中兵力对唐河、沙河、滹沱河沿岸产稻地区进行“扫

荡”，企图抢掠粮食。晋察冀军区以一部主力，配合民兵，掩护党政干部到各地领导群众抢收粮食，进行坚壁清野，而集中主力打击分散的清剿和抢粮之敌。经过反复争夺，85%的粮食被军民抢收回来。敌人抢粮计划失败后，妄图集中兵力寻找晋察冀军区主力决战。晋察冀军区以主力大部分散坚持内线斗争，以主力一部转至外线打击敌人。至11月中旬，敌伤亡已达7000多人，后方也不断遭袭击，因此不得不开始分批撤退。

第三阶段反“扫荡”作战。军区以小部队监视敌人，迟滞敌人的奔袭行动；以一部兵力引诱、牵制敌人；主力转至外线包抄歼敌。内线与外线紧密配合，先后在盂县的上社、涞源的曹庄台、平山的双石洞等地给敌以重创。至12月15日，反“扫荡”战役胜利结束。

北岳区军民在这次反“扫荡”战役中，共作战5600多次，毙伤俘日伪军1.1万多人，攻克、逼退敌据点204处，一度袭入保定、望都、唐县等13座城镇，恢复、开辟1074个村庄，军区部队也伤亡2427人。日军在这次“扫荡”中犯下无数暴行，致使无辜群众伤亡8925人，烧毁房屋49785间，抢掠、烧毁粮食30万担，抢掠牲畜7万多头，破坏农具17万多件。日军还制造了许多大惨案，如阜平县的平阳惨案，易县的寨头惨案，涞源县的走马驿惨案，平山县的岗南、焦家庄惨案，井陉县的黑水坪、老虎洞惨案，日军仅在平阳惨案中就残杀群众1000多人，一些村庄尸体遍地，惨不忍睹。

日本华北方面军第1军于1943年4月迫使国民党第24集团军和河北省党政军要员投降后，从5月5日起，以第36师团和第3、第4独立混成旅团，分三路对太行区抗日根据地进行毁灭性大“扫荡”。八路军总部和第129师师部先期跳到外线。5月8日，日军形成了对左权县麻田和涉县王堡、赤岸为中心的合击圈。太行军区以军分区基干部队和民兵组成游击集团，坚持内线斗争；以主力部队在外线，攻击平汉路和白晋路等交通线，破坏敌人后方。敌人合围扑空后，转入清剿。这时，八路军游击集团分散开展麻雀战、地雷战，使敌人处处挨打、挨炸，十分惊慌。至 5 月 22 日，敌人撤回原交通线。太行区军民这次反“扫荡”作战，共歼敌 2500 多人，民兵发挥了重要作用，仅涉县 89 个村民兵就作战 200 多次，歼敌 350 多人。

冀热边抗日游击根据地军民在 1943 年春夏季进行了两次恢复平原基本区的战役，并取得重大胜利。日军为重新控制冀东平原和沿海地区，并抢掠粮食，遂于 9 月 15 日至 12 月中旬，集中第 8、第 9 独立混成旅团、关东军和伪军一部共 1 万多兵力，对冀东根据地的滦河西岸和西部平原地区，进行分区“扫荡”。冀热边军区总结以往的经验教训，在此次反“扫荡”作战中，主力不再向外线转移，而是当敌人合围时，坚持在内线分散、灵活地穿插或转移；当敌人清剿时，则寻机歼灭小股清剿、抢粮之敌。经过 4 个月反合围、反清剿的斗争，粉碎了敌人的“扫荡”，日伪军被迫撤退到交通线和重要城市。

日本华北方面军为合围冀鲁豫边区主力部队和领导机关，集中日伪军 1.5 万余人，于 1943 年 10 月 12 日，在飞机掩护下，向冀鲁豫抗日根据地的中心区濮县、范县、观城地区发动了“铁壁合围”“拉网扫荡”。冀鲁豫边区党政军领导机关及时跳出了敌人的合围圈，转移到河北省内黄县（今划归河南省）境内活动。边区主力部队转移外线，与内线部队配合，主动出击，使敌军顾此失彼，陷入被动。至 10 月 24 日，日伪军开始从边区根据地中心区撤退。在撤退中，日伪军又对滑县、长垣地区（今划归河南省）和山东泰西大峰山地区进行了分区“扫荡”。11 月 13 日，冀鲁豫边区军民取得此次反“扫荡”作战的胜利，共进行了大小战斗 300 余次，毙伤俘日伪军 5120 人，并恢复和开辟了部分地区。

### 三、抗日根据地恢复发展与日伪统治陷入危机

上述各抗日根据地反“扫荡”战役的胜利，宣告了日军的“蚕

食”和“扫荡”政策的彻底破产，使各抗日根据地得到恢复与再发展。到 1943 年底、1944 年初，在北岳区，恢复与开辟了 3000 多个村庄，被日军“蚕食”的地区得到基本恢复，还新建了 5 个抗日联合县政府，日伪据点从 1942 年的 1876 个减少至 840 个；❶ 在冀中区，根据地恢复到“五一”大“扫荡”以前的局面，日伪军据点从 1943 年夏的 1753 个减少至 495 个，有些县城已经见不到日军；❷ 在冀热辽边区，根据地平原基本区大部得到恢复，摧毁了日军制造的部分“无人区”，并开辟了热南、滦东、北宁路南三块抗日游击根据地和凌青绥等抗日游击区，新设置 8 个抗日联合县政府，八路军已经深入到伪满洲国境内展开活动。在冀南区，抗日根据地恢复到“四二九”大“扫荡”以前的状况，许多小块根据地连接起来，形成对日伪军的犬牙交错的包围态势。冀鲁边区、太行区、冀鲁豫区等抗日根据地也得到了恢复与再发展。因而，为 1944 年抗日根据地军民转入攻势作战，提供了有利的条件。

与此相反，面临反法西斯同盟国和中国战场行将到来的反攻形势，日本御前会议于 1942 年 12 月 21 日，决定了所谓“对华新政策”，即让汪伪政权正式成为日本的“参战同盟国”，允许它扩充伪军，停用日本军票，维护伪钞，归还其部分工厂及英、美产业，以使汪伪政权能够增强“自治力”，从而达到“以战养战”“以华治华”，以应付日益恶化的战局。据此，日本华北方面军于 1943 年上半年，撤销方面军参谋部主管政务的第四科，将方面军特务机关改称“陆军联络部”，取消其对各级伪政权的幕后指挥及派往各县特务联络员的职责。

按照日本侵略者的意图，汪伪政府于 1943 年 1 月 9 日对英美宣战，2 月 5 日去掉伪国旗上的傀儡象征“黄三角布片”。伪华北

---

❶ 晋察冀军区战史工作组编:《冀察冀军区抗日战争史》，军事科学出版社 1986 年版，第 477 页。

❷《中共中央晋察冀分局关于目前边区形势与工作方针的指示》，1944 年 5 月 12 日。中央档案馆馆藏文献。

政权于2月9日开始大改组，王揖唐被免职，由朱琛任伪华北政务委员会委员长；原由王兼任的内务总署督办改由治安总署督办齐燮元兼任；原王的亲信政务厅长兼秘书长夏肃初被免职，由张仲直继任；教育总署督办汤尔和与建设总署督办殷同病死后，分别由周作人、余晋龢继任。华北四省二市的首脑也相继换班。原伪河北省长兼警备司令吴赞周被免职，由伪华北政务委员会治安总署署长杜锡钧继任，并成立伪河北省保安司令部以代替警备队，由杜兼任伪保安司令；伪河北省各厅局和道、县官吏也依次换班。此前，1942年成立了伪保定市公署，辖清苑为中心的86个村庄、9万人口，刘凯任伪市长。

与此同时，伪新民会也进行了改组，由朱琛任会长，汪精卫任名誉会长，开始在华北实行所谓“保民”（即剿共自卫）、“养民”（即勤俭节约）、“教民”（即思想统治）的“新国民运动”。3月30日，伪华北防共委员会和伪治安强化运动总本部合并，改组为伪华北剿共委员会，朱琛任委员长，省、市、道、县设立各级剿共委员会，成为伪政权、新民会、伪军三位一体进行剿共“总力战”的机关。不久，朱琛于7月2日死去，6日王克敏被再次起任伪华北政务委员会委员长；8月5日，汉奸荣臻继任伪华北剿共委员会委员长。11月，王克敏又改组伪华北政权，撤换了掌握伪华北军政实权的齐燮元，由杜锡钧任伪治安总署督办，并将伪治安军改称伪绥靖军。伪河北省长由原省建设厅长陈曾轼接任。余晋龢死后，陈改任伪建设总署督办，汉奸荣臻接任伪河北省长，直至抗战胜利。

为了扭转战局被动和政局混乱的颓势，日本华北方面军在王克敏上台后，采取“治安特别措施”。8月9日~10月30日，开展“华北新建设运动”：乘秋收季节，配合日伪军的武力讨伐，由伪政权、新民会、合作社、采运社等伪组织一齐出动，大肆收购和掠夺粮食，以维持敌占区日益崩溃的经济。同时，宣布推行“扩大新国民运动”，实行“剿共建国”“增产救民”“肃正思想”“革新生活”，其目的是妄图重修伪政权的政治、经济和思想建设。同年秋，又将北平以南的霸县、永清、安次、固安4县划为伪华北政务委员会第1直辖行政区，作为重点剿共区，由日军第63师团担任剿共和行政的幕后指挥。1944年7月，日军在冀东建立伪唐山行政区公署，由伪绥靖军首领姜凤飞任伪区公署主任，并驻守伪绥靖军10个团兵力，配合日军，实行军政统治，以确保治安和对开滦煤等重要物资的掠夺。

日本华北方面军为了加紧对共产党的谍报工作，1943年9月2日，将日本华北宪兵队改组为华北特别警备队（简称北特警）。它包括对共调查班、科学侦谍班、特别侦谍队和临时特别情报队等特种部队，具有进行小规模清剿、剔抉的作战能力。下辖5个大队、6个特别侦谍队，其中驻在河北境内的有：第1、第3大队驻冀东，配合日军第8独立混成旅团作战；第4大队驻冀中的安国、饶阳、无极地区，配合日军第110、第63师团作战，并搜集北岳区、太行区和中共中央北方局的情报；第5大队驻北平，配合日军第63师团活动；第2大队第4中队驻固安，配合第1直辖行政区的清剿工作。第1~6特别侦谍队分别驻北平、天津、开滦、井陉、山海关及枣庄煤矿，负责侦破共产党的地下组织。1944年6月，北特警新增5个大队计5000多人，其司令部和主力于7月10日由北平移驻唐山。1943年9月20日~1944年6月9日，1944年6月10日~1945年1月4日，北特警分别进行了第1期和第2期作战，重点均在唐山、冀东地区和北平、天津，一度对共产党的地下抗日斗争造成不少危害。

但是，华北日伪的上述治安特别措施挽救不了其殖民统治的日趋灭亡。日军不得不承认："综观管内全面治安情况，难说有所改善。相反，不少地区正在趋于恶化或复杂化。""与中共方面党政军民结成一体的情况对照，我方的军政民则是支离破碎的一盘散沙。""新政权的腐化堕落和政治上的无能，已达到严重的地步。"使占领区的"民众穷困，生产下降，壮丁缺乏，牲畜减少"，"农村经济破产，几乎陷入饥饿的困境”。[1]1945 年 1 月，王克敏再次被免职，由王荫泰任伪华北政务委员会委员长。至此，包括河北在内的整个华北地区的日伪统治已面临灭亡命运。

---

[1] 日本防卫厅战史室：《华北治安战》（下），中译本，天津人民出版社 1981 年版，第 390~399 页。

# 第十七章　各抗日根据地的局部反攻

## 第一节　1944 年的局部反攻

### 一、日本陷入战略颓势

自 1943 年下半年，世界反法西斯战线转入战略反攻，德意日法西斯在战略上失去了主动权。日本大本营在 1943 年 9 月制定《战争指导大纲》，决定：建立“绝对国防圈”，在太平洋及印度洋方面绝对确保“包括千岛、小笠原、内南洋（中西部）及新几内亚西部、巽他、缅甸在内的防卫圈”，大致在 1944 年中期，“确立对付美英进攻的战略态势”。❶但是，1944 年世界反法西斯战线在战略反攻中取得了决定性的胜利，苏军对德作战完全掌握了主动权，英、美对日太平洋作战节节胜利。日本的所谓“绝对国防圈”，迅速被盟国军队的进攻所打破。日本为扭转战略颓势，决定进行打通中国大陆交通的作战（一号作战），企图使中国大陆继续与日本本土及东南亚占领地保持联系，以将战争进行下去。由于蒋介石国民政府对日军的战略防御性进攻缺乏准备，因而尽管爱国官兵奋勇抵抗，还是出现了溃败局面。但日本为此也不得不从华北抽调兵力，使后方兵力减少，只得在华北等地转取战略守势。这样，就为敌后

❶［日］服部卓四郎：《大东亚战争全史》，张玉祥等译，商务印书馆 1984 年版，第 585 页。

抗日根据地军民转入局部反攻，发动攻势作战，提供了有利时机。日本历史学家井上清指出："庞大的'一号作战'曾炫耀一时，结果是徒劳地消耗掉了日军仅有的力量，使形势变得有利于中国的抗战。"❶

在这样有利的国际国内形势下，中共中央制定了为反攻和战后做准备的方针。毛泽东于 1944 年 4 月强调："现在的任务是要准备担负比较过去更为重大的责任。我们要准备不论在何种情况下把日本赶出中国去。"❷中共中央北方局在《关于 1944 年工作方针与任务的指示》中，号召华北全党全军：要"团结全华北人民的力量，克服一切困难，坚持华北抗战，坚持抗日根据地，积蓄力量，准备反攻，迎接胜利"。❸

根据中共中央的部署，在日军为打通中国大陆交通而向国民党正面战场进攻之时，敌后战场抗日军民转入了局部反攻。在河北各抗日根据地，从年初到年终，军事攻势与政治攻势相结合，正规军、游击队、民兵相结合，战斗战役规模愈来愈大，攻势愈来愈猛，取得了具有战略意义的胜利。

## 二、晋察冀军民局部反攻

1944 年 5 月 12 日，中共中央晋察冀分局发布《关于目前边区形势与工作方针的指示》，根据中共中央上述指示与晋察冀边区的情况，对边区的局部反攻作出具体部署。提出各战略区要积极向敌后之敌后伸展，并下达了具体任务。北岳区：要向西北和东北伸展，争取察南 10 县全归我有，同时开展桑干河两岸与雁门关外的工作；在冀西主要是在敌纵深积极活动，以逼退与孤立第一线敌据点。冀中区：要继续扩大与开辟地区，大量瓦解与打垮日伪军，将两面负担地区变为对我一面负担地区，以断绝敌之支应，迫使敌再

❶ 《井上清论日本帝国主义的侵华战争》，《中共党史研究》1988 年第 1 期。
❷ 《毛泽东选集》( 第 3 卷 )，人民出版社 1991 年版，第 945 页。
❸ 中共中央北方局《关于 1944 年工作方针与任务的指示》，原件存中央档案馆。

收缩集中。冀热边区：要坚持伪满境内原有阵地，深入巩固，并逐步向南发展。平西、平北和冀中第10军分区：要与冀东配合，向北平近郊进逼，造成紧围北平之势。冀中第9军分区：要积极向天津附近发展。并强调：这一“向敌后之敌后伸展”的具体部署，不是在定期的战役计划下的统一行动，而是统一步调、互相配合的巩固的向前发展。[1]5月28日，晋察冀军区发出《关于继续向敌后之敌后开展工作的训令》，指令各战略区依照分局上述指示做出具体布置，切实执行。[2]遵照中共中央晋察冀分局和军区的指示，北岳、冀中、冀热边区军民展开持续全年的攻势作战。

北岳区部队，自1944年1月起主动出击，至5月，攻克敌据点358处，新开辟工作的村庄2360个，有1990个村由两面政权转变为抗日一面政权。接着，在护麦战斗中，又作战88次，歼敌1500多人，开辟了部分新区。6月，向敌纵深地区攻击，连续袭击保定、望都、完县、涞源和山西灵丘等城。尔后，第4军分区部队收复平山回舍全区，扩大根据地100余平方公里；第2军分区部队突破敌在冀晋边境的封锁线，摧毁敌在五台山南麓石嘴至耿镇段和盂县以北椿树底至张家坪段的封锁线；第3军分区部队突破唐县至曲阳间的封锁线，收复曲阳以北100多个村庄。到9月，北岳区部队已扫清敌人第一线点碉，使晋东北与冀西连成一片，冀西敌占各县城已处在八路军包围之中。察南部队，在涿鹿县深井堡以西建立游击根据地，并开辟了怀安、宣化、阳原、涿鹿部分地区，打开了察南地区的局面。平北部队，积极向北扩展，开辟张家口东北崇礼县大部分地区，骑兵部队进到张北、沽源的坝外草原上；同时向北平北郊和宣化、赤城地区发展。9月，又粉碎了敌对大海陀地区的“扫荡”，扩大和巩固了平北根据地。

---

[1] 中共中央晋察冀分局发布《关于目前边区形势与工作方针的指示》，1944年5月12日。原件存中央档案馆。

[2] 晋察冀军区《关于继续向敌后之敌后开展工作的训令》，1944年5月28日。原件存中央档案馆。

冀中区部队，发动春季“拔碉战役”。从1944年2月初至4月底，攻克、逼退敌据点、碉堡519处，冀中区敌据点、碉堡由1943年的1082处减至563处。❶接着，展开护麦战役，配合民兵，掩护群众快收、快藏，至6月底，共作战100余次，攻克、逼退敌据点、碉堡42处，一度收复任丘县城，消灭敌人1476人，粉碎了敌人在河北抢小麦10万吨的计划。在青纱帐战役中，冀中部队又歼敌3000余人，攻克据点数十处，开辟了石门以东藁城、无极地区和天津以南青县地区，并派一部兵力进入北平近郊的武清地区活动。在是年秋冬季攻势作战中，第9军分区部队于8月30日攻占肃宁县城，并收复肃宁县全境；第7、第8、第10军分区部队先后攻克武强，攻入深泽、安平、献县、饶阳、文安等县城，袭入保定西关和天津市区，并奔袭了北平西南的长辛店车站。至年底，冀中军民共作战1845次，歼灭日伪军21339人，攻克和袭入城市25座，攻克、逼退敌据点、碉堡815处，解放村镇3892个，面积11420平方公里，人口近370万。❷至此，冀中区管辖村镇达20250个，面积30350平方公里，人口近820万，❸与平西、平北、冀热边区配合，形成对北平、天津的包围态势。

冀热边区部队，1944年1~5月，粉碎敌军1.5万人对热南山区的“扫荡”和对遵化、玉田地区的合击，并以一部兵力穿插敌纵深地区，伏击、袭击敌人，先后攻入宁城、昌黎县城，共作战55次，消灭敌军2962人。❹在夏季攻势中，冀热边部队收复蓟县平原、玉田西部和宝坻北部地区，结束了抗日根据地基本区被分割的局面。并向平津近郊发展，开辟了三河至通县公路以南和武清、宝坻、宁

❶ 北京军区晋察冀战史编写组：《晋察冀军区抗日战争史》，解放军出版社1986年版，第455页。

❷ 参见程子华：《程子华回忆录》，解放军出版社1987年版，第265页。

❸ 北京军区晋察冀战史编写组：《晋察冀军区抗日战争史》，解放军出版社1986年版，第503页。

❹ 冀热辽人民抗日斗争史研究会编辑室：《冀热辽人民抗日斗争》（文献、回忆录）第3辑，天津人民出版社1987年版，第193页。

河三角地区，与冀中进入武清的部队会合。9月15日起，日军以第8、第9旅团和第63师团及“北特警”、伪绥靖军、伪满军、伪保安队等共6.6万余兵力，对冀热边区抗日根据地进行大“扫荡”。冀热边部队经过3个月艰苦的反“扫荡”作战，迫使敌人于1945年1月撤退。但在反“扫荡”战役中，冀热边特委领导机关于1944年10月17日在丰润县杨家铺村遭敌合击，特委组织部长周文彬、宣传部副部长吕光和第4地委书记丁振军等200多名干部、战士壮烈牺牲，170多人负伤、被俘。与此同时，冀热边部队还积极向伪满境内热河、辽宁西部地区伸展，在敌制造的“无人区”和“人圈”内展开抗日武装斗争。至1944年底，冀热边区扩展到31个县政权，部队达3万余人。

晋察冀全区部队在1944年一年中，共歼灭日伪军4.5万人，攻克、逼退敌据点、碉堡1670余处，解放人口758万，收复了广大地区。到1944年11月，晋察冀边区政府以下已拥有17个专区、110个县、750个区、30558个村政权。[1]为适应对敌反攻作战的需要，1944年7月28日，中共中央决定在晋察冀分局、军区、边区政府以下划分四个区党委和军区、行署，并对地区划分、机构设置和干部配备作了原则指示。据此，9月下旬，北岳区划分为冀晋、冀察两区：冀晋区由第2、第3、第4、第5地委、军分区、专署组成，冀晋区党委书记王平（兼军区政治委员），司令员赵尔陆，区行署主任杨耕田；冀察区包括第1、第11、第12、第13地委、军分区、专署，冀察区党委书记刘道生（兼军区政治委员），司令员郭天民，区行署主任张苏。冀中区建制于10月10日正式恢复，冀中区党委书记林铁（兼军区政治委员），司令员杨成武，区行署主任罗玉川，辖第6、第7、第8、第9、第10地委、军分区、专署。1945年1月上旬，冀热边区改称冀热辽区，李运昌任冀热辽

[1] 《晋察冀边区区域面积人口统计表（1944年11月）》，载魏宏运主编：《晋察冀边区财政经济史资料选编》（总论编），南开大学出版社1984年版，第227页。

区党委书记兼军区司令员、政治委员，副书记李楚离（兼副政治委员），区行署副主任张明远（不久接任主任），辖第14、第15、第16、第17、第18地委、军分区、专署。

### 三、晋冀鲁豫军民局部反攻

1944年2月1日，八路军总部根据日本华北方面军调动他处，敌后兵力较前减弱的有利条件，命令各区乘敌人撤退据点集中兵力之机，适时出击敌伪据点，迫其撤退，并消灭其一部。由此，太行、冀南、冀鲁豫等区开始对日军的局部反攻作战。在春夏季攻势作战中，太行区部队从2月发起攻击，第1军分区部队首战告捷，收复日伪军28个据点，摧毁了敌人的第3道封锁线；第3军分区部队于2月、3月攻击蟠（龙）武（乡）线，收复了榆社城和蟠龙镇，使第2军分区与太行根据地腹心连成一片；第7军分区于2月下旬逼退敌军临淇、四寨和十八盘等敌据点。4月，第5、第7军分区部队向林（县）、水（治）沿线进攻，于11日收复河南林县城。第6、第7军分区部队于六七月间又向平汉路西侧邢台、沙河和河南新乡、辉县地区发起攻击。第6军分区部队进行了沙河战役，以摧毁敌军第3道封锁线为目标，拔除12个据点，解放60余个村庄。第1军分区部队在地方武装配合下，进攻临（城）内（邱）段第3道封锁线，拔除敌军14个据点。至此，平汉路西侧敌军第3道封锁线被大部摧毁。

同时，冀南、冀鲁豫等区部队配合民兵，一面反“扫荡”，一面向敌军突出孤立的据点和城镇发起攻击，收复了一些地区和城镇。如冀南区，1944年1月，日军集中永年、曲周、南和、鸡泽、临洺关等地兵力2000余人，对永（年）北小块抗日根据地连续8天进行“扫荡”。八路军跳出敌包围圈，待敌军撤离后，八路军又返回该地。3月，日军集中临清、馆陶、堂邑、冠县的兵力1000余人，合围卫东地区，八路军东进纵队在突围中给敌军以重大杀伤。三四月间，日伪军1000余人“扫荡”曲周一带，八路军巧妙与敌军周旋，粉碎了敌之企图。4月，日伪军3000余人“扫荡”第3、第4、第7军分区，冀南野战部队与地方游击队灵活打击敌人，第4军分区部队连克邱（县）馆（陶）公路上敌人的3处据点。

为适应攻势作战的需要，根据中央决定，1944年5月11日冀南与冀鲁豫两区合并为冀鲁豫边区。中共中央冀鲁豫分局改为中共中央平原分局，黄敬任书记，组织部长宋任穷，宣传部长李菁玉，民运部长张霖之；下设冀南、冀鲁豫两区工作委员会。成立新的冀鲁豫军区，宋任穷任司令员，王宏坤、杨勇任副司令员，黄敬兼政治委员，苏振华任副政治委员；成立新的冀鲁豫行署，孟夫唐任主任，徐达本、贾心斋任副主任；设冀南办事处，范若一为主任。原冀南第1、第3地委、军分区和专署合并为冀鲁豫边区第3地委、军分区和专署，原第2、第4、第5、第6、第7地委、军分区和专署改为冀鲁豫边区第2、第4、第5、第6、第7地委、军分区和专署。从而，加强了根据地建设和对敌作战的统一领导。

冀南、冀鲁豫两区合并后，从5月开始对敌发动攻势作战。5月26日，第4军分区部队攻克邱县城，收复枣南县全境，继而与其他部队配合，收复清丰县城，活捉日本顾问及道尹薛兴甫，全歼伪警备队1200余人；6月间，冀南第6军分区部队攻克武城县武官寨、十二里庄等敌据点和故城县重镇郑家口，歼敌550余人；6月19日，第6军分区第19团与临清县大队围歼大马厂据点伪军赵挺柱团长以下400余人，开辟了清平地区。5月29日夜，冀鲁豫军区以1个主力团，配合地方武装，奔袭河北清丰县城（今属河南省）。当时，伪冀南道尹在日军逼迫下率领所辖8县警备队2000余人和13县县长，正在开会庆祝“光复清丰”的胜利。八路军突然袭入该城，全歼伪军，活捉伪冀南道尹和各县长、日本“顾问”，铲除了敌对冀鲁豫根据地中心区的威胁。

敌军遭春夏季攻势打击后，即从平汉路南段调回部分兵力，并抽集兵力，自9月起对晋冀鲁豫根据地各区进行局部“扫荡”，却因此使后方城镇据点和交通线兵力更加空虚。针对敌人的弱点，太行、冀鲁豫等区部队展开秋冬季攻势作战，大力向敌占城镇和交通线推进。太行区部队在平汉线上先后袭入石门、内邱、邢台等车站，在正太线上先后袭入获鹿县微水和寿阳县马首、上湖等车站。冀南第4军分区部队收复枣（强）南全境，并攻克广宗县桃园据点。至1944年底，太行军民共作战4048次，攻克敌据点105个，收复拥有55万人口的广大地区；[1]冀鲁豫、冀南区军民在局部反攻中，共作战3600余次，收复清丰、内黄、濮阳（今属河南省）等7座县城，攻克、逼退敌据点1099处，歼敌4万余人，除运（河）东地区外，冀南与冀鲁豫两区全部连成一片。[2]晋冀鲁豫全区在一年局部反攻中，共歼敌7.6万人，收复县城11座，收复国土6万余平方公里，解放人口550余万。

## 第二节　1945年春夏季局部反攻

### 一、日本濒临绝境

1945年初，国际形势发生根本性的变化。在苏军和美英盟国军队进攻下，5月8日德国投降，欧战结束。德国战败后，日本帝国主义已濒临绝境：美军将进攻以日本本土为中心的核心地域，日本在南洋各地和太平洋上的南方军将完全孤立；苏军将迅速对日作战；中国国民党军队特别是共产党军队将配合盟军反攻，使日军腹背受敌；日本竭尽全力也只能战至1945年中期为限。[3]1945年1月20日，日本天皇批准“本土决战”的方针：“通过本土外围地区

---

[1] 太行革命根据地史总编委会编：《太行革命根据地史稿》，山西人民出版社1987年版，第255页。

[2] 冀南革命斗争史编审委员会编：《冀南革命斗争史》，中央编译出版社1996年版，第285页。

[3] ［日］服部卓四郎：《大东亚战争全史》，张玉祥等译，商务印书馆1984年版，第1296页。

的纵深作战，对来攻的美军进行殊死的持久战；在此期间做好本土的作战准备，在本土进行最后决战。”[1]作为一个重要战略步骤，日本决定收缩中国战线，从4月起日军开始由湖南、广西、江西向华中、华北调集，企图坚守北平、天津、济南、石门等中心城市，进行长期持久的防御战。

根据国际国内形势的发展，1944年12月，毛泽东代表中共中央向全国各抗日根据地发出“扩大解放区、缩小敌占区”的号召，指出：“1945年，我们唯一的任务是配合同盟国打败日本侵略者。”[2]1945年4月23日~6月11日，中国共产党在延安召开第七次全国代表大会，会议在抗战胜利的前夜和两种中国之命运的斗争日益尖锐的关头，制定了一条马克思列宁主义的政治路线：“放手发动群众，壮大人民力量，在我党的领导下，打败日本侵略者，解放全国人民，建立一个新民主主义的中国。”这次大会，使全党在毛泽东思想的旗帜下，达到空前的团结和统一，为争取抗战胜利，实现中国的光明前途，提供了可靠的保证。

## 二、冀察冀边区春夏季局部反攻

根据中共中央部署，1944年12月20日，中共中央晋察冀分局作出《关于全面开展平绥路工作的决定》，明确提出：“冀晋、冀察两区党委应把开辟平绥路工作当作目前工作主要的任务”，争取雁北、察南全部地区“成为我之根据地与游击区”。[3]随后，中共中央晋察冀分局和军区制定《1945年扩大解放区方案》，明确规定：扩大解放区要坚持向北发展的方针，以解放平绥路两侧地区和锦承公路以南地区为主要目标，开辟雁北、察南、绥东、热河、子

---

[1] [日]服部卓四郎：《大东亚战争全史》，张玉祥等译，商务印书馆1984年版，第1327页。

[2] 毛泽东：《一九四五年的任务》，1944年12月15日。

[3] 中共中央晋察冀分局：《关于全面开展平绥路工作的决定》，1944年12月20日。原件存中央档案馆。

牙河东、大清河北与津浦路东等地区；并要尽可能逼退敌深入根据地内与边沿区之据点，缩小敌占区，扩大根据地。方案还具体规定了各战略区在扩大解放区战役中的具体任务，包括：冀晋、冀察区的平绥路战役，冀中区的子牙河东战役和北宁路北战役，冀热辽区的开辟热辽战役，等等。[1] 在中共中央晋察冀分局和军区的统一领导和部署下，冀晋、冀察、冀中、冀热辽区部队与民兵及群众相配合，展开更大规模的 1945 年春、夏季攻势作战。从 1 月至 7 月末，席卷了察南、雁北、热河、辽西，直逼平、津、张等市郊，作战 2700 多次，歼敌 2.8 万多人，收复县城 15 座，拔除据点 700 多处，解放国土 13.5 万多平方公里、人口 500 多万，并夺取了进军东北的前进阵地。晋察冀全区部队发展到 11 万余人，民兵数十万人。

冀察区部队配合民兵，在 1945 年春季攻势中，向根据地内和边沿区敌占城镇进行围困攻击。第 1 军分区部队攻入徐水南关、北关和保定东关，进逼涞源城，收复紫荆关。第 11 军分区部队攻克平西的斋堂、紫荆关和北平近郊的栗园据点。第 12 军分区部队一度袭入崇礼县城。第 13 军分区部队解放了察南的平绥路南、张家口西南包括 327 个村庄的广大地区。5 月 12 日发起察南战役，展开夏季攻势，向张家口、阳高、宣化以南地区进攻，攻克怀安、涞源两城，围困广灵县城，袭入宣化南关，直逼张家口市郊。6 月中旬，又发起平北战役，向龙关、赤城、后城外围据点展开进攻，袭占崇礼县城，迫使独石口至四海一线日伪军全部撤到长城以外，全歼伪满军 1 个营，进入热河西南开辟地区。7 月初，骑兵支队挺进察北，建立万全、尚义两县抗日政权，从而使冀察与冀晋新解放区连成一片。同时，冀察区部队配合冀中区的大清河以北战役，向房山、涿县、涞水、易县、满城外围据点进攻，一度袭入房山县城，进一步打开平西的局面。

---

[1] 中共中央晋察冀分局、晋察冀军区：《1945 年扩大解放区方案》，1945 年 2 月。原件存中央档案馆。

冀晋区部队，1945 年春，先后袭入平山和（山西）繁峙、山阴县城，拔除平山、灵寿地区敌据点 24 处，解放 52 个村庄。3 月 30 日攻克（山西）灵丘县城，并解放全县。5 月 12 日发起雁北战役，至 7 月 3 日，解放雁北 9 个县。还越过平绥路向北伸展，进至绥东（今内蒙古）的丰镇、兴和地区，与进入该地区的冀察区部队会合。

冀中区部队，1945 年 4 月 13 日~6 月 6 日，先后进行任（丘）河（间）战役、文（安）新（镇）战役、饶（阳）安（平）战役，共作战 330 多次，歼敌 3700 多人，拔除点碉 359 个，收复任丘、河间、新镇、文安、饶阳、安平、武强、深泽 8 座县城、解放村镇 527 个。在夏季攻势中，冀中区部队于 6 月 8 日发起子牙河东战役，在民兵和群众支援下，至 7 月初，突破日伪军北起静海县独流镇、南至献县的防线，攻克献县、大城县城，拔除子牙河沿岸全部据点，东进到渤海边，歼敌 3072 人，伪军投诚 590 人，解放 272 个村镇、25 万人口。7 月 3 日，又乘胜进行大清河北战役，向霸县、永清、固安、武清地区进攻，至 18 日，歼敌 3500 多人，进逼到平、津市郊，收复交河县城，拔除 70 多处据点，解放国土 1000 多平方公里、人口 75 万。

在冀热辽区，1945 年春，由于日军调集伪满军、第 8 旅团和伪军等 4 万多兵力，先后对冀东西部地区、北宁路以南昌黎、滦县、乐亭地区和古北口以东、密云东北的长城内外地区，进行分区“扫荡”，冀热辽区部队进行了反“扫荡”战役。经过 4 个月苦战，歼敌 5035 人，攻克据点多处，粉碎了敌人的“扫荡”。冀热辽军区组成 3 个挺进支队，于 6 月 12 日北出长城，发起热辽战役，展开夏季攻势。至 7 月下旬，挺进支队西路进至热河西部围场、隆化地区；中路活动于平泉以东、凌源以南和赤峰附近地区；东路进到山海关东北及辽西的叶柏寿以南地区。从而，开辟了锦（州）承（德）公路南北广大地区，恢复了长城以北在“无人区”内的抗日工作，并开辟辽西地区，为向东北发展夺取了前进阵地。

## 三、晋冀鲁豫边区春夏季局部反攻

根据中共中央的指示，太行区党委于1945年1月6日、2月10日，作了《关于1945年工作方针的指示》与《关于1945年作战方针的指示》，指出：1945年首要任务是扩大解放区，并确定作战重点在豫北与平汉路沿线，同时相机收复昔阳、和顺、辽县、陵川等县城与深入根据地的敌据点。太行区部队于1945年春夏季，先后进行道（口）清（化，今博爱）战役和安阳战役，共歼敌5300多人，伪军反正1700多人，收复国土3500多平方公里，解放110多万人口。在攻势作战中，6月初，太行第1、第2军分区部队发动元（氏）获（鹿）战役，攻克几十个据点，歼敌400多人，收复元氏、获鹿、赞皇三县大部地区。

冀鲁豫区（包括冀南）军民春夏季局部反攻，开始于进攻大名县城。冀南第3军分区部队于1945年1月26日夜，在地方武装配合下，里应外合，攻入大名县城，消灭日军1个小队，俘伪军400余人，击毙伪自治军军长刘坤，伪突击团100余人反正；3月间，连克南和县段村等5处据点。冀南第2军分区部队4月间连克新河县李庄、杨家庄等10余处敌据点。第4军分区部队于3月16日，在威县、清河县大队的配合下，围攻清河至威县公路上的王官庄日伪据点，进而收复清河县全境。5月间，第19、第21、第25团以围点打援战术，在巨鹿县北部阎町设伏，歼灭日伪军1000余人。第5军分区部队攻克阜城县城，消灭日伪军270余人，伪军120余人反正，继而破击德石铁路，围攻德石铁路沿线日伪据点。

1945年4月24日，以冀鲁豫军区第8军分区部队为主，第7、第8、第9军分区部队配合，发起南乐（今属河南省）战役。至27日，攻克南乐县城和周围32处据点，歼灭日军1个小队，歼灭伪东亚自治军和南乐伪军3300余人。同年6月，冀鲁豫军区冀南作战指挥部成立，统一指挥原冀南地区第2、第3、第4、第5、第6、第7军分区部队作战。冀南第2军分区部队配合冀中军区的子牙河战役，在宁晋以南地区展开攻势，激战6天，攻克艾家庄、东汪等4处敌伪据点，消灭日伪军700余人。在此前后，冀南第3军分区部队乘胜拔除了大名以南、卫河以西的敌大部据点；第4军分区部队5月2日收复南宫、新河；第5军分区部队5月14日收复阜城；第4军分区部队6月13日收复威县城；第5、第6军分区部队6月25日收复枣强县城；第6军分区部队6月27日收复故城县城。6月30日~7月7日，冀南第21、第22、第23、第25团配合太行军区部队，发起成（安）临（漳）安（阳）战役，先后攻克敌伪据点70余处，歼灭日军2200余人、伪军6200余人，光复国土2000余平方公里。7月26日，第4军分区部队收复广宗县城；7月27日，第3军分区部队收复馆陶县城。

冀鲁豫军区部队又乘胜发动东平战役和阳谷战役及鲁西南讨顽战役。配合东平战役，第2、第10军分区部队分别在宁晋以南和（山东）考城地区歼灭日伪军1200多人；第3军分区部队对进犯广平、馆陶之敌展开反击，消灭日军第1旅团第73大队长以下190多人。至此，冀鲁豫区第1、第4、第7、第8军分区之间，除（山东）聊城至临清一线尚为敌盘踞外，其余广大地区已无敌踪。

渤海区部队在中共山东分局和军区领导下，于1944年8月中旬发起秋季攻势，至10月27日第1军分区部队攻克南皮县城。各军分区部队共歼敌5000多人，攻克南皮等县城3座，打通了各军分区的联系，威胁天津、德县和济南等敌占城市。1945年春夏季攻势中，自6月上旬起，在小清河以北广大平原地区积极进攻，歼灭日伪军3400多人，再度收复南皮和庆云（今属山东）等6座县城，敌军在渤海区的中心据点惠民陷于孤立。

1944年全年和1945年春夏季局部反攻作战，河北各抗日根据地的主力部队战役战斗连续不断，规模日益扩大，攻势日益猛烈，指挥日益集中，行动日益统一，地方武装与民兵大量参战，形成势不可当的人民战争反攻洪流，收复了广大国土，歼灭了大量日伪军，为迅速由游击战为主向运动战为主转变奠定了坚实的基础。同时，华北、华中等各抗日根据地的局部反攻作战，均取得巨大胜利。到 1945 年夏季，八路军、新四军及华北南抗日游击队已经发展到 100 万人，民兵达 220 万人，抗日根据地面积达 100 万平方公里，人口达 1 亿。因而，不仅为对日举行战略反攻做了必要的准备，也为配合苏、美、英等盟国军队彻底打败日本帝国主义，夺取世界反法西斯战争的最后胜利，准备了必要的有利条件。

# 第十八章 各抗日根据地做好全面反攻准备

## 第一节 深入开展减租减息和大生产群众运动

### 一、深入普遍开展彻底减租减息群众运动

早在1939年11月，中共中央就在《关于深入群众工作的指示》中，明确提出：在我军活动的区域，实行有利于广大抗日群众的经济改革和政治改革。在政治改革方面，必须实行民选，改造政权。在经济改革方面，必须实行减租减息，废止苛捐杂税，改善工人生活。随着形势的发展，1942年1月28日，中共中央发出《关于抗日根据地土地政策的决定》，进一步明确提出：党的抗日根据地的土地政策，是一面实行减租减息，一面实行交租交息。发动农民和依靠农民，是巩固抗日根据地的中心一环。

在抗日战争的最困难时期，河北各抗日根据地，在根据地党委和政府的领导下，为了巩固基本群众的既得利益，团结地主抗日，调动浩浩荡荡的抗日大军，渡过难关，准备反攻，都先后深入普遍地开展了彻底减租减息的群众运动。

晋察冀边区政府在1940~1942年，对1938年2月公布的《减租减息单行条例》，先后两次进行修改，将边区土地政策作了必要的调整，对于调整地主与农民的关系，巩固农村抗日民族统一战线，战胜困难和坚持抗战，发挥了重要作用。但是，也出现了一些新问题。一部分地主乘政策调整之机，采取“合法斗争”的办法，

片面引用或曲解法令条文，向农民反攻。如在平山县，许多土地案件中，地主控告农民者达80%之多。[1]为了保护农民群众的既得利益，边区第一届参议会后，根据大会通过的《晋察冀边区租佃债息条例》，从1943年6月起，在平山县与北岳区开展检查土地政策执行情况和纠正右倾偏向的工作。

中共中央晋察冀分局于1943年10月18日，发出《关于彻底实行减租减息政策的指示》。认为："六年来，北岳区、冀中区基本上执行了减租减息政策，但各地尚极不平衡，冀中较北岳区尤甚，平北大体上初步执行，冀东则基本上尚未开始执行。"分局依据边区在减租减息政策中这种已经彻底执行、基本执行、初步执行、尚未执行和环境变化、群众利益得而复失等5种不同地区的不同情况，在指示中明确规定了彻底实行减租减息政策的重点。并要求各地"必须由农会来发动与领导群众的斗争"，防止把减租变成党和政府的"恩赐"的做法，并要求领导干部要亲手检查几个乡村，创造出新的经验。[2]晋察冀边区政府也于10月28日，发出《关于贯彻减租政策的指示》。指出：这次贯彻减租减息政策，"总的重点要放在限制高额地租与废除超经济剥削方面"，并对减租与减租后之租额问题、清理欠租与退租问题，依法保障佃户土地使用权问题，典当地与债息问题，作出明确的政策规定。要求各级干部做到两个"必须"、一个克服，即"必须深入研究与熟悉租佃债息条例及有关土地政策的法令"；"必须紧紧掌握保障地权佃权、照顾双方、团结抗战，增加生产的基本精神，具体分析不同地区，不同基础，不同地主（有大、小、中、贫、富、开明、顽固等）与佃户（贫、富、进步与落后等），作各种不同的处理"；"克服粗枝大叶，一般的、形式的看问题与官僚主义作风"。一方面要反对执行减租政策的右倾，另一方面要注意防止农民报复造成地主恐慌不安等过"左"的

---

[1] 《目前北岳区的减租运动》，《晋察冀日报》1944年2月29日。

[2] 河北省档案馆编：《河北减租减息档案史料选编》，河北人民出版社1989年版，第84页。

现象发生，从而使减租成为农民群众的自觉运动。[1]

在中共中央晋察冀分局和边区政府的领导下，从1943年秋季开始，至1945年上半年，晋察冀全区各地开展了大规模的普遍的减租减息群众运动。

在北岳区，实行彻底减租的重点，是放在大部分基本上业已执行但尚未彻底执行的地区，要求做到由基本上执行减租，变为彻底执行减租，纠正"明减暗不减"和减得不彻底的现象，并要依法保障农民的土地使用权。彻底减租的基本做法是，参照平山县"查减"运动的经验，由点到面在北岳区全面展开彻底减租群众运动。在1943年秋季反敌"毁灭扫荡"期间，各县领导干部大都亲自抓了"典型村"的减租试点工作，随后，采取召开群众大会并配合以佃户会、地主座谈会、农救会小组会等方式，发动群众逐一解决问题，北岳区共组织典型减租斗争31起。[2]到1944年，北岳区的"查减"运动更加普遍、深入。这次"查减"运动，取得了很大成绩：（1）凡高租，即1941年以后减租后地主所得仍超过土地正产物375‰，包括增租、死租改活租、"明减暗不减"等，一律实行退租。据统计，在北岳区8个县、61个高租的租佃关系中，共退租1509.57石，每一佃户平均得退租1.03石，最多达1.08石。[3]（2）凡非法夺佃，一律重新订立租佃契约，规定租佃年限。据统计，第3专区4个县、66个村中，共解决非法夺佃问题1445件。[4]（3）凡当地回赎，为弥补承当户因货币比值变动所受的损失，在退回当价中得适当增补一些钱或粮。据统计，满城县163件当地间

---

[1] 河北省档案馆编：《河北减租减息档案史料选编》，河北人民出版社1989年版，第88页。
[2] 边区抗联会：《目前北岳区的减租运动》，《晋察冀日报》1944年2月29日。
[3] 边区抗联会：《目前北岳区的减租运动》，《晋察冀日报》1944年2月29日。
[4] 边区抗联会：《目前北岳区的减租运动》，《晋察冀日报》1944年2月29日。

题，计 1454 亩，增还当价 100321 元；[1] 平山县，211 户、184 件当地回赎，共补粮食 383.7 石。[2]（4）凡杂租、“上打租”、大斗收租、“送工”等各种超经济剥削，一律废除。据统计，平山、灵寿 5587 户，原租共 6734.58 石，新定组共 3267.7 石，共减去租额 3466.88 石。[3] 因而，在晋察冀边区基本区真正形成了群众运动，打退了地主对农民的反攻，保障了基本群众的优势。

在平西区，从 1943 年 10 月开始全面贯彻减租政策，重点放在已初步实行的地区，以求得进一步深入执行减租减息。各县发动群众，对地主增租夺佃、超经济剥削等违法现象，进行了彻底清算，形成了广泛、热烈的减租、退租群众运动。据统计，涞水县 6 个典型村，有佃户 183 户，得退租 190 石 5 斗 9 升粮，平均每户得退租 1 石零 4 升；房（山）涞（水）涿（县）联合县 24 个村，共退租 461 石 5 斗 1 升粮，订约 395 份；昌（平）宛（平）县第 1 区换约 335 份，解决土地纠纷 250 件。[4] 房（山）涞（水）涿（县）联合县还清理了 1941 年、1942 年两年的欠租，共计 57 石 9 斗 7 升粮。[5] 这样，在平西地区，解决了多年来的各种土地纠纷，地主土地所有权和佃户土地使用权均得到了保障，又改善了贫苦农民的生活，对于平西根据地的巩固和发展起了重要的作用。

在平北地区，过去只有少数地方初步实行过减租减息政策，大部分地区租额一般仍在 40% 以上，有的地方达 70%，甚至高达

---

[1] 晋察冀边区第五区各界抗日救国联合会《关于五专区全面贯彻减租运动总结》，1944 年 6 月。载河北省档案馆编《河北减租减息档案史料选编》，河北人民出版社 1989 年版，第 160 页。

[2] 边区抗联会：《目前北岳区的减租运动》，《晋察冀日报》1944 年 2 月 29 日。

[3] 晋察冀边区第五区各界抗日救国联合会《关于五专区全面贯彻减租运动总结》，1944 年 6 月。载河北省档案馆编：《河北减租减息档案史料选编》，河北人民出版社 1989 年版，第 161 页。

[4] 丁原：《平西的减租运动》，《晋察冀日报》1944 年 2 月 24 日。

[5] 丁原：《平西的减租运动》，《晋察冀日报》1944 年 2 月 24 日。

100%，[1]还存在着各种超经济剥削和高利贷剥削。1943年冬，在初步实行过减租减息政策的地区，普遍开展彻底减租的群众运动。减租减息运动首先在抗日一面村展开。据1943年底的统计，平北全区370个抗日一面村中，有182个村、1200户地主、6500亩土地，实行了减租。龙（关）赤（城）县“双减”工作较好，除减租外，（1区无统计）还清理了旧债83份，减粮息21.4石，减钱息5022元，利息一般降低了1~2分。有的区还实行了雇工增资，如1、4两区，头等工由240元增至336元，二等工由150元增至250元，三等工由80元增至110元。减租减息增资运动的开展，促进了生产，激发了群众抗日斗争的积极性。如龙崇宣联合县，通过贯彻“双减”政策，县自卫军与游击小组积极打击敌人，全年参战47次，共6488人，俘日伪军、特务44人，获战马18匹，炸毁桥梁1座，割电线4683斤，配合了主力军作战，掩护了群众生产。[2]

在冀中区，1942年“五一”大“扫荡”前，大部分村庄已实行过减租减息。大“扫荡”以后，环境变化，地主反攻，基本群众的利益得而复失，因而各种土地纠纷普遍而严重。1944年，中共冀中区党委和冀中行署重建后，在全区迅速开展了彻底减租的群众运动。在平原基本区，减租斗争形成了热烈的群众运动。据10个县的不完全统计，有1397个村实行了减租，执行好的县，如定县、蠡县、安国、任丘，彻底减租的村庄占1/3到1/2。[3]并解决了减租、退租、退差、典当地、抵押地、认差地、夺佃、夺当、争夺优先权、死契赎回、逃亡地主和汉奸的土地、公地、庙地、黑地等广泛的土地纠纷问题。但是，仍有少数地方未能贯彻全面彻底的减租政策。如定南县226个村庄中，彻底减租村有147个，不彻底减

---

[1] 《平北的减租斗争》，1943年。载晋察冀边区财政经济史编写组：《晋察冀边区财政经济史资料选编》（农业编），南开大学出版社1984年版。

[2] 中共张家口地委党史办公室编：《张家口地区党史资料选编》（第2集），1986年印行，第192、第194页。

[3] 《冀中区1944年大减租中几个问题的总结》，1945年12月18日。原件存中央档案馆。

租村有 50 个，未减租村有 29 个；献县 292 个（原文如此，似应为 296 个——笔者注）村庄中，彻底减租村有 124 个，不彻底减租村有 136 个，未减租村有 36 个。[1] 总的看，经过一年的群众性减租斗争，基本上清算了“五一”大“扫荡”后地主富农对农民群众既得利益的侵害，巩固了基本群众的优势，进一步激发起广大农民生产和抗战的积极性。

在冀热边地区，1944 年以前，除个别地方外，整个地区没有普遍地实行减租减息。1944 年 9 月 1 日，中共冀热边特委作出《关于进行减租运动决定》，决定 1944 年秋季以开展广泛的发动减租运动为中心工作。减租运动的重点，放在山地的中心区和已恢复的平原基本地区。要求实行“二五”减租、取消“上打租”、租额不超过 375‰。运动开始后，在冀热边大部分地区开展了退租斗争，在基本区取得了较大成绩。在基本区，约有 1/3 至 1/2 的村减了租；减租后，一般立契 3 年，以保证佃权；一般取消了“上打租”。在减租斗争中，群众普遍发动起来。据统计：丰（润）玉（田）宁（河）全县 586 个村，约有 500 个村减租，321 个村组织了农救会，有会员 24930 人；玉（田）蓟（县）宝（坻）县有佃户的村，已减租的村占 2/3，组织了 233 个村农救会，有会员 8600 人。[2]

冀鲁豫等区的减租减息群众运动，是在中共中央《关于抗日根据地土地政策的决定》、刘少奇返回延安路经冀鲁豫时提出不搞减租减息就是机会主义的批评和晋冀鲁豫边区政府关于土地使用暂行条例公布后，经过试点，于 1942 年 6 月逐渐开展起来的，但规模宏大、深入，取得了相当大的成效。

在太行区，1942 年 4 月，中共冀晋豫区党委召开扩大会议，

---

[1] 《查租减租放手发动群众》，1945 年 12 月 7 日。河北省档案馆编：《河北减租减息档案史料选编》，河北人民出版社 1989 年版，第 382 页。

[2] 《冀热辽区党委关于减租运动的简单总结》，1945 年 3 月 27 日。原件存中央档案馆。

总结与研究开展减租减息问题，于4月15日发出《关于如何执行土地政策的指示》，在5月反“扫荡”结束后，全区迅速于6月间转入紧张的减租减息群众运动。此时，中共中央北方局发出《中央土地政策决定的讨论提纲》，使地租、佃权、债务及经营地主按富农对待等特殊土地问题的具体政策更为明确。在太行区，这次减租减息运动，以减租、保佃、清债、退押为中心。在比较先进地区，主要采取群众大会的方式，即经过调查研究，抓住拒不执行或破坏减租减息的事例，对这样的地主、富农、高利贷者，在群众大会上，进行说理斗争，让其清理旧债，退抵押或借约，签订有土地永佃权的新租约。在封建势力比较大的地区，或一度“维持”过敌人的地区，主要从反“维持”、反贪污、反摊派入手，发动群众斗争，将经济斗争与政治斗争结合起来。因此，初步克服了过去存在的“恩赐”“包办”的缺点，推动了群众运动的深入发展。如武安县，以地主、高利贷者为主的封建势力、反共顽固势力比较大，日军1942年大“扫荡”时，大部分村庄“维持”了敌人。反“扫荡”胜利后，中共武安县委抓住有利时机，以反“维持”斗争为中心，解决群众迫切的土地、债务问题。6月和7月，全县组织30多场斗争会，揭露汉奸、特务、抢劫群众的“二土匪”，摧毁“维持会”，追回土地财物。在此基础上，发展农会会员3000余人，组织民兵1000余人，整顿改造区、村政权。在涉县，从6月到8月，群众性反“维持”斗争轰轰烈烈，逮捕了首恶“维持”分子；9月和10月，发动反贪污、反摊派斗争，实行合理负担；11月至1943年春天，发动群众进行清债、减租、增资斗争。1943年1月12日，在井店召开斗争大地主任聚伍大会，有100余个村庄1万余人参加斗争大会，群众运动达到高潮。经过减租减息运动，涉县农民共抽回文约8474份，清出押地4642亩，清出房屋1691间，清债351430元，减租98475公斤，退租68025公斤，雇工增资89100公斤。全县的农会会员增加到18300余人，青救会、妇救会的会员增加到7500余人，民兵发展到5000余人。[1]1942年太行区减租减息运动，群众充分发动起来，成为根据地面貌大为改观的一个关键。1943年以后，太行区结合全党整风运动，进一步深入开展群众性减租减息运动，各地启发农民自觉起来减租减息，不仅在基本区，而且在新解放区很快形成向封建势力全面开火的农民翻身运动，农民不断提高阶级觉悟，农村阶级关系发生了重大变化。据1945年5月对太行区12个县15个典型村的调查，在全部土地中，地主占有土地由原来的23.4%，下降为3.64%；中农占有土地由原来的37.02%，上升为60.85%；富农变化不大；许多贫雇农上升为中农。[2]

在冀南和冀鲁豫区，1939年冬与1940年春，冀南区曾开展减租减息、错粮、增资的斗争，但发生了过"左"的偏向，农村阶级关系一度比较紧张。1940年8月，中共冀南区党委组织大批干部，深入农村，领导农民开展"二五减租"、"一分减息"（利息减至一分）、"五一增资"（工资增加20%）的群众运动，但又出现了过分强调统一战线，强调反"左"，致使减租减息的群众运动未能充分发动起来。1942年"四二九"大"扫荡"后，中共冀南区党委开始在部分地区开展大规模的减租减息群众运动。当年10月间，晋冀鲁豫边区政府发布《土地使用暂行条例》，从此在冀南和冀鲁豫区，减租减息逐步发展成为全面深入的农民翻身运动。进入1944年，冀南与冀鲁豫区在中共中央冀鲁豫分局领导下，在为反攻与战后做准备的方针下，放手发动群众，彻底实行减租减息的群众运动迅速开展起来。由于1942年以来敌祸、天灾极其严重，大批农民失去土地、房屋，因而1944年首先开展了赎回土地的运动。冀南、冀鲁豫行署联合训令："凡1943年以来因生活所迫而典卖之土

[1] 太行革命根据地总编委会：《太行革命根据地史稿》，山西人民出版社1987年版，第164~168页。

[2] 太行革命根据地总编委会：《太行革命根据地史稿》，山西人民出版社1987年版，第227页。

地，均可照原价赎回。”并根据不同情况，具体规定：贫农典卖给上中农以上和中农典卖给地主的土地，一律照原价赎回；贫农典卖给中农或中农典卖给富农的土地，可增价赎回或只赎回一半；同等阶层之间，不许赎回土地；典卖地户现人均地数超过原买地户人均地数者，不许赎回土地。在实行赎地的基础上，冀南、冀鲁豫区转而实行大规模的减租减息运动。1945 年 1 月 1 日，中共中央指示冀鲁豫分局，从速结束整风运动，立即派大批干部到农村开展大减租。1945 年 3 月，在太行区整风的 1000 余名干部返回到冀南、冀鲁豫原工作地区，认真贯彻大胆放手发动群众的方针，依靠雇、佃、贫农，团结中农，发动群众忆苦，算“剥削账”，提高阶级觉悟，培养积极分子，建立健全农救会、工救会，从查减入手，使减租减息运动在全区各地展开。1945 年上半年，群众普遍发动起来，在基本区，彻底地实行“二五减租”和分半减息（月息减至 1 分半），及“五一增资”（工资增 20%）；在对敌我两面负担的地区，实行了“一五减租”（减租 15%）；对地主和债主违法拒减的租、息及拒增的工资，一律追算到 1942 年初边区政府颁布减租减息法令的时候，并重新订立了 3~5 年契约。从而，保证了雇、佃、贫农的土地使用权，在一定程度上解放了农村生产力；并在减租减息群众运动深入发展的基础之上，发展成为人民民主运动，农民群众提出了反对地主、恶霸，实行民主，翻身做主人等政治诉求。但在运动中，出现了斗争面过大，斗争过火，对地主、富农处理过重，也伤害了部分中农利益等问题。1945 年 6 月 6 日，邓小平在中共中央冀鲁豫分局群众工作会议上作了总结发言。他指出：“这次运动是在中央正确路线之下进行的，并且获得很大成绩。”但也产生了“推平”的做法，伤害了中农，对地主、富农打击过重。强调晋冀鲁豫边区过去最沉痛的教训，是在 1940 年、1941 年没有真正执行中央 1939 年关于深入群众工作的指示，影响到根据地的巩固，这是造成 1942 年严重困难的主观原因，特别是冀南区 1942 年后敌情极端严重，丧失了发动群众的时机，最为可惜。要求全区今后仍以发动群众为中心，务求把减租减息政策贯彻到底。分局群众工作会议后，在群众发动比较充分的地区，继续深入完成减租减息增资工作，同时纠正偏差，并适时转入生产；在未进行减租减息增资的地区及新收复地区，吸取过去经验，广泛发动群众，彻底实行减租减息和增资政策。

河北各抗日根据地减租减息群众运动的普遍彻底开展，充分调动了农民群众的生产与抗日的积极性，为反攻与战后做准备，提供了取之不尽、用之不竭的群众力量。

## 二、广泛开展大生产与救灾运动

日本侵略者长期的摧残、掠夺及战争消耗，加上旱、虫、涝等自然灾害，使河北各抗日根据地的财政经济遇到了严重困难。为了保障军需民食和抗战供给，为反攻与战后做准备，河北各抗日根据地在 1942 年和 1943 年开展生产救灾运动的基础上，于 1944 年和 1945 年开展了轰轰烈烈的大生产运动。

晋察冀边区政府于 1944 年 1 月 16~24 日，召开边区扩大的经济会议。宋劭文在会上作了《开展 1944 年的大生产运动和对敌经济斗争》的报告。关于 1944 年边区的经济工作，这次经济会议确定：要以大生产（农业、副业）运动为主，以大运销运动为辅，把党政军民的一切力量组织起来，在全边区开展普遍的深入的群众性大生产运动，以克服困难，准备反攻的力量。这次经济会议提出，北岳区 1944 年的生产任务是："不荒一亩熟地，保持去年的生产水平"；要求在巩固区及游击根据地，要做到有劳动力的人中有 10% 组织为拨工队、变工队；在游击区，要把农业生产与反抓夫、反抢粮、反勒索等对敌斗争结合起来。会议决定，设立各级生产委员会，作为大生产运动的统一领导机构。这次会议，成为北岳区广泛开展群众性大生产运动的动员大会。

当年春耕期间，边区政府贷粮 18000 石，贷款 2000 万元，赈粮 900 石[1]，帮助群众解决农具、种子、肥料、耕畜缺乏的困难，提高群众的生产能力。各级政府、抗联会和生产委员会在“组织起来”的方针下，发动群众，组成各种形式的拨工组，实行劳动互助。据冀西、晋东北 26 个县不完全统计，组织起拨工组 38500 多个，参加者达 23 万人，占总人口数的 8.11%，占总劳动力的 28.1%，超过了边区经济会议组织劳动力 10%的要求。因而，使劳动生产效率一般提高 30%左右。[2]平山县女劳动英雄戎冠秀一家，1944 年全年收获粮 24.58 石，比 1943 年多打粮 9.93 石；菜收入 7340 斤，超过 1943 年的 5530 斤；开荒 21.5 亩，超过计划的 11.5 亩；新修水地 6.4 亩，超过计划的 2 倍；合作社入股 1100 元。[3]

为了鼓励边区人民发展农业、手工业、副业与运输运销业，以增加经济收入，1944 年 3 月 15 日，晋察冀边区政府还对原来的统累税则作了新的补充，规定：因生产积极、生产方式改变、改良土地（如旱地变水地等），而增加产量者，统累税征收仍一律按原产量不变；凡经营水利之收入，按纯收入计算，不予征税；凡药铺收入，以人力、畜力运输所得收入，非专门经营的纺织业收入，一律免税；灾区灾民，在受灾期间（地区和时间由专区具体确定）办理运销所得收入，均得免税。[4]

北岳区部队、机关、学校均投入大生产运动中，要求部队自给一个半月到两个月的粮食和经费；机关、学校自给一个月到一个半月的粮食和经费；同时，要广泛号召节约服装和鞋子。从机关人员、部队干部和战士，到边区党政军负责人，都制定了个人生产计划。北岳区的部队、机关、学校大都完成或超额完成了生产任务。

---

[1] 宋劭文:《1944 年大生产运动总结及 1945 年的任务》，1945 年 1 月。原件存中央档案馆。

[2] 宋劭文:《1944 年大生产运动总结及 1945 年的任务》，1945 年 1 月。原件存中央档案馆。

[3] 宋劭文:《1944 年大生产运动总结及 1945 年的任务》，1945 年 1 月。原件存中央档案馆。

[4]《晋察冀日报》，1944 年 3 月 24 日。

如边区抗联会，共种水旱坡地 59 亩，加上机关运销、手工业生产等，总计全年共生产小米 14559 斤，平均每人生产 208 斤，共计交公 4750 斤、个人分红 4795 斤，全部完成了生产任务。[1]北岳区巩固区部队，共开荒 6.5 万亩，平均每人种地 1.5 亩，最多达到 8 亩，生产蔬菜 600 万斤，完全做到了蔬菜自给。在游击区，部队实行劳武结合，生产是在战斗间隙进行的。如第 2 军分区第 4 区队，开荒 1845 亩，所收获折小米 138000 多斤，超过其生产任务 1 倍以上，还在游击根据地和敌占区，先后开设了磨坊、油坊、屠宰坊、卷烟厂及毡帽房，短短几个月，就盈利 50 多万元。处在环境恶劣的游击区的冀中第 6 军分区、第 4 军分区第 8 区队、徐（水）定（县）支队、保（定）满（城）支队、云彪支队等，也在大生产运动中取得了较好成绩。1945 年 1 月 31 日，毛泽东亲自为《解放日报》撰写了《游击区也能够进行生产》的社论，高度赞扬："晋察冀边区的许多游击区内，已于一九四四年进行了大规模的生产，并且收到了极好的成绩。"指出，这表明"游击区能够和必须进行军民的大规模的生产运动"。[2]

1944 年，北岳区扩大耕地面积 53 万余亩，旱地变水地 11 万余亩，这两项即增产谷 25 万大石，当年，全区获得了几年来少有的农业丰收。[3]粮食产量普遍超过了 1943 年，据 42 个先进村的统计，比 1943 年增产 43%。[4]由于大生产运动的开展，北岳区、冀中区战士、工作人员吃不饱的现象已经消灭。群众收益增加，吃树

---

❶《晋察冀日报》，1944 年 12 月 16 日。

❷《毛泽东选集》第 3 卷，人民出版社 1968 年版，第 922~924 页。

❸ 宋劭文：《1944 年大生产运动总结及 1945 年的任务》，1945 年 1 月。原件存中央档案馆。

❹ 宋劭文：《1944 年大生产运动总结及 1945 年的任务》，1945 年 1 月。原件存中央档案馆。

叶、青黄不接现象较前大为减少。[1]

1945 年，冀晋、冀察、冀中、冀热辽各区普遍开展了大生产运动，目标是农业生产要“精耕细作，争取耕三余一”（三年之内，以户为单位，户户有一年余粮），同时争取“工业品的逐渐自给自足”。

冀中区行署于 1944 年 2 月 20 日召开生产会议，讨论部署本区大生产运动。会议决定，各地除组织劳动力投入农业生产运动外，还要大量生产土布、榨油、织席，做到自给有余；增产硝、盐、碱、纸等，达到全部自给。会议还对机关部队的农业和手工业生产作了部署。4 月，冀中区饶阳县五公村在耿秀峰的倡导下，由打绳互助组，发展为土地合伙组，推举耿长锁为组长。这是冀中区第一个土地合伙组，章程中说：“为了发展生产，解决困难，使大家有活干，有饭吃，孩子们有书念，发扬同舟共济互助合作精神，自愿组成土地合伙组。”并具体规定：实行土地、资金入股；收益按土地、资金、劳力进行分配，分配办法为：土地与劳力之比为 6∶4；资金与劳力之比为 4∶6；1 个女劳力为 0.8 个男劳力。开始时，这个合伙组只有耿长锁等 4 户贫苦农民，8 个男劳力。当年秋后，这个合伙组发展到 17 户。在它的影响下，1944 年，五公村全村成立了 16 个合伙组，集资 25.5 万元（边币），合伙组已占全村总户数的 60%。以后，土地合伙组逐步发展为社，成为我国最早的农业生产合作社。[2]在冀热辽区，1945 年 3 月 8 日，中共冀热辽区党委发出《关于开展大生产运动的指示》，提出：在大生产运动中，要做到把全区劳动力，以拨工组、拨工队、合作社等形式组织起来，农业生产要保证不低于 1944 年平均产量，歉收地区则要超

---

[1] 《中共中央晋察冀分局关于北岳、冀中财经、生产等情况向毛泽东的报告》，1944 年 8 月 31 日，载《晋察冀抗日根据地》史料丛书编审委员会、中央档案馆编：《晋察冀抗日根据地》第 1 册（文献选编下），中共党史资料出版社 1989 年版，第 945 页。

[2] 冀中人民革命斗争史资料研究会编：《冀中抗日根据地斗争史》，中共党史出版社 1997 年版，第 414 页。

过；纺织业，要在现有基础上发展 1~2 倍，做得到自给有余，并要把 1/3~1/2 的纺织户组织到合作社。在冀晋、冀察两区，1945 年合作、拨工等组织形式，更加普遍、广泛和全面。据冀晋区 24 个县统计，共组织劳动力 327365 人，占总人口的 11.1%，占总劳动力的 35.1%，与 1944 年相比，占总人口比例增加 2.99%，占总劳动力比例增加 7%。[1]特别是在英雄模范村，参加劳动互助的人口一般达到 50%以上，甚至 100%。冀中、冀热辽区也普遍实行了劳动互助。如冀中区，据不完全统计，共组织互助组 3 万余个，参加者达 18 万多人；在春耕期间，为解决畜力不足，普遍实行了畜力合伙，据 21 个县统计，组织畜力合伙的有 3238 户。[2]冀热辽区组织起来的人数，在春耕时期，好的地方达到全劳动力的 30%，不好的地方也达到 10%左右。

1945 年，在冀晋、冀察、冀中、冀热辽区，各地春天久旱不雨，秋天雨涝成灾，虫灾更为严重。晋察冀边区人民同各种自然灾害展开了顽强的斗争。春季，各地普遍实行挑水点种。冀晋区共挑水点播 62472.2 亩。冀察区各种特种作物，如棉花、麻、花生、红薯、靛等大部分是挑水点种。各地还普遍掀起了兴修水利的热潮。开渠、凿井、修堤、筑坝、修滩等，成绩超过以往任何一年。[3]由于广大群众同自然灾害进行了坚决的斗争，减轻了群众损失。冀晋区一般地区粮食收成达到六七成，在防旱备荒及时、组织起来实行精耕细作的一些村庄，仍然获得了好的收成。例如，灵寿县麻沟村，“全村收粮 55353 大石，红薯、萝卜、白菜等收获 38110 斤。这比去年好年景增产 92.266 大石，平均每家增产 1 石多粮”。[4]在冀热辽区，据玉田、遵化地区的调查，麦收可望达 8 成。

在“争取工业品生产逐渐自给自足”的号召下，冀中、冀晋、

---

[1] 《1945 年冀晋区生产会议总结报告》，1945 年。原件存中央档案馆。
[2] 《晋察冀日报》，1946 年 1 月 8 日。
[3] 《晋察冀日报》，1946 年 2 月 10 日。
[4] 《1945 年冀晋区生产会议总结报告》，1945 年。原件存中央档案馆。

冀察、冀热辽区各地普遍掀起了开展手工业、副业兴办生产合作社的热潮。冀晋第2专区地处山岳地带，以农业为主，素无纺织基础，但1945年，种植棉花11000余亩，产棉80万斤，开动纺车8356辆，织布机1640架，使纺织品严重缺乏的情况有了缓解。[1]冀热辽区香（河）武（清）宝（坻）联合县，原有纺车1万多辆，布机4000多架，过去几年大部分停用，在1945年，有半数纺车和1000多架织布机重新转动起来，每天织小布1000多匹。玉田县南部林南仓一带，织席业发达，每月出40多万领。这些对于改善人民生活起了重要作用。据不完全统计，1945年，合作社经营的生产业务有纺织、造纸、榨油、面粉、农具、医药、煤炭、毛织、熬盐等20余种。据1945年9月统计，冀晋区各县、区合作社经营的各种生产作坊有461座。[2]

在晋冀鲁豫边区政府领导下，太行、冀南、冀鲁豫区开展大生产运动，为反攻和战后准备物质基础，是从1943年贯彻中共中央《开展根据地的减租、生产和拥军爱民运动》的指示开始的，在1944年，党政军民总动员，掀起了大规模生产运动高潮。

在太行区，1944年1月，中共太行区党委召开县以上干部会议，决定把大生产运动、防灾救灾作为一项中心工作。各级党委与抗日政府把农业生产作为大生产运动的主体。1944年农村互助合作运动飞速发展，据31个县的不完全统计，到1945年春互助组达2.3万个，参加互助组劳力占总劳力的20%；水利发展很快，1944年修渠14条，增加水地1.3万亩，仅涉县王堡和（山西）黎城大寺、上遥三条大渠每年就可增产细粮98万斤；部队与群众开荒33万亩，可增产细粮2400万斤。1944年粮棉产量均为抗战以来的最好收成，据24个县统计，全年夏秋两季收获粮食12.3亿斤，棉

---

[1] 晋察冀边区财政经济史编写组：《晋察冀边区财政经济史资料选编》（工商合作编）（农业编），南开大学出版社1984年版，第300、524页。

[2] 杨耕田：《晋察冀边区冀晋区合作会议结论》，1945年10月17日。原件存中央档案馆。

花150万斤。其他农副业生产，如养猪、养羊、养鸡、养蚕、药品等，及纺织、造纸、卷烟、熬盐、文具、肥皂等，也有较大发展。同时，在机关、部队实行“腾杨方案”（八路军前方总部参谋长滕代远、副参谋长杨立三提出的《总部伙食单位生产节约方案》），即提倡劳动，奖励劳动；提倡节约，奖励节约；提倡私人积蓄。只要是劳动所得，本人就有权享受，生产得越多，所得也就越多。规定：对劳动所得，实行个人和集体分成，一般每人种3亩地，劳动成果40%上缴，40%改善机关、部队生活，20%分给劳动者个人。这些举措使机关、部队的生产节约运动逐步出现了高潮，并坚持不与群众争地争利，取得了很大成效，不仅机关、部队、学校的个人与集体的生产指标较好地完成，而且尽可能帮助群众克服困难，发展生产。[1]

冀南区，在1942年和1943年生产救灾运动的基础上，1944年转入大生产运动。中共冀南区党委于1944年2月召开地委、县委书记会议，提出以农业生产为中心，党政军民总动员，依靠贫下中农开展互助合作，迅速掀起轰轰烈烈的大生产运动。由于长期战祸和连续两年灾荒，不少农民没有种子，缺少农具和耕畜。为了帮助农民生产，1943年秋天与1944年春天，冀南抗日政府贷给贫苦农民粮食、种子600多万斤。各级干部深入农村，帮助农民组织起来，解决畜力、农具或劳力不足的问题。同时，鼓励农民开垦过去荒废的土地，提出3年无负担的政策。正当大生产运动掀起高潮之际，7月间自南向北发生了严重的蝗灾，成片的庄稼，一夜就被啃个精光。冀南与冀鲁豫行署联合发出紧急动员令，展开捕蝗运动，抢救秋禾。由于大生产运动蓬勃发展，冀南80%以上的青年壮劳力参加了各种形式的互助合作组织，并有效地控制了灾情发展，保证了农业获得较好收成，纺织、运输等副业生产也发展起来。冀南

[1] 太行革命根据地史总编委会：《太行革命根据地史稿》，山西人民出版社1987年版，第209~212页。

第3专署童养媳出身的荣林娘，组织起14个纺织小组，实行按件计工，按工发粮，调动了妇女的纺织积极性。与此同时，机关、部队实行“腾杨方案”，以农业生产为主，开展多种事业生产，并帮助当地农民发展生产。军区机关和直属部队达到了生产粮食足半年食用，菜金自给半年有余；地方机关和部队达到了生产粮食2个月自给，菜金6个月自给。到1944年秋后，冀南抗日根据地的粮食基本上满足了民食军需，第一次出现了丰衣足食的景象。[1]

在大生产运动中，河北各根据地还采取公营、私营、合作经营、公私合营等多种方式，工业特别是军需工业发展很快。到1945年，太行区已经有制造枪弹、火药、手榴弹、地雷等军工工业和纺织、造纸、采矿、卷烟、染料、肥皂、熬盐、文具等日用工业。冀南与冀鲁豫合并后，组建了冀鲁豫军区子弹队，重建了炸弹厂，原冀南各军分区均扩建了炸弹所、修械所和被服厂、鞋袜厂等，到日本投降，冀鲁豫全区军工生产单位有22处，职工达2650人。

河北各抗日根据地大规模减租减息运动和大生产运动相结合，为举行全面反攻做了充分的群众动员和较好的物质准备。

## 第二节　大练兵运动和拥政爱民运动

### 一、部队整训与大练兵运动

根据国际国内战局的变化，中共中央于1944年7月1日向各中央局、中央分局发出《关于整训军队的指示》，指出：“一定要在一年内，加紧整训现有军队，在现在物质基础上与战斗生产间隙中，把我军的军事训练与政治工作极大地提高一步，准备将来使我

---

[1] 冀南革命斗争史编审委员会：《冀南革命斗争史》，中央编译局出版社1996年版，第293~298页。

军发展一倍至数倍的条件”，以便在反攻时夺取大城市与交通要道，最后驱逐日寇，并对付国民党方面可能的突然事变。[1]10月12日，中央军委发出《加强全军练兵与部队大整训的决定》，要求各部队利用冬季，整训60%的主力部队和30%的游击队及全部民兵。河北各根据地根据中央指示和本区情况，在1944年下半年至1945年春，均开展了群众性的大练兵运动。

1944年10月5日，中共中央晋察冀分局制定军事训练计划，10月25日召开扩大干部会议，决定在练兵期间加强政治工作，保证练兵计划切实彻底完成。11月1日起，晋察冀军区主力部队、地方军和民兵自卫队掀起大练兵的热潮。参加整训的各部队，从政治训练入手，以古田会议的建军原则整顿政治思想工作，着重反对军阀主义，提倡尊干爱兵，密切官兵关系；在此基础上，实行官教兵、兵教兵、兵教官的群众性互教方法，展开以投弹、射击、刺杀三大技术为中心的练兵运动。军区直属队各机关，以机关为单位成立连队，各机关科长以下全体人员都参加了军事训练。训练科目，包括内务条令、纪律条令、手榴弹、步枪、掷弹筒、掷弹枪、轻机枪、刺杀、埋取地雷、土工作业、步哨员、侦察员、利用地形地物等。经过军事训练，军区直属各机关面貌焕然一新。冀晋区和冀察区第1军分区环境较为稳定，大练兵运动于11月上旬展开，抽出60个连队和32个县支队各半数参加整训。冀中区和冀察区第11军分区战斗任务较重，大练兵运动至12月上旬先后展开，有3个团、15个地区队、38个县大队和7个县支队参加整训。冀中区为建设主力部队，1945年2月又抽调第24团、第32区队、第37区队、第6军分区练兵区队（第31、第44区队各2个连）和第6、第7、第9军分区教导队，组成冀中军区练兵团，在平汉路以西进行了为期3个月的整训。冀热辽区由于战斗频繁，大练兵运动是在

[1] 《中共中央关于整训军队的指示》，1944年7月1日，载《中共中央文件选集》（12），中共中央党校出版社1992年版，第529~530页。

战斗间隙进行的。1945 年初，还建立了炮兵，针对敌占城市的设防情况做了必要的攻坚战准备。冀中、冀晋、冀察、冀热辽各区的民兵和自卫队也以村为单位，利用生产、战斗空隙，普遍地进行了制造、使用地雷和提高射击、投弹技能为主的练兵运动。到 1945 年 3 月，第 1 期练兵运动基本结束。经过刻苦训练，所有练兵部队的军事技术都有了显著提高。如冀晋和冀察军区部队在第l 期军事、政治整训结束前，进行了射击、超越障碍、投弹、刺杀等表演，成绩有了大幅度提高。冀晋军区“胜利部”第 1 连，练兵前，射击距离 150 米，平均每人只能打到 5 环，只有 70%的人命中，55%的子弹上环；练兵以后，在 200 米远的距离，平均每人能打到 12 环多，并做到 100%的人命中，没有一粒子弹脱靶。练兵以前，投弹平均每人只能投 28 米，练兵以后平均每人投 35 米以上；刺杀练兵前能对刺的只占 5.5%，会做基本动作的只占 28.5%，一点不会的占 66%，练兵以后有 97%以上的人都能对刺，不会做基本动作的一个也没有了。❶

1944 年 9 月中共太行区党委召开党政军民高级干部会议，制定整训实施纲要。随后，在太行军区成立营团干部为主的轮训班队，培养各军分区整训的骨干。从 11 月开始，太行区展开大练兵运动。由政治整训入手，接着进行以练兵为主的军事整训。主力部队的政治整训，主要是肃清军阀主义倾向，树立正确的领导作风，加强时事教育和阶级教育，以保证饱满的士气，提高胜利信心。军事训练着重射击，辅以刺杀和投弹。民兵、自卫队利用冬季集中整训，以军分区为单位，集中训练县区武装干部。然后以县为单位，集中训练区村干部和杀敌英雄，再以区为单位训练民兵、自卫队的骨干。据邢台、沙河、武安和（山西）武乡、黎（城）北、祁县等 6 县的统计，民兵 8063 人中，有 8032 人参加了训练；自卫队 13534 人中，有 13172 人参加了训练。通过练武运动，政治思想

---

❶ 《晋察冀日报》，1945 年 4 月 25 日。

和军事素质有了显著提高。如太行区民兵、自卫队，一般都学会了制造地雷和几十种埋设、伪装地雷的方法，还制造出了弹弓雷（弓发雷、弹簧雷）、分别雷、轮转雷、联动雷、石坠雷等新式地雷。1944 年 12 月 5 日，冀鲁豫军区召开历时 2 个月的全区县大队以上主要干部整训大会，决定整训主力部队、地方武装和加强民兵建设。1945 年 1 月，冀鲁豫军区制订整训计划，具体部署整训内容与方法。会后，全区部队普遍进行了政治和军事训练。政治训练的主要内容，是拥干爱兵，发扬民主，反对军阀主义倾向，改善官兵关系和军民关系，以增强内部团结。在军事训练中，开展以投弹、刺杀、射击和土工作业等四大技术为主的群众性练兵运动，提高部队的作战能力。

## 二、开展拥政爱民和拥军优抗运动

根据中共中央和毛泽东的号召，河北各抗日根据地在 1944 年春节和 1945 年春节开展了大规模的拥政爱民、拥军优抗群众运动。

中共中央晋察冀分局于 1943 年 12 月 25 日作出《关于执行拥政爱民及拥军政策的指示》，指出：中央拥政爱民与拥军政策，是进一步加强根据地内党政军民大团结，进一步巩固统一战线与发展壮大根据地新的对敌斗争力量的重要政策；要求全党坚决执行拥政爱民与拥军政策，要把全边区 1943 年中，特别是北岳区秋季反“扫荡”中与冀中、冀东不断反“扫荡”、反“清剿”中，军队与党政民关系上双方的错误、缺点，进行深入的彻底的清算，规定出 1944 年的纠正措施；并决定北岳区自阴历正月初一至十五为运动的进行期间，冀中、冀东两区要于阴历正月内进行完毕。随后，晋察冀军区制定、公布了《晋察冀人民子弟兵拥政爱民公约》，规定：（1）坚决执行政府政策法令，尊重政府工作人员；（2）积极作战，保卫政权，保护人民生命财产；（3）帮助训练民兵，带领民兵作战；（4）帮助人民生产，解决人民困难；（5）爱护人民利益，不拿人民一针一线；（6）爱惜民力，彻底执行抗战勤务条例；（7）接受人民意见，拥护人民抗日团体；（8）对人民要和气，尊重人民风俗习惯。同时，晋察冀边区各界抗日救国联合会制定、公布了《晋察冀边区人民拥军公约》，要求坚决履行：（1）积极参加子弟兵，壮大边区八路军；（2）努力担架运输，执行抗战勤务；（3）做向导埋地雷，积极配合作战；（4）解决子弟兵困难，保证子弟兵有吃有住有穿；（5）尊重抗日军，爱护伤病员，保护军用资财；（6）优待抗属，解决抗属困难。在党政军民的共同推动下，春节期间各地形成了拥政爱民和拥军优抗的高潮。正月初一（1945 年 1 月 25 日），北岳区各地，从阜平城到小山村，到处张灯结彩，喜气洋洋。部队与地方举行联欢会、座谈会，主动自我批评，交流意见。党政军民机关领导与驻地村群众互相拜年。村干部和童子军给抗属贴春联，戴光荣花，送光荣匾。部队为群众做好事，群众捐款献物慰劳部队，场面十分动人。冀中、冀东、平北等地也掀起了拥政爱民和拥军优抗的群众运动。正月十五（1945 年 2 月 8 日）是元宵节，边区军民 5000 多人举行“庆祝边区参议会成立一周年、边区政府成立六周年，拥政爱民拥军及战斗英雄模范给奖大会”。全体与会者齐唱《拥政爱民公约歌》和《拥军公约歌》，向 104 名战斗英雄和模范工作者颁发了奖章和奖品，与会全体军民进行《拥政爱民公约》和《拥军公约》的宣誓仪式。这次大会，将春节期间开展的拥政爱民、拥军优抗运动推向高潮。1945 年春节，冀晋、冀察、冀中、冀热辽各区的拥政爱民和拥军优抗运动，规模更大，动员更深入，进一步密切了抗日根据地党政军民的团结。

1943 年 12 月，中共太行区党委和军区分别发出《关于拥政爱民与拥军运动的指示》和《关于开展拥政爱民运动的指示》，太行军区政治部颁布《拥政爱民公约》，晋冀豫区各界救国总会颁布《拥军公约》。随后，各部队集中进行拥政爱民教育，向驻地政府和群众征求意见，检查对政府、人民关系上存在的糊涂观念和问题，订出改正办法。1944 年正月初一至十五，地方党政民代表到部队送慰问品，开座谈会，征求意见；各部队到地方党政民机关和驻地村庄，开联欢会、座谈会，征求意见。双方主动自我批评，改进工作。1945 年春节，太行、冀南、冀鲁豫区再次掀起拥政爱民和拥军优抗高潮。晋冀鲁豫边区政府于 1945 年 1 月间发出拥军优抗指示，指示各地要在春节期间，普遍召开军民联欢会、同乐会，检查优抗工作，大力表彰抗战军人家属和荣誉军人中的模范人物。拥政爱民、拥军优抗，成为晋冀鲁豫边区各地广大军民的自觉行动。

### 三、召开群英大会

河北各抗日根据地在对敌斗争和各项建设中，涌现出一批批杀敌英雄、劳动模范和先进工作者，成为战斗和建设的榜样。为了宣传、推广他们的模范事迹和经验，大大发扬革命英雄主义精神，各抗日根据地均召开了群英大会。

中共中央晋察冀分局、晋察冀边区行政委员会、晋察冀军区、晋察冀边区抗日救国联合会，为了总结北岳区 1943 年反“扫荡”中涌现出来的战斗英雄、战斗模范的英雄事迹，教育和鼓舞广大干部、党员和群众，1944 年 2 月 10~14 日，联名在阜平召开了晋察冀边区第一届群英大会。北岳区战斗英雄、抗日模范共 104 人，[1]冀中、冀东、平北根据地因战斗紧张、交通不便，未能派英雄模范到会。会议期间，战斗英雄、模范交流了事迹和经验。阜平县五丈湾村民兵队长李勇，以地雷炸敌而闻名边区，在 1943 年反“扫荡”作战中，他的游击小组巧妙地运用地雷战和麻雀战，主动打击敌人，不管环境多么艰苦，始终没有离开过村庄，没有停止过战斗，共杀伤日伪军 364 人，炸毁敌汽车 5 辆，充分显示出民兵在人民战争中的巨大威力。八路军某团连长邓世军，曾参加过红军长征，在平山县北岳沟战斗中，他率领全连冲破敌军 1500 余人的三重包围，以十几个人坚守阵地，掩护全团转移，击退了敌人多次冲

---

[1] 北岳区战斗英雄、模范到会人数，因一部分人仍在医院养伤，实际到会者为 70 余人。

锋，最后只剩下五六个人，突出重围，充分体现出边区八路军指战员不怕牺牲、英勇善战的崇高精神和品格。平山县蟠松村妇救会主任戎冠秀，对子弟兵关怀备至，在1943年秋反“扫荡”战斗期间，在形势极端紧急的情况下，几次不避艰险，救护伤员。一次，一个重伤员被送到蟠松村时，已4天4夜水米未进，人事不省，她亲自护理，喂水、喂豆浆，照料得无微不至，终于使伤员苏醒过来，转危为安。在她身上集中地体现出边区人民对子弟兵慈母般的关怀和热爱。战斗英雄、模范的英雄事迹，个个真实，生动地反映了边区军民高度的爱国主义精神、崇高的民族气节和英勇顽强、不屈不挠的英雄气概。大会宣布：授予李勇“晋察冀边区爆炸英雄”称号，授予邓世军“晋察冀边区子弟兵战斗英雄”称号，授予戎冠秀“北岳区拥军模范——子弟兵的母亲”称号。最后，大会一致通过《晋察冀边区战斗英雄模范大会宣言》，庄严宣告：“我们是边区的主人，是边区的战斗英雄和模范，我们有着最大的决心和信心，一定要战胜困难，战胜敌人。”并希望全边区的乡亲参加到革命战斗的大竞赛里来，“把生产和战斗结合起来，多打粮食，多打胜仗，打倒日本法西斯强盗”！3月8日晋察冀边区抗联会召开“三八”妇女节扩大纪念会议，表彰模范妇女干部张树风等十多人。3月31日~4月7日又举行边区各界模范妇女大会，表彰了北岳区50名模范妇女干部和妇女劳动英雄，并一致通过《晋察冀边区各界模范妇女大会宣言》，号召全边区姊妹们一齐努力，学习生产模范张风龄、张小丑、刘金荣、隰志华，管家模范王世英、张树风，拥军模范戎冠秀，参政模范梁春莲、刘玉珍，模范教员李翠珍，模范妇女干部张品，“听共产党的话，听毛主席的话，团结在妇救会的周围，用我们双手来增加生产，打败敌人”。1944年12月20日~1945年1月30日，又召开了晋察冀边区第二届群英大会。这届群英大会在阜平县史家寨村举行。冀中、冀晋、冀察的代表到会共816人，其中英雄模范和参观者389人，列席175人，各级干部252人。程子华致开幕词，并作了《关于边区形势与今后任务》的报告，唐延杰作了《1944 年军事斗争总结与今后任务》的报告，宋劭文作了《1944 年大生产运动总结及 1945 年的任务》的报告。大会期间，20 余名英雄模范介绍了战斗、生产、文教、医药、拥军等方面的事迹和经验。群英大会期间，边区首届展览会于 1945 年元旦开幕，分为战斗、生产和文教三个展馆。仅 20 多天，部队、机关、学校和群众有 5000 多人参观。边区第二届群英大会后，冀热辽区于 3 月 16~19 日召开首届群英大会，到会英雄模范 117 人。广大军民中大批英雄模范的涌现和群英大会的召开，表现了中华民族不可征服的伟大力量，对于为反攻和战后做准备是一个巨大的推动力。

太行区第一届群英大会（即太行区第一届杀敌英雄大会和第一届劳动英雄大会），于 1944 年 11 月 21 日~12 月 7 日在（山西）黎城县南委泉村召开。同时举办战绩展览会和生产展览会。经过县、专区逐级评选和充分准备，300 余名英雄模范与会。会上，中共太行区党委书记李雪峰、军区司令员李达、边区政府副主席戎伍胜作了重要报告，邓小平发表讲话。大会评选出太行区一、二等杀敌英雄 31 名，劳动英雄 39 名。大会通过《太行区第一届杀敌英雄大会宣言》和《太行区第一届劳动英雄大会宣言》。这次群英大会，是太行抗日根据地军民力量的大检阅，有力地鼓舞了广大军民的杀敌和生产积极性。

中共中央冀鲁豫分局于 1944 年 7 月 1 日发出《关于表扬模范、选举群英办法》的通知。同时，冀鲁豫军区发出推举战斗英雄的命令。随后，由村至区、县，由班排连团至军分区，先后举行劳模大会，自下而上，逐级推选劳动模范和战斗英雄，并推选出席全区群英大会的代表。1945 年 3 月 1 日，冀鲁豫边区（包括冀南）第一届群英大会在濮阳县城（今属河南）举行，到会的战斗英雄、劳动模范、模范工作者代表共 186 人，其中，战斗英雄 36 人、民兵英雄 15 人、劳动英雄 62 人、模范工作者 57 人、女英雄 13 人、学习模范 3 人。会上，英模们互相交流战斗、生产、工作的事迹与经验。冀南第3专署曲周县荣林娘[1]，是个童养媳出身的英雄，曾带着4个孩子讨饭，后来响应抗日政府的号召，在村子里组织起第一个编织组，实行按件记工，按工发粮，在她的带动与帮助下，村子里很快建立了14个编织组，到1945年初，全村成立了22个互助组织。大会经过3天民主讨论、评定，选出战斗英雄、民兵英雄、劳动模范和学生学习模范共258人。3月9日，举行欢迎群英大荣典，英模骑马，濮阳城内外四五万群众夹道欢迎，盛况空前。宋任穷在闭幕会上作了《今年的三大工作》的讲话，要求大家拔除敌伪军据点，展开全区反攻；深入进行减租减息、反贪污、反恶霸、查黑地的工作；继续开展大生产运动。这次群英大会，为迎接全面反攻，夺取抗战最后胜利，进行了一次有力的思想动员。

## 第三节　加紧城市、交通要道与东北工作

### 一、加强城市与交通要道工作

随着抗战形势的发展，河北各抗日根据地对敌占城市和交通要道的工作，逐步建立和加强。抗战开始后，城市中的大批共产党员和进步分子深入农村，开展抗日游击战争，只留少量干部坚持城市工作。抗日根据地在敌后广大地区建立后，中共中央城市工作委员会于1940年、1941年发出《关于城市工作的指示》和《关于敌后大城市群众工作的指示》，提出了对开展敌占城市工作的具体要求。河北各抗日根据地先后建立各级城市工作委员会或城市工作部，向敌占城市和交通要道派遣共产党员和抗日干部，建立联络点、站，开展抗日工作。1943年以后，随着国际国内战局的巨大变化，为迎接战略反攻，中共中央于1944年6月5日发出《关于城市工作的指示》，对新形势下城市工作的思想教育、计划与组织、工作方

[1] 1945年8月，荣林娘遭日伪军杀害。

向与方法、干部培养及经费保障等作了具体指示。河北各抗日根据地在普遍开展日伪军工作的同时，进一步加强城市和交通要道的工作。

在晋察冀边区，1938 年 9 月成立中共平津唐点线委员会，由葛琛（后为赵普宣）任书记，领导平津唐及北宁路北平与山海关一段党的工作。1939 年 1 月，平津唐点线工作委员会由中共中央长江局划归中共中央北方分局领导后，改由中共冀热察区党委书记马辉之代管。[1]1940 年夏，平津唐点线工作委员会由冀热察区党委转归中共中央北方分局领导。这一时期的城市工作，主要是坚持秘密工作，利用多种方式了解敌情，向抗日根据地输送人员和物资，配合八路军在敌后建立抗日根据地。1941 年 1 月，中共中央北方分局建立城市工作委员会（简称城工委），聂荣臻兼任书记，刘仁、刘慎之主管日常工作。[2]在中共中央北方分局城工委领导下，对敌占城市中旧有的地下党组织进行彻底整顿，确定城市地下党的主要任务，是保存组织、积蓄力量，以备将来反攻。并在组织形式和工作方法上，规定：在城内不再设立统一的地下党领导机关，而把领导机关设在根据地，城内地下党采取“多头单线”的组织形式，各条线直接由分局城工委掌握；派进城内的干部、党员，一律不发生横的关系；城市工作的主要内容，是开展多方面对群众的宣传与组织工作，并要与敌工、情报等部门的工作严格划开。中共中央北方分局城工委在 1941 年、1942 年内，共派出 84 人，其中 50 余人是工人，其余大部分是知识分子，工人主要派到唐山赵各庄煤矿做工，有一些派到天津打入敌军市政和产业部门，学生主要派到北

---

❶ 中共北京市委党史研究室：《北京革命大事记》（1919~1949），中共党史资料出版社 1989 年版，第 235 页。

❷ 中共北京市委党史研究室：《北京革命大事记》（1919~1949），中共党史资料出版社 1989 年版，第 242 页。

平、天津去考学校。[1]中共中央北方分局城工委还在沿平汉、正太铁路的井陉、曲阳、保定附近，新建立了几条通往敌占城市的秘密交通线。由于中共中央北方分局城工委的周密安排和交通员的机警勇敢，这些交通线始终畅通无阻。太平洋战争爆发后，在中共中央北方分局城工委的安排下，燕京大学教授董鲁安和燕京大学英籍教授林迈可、班威廉夫妇等先后到晋察冀边区工作。董鲁安化名为于力，于 1943 年 1 月当选为晋察冀边区参议会副参议长。并有一批批青年学生陆续从沦陷区来到晋察冀边区根据地学习和工作。为加强城市工作，1943 年以后，中共中央北方分局城工委决定在区党委、地委成立城市工作委员会。1944 年 6 月，中共中央北方分局城市工作委员会和区党委、地委城市工作委员会，一律改称分局城市工作部和区党委、地委城市工作部（简称城工部）。并在分局成立了城市工作研究委员会，专门讨论研究加强城市工作的方针、任务和办法。随后，在县以上各级党委成立了城工部和敌工部，还在靠近交通要道和大城市的区委、支部设立了敌工委员，专门从事城市和交通要道的工作。从此，将开展敌占城市工作和交通要道工作，提到了与根据地工作同等重要的战略地位。从 1944 年到 1945 年上半年，中共冀中区党委城市工作部建立了以大清河为主干自北平、天津至白洋淀的水路、陆路交通，并积极开展了对天津市的“围城工作”。中共冀热边特委城工部 1944 年 1 月建立后，以开滦的唐家庄、林西、赵各庄等煤矿为主要工作目标，积极准备武装起义，同时抓紧进行承德市和口外各交通干线及平、津、唐三大城市工作。各地均特别加强了对北平的工作，如冀察区平西地委城工部建立了通往北平的三条交通线：妙峰山—温泉—颐和园—西直门；妙峰山—陇各庄—三家店—西直门；妙峰山—羊坊—沙河—西

---

[1] 《中共中央北方分局关于两年来城市工作情况的摘要总结报告》，1943 年 4 月 10 日。《晋察冀抗日根据地》史料丛书编审委员会、中央档案馆编：《晋察冀抗日根据地》第 1 册（文献选编下），中共党史资料出版社 1989 年版，第 846 页。

直门。到抗战胜利前夕，晋察冀分局城工部系统平、津、唐、张、保等城市的地下党员达500人，北平达200多人；先后动员数百名进步青年和抗战人士，包括中国大学教授蓝公武、北平师范大学教授李鉴波、燕京大学教师崔毓麟（化名林子明）等知名人士，秘密来到抗日根据地工作。在大反攻中，中共中央北方分局城工部长刘仁派张大中率领100多名干部进入北平，与北平地下党一起发动群众，一夜之间把八路军的布告和传单贴满了全城。[1]

太行区的城市工作，在八路军总部和第129师师部领导下，开展较早。1943年1月温村会议上，邓小平在《五年来对敌斗争概略总结与今后对敌斗争的方针》的报告中，就提出："打入到敌占城市中去""长期埋伏""积蓄力量""以待时机，配合反攻"。随后，在太原、长治、阳泉、石家庄、安阳等城市和众多县城，建立了联络点、站，派共产党员和干部去开展城市工作。1943年10月，中共太行区党委成立城市工作部，各地委也先后成立城市工作部。1944年初，中共太行区党委召开扩大干部会议，传达中共中央北方局《关于开展城市工作的指示》，会议决定：城市工作重点是争取千百万群众，争取伪军伪警，准备武装起义，配合八路军夺取城市和交通要道。中共太行区党委城工部不仅向敌占区的邯郸、邢台等中小城市派出城工人员，而且向太原、石家庄、北平、天津、郑州、济南等大城市派出城工人员。这一时期，城市工作围绕准备里应外合解放城镇而展开。中共太行区石门城市工作委员会（对外称第1军分区前方办事处）在城内和近郊农村发展抗日力量，建立共产党组织，先后发展了几百名党员。1945年6月22日夜，还利用敌人的"兴亚工作队"发动起义，在元（氏）获（鹿）独立营接应下，将80多人的部队拉到太行抗日根据地。1945年1月，中共中央冀鲁豫分局作出《关于大城市工作的决定》，随后各地委、县委

---

[1] 谢忠厚、肖银成主编：《晋察冀抗日根据地史》，改革出版社1992年版，第556~561页。

分别成立城市工作部，并确定几个大城市的敌伪军工作分别由几个地委直接领导。从1944年初到1945年8月，冀鲁豫区各重要城市和交通要道，均迅速开展了对日伪军的瓦解和争取工作。

## 二、加紧开展东北工作

根据中共中央的部署，东北工作主要由晋察冀和山东抗日根据地担负。晋察冀边区创立之初，就注意向东北地区发展，并秘密地开展了东北工作。1942年初，中共中央从各地抽调东北籍干部40多名，由中央党校培训后，分配到晋察冀边区工作。同年8月，中共中央北方分局东北工作委员会（简称分局东工委）正式成立，由聂荣臻兼任书记。分局东工委的战略任务，是担负起“打破长城封锁线，牵制敌人，向东北开展工作，配合反攻”。[1]当时，分局东工委以训练干部、研究情况和建立交通为主，进行了“播种”工作。至1943年3月底，共训练东北工作干部48人，先后向沈阳、长春、哈尔滨、齐齐哈尔、吉林、抚顺、鞍山、阜新、辽阳、赤峰、承德、密山、营口、陵南等地派出37人。1943年11月，中共中央北方分局决定，建立冀东东北工作委员会，李楚离、赵濯华分任书记、副书记。1944年后，适应攻势作战和为反攻与战后做准备的需要，中共中央晋察冀分局于10月31日发出《关于东北工作的指示》，决定：在冀中、冀热辽两区成立东北工作委员会；冀晋、冀察两区的东北工作，由分局东工委直接领导；与东北联系较多、能派出较多干部的县，成立东北工作部门。据此，中共冀察区党委组成了总的东北工作委员会，领导平西、平北和第1军分区的东北工作；在平北地区设立了东北工作部，由中共平北地委城工部长张克宇兼部长，许之任副部长，并在龙（关）赤（城）联合县与第1军分区各设一东工委。[2]在冀热辽军区成立联络科，除负责了解冀

[1] 《热河革命史稿》（1919~1955），文化艺术出版社1988年版，第185页。

[2] 《晋察冀分局关于东北工作的情况通报》，1944年12月15日。原件存中央档案馆。

东战役情况外，积极调查研究东北的敌伪政治、经济和军事情况。冀热辽军区联络科的工作关系由冀东很快发展到辽宁、吉林、热河和黑龙江，并绘制完成了秦皇岛、北戴河等地详图和标有陆、海、空军防御设施的要图。同时，遵照延安八路军总部参谋长叶剑英的指示，为配合盟军空袭东北各地的日军军事目标，在长城沿线的迁安县大脑峪村建立了军事气象站，将收测的气象资料每天向延安气象台电告两次，直到抗战胜利才结束。[1]1945 年 4 月 13 日，中共中央晋察冀分局在《关于苏日中立条约废除后边区形势及工作的意见》中，要求部队和地方各级主要干部要设副职，以备将来能抽调大批干部去开辟察北、东北；进行主力部队、地方部队和民兵的训练与扩大，以备将来抽出若干主力部队去收复察北、东北。从此，东北工作进入大发展的新阶段。

### 三、加强对敌伪军、伪组织的工作

1943~1944 年，日本为了应付美苏等同盟国军队的进攻，不得不将部分兵力调往中国南方和太平洋战场作战，其兵力不足的矛盾更加突出，被迫利用更多的伪军、伪组织辅佐其守备华北具有战略意义的城镇和交通要道。因此，争取与瓦解伪军、伪组织，成为对敌军工作的主要任务。河北各抗日根据地不失时机地开展了对伪军、伪组织的争取、瓦解工作，为反攻与战后做好准备。

1944 年 3 月 25 日，中共中央晋察冀分局发出《关于开展对敌伪军新的政治攻势的指示》，要求各地利用 4 月初日本樱花节和中国清明节的有利时机，多方注意民族特点，迅速展开猛烈的对敌政治攻势。清明节前，冀中区各地给伪军发放“祭祖扫墓证”，规定只要清明节这天不做坏事，不管过去好坏，持此证回家祭祖，八路军一概不捉不打，收到了很好的效果。中共平北地分委先后印

---

[1] 冀热辽人民抗日斗争史研究会编辑室：《冀热辽人民抗日斗争》（文献、回忆录）第 3 辑，天津人民出版社 1987 年版，第 315、第 322 页。

制 10 万余份宣传品，在龙（关）崇（礼）赤（城）联合县，各据点里都贴上了劝谕伪军伪组织人员悔过自新的布告，对炮楼喊话，给炮楼上课。在平北地区，据昌（平）延（庆）与龙（关）崇（礼）赤（城）两个联合县的统计，这次政治攻势共召开伪属座谈会 57 次，毁敌伪标语 710 条，写抗日标语 1380 条，摧毁伪镇公所 1 个，伪大乡 5 个，伪保甲组织 11 个，没收日伪所发身份证明书等 11296 件，摧毁伪小学校 1 所，建立抗日学校 17 所，逮捕特务、叛徒、伪军等 20 余名。[1]

1944 年 5 月 1 日，中共中央晋察冀分局发出《关于对伪军工作的指示》，总结自 1943 年 5 月北岳区党委扩大的敌工会议以来，进行争取、瓦解伪军工作的成绩和经验，对进一步加强伪军工作的方针、策略、方法等提出了明确的要求。指出："伪军工作的基本方针是'瓦解伪军'"，一切争取、打击、反正、埋伏都是为了达到瓦解之目的，都是在这一目的之下的不同策略。并针对伪绥靖军（伪治安军）和地方性伪军的不同特点，提出在伪军中采取埋伏与反正、打入工作、在伪军中建党等不同的策略和方法。随后，中共冀热辽区党委建立了敌伪军工作部，并在沿长城各县委建立伪满军工作委员会；中共冀中区党委设立天津、保定、石家庄、衡水等专门工作站，分别由区党委或地委敌工部负责，加强了对城市和重要据点的敌伪军工作。据不完全统计，从 1944 年到 1945 年 4 月，冀晋区第 3 军分区境内伪军逃亡者达总数的 1/2。驻防冀察区第 1 军分区涞源县的伪宣化道直属第 6 警察大队，原有 480 人，半年中逃跑了 210 余人，达总数的 44%。[2] 在冀热辽区，一些敌伪基层组织的牌、甲变成了抗日"两面"政权，如在凌（源）青（龙）绥（中）抗日游击根据地之达杖子地区，有 51 名伪牌、甲长暗中为抗日政府办事，其中吴坤杖子有 6 名牌、甲长因反"满"抗日的

---

❶ 中共冀察区党委第 12 地委：《1944 年政治攻势总结》，1945 年 1 月 10 日。载《北京档案史料》1987 年第 4 期，第 33、第 34 页。

❷《晋察冀日报》，1945 年 5 月 26 日。

“罪名”被捕，其中4人死于敌伪狱中。❶冀中军区第9军分区敌工部，抓住驻守任丘县城的日军中队全部撤走的有利时机，利用早已与伪县长兼伪联队长刘潮如等人所取得的联系，于1944年4月25日，派人进城谈判，争取伪军全部反正。同时，调集军分区部队和民兵迫近县城垣，断绝交通，割断电话线，造成强大的政治军事压力。最后，迫使伪军头目于4月27日，率伪军伪组织人员1000余人起义，任丘县城光复。同年12月27日，冀热辽军区北宁铁路以南第1区队，与打入伪绥靖军第3集团第5团的范祖尧、谷松、白苹等里应外合，一枪未放，巧取刘石各庄据点，俘虏伪副团长以下2000余人，受到晋察冀分局敌工部的表彰。❷从1944年到1945年4月，据不完全统计，冀中、冀热辽、冀察、冀晋各战略区，通过“里应外合”，共光复县城32座，攻克点碉673座，逼退点碉804座，瓦解伪军1万余人。❸

在晋冀鲁豫抗日根据地，1943年1月，中共中央太行分局温村高级干部会议，研究部署打入敌伪军内部和争取敌伪军的工作。邓小平在《五年来对敌斗争概略总结与今后对敌斗争的方针》报告中，详细阐明对敌伪军工作的方针、政策、方法。指出：“革命两面政策是深入到敌人（主要是敌占区和伪军伪组织）内部的进攻政策，两面政策所包括的范围是很广泛的，包括革命两面派的建立，两面派的争取，一切可能利用的力量，而且其目标则是革命两面派的建立与发展，以便于依靠他们，去团结一切可能组织的力量，进行对敌斗争，保护人民利益，在敌占区和敌伪组织内部积蓄力量，以待时机，配合反攻或反正。”❹同年1月，第129师师部发出《关

❶ 邓一民主编：《热河革命史稿》（1919~1955），文化艺术出版社1988年版，第183页。
❷ 冀热辽人民抗日斗争史研究会编辑室：《冀热辽人民抗日斗争》（文献、回忆录）第3辑，天津人民出版社1987年版，第491页。
❸ 《晋察冀日报》，1945年5月26日。
❹ 邓小平：《五年来对敌斗争概略总结和今后对敌斗争的方针》，1943年1月26日在中共中央太行分局高级干部会议上的报告。中央档案馆馆藏文献。

于 1943 年敌伪军工作的新方向的政治训令》《关于敌伪军工作的几个具体问题的决定》，随后，第 129 师政治部又于 4 月间发出《关于目前开展地方敌伪军工作的指示》。从此，在太行、冀南、冀鲁豫等区，对敌伪军的工作与对敌伪军的政治攻势相配合，以政治宣传为主，加强对敌伪军的瓦解工作，逐步广泛深入地开展起来。在太行区，将对敌伪军的工作重点，放在“打入”工作上。经过多方努力，先后在太原、石家庄、安阳、长治等敌占城镇和重要点线，建立了地下秘密党组织，在一些伪军内部发展秘密共产党员，一批共产党员、干部打入日军的领导机关和伪军伪组织内部。他们在敌伪军内部，争取敌伪军政人员。1945 年 3 月，在伪军内部的秘密党支部协助太行军区第 2 军分区第 30 团团长李德生化装进入敌伪马坊据点，在摸清敌人据点内部的火力等情况后，配合部队一举攻克了该据点。在冀南、冀鲁豫区，通过开展强大的政治攻势，对伪军点“黑点”和“红点”，建立“善恶录”“生死簿”，给伪军人员颁发“回心抗战证”“公民证”“旧年团圆证”及订立伪属协约书，在伪军、伪组织中组织秘密的“抗敌复仇同盟”“回心社”“忠义社”等，争取伪军伪组织人员反正。冀南军区敌工部、各军分区敌工科和各县敌工站密切配合，在敌伪军、敌伪组织内部，建立秘密的内线关系。通过这些内线送给、提供敌伪军的军事情报，掩护抗日部队的活动。据不完全统计，1943 年 1~4 月，仅冀南区就瓦解伪军 9097 人，占当时伪军总数的 23.7%，利用伪军内线关系的配合，拔除敌伪据点 109 处。❶

---

❶ 冀南革命斗争史编审委员会:《冀南革命斗争史》，中央编译出版社 1996 年版，第 243~246 页。

# 第十九章　全面反攻与抗战胜利

## 第一节　向大城市和交通要道全面反攻

### 一、全面大反攻的形势与任务

1945年夏天，日本法西斯已四面楚歌。欧洲战争结束后，苏联远东军迅速做好进军中国东北的准备。在太平洋方面，日本各岛已被美英盟军海空封锁。中国国民党军队特别是共产党军队的攻势作战已迫使日军龟缩在少数大城市和交通要道附近。7月26日，中、美、英三国政府发表《波茨坦公告》，促令“日本政府立即宣布所有日本武装部队无条件投降”。7月28日，日本政府宣布“不理睬波茨坦公告”。8月6日，美国在广岛投下第一颗原子弹。8日，苏联对日本宣战，并宣布参加《波茨坦公告》。9日，150多万苏军从北、东、西三个方向进攻侵占中国东北的日本关东军。同日，美国又在长崎投下第二颗原子弹。10日，蒙古人民共和国也对日本宣战。苏蒙出兵和美国投放原子弹，加速了日本帝国主义的投降。中国抗战转入战略反攻的阶段。

在中国抗日战争行将取得最后胜利的关键时刻，美国对华政策发生了逆转，由支持国共两党合作抗日，变为以“调解”国共关系为名，实际上实施“扶蒋反共”的反动政策。在美国的支持下，蒋介石竭力保存、扩充武力，准备抢夺抗战的胜利果实。8月10日，当日本宣布投降在即时，蒋介石连发了三道命令，即要第十八集团军“原地驻防待命”，不得“擅自行动”；[1]要国民党各部队“积极推进，勿稍松懈”；[2]要日伪军“负责维持地方治安”，等待国民党去收编。[3]

在此复杂形势下，中共中央主席毛泽东于8月9日发表《对日寇的最后一战》的声明，指出：“对日战争已处在最后阶段，最后的战胜日本侵略者及其一切走狗的时间已经到来了。”“中国人民的一切抗日力量应举行全国规模的反攻，密切而有效力地配合苏联及其他同盟国作战。八路军、新四军及其他人民军队，应在一切可能条件下，对于一切不愿投降的侵略者及其走狗实行广泛的进攻。”[4]10~11日，朱德总司令发布受降和配合苏军作战等7道命令。在中共中央和延安总部的命令下，敌后各抗日根据地部队自10日起转入战略反攻，向敌占大城市和交通要道展开全面进攻。

## 二、晋察冀军区部队全面大反攻

根据中共中央和延安总部的命令，河北各根据地党政军民紧急总动员，坚决实行对日伪军的战略反攻，形成了夺取抗战最后胜利的最威武壮观的一幕。

中共中央晋察冀分局书记兼军区司令员、政治委员聂荣臻8月10日由延安致电分局和军区：全区部队立即向北平、天津、保定、石门、大同、阳泉、张家口、唐山、山海关前进，冀热辽军区抽出3个团挺进辽宁，冀晋军区抽出2个团逼近太原。根据中共中央和聂荣臻的电示，当日，中共中央晋察冀分局和军区对大反攻作了具体部署：冀晋军区，主要夺取大同、丰镇、集宁、商都等城，其次夺取保定、石家庄，并以一部兵力策应他部夺取太原；冀察军区，

---

❶ 台湾“国防部”史政局：《中日战争史略》，台北正中书局1968年版，第504页。
❷《毛泽东选集》第4卷，人民出版社1991年版，第1142页。
❸ 蒋介石：《对沦陷区地下军、伪军之命令》，1945年8月10日。
❹《毛泽东选集》第3卷，人民出版社1991年版，第1119页。

主力夺取宣化、张家口、张北、多伦、沽源、康保、保昌等城；冀中军区，集中主力夺取北平，并以一部兵力配合冀热辽军区夺取天津市；冀热辽军区，主要夺取塘沽、天津，并肃清境内伪军，夺取秦皇岛、葫芦岛。

8月11日，晋察冀军区司令部向日本华北方面军司令官发出最后通牒，限其48小时内令其所属部队投降。并迅速从分散的游击战转变为集中的运动战，将38个小团扩编为大团，将地方武装编成62个团，使反攻的正规兵团扩大1倍，达100个团。[1]8月12日，中共中央晋察冀分局发出《关于目前战争动员工作的指示》，要求边区各地紧急动员人民参军参战，动员组织担架运输，动员组织青壮年参加正规军，动员组织一切力量保障前方作战部队的供给；动员组织民兵配合地方军包围、封锁、围困敌伪，以便各个击破；动员组织自卫队与广大群众，配合公安机关在根据地实行军事管理，对特务、顽固分子的造谣破坏等反动行为，严加取缔、镇压，保障后方秩序安定；动员组织进城部队和民兵严守纪律，对一切建筑物不得破坏，不得自行没收东西；加紧对国民党的一切反共、反人民的宣传进行揭露。同时，为准备接收边区境内的大中城市，实行军事管制，边区政府迅速委任北平、天津、保定、石家庄、张家口等各主要城市的负责人。

在中共中央晋察冀分局、晋察冀军区和边区政府的统一领导下，全边区形成党政军民总动员，进行大反攻，夺取抗日战争最后胜利的高潮。8月12日，冀晋、冀察、冀中、冀热辽各军区部队100多个团，分别迫近北平、天津、张家口、保定、石家庄近郊，对日伪军展开猛烈进攻。在郭天民、刘道生指挥下，冀察第1、第11军分区和冀中第10军分区及冀热辽第14军分区部队一部，从西、东、南三面，向北平逼近，于8月20日攻占通县飞机场，一

---

[1] 北京军区晋察冀战史编写组：《晋察冀军区抗日战争史》，军事科学出版社1986年版，第547页。

度袭入顺义县城，歼敌 500 余人，并破坏古北口到通县的铁路，部队分别推进到长辛店、丰台附近和南苑等地，构成对北平的包围态势。冀中区第 8、第 9、第 10 军分区等部队共 13 个团，在杨成武、林铁指挥下，于 8 月 19 日夜，向北起杨村南至唐官屯一线日伪军展开进攻，占领杨村飞机场，攻占杨村、北仓、陈官屯、杨官屯等火车站和杨柳青、韩柳墅等天津外围据点，一度攻入静海县城，使天津陷入包围之中。冀中第 7 军分区部队向平汉铁路北段进军，攻占明月、张登和南北大冉据点，一度攻入保定市，歼灭日伪军 1100 多人。冀中第 6 军分区部队向德石铁路进攻，攻克束鹿县城，全歼守敌。冀晋区部队在赵尔陆、王平指挥下，第 2、第 3 军分区 6 个团收复（山西）盂县城，配合晋绥军区部队进攻太原；第 5 军分区部队攻克（绥远）丰镇、集宁和（山西）阳高等城，配合晋绥军区部队进攻大同；第 4 军分区部队配合冀中区部队收复平山、行唐等城，一度攻入石门市。冀热辽区部队 1.3 万人和地方干部 2500 多人在李运昌率领下，分西、中、东三路于 8 月 12 日向热河、辽宁、吉林等省进军；留在冀东的部队积极向日伪军进攻，解放唐山外围的古冶、赵各庄、越河等据点，并攻克开平城，歼敌 2000 多人。冀察区第 12、第 13 军分区部队进攻张家口。8 月 16 日察绥骑兵支队在张北与苏蒙联军会师后，20 日 6 时左右各部队向张家口发起攻击。至 23 日 15 时，第 10、第 40 团在第 20 团和蔚涿支队配合下，全部占领张家口市和万全县城。策应部队在民兵配合下，先后收复崇礼、多伦、康保、宝源、德化等城和察哈尔盟、锡林郭勒盟，攻占龙烟铁矿、下花园发电厂和怀来火车站。此役，共歼敌 2000 多人，活捉伪蒙疆自治政府副主席于品卿和伪张家口市市长韩广森。8 月 29 日成立中共张家口市委、市政府，杨春甫、张孟旭分别任书记、市长。9 月 14 日晋察冀边区党政军领导机关迁驻张家口市。张家口市是大反攻以来夺取的第一个较大城市，使晋察冀与晋绥两区连成一片，为进军东北创造了条件。

在全面大反攻中，中共中央晋察冀分局书记、晋察冀军区司令员兼政治委员聂荣臻，同军区副司令员萧克、副政治委员刘澜涛、罗瑞卿由延安返回晋察冀边区，增强了对日反攻的领导力量。

## 第二节　夺取中小城市和广大乡村

### 一、中共中央关于改变军事方针的指示

在反法西斯同盟国军队的沉重打击下，日本政府于1945年8月15日宣布投降。但在中国战场很快出现了美、蒋、日、伪勾结的严重局势。日军大本营于8月22日命令各地日军，从25日0时起停止一切战斗行动，而命令中国派遣军"得在局部地区实行自卫措置"。[1]美国一方面以远东盟军总司令的名义，命令日本政府和在华日军，不准日军向解放区军队投降，要他们向蒋介石政府投降，一方面全力帮助国民党调兵遣将，出动飞机、军舰将一批批国民党军队运送到东北、华北及北平、天津、上海等大中城市，抢占战略要点和交通要道。蒋介石指令日军"维护"占领区秩序，等待国民党军队受降，并指挥大军向解放区推进，抢夺人民抗战胜利果实。冈村宁次于8月18日通令日伪军各部，只向国民党军队投降，不向其他军队投降。同时，苏联政府于8月14日与国民政府正式签订《中苏友好同盟条约》。这样，使蒋介石国民党利用"合法"地位，垄断了对日军的受降权。在这种形势下，中国又面临着严重的内战危机，中国共产党军队如果继续执行夺取大城市的作战方针，势必陷入日伪军与国民党军队的夹击，因此，适时改变作战方针，成为继续夺取反攻胜利的一个关键。

在内战危险的严重关头，毛泽东在延安干部会议上，于8月13日作了《抗日战争胜利后的时局和我们的方针》的报告，明

---

[1] 日本防卫厅战史室：《昭和二〇年的支那派遣军》(2)，朝云新闻社1971年版，第550页。

确地指出：一方面要尽力争取和平民主，另一方面对于蒋介石发动内战的阴谋必须有充分认识，不抱幻想，不怕威胁。强调：要准备以爱国的正义革命战争，打败一切中外反动派，建立无产阶级领导的人民大众的新民主主义的新中国。同日，朱德总司令、彭德怀副总司令致电蒋介石，坚决拒绝其错误命令，提出公正解决办法；凡被解放区部队所包围的日伪军，由解放区军队受降；国民党军队接受其所包围的日伪军的受降。8月15日，朱德总司令向美、苏、英三国政府发出说帖，说明中国解放区的人民军队有权接受所包围的日伪军的投降。同时，为了保卫人民的抗战胜利果实，表明中国共产党的和平诚意，争取把武装冲突限制在局部范围，8月22日，中共中央和中央军委下达《关于改变战略方针的指示》，决定改变攻取大城市和交通要道的方针，命令各解放区部队："除个别地点仍可占领外，一般应以相当兵力威胁大城市及要道，迫使敌伪向大城市要道集中，而以必要兵力着重于夺取小城市及广大乡村，扩大并巩固解放区，发动群众斗争，并注意组训军队，准备应付新局面，作持久打算。"❶

根据中共中央和中央军委的指示，河北各根据地立即调整部署，以一部分兵力继续威胁大城市，主力转向夺取中小城镇，控制广大乡村。

## 二、河北大部国土获得解放

在晋察冀军区的统一部署下，冀中部队展开新的进攻：第6军分区部队在南线进攻，28日攻占深县城，9月1日攻占赵县、宁晋县城，并占领辛集镇和王家井、磨头、贡家台等火车站，控制德石铁路70多公里；第7军分区部队在西线进攻，8月24日收复博

❶ 中央档案馆编：《中共中央文件选编》，中共中央党校出版社1991年版，第243页。

野、蠡县、安国县城，29日攻克安新县城，并进占高阳城外围据点；第8、第9、第10军分区部队在北线进攻，23日收复霸县城，27日攻克永清、容城县城，29日进占安次县城，并攻克旧州镇、牛驼镇、礼贤镇、王庆坨、小站、咸水沽、葛沽等20多处敌军重要据点。冀察区部队一部于8月31日占领柴沟堡（今怀安县城）和怀安城；一部沿平绥路东进，逼迫沙城伪军投降，9月8日占领宣化城。冀晋区部队收复完县、唐县、行唐、曲阳和（山西）灵寿、阳高等县城，破坏了正太铁路和同蒲铁路北段。冀热辽区挺进东北的部队8月28日、29日接管前所、绥中，与苏军会师；30日在苏军炮火配合下攻克山海关，歼敌2000多人，并收复临榆县城，为八路军后续部队进军东北打开了通道。

冀热辽区留在冀东的部队在民兵配合下，9月9日进攻蓟县，激战3天，歼灭伪军4000多人；22日攻占玉田县城，歼灭日军350多人，伪军1500多人；并攻占香河、宝坻、迁安、抚宁，收复丰润、平谷、三河、顺义、遵化、秦皇岛、北戴河等城，收复了冀东广大地区。10月4日，冀中区第6军分区部队进攻石门敌军外围据点藁城县城，至6日歼敌大部，7日敌军被迫投降，共歼敌联队长以下700多人。同时，冀中第7、第10军分区部队分别攻占高碑店、固安县城，肃清了北平东南地区的敌人。冀晋、冀察两区地方武装分别收复易县、满城等县城。

根据中共中央新的方针部署，晋冀鲁豫军区确定以一部兵力威胁开封、新乡等城之敌，以主要兵力夺取中小城市，消灭分散孤立之敌。平汉铁路沿线各军分区部队在冀南部队的配合下，攻占了铁路两侧敌据点多处，破坏了元氏至邯郸段铁路。冀南部队8月28日收复隆平、清平县城后，集中第4、第5、第6军分区部队，于31日攻占（山东）临清县城，歼灭伪军2000多人，并收复尧山县城。太行军区第1支队进攻平汉路沿线之敌，由彭城、临水、峰峰等地向磁县逼近，9月29日攻占磁县四关，10月2日发动总攻，全歼守城伪军3000多人。收复磁县前后，太行区部队与冀南区部队配合，相继攻占临城、内邱、武安、沙河、高邑等县城。太行、冀南部队于9月23日至24日拂晓，收复邢台市，全歼敌伪军3000余人，当日成立邢台市政府，任仲夷为市长。10月4日，太行、冀南部队收复邯郸市，毙俘敌伪军2800余人，随后成立邯郸市委、市政府，陈荣、王悦臣分别任书记、市长。冀鲁豫军区中路军第3纵队9月初攻克长垣县城（今属河南省），歼灭伪军1000多人。太行部队还先后收复了武安、涉县、临城、内邱、高邑等城。渤海区部队收复盐山，于9月24日攻占黄骅县城后，向津浦线挺进，发起平（原）禹（城）战役。此役中，渤海区第1军分区部队攻克南皮县城和许官屯、桑园火车站。

至此，河北境内各中小城镇和广大乡村基本上获得解放，解放区连成一片，并控制和切断了平汉、津浦、正太、平绥、北宁、德石等铁路干线。

## 三、国民党受降与河北省政府“复员”

日本政府宣布投降后，蒋介石立即命令国民党军队停止自芷江开始的攻势作战，集中全力抢夺抗战胜利果实。9月9日，蒋介石在南京单方面接受日军投降后，冈村宁次被蒋介石委任为“中国战区日本官兵善后总联络部长官”，并命令他指挥日军维持占领地秩序，协同国民党军队向解放区进犯。蒋介石把包括解放区在内的“沦陷区”划分为16个受降区，国民党各军在美国支援下，以空运、水运、车运及徒步等方式猛烈推进，企图抢占华南、华中、华北和东北，进而消灭共产党领导的人民军队和各解放区。在河北等地，蒋介石在8月中下旬下令收编伪华北绥靖军的13个集团军（约13个旅），庞炳勋和孙殿英部伪第5、第7集团军，委以“华北先遣军”某路军的番号，令其“固守现地，等待国军”。蒋介石把河北地区划为第10受降区，委任第11战区司令长官孙连仲为受降主官。10月10日，孙连仲到北平接受日军投降。国民党军队先后接收石门、保定、唐山、北平、天津，使叛国投敌、屠杀抗日人民的大汉奸摇身一变成了国民党军政要员。

为了控制和抢占河北等地，打通抢夺东北的通道，按照蒋介石的命令，国民党河北省政府于9月20日在陕西省西安市成立，由孙连仲兼任河北省政府主席，并于10月30日迁驻北平。同时，国民党第1战区李文部和第3军、第16军进驻石门。与之相策应，美国海军陆战队1.8万人于9月30日在大沽登陆，10月7日又在秦皇岛登陆，并进驻天津、唐山、开平、静海等地，还空运国民党第92、第94军各一部分别到北平、天津。蒋介石令李宗仁任国民政府军事委员会北平行营主任，何思源为北平市长，接收北平；又令杜建时、张廷谔与美军接应，接收天津，收编南满、冀东和平津地区的伪军，以打通通往东北的北宁路。蒋介石还令第11战区新8军、第30军、第32军、第40军共6多万人，由伪军孙殿英部打头阵，从河南新乡沿平汉路北进，向晋冀鲁豫解放区进犯；又令傅作义部从绥远沿平绥路东进，向张家口及周围地区进犯，企图抢占西北门户。

抗战期间，国民党河北省政府流亡于河南、陕西两省。但日本投降后，蒋介石集团为贯彻独裁内战方针，抢占华北战略要地，于1945年9月1日改组河北省政府，委任第11战区司令长官孙连仲兼省主席，时得霖为秘书长，孙振邦为民政厅长，施奎龄为财政厅长，李捷为建设厅长，贺翊新为教育厅长，乜子彬为保安处长（后为高卓东），屈凌汉为社会处长。并由刘瑶章任国民党河北省党部主任委员，张荫梧为主任干事，张桐轩任三青团河北支团主任。11月，国民党河北省政府由西安迁驻北平（后于1946年7月驻保定）。国民党河北省党部、省政府按照蒋介石的旨意，积极进行“复员”和备战活动，即大力“安定地方及开展政权”，恢复地主资产阶级的反动统治，为发动内战做准备。

（1）恢复反动统治。国民党河北省党部、省政府为适应恢复反动统治的需要，于1945年11月将全省划为14个行政督察专员区，后又增设第15行政督察专员区。由行政督察专员兼区保安司令公署。并在河南新乡成立冀南办事处，由省政府委员郑维屏兼主任，就近总理冀南各专署、县政务。与此同时，竭力重建县市政府及村镇公所，清查户口，编组保甲，恢复和加强反动统治。但是，国民党早已丧失民心，靠军事推进政权收效不大。到 1946 年 8 月，仅仅建立了 10 个专署，在有县境的全部、或大部、或一部的 57 县成立了县政府，以及省辖石门、唐山 2 个市，保定、塘大 2 个警察局，北戴河海滨区管理局，在乡村共编成 8607 保、842196 甲。实际上，国民党河北省政府统治区人口 586 万，只占当时全省总人口 2773 万的 1/5。❶

（2）网罗反动武装。国民党受降后，对河北境内敌伪武装进行了加委、整编。共收编敌伪部队 118 个单位，345182 人，163784 支枪，除改编为第 11 战区直辖者外，其余由河北省最后编为 16 个保安总队、1 个独立大队，分驻铁路沿线和要点，维护"治安"，推进恢复反动政权。同时，积极建立警察统治，先后成立保定省会警察局，唐山、石门、塘大、五河（隶属塘大）、临榆等省直辖警察局，其余各县有的建立警察局和保安警察大队（大队含 3 个中队），有的建立保安警察中队或大队，全省共建成 225 个保安警察中队，官警达 24300 人。在各县，大力组织义勇壮丁队（后改为民众自卫队），"凡 18 岁以上 45 岁以下之男子，一律参加训练"，到 1946 年 7 月，有 67 县共组成 232 个中队。还大力组织地主还乡队，到 1946 年 4 月已在 28 县组织 35 队，共 8297 人。

（3）加紧财政经济掠夺。国民党河北省党部、省政府还省后，组织党政接收委员会，共接收日伪行政机关 38 个、学校文化团体 52 个、工矿厂场 183 个。其中工矿厂场大部交由国民党政府主管部和处理局管理，10 个规模较小者由省经营。由于在接收中贪污盗窃、敲诈勒索成风，加之中统与军统、陆军总司令部与行政院、地方与中央的矛盾纷争，结果弊端丛生，舆论哗然。收复区群众称

❶ 孙连仲:《一年来河北省政》，1946 年 9 月 1 日。河北省档案馆馆藏文献。

之为“三阳开泰”(爱东洋、捧西洋、要现洋)和“五子登科”(金子、房子、票子、车子、女子)。在接收日伪产业的基础上，将伪河北银行改为河北省银行，发展金融；建立税收机构，推行税收；加紧建设公路、航运和电信。在农业上，提出“普遍打井”，但收效甚微，指定大兴、唐山、清苑为示范区，1946 年要求每县开凿机器井 5 眼，但至 8 月仅大兴县完成 1 眼。在工矿业上，整理接收工厂，特别注重井陉煤矿和平西川南煤矿的开采，井陉煤矿日产达 2000 吨，川南煤矿月产达 7000 余吨。这些，无法改变其“环境困难，经费拮据”的境遇，但也为发动内战做了一定物资准备。

(4)国民党河北省党部、省政府为欺骗、笼络民心，1945 年成立省、县、市冬季救济委员会，在石门、保定、沧县、芦台、唐山设立 6 个难民收容所，到次年 8 月，共救济难民 473126 人，放粮 3431 吨，放款 3175 万元。他们还在一些地方搞了慈善团体，建立妇女会、教育会、农会、工会、商会等社会团体，组织起 454 个乡镇合作社、33 个县市联合社，有社员 162033 人，股金 515116180 元。但是，由于国民党政治腐败，这些措施收效甚微，当时孙连仲也承认“自有杯水车薪之感”。[1]

(5)为独裁内战制造舆论，国民党河北省党部、省政府还积极恢复发展各类学校教育、社会教育和各种训练班，以搜罗、培植反动人才。到 1946 年 7 月，举办两期地方行政干部训练团，培训 224 名行政人员。在接收日伪教育机构的基础上，到 1946 年 8 月，有省立工业学院、农学院、医学院等 8 所专科以上学校，省立师范学校、天津师范学校、保定师范学校等师范 11 所，省立中学 22 所，中学以上在校生共 11026 人；有小学 2774 处，学生 251775 人。国民党河北省党部、省政府还特别重视新闻出版工作，到 1946 年 10 月，仅在省内的报刊就有《河北省政府公报》《保定日报》，天津有《益世报》《大公报》，北平有《新生报》《北方日报》

---

[1] 孙连仲：《一年来河北省政》，1946 年 9 月 1 日。原件存河北省档案馆。

《华北日报》等，还有国民党中央社、《民国日报》等众多驻冀办事处或分社，以网罗一批御用文人，为蒋介石集团投靠美国，坚持独裁、反共、内战政策，制造大量舆论和谎言。

## 第三节　解放热察与进军东北

### 一、收复热、察两省全境

1945年9月2日，日本政府在投降书上签字，世界反法西斯战争结束，中国抗日战争作为一个历史阶段已经完结。但是，被解放区部队包围的日伪军仍拒不投降。蒋介石于9月9日在南京单方面接受日军投降后，指令日军协同国民党军队向解放区进犯。美国全力帮助蒋介石政府运送军队进攻解放区，派海军陆战队先后在秦皇岛、天津、塘沽和青岛等地登陆，企图帮助国民党抢占华北、华中和华南的城市和交通要道，进而夺取东北。中共中央、中央军委根据战局的新发展，于9月19日作出《关于向北发展向南防御的部署》，指出目前全党全军的主要任务是："继续打击日伪，完全控制热、察两省，发展东北并争取控制东北，以便依靠东北和热、察两省，加强全国各解放区及国民党地区人民的斗争，争取和平民主及国共谈判的有利地位。"[1]据此，各战略区调整部署，在抗击国民党军队进犯、保卫抗战胜利果实的同时，重点歼灭拒绝投降的日伪军。

晋察冀军区部队在集中阻击向张家口进犯的国民党军队的同时，加紧肃清热、察两省残存的日伪军，以完全控制热、察两省。冀察区部队攻克宣化后，于9月10日至10月14日，先后收复涿鹿、新保安、怀来、延庆、龙关、赤城，并配合苏蒙军收复

[1] 中央档案馆、河北省社会科学院编：《晋察冀解放区历史文献选编》，中国档案出版社1998年版，第3页。

绥（远）东部分地区。冀晋区部队于10月1日收复阳原县，并收复（山西）浑源县城，从而肃清了平绥路东段附近地区的残敌。冀中纵队第12旅奉命歼灭察南之敌，于9月29日发起蔚（县）广（灵）暖（泉）战役，当日全歼暖泉伪军，26日全歼广灵守敌，11月3日攻占蔚县，守敌除30多人逃窜外均被歼灭。此役历时35天，歼灭伪军3000多人。至此，察哈尔全境获得解放。与此同时，冀热辽区出关部队中路和西路挺进热河省。中路军于8月17日由喜峰口出长城，在平泉解除伪满军1个旅武装，并与苏军会师，分兵占领了凌源、赤峰、朝阳等8座县城。西路军于8月19日出长城，20日于兴隆争取伪满热河军管区西南地区司令黄方刚所率伪满军及讨伐大队、警察队共1万多人起义，进入承德，与苏军会师。原在围场地区活动的北进支队于8月26日解放围场、隆化等县城。驻青龙县的伪满讨伐队张金祥部2000多人也接受改编。至9月20日，冀热辽部队在地方武装配合下，共收复16座县城，歼灭和改编伪满军和伪警察队2万多人，热河全境获得解放。

在对日大反攻中，冀热辽军区部队首先进入东北。第1梯队在兴城、锦县迫使伪满军2个旅投降，随后解除辽宁省西部15个县的伪军武装，主力于9月5日进入沈阳市。李运昌率第2梯队于9月14日进抵沈阳市。并与苏军达成协议，入城部队改称“东北人民自治军”，成立了沈阳市卫戍司令部和沈阳市人民政府。随后分兵东北各省主要城镇，迫使日伪军投降。这时，中共中央决定加强东北工作的领导：成立中共中央东北局，由彭真任书记，陈云、程子华、伍修权、林枫为委员；正式成立东北人民自治军总司令部，林彪任司令员，罗荣桓任第二政治委员，吕正操、李运昌、周保中、萧劲光任副司令员。在中共中央东北局和东北人民自治军总司令部的领导下，至11月底，冀热辽军区部队共迫使日本关东军残部5000人和伪满军3个旅、2个团及60个县的伪警察队等约4万人缴械投降，控制了辽宁省全境和吉林省南部、黑龙江省西部地区。与此同时，山东军区主力6万多人，新四军第3师，晋绥军区第32团，冀鲁豫军区第21团，冀中军区第31、第62、第71团，原南征八路军游击第2、第3支队和延安教导第2旅、炮兵学校、抗日军政大学等共10万大军，以及由各根据地派赴东北的干部约2万人，先后到达东北。东北抗日联军也主动配合苏军作战，控制了黑龙江省和吉林省的部分地区。在东北人民支援下，各路大军收缴伪军武装，剿灭土匪特务，建立人民政权，为建立东北解放区奠定了基础。

## 二、成立热、察两省人民政府

随着热、察两省的完全解放，遵照中共中央指示，晋察冀边区政府和边区参议会办事处于1945年10月18日联合作出《关于召开察哈尔、热河两省人民代表会议及成立察哈尔、热河省政府的决定》。经过充分准备，11月2日，察哈尔省人民代表会议在宣化正式开幕。出席会议代表138人，代表察省各族人民共商建省大计。大会历时5天，由大会主席团主席张苏致开幕辞，刘澜涛、云泽（乌兰夫）、宋劭文、于力等致辞，大会热烈讨论并通过刘道生作的《关于察哈尔省目前施政方针与工作的意见案》。最后，大会按照“三三制”原则，民主选举张苏、郭天民、宋致和、张子光、刘仁术、黄元、孟子裕、王子美、蓝公武等9人为省政府委员，王纪新、焦国鼐为候补委员，张苏为省政府主席。14日，冀察区撤销，其辖区归察哈尔省属。15日，察哈尔省政府在宣化市正式开始办公。省政府设民政、财政、教育、实业四厅和公安、秘书等处，下辖宣化市、第1、第11、第12、第13、第19专署和察哈尔、锡林郭勒两盟，计36县、18旗，19万余平方公里土地、420余万人口。同时，成立察哈尔省党委、军区，刘道生任省委书记兼军区政委，郭天民任省军区司令员。

1945年9月中旬，经过中共中央交涉，苏军让出热河省，晋察冀中央局派胡锡奎等一批党政军领导干部相继到达承德，迅速成立热河省行政公署、冀热辽区党委热河分委和热河省军区，李子光、杨雨民任省行政公署正副主任，胡锡奎任省分委书记、省军区政治委员，段苏权任省军区司令员。11月1日，热河省人民代表大会在承德隆重开幕。出席会议的省人大代表175人，代表着热河各族各界人民，共商建设新热河的大计。大会热烈讨论并一致通过胡锡奎代表中共热河省委提出的《热河目前施政纲领》。13日，大会通过无记名、差额选举，从52名候选人中选出15名省政府委员、2名候补委员，选举李运昌为省政府主席，李子光、杨雨民为省政府副主席。全省辖热中、热东、热辽、警备区4个专署和昭乌达盟，共25个县、旗、市，450万人口。大会期间，11月9日，撤销热河省分委，成立中共热河省委，胡锡奎任省委书记兼省军区政治委员。

河北大部和热、察两省解放，敌后华北各根据地对日军作战结束，抗日战争彻底胜利。

### 三、各解放区领导机关的调整

1945年10月27日，中共中央为了加强与国民党争夺东北的斗争，隔断国民党东北与华北的联络，决定撤销冀热辽区党委、军区和行署，成立冀热辽分局和（大）军区、行署，隶属晋察冀中央局、军区和边区政府领导。冀热辽中央分局书记兼军区政治委员为程子华，分局委员有萧克、罗瑞卿、李运昌、胡锡奎、赵毅敏、吴德、詹才芳等（后增黄火青、杨清、高自力）；军区司令员为萧克，副司令员为李运昌、陈奇涵，罗瑞卿为第二政治委员；冀热辽行署主任为张明远。冀热辽中央分局、行署、军区下辖热河省委、省政府、省军区和冀东区党委、行署、军区，及热辽区党委、行署、军区。

1945年11月中旬，晋冀鲁豫中央局为了贯彻中共中央向北发展向南防御的战略方针，在峰峰召开第一次全体扩大会议，对保卫解放区，做好应付内战准备，进行了研究和部署。为了加强领导，晋冀鲁豫边区政府由涉县移到武安附近。冀南、冀鲁豫两区分开，恢复冀南区建制。11 月 1 日，撤销冀南办事处，重建冀南行署，孟夫唐为主任，王任重为副主任。4 日，恢复冀南军区，接着调整了冀南行政区划：将原 6 个专署改为 5 个，原第 7 专署改为第 1 专署，第 6 专署改为第 2 专署，第 2、第 4 专署合并为第 4 专署，第 3、第 5 专署不变；取消宏毅、清江、企之、永智等县治，宏毅县划归威县、清河、临清，清江县划归威县、清河、南宫，企之县划归威县、邱县；景南、景北合并为景县，枣南、枣北合并为枣强县；并使专署、地委、军分区相一致。同时，成立太行区行署，机关驻涉县温村，刘岱峰任行署主任；并将原 8 个地委、专署、军分区调整合并为 6 个地委、专署、军分区。其中，第 1 专署辖内邱、临城、邢（台）东、邢（台）西、赞皇、元氏、井陉、高邑、获鹿、邢台、沙河等 11 县和邢台市；第 6 专署辖涉县、武安、武（安）西、磁县、偏城和林（县）北、安阳等 7 县。

1946 年 5 月 26 日，根据中共中央指示，为适应自卫战争和建设解放区的需要，晋察冀边区政府决定：重划专区，一律恢复旧县制。5 月 26 日决定冀晋、冀中、冀东三行署改为“行政公署”，原行署各“科”改设为“厅”。边区行政委员会仍由宋劭文、胡仁奎任正副主任，秘书长程宏毅，民政处长柯庆施，财政处长南汉宸，教育处长刘皑风，农林处长刘奠基，工商处长宋劭文兼，副处长姚依林、江泽民，公安处长许建国，秘书处长王植范，交际处长徐彬如，高等法院院长王斐然。冀晋区行政公署主任杨耕田，区党委书记王平，副书记王昭，军区司令员赵尔陆，副司令员陈正湘，辖第 1、第 2、第 3 专署、地委、军分区，共 27 个县。冀中区行政公署主任罗玉川，副主任安志成，区党委书记兼军区政治委员林铁，军区司令员杨成武，副司令员孟庆山，辖第 8、第 9、第 10、第 11 专署、地委、军分区，共 49 个县和胜芳、辛集、河间、泊镇 4 市。冀东区行政公署主任张明远，副主任李耕涛，区党委书记兼军区政治委员李楚离，军区司令员詹才芳，副司令员毕占云，辖第 12、第 13、第 14、第 15 专署、地委、军分区，共 26 个县。察哈尔省改辖宣化市、察哈尔盟、锡林郭勒盟和第4、第5、第6、第7专署，共33个县、18个旗。热河省改辖第16、第17、第18、第19、第20专署，昭乌达盟和承德、赤峰2个市，28个县、9个旗。

# 第二十章　惨重的战灾和独特的贡献

## 第一节　日本侵略者在河北的反人类罪行

### 一、实施大屠杀

从1933年1月至1945年8月，日军侵略河北长达12年零8个月，一起起灭绝人性的屠城屠村，一桩桩骇人听闻的惨案，无不记录着日本侵略者对河北人民欠下的一笔笔血债。对此，前面已有所记述。这里，再加以综合分析。

日军自1933年1月1日进攻山海关起，至3月5日，在山海关、秦皇岛及迁西、丰润、滦县一带，炸死炸伤和平居民4000余人，在河北等地拉开了大屠杀的序幕。

从1937年“七七”事变到1938年11月，日军以“显示皇军的绝对威力”，使中华民族“不再有战斗精神”，在平、津及平绥、平汉、津浦铁路沿线，对中国军队和民众的抵抗，进行疯狂的报复性大屠杀。[1]如：“万全惨案”，从8月24日至9月上旬，日军在万全城内外屠杀民众600余人；“永清惨案”，9月14~17日，日军在永清县的王庄、仙人桥村、石家营、徐官营、白垈村、瓦屋辛庄、老君堂村、西下七村、鲁家窑、南台子、小方庄等村，残杀无辜百

---

[1] 谢忠厚主编:《日本侵略华北罪行史稿》，社会科学文献出版社2005年版，第6页。

姓840余人；“固安惨案”，9月14日，日军飞机30余架轰炸固安城，至18日，短短5天，日军先后又在辛务、西玉、东杨、中公由、辛仓、马申庄、南赵各庄、辛立、北流邵等29个村（街），杀害中国军民925人，烧毁房屋1000多间；“保定惨案”，9月23~24日，日军进攻河北省会保定城，轰炸、炮击、烧杀、抢掠，商户、居民罹难者3000余人，房屋被毁1000余处，市内原5万余人，当时只剩下六七千人；“正定惨案”，10月6~10日，日军在正定城北郊之岸下、永安、北关，城内的北门里、焦安角、小十字街、府墙东街、南仓街、东门里，城东北的西上泽，城东的朱河、里屯、小临济等村，残杀民众1506人，重伤103人，烧毁房屋106间，抢走牛马80余头。10月12~15日，日军5000余兵力制造赵县“梅花镇惨案”，群众被杀1547人，有46户被杀绝，有100多名妇女被强奸，600多间房屋店铺被烧毁。10月14日至10月下旬，日军在井陉县制造“乏驴岭”“北横口”“长生口”“小龙窝”“大龙窝”“核桃园”等惨案，残杀平民800余人，烧毁房屋1000余间。10月24日至12月初，日军在成安县城及城郊，残杀县城和附近村庄居民5300多人，其中，仅城内有3718人被残害，22户被杀绝，1200间房屋被烧毁，制造了“成安惨案”。“广平惨案”，11月9~13日，日军在广平县城及附近孟固、上坡、焦庄、军营、南韩村、南小留、城郊等村庄，屠杀居民2000余人。11月15日，日军又制造“邱县惨案”，在县城内杀害居民800余人。

抗日战争进入相持阶段，日军转移重点进攻中国共产党及其敌后抗日根据地。为摧毁中华民族的抗日精神，在1939年和1940年，日军提出“恩威并用”“收揽民心”，但实际上实施所谓“治安肃正”讨伐作战，对和平居民的大屠杀更加疯狂、野蛮和残忍。1938年9月，日军集中3万余兵力，对晋察冀边区围攻“扫荡”45天，仅在阜平城及附近，就残酷杀害平民4120人。1939年11月，日军在对晋察冀边区进行冬季“扫荡”中，杀害平民1200余人，抢掠粮食7万余石，烧毁民房50800间。1940年1月，日军大举“扫荡”太行抗日根据地，涉县、沙河、邢台、赞皇等十余县，数十村顿成焦土一片，涉县偏店村村民被惨杀550余人，有30名妇女被奸污。1940年4月，保定、安国、蠡县、博野、高阳等地日伪军2000余人，企图合击驻博野县白塔村冀中第9军分区第33团，遭到反击后，于4月25日，在白塔村大肆烧杀抢掠，杀害群众272余人，占该村人口的16%，烧毁房屋630余间，抢粮10万余斤。

1941年以后，日军对敌后抗日根据地进行“毁灭战”，实行“杀光”“抢光”“烧光”的“三光”政策。明令：“凡敌人区域的人，不问男女老幼，应全部杀死；所有的房屋，应一律烧毁；所有粮秣，其不能运输的，亦一律烧毁；锅碗要一律打碎；井要一律埋死，或投入毒药。”[1]日军残害平民的反人类犯罪，达到了“登峰造极”的地步。1941年1月25日拂晓，驻唐山、丰润、迁安、滦县等地的日伪军5000余兵力，突然包围冀东抗日根据地党政军驻地，制造了“潘家峪惨案”，屠杀村民1301人，烧毁房屋1398间，所有财物被毁坏抢掠一空。1941年8月，日伪军7万余兵力，对晋察冀边区北岳、平西地区进行“报复扫荡”，仅据21县统计，杀害群众4525人，伤残群众1553人，捕捉群众17837人，烧毁民房15万间，仅在平山县就接连制造了驴山、东黄泥镇、东柏坡、西柏坡、通家口、南庄、北庄、盖家峪、燕尾沟、西沟、白家庄和陈家院等20多起惨案，屠杀村民1300多人。1942年4月29日，日军“铁壁合围”冀南平原抗日根据地，全区基层组织50%以上被破坏，区连以上干部损失四五千人。接着，日军调集5万余兵力，对冀中进行毁灭性“五一”大“扫荡”，残杀、捕捉群众5万余人，造成“无村不戴孝，到处是哭声”的悲惨景象。同年12月5日，日军又制造冀东“潘家戴惨案”，屠杀和平居民1280人，烧毁民房

[1] 转引自谢忠厚主编：《日本侵略华北罪行史稿》，社会科学文献出版社2005年版，第17页。

1030间。1943年，日军对北岳区进行秋季毁灭大“扫荡”，三个月间，制造阜平平阳、平山冈南、易县寨头、井陉黑水坪、灵寿大寨、平山焦庄等40多起惨案，仅“平阳惨案”即杀死群众1000余人。1944年初，日军1万余人“扫荡”兴隆县黑水川、小黄崖抗日根据地，屠杀平民3000余人，有1000余平民冻饿而死。

日军在残害平民的犯罪中，尤其肆意对广大妇女进行有组织的、大规模的强奸和残杀。上至七八十岁的老妪，下至几岁的幼女，都难逃日军的奸污和残杀。日军往往强迫妇女扒光衣服，集体扭舞，供日军取乐，或强迫群众围观日军轮奸他们的妻子、女儿、姐妹，甚至强迫群众男女集体性交，父奸其女，子奸其母。龙华县（今易县）的两个村有500名妇女，全部遭受日军强奸；阜平县的两个村有400名妇女，其中大部遭日军强奸。不少妇女被日军强奸甚至残杀后还往阴道里塞满了谷子、高粱等杂物；一些孕妇遭日军强奸后，肚子里的孩子又被用刺刀挑出来；甚至有的妇女遭日军强奸后，又被日军一片片割死。其“特殊目的”，不是一般地“满足”日本士兵的性要求，而是“破坏中国国民的道德观点，叫中国在沦陷区的民众因在伦理关系上忘了羞耻，而逐渐在政治上也忘了羞耻，认贼作父”。[1]日军在各地建立了五花八门的日军慰安所，有日军直接、间接设立的慰安所，挂着妓院招牌的变相的日军慰安所，临时性的日军慰安所或巡回的日军慰安所，分布最广、最残暴的是日军据点碉堡抓捕或索要“花姑娘”。这些“花姑娘”被关押在日军据点碉堡里，成为日军的性奴隶，直到含冤惨死，幸免一死者也在精神上、肉体上受到极大摧残。据中国解放区救济总会1946年4月的统计，晋绥、晋察冀、冀热辽、晋冀鲁豫四个解放区妇女人口中，因遭受日军强奸和性奴役而身患性病者达620388人，其中晋察冀有70339名妇女患性病，冀热辽有399000名妇女患性病，

---

❶ 陈豹隐：《关于敌人的政治阴谋》，《大公报》1939年3月9日。

晋冀鲁豫有 122090 名妇女患性病。[1] 较严重的冀热辽区，每 18 名妇女中，就有 1 名以上的妇女因遭受日军奸污而患性病。

总之，日军制造的惨案，遍及河北各市县，一次屠杀平民 10 人以上的惨案达 498 宗，一次屠杀平民 100 人以上的惨案有 87 宗，一次屠杀 800 人以上的惨案有 20 余宗，一次屠杀平民 1000 人至 5000 人的惨案有 15 宗。日军残杀民众的手段达 100 余种，有机枪扫射、刀劈、刀剐、踩地雷、大卸八块、铡刀铡、狼狗咬、火烧、放毒、铁丝勒死、摔死、碾死、砸死、吊死、淹死、闷死、活埋、冻死、剥皮、挖眼、割耳、割舌、割鼻、剁手脚、剜筋、割生殖器、剖腹、扒心、碎身、捧火球、压杠子、灌辣椒水、电击、灌热油、点天灯，等等。这是近代以来河北历史上最悲惨、最血腥的一页。

## 二、实施毒气战[2]

华北是日本军队毒气战重灾区之一，河北地区首受其害。如前所述，卢沟桥事变后，日本空军 1937 年 7 月 27 日在卢沟桥投掷毒气炸弹。同一天，日本大本营参谋总长闲院宫载仁以临参命第 65 号命令，下达在侵华日本陆军中设置毒气部队的命令，拉开日本全面侵华战争实施毒气战的序幕。到 1937 年 9 月，日本大本营派往华北地区参战的毒气部队，已有 1 个野战瓦斯队本部、2 个迫击大队、3 个乙种迫击中队、2 个迫击小队、2 个野战化学试验部和 2 个野战毒气工厂。

日本华北派遣军的毒气部队编制繁多，配制灵活，设有野战毒气队本部、化学部和野战化学试验部。各种迫击队是日军毒气战的主力，作战时以迫击大队、迫击中队、迫击小队为单位，配属给军或师团、旅团及其以下部队。由于日本华北派遣军及所属军、师

---

[1] 中国解放区救济委员会:《中国解放区抗战八年中损失初步调查》，1946 年 4 月。原件存中央档案馆。

[2] 数据引自谢忠厚等主编:《日本侵略华北罪行档案》(6)《毒气战》，河北人民出版社 2005 年版。

团、旅团、联队可以编组各种各样的毒气战部队，因此，在日本大本营确知中国军队不具有毒气战防护能力的情况下，在将3个野战毒气中队（乙）、2个野战毒气小队及第1、第3化学试验部调回日本国内，将迫击第3、第5两个毒气大队调往中国南方作战之后，日军在华北地区的毒气战，不仅没有削弱，反而更加普遍，更加残酷，更加肆无忌惮了。

从卢沟桥事变至武汉会战，侵华日军把华北作为实验和推广毒气战的战场，先后在河北及华北各地实验和推广催泪性、喷嚏性和窒息性的毒气武器。据日本方面资料，日本华北方面军自1937年7月7日至1938年11月10日，得到补给的毒气弹药有：九四式轻迫击炮特种发烟弹、四一式山炮特种发烟弹药筒、八九式催泪筒（甲、乙）、九四式山炮特种发烟弹药筒、特种发烟筒（甲、乙），共计215000发（个）；消耗的毒气弹药有：九四式轻迫击炮特种发烟弹2556发，九四式山炮特种发烟弹药筒91发，八九式催泪筒甲447个、乙2141个，特种发烟筒甲14271个，共计消耗毒气武器19506发（个）。[1]除此之外，日军还在太原、天津、济南、德州等地建立毒气工厂，就地生产大量毒气武器。

据中国方面资料的不完全统计，从“七七”事变到武汉失守，日军在河北及华北各地实施毒气战达170余次。武汉会战后，日军在河北及华北各地由实验、推广毒气战发展为全面使用毒气战，由使用催泪性、喷嚏性、窒息性的毒气武器扩展为使用糜烂性等各种毒气武器，地域迅速扩大、次数不断增多。1938年12月2日，日军参谋总长闲院宫载仁奉旨下达大陆命第241号命令，指令华北方面军司令官杉山元、华中派遣军司令官畑六俊、第21军司令官安藤利吉：“在华各军可使用特种烟（赤筒、赤弹、绿筒），但在使用时避开市街及第三国人居住区，与烟混用、严格隐匿使用毒气的事实，注意不遗留痕迹，要进一步训练、提高使用特种烟部队的能

[1] 步平、辛培林主编：《化学战》，黑龙江人民出版社1997年版，第159页。

力。”并特令华北方面军司令官“应在占领区作战时研究黄剂及特种资材在作战时的价值”。1939年和1940年，日军在华北地区使用毒气武器达400次以上。1941年和1942年，日军“治安强化”运动和“杀光、抢光、烧光”的“三光”政策，使用毒气攻击作战更加疯狂，由小规模、间隔长和主要针对军队，转变为大规模、经常性和主要针对群众。两年间，日军在华北进行毒气作战280余次，[1]仅第129师在抗战第四周年即有官兵4390人中毒，比前3年官兵中毒总人数还多532人。[2]1943年以后，日本法西斯开始陷入颓势。1941年和1942年平均每年进行毒气战为140次以上，1943年和1944年平均减少为40次以上，1945年更减少为10次以上。但为挽救其失败命运，日军却更加依赖使用毒气武器。1944年1月29日，日军参谋总长杉山元还以大陆指1822号命令，下达“化学战准备要纲”，命令为应付紧急状态，将大量特种烟、特种弹“在1944年春季以前，配备到内地、中国、菲律宾、马来半岛及北太平洋”。1945年8月15日，日本宣布无条件投降，但10月4日，八路军冀中军区部队进攻石家庄外围日军据点藁城，5日拂晓，日军仍施放毒气，负隅顽抗。

在战争年代，日本军部和政府对毒气武器的使用与管理，是绝对保守秘密的。在中国，由于科学卫生条件的限制，战时及战后长期以来对日本毒气战的研究与揭露还很不深入、很不系统、很不全面。因此，对于侵华日军在河北及华北各地究竟使用毒气武器残杀了多少抗日军人与无辜民众，迄今还无法精确统计，只能根据局部资料，作出一个部分的大致的统计。

据现有资料不完全统计，从日军1937年7月27日在卢沟桥投放毒气弹，至日本宣布投降后1945年10月5日日军在藁城使用毒气，在时间上，实施毒气战长达8年零2个月；在地域上，使用

---

[1] 《侵华日军的毒气战》，北京出版社1995年版，第72页。

[2] 刘伯承、邓小平关于一二九师抗战四周年的战斗收获损耗统计的报告，1941年6月26日。原件存中央档案馆。

毒气武器遍及河北等华北5省2市的239个县区；在战场上使用毒气达1000次之多，仅据其中80次已查明其毒气种类、数量者，即使用催泪性、喷嚏性毒气14143筒，窒息性毒气265筒，糜烂性毒气弹1006发及液体630公斤，毒气弹3206发，毒气筒22216个；仅据133次已查明中毒伤亡人数者，即致使中国军队中毒伤亡达37000人以上。

1938年6~11月，侵华日军在“南攻武汉”“北围五台”期间，在华北敌后战场使用毒气武器达到了高峰。初步统计，日本华北方面军在此次“围攻”作战中，共使用毒气13次以上，发射毒气炮弹数百发，仅在阜平、定襄方向使用各种毒气筒就达3236个（见表20–1）。

**表20–1　日军在阜平、定襄战斗中使用毒气筒简表（1938年）**

| 时　间 | 地　点 | 使用数量（个） | 毒袭宽度（米） |
|---|---|---|---|
| 9月28日 | 灵山镇 | 130 | 200 |
| 9月28日 | 北镇 | 120 | 300 |
| 10月4日 | 方代口 | 124 | 500 |
| 10月4日 | 东庄 | 80 | 300 |
| 10月24日 | 严城镇 | 85 | — |
| 10月26日 | 大白化 | 47 | 200 |
| 10月28日 | 王快镇 | 90 | 300~400 |
| 10月1日 | 定襄 | 2548 | 2700 |
| 10月1日 | 漫山 | 12 | — |

1939年5月20日，八路军晋察冀军区第1军分区部队在河北易县大龙华战斗中所缴获日军文件，其中《日支事变中发烟攻击战例》记载，日军在曲沃作战中，共发射毒气弹2197发，施放毒气红筒12600个。

在百团大战期间，据八路军总部的战报与有关记载的不完全统计，日军使用毒气武器达20次以上，致使八路军官兵中毒者达21182名，其中旅级干部中毒者有陈赓、周希汉、陈锡联、范子侠、谢富治、尹先炳等8人。日军不仅大量使用刺激性的“红筒”“红弹”“绿筒”，而且大量使用了糜烂性的“黄剂”——芥子气、路易氏气。

1942年2月，日军第36师团等部奔袭北方局和八路军总部所在地桐峪、洪水、辽县、襄垣、和顺等地。第223联队于2月8~15日在洪水、桐峪、黄烟洞、南祝、河南店等地布毒，使用黄1号（芥子气）约300公斤，布毒场所为军队营房、洞窟、工厂、监视哨阵地等要点。日军撤退后，八路军返回根据地，有数千名官兵中毒，其中半数死亡。

据现有资料的不完全统计，自1937年卢沟桥事变至1945年日本投降，日军在河北及华北各地对无辜民众使用毒气武器，仅对101处的不完全的统计，即致使无辜民众中毒伤亡13770人以上。其中，在河北省，仅34次使用毒气武器，即造成平民伤亡4038人。举例如下。

例1：以开会为名，用毒气残害民众。1939年12月4日，河北蠡县日军200余人，将车里营、王辛庄、林堡、潘营等5村部分民众驱赶到王辛庄，把壮丁80余人关进3个房间，用窒息性毒气全部毒死。[1]1941年6月下旬，日军在“扫荡”遵化沙堡营村时，召集村民200多人开会，逮捕五六十名农民，扣留在一间民房里，放射了1个催泪性的瓦斯弹，其中10名被毒死，其余都处于半死状态。[2]

1942年7月24日，日军在南侯伶村召开群众大会，拿出两筒毒瓦斯来，说：“这是两个宝贝灵丹，吃大瓶一辈子不得病。你们

---

[1]《抗敌报》，1939年12月29日。

[2] 鹈饲房照1954年9月20日、21日口供。原件存中央档案馆。

谁吃?”有个老太太开口说:“给我一点。”他又转而笑嘻嘻地说:“好,好的!好,好的!大家张开嘴,都尝一点吧。”他走到上风头,一面说,一面戴上防毒面具,然后放出毒瓦斯来。这些和平居民,受着毒瓦斯的侵袭,流眼泪,打喷嚏,心慌头晕,干呕,不知所措。大人哭,小孩叫,东西乱窜,乱作一团。鬼子都站在一旁鼓掌大笑,看热闹。他还对老百姓说:“这次没打算叫你们死,先给你们尝点,看看我的厉害,你们如有私通八路的,我叫你们统统死了的。”❶

例2:向地道内放毒残杀民众。1942年,日军在对冀中“五一”大“扫荡”中,自5月23日至6月12日,仅20天内,在无极县、定县之间赵户村、灵寿县朱食村和朱骇村、定县北疃村、唐县岳烟村及拒马河、无极县黑贵子村、深泽县白庄和宋庄,及冀南威县掌史村等地,用毒10余次。5月27日,上坂胜联队在定县北疃村,向地道中使用赤筒、绿筒,致使在地道中躲避的北疃及附近10余村群众,共800余人全部被毒死,制造了骇人听闻的大惨案。5月下旬,日军第110师团163旅团在冀中滹沱河北岸“扫荡”时,在安平某村向地道内施放赤筒和绿筒,毒死村民、战士300人。❷

例3:其他毒杀平民的方法。为了大量毒杀和平居民,日伪军还把各种毒质放在粮食、食盐等食品里和毛巾、牙刷等用品上,使群众吃了、用了就会中毒。1942年3月上旬,日伪散发含毒的食盐,河北井陉薛家山村凡食用此盐者大部鼻孔流血,面部浮肿而暴卒,死亡13人以上。❸1943年,敌人利用汉奸,向各根据地投放毒药,太行根据地武安一区木作村,特务白林堂把毒药放在马铃薯中,毒死了24人。

华北又是除东北之外,日本军队遗弃化学毒气弹和毒剂的地域

❶《三千人民的血泪与仇恨》,1948年4月。原件存中央档案馆。
❷ 上坂胜1955年5月笔供。原件存中央档案馆。
❸《解放日报》,1942年3月23日。

广、种类多、数量大、贻害严重的地区之一，分布于河北和山西、河南、内蒙古等地约有毒气弹上万发，毒剂数百公斤。1991 年 5 月，河北省石家庄市附近的藁城中学正在新建教室和宿舍，在开挖地基中，当挖到一米多深的时候，突然发现了 50 多枚表面已经生了锈的炮弹，有的炮弹因锈蚀严重，弹头与弹身已几乎分离，其中一枚炮弹上面还注有“大阪”两字。由于炮弹内毒剂泄露出来，有很多人感到头痛、呕吐、呼吸困难，其中 20 余人中毒。经专家检验鉴定和调查，确认是侵华日军埋藏遗弃的光气炮弹，该校在日本侵华战争期间曾被作为日本军队的训练所。

### 三、实施细菌战[1]

抗日战争时期，日军华北方面军继东北第 731 部队之后，秘密地建立了第二个细菌战基地——“北支（甲）1855 部队”，给华北各地造成了惨重的疫情灾难。河北是日本细菌战受害的重灾区之一，但是，迄今还鲜为人知。

根据档案记载和实地考察，日军占领平津地区后，很快强占了北平城内天坛公园西南国民政府中央防疫处（北平生物制品所），利用原有设施与设备，秘密组建了“华北派遣军防疫给水部”。部队长，初为黑江，继为菊池，1939 年西村英二上任，又称“西村部队”，后来对外称代号“北支（甲）1855 部队”。[2]它的本部，也叫总务部，设在北平天坛公园西南角的神乐署内。神乐署原为皇家祭天乐舞生演习礼乐的地方，占地 15 亩，建筑规模宏大，包括正殿凝祈殿与后殿显佑殿及四周一圈回廊。[3]其本部下设三个分遣队，后来改为课，另有给水课及凿开班。

---

❶ 数据引自谢忠厚编著：《中国华北的细菌战——日军 1855 部队细菌战华北受害情况的调研报告》，中共党史出版社 2010 年版。

❷ 《天坛防疫处工人座谈会纪要》，1950 年 3 月 7 日。中央档案馆馆藏档案，档案号 149-2-172。

❸ 张开济：《惜哉！神乐署》，《北京晚报》，1991 年 7 月 7 日。

第一课，卫生检验课，初建时设在天坛原中央防疫处，1941年12月迁入北平协和医学院。下设细菌、血清、防疫、理化、昆虫、结核、病理等7个室，工作人员最多时达500余人。日军在天坛建筑的房子，除宿舍与病房外，工作室有100余间。1950年收集全处各部门的菌种时，发现6管写有日本女人名字的菌种，经过培养试验，其中5管是毒性鼠疫杆菌。❶这证明该课是研究细菌战剂的专门机构，其规模也是很大的。

第二课，细菌生产课，下设第一细菌生产、第二细菌生产、血清、检索、培养基等6个室。该课一直设在天坛原中央防疫处。在其霍乱菌培养室内，有一个高2米、长1.5米、宽80厘米的大灭菌器，装着5个高30厘米、长50厘米、宽30厘米的铝制霍乱菌培养器。值班的军医中尉声称："有了这些霍乱菌，就可以一次把全世界的人类杀光。"❷可见该课是生产细菌战剂的专门机构，其产量十分惊人！

第三课，细菌武器研究所，下设生产、研究、特别研究、事务及诊疗、资料、经理等室。1941年12月9日，该课由天坛迁入北平静生生物与社会调查所。该所建于1928年，除地下室外，共有3层，有房60多间，是中国著名的研究学府。第三课迁入后，将它扩建为专门研制鼠疫跳蚤武器的机构。平时二层楼西半部养蚤种，作战时二、三层楼全部养蚤，最大生产能量是2.47万瓦（24.7公斤）。❸1944年12月起，每月可生产鼠疫跳蚤20公斤。❹这表明该课研制带鼠疫菌的老鼠、跳蚤的规模不小，产量也是相当大的。

---

❶ 陆世烺：《关于日军驻北京细菌部队情况调查》，1950年，中央档案馆馆藏档案，档案号149-104。

❷ 长田友吉的笔供，1954年11月1日，中央档案馆馆藏档案，档案号119-1-131。

❸ 陆世烺：《关于日军驻北京细菌部队情况调查》，1950年，中央档案馆馆藏档案，档案号149-104。

❹ 郭成周、廖应昌编著：《侵华日军细菌战纪实》，北京燕山出版社1997年版，第86页。

华北（甲）1855部队除北平本部外，还先后在天津、塘沽、保定、石家庄、张家口和（山西省）太原、大同、运城、（绥远省）包头、（山东省）济南、青岛、（河南省）郑州、新乡、开封、确山、（江苏省）徐州等16个城市设立了细菌战支部、办事处、分遣队，并在各师团、旅团设置了野战细菌班，全员约1500人。❶如：太原防疫给水细菌战支部，于1938年5月编成，地址在太原市西羊市街12号，内设细菌教育、细菌检查、细菌培养、解剖、特殊实验、消毒等机构，协同驻太原第1军作战，并往运城（长治）派出一个五六十人的防疫给水班，协同第36师团作战。石井四郎于1942年8月至1944年初担任第1军军医部长期间，曾直接指挥该支部的细菌战活动。❷

济南防疫给水细菌战支部与前者同期编成，设在济南市经六路纬六路（1942年迁至经六路纬九路），内设庶务、卫生材料、计划、卫生研究、防疫、生菌制造、经理等班，共有日本官兵约150人，中国苦力二三十人，协同第2军（后为第12、第43军）作战。❸配属师团、旅团的野战防疫给水班，少则十余人，多达三四十人。驻山东第59师团防疫给水班，内设培养细菌、检索细菌、养鼠、检查水质、整备培养器材等室，编制30人左右。❹

在日本大本营的统帅和部署之下，华北（甲）1855部队与东北第731部队、华中“荣”字第1644部队、华南“波”字第8604部队密切配合，成为侵华日军进行细菌作战的重要基地和战略支点。

---

❶ 北支那防疫给水部编成表，1944年9月30日。载郭成周、廖应昌编著：《侵华日军细菌战纪实》，北京燕山出版社1997年版，第233页。竹内丰的笔供，1953年2月2日，中央档案馆馆藏档案，档案号119-2-411-2-16。

❷ 汤浅谦的笔供，1953年1月31日，中央档案馆馆藏档案，档案号119-2-81-2-19。

❸ 竹内丰的笔供，1954年12月8日，中央档案馆馆藏档案，档案号119-2-411-16；《济南市人民检查署向山东省人民检查署关于济南防疫给水支部的调查报告》，1954年5月24日，中央档案馆馆藏档案，档案号119-2-411-3-29。

❹ 林茂美的笔供，1954年8月24日，中央档案馆馆藏档案，档案号119-2-619。

为了加速研制细菌武器，华北（甲）1855部队与第731部队一样，犯下了人体细菌实验和活杀解剖观察的反人类罪行，所不同的是，在华北的广大城乡，特别在偏僻边远地带，这种灭绝人性的犯罪更加普遍，更加广泛，更加丧心病狂！自日军1933年侵入华北，这种反人类罪行就开始了。1933年4月6日，种村文三在热河省古北营子站，用一名被车子轧了左下腿的中国工人，做了将左腿锯掉的手术练习。[1]1938年8月14日，杉下兼藏在太原市西羊市街工业学校运动场房内，将一名抗日军俘虏活体解剖，并拍摄了相片。[2]此后，这种人体实验与活杀解剖迅速扩展，不论在1855部队的本部、支部内，还是在各地陆军医院和野战医院内，都是很平常、很普遍的，有不少大队、中队甚至小队的军医都进行着五花八门的“自由解剖”，有时甚至不打一点麻药，就把活生生的中国抗日战士、老人、小孩给解剖残杀了。

华北（甲）1855部队本部将“当作动物做实验”的活人称作“猿”。[3]据平川喜一的证词：他曾在第三课工作过，当时，第三课二楼4、5、6、11、12号是收容受试验者的房间。在丰台日军步兵训练队有俘虏收容所。1944年夏天，他担任特别警戒，和翻译广田（军属），连续三次用汽车将俘虏由丰台押运到第三课，第一天押运6人，第二天押运5人，第三天押运6人，关押在监禁室内，由军医给他们注射细菌，观察感染变化，再运到第一课（天坛）进行解剖。[4]短短三天，就做细菌实验活杀了17名中国抗日俘虏。

1855部队太原支部的人体实验，是与日军太原陆军医院共同实施的。如1944年1月，驻太原第1军司令部调集军医21人，在太原防疫给水支部受训三天，用抗日战俘8名进行活体解剖实习，

---

❶ 种村文三的口供，1954年8月21日，原件存中央档案馆，档案号119-2-1106-1-4。

❷ 此原件存中央档案馆，卷宗号119-2-74-1-6。

❸《北京晚报》，2001年1月18日。

❹ 平川喜一的证词，1993年12月。日本《战争责任研究》季刊，1993年第2期，第49页。

宣布“这是军事机密，不可说与别人”。分为四组进行活体解剖，有盲肠炎、虫样切除、疝气、气管切开、动脉结扎、粪漏形成、四肢切断等手术。解剖完后，人还活着，向脑脊髓内注入 5cc 石炭酸杀死。太原防疫给水支部的笠中尉、井河中尉又将头盖骨切开取出脑髓，将胸部切开取出心脏。❶

1855 部队济南支部不仅使用抗日战俘做细菌实验，而且利用抗日战俘培养生菌战剂。据韩国人崔亨振《日军在中国的第二支细菌部队》一文披露，在该部队“驻地用双重铁丝围着”，每 3 个月进行一次人体实验，每次要杀死 100 名抗日俘虏，一年要杀死 400 到 500 多名俘虏。他服役期间，死亡的俘虏有 1000 人。实验对象不足时，就到附近村庄抓来大人和小孩进行实验。还对离部队 8 公里远的一个村子的 50 多户 300 多名村民进行了霍乱病菌的人体实验。先把沾有霍乱菌的猪肉等狗食撒在村里，经过 15 天左右因霍乱死了 20 人后，就宣布这个村子为传染病发生地区，以便观察防疫和治疗过程。❷据日军战俘竹内丰的证词，他奉命于 1943 年 8 月 1~31 日，由济南陆军医院调入济南防疫给水支部，与该支部军医大尉木村一起，使用从宪兵队要来的 11 名八路军俘虏，用 2 名接种鼠疫菌感染，抽取其静脉血；用 9 名接种伤寒菌感染，穿刺胆囊抽取胆汁，并收集其粪便，然后加以培养，制造作战用的鼠疫生菌和伤寒生菌。在短短一个月时间，制造出肠伤寒及巴拉伤寒生菌 16 桶半，以容量来计算，约有 999 公斤。❸

据不完全统计，抗战期间，日本在华北的军医数以万计，仅

❶ 中村三郎的口供，1954 年 8 月 31 日，中央档案馆馆藏档案，档案号 119-2-1105-1-4。

❷ 崔享振：《日军在中国的第二支细菌部队》，《参考消息》，1989 年 8 月 2 日，原载韩国《中央日报》，1989 年 7 月 21 日。

❸ 竹内丰的笔供，1954 年 11 月，中央档案馆馆藏档案，档案号 119-2-411-1-7；竹内丰的笔供，1954 年 8 月 21 日，中央档案馆馆藏档案，档案号 119-2-411-1-5；竹内丰的口供，1955 年 6 月 25 日，中央档案馆馆藏档案，档案号 119-2-411-1-6。

其中28名日本军医，就在华北进行了60次人体实验，解剖活杀了146名抗日战俘和和平居民。山西原平镇陆军医院军医吉泽行雄先后10次解剖活杀了14名中国人。[1]运城陆军医院军医汤浅谦在1942~1945年，解剖活杀了10名抗日战俘和5名和平居民，并奉命制定了1944年度和1945年度的军医教育计划，规定每两个月解剖一次，每次解剖活人2名。[2]汤浅谦反省说："当时只觉得在杀一条狗，那种事几乎是家常便饭。""年轻人也许不会理解为什么会犯这种罪行。这是由于蔑视别的民族的教育和军国主义教育的欺骗性造成的。"[3]

华北（甲）1855部队实施细菌战，与第731等部队在东北和南方也有所不同。它主要针对中国抗日军队和抗日根据地人民，与"扫荡"作战相结合，采用十分原始又极其隐蔽的方式散播细菌。特别在1941年后，其细菌战的"使用对象，由军队为主，改为群众为主；使用时机，由间隙施放为主，改为经常施放为主；使用分量，由小规模为主，改为大规模为主"。[4]既在一些村庄、城市散播细菌，又在数县进行细菌攻击。据现有资料不完全统计，1937~1945年，华北（甲）1855部队在今河北、山西、山东、内蒙古、河南、陕西、宁夏和北京、天津等省市自治区散播霍乱、鼠疫、伤寒等细菌约70次，疫情蔓延达110多个县旗，造成疫病流行，约百万民众染病，30万民众死亡。

1941年12月，日军进攻黄河西岸柴磴口等地，撤退时由细菌部队40余人散布带鼠疫菌的老鼠。经过不到10天的潜伏期，在黄

---

❶ 谢忠厚等总主编：《日本侵略华北罪行档案》（5）《细菌战》，河北人民出版社2005年版，第114~172页。

❷ 汤浅谦的认罪书，1955年6月9日，中央档案馆馆藏档案，档案号119-2-81-1-8；汤浅谦的口供，1955年8月31日，中央档案馆馆藏档案，档案号119-2-411-1-5。

❸ 郭成周、廖应昌编著：《侵华日军细菌战纪实》，中华书局1997年版，第71页。

❹ 晋察冀军区司令部通报（1942年5月9日于军区司令部队军字第5号），中央档案馆馆藏档案。

河西岸的西沙圪堵、十三河头、惠德成南岸等处发生鼠疫，“整个西北前哨顿呈严重局面”，向宁夏、陕西、山西、河北等省传染蔓延，造成至少500人以上死亡。❶

1942年，日军在晋东北制造“无人区”期间，菊地修一奉命以武装掩护太原第1军防疫给水部细菌小组，向五台、阜平地区三处投放带鼠疫菌的老鼠，造成鼠疫突发蔓延，7~8月，麻子岗村有118人，患鼠疫病48人，死亡35人。经调查和医学鉴定，“是由于人工散布带有鼠疫病菌的老鼠所造成的鼠疫病流行”。❷

1943年春季，日军进攻灵寿等地八路军部队，战斗结束后，在上、下石门村到处都有老鼠、跳蚤。开始有几个儿童病死，鼠疫在上下石门村、吕生庄、西岔头、万司言一带流行。患者发高热、鼻出血、头痛、股淋巴结肿大。上、下石门村共200多户，最厉害时每天有40~60人病死。万司言村70多户，每天有10~20人病死。驻万司言村晋察冀军区第8区队一个团部、四个连中发生鼠疫病80名左右，死亡36人。❸

1943年春天，华北（甲）1855部队本部秘密策划在北京城内进行霍乱试验，指使伪北京防疫委员会炮制出台《霍乱预防实施计划》，7月间组织200名卫生下士官候补者进行两星期霍乱、伤寒、赤痢的检索教育，8月间西村部队在城内撒布霍乱菌，试验霍乱菌的繁殖力、杀伤力。仅日军军医检查霍乱死者尸体达1050具。伪《北京新民报》披露，自1943年9月5日发生霍乱，截至10月底，市内发现霍乱患者2136人，死亡1872人，另有路倒死亡者

---

❶《军事委员会快邮代电》，1941年2月7日，办四渝字164号；《卫生署快邮代电》，1942年6月13日，三一防字第9846号；战时防疫联合办事处疫情旬报，1942年4月上旬，第4号。

❷ 山西省西坡乡麻子岗村张英南等控诉书，1954年12月21日，中央档案馆馆藏档案，档案号119-2-12-11-149；山西医学院内科传染病学副教授何其英、山西学院内科学讲师曹鸿山：《医学鉴定书》，1956年5月13日，中央档案馆馆藏档案，档案号119-2-12-14-12。

❸ 河北省军区卫生部整理关于日军细菌战罪行材料，1950年2月23日，中央档案馆馆藏档案，档案号149-2，第165~167页。

92人。[1]

1943年9~10月，日军“代号方面军第12军十八秋鲁西作战”，是在华北平原人口稠密地区进行的一次大规模的霍乱细菌作战。作战前夕，华北方面军召开所谓“防疫会议”，将“北平说成是疫源地”，由石井四郎提出“华北防疫强化对策”。日军乘连日大雨卫河暴涨之机，在聊城以南、馆陶等地撒布霍乱生菌，派第44大队在清河大桥、尖冢镇、馆陶北方等三处掘溃卫河西岸河堤，制造卫河洪灾，掩盖其霍乱菌攻击，淹毁卫河西岸冀南抗日根据地，同时防止冲毁津浦、石德铁路。日军第59师团高级副官广濑三郎称：发动霍乱作战的计划“是由参谋起草的，我参加研究，并提出了有关派遣部队与作战日期的具体意见。这次作战是在山东鲁西地区，目的是试验细菌武器的效力，同时也是为了试验日军在霍乱传播地区进行作战时的防疫力与耐久力”。[2]参战部队有第59师团第53、第54旅团约3500人，1855部队济南支部、第12军防疫给水部和伪蒙疆坦克部队及保定陆军医院等一部。作战地区包括（山东省）阳谷、莘县、堂邑、范县、朝城、濮县、观城、东昌、临清、夏津、（河北省）馆陶、大名等县。9月上旬起，实施霍乱抵抗试验、蔓延霍乱、掠夺物资等三期作战，历时40余天。结果，使山东省卫河两岸，卫河以西之河北省邯郸以东、石家庄以南，河南省新乡以北，这一广大平原低洼地区五六十个县，遭受水灾、霍乱深重。日军情报系称：馆陶、曲周、邱县、威县、清河、（山东省）临清等县，受害面积约1800平方公里，受害居民约115万人，因霍乱、水淹、饿死约52500人。（山东省）聊城梁水镇霍乱

---

[1] 长田友吉的口供，1954年10月30日，中央档案馆馆藏档案，档案号119-2-270-1-4。北京市崇文区地方志办公室：《揭开侵华日军1855细菌部队之谜》，《北京晚报》2001年1月18日。

[2] 广濑三郎的口供，1954年8月16日，中央档案馆馆藏档案，档案号119-2-988-1-5。

死亡3000人。[1]据冀南抗日民主政府调查：全区受灾30多个县，灾民400余万人，自9月发现霍乱流行，10月上旬开始自北向南、由东而西在全区蔓延。巨鹿县霍乱病死3000人；曲周县东王堡村150户病死600人；馆陶县榆林、来村、法寺等村10天内病死370余人；威县南胡帐村170户病死210人；邱县梁儿庄300户病死400人，有20余户死绝；清河县黄金庄村病死200人。[2]据馆陶县2005年调查，传染霍乱村庄179个，死亡10329人；邱县2006年调查，有160个村染及霍乱病，死亡15201人，1942年底全县有8.8万人，灾后只剩下4.2万人。[3]

细菌战是被隐瞒下来的日本国家的历史犯罪，隐瞒历史真相，包藏着复活日本军国主义的祸心。

## 四、强掳劳工

日军侵华期间，日本帝国主义为解决其劳动力缺乏问题，同时减少八路军的兵源，在华北等地推行强掳奴役劳工的“强制劳动”政策。河北是日本“强制劳动”政策的重灾区之一。

1933年初，伪满洲国傀儡政权成立后，日本政府确定了其劳务掠夺政策，决定从华北征用大量廉价劳工到东北，从事交通运输、土建工事和矿山开发等。为此，组建伪满劳动统制委员会，负责编写使用华北劳工的行业和人数，规定劳工的劳动条件和工资标准等，并由关东军掌控的大东公司（后称为“满洲劳工协会国外部”）负责在华北地区诱招劳工。这些劳工一旦进入东北，就失去了自由与任何权利，成为被压迫和残酷榨取的战时“奴隶”。

日本全面侵华战争开始后，为实施所谓“满洲国产业开发五年

---

[1] 难波博的口供，1954年12月27日，中央档案馆馆藏档案，档案号119–2–1058–1–4；林茂美的笔供，1954年8月24日，中央档案馆馆藏档案，档案号119–2–619–1–5。

[2] 《冀南革命斗争史》，中央编译出版社1996年版，第256~257页。

[3] 中共河北省委党史研究室（未刊稿）：《日军在馆陶县进行的细菌战专题调研报告及有关证据》《日军在鲁西实施细菌战过程中邱县损失情况综述》。

计划”和大规模构筑对苏永久性军事工程的“北边振兴计划”，急需在华北有计划地组织劳工入“满”，以满足“满洲”大力“开拓”国防重化工业、矿产业和农业对劳力的急缺。[1]大东公司网罗大批日本浪人和汉奸流窜各地，以“为失业劳力解决就业”，到东北可得高薪、免捐免债免税等为诱饵，将大批贫民诱骗贩卖到东北去做苦工。从1941年起，日本关东军请华北方面军，在“治安战”中把强征劳工输入东北作为任务，7月8日成立“华北劳工协会”，负责全面统制和调度华北劳力资源。“华北劳工协会”建立了一套完整的组织网络。其总部设在北平，并在北平、天津、保定、山海关等9个大中城市设立办事处，在14个小城市设办事分处，在河北、山东、苏淮的16个县设事务局，并与伪新民会、伪合作社配合，全面统制劳工调查、登记、募集、分配、押运等项事宜。从此，日本征召劳工政策，从骗招转向公开强征。

太平洋战争爆发后，日本对劳动力的需求陡然增加，强征劳工的活动改为直接由华北方面军指挥，由其劳务统制机关实施。1942年起，实施“划地区摊派强征制”，给华北地区各县制定了向东北、“蒙疆”和华中各地区输送劳工的指标。据《晋察冀日报》报道，日军强征劳工的数量一般按县摊派，1942年，在邯郸县一次就摊派强征劳工5000名；在博野、曲阳县每村强征劳工5~6人，总数也达数千人。日军还在对抗日根据地的“围攻”“扫荡”中，实施所谓“猎兔”计划，抓捕村民作为劳工，服苦役。

为解决日本国内劳力奇缺的问题，日本内阁于1942年11月27日通过《关于华人劳务者移入内地案》，称“鉴于内地劳务供求日益紧张，特别是重体力劳动方面的劳动力显著不足之现状”，“将华人移入内地，以使其参加大东亚共荣圈建设”。[2]并要求尽量使

---

[1] 日本《东亚新报》天津支社编：《华北建设年史》，“产业经济篇”，1944年版，第95~96页。

[2] ［日］田中宏、松泽哲成编：《日本强掳中国人资料——〈外务省报告书〉》，现代书馆1995年版，第139页。

用熟练工人及经过训练的战俘。1944 年 2 月 28 日，日本政府制定《关于促进华人劳工移进国内事项》，正式开始实施无代价地大量抓捕中国劳工到日本的计划。为此，“华北劳工协会”在河北建立石门劳工训练所，设立 7 个道办事处、2 个办事分处，在冀东、山海关、塘沽等地设置 4 个特别办事处。由各级伪募集劳工委员会出面，按调查登记的劳工名册及其档案情况，将强征劳工直接指派到户和人，并规定有违抗不从者，中途逃亡者，一律严惩直至处决。[1]

日军为了把战俘和被抓、强征的民众集中起来，经过短期训练，押往东北等地和日本国内充当奴隶劳工，在保定、石家庄等华北各地建立“战俘劳工集中营”“训练所”20 余个。这些“集中营”“训练所”生活条件极端恶劣，被人们称作“死亡营”“人间地狱”。石家庄集中营位于平安公园一带，占地 277 亩。该集中营建于 1939 年，曾使用过战俘收容所、劳工教习所、劳工训练所 3 个名称，实际上是日军对被俘抗日军民进行奴化教育、策反利用、奴役使用、输送劳工的重要基地。这里关押的多是日军在冀中、冀南、冀晋、太行等地“扫荡”中抓捕的共产党员和八路军战士，也有洛阳战役被俘的国民党官兵，还有不少是被抓捕的普通百姓。到 1945 年日本投降，在石家庄“集中营”及其所属军警宪特小监狱与华北劳工协会石门办事处收容站，先后关押抗日军民约 5 万人，其中有 2 万人被折磨而死，约 3 万人被送往东北和日本国内当劳工。除此之外，“华北劳工协会”还在井陉、门头沟、唐山等地建立一些小型的劳工训练所、劳工研究所，以镇压和奴役劳工。如井陉煤矿劳工研究所，位于井陉矿东门 20 号，原是日本宪兵队所在地，在劳工研究所内设有审讯室、刑罚室、地牢、水牢、木笼、铁笼等，有坐老虎凳、站铁丝笼、灌辣椒水和肥皂水、上电刑、踩火砖、铁板烙等酷刑，被称为“二十号阎王殿”。

总之，日本侵略者利用招募、摊派、强征、抓捕等手段，强掳

[1] 《北京特别市政府 1945 年劳工动员实施计划和办法》，天津市档案馆。

近千万抗日军民充当奴隶劳工，押赴中国的东北地区、“蒙疆”地区、华中地区和日本国内及朝鲜、东南亚做苦工，强制从事修筑铁路、公路和军事工事，开采铁矿、金矿、煤矿等繁重的体力劳动，受尽了奴役和迫害。据有关专家查阅档案统计，1935~1945 年，日本侵略者从河北押往东北、“蒙疆”、华中和朝鲜及日本国内的劳工约 360 万人，在华北地区奴役的劳工约有 200 万人，合计强掳劳工约达 560 万人，其中 3 万人左右被押运到日本做奴隶劳工，致死、致残劳工达 74 万人以上。[1] 日军强制劳工从事奴隶劳动，制造了井陉矿区、龙烟铁矿、下花园煤矿、石门、承德水泉沟等多处“万人坑”。

### 五、制造“无人区”[2]

日本侵华战争期间，日军在河北及周边省份，先后制造了晋东北“无人区”、冀晋边区界“无人区”和长城沿线“无人区”，前面已有略述。这里，再以长城沿线“无人区”为例，加以分析。

1939~1945 年，日本侵略者为阻断中国共产党及其领导下的八路军向伪满洲国境内推进，由日本关东军、伪满军、伪蒙军和华北方面军相配合，从沿长城东起山海关以西九门口，西抵独石口以东老丈坝，在长城沿线南北宽 32~250 公里的广大区域，制造了横跨冀东、热河、辽西及察哈尔部分地区，长约千里的“无人区”。其反人类罪行，堪称：南有“南京大屠杀”，北有“长城沿线无人区”。

1939 年和 1940 年，是日军小规模推行“无人区”的时期。1938 年，八路军第四纵队挺进冀东和冀东人民抗日大起义，使日本侵略者深感不安，惊呼“延安触角深入满洲”。为扑灭刚刚燃起的抗日火焰，日伪于 1939 年秋开始推行局部小“集家并村”，在五

---

[1] 据 2016 年 12 月 26 日电话询问中国劳工问题研究专家居之芬的记录。

[2] 本项目内容引自陈平：《千里“无人区”》，中共党史出版社 1992 年版，第 65~74 页、第 78~83 页、第 91~92 页。

指山游击区的腹地，将20多个村落的居民，集中到“部落”，全部烧毁该地1500多间房屋，抢走大部分粮食，并将群众500多人赶入“集家村”。1940年秋季，在抗日游击队的帮助下，这些群众才大部迁回原地。

由于冀察热辽地区的抗日游击战争迅猛发展，不仅威胁到伪满，而且威胁到伪华北的“治安”。1940年秋，关东军西南防卫司令官大村主持制定《西南地区肃正工作实施纲要》，从此在冀察热辽地区制造长城沿线“无人区”的计划正式形成，开始实施较大规模“集家并村”的计划。到1941年秋，日伪军在反复对平北、冀东抗日游击根据地进行围攻、“扫荡”中，将东起半城子，西到渤海所，南从白道峪，北到于营子，总面积约3600平方公里的广大地区，划为“无住禁作”地带，实行杀光、抢光、烧光的“三光”政策，先后设置建成93个“集家并村”的“部落”。同时，抓捕群众在丰（宁）滦（平）密（云）南部沿山边挖了宽3.6丈、深1.6丈的封锁沟。

1941年秋，八路军冀东部队隐蔽地开进热南山区，日伪十分惊恐。日本关东军防卫司令部于1941年9月15日，发布《时局应急西南特别肃正》作战命令，将“集家并村”、建设集团部落，作为“治本工作之重点”，把实施重点放到丰宁、滦平、兴隆、承德、青龙5县。1942年8月，日本华北方面军司令官冈村宁次在北平召开兵团长会议，决定在长城沿线制造“无人区”，在所谓“治安区”“准治安区”及交通要道两侧修遮断壕和碉堡。从此，日本关东军与华北军相配合，在长城沿线有计划、大规模地“集家并村”，建立“部落”（人圈），以丰宁、滦平、兴隆、承德、青龙5县为重点，由西向东迅速推进。到1944年春，日军实施长城沿线“无人区”计划基本完成。

据中共河北省委党史研究室的调查统计，日军制造的长城沿线“无人区”，范围涉及今河北、辽宁、内蒙古、北京、天津5个省、市、自治区，计25个县（区），面积约5万平方公里，其中

“无住禁作”地带约8500平方公里。被“集家”的自然村1.7万多个，共建“集家并村”“人圈”2506座，被驱赶“集家”的群众约140万人。“无人区”主要包括三种形式：一是“无住禁作”地带，即不准住人，不准耕作，实行彻底“三光”政策的区域。二是“集团部落”，即在平地大川地域修建有围墙、有日伪军看守的“人圈”，“部落”里的群众没有任何行动自由。三是“无住禁作”地带和“集团部落”之间的“禁住不禁作”地带。这样，日军在长城沿线，东起九门口，西抵独石口，北起围场，南至长城内侧，就构成了一个庞大的绝缘体式的特殊战略地带。

日军在制造“无人区”的过程中，实行了“拔根断源式的摧毁”。据统计，整个“无人区”的1.7万多个自然村落，全部被夷为废墟。兴隆县有40%以上地区被日军划为“无住禁作”地带，被屠杀约1.3万人。为了摧毁抗日军民赖以隐蔽的山林，日军在每年冬春之际，到处纵火焚毁森林。当年热南山区郁郁葱葱的壮丽河山，成了片片焦土，京津及冀东地区的自然生态受到很大影响。日军对于生活在“人圈”内的群众，进行无比残暴的法西斯统治。群众被驱赶进入“人圈”后，就失去了经济来源，生活陷入绝境，衣不遮体，食不果腹，不少人冻饿而死。“人圈”中，居住环境更是十分恶劣，住的都是窝铺或者马棚、猪圈、磨道。“人圈”内，伤寒、霍乱、疟疾、痢疾、鼠疫等连年广泛流行。还有一种可怕的血液病，得了病的人鼻口喷血，流行很广，死亡率极高。各种瘟疫吞噬了成千上万人的生命。据不完全统计，赤城县的千松台“人圈”，共有280户，有63户死绝；千松台、石片沟、张家营3个村，死于瘟疫病的占总人口1/4，因无法生活而逃亡的占1/5，人口减了一半。平泉县有127个“部落”村7万多口人，死于瘟疫的1万多人，其中柳溪乡11个部落5300人，病死2100多人。建昌县“集家并村”后，有7700多人死于瘟疫。兴隆县在1943年夏季一次瘟疫大流行中，就有6000多人死亡。隆化县因瘟疫流行，不少村庄有约一半人口死亡，其中黄土梁子“部落”410口人，有220多人死于瘟疫。

由于日军制造“无人区”，实行最残酷的杀光、抢光、烧光的“三光”政策，使长城沿线地区的人口急剧减少。据《热河抗战简史》记载：在热河地区，日军制造“无人区”中，虐杀群众10万多人。实际上是远不止此数。青龙县总人口，1934年时有28万人，1945年下降到25万人。滦平县总人口，1933年有24万人，1945年下降为21万人。兴隆县总人口，1933年有15万人，抗战胜利时还剩不足10万人。

## 六、掠夺和摧毁经济、文化[1]

日本侵略者将河北等地作为“日满华经济圈”之骨干部位，对其经济和文化，实施疯狂的统制、掠夺和摧毁的政策。如前所述，日本占领东北后，即大力向河北等华北各地侵略扩张，千方百计控制河北等地的交通、工矿和民族工商业。日本占领河北和整个华北后，迅速建立了殖民经济体系，日本在“开发”“建设”的旗号下，几乎全部霸占了河北和华北各地的金融、工矿、盐业、电力、交通等主要公私企业，大力统制和掠夺煤、铁、盐和粮、棉等战略物资。太平洋战争爆发后，日本为把华北变为大东亚战争“兵站基地”，对河北等地的经济统制和掠夺变本加厉。一方面，大力开发煤、铁等矿业和制盐等原料生产和农产品生产，以及铁路、公路等交通运输，将一切国防物资和生活必需品，一律实行全面统制，以保证战争和日军及日侨的需要；另一方面，为减轻运输的压力，将过去只向日本及伪满地区输入工业原料，改变为输入半成品或成品，为此，在河北等地紧急新建、扩建一批小型炼钢、炼铁等工业。并通过伪华北联合准备银行和伪蒙疆银行及其遍布华北各地的分支机构，大量发行准备金不足，甚至没有准备金的伪钞票，大

[1] 数据主要引自谢忠厚主编：《日本侵略华北罪行史稿》第一章，社会科学文献出版社2005年版。

量使用所谓“军用票”，“收兑”法币，破坏抗日根据地的“边币”，统制和掠夺物资。如，伪华北联合准备银行发行的伪联银券，1938年为16200万元，1941年增为96400万元，至1945年，共发行伪币19513809万元。据不完全统计，1937~1945年，日本华北开发公司从河北等华北各地，掠夺走的煤炭，约达12000万吨；掠夺走的铁矿石，达450万吨以上；运往日本的长芦盐和山东盐，达1200万吨。在农牧业方面，日本侵略者实行“工业日本、农业中国”和“以战养战”的原则，重点开发棉、粮、皮毛等农牧产品，进行严密统制和疯狂掠夺。如1942~1945年，河北等华北各地，年产皮棉平均达300万担，大部分被掠夺运往日本，1937~1945年，掠夺走皮棉计达2000多万担。

日本侵略者对河北各抗日根据地的经济，采取毁灭政策，实施“三光”作战。凡根据地区域的人，不论军队或民众，一律杀死，或抓捕充作劳工；凡粮、棉等物资，农具和牛、羊、猪等家畜家禽，一律抢走，抢不走的就地烧毁；凡房屋和衣物、家具等物品，一律烧毁，烧不毁的全部砸烂；凡水井、水池等，一律毁坏，或投放病菌、毒药。为了彻底毁灭抗日根据地人民的生存条件，日本侵略者还肆意制造和扩大灾荒。如，1939年夏天，华北地区暴雨成灾，河水猛涨，日军乘机掘开永定河、大清河、拒马河、滏阳河等河堤，致使河北全省遭水灾，有60个县成一片汪洋。冀中、冀南两区根据地，淹没良田10.8万余顷，淹没村庄9752个，灾民达450余万人。与此同时，日本侵略者还大肆破坏、掠夺民族文化遗产，以泯灭中华民族的文化精神。河北的名胜古迹，古寺庙、古建筑等，遭到惨重的破坏和掠夺。如清代古典园林艺术的杰作——避暑山庄，1933年3月4日，日军占领承德后，为庆贺胜利，放火烧毁了卷阿胜境殿，并将整个避暑山庄作为日军兵营。又以“金属献纳”为由，拆毁了有199年历史的宗镜阁铜殿。日本侵略者还将外八庙的各式镀金、银佛像143尊，避暑山庄、外八庙的内装饰品120件，乾隆皇帝主持、花费18年时间才完成的满文《大藏经》，用金字书写并载有汉、满、蒙、藏 4 种文字的《丹珠经》和《甘珠经》，及一部《古今图书集成》，掠夺运回日本国。日本侵略者还极力推行毒化政策，强制农民种植鸦片，在城乡各处广开大烟馆，引诱居民吸食鸦片。据晋察冀边区禁烟督察局的报告，日本在“蒙疆”地区五年（1940~1944 年）鸦片增产计划，指定面积 520 万亩，实际种植 432.8 万亩，计生产鸦片 9032 万两。据雁北 7 县、察南 8 县、察北 8 县、热河 16 县的统计，1945 年，鸦片种植面积达 1.06 亿亩，计产鸦片烟 31.83 亿两。仅察哈尔省 18 个县，即有吸食鸦片者 264386 人，占该省总人口的 11.6% 以上。❶

日本侵略者的反人类暴行，给河北人民的生命、财产和社会生态造成了惨重的灾难，河北人民为抗战胜利付出了高昂的代价。抗战时期，华北是重灾区，河北是重灾区中之重灾区。据中共河北省委党史研究室近年来的调查统计，已经查明全省直接人口伤亡 1534255 人，间接人口伤亡 524210 人，直接、间接人口伤亡总计 2058465 人。另有未查明伤亡人口，其中有被俘人员 240719 人，灾民 2629311 人，押往中国东北及日本国的劳工 326532 人。实际上，这些河北人口伤亡数字，不是高了，很可能是低了。如前述劳工问题研究专家居之芬，依据华北劳工协会档案的统计，日军强掳河北劳工约 560 万人，其中死伤 74 万人以上。

公私财产损失，据中共河北省委党史研究室近年来的调查统计，计有：各类工厂、作坊、矿山、商铺等损失 17964 家，钢、铜、铁、锡 15010 吨，运走煤炭 82144425 吨，运走矿石 5928129 吨。占用土地 49506205.084 亩，损毁房屋 5199129 间，抢掠粮食 16546852.67 吨。损失法币 288069854152.92 元，国币 1891929183.155 元，银圆 42156019.5 元（块），美元 630009423.19 美元，英镑 2860031.765 英镑，大洋 1896963394.36 元，冀南币 22547296 元，晋察冀边币

❶《敌寇种植鸦片实施毒化政策的概况及我半年来烟民戒烟的成绩与经验》，1946 年 6 月 25 日。此原件存中央档案馆。

94474282319元，人民币97886888元，伪联银券29024566.1元，伪满币439988918.19元，伪蒙疆币177458.9元，旧币613876元，日本准备票4万元，其他伪币5144629元。另有未查明币种4425610576元，企业损失资金14亿元以上。[1]

## 第二节　河北抗战的独特贡献

### 一、抗战堡垒和反攻的前进阵地

第一，河北的战略位置极为独特。华北地区是维系中华民族生存的最重要支柱之一，是中国的政治、军事、经济、文化的中枢和命脉。河北地处华北地区的北部，是东北与内地联系的咽喉要道。东北沦陷后，华北地区成为中国的第一国防线，中日民族矛盾的聚焦点，关系着中华民族的生死存亡，是决定中日关系走向的关键，而河北首当其冲，成为关键中的关键。日本侵略者为占领华北，进而占领全中国，首先以武力占领河北并以此为跳板。为此，1933年1月1日，日本进攻榆关（今山海关），继而占领热河及长城各隘口；1935年，日本制造“河北事件”，策动“华北事变”；尔后，增兵华北，1937年，日本发动全面侵华战争。在中国局部抗战的阶段，在中国共产党的领导、推动和影响下，河北人民同东北人民的抗日斗争相互呼应，在关内掀起了日益广泛的抗日救亡运动，榆关抗战打响了华北武装抗日第一枪，察哈尔抗日同盟军、冀热边孙永勤农民抗日救国军，这些英勇的武装抗战，对于唤醒全国民众和实现国共合作抗日民族统一战线，起了重要的促进作用。而1937年中国军队在卢沟桥奋起抵抗的炮声，点燃了中华民族全面抗日战争的熊熊大火。

---

[1] 中共河北省委党史研究室编：《河北省抗日战争时期人口伤亡和财产损失》（未刊稿），原件存河北省委党史研究室。

第二，冀中、冀南平原抗日根据地的开创影响深远。这两块平原抗日根据地的开创，为中国共产党八路军、新四军向广阔的平原地区实施战略展开，构建敌后战场，起了关键性的战略作用。全国抗日战争爆发后，中国共产党十分注重河北在抗战中的战略地位，在 1937 年 8 月洛川会议上，毛泽东曾指出：红军可出一部于敌后的冀东，以雾灵山为根据地开展游击战争。八路军开赴华北抗战前线后，毛泽东于 9 月 26 日亲自批准了朱德、彭德怀、任弼时《关于晋察冀绥作战部署的报告》，划定晋察冀军区、晋冀豫军区的地域范围。1937 年 10 月，聂荣臻率第 115 师一部开创以五台、阜平为中心的晋察冀边区抗日根据地；同年 11 月刘伯承率第 129 师开辟以太行山为依托的晋冀豫边区根据地。此两边区根据地的开创，提供了在敌后山岳地带建立根据地以坚持敌后抗战的范例。但是，八路军能否在平原地区建立根据地，怎样在敌后实现战略展开，还没有先例和成功经验。1938 年初，吕正操率人民自卫军与冀中地方党及孟庆山领导的河北游击军相配合，开创了冀中平原抗日根据地；几乎同时，第 129 师陈再道、宋任穷等部与冀南地方党相配合，开辟了冀南平原抗日根据地。冀中、冀南根据地的开创，提供了在敌后华北平原地带建立根据地以坚持敌后平原抗战的范例。这样，山地与平原根据地的开创，就标志着中共中央和毛泽东关于在敌后发动独立自主的游击战争，开辟敌后战场，建立敌后抗日根据地的理论和决策在实践中获得了成功。从此，打开了敌后抗战的新局面，开辟了中国抗日战争的新篇章，对于敌后其他抗日根据地的创建和敌后抗日战场的形成起了重大促进作用，给全国人民揭示了坚持持久抗战的正确道路。毛泽东从冀中、冀南平原抗日根据地的开辟，洞察到八路军、新四军向广阔的平原发展抗日游击战争的可能性。1938 年 4 月，毛泽东与张闻天电示八路军总部：“根据抗战以来的经验，在目前全国坚持抗战与正面深入群众工作的两个条件下，在河北、山东平原地区广大地发展抗日游击战争，坚持平原地区的游击战争，也是可能的。”[1]同年5月，毛泽东在给新四军的指示中，进一步指出：“根据华北经验，在目前形势下，在敌人的广大后方，即使是平原地区，极便利于我们的游击活动与根据地的创造。”“只要自己不犯严重错误与慎重从事，是没有什么危险的。”[2]据此，八路军由山区根据地，迅速挺进冀、鲁、豫三省广大平原地区，相继建立冀东、冀鲁边、冀鲁豫和山东平原抗日根据地，还建立了白洋淀、微山湖等抗日根据地；新四军迅速开赴苏南、皖南、淮南、皖东等平原地区，开辟了华中抗日根据地，在广大的敌后地区形成了山地、平原、河湖港汊等各种类型的抗日根据地。

第三，河北各抗日根据地是中国抗日战争的“坚强堡垒”。早在中共中央扩大的六届六中全会召开期间，大会主席团就在致聂荣臻转晋察冀省委的电报中指出：晋察冀边区“在华北已经和将要尽其极大的战略作用”，“成为全党全国在抗战中最有价值的指南”。1939年3月毛泽东为聂荣臻关于一年来晋察冀边区抗战总结报告题写书名《模范抗日根据地——晋察冀边区》，与朱德、王稼祥一致称誉边区是“华北抗战的堡垒”，“对于我国的抗战，有着重大而深切的意义”。河北地区，地跨晋察冀、晋冀鲁豫和山东三大抗日根据地，是敌后华北抗战的主战场之一，是联系延安与华北、华中各抗日根据地及东北抗日联军的枢纽，牵制、抗击和消灭了大量日伪军。晋察冀抗日根据地（包括冀中、冀晋、冀察、冀热辽四个战略区），经常牵制、抗击着大量华北日军及华北伪治安军，并牵制、抗击着部分日本关东军及伪蒙军、伪满军。据统计，1937年，抗击日军6.2万人以上；1938年，抗击日军7.6万人以上；1940年，抗击日伪军11万人以上；1941年，抗击日伪军13万人以上；1942年，抗击日伪军18万人以上；1943年以后，抗击日伪军达20万人

---

[1] 《毛泽东、洛甫关于发展和坚持平原游击战争给朱、彭的指示》，1938年4月21日。

[2] 《中央关于新四军行动方针的指示》，1938年5月14日。

以上。[1]8 年全面抗战期间，粉碎日伪军的大“扫荡”110 余次，共与敌作战 3.2 万余次，消灭日伪军 35.1 万余人。晋冀鲁豫抗日根据地（包括冀南、太行、冀鲁豫、太岳四个战略区），从“七七”事变至 1944 年 8 月，7 年间，共与敌作战 3.1 万余次，歼灭日伪军 19 万余人，缴获机枪 1100 余挺、长短枪近 6 万支、炮 170 余门。[2]河北各抗日根据地，直接威胁着日军后方的平汉、津浦、正太、平绥、北宁、石德及同蒲等铁路交通大动脉，及北平、天津等中心城市与关内外的咽喉要道。河北各抗日根据地与晋绥、山东、华中等抗日根据地，以及东北抗日联军相互呼应，在军事上、战略上，形成了对华北日军及伪华北、伪蒙疆、伪满洲国的犬牙交错的包围态势，华北日军深陷于人民游击战争的泥潭。这在军事上、战略上，不仅有力地配合了国民党正面战场，而且使日本法西斯既无法抽兵北攻苏联，也不得不推迟南攻美、英的时间。

第四，河北各抗日根据地是对日反攻作战的“前进阵地”。为夺取抗日战争的最后胜利，收复东北失地和建立东北解放区，作出了杰出的贡献。根据中共中央的部署，晋察冀抗日根据地创立不久，就注意开展平、津、唐等敌占城市和交通要道的工作。中共中央北方分局于 1942 年 8 月成立东北工作委员会，以后又在冀中、冀东、平北等地和一些重点县，相继成立了东北工作的部门，先后培养大批优秀干部，派往东北各地秘密工作，以为收复东北做多方面准备。河北各抗日根据地从 1943 年起，对北平、天津、保定、石家庄、唐山、张家口、邢台、沧州、邯郸等城市和交通要道的工作，都更为重视，加强了派遣与秘密工作。敌后战场于 1944 年展开局部反攻，晋察冀、晋冀鲁豫两区部队，共歼灭日伪军 12 万余人，收复 1300 余万人口的广大国土。日本华北方面军哀叹：“在方面军占领的 3 个特别市、400 个县当中，治安良好的除 3 个特别市

[1] 《晋察冀边区七年来军事战果》,《晋察冀日报》1944 年 7 月 12 日增刊。
[2] 《一二九师与晋冀鲁豫边区》,《解放日报》，1944 年 8 月 14~19 日。

外，只有 7 个县（占总数的 1.4%）。”[1] 各抗日根据地持续全年的局部反攻，使华北日军陷入被动地位，不仅在战略上配合了国民党正面战场的豫湘桂战役，而且在战略上支援了美英等盟国军队太平洋战场的对日反攻作战。1945 年举行春、夏季攻势作战，太行、冀南、冀鲁豫、渤海等抗日根据地部队，连续举行道（口）清（化）、安阳、南乐、东平、阳谷等战役；冀察、冀晋、冀中、冀热辽区部队，席卷了察南、雁北、热河、辽西，直逼平、津、张等市郊，夺取了进军东北的前进阵地，遂使日军在华北等地进行“长期持久的防御战”，以做好“本土最后决战”准备的计划，化为泡影。1945 年 8 月 11 日起，河北各抗日根据地部队展开全面大反攻，向日军在华北的巢穴进攻，收复张家口、山海关、邯郸、邢台等 170 余座城市，河北省基本解放，热河、察哈尔两省全部解放，并解放了绥远省东部、河南省北部、辽宁省西部等广大国土。据此，中共中央于 1945 年 9 月 19 日作出《向北发展向南防御》的重大战略部署，调集 11 万军队和 2 万余名干部，大力开辟东北地区，其中晋察冀边区调派 12 个团、1 个营、1 个朝鲜义勇队及 25 个团架子和数千名干部挺进东北，晋冀鲁豫边区抽调主力第 1 纵队和 25 个团架子开往东北，与苏军会师，与山东等抗日根据地部队会合，解放了东北广大的国土，为建立东北巩固的解放区打下了基础。

## 二、树立起新中国的“模型”

抗日战争时期，河北各抗日根据地较早地实施了新民主主义制度，在军事、政治、经济、文化及法制、社会等方面，有很多开拓和创造，树立了新民主主义新中国的模型，提供了根据地改革、建设和共产党局部执政的经验，推进了敌后抗日根据地建设和全国民主化、现代化的进程，标示出中华民族复兴的历史航向。

---

[1] 日本防卫厅战史室：《华北治安战》（下），中译本，天津人民出版社 1982 年版，第 440 页。

抗日战争时期，抗日高于一切，一切为了抗日战争的胜利，但抗日的民族解放战争是与社会的民主改革相互联结、不可分离的，必须同步进行。驱逐日本侵略者，建立独立、自由、统一、富强的新中国，是中国抗日战争的相互联结的两个战略目标，也是中华民族复兴的必由之路。抗日战争打乱和破坏了中国原来的半殖民地、半封建社会的现代化和民主化的进程，但并没有中断，而是在国民党统治区继续着；在日本侵略者占领区，所谓现代化和民主化则完全是日本独占殖民地化的别名；在中国共产党领导的敌后抗日根据地产生了新民主主义社会的民主化和现代化的雏形。中国抗日战争的胜利，宣告了日本独占的殖民地化的所谓的民主化和现代化的终结，同时也宣告了其他帝国主义殖民地式的所谓的民主化和现代化的终结，蒋介石国民政府代表的中国原来的半殖民地、半封建社会的所谓的民主化和现代化受到巨大冲击和削弱，中国共产党代表的中国新民主主义社会的民主化和现代化在敌后抗日根据地得到发展壮大，开始为中国各族人民所憧憬。

敌后抗日根据地的斗争与建设，实质上是在抗日的民族解放战争中，采取和平的、渐进的改革方式，改造旧的半殖民地、半封建的社会制度，创造新民主主义的社会制度。所谓敌后抗日根据地，就是中国共产党领导下的一定地域的人民、武装、政权和一定的经济、文化所构成的抗日民主的社会整体力量，是中国人民在敌后进行抗日游击战争的战略基地。它是“抗日的力量”，又是“民主的力量”，即新民主主义社会形态的雏形。晋察冀边区在华北敌后一诞生，就公开申明：它是中华民国的地方政府，“它的实际内容是贯彻抗日与真正民主”。[1]1938 年 10 月，彭真在中共中央扩大的六届六中全会上的发言中，根据毛泽东《论新阶段》的报告精神，以及开创华北抗日根据地的经验，阐明了在抗日战争中“必须把民

[1] 《晋察冀边区军政民代表大会宣言》，1938 年 1 月 14 日。载《晋察冀抗日根据地》第 1 册（文献选编上），中共党史资料出版社 1989 年版，第 289 页。

族革命与民主革命联系起来”的观点，指出：“今天的抗日民族统一战线，也不是简单的抗日。”“现在华北抗日根据地，不仅肃清了日寇的势力……其他帝国主义的统治也将逐渐解决。”“苛捐杂税也将废除，减租减息也相当的解决封建的剥削”，“封建势力逐渐削弱”。[1]1939年1月，中共中央北方分局代表大会确定了巩固和建设晋察冀边区抗日根据地，为建立三民主义共和国而奋斗的方针，指出：这“是抗战的目标”，“是国共合作的目的”，“是走向社会主义社会必经的阶段”。1940年，中共中央北方分局制定、颁布《双十纲领》(即《关于晋察冀边区目前施政纲领》)，公开宣布：要使晋察冀边区“不但成为模范的抗日民主根据地，而且成为新民主主义的即三民主义的政治经济建设的模范，亦成为建国的模范”。[2]

晋察冀边区抗日根据地是“统一战线模范区”和“先导者”，[3]各方面政策和法制建设比较完备。它在华北敌后最早创建了中国共产党领导的抗日民族统一战线的民主政权，即边区行政委员会，并得到国民政府行政院和军事委员会的正式批准，提供了建立敌后抗日民族统一战线政权的典型经验。根据毛泽东关于新民主主义的理论与本区实际相结合的原则，它模范地执行中共中央的抗日民族统一战线的方针和各项政策，坚持马克思主义中国化，党中央的总政策在边区地方化、具体化，在抗战进程中，以和平改革的方式，改造殖民地、半殖民地、半封建的旧社会，创造新民主主义的新社会。在民主政治建设上，经过自上而下、自下而上的改造，特别是多次民主选举运动，按照民主集中制原则，贯彻“三三制”政策，逐步调整了各级抗日民主政权的成分，健全了各级民意机关和行政

[1] 彭真在中国共产党扩大的六届六中全会上的发言，1938年10月28日。原件存中央档案馆。

[2] 彭真：《关于我们的目前施政纲领》，1940年8月19日，载《晋察冀日报社论选》，河北人民出版社1997年版，第135页。

[3] 聂荣臻：《在中共中央北方分局党代表大会上的报告》，1939年1月，载《晋察冀抗日根据地》第1册（文献选编上），中共党史资料出版社1989年版，第228~229页。

机关，保证基本群众占优势，又使根据地内的国民党、各少数民族和各阶层爱国民主人士有更多的参政机会，巩固和扩大边区抗日民族统一战线。在根据地实行正确的社会改革和经济文化建设的方针，从根据地创建起，就在敌后开展大规模的减租减息运动，充分发动广大农民的抗战和生产的积极性；建立边区银行，发行边币；实行统收统支、救国公粮和军用粮票制度，推行“合理负担”和比较完备的统一累进税，卓有成效地保障了游击战争的战勤供给。并采取一系列发展农、工、商业和合作运动，奖励生产和技术发明，恢复、繁荣经济，力求自给自足的有效措施。从而，使根据地财政经济即使在遇到敌祸、天灾严重破坏的最艰苦时期，仍具有持久的耐力。与此同时，有效地开展对敌货币斗争、粮食斗争以及市场和物资的争夺战，并取得决定性的胜利，使日本侵略者“以战养战”和变华北为大东亚战争的“兵站基地”的计划，遭到沉重的打击。中共中央北方分局1940年制定和颁布的《双十纲领》，被中共中央誉为“目前全国模范的抗日民族统一战线的、新民主主义的施政纲领。全国各地，特别是敌后方其他各抗日根据地，在政治、经济、军事、文化设施计划上，都应以它为最好的参考和借镜”。[1]晋察鲁豫抗日根据地提供了建党、建军、建政三大建设的经验，精兵简政的经验，大生产运动的经验，立功运动的经验。在中国共产党的领导下，河北各抗日根据地在极端残酷的敌后抗战中，通过广泛而深刻的社会改革，使社会阶级结构发生了根本性的变化，成功地改造了旧社会，创造一个新民主主义的新社会，使全国人民看到了未来新民主主义的新中国的光明前景。正如毛泽东所指出：“各根据地的模型推广到全国，那时全国就成了新民主主义的共和国。”

### 三、积蓄了民族复兴的物质力量

在抗日战争中，国共两党都有自己的建国纲领。抗日战争胜

---

[1] 《新中华报》1940年10月3日社论：《中共晋察冀边委的施政纲领》。

利后，随即发生了中国向何处去的问题：或者按照毛泽东在《新民主主义论》中指出的道路，建立无产阶级领导的一切反帝反封建的人们联合专政的新民主主义共和国；或者顺着蒋介石在《中国之命运》中指出的道路，在蒋介石国民党“一党专政”的统治下，重新回到抗日战争以前的半殖民地半封建国家的老路上去。中国历史没有倒退，原因是抗日战争为新中国与旧中国的决战作了准备，为中华民族的复兴作了准备。河北各根据地在抗日战争中为中华民族的复兴积蓄了重要的战略基地和物质力量。

在抗日战争中，河北各根据地坚持人民战争的战略方针，建立健全了主力兵团、地方武装和民兵“三位一体”、紧密配合作战的人民战争武装力量体系，创造了一整套适合于人民战争需要的后勤供给、兵员补充、伤员救护、敌情侦察、通信联络等作战保障工作系统，以及地道战、地雷战、交通战、“麻雀战”、水上游击战等多种游击战法。因此，不论在山地，还是在平原，均组织了浩浩荡荡的大军，造成了陷敌于灭顶之灾的汪洋大海，形成了战争史上的奇观。在抗日战争后期，各根据地部队迅速实现着由游击战向运动战的转变。晋察冀边区八路军部队发展达 32 万余人，民兵从无到有发展到 90 余万人，收复国土约 60 万平方公里，晋察冀边区根据地发展壮大为拥有冀晋、冀察、冀中、冀热辽 4 个行署，164 个县，27 个旗，4 个自治区（县），近 4000 万人口的广大地区，包括河北省大部、热河和察哈尔两省全部、山西省东北部及绥远省东部、辽宁省西部地区。晋冀鲁豫边区到 1944 年 8 月，八路军部队已发展到 30 余万人，民兵 40 万人，晋冀鲁豫边区政府以下拥有太行、冀南、冀鲁豫、太岳 4 个行署，198 个县，面积 15.23 万平方公里、人口 2500 余万的广大区域，包括山西省东南部、河北省南部、河南省北部和山东省西部地区。[1] 到抗战胜利时，晋察冀与晋冀鲁豫

---

[1] 《抗日战争时期晋冀鲁豫边区财政经济史资料选编》（第 1 辑），中国财政经济出版社 1990 年版，第 29 页。

两大根据地基本连成一片，奠定了华北解放区的基础。河北各根据地的共产党组织有很大的发展，1945 年仅晋察冀抗日根据地即有共产党员 33.4 万人。经过全党整风运动，各根据地党在政治上、思想上、组织上和作风上得到不断的巩固和提高，并培养和锻炼出了数以万计的工农干部与知识分子干部相结合、本地干部与外来干部相结合的干部队伍。广大群众充分动员和组织起来，到 1944 年 8 月，晋冀鲁豫根据地参加农、工、青、妇和民兵等组织的群众达 500 余万人，占全区总人口的 1/5。[1]1945 年晋察冀根据地参加工人、农民、青年、妇女、儿童和文化界、宗教界、工商界等各种群众组织的会员，总计 300 余万人。这些群众团体，成为各根据地共产党和民主政权联系广大人民群众的桥梁，也是进行对敌斗争和根据地建设的强大力量。

河北各根据地除对东北解放区的重大支援外，第 129 师与晋冀鲁豫根据地 1940 年派出第 2 纵队 1.3 万人南进华中，后来改编为新四军第 3 师，成为苏北地区的骨干武装力量；1944 年又抽出 7 个团和一批干部深入河南的登封、新安地区，迅速开辟了豫西抗日根据地。冀中区根据地 1940 年组建的南进支队有一部兵力留驻冀鲁豫区，1942 年回民支队归属冀鲁豫区建制，加强了该区的抗战力量；1943 年又由吕正操率 5 个主力团支援晋绥根据地，并归属晋绥边区建制。1944 年晋察冀军区先后有骑兵团、炮兵营、1 个工兵连和 5 个团兵力及抗大二分校、陆军中学、抗大附中、白求恩卫生学校大部等调赴陕甘宁边区。河北各根据地还数次抽调许多干部支援友区根据地。

由于共产党及其军队全心全意地投入抗日战争，同时有步骤地、适度地实行社会的民主改革，得到各抗日阶级、阶层人民的拥护和支持。到抗战胜利，共产党领导的八路军、新四军和华南游击

---

[1] 张廷贵:《晋冀鲁豫根据地在抗日战争和解放战争中的地位和作用》,《党史研究》1985 年第 2 期。

队发展到120余万人，民兵达200余万人，根据地遍布长城内外至海南岛等全国19个省区，人口1.2亿。以中国民主同盟等为代表的中间势力，经过分化，在政治上反对国民党的独裁统治，成为共产党有力的同盟军。蒋介石国民党政权走向衰落和孤立。这些在抗日战争中打下的阵地和积聚起来的力量，准备了两个中国命运之决战，成为继续完成中国革命的历史任务，实现中华民族复兴的重要的战略基地和物质力量。在这个意义上，河北抗战的特殊贡献，其影响是十分深远的。

## 四、凝聚了民族复兴的精神力量

中华民族精神是中华民族5000多年历史所形成的，其主体是优秀的，它是中华民族赖以生存、发展和自立于世界民族之林的精神力量；也杂有沉渣糟粕，它是导致中华民族对外妥协投降、对内纷争不已和消极沉沦的精神毒瘤。在艰苦卓绝、威武雄壮的抗日战火中，中华民族精神经受了历史上罕见的巨大冲击和考验，得到净化、发扬、凝聚和升华，一扫过去一百多年屡战屡败的民族失败的心结，中华民族的觉醒、觉悟和民族意识达到历史的新高峰，上升到以爱国主义为核心的抗战精神新阶段。

河北人民在抗战中历尽艰辛，付出了无限血的代价，创造出种种历史奇迹，成为凝聚和升华中华民族精神的一个典范。据不完全统计，晋冀鲁豫边区到1944年8月仅八路军即伤亡10.7万余人，晋察冀边区到抗战胜利八路军伤亡11.6万余人，在河北抗战中阵亡的旅及支队长以上干部约70人。据不完全统计，党政民区级以上干部人员牺牲、被俘、负伤、病死者，仅晋察冀边区至1942年已有3700余人。涌现了无数抗敌不屈、临难不苟、壮烈殉国、可歌可泣、惊天地泣鬼神的壮烈事迹，高度地表现了极崇高的中华民族精神。著名的“狼牙山五壮士”，回族抗日英雄马本斋和他的母亲，少年英雄王璞，战斗英雄邓世军、王五保、李仕亮，爆炸英雄李勇、李混子，子弟兵的母亲戎冠秀，人民的好干部左权将军和黄骅、周建屏、王溥、李光汉、白乙化、王仲华、王平陆、包森、周文彬、鲁贲、常德善、翟晋阶、袁心纯、王先臣、唐聚五、洪麟阁、刘萍、范子侠、郭国言、易品良、杨宏义、赵义京、萧永智、李林、董天知、李忠等；伟大的国际主义战士加拿大援华医生白求恩和印度援华医生柯棣华等；民族英雄吉鸿昌、孙永勤等；国民党爱国将领方振武、佟麟阁、赵登禹等。他们作为河北抗战中千千万万个干部、战士、平民的抗日英雄代表，体现了中华民族精神的无比威力和无限生命力。

在河北抗战中，国共两党和各族人民、各党、各军、各界人士及海外华侨共同凝聚和升华了"国难当头、捐弃前嫌、团结御侮、共赴国难"的中华民族大团结精神；"国家有难、匹夫有责、同舟共济、同仇敌忾"的国家至上、不畏强敌的爱国主义精神；"自尊自信、浩然正气、舍生取义、视死如归"的国格、人格、民族气节和大无畏的英雄主义精神；"独立自主、自力更生、艰苦奋斗、与时俱进"的自立自强创业创新精神，"马克思主义中国化、实事求是、求真务实"的科学精神和探索精神；一切反侵略、反民族压迫的国家和人士联合起来结成国际反法西斯统一战线的国际主义精神。这些优秀的中华民族精神得到弘扬、丰富、凝聚和升华，成为河北人民和中国各族人民广泛认同和接受的思想品格、价值取向与道德规范，处处展现在人民群众的思维方式、行为方式和情感方式上；投敌、叛国、妥协、变节、分裂、顽固、倒退，只顾个人或一党、一派、一军之私，而不顾国家、民族利益的倒行逆施之错误言行，遭到河北人民和中国各族人民的口诛笔伐。这一中华民族精神的精华——以爱国主义为核心的抗战精神，是中国各族人民取得抗日战争完全胜利，奠定国家独立和民族解放的基础，是实现中华民族伟大复兴的精神力量。

### 五、揭示出国共力量演变与中国历史的航向

抗日战争对国共两党来说，是一场严峻的考验，也提供了抗

日救国的发展机会。河北抗战是中国抗日战争的一个缩影。研究河北抗战，应当把它作为驱逐日本侵略者与开创新中国的一个有机过程，不仅要考察各党、各军、各界以武装斗争为主的抗日问题，而且要考察抗战中他们在何种程度上实行了哪些民主民生的社会改革。这样，才能揭示出抗日战争发展的基本规律和深远影响，找到抗日战争时期国内政治力量发生决定性变化的内部动因与中国历史的正确航向。

合作抗战，是国共两党的共同主张，他们的根本分歧在于是否承认中国抗日战争的“两重性质”和“双重目的”；要不要在抗战过程中实行必要的民主改革特别是农村的社会改革。这也是国共两党在抗战问题上分歧的根源和实质。

对此，毛泽东于 1945 年 4 月在《论联合政府》的报告中，作了精辟而尖锐的论断。他说：“两党的争论，就其社会性质来说，实质上是在农村关系的问题上。”“两条路线：或者坚决反对中国农民解决民主民生问题，而使自己腐败无能，无力抗日；或者坚决赞助中国农民解决民主民生问题，而使自己获得全国人口百分之八十的最伟大的同盟者，借以组织雄厚的战斗力量。前者就是国民党政府的路线，后者就是中国解放区的路线。”“动摇于两者之间，口称赞助农民，但不坚决实行减租减息、武装农民和建立农村民主政权，这是机会主义者的路线。”[1]为什么抗日战争时期中国共产党及其领导的人民力量能够迅速发展壮大，而国民党及其军队则逐渐失去抗战主体的地位并日益走向衰败，人们可以从这里寻找答案。

在抗日战争中，由于日军的进攻，大片国土沦陷，这就表明中国半殖民地、半封建的旧制度已经完全腐败。中国人民特别是农民群众，过去长期在这种旧制度下过着毫无民主和极端贫穷落后的生活，不改变他们的社会地位和生活状况，就不可能广泛地动员人民起来真正投入抗日斗争。因此，必须创造一种与中国最大多数人民

---

[1] 《毛泽东选集》第 3 卷，人民出版社 1991 年版，第 1077 页。

尤其是广大农民的利益相符合的新的政治、经济的社会秩序。没有这种社会状况的变革，不足以改善广大农民群众的政治地位和经济生活，从而获得广大农民群众强有力的支持，也就不可能取得抗日战争的胜利。正如毛泽东指出：争取政治上的民主自由是“保证抗战胜利的中心一环”。[1]“除非发动农民群众的人力和物力，否则中国就不可能打赢这场战争，只有迅速地实行政治和经济的变革，才能得到农民的合作。”[2]当然，这种争取民主和改善生活条件的社会改革，还不是要消灭地主阶级，而是要有步骤地、适度地削弱它，以利于发动广大农民群众的抗战积极性，同时团结包括地主在内的一切抗日的阶级、阶层共同抗战。这样抗日与民主改革的有机结合，即是抗日民族统一战线方针的真谛。

因此，敌后抗日民主根据地的斗争和建设，实质上是在民族抗日战争的过程中，在驱逐日寇，消灭伪政权的同时，采取和平的、渐进的方式，削弱封建、半封建的社会制度，创造新民主主义的社会雏形。在河北抗战中，中国共产党在敌后抗日民主根据地，领导进行广泛的社会改革。政治上，普遍实行民主选举，建立“三三制”的抗日民主政权，使广大基本群众参政议政；经济上，减租减息，废除苛捐杂税，实行合理负担、统一累进税，开展生产运动，改良工农群众的生活，保证基本群众的政治优势和生活的改善，使广大群众特别是农民群众的抗战和生产的积极性日益高涨；同时广泛团结各抗日阶级、阶层，巩固抗日民族统一战线。这是河北各抗日民主根据地的人民群众充分发动起来，创造出人民战争奇迹的根本原因。

但是，蒋介石国民党对中国抗日战争的本质有着不同的理解。1938 年 3 月，国民党召开临参会通过《抗战建国纲领》，决定设置国民参政会，组织民众团体，团结全国力量，制止日本侵略，反映

---

❶《毛泽东选集》第 1 卷，人民出版社 1991 年版，第 256 页。

❷［美］埃德加·斯诺：《人民在我们一边》，纽约伦东·浩斯出版社 1944 年英文版，第 278 页。

了全民族抗战的愿望；但其中心是强调必须“抗战”与“建国”同时并进，对共产党及全国民众结束一党专政、成立统一战线政府的要求置之不理，也不提改善人民的生活问题，实质上是要把抗日战争纳入在中国建设国民党一党专政国家的轨道。1941年皖南事变后，蒋介石对居里夫人明确表示，中国抗战一为抵制日本侵略，一为阻止中国赤化。[1]也就是说，中国抗日战争，只是对外抗日的民族战争，它的目的是维护国民党一党专政的旧中国，如果不能阻止中国“赤化”，“抗战胜利了也没有什么意义”。[2]由此可见，中国共产党抗战与国民党抗战有着不同的战略目的：抗日战争也是一个革命运动，应当变旧中国为新中国呢？还是抗日战争只是抗日，应当维持一个旧中国？前者坚持在抗日战争中实行有利于广大群众特别是农民群众的民主民生改革，后者坚持在抗日战争中拒绝必要的民主民生改革。

认识和把握中国抗日战争的“两重性质”和“双重目的”，处理好民族斗争与阶级斗争的关系，实现民族独立与建立新中国这样两个相互联结的政治目的和战略目标，这是关系中国抗日战争前途和中华民族命运的关键，具有伟大而深远的意义和影响。蒋介石国民党政府坚持抗日战争只是抗日，应当维护一个旧中国，因此，他们虽然口头上号召民众参战，但坚决拒绝解决社会的民主民生改革这个迫切问题，不肯实行真正发动民众起来抗战的民主民生政策，结果国民党政府及其军队失去了中国大多数人民，特别是广大农民的支持，招致国民党战场不能充分发挥其应有作用，乃至抗战之失利。中国共产党坚持抗日战争也是一个革命运动，应当变旧中国为新中国，因此，在河北和全国各敌后抗日根据地，正确地解决了迫切的民主民生的改革问题，与中国大多数人民特别是农民群众建立

---

[1] 转引自刘大年：《抗日战争与中华民族的统一》，《抗日战争研究》1992年第2期，第11页。

[2] 金冲及主编：《周恩来传》，人民出版社、中央文献出版社1989年版，第434页。

了最密切的联系，开掘了中国抗战最深厚的力量泉源。由此，实际地决定了中国抗日战争的真正主导力量，展示了中国命运的必然趋势。

抗战爆发前，蒋介石国民党掌握着国家力量，没有他们的参加，就谈不上全民族的抗战。抗战初期，国民党蒋介石积极抗战，其政治地位和实力地位也有所加强。抗战进入相持阶段，蒋介石国民党的政策发生逆转，不允许任何重要的民主民生改革，国民党及其正面战场的作用开始下降。在河北乃至整个华北等地，国民党部队几无立足之地，至 1943 年，国民党有 20 名中央委员、58 名将军投敌，几十万部队变为伪军。国民党政权民心大丧，军队战斗力大失，招致 1944 年豫湘桂战役的大失败。与此相反，中国共产党领导的人民力量由弱变强，抗战开始，只有 4 万多军队和 150 万人口的陕甘宁根据地，共产党要合作，国民党说是投诚、收编。但是由于共产党及其军队全心全意地投入抗日战争，同时有步骤地、适度地实行社会的民主民生改革，得到了广大农民和各抗日阶层人民的拥护和支持，到抗战胜利，共产党领导的军队发展到 120 余万人，民兵达 200 余万人，抗日根据地遍布河北等 19 个省区，人口 1.2 亿。以中国民主同盟等为代表的中间势力，在政治上反对国民党的独裁统治，成为共产党有力的同盟军。抗战中来华的美国新闻记者约翰·谢维斯，当时曾敏锐地领悟到了这一点。他认为：在中国共产党的领导下，“普通人第一次被给予为之而战斗的东西。与日本人战斗，不仅仅因为他们是外族侵略者，而且因为他们阻碍了这场革命。人民将继续和任何限制或者剥夺他们新近得到的东西的政府战斗。正如日军不能征服富于战斗精神的人民一样，国民党军队也只能是失败。共产党有了这样广泛的基础，所以谁也难以对他进行限制……在相对短的几年时间内，共产党在中国将成为一支突出的力量”。[1]达格芬·嘉图在研究华北抗战后也得出结论，说：“正是这种阶级关系的基本变化，把抗日战争和解放战争两个时期联系起来了。人们可以说，前一个时期的社会变化为后一个时期推翻国民党的统治奠定了基础。”[2]历史的选择正是这样，抗战时期国共两党力量对比和人心向背的决定性变化，加速了国民党统治的灭亡和中华人民共和国的成立，中华民族大步走向繁荣、振兴的社会主义的前途，也改变了世界的政治格局。人们应当从河北抗战中领悟近代中国历史的正确航向。

❶ ［美］约瑟夫·W. 埃塞雷克：《在中国失去的机会——约翰·S. 谢维斯的第二次大战电讯集》，纽约温塔基丛书 1975 年英文版，第 248~249 页。

❷ ［瑞典］达格芬·嘉图：《走向革命——华北的战争、社会变革和中国共产党 1937~1945》，杨建立等译，中共党史出版社 1987 年版，第 15 页。

# 后　记

早在十多年前，省内外一些专家就建议重修《河北抗战史》一书。但是，我一直觉得准备不够，出版经费不好筹措，拖了下来。

1995 年我筹办河北省纪念中国抗日战争暨世界反法西斯战争胜利 50 周年纪念学术会议及编辑出版《抗日战争与民族振兴》论文集。1996 年起，与省委办公厅副秘书长李昌远等共同完成全国人大重要课题《彭真年谱》《彭真传》有关晋察冀等部分，并于 2002 年出版了《新民主主义社会雏形——彭真关于晋察冀抗日根据地建设的思想与实践》一书。又与田苏苏、何天义等承担国家级课题"日本侵略华北罪行研究"，同中央档案馆、中国第二历史档案馆合作，于 2005 年出版了《日本侵略华北罪行档案》（10 卷本）和《日本侵略华北罪行史稿》一书。

2003 年，我开始将主要精力投入"抗日战争时期人口伤亡和财产损失研究"课题，主要担负《日本侵华战争细菌战罪行研究报告》与《中国华北的细菌战——日军 1855 部队细菌战华北受害情况的调研报告》两个专题，同时参与这一国家重大课题的部分审稿工作，直至 2014 年，才完成任务。

但是，晋察冀边区史研究，始终是我科研的主要方向。在晋察冀边区革命史编纂委员会的领导与组织下，与省社会科学院历史研究所、省委党史研究室、省档案馆等单位十多名专业人员合作，2007 年编写出版《晋察冀边区革命史编年》（148 万字），2013 年编纂出版《晋察冀边区民主政权建设文献选编》（上、中、下册，164

万字）。还撰写了中共河北省地方党历史第一卷第四章“领导河北人民抗日战争”（20万字）；参与编纂出版了《抗日根据地史料汇编》晋察冀卷和晋冀鲁豫卷。

上述科研活动与史料整理，让我逐渐有了底气，觉得不需重修，而是应重新写一部《河北抗日战争史》。2015年起，集中全力写作这部专著。从《抗日战争史》《晋察冀军区抗日战争史》，冀东、冀中、冀南、冀鲁豫、太行、冀鲁边等根据地史及保定、张家口、唐山、沧州、邢台等地方党史著述，以及史学界同行有关著述中，学习、参考、吸纳了不少新的资料与新的理念。在此，特深表谢意。

河北省社会科学院、中共河北省委党史研究室、中央档案馆、中国第二历史档案馆、河北省档案馆等单位，多年来一直给予大力支持与合作。李昌远、肖银成、王居英、居之芬、王二尧、邢庆洲、张圣洁、田苏苏、李翠艳、阎书钦、申玉山、李春峰、把增强、张同乐等各位同事、专家、学者，多年来一直给予合作，特别是省委党史研究室宋学民、赵胜军经常给予帮助，王林芳同志还写了部分书稿，并为史料收集等提供了方便。在此，一并深表谢意。本书得到河北省社会科学院重要课题出版资助，得到知识产权出版社的支持，得以顺利与读者见面。特表感谢。由于本人水平所限，在史料运用及逻辑论证上，有疏漏、欠妥、错误之处，望方家指正，以便再寻机会补正。

谢忠厚<br>2018年12月8日